Le Routa

Bourgogne

Cofondateurs : Philippe GLOAGUEN et Michel DUVAL

Directeur de collection et auteur
Philippe GLOAGUEN

Rédacteurs en chef adjoints
Amanda KERAVEL
et Benoît LUCCHINI

Directrice de la coordination
Florence CHARMETANT

Directrice administrative
Bénédicte GLOAGUEN

Directeur du développement
Gavin's CLEMENTE-RUIZ

Conseiller à la rédaction
Pierre JOSSE

Responsable voyages
Carole BORDES

Direction éditoriale
Élise ERNEST

Rédaction
Isabelle AL SUBAIHI
Emmanuelle BAUQUIS
Mathilde de BOISGROLLIER
Thierry BROUARD
Marie BURIN des ROZIERS
Diane CAPRON
Véronique de CHARDON
Laura CHARLIER
Fiona DEBRABANDER
Anne-Caroline DUMAS
Éléonore FRIESS
Géraldine LEMAUF-BEAUVOIS
Olivier PAGE
Alain PALLIER
Anne POINSOT
André PONCELET

2020

hachette

TABLE DES MATIÈRES

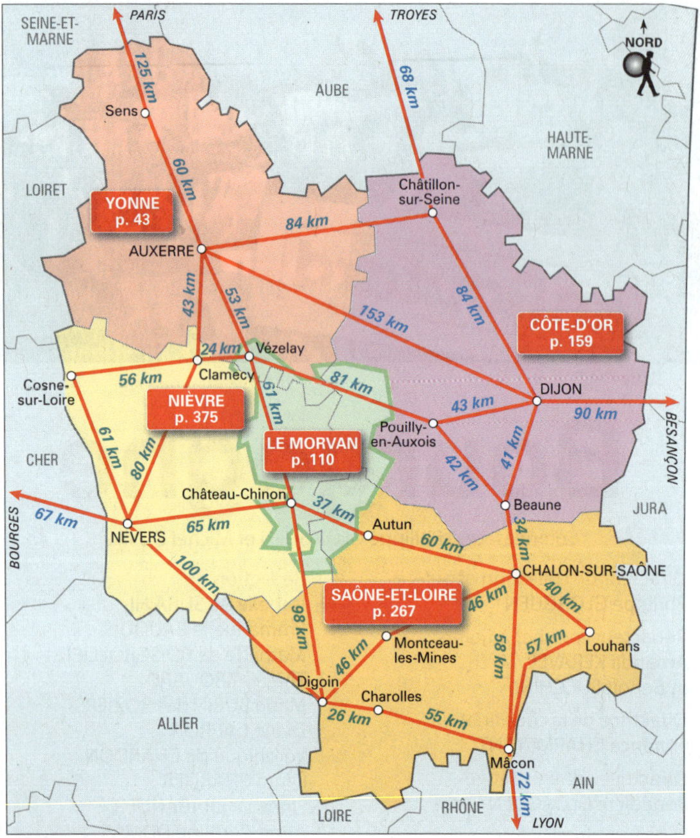

PRÉAMBULE

- La rédaction du *Routard* 8
- Introduction 13
- Nos coups de cœur 14
- Itinéraires conseillés 28
- Interview #experienceroutard 33

COMMENT Y ALLER ? 34

- En voiture 34
- En bus 34
- En train 34

BON À SAVOIR AVANT LE DÉPART 38

- ABC de la Bourgogne 38
- Avant le départ 38
- Budget 39
- Livres de route 41
- Personnes handicapées 42

L'YONNE 43

- ABC de l'Yonne 43
- Un art de vivre 43
- Des figures emblématiques 46

LE NORD DE L'YONNE, AUX PORTES DU BASSIN PARISIEN 47

- Sens 47
- Villeneuve-l'Archevêque 52
- Villeneuve-sur-Yonne 54
- Joigny 56

LA PUISAYE 59

- Charny-Orée-de-Puisaye 59
- Toucy 61
- Rogny-les-Sept-Écluses 64
- Saint-Fargeau 65
- Guédelon 67
- Saint-Sauveur-en-Puisaye 69
- Druyes-les-Belles-Fontaines 72

D'AUXERRE À CHABLIS, PAR LES CHEMINS DU VIGNOBLE 73

- Auxerre 73
- Les villages vignerons de l'Auxerrois et du Chablisien 82
- Chablis 86

LE CANAL DE BOURGOGNE, DE SAINT-FLORENTIN À ANCY-LE-FRANC 91

- Saint-Florentin 91
- Tonnerre 93
- Ancy-le-Franc 97

DE LA VALLÉE DU SEREIN AU CANAL DU NIVERNAIS 99

- Noyers-sur-Serein 99
- Montréal 103
- La vallée de la Cure 104
- La vallée de l'Yonne et le canal du Nivernais 106

LE MORVAN 110

- Une île de granit 110
- Un peu d'histoire 110
- Un domaine préservé mais fragile.. 112
- Savoir-vivre morvandiau 113

LE MORVAN DES SITES ET VALLÉES 115

- Quarré-les-Tombes 115
- Avallon 117
- Vézelay 121
- Bazoches 128

LE DOMAINE DES GRANDS LACS 129

- Le lac de Saint-Agnan 130
- Saint-Brisson 130
- Alligny-en-Morvan 132
- Le lac des Settons 133
- Le lac de Pannecière 135
- Lormes 136

LE MORVAN DES SOMMETS 137

- Château-Chinon 138
- Saint-Honoré-les-Bains 140
- Luzy 142
- Uchon 143
- Autun 144
- Bibracte et le mont Beuvray 153
- Anost 157

LA CÔTE-D'OR 159

- ABC de la Côte-d'Or 159
- Dijon 160

LA ROUTE DES GRANDS CRUS 186

La Côte, de Dijon à Beaune ... 187
- Les villages vignerons aux portes de Dijon ... 187
- Gevrey-Chambertin ... 189
- Vougeot ... 192
- Vosne-Romanée ... 193
- Nuits-Saint-Georges ... 194
- Curtil-Vergy et Reulle-Vergy ... 196
- Aloxe-Corton ... 198
- Savigny-lès-Beaune ... 199

La Côte, de Beaune à Santenay ... 200
- Beaune ... 201
- Pommard ... 212
- Volnay ... 213
- Meursault ... 214
- Puligny-Montrachet ... 215
- Santenay ... 216

DES HAUTES CÔTES À LA VALLÉE DE L'OUCHE ... 217
- Nolay ... 217
- La Rochepot ... 219
- La vallée de l'Ouche ... 220

ENTRE AUXOIS ET MORVAN ... 224
- Châteauneuf ... 224
- Arnay-le-Duc ... 227
- Pouilly-en-Auxois ... 228
- Saulieu ... 231
- De la butte de Thil à Vitteaux ... 234

LE NORD DE L'AUXOIS ... 236
- Semur-en-Auxois ... 236
- Époisses ... 240
- Alésia (Alise-Sainte-Reine) ... 241
- Flavigny-sur-Ozerain ... 245
- Montbard ... 247
- L'abbaye de Fontenay ... 251

LE CHÂTILLONNAIS ... 252
- Châtillon-sur-Seine ... 252
- La forêt de Châtillon ... 255
- Aignay-le-Duc ... 256

DE LA SEINE À LA SAÔNE ... 258
- Les sources de la Seine ... 258
- Entre Tille et Vingeanne ... 259
- Le val de Saône ... 262

LA SAÔNE-ET-LOIRE ... 267
- ABC de la Saône-et-Loire ... 267
- Une terre de transit(ion) ... 267
- Voie verte, rando, vélo ... 270
- Mâcon ... 271

LE SUD ET LES MONTS DU MÂCONNAIS ... 279
- Romanèche-Thorins ... 279
- De Romanèche à Solutré par le vignoble ... 281
- Solutré Pouilly Vergisson ... 283
- Le val Lamartinien ... 285
- Berzé-la-Ville ... 287

LE CLUNISOIS ET LE HAUT-MÂCONNAIS ... 288
- Matour ... 289
- Cluny ... 290
- Blanot ... 302
- Le château de Cormatin ... 304

LES MONTS DU TOURNUGEOIS ... 307
- Chapaize ... 307
- Brancion ... 309
- Tournus ... 311

LA BRESSE BOURGUIGNONNE ... 317
- Cuisery ... 318
- Louhans ... 320
- Pierre-de-Bresse ... 323

CHALON-SUR-SAÔNE ET LA CÔTE CHALONNAISE **325**

- Chalon-sur-Saône 325

La côte chalonnaise **334**

- Chagny 335
- Rully 337
- Mercurey 338
- Givry 340
- Buxy 341
- Saint-Gengoux-le-National 342

LE CHAROLAIS ET LE BRIONNAIS **343**

- Charolles 344
- La Clayette 347
- Chauffailles 350
- Saint-Christophe-en-Brionnais 351
- Iguerande 352
- Semur-en-Brionnais 354
- Marcigny 355
- Paray-le-Monial 357

ENTRE LOIRE ET CANAL DU CENTRE **360**

- Digoin 360
- Bourbon-Lancy 362
- De Bourbon-Lancy à Montceau-les-Mines 363
- Montceau-les-Mines 365
- Le Creusot 368
- Du Creusot à Autun par la route des châteaux 373

LA NIÈVRE 375

- ABC de la Nièvre 375
- Un peu d'histoire 375
- Un art de vivre 376

LA LOIRE EN BOURGOGNE **380**

- Nevers 380
- La Charité-sur-Loire 391
- Pouilly-sur-Loire 396
- Cosne-Cours-sur-Loire 399
- Saint-Amand-en-Puisaye 403
- Donzy 404
- Varzy 406

LE CANAL DU NIVERNAIS **407**

- Clamecy 408
- Le long du canal, de Clamecy à Corbigny 411
- Corbigny 412
- Le long du canal, de Corbigny à Decize 414
- Châtillon-en-Bazois 414
- Decize 415

HOMMES, CULTURE, ENVIRONNEMENT 419

- Architecture et habitat 419
- Les canaux de Bourgogne et du Nivernais 422
- Les chemins de Saint-Jacques-de-Compostelle 423
- Cuisine 423
- Économie 425
- Environnement 426
- Géographie 427
- Histoire 427
- Personnages 431
- Sites inscrits au patrimoine mondial de l'Unesco 433
- Traditions viticoles 434
- Vignoble bourguignon 435

Index général **455**

Liste des cartes et plans **463**

☎ **112 :** c'est le numéro d'urgence commun à la France et à tous les pays de l'UE, à composer en cas d'accident, agression ou détresse. Il permet de se faire localiser et aider en français, tout en améliorant les délais d'intervention des services de secours.

Recommandation à ceux qui souhaitent profiter des réductions et avantages proposés dans le *Routard* par les hôteliers et les restaurateurs.

À l'hôtel, pensez à les demander au moment de la réservation ou, si vous n'avez pas réservé, **à l'arrivée.** Ils ne sont valables que pour les réservations en direct et ne sont pas cumulables avec d'autres offres promotionnelles (notamment sur Internet). Au restaurant, parlez-en **au moment** de la commande et surtout **avant** que l'addition soit établie. Poser votre *Routard* sur la table ne suffit pas : le personnel de salle n'est pas toujours au courant et une fois le ticket de caisse imprimé, il est souvent difficile de modifier le total. En cas de doute, montrez la notice relative à l'établissement dans le *Routard* de l'année et, bien sûr, ne manquez pas de nous faire part de toute difficulté rencontrée.

Pictogrammes du Routard

Établissements

- Hôtel, auberge, chambre d'hôtes
- Camping
- Restaurant
- Terrasse
- Pizzeria
- Boulangerie, sandwicherie
- Pâtisserie
- Glacier
- Café, salon de thé
- Café, bar
- Bar musical
- Club, boîte de nuit
- Salle de spectacle
- Boutique, magasin, marché

Infos pratiques

- Office de tourisme
- Poste
- Accès Internet
- Hôpital, urgences
- Adapté aux personnes handicapées

Sites

- Présente un intérêt touristique
- Point de vue
- Plage
- Spot de surf
- Site de plongée
- Recommandé pour les enfants
- Inscrit au Patrimoine mondial de l'Unesco

Transports

- Aéroport
- Gare ferroviaire
- Gare routière, arrêt de bus
- Station de métro
- Station de tramway
- Parking
- Taxi
- Taxi collectif
- Bateau
- Bateau fluvial
- Piste cyclable, parcours à vélo

Le pont-canal de Digoin

© Sime/Photononstop

LA RÉDACTION DU ROUTARD

(sans oublier nos 50 enquêteurs, aussi sur le terrain)

© R. Delalande et E. Dessons

Jean-Sébastien, Olivier, Mathilde, Thierry, Alain, Gavin's, Éléonore, Anne-Caroline, André, Laura, Florence, Véronique, Isabelle, Géraldine, Fiona, Amanda, Benoît, Emmanuelle, Bénédicte, Philippe, Carole, Diane, Anne, Marie.

La saga du *Routard* : en 1971, deux étudiants, Philippe et Michel, avaient une furieuse envie de découvrir le monde. De retour du Népal germe l'idée d'un guide différent qui regrouperait tuyaux malins et itinéraires sympa, destiné aux jeunes fauchés en quête de liberté. 1973. Après 19 refus d'éditeurs et la faillite de leur première maison d'édition, l'aventure commence vraiment avec Hachette. Aujourd'hui, le *Routard*, c'est plus d'une cinquantaine d'enquêteurs impliqués et sincères. Ils parcourent le monde toute l'année dans l'anonymat et s'acharnent à restituer leurs coups de cœur avec passion.

Merci à tous les routards qui sont solidaires de nos convictions : liberté et indépendance d'esprit ; découverte et partage ; sincérité, tolérance et respect des autres.

NOS SPÉCIALISTES BOURGOGNE

Thomas Rivallain : transbahuté dès l'enfance dans le combi familial, les sens affutés en tournée musicale ou louvoyant sur les itinéraires bis, tout est prétexte aux carnets de route pour cet admirateur de fleuves. Souvent parti là où on ne l'attend pas, il travaille ses guides en Anjou, auprès de l'indomptable Loire. En bon apôtre du voyage, Thomas ne croit que ce qu'il voit.

Amanda, Mathilde et Marie : quand l'une arpente les routes bretonnes en quête de la meilleure pâte à crêpes, l'autre explore le bocage normand à coups de gorgées de cidre, pendant que la troisième chausse ses skis pour dégoter le meilleur refuge alpin. La curiosité, l'enthousiasme et la gourmandise sont leur meilleur sonar, que complètent deux décennies d'expérience à user leurs semelles sur les routes de l'Hexagone. Un trio complice et indépendant qui essaie, entre deux voyages, de garder la ligne.

Gérard Bouchu : Bourguignon d'origine, donc volontiers sédentaire, il est devenu par hasard journaliste spécialisé dans les voyages et la gastronomie. Il a ajouté en 1995 un sac à dos à ses sacs isothermes, pour pouvoir travailler tout en gardant le goût des pays visités. Trekkeur urbain plus que voyageur solitaire, il a toujours aussi soif et faim de nouveautés.

Un grand merci à nos ami(e)s et contacts sur place.

Pour cette nouvelle édition, nous remercions particulièrement :
- le Comité régional de tourisme de Bourgogne ;
- l'équipe du magazine *Bing Bang* ;
- **Sophie Jouët** et l'équipe du PNR du Morvan.

Pour la Côte-d'Or
- **Pascale Lambert** et toute l'équipe de Côte-d'Or Tourisme ;
- **Florence Bucciacchio** de l'OT de Dijon ;
- **Emmanuelle Deflandre** et l'OT de Beaune et Pays Beaunois.

Pour la Saône-et-Loire
- **Sandrine Guénerie et Véronique Givord** de Destination Saône-et-Loire ;
- **Robin** de l'OT de Mâcon et du Pays mâconnais ;
- **Marina Billoud** et l'équipe de l'OT de Cluny et du Clunisois ;
- **Cécile Richy** du pays de la Bresse bourguignonne ;
- **Coralie Bouchacourt** de l'OT de Chalon-sur-Saône ;
- **Raphaël Federici** de l'OT Montceau-Le Creusot.

Pour la Nièvre
- **Stéphane Bénédit, Anne-Laure Estenos** et **Philippe Audoin,** de l'ADT de la Nièvre ;
- l'équipe de l'OT de Nevers.

Pour l'Yonne
- **Stéphanie Wahl** de l'ADT de Yonne Tourisme ;
- tous les OT de l'Yonne, d'Auxerre, de Vézelay à Toucy, d'Avallon à Sens et de Saint-Fargeau à Tonnerre ;
- **Delphine Bourselot,** au chantier médiéval de Guédelon.

Et bien sûr, tous les autres offices de tourisme qui, année après année, nous apportent leur aide précieuse avec professionalisme. Impossible de tous les citer !

Le *Routard* est imprimé sur un papier issu de forêts gérées.

I.S.B.N. 978-2-01-706860-0

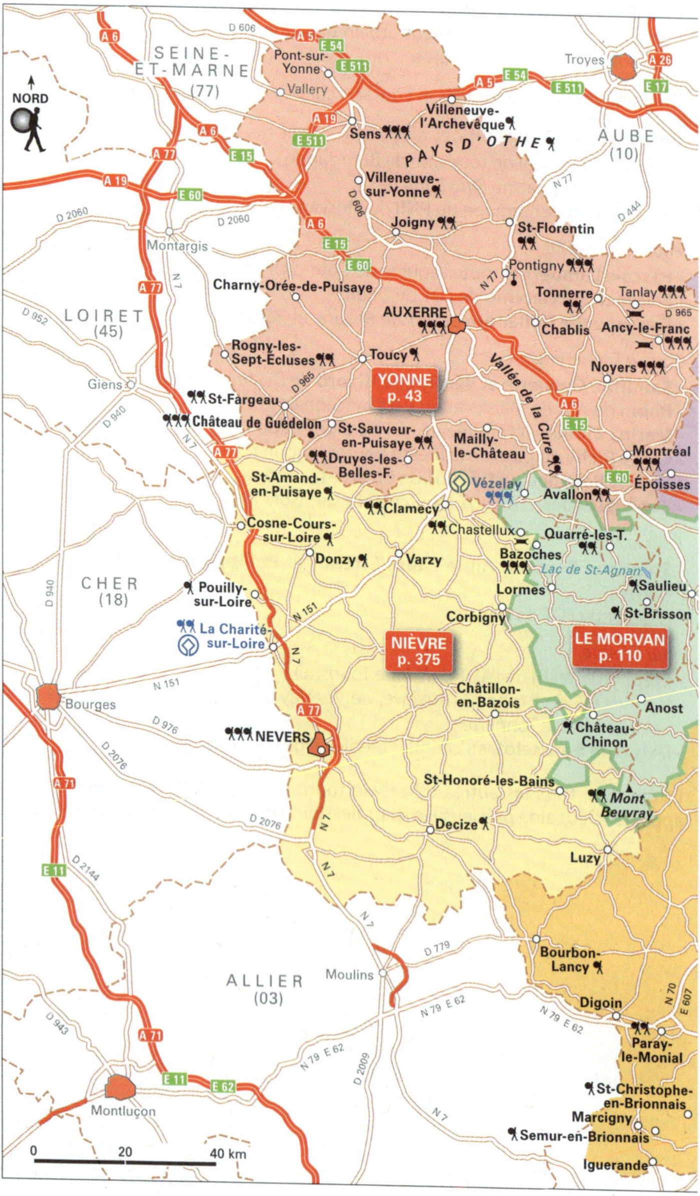
NORD
SEINE-ET-MARNE (77)
Pont-sur-Yonne
Vallery
Villeneuve-l'Archevêque
Sens
PAYS D'OTHE
Troyes
AUBE (10)
Villeneuve-sur-Yonne
Joigny
St-Florentin
Montargis
Pontigny
Charny-Orée-de-Puisaye
Tonnerre
Tanlay
LOIRET (45)
AUXERRE
Chablis
Ancy-le-Franc
Rogny-les-Sept-Écluses
Toucy
Noyers
Giens
YONNE p. 43
St-Fargeau
Vallée de la Cure
Château de Guédelon
St-Sauveur-en-Puisaye
Mailly-le-Château
Druyes-les-Belles-F.
Montréal
Époisses
St-Amand-en-Puisaye
Vézelay
Avallon
Clamecy
Cosne-Cours-sur-Loire
Chastellux
Quarré-les-T.
Donzy
Varzy
Bazoches
Lac de St-Agnan
CHER (18)
Pouilly-sur-Loire
Lormes
Saulieu
St-Brisson
Corbigny
La Charité-sur-Loire
NIÈVRE p. 375
LE MORVAN p. 110
Bourges
Châtillon-en-Bazois
Anost
NEVERS
Château-Chinon
St-Honoré-les-Bains
Mont Beuvray
Decize
Luzy
Bourbon-Lancy
ALLIER (03)
Moulins
Digoin
Paray-le-Monial
St-Christophe-en-Brionnais
Marcigny
Montluçon
Semur-en-Brionnais
Iguerande
0
20
40 km

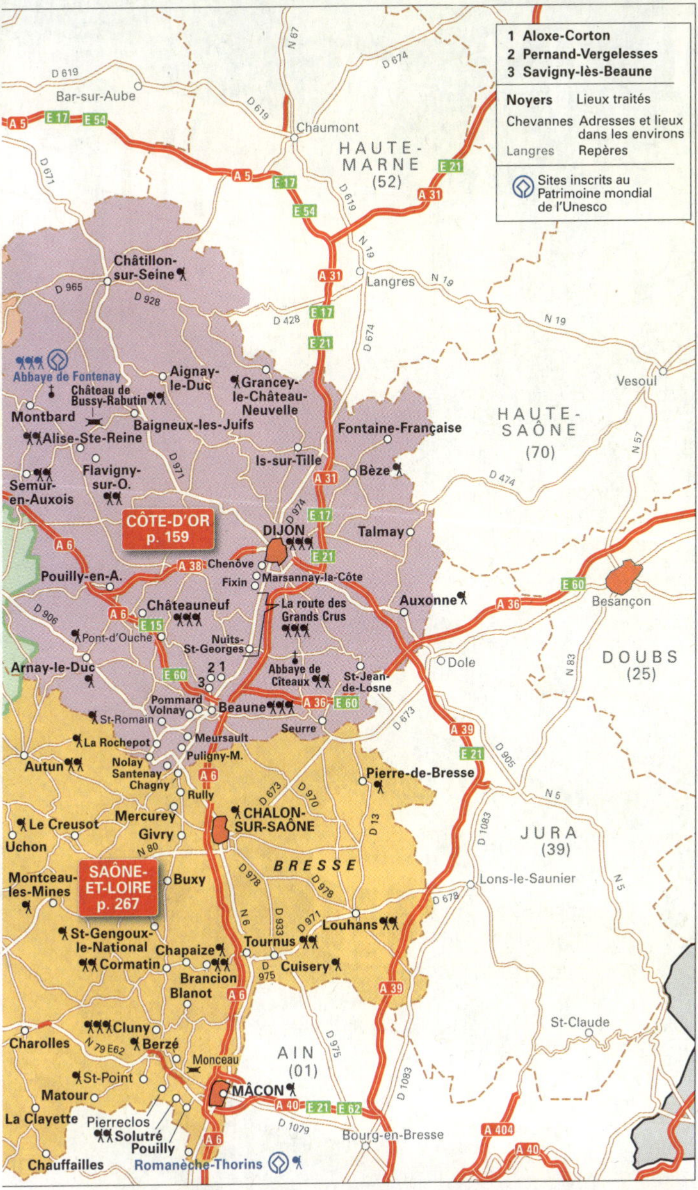

LA BOURGOGNE

Château de Cormatin

© Chicurel Arnaud/hemis.fr

« À quoi reconnaît-on un bon restaurant ? Les verres à vin y sont plus grands que les verres à eau. »
Charles Beigbeder

La Bourgogne, région magnifique aux portes de la région parisienne, est sortie depuis longtemps de sa coquille. Elle a même fini par s'habituer aux autoroutes, qui la placent aujourd'hui au cœur de l'Europe. C'est vrai qu'elles lui ont fait du tort aussi, ces gredines, oubliant les **douces escales** d'autrefois dans des bourgades paisibles où l'on se régalait d'escargots, de jambon persillé et de coq au vin, avant de s'attaquer à l'époisses pour finir sur un vieux marc plutôt que sur un dessert.
La Bourgogne se décline en une **mosaïque de pays** ayant chacun ses couleurs, sa saveur, ses senteurs, du refuge de Vincenot à celui de Colette, des **Hautes Côtes** jusqu'à la **Puisaye,** du **Nivernais** à la Vingeanne… Et il ne faudrait surtout pas la réduire à la prestigieuse **route des Vins,** une bande étroite qui, de la côte de Beaune à Dijon via Nuits-Saint-Georges et le clos de Vougeot, aligne de prestigieux vignobles à la réputation internationale.
La Bourgogne historique est aussi constituée des noires **forêts du Morvan,** des plaines agricoles ceinturant Sens, des paysages verts et opulents du **Charolais** et du **Brionnais** annonçant déjà le **Bourbonnais,** de l'architecture rurale de la **Bresse bourguignonne,** ainsi que des paysages parfois austères du nord de la Côte-d'Or, parsemés de bourgades médiévales charmantes et rustiques.
Au-delà de son irremplaçable patrimoine architectural et naturel, de ses **Vézelay, Cluny** et de son **palais des Ducs,** ici, on en revient toujours à l'art de vivre. Comme Talleyrand qui, pour se faire élire à Autun, avait sa table pour régaler ses électeurs, la Bourgogne possède suffisamment de **grandes et petites tables** et de **bons vins** pour recevoir et retenir le connaisseur et le tout-venant. De vignes en caves, de fermes-auberges en châteaux, elle attend, l'œil malin, le visiteur qui saura opposer l'itinérance douce des canaux de Bourgogne ou du Nivernais aux voies toutes tracées des autoroutes et du TGV.

La cathédrale Saint-Lazare d'Autun

NOS COUPS DE CŒUR

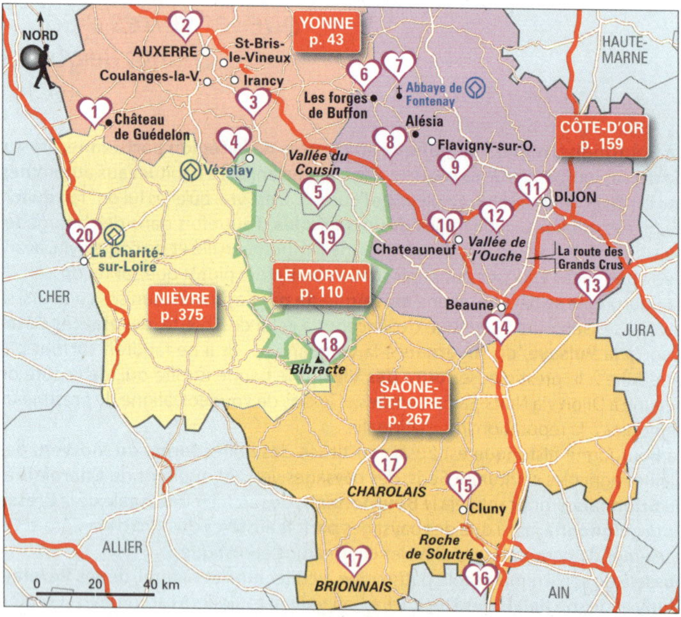

(1) Laisser son cœur battre au rythme des soufflets de forge et des marteaux des bâtisseurs du château fort de Guédelon, en pleine Puisaye.

Dans une carrière s'élève, pierre après pierre, depuis plus de 20 ans, un vrai château féodal avec douves, donjon et tout le reste. Une réalisation un peu folle utilisant les techniques de construction des XIIe et XIIIe s, en temps réel, grâce à 40 ouvriers et artisans, rejoints tous les ans par 600 stagiaires. Les 300 000 visiteurs annuels permettent au projet de s'autofinancer et reviennent tous les 2 ou 3 ans pour apprécier l'évolution des travaux qui ne se termineront pas avant 2025, et encore… *p. 68*

Bon à savoir : • *guedelon.fr* •

© Clément Guérard

2 **Suivre les pas de Cadet Roussel dans les vieilles rues d'Auxerre et flâner sur les quais de l'Yonne.**

Une ville bien agréable à vivre : de bonnes petites tables enthousiasmantes, des musées à la qualité inattendue, un vieux centre avec sa vénérable tour de l'horloge, de ravissantes maisons à pans de bois et un club de foot qui fait toujours parler de lui. À la fois commerçante, en grande partie semi-piétonne et fleurie, Auxerre est une Ville d'art et d'histoire, 2e secteur sauvegardé de Bourgogne, à découvrir depuis le pont Paul-Bert qui enjambe la rivière. *p. 80*

3 Au sud d'Auxerre, faire sa tournée des grands-ducs, entre vignobles et petits villages aux noms gourmands : Coulanges-la-Vineuse, Saint-Bris-le-Vineux, Irancy…

Avec les cerisiers en fleur au printemps ou simplement par un beau jour d'été, c'est l'un des plus beaux circuits à faire au cœur de la région, à la découverte des villages vignerons aux noms chantants de l'Auxerrois et du Chablisien. Des paysages qui rappellent les plus belles affiches de promotion pour la Bourgogne. Idéal pour les amateurs de rando ou de balade à VTT. Et pour les amateurs de vins aromatiques, de fabuleuses découvertes à faire chez les producteurs locaux. *p. 82*

4 Grimper jusqu'à Vézelay, comme le font les pèlerins sur le chemin de Saint-Jacques-de-Compostelle depuis le XIe s.

Vézelay ne mérite pas seulement une visite pour sa célèbre et non moins superbe basilique, haut lieu de l'histoire et de la chrétienté, classée au Patrimoine mondial de l'Unesco. C'est un joli village, classé lui aussi, perché sur une colline dominant à la fois la vallée de la Cure et le nord du Morvan. *p. 121*

***Bon à savoir :** navette électrique gratuite. En été, on est tranquille jusqu'à 10h du matin.*

5 Depuis Avallon, emprunter la jolie route qui serpente dans la vallée du Cousin.

C'est l'une des plus jolies vallées de la région. Elle suit le lit d'une petite rivière déboulant du Morvan et creusant dans le granit des gorges fraîches et boisées. La route s'y glisse pour quelques kilomètres entre Avallon et Vault-de-Lugny. Magnifiques paysages à découvrir, au soleil levant, à vélo ou à pied. *p. 121*

Bon à savoir : *aires de pique-nique aménagées.*

© Boisvieux Christophe/hemis.fr

6 Se passionner pour les forges de Buffon, près de Montbard, exemple rare de rationalisme industriel au siècle des Lumières.

Le célèbre naturaliste Buffon créa ces forges à 60 ans, en 1768. Elles constituent un remarquable exemple des préoccupations rationalistes et de l'harmonie prônées au XVIIIe s, prémices au développement industriel du siècle suivant. Cas unique à l'époque, elles réunissaient au même endroit les 3 métiers de la métallurgie : extraction, fonderie et ferronnerie. L'économie de temps et de transport en fit une affaire très rentable. *p. 250*

Bon à savoir : *• grandeforgedebuffon.fr •*

© Lenain Hervé/hemis.fr

© Javier Larrea/Age fotostock

7 Débusquer l'abbaye de Fontenay dans une vallée confidentielle de l'Auxois et revivre la dernière scène du *Cyrano de Bergerac* de Rappeneau, tournée dans le jardin.

Aujourd'hui classée par l'Unesco, elle est restée telle qu'elle fut fondée en 1118 par saint Bernard, dans un parfait état de préservation, conservant son église, les bâtiments claustraux et les dépendances, le tout bien à l'abri derrière un haut mur de pierre. On peut aussi admirer les vestiges de l'industrie papetière qui permit la sauvegarde du site après la Révolution. *p. 251*

Bon à savoir : *• abbayedefontenay.com •*

8 **Revivre Alésia au MuséoParc installé dans l'Auxois, là même où aurait eu lieu la bataille.**

Ancré sur le champ de bataille, le bâtiment tout rond permet une immersion à 360° au cœur du paysage de l'Auxois qui n'a quasiment pas changé depuis plus de 2 000 ans ! L'occasion de relire les manuels et de tout comprendre sur le siège, le contexte historique et sur la construction du mythe du Gaulois au XIXe siècle. Pièces archéologiques, reconstitutions, multimédias et statue géante de Vercingétorix à quelques kilomètres… de quoi passionner petits et grands. *p. 243*

© Giuglio Gil/hemis.fr

9 **Arpenter avec délectation les ruelles de Flavigny, un de ces « Plus Beaux Villages de France », perché sur un escarpement près d'Alésia.**

Son indéniable caractère médiéval servit au tournage du film *Le Chocolat* avec Juliette Binoche (2000). Le village se révèle un endroit charmant et charmeur. Rien que prononcer son nom, tout en enrobé, fait l'effet de déguster une friandise ! La vraie célébrité de Flavigny ne pèse d'ailleurs pas bien lourd. Dans l'abbaye bénédictine même, on a fabriqué en effet les célèbres bonbons à l'anis jusqu'en 2019. *p. 246*

Bon à savoir : *infos pour visiter la fabrique d'anis artisanale sur • anis-flavigny.com •*

© Lenain Hervé/hemis.fr

10 Passer une soirée en apesanteur à Chateauneuf, village médiéval juché sur une colline et classé « Plus Beau Village de France », au cœur de l'Auxois.

Comment résister à la vue de ce splendide nid d'aigle, souvent photographié avec le canal de Bourgogne et un bateau au 1er plan ? Il est encore plus fascinant le soir quand il est tout illuminé, dominant les plaines environnantes. Une halte très pittoresque, avec son château médiéval, ses halles, sa promenade, son église du XVe s et le superbe panorama. *p. 224*

Bon à savoir : *ne pas manquer de visiter le château ; • chateauneuf.bourgognefranchecomte.eu •*

11 **Faire un tour aux halles à l'ancienne de Dijon, un vendredi ou un samedi matin, s'arrêter dans un bar pour boire un vrai kir bien tassé avant d'aller explorer le musée des Beaux-Arts.**

Nombreux restos et bistrots avec terrasse tout autour. De quoi prendre des forces pour découvrir la ville ancienne dominée par la haute tour du palais des Ducs. Ne pas manquer le superbe musée des Beaux-Arts rouvert depuis 2019. L'office de tourisme propose un *Parcours de la chouette* dans la ville (guide payant), qui invite à suivre des pavés triangulaires portant le symbole fétiche des Dijonnais. *p. 176, 178*

Bon à savoir : le musée des Beaux-Arts est gratuit !

12 **Arpenter à vélo le canal de Bourgogne, dans la vallée de l'Ouche.**

Suivre ce canal, qui trace sa route entre Yonne et Côte-d'Or, à son rythme, fait partie des joies simples. Le mignon pont-canal, prés de l'écluse n°20, à Pont-d'Ouche, en voit passer du monde l'été, cyclistes, plaisanciers et randonneurs. Grâce à la forme surbaissée des 3 arches, le canal présente ici une profondeur de 2,30 m qui suffit aux péniches pour poursuivre leur périple. À moins qu'elles ne fassent une pause méritée au sympathique bistro-épicerie-bar. *p. 220, 222*

Bon à savoir : c'est le long du canal de Bourgogne vers Pont-d'Ouche que Depardieu et Dewaere jetèrent Miou-Miou à l'eau dans Les Valseuses.

13 **Emprunter la route des Grands Crus, au sud de Dijon, découvrir ses petits villages aux noms si prestigieux et ses clos célébrissimes.**

Vous voici sur les « Champs-Élysées de la vigne ». Les fabuleux vignobles de la côte de Nuits s'étendent sur une vingtaine de kilomètres jusqu'au village de Nuits-Saint-Georges. C'est dans ce lambeau exigu, large de 400 à 1 800 m et parallèle à la D 974, que se trouvent les appellations aux noms mythiques des villages de Gevrey-Chambertin, Morey-Saint-Denis, Chambolle-Musigny, Vougeot, Vosne-Romanée et Nuits-Saint-Georges. *p. 186*

Bon à savoir : *s'arrêter au château de Vougeot, le plus connu des clos ; • closdevougeot.fr •*

© Lenain Hervé/hemis.fr

14 **Découvrir le charme secret de Beaune et ses Hospices aux célèbres toits de tuiles multicolores.**

La ville fait partie de ces hauts lieux touristiques que l'on peut visiter en toute saison. Au printemps quand s'étalent les 1res terrasses, en été quand résonnent les arias du Festival international d'opéra baroque, en automne, au moment des vendanges, en hiver quand la vigne ne dort que d'un œil. Rien de tel que de s'attabler dans un bar à vins pour goûter à l'art de vivre typiquement bourguignon. *p. 201, 209*

Bon à savoir : *• hospices-de-beaune.com •*

© Gerault Gregory/hemis.fr

© Gerault Gregory/hemis.fr

15 **Faire une fascinante immersion dans ce qui fut le cœur et le moteur spirituel et religieux de l'Europe médiévale, Cluny et son abbaye.**

C'est l'un des points forts de tout voyage en Bourgogne. On découvre les restes du plus grand monastère de la chrétienté aux XIIe et XIIIe s. Malgré l'usure du temps et les destructions dues à la Révolution, cette abbaye conserve une capacité d'évocation prodigieuse. Arpenter ensuite le bourg médiéval de Cluny qui recèle une importante concentration de maisons romanes. *p. 290, 297*

Bon à savoir : *• cluny-abbaye.fr • Visites guidées de la cité médiévale en juil-août, infos sur • cluny-tourisme.com •*

© Gerault Gregory/hemis.fr

16 **Au sud de Mâcon, gravir les 493 m de dénivelée de la célèbre roche de Solutré qui domine la région.**

Ce fier escarpement calcaire et torturé s'avance majestueusement dans le paysage comme une étrave de navire, et, s'il n'était pas entouré de vignes, il suggérerait bien quelque cliché de « l'Ouest » américain... Solutré est aussi réputée pour son site archéologique, qui fut un espace de chasse de 30 000 à 10 000 ans av. J.-C. Avec le sommet voisin de Vergisson, ce paysage constitue un ensemble naturel prestigieux, classé parmi les Grands Sites de France. *p. 285*

Bon à savoir : *compter 1h aller-retour à pied ; • solutre.com •*

17 **Être bluffé en Charolais et en Brionnais, dans le sud de la Bourgogne, une région qui fourmille de curiosités, de bonnes tables, de chambres d'hôtes originales dans des paysages mamelonnés, tout en douceur, modèles d'harmonie et de bien vivre.**

Le Charolais, outre sa succulente viande persillée et son fromage de chèvre AOC, offre une belle architecture rurale de fermes fortifiées et grosses demeures paysannes cossues. Le Brionnais a aussi beaucoup de sites à proposer, à commencer par son circuit des églises romanes. *p. 343*

Bon à savoir : *la région commence au nord de Charolles et Paray-le-Monial, pour rejoindre l'extrême sud du département.*

© Guy Christian/hemis.fr

18 **D'Autun à Bibracte, remonter 2 000 ans d'histoire, à l'époque où les Gaulois devinrent gallo-romains.**

Classé Grand Site de France, l'oppidum de Bibracte, capitale des Éduens, culmine sur le mont Beuvray à 821 m. Un site exceptionnel déjà pour sa vénérable forêt et ses points de vue uniques sur la Bourgogne centrale. Il sert surtout d'écrin aux vestiges archéologiques, aujourd'hui mis en lumière par les archéologues qui ont fourni la matière d'un fabuleux musée, résolument high-tech. *p. 153, 155, 156*

Bon à savoir : *compter une journée pour le musée (payant) et le site archéologique du mont Beuvray (accès libre) ; • bibracte.fr •*

© Guy Christian/hemis.fr

19 **Ne pas manquer d'explorer le Morvan, de lacs en lacs, à travers forêts et pâturages.**

Le Morvan est le plus bel ensemble naturel de Bourgogne et le mieux préservé. À cheval sur 4 départements, c'est une terre à part. Hameaux déserts en apparence, vallées encaissées où coulent des rivières à truites, prés fermés par des haies de houx et des barrières en bois séculaires… Pour goûter au vrai Morvan, il faut s'enfoncer dans la forêt profonde ou s'arrêter dans une auberge de village. *p. 110*

Bon à savoir : *pour la randonnée et les activités diverses, consulter les infos à la Maison du parc ; • tourisme.parcdumorvan.org •*

20 **Découvrir le patrimoine exceptionnel de La Charité-sur-Loire, dominée par son église prieurale et ses bâtiments conventuels soigneusement restaurés.**

L'église prieurale Notre-Dame date du XIe s. Ce chef-d'œuvre d'art roman clunisien est classé au Patrimoine mondial de l'Unesco. La ville, labellisée Ville d'art et d'histoire, fut implantée sur un site de toute beauté. Très belle vue sur la cité historique et ses clochers depuis la Loire qui mérite amplement ici son qualificatif de « dernier fleuve sauvage d'Europe ». *p. 391*

Bon à savoir : *La Charité est aussi le rendez-vous incontournable des bibliophiles éclairés (Ville du livre et Cité du mot : • lacharitesurloire.fr •).*

La cathédrale Saint-Étienne d'Auxerre

ITINÉRAIRES CONSEILLÉS

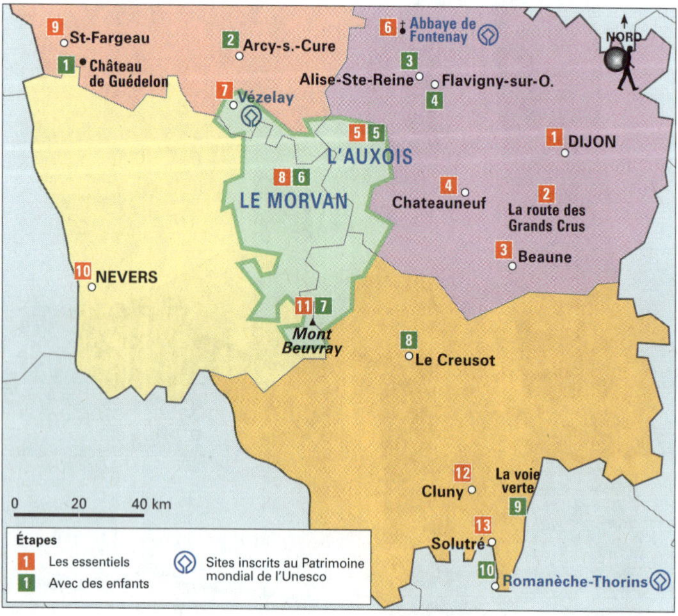

Les essentiels

De vignobles en châteaux, de bonnes tables en rando, la Bourgogne se découvre de mille manières. En allant de **Dijon (1),** cité des Ducs, à **Beaune (3),** capitale du bourgogne, suivez la route des Grands Crus, les **« Champs-Élysées de la vigne » (2),** en tâchant de reconnaître les climats classés par l'Unesco. En longeant le canal de Bourgogne, vous arrivez à **Chateauneuf (4),** splendide nid d'aigle au cœur de l'**Auxois (5),** délicieuse région, si riche en châteaux et villages embusqués, comme Flavigny et Semur, où l'on visite également le MuséoParc d'Alésia, avant de remonter jusqu'à l'**abbaye de Fontenay (6),** fondée par saint Bernard. Les chemins de traverse vous mènent, dans l'Yonne, jusqu'au pied de **Vézelay (7),** puis vers les sauvages **lacs et forêts du Morvan (8),** cet espace naturel unique, à cheval sur 4 départements. Direction la Puisaye, autour des **châteaux de Guédelon et de Saint-Fargeau (9).** Longez la Loire jusqu'à la tranquille **Nevers (10),** dont vous vous échapperez pour filer à travers la Nièvre jusqu'au **mont Beuvray-Bibracte (11),** pour explorer l'intimité des Éduens, nos ancêtres les Gaulois. Du Haut-Morvan, on gagne la Bourgogne du Sud et la fabuleuse abbaye de **Cluny (12)** qui marqua l'histoire de la chrétienté au Moyen Âge avant de gravir la **roche de Solutré,** dans ce **Mâconnais (13)** si cher à Lamartine.

Avec des enfants

Incontournable, la visite de **Guédelon (1),** le seul chantier de château qui se poursuit, d'année en année, avec les mêmes techniques qu'au Moyen Âge. Les grottes d'**Arcy-sur-Cure (2)** valent assurément le détour, surtout en cas de grosse chaleur avant de partir à l'assaut d'**Alésia (3),** site dédié aux cousins d'Astérix. Tout à côté, pause gourmande à la fabrique des anis de **Flavigny (4).** Garder des forces pour l'**Auxois (5),** ses sentiers pour la rando et ses lacs pour la baignade, à moins de préférer ceux du **Morvan (6).** Par Toutatis, revoici les Romains à Bibracte, au pied du mont **Beuvray (7).** Puis arrêt en cours de route pour profiter du parc touristique des Combes au **Creusot (8)** en rejoignant le sud de la Bourgogne. Les 220 km de **voie verte goudronnée (9)** sont une bonne solution pour dépenser son énergie avant un arrêt éventuel à Romanèche-Thorins, pour découvrir le parc zoologique de **Touroparc (10).**

Le village médiéval de Noyer-sur-Serein

Se mettre au verre

Difficile pour qui sillonne la Bourgogne de ne boire ici que de l'eau. Le vignoble de l'Auxerrois, entre Auxerre et **Chablis (1)** n'est qu'une mise en bouche avant de suivre la **route des Grands Crus (3),** de Gevrey-Chambertin à **Vougeot (4),** village célèbre pour son château, où l'on cultive la tradition du ban bourguignon (la-la-lala-lalalalère, air connu !). Auparavant, les plus curieux se seront intéressés aux discrets **vignobles de l'Auxois (2).** Pour les fans des fruits rouges et de kir, balade dans l'Arrière-Côte avant la visite du **Cassissium,** à **Nuits-Saint-Georges (5).** Éviter la nationale et reprendre la route des Hautes Côtes jusqu'à **Beaune (6),** où l'on visitera les caves et le musée du Vin. Prévoir un arrêt à **Meursault (7).** Suivre la côte chalonnaise jusqu'à Mercurey et **Givry (8)** avant d'aborder le Mâconnais et arriver aux portes du Beaujolais, au **hameau Dubœuf,** à **Romanèche-Thorins (9).** Ceux qui rejoignent le Sud en suivant plutôt l'ancienne N 6 à l'ouest de la Bourgogne ne savent pas ce qu'ils perdent, même s'ils auront, autour de **Pouilly-sur-Loire (10),** l'occasion de découvrir un vignoble que les voisins sancerrois surveillent de près.

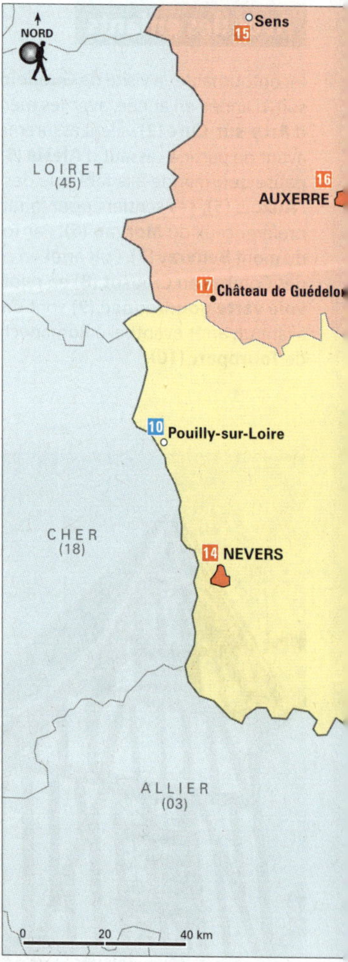

Pas de vacances sans Histoire

On ne compte plus en Bourgogne les villes et villages au fabuleux patrimoine, classés Villes d'art et d'histoire et autres Plus Beaux Villages de France. Alors que nos ancêtres préhistoriques chassaient du côté de **Solutré (1),** tout au sud, les Gaulois bataillaient à **Alésia (2)** et les Éduens rayonnaient depuis **Bibracte (3).** Le **Charolais-Brionnais (4)** fait soupirer les amateurs d'art roman, tout émerveillés sur les petites routes menant vers le **Clunisois médiéval (5)** et son incontournable abbaye. Changement d'époque avec le **château de Cormatin (6)** du XVIIe s qui ravira amoureux de jardins et de petites histoires de la grande Histoire. Mais il y a en a tant d'autres en Bourgogne… Détour par **Tournus (7)** puis **Louhans (8)**

où se tient le lundi un des plus vieux marchés de France. Passer par **Chalon-sur-Saône (9),** en pensant à Niépce, avant d'aller méditer à l'**abbaye de Cîteaux (10),** où l'aventure cistercienne a commencé. Si vous n'avez pas encore visité l'**hôtel-Dieu de Beaune (11)** et le **palais des Ducs** de **Dijon (12),** on vous offre une séance de rattrapage, avant de remonter vers Paris via les châteaux et villages de l'**Auxois (13),** les cathédrales de **Nevers (14)** et **Sens (15),** entre autres… Enfin, remarquable centre ancien à **Auxerre (16)** et, surtout, l'inénarrable **château médiéval de Guédelon (17)** qui sort patiemment de terre en Puisaye.

Le canal de NIvernais

Interview #experienceroutard

Par la rédaction du *Routard*

Pourquoi aimons-nous cette région ?

Parce qu'en Bourgogne on sait vivre ! Difficile de ne pas penser à Henri Vincenot, l'homme qui donna aux Bourguignons, par-delà le folklore de sa tenue et de ses propos, une conscience autant que des racines. À commencer par les règles et les bases d'un vrai repas : le lard, le vin, la crème, épaisse, onctueuse... et la conversation ! « Il faut manger en compagnie (la famille, les amis sont la meilleure) et jaser ! » 50 ans après, les amateurs de *slow food* et de *slow* tourisme pourraient en faire leur icône. Papy Vincenot icône des jeunes, on croit rêver !

Un souvenir original à rapporter chez soi ?

De la moutarde, mais pas n'importe laquelle ! Celle que l'on a confectionnée soi-même à la moutarderie Fallot de Dijon (ateliers mis en place en été avec l'office de tourisme). C'est la dernière à fabriquer artisanalement la moutarde à l'ancienne. Une fois les secrets de la recette dévoilés, il ne vous reste plus qu'à suivre jusqu'à la fin du processus l'histoire de cette petite graine qui deviendra une grande moutarde.

Un vignoble à recommander ?

Vous ne nous croirez peut-être pas, mais Vézelay se révèle un incomparable village vigneron ! Entre Chablisien, Auxerrois, Côte et Arrière-Côte, s'est créé, en l'espace d'une vingtaine d'années, un nouvel eldorado bourguignon. Bingo pour les vignerons du Vézelien et leur AOC en 100 % chardonnay. Et si, au lieu de monter en droite ligne jusqu'à la basilique, on prenait le temps de serpenter dans les rues, parmi ces immeubles médiévaux qui pouvaient compter 3 niveaux de caves ? Des caves qui accueillaient aussi bien les pèlerins que l'activité économique grouillante d'un XIIe s tout à la fois paillard et religieux. Pour la dégustation, il y a le choix.

Notre meilleur souvenir ?

Il y en a tellement ! Mais le marché du lundi matin à Louhans, la capitale de la Bresse bourguignonne, reste indéniablement un grand souvenir. La plus longue rue à arcades de France redevient un vrai petit théâtre qui se prolonge sur le champ de foire où couleurs, visages, sourires et accents jaillissent avec force du fond du bocage. Promenade de la Charité se déroule le marché à la volaille de Bresse, où les connaisseurs vérifient avec sérieux le bleu des pattes et l'immaculé des plumes. À l'heure de la pause casse-croûte, c'est la tête de veau qui est à l'honneur. Petits appétits s'abstenir.

COMMENT Y ALLER ?

EN VOITURE

• *autoroutes.fr* • Le portail des autoroutes, bien utile pour préparer son voyage en France et en Europe. Renseignements sur les temps de trajets, conditions de circulation et budgets sur tous les tronçons autoroutiers de l'Hexagone. Également sur les tunnels, les ferries et les autres portions payantes du réseau routier.
– La Bourgogne est desservie par 7 autoroutes, dont l'A 6 (Paris-Lyon-Marseille), l'A 77 qui dessert Nevers et le sud Nivernais, et l'A 36. La région est également traversée par les mythiques nationales 6 et 7.

Le covoiturage

Le principe est économique, écologique et convivial. Il s'agit de mettre en relation un chauffeur et des passagers afin de partager le trajet et les frais, que ce soit de manière régulière ou exceptionnelle (pour les vacances, par exemple). Les conducteurs sont invités à proposer leurs places libres sur BlaBlaCar • *blablacar.fr* • (disponible sur Web et sur mobile). L'inscription est gratuite.

EN BUS

Le réseau de bus longue distance s'étant intensifié ces dernières années, le plus pratique est de consulter le comparateur de billets d'autocars • *comparabus.com* • qui regroupe et compare les prix des différentes compagnies présentes en France : BlaBlaBus (anciennement Ouibus), Eurolines/Isilines, Flixbus. De nombreuses villes sont desservies sur tout l'Hexagone avec régulièrement de nouvelles dessertes. À vous de voir en temps réel les liaisons existantes. Un lien vers les compagnies permet d'acheter ses billets en direct.

EN TRAIN

Très nombreuses liaisons TGV et Intercités en direction et au départ de Paris et des principales villes de province.

Au départ de Paris

Les TGV partent généralement de la ***gare de Lyon,*** les trains Intercités de ***Paris-Bercy.*** Toutes les infos sur le site • *oui.sncf* •

➢ TGV directs avec ***Chalon-sur-Saône*** (2h25, parfois changement à Dijon), ***Dijon*** (1h40), ***Beaune*** (2h10), ***Le Creusot*** (1h20), ***Mâcon-Loché*** (1h30) et ***Montbard*** (1h).

➢ Intercités directs avec ***Auxerre*** (1h30), ***Montbard*** (2h25), ***Nevers*** (1h50) et ***Sens*** (50 mn).

Au départ de la province

➢ Trains directs (TGV ou non) entre Dijon et ***Lyon*** (1h30), ***Lille*** (2h50), ***Marseille*** (3h), ***Montpellier*** (3h35), ***Strasbourg*** (2h), ***Mulhouse*** (1h)...

Au départ de la Suisse

➢ Liaisons TGV sur Dijon avec ***Zurich*** (2h30), ***Berne*** (2h50), ***Lausanne*** (2h).

Pour voyager au meilleur prix

La SNCF propose des services et tarifs adaptés à chacun de vos voyages.

➢ ***Prem's :*** des petits prix disponibles toute l'année. Billets échangeables

et remboursables (offres soumises à conditions). Impossible de poser des options de réservation sur ces billets : il faut les payer immédiatement.

➢ ***Les cartes de réduction :*** pour ceux qui voyagent régulièrement, profitez de 30 % de réduction avec les cartes *Avantage Famille, Jeune, Week-end* ou Senior + (49 €, valables 1 an).

Renseignements et réservations

– ***Internet :*** ● *oui.sncf* ●
– ***Téléphone :*** ☎ *36-35 (prix d'un appel local).*
– Également dans les gares, les boutiques SNCF et les agences de voyages agréées.

Comment circuler en région Bourgogne-Franche-Comté ?

La SNCF et la région Bourgogne-Franche-Comté vous proposent de voyager en TER ou en car à moindre coût partout en Bourgogne-Franche-Comté et vers Paris.
– Vous avez moins de 26 ans, c'est 50 % de réduction toute l'année.
– Vous avez plus de 26 ans, avec la Carte TER tarif réduit 26 ans et + (20 €, valable 1 an), vous bénéficiez de 60 % de réduction le week-end et durant les vacances scolaires de la zone A et de 30 % en semaine. Même réduction pour un accompagnant.
– En famille aussi les prix sont mini ! Gratuit pour les moins de 4 ans, 2 € le trajet pour les enfants de 4 à moins de 12 ans.

Pour tout renseignement :

– ***Sites :*** ● *ter.sncf.com/bourgogne-franche-comte* ● et ● *viamobigo.fr* ●
– ***Téléphone :*** *Mobigo,* ☎ *03-80-11-29-29 (lun-sam).*
– ***Appli « SNCF ».***

▲ **OUI.sncf**
Acteur majeur du tourisme en Europe, expert de la distribution du train et de la destination France, OUI.sncf propose les offres de 15 transporteurs train tels que TGV INOUI, OUIGO, INTERCITÉS, Eurostar, Thalys, TGV Lyria ; 3 compagnies de bus, 400 compagnies aériennes ; 500 000 offres d'hôtels référencés... et des services exclusifs (relation clients disponible tlj 24h/24, Alerte Petits Prix, OUIbot, etc.).

▲ ***Trainline.fr :*** une façon simple et rapide d'acheter vos billets de train sur le Web, mobile et tablette. Réservez vos billets pour voyager en France et dans plus de 45 pays européens. Consultez les tarifs et les horaires dans une interface claire et sans publicité. Trainline compare les prix de plusieurs transporteurs européens pour vous garantir le meilleur tarif.
Réservations et paiements sur ● *trainline.fr* ● et sur mobiles avec l'application Trainline pour iPhone et Android.

BON À SAVOIR AVANT LE DÉPART

ABC de la Bourgogne

- ***Statut depuis 2015 :*** région Bourgogne-Franche-Comté.
- ***Superficie :*** 31 582 km² (environ la moitié de la région), 6 % du territoire français.
- ***Préfecture :*** Dijon.
- ***Villes principales :*** Dijon et Beaune (Côte-d'Or), Nevers (Nièvre), Mâcon et Chalon-sur-Saône (Saône-et-Loire), Auxerre et Sens (Yonne).
- ***Population :*** 1 644 000 hab. (sur 2 818 000 pour toute la région).
- ***Principales industries :*** la mécatronique, l'agroalimentaire, la métallurgie, la production viticole.
- ***Point culminant :*** le mont Beuvray dans le Morvan (821 m).
- ***Signes particuliers :*** 2 grands fleuves (la Seine et la Loire), un vignoble aux 1 247 « climats » (classés au Patrimoine mondial de l'Unesco en 2015), plus de 200 millions de bouteilles de vin vendues chaque année, 1 000 km de canaux.

AVANT LE DÉPART

Adresses et infos utiles

Bourgogne-Franche-Comté Tourisme : • *bourgognefranchecomte.com* • Envoi de brochures par courrier. Liste des rendez-vous incontournables et des prestataires en œnotourisme sur le site. Consulter également • *bourgogne-tourisme.com* • : sites incontournables, au fil des saisons, art de vivre...

■ ***Gîtes de France :*** • *gites-de-france-bourgogne.com* • Les résas sont à faire auprès des relais départementaux des *Gîtes de France* (indiqués dans ce guide en introduction de chaque département).

– Le dispositif régional ***Mobigo*** (• *viamobigo.fr* •) permet de planifier ses déplacements en transports en commun ou à vélo.

• ***routard.com*** • Le site de voyage nº 1, avec plus de 800 000 membres et plusieurs millions d'internautes chaque mois. Pour s'inspirer et s'organiser, près de 300 guides destinations actualisés, avec les infos pratiques, les incontournables et les dernières actus, ainsi que les reportages terrain et idées week-end de la rédaction. Partagez vos expériences avec la communauté de voyageurs : forums de discussion avec avis et bons plans, carnets de route et photos de voyage. Enfin, vous trouverez tout pour vos vols, hébergements, voitures et activités, sans oublier notre sélection de bons plans, pour réserver votre voyage au meilleur prix.

• ***bienpublic.com*** • Pour les infos locales et régionales bourguignonnes...

Spécial rando

• ***visorando.com*** • À la recherche d'une idée de rando ? Hop, on tape le numéro du département (voire plus précisément le nom d'un bourg ou d'une ville), éventuellement la durée et le niveau de difficulté souhaités, et, magique, les suggestions apparaissent ! D'emblée sont alors précisées clairement d'autres infos (dénivelées, coordonnées GPS du point de départ, en boucle ou pas). Un site collaboratif qui permet de consulter/imprimer le descriptif de la balade bien sûr, mais aussi l'extrait de carte IGN au 1/25 000 concerné. Le tout complété par les avis des randonneurs.

– Dans le même ordre d'idée, le site • **mongr.fr** •, un autre site de la rando itinérante, celui de la FFRandonnée et ses milliers de bénévoles qui maintiennent les GR® de France accessibles.

Spécial étudiants

La carte internationale d'étudiant (ISIC) prouve le statut d'étudiant dans le monde entier et offre plein de réduc (billets d'avion spécial étudiants, hôtels et auberges de jeunesse, assurances, cartes SIM internationales, locations de voitures...).

Renseignements et inscriptions

– ***En France :*** • *isic.fr* • *13 € pour 1 année scolaire.*
– ***En Belgique :*** • *isic.be* •
– ***En Suisse :*** • *isic.ch* •
– ***Au Canada :*** • *isiccanada.com* •

La carte d'adhésion internationale aux auberges de jeunesse (carte FUAJ) ouvre les portes des 4 000 auberges de jeunesse du réseau *HI-Hostelling International* en France et dans le monde (90 pays). Vous pouvez ainsi parcourir 90 pays à des prix avantageux et bénéficier de tarifs préférentiels avec les partenaires des auberges de jeunesse *HI*. Il n'y a pas de limite d'âge pour séjourner en auberge de jeunesse. Il faut simplement être adhérent.

Renseignements et inscriptions

– ***En France :*** • *hifrance.org* •
– ***En Belgique :*** • *lesaubergesdejeunesse.be* •
– ***En Suisse :*** • *youthhostel.ch* •
– ***Au Canada :*** • *hihostels.ca* •

Si vous prévoyez un séjour itinérant, vous pouvez réserver plusieurs auberges en une seule fois en France et dans le monde sur • *hihostels.com* •

Monuments et musées nationaux

Les monuments et musées nationaux sont gratuits pour les enseignants et jeunes Européens de moins de 26 ans. • *monuments-nationaux.fr* • *rmngp.fr* • Pour la Bourgogne, sont concernés : le musée Magnin à Dijon, le château de Bussy-Rabutin, l'abbaye de Cluny et la chapelle des Moines de Berzé-la-Ville.

BUDGET

Nous vous indiquons ci-dessous l'échelle des tarifs auxquels nous nous référons pour l'ensemble de nos guides France.

Hébergement

D'une manière générale, nous indiquons des ***fourchettes de prix*** allant de la chambre double la moins chère en basse saison à la plus chère en haute saison. Ce qui implique parfois d'importantes fourchettes de prix, pas toujours en adéquation avec la rubrique dans laquelle l'établissement est cité. Le classement retenu est donc celui du prix moyen des chambres et de leur rapport qualité-prix.

- Les tarifs des ***campings*** sont calculés sur la base d'un emplacement pour 2 avec voiture et tente. Ils sont classés en tête de rubrique « Où dormir ? ».
- Pour les ***auberges de jeunesse,*** le tarif indiqué est celui du lit en dortoir et parfois de la chambre double, quand il y en a.
- En ***chambres d'hôtes,*** les prix sont donnés sur la base d'une chambre double. Ils incluent le petit déjeuner. Les cartes de paiement sont rarement acceptées ; en cas contraire, nous indiquons « CB acceptées ».

DEVINETTE

Pourquoi de nombreux établissements en France portent-ils le banal nom de Lion d'Or ? *Parce que, initialement, afin d'informer les illettrés sur la destination d'un établissement, la mention « Au lit on dort... » était inscrite sous forme de rébus sur les façades des auberges.*

- Concernant les ***hôtels,*** le prix retenu reste celui d'une nuit en chambre double (sans petit déjeuner). La fourchette de prix englobe toutes les saisons, mais il est important de noter que dans les grandes villes, les prix baissent significativement le week-end. Lorsque l'établissement dispose de chambres familiales, nous l'indiquons sans précision de prix.
- ***Bon marché :*** jusqu'à 60 €.
- ***Prix moyens :*** de 60 à 90 €.
- ***Chic :*** de 90 à 120 €.
- ***Plus chic :*** de 120 à 150 €.
- ***Beaucoup plus chic :*** plus de 150 €.

- ***Logis*** est la 1re chaîne de restaurateurs-hôteliers indépendants en Europe avec 2 200 établissements répartis dans 8 pays. Fort de ses 70 années d'expérience, le réseau offre l'assurance d'un accueil personnalisé et chaleureux, d'un hébergement de qualité ainsi que d'une restauration faite maison mettant à l'honneur produits locaux et de saison. Engagés sur les territoires, les *Logis* sont tous impliqués dans une démarche d'économie locale, privilégiant les circuits courts et les produits régionaux. Plus d'infos : • *logishotels.com* •
- ***The Originals, Human Hotels & Resorts*** est un mouvement collectif de 600 hôteliers indépendants qui partagent une vision commune : celle d'une hôtellerie plus authentique et plus humaine. Au travers de 6 catégories, de l'hôtel de luxe à l'économique, les hôteliers *The Originals, Human Hotels & Resorts* ont tous quelque chose d'unique à partager, vous faire découvrir ou expérimenter : une recette, un moment de vie, une passion, une histoire. Une diversité d'expériences pour profiter du meilleur de la vie locale dans 12 pays en Europe et dans le monde. • *theoriginalshotels.com* •

Restos

Au restaurant, ***notre critère de classement est le prix du 1er menu servi le soir*** (hors boissons). Les notions de « Prix moyens » ou « Plus chic » n'engagent donc que les prix, pas le cadre, même si, souvent, ils vont de pair. Ainsi, certains restos gastronomiques (et chic) proposant parfois d'intéressantes formules au déjeuner sont malgré tout classés dans la rubrique « Plus chic » en raison des tarifs pratiqués le soir. Ne boudez donc pas cette rubrique.

Enfin, la rubrique « ***Sur le pouce*** » référence des adresses que l'on recommande pour les sandwichs et plats à emporter. Les tarifs correspondent généralement à la rubrique « Très bon marché ».
- ***Très bon marché :*** moins de 15 €.
- ***Bon marché :*** de 15 à 25 €.
- ***Prix moyens :*** de 25 à 35 €.
- ***Chic :*** de 35 à 50 €.
- ***Plus chic :*** plus de 50 €.

Recommandation à ceux qui souhaitent profiter des réductions et avantages proposés dans le *Routard* par les hôteliers et les restaurateurs.

À l'hôtel, pensez à les demander au moment de la réservation ou, si vous n'avez pas réservé, **à l'arrivée.** Ils ne sont valables que pour les réservations en direct et ne sont pas cumulables avec d'autres offres promotionnelles (notamment sur Internet). Au restaurant, parlez-en **au moment** de la commande et surtout **avant** que l'addition ne soit établie. Poser votre *Routard* sur la table ne suffit pas : le personnel de salle n'est pas toujours au courant, et une fois le ticket de caisse imprimé, il est difficile de modifier le total. En cas de doute, montrez la notice relative à l'établissement dans le *Routard* de l'année, bien sûr, et ne manquez pas de nous faire part de toute difficulté rencontrée.

LIVRES DE ROUTE

Parmi les « grands » enfants du pays, on retiendra ***Lamartine,*** qui évoque sa terre natale dans les *Méditations,* **Colette** et ses souvenirs de jeunesse à travers la série des *Claudine,* ou encore ***Jules Renard,*** heureux père de *Poil de Carotte,* qui croque les Bourguignons avec une plume acérée, bien loin des récits de campagne idéalisés de ses contemporains.

- ***Les romans d'Henri Vincenot :*** si sa plume est tendre et nostalgique, ses livres, eux, sont forts et bouleversants. À travers chacun de ses romans, l'auteur nous fait voyager, entre les hauts forestiers et les villages perdus de la région. Ses personnages sont humains, simples et touchants. Dans *La Billebaude* (Gallimard, coll. « Folio »), l'auteur nous emmène « à la billebaude » (c'est-à-dire en toute liberté) à travers ses souvenirs de jeunesse, en évoquant la vie rude de ses grands-parents dans un hameau isolé. *Le Pape des escargots* (Gallimard, coll. « Folio ») relate les périples de La Gazette, un vagabond truculent et inspiré, qui se prend d'amitié pour un sculpteur déçu de la vie. Ensemble, ils rejoignent d'autres compagnons des cathédrales et partent restaurer des églises de Bourgogne.
- ***Le Roman de la Bourgogne,*** de François Céresa (Éd. du Rocher, coll. « Le roman des lieux magiques », 2007). Essai où viennent se croiser Bernard Loiseau, d'Artagnan, les églises du Brionnais, Vézelay, Cluny, ou encore de belles sorcières. Évocation d'une Bourgogne aussi romane que romanesque.
- ***Alésia, un village, une bataille, un site,*** par Jean-Louis Voisin (Éd. de Bourgogne, 2012). L'auteur réagit à la querelle qui secoue régulièrement le monde des érudits locaux : nul doute selon lui que la commune côte-d'orienne d'Alise-Sainte-Reine a bien vu l'affrontement entre 2 géants, César et Vercingétorix. Mais les défenseurs de la Franche-Comté ne baissent pas les bras.
- ***Vercingétorix,*** par Éric Adam, Didier Convard, Fred Vignaux et Stéphane Bourdin (Glénat, 2014). De nombreuses B.D. nous ramènent au personnage clé de l'histoire des Gaules. Celle-ci fait partie des plus réussies.
- ***Un grand bourgogne oublié,*** par Boris Guilloteau (Bamboo, vol. 1 en 2014 et vol. 2 en 2017). Une grande B.D., par un auteur qui a certainement trempé sa plume dans un verre de vin du Mâconnais.
- ***Nationale 74,*** de Patrick Lebas (Divine Comédie, 2015). Un road-book qui suit la route des grands crus de Bourgogne. Un guide conçu par des spécialistes et une référence pour les adeptes d'œnotourisme.
- ***C'était la nationale 7, la route bleue, la nationale 6,*** par Thierry Dubois (Paquet, 2012) évoque, avec dessins style ligne claire et photos anciennes à l'appui, le bon temps de routes des vacances, célèbres pourtant pour leurs accidents autant que pour leurs relais, potiers et tunnels. L'ex-nationale 6 (aujourd'hui D 606) fait l'objet d'un culte nostalgique en Bourgogne.

– ***3 000 ans de navigation sur la Saône. Histoire des bateaux traditionnels en bois et de leur construction,*** de Louis Bonnamour (Éd. de l'Escargot Savant, 2014). Un des livres parus chez cet éditeur régional à qui on doit nombre d'ouvrages passionnants. Livres sommes mais pas assommants pour autant, allez sur le site • *escargotsavant.fr* • pour les découvrir.

PERSONNES HANDICAPÉES

La marque Tourisme et Handicap

Créée par le secrétariat d'État à la consommation et au tourisme en partenariat avec les professionnels du tourisme et les associations représentant les personnes handicapées, elle permet d'identifier les lieux de vacances (hôtels, campings, sites naturels, etc.), de loisirs ou de culture (musées, monuments, etc.), mais aussi des offices de tourisme accessibles aux personnes en situation de handicap. Cette accessibilité, visualisée par un pictogramme correspondant aux quatre types de handicaps (moteur, visuel, auditif et mental), garantit accueil, accessibilité et confort et une utilisation des services proposés avec un maximum d'autonomie dans un environnement sécurisant.

Pour connaître la liste des sites labellisés par départements • *tourisme-handicaps.org* •

Par ailleurs, dans notre guide, nous indiquons par le logo ♿ les établissements qui possèdent un accès ou des chambres pouvant accueillir des personnes handicapées. Certaines adresses sont parfaitement équipées selon les critères les plus modernes. D'autres, plus simples, plus anciennes aussi, sans répondre aux normes les plus récentes, favorisent l'accueil des personnes handicapées en facilitant l'accès à leur établissement, tant sur le plan matériel que sur le plan humain. Évidemment, les handicaps étant très divers, des lieux accessibles à certaines personnes ne le seront pas pour d'autres. Appelez donc auparavant pour savoir si l'équipement de l'hôtel ou du resto est compatible avec votre niveau de mobilité. Malgré les combats menés par les nombreuses associations, l'intégration des personnes handicapées à la vie de tous les jours est encore balbutiante en France. Il tient à chacun de nous de faire changer les choses. Une prise de conscience est nécessaire, nous sommes tous concernés.

L'YONNE

• Carte *p. 44-45*

ABC de l'Yonne

- ❑ ***Superficie :*** 7 427 km².
- ❑ ***Préfecture :*** Auxerre.
- ❑ ***Sous-préfectures :*** Avallon, Sens.
- ❑ ***Population :*** 336 500 hab.

« J'avais une soif de l'Yonne,
voulant savoir à quoi l'Auxerre,
en homme de Sens,
j'y Joigny un peu de vin et je dis :
Tonnerre, Avallon ! »
(manuel scolaire)

Certains se rappellent peut-être cette amusante formule mnémotechnique d'autrefois imaginée pour obliger les cancres à se souvenir des préfectures et autres chefs-lieux de canton de ce département riche en sites de prestige : la cathédrale de Sens, le chantier médiéval de Guédelon, les châteaux de Saint-Fargeau, Tanlay et Ancy-le-Franc, Vézelay... Outre ses vignobles de renom avec le chablis ou l'irancy, un département qui cache surtout une bonne et belle nature : collines du Morvan, forêt d'Othe, grottes d'Arcy... sans oublier ses cours d'eau, de l'Yonne à la Cure en passant par le canal de Bourgogne ou celui du Nivernais. Vous allez craquer pour des vallées comme celles du Cousin, du Serein, idéales pour qui prône la zen attitude.

Les villes comme Sens, Auxerre, Joigny ou Avallon, à taille humaine, dotées d'une certaine sérénité autant que d'un riche patrimoine, vivent tranquillement, tout comme les villages qui les entourent, au rythme des saisons, des vendanges, du tourisme fluvial ou des fêtes de pays. Des villages classés ou non parmi les plus beaux de France, comme Noyers-sur-Serein ou Vézelay, vous donneront peut-être envie de poser vos bagages plus longtemps que vous ne l'imaginiez au départ...

ICAUNAIS... QUI CONNAÎT ?

Les Icaunais, c'est le nom des habitants du département, qui doivent cette bizarrerie étymologique aux changements de dénomination de l'Yonne (la rivière !) au fil des siècles : Icona, Yona, Yconioe ! Si vous les traitez de Yonnais, en revanche, ils voient rouge !

UN ART DE VIVRE

Pour ce qui est de l'art de vivre, en matière de vins, on peut dire que les Icaunais s'y connaissent. Difficile d'échapper à son complément, la célébrissime *gougère* au fromage. Elle accompagne toute dégustation de vin blanc qui se respecte. À propos de fromage, du côté de Tonnerre, il y en a 3 qu'il vous faudra goûter absolument, avec un rouge du pays cette fois : le *soumaintrain,* le *tonnerre* et le

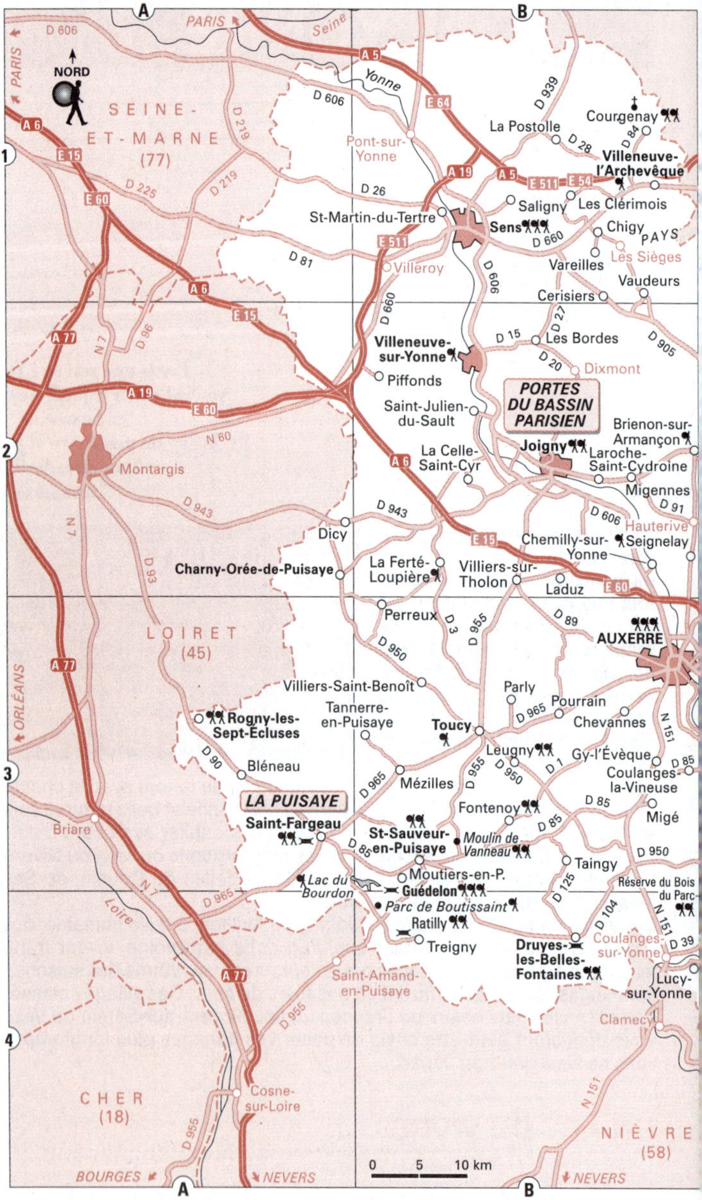
NORD
SEINE-ET-MARNE (77)
LOIRET (45)
CHER (18)
NIÈVRE (58)
PARIS
ORLÉANS
BOURGES
NEVERS
PORTES DU BASSIN PARISIEN
LA PUISAYE
PAYS
Seine
Yonne
Loire
Pont-sur-Yonne
La Postolle
Courgenay
Villeneuve-l'Archevêque
Saligny
Les Clérimois
St-Martin-du-Tertre
Sens
Chigy
Les Sièges
Vareilles
Vaudeurs
Villeroy
Cerisiers
Les Bordes
Villeneuve-sur-Yonne
Dixmont
Piffonds
Saint-Julien-du-Sault
Brienon-sur-Armançon
Joigny
Laroche-Saint-Cydroine
La Celle-Saint-Cyr
Migennes
Montargis
Hauterive
Dicy
Chemilly-sur-Yonne
Seignelay
Charny-Orée-de-Puisaye
La Ferté-Loupière
Villiers-sur-Tholon
Laduz
Perreux
AUXERRE
Villiers-Saint-Benoît
Parly
Pourrain
Rogny-les-Sept-Écluses
Tannerre-en-Puisaye
Toucy
Chevannes
Leugny
Gy-l'Évêque
Bléneau
Mézilles
Coulanges-la-Vineuse
Fontenoy
Migé
Saint-Fargeau
St-Sauveur-en-Puisaye
Moulin de Vanneau
Briare
Taingy
Moutiers-en-P.
Lac du Bourdon
Guédelon
Réserve du Bois du Parc
Parc de Boutissaint
Ratilly
Treigny
Druyes-les-Belles-Fontaines
Coulanges-sur-Yonne
Saint-Amand-en-Puisaye
Lucy-sur-Yonne
Clamecy
Cosne-sur-Loire
A 5
A 6
A 19
A 77
E 15
E 54
E 60
E 511
D 606
D 219
D 225
D 26
D 81
D 939
D 84
D 28
D 660
D 27
D 15
D 20
D 905
N 7
D 96
N 60
D 943
D 93
D 91
D 89
D 3
D 955
D 950
D 965
D 90
D 1
D 85
D 125
D 104
N 151
D 39
0 5 10 km
A
B
1
2
3
4

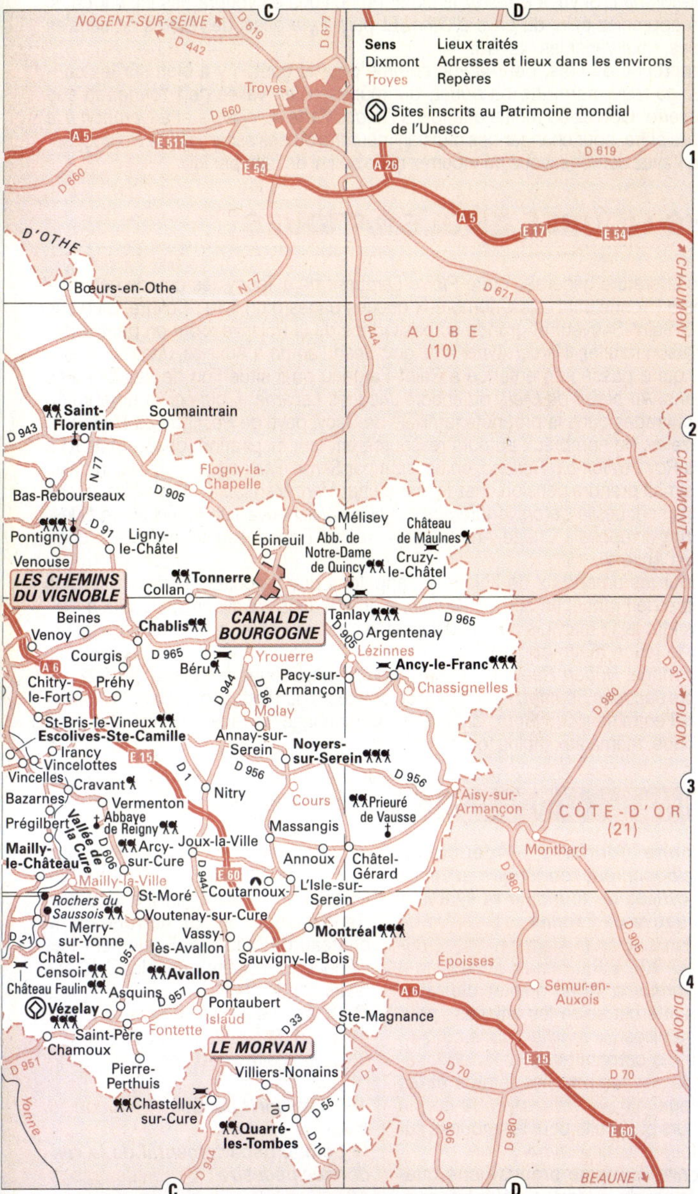
Sens Lieux traités
Dixmont Adresses et lieux dans les environs
Troyes Repères
Sites inscrits au Patrimoine mondial de l'Unesco
NOGENT-SUR-SEINE
Troyes
A 5
E 511
E 54
A 26
E 17
CHAUMONT
DIJON
BEAUNE
D'OTHE
Bœurs-en-Othe
AUBE (10)
CÔTE-D'OR (21)
Saint-Florentin
Soumaintrain
Bas-Rebourseaux
Flogny-la-Chapelle
Pontigny
Venouse
Ligny-le-Châtel
Mélisey
Château de Maulnes
Épineuil
Abb. de Notre-Dame de Quincy
Cruzy-le-Châtel
LES CHEMINS DU VIGNOBLE
Tonnerre
Collan
CANAL DE BOURGOGNE
Tanlay
Argentenay
Lézinnes
Beines
Venoy
Chablis
Courgis
Béru
Yrouerre
Ancy-le-Franc
Chassignelles
Pacy-sur-Armançon
Chitry-le-Fort
Préhy
Molay
St-Bris-le-Vineux
Escolives-Ste-Camille
Annay-sur-Serein
Noyers-sur-Serein
Irancy
Vincelottes
Vincelles
Cravant
Nitry
Cours
Prieuré de Vausse
Aisy-sur-Armançon
Bazarnes
Vermenton
Prégilbert
Vallée de la Cure
Abbaye de Reigny
Massangis
Montbard
Mailly-le-Château
Arcy-sur-Cure
Joux-la-Ville
Annoux
Châtel-Gérard
Maillly-la-Ville
Coutarnoux
L'Isle-sur-Serein
Rochers du Saussois
St-Moré
Voutenay-sur-Cure
Merry-sur-Yonne
Vassy-lès-Avallon
Montréal
Châtel-Censoir
Sauvigny-le-Bois
Époisses
Château Faulin
Avallon
Asquins
Semur-en-Auxois
Vézelay
Pontaubert
Islaud
Fontette
Saint-Père
Ste-Magnance
Chamoux
LE MORVAN
Pierre-Perthuis
Villiers-Nonains
Chastellux-sur-Cure
Quarré-les-Tombes
Yonne
A 6
E 15
E 60

L'YONNE

saint-florentin. Si vous préférez le cidre, on ne vous en voudra pas ici, surtout si vous appréciez celui du *pays d'Othe.* Et puis il y a aussi des bières artisanales locales, pour varier les plaisirs.
À l'approche de l'été, pour la vue comme pour le goût, il y a bien sûr les *cerises bigarreau-marmotte* ou *burlat,* qui mûrissent en vallée de l'Yonne, au sud d'Auxerre. Goûtez au moins une fois à l'*andouillette au chablis* et au *jambon à la chablisienne,* pour changer des œufs en meurette ou des *escargots de Bourgogne.* Vous l'avez compris, vous ne mourrez ni de soif ni de faim par ici.

DES FIGURES EMBLÉMATIQUES

Côté littérature générale, outre *Pierre Larousse* né à Toucy, les grands écrivains reliés à l'Yonne sont aussi nombreux que les pages d'un livre : *Colette,* bien sûr, née à Saint-Sauveur et grande ambassadrice de la Puisaye (dont on peut visiter la maison natale), *Marcel Aymé* à Joigny, *Jean Vautrin* à Auxerre, *Jean d'Ormesson,* qui a passé son enfance à Saint-Fargeau où il situe l'un de ses célèbres romans, *Au plaisir de Dieu,* ou encore *Jacques Lacarrière,* qui écrivit nombre de ses ouvrages dans la propriété familiale de Sacy, pays de *Restif de La Bretonne.* À Vézelay, de nombreux auteurs ressourcèrent leur inspiration, de *Paul Éluard* à *Jules Roy* ou *Romain Rolland,* en passant par *Serge Gainsbourg* qui, à la fin de sa vie, aimait prendre pension chez le grand chef *Marc Meneau.* Côté cinéma, citons simplement *Leslie Caron,* longtemps installée à Villeneuve-sur-Yonne, *Hubert Deschamps* (il repose à Chêne-Arnoult) et *Jean-Paul Rappeneau,* le réalisateur, originaire d'Auxerre.
Et pour les amoureux de l'histoire, rappelons que l'architecte militaire le plus célèbre de France, un certain *Vauban,* a grandi dans l'Avallonnais ; quant à *Colbert,* il fut le 1er marquis de Seignelay, et le *docteur Petiot,* avant son arrestation, était le jeune maire apprécié de Villeneuve-sur-Yonne. Autres figures passées par l'Yonne, *Hubert Reeves, Jorge Semprun,* emprisonné à Auxerre en 1942, ou encore *Jacques Soufflot,* né à Irancy et architecte du Panthéon à Paris.
Enfin, l'entraîneur *Guy Roux,* bien sûr, un personnage qui rend le ballon rond sympathique, même aux moins footeux.

Adresses et infos utiles

Yonne Tourisme – Agence de développement touristique et relais des offices de tourisme et syndicat d'initiative de l'Yonne : *16-18, bd de la Marne, 89000* ***Auxerre.*** *☎ 03-86-72-92-00. • tourisme-yonne.com •* Nombreuses infos, doc et plusieurs sites internet selon les affinités : pour les familles *• famille-yonne.com •* ; pour les crapahuteurs *• randonnee-yonne.com •* ; pour les fêtards et les curieux *• sortirdanslyonne.com •* Séjours et circuits pour les groupes sur *• groupes-yonne.com •*
– Yonne Tourisme propose une quarantaine de **balades téléchargeables** gratuitement sur mobile : *• guidigo.com •* et utilisables en mode déconnecté. Un type de découverte mêlant contenu historique, illustrations et témoignages audio, des incontournables de Vézelay au vignoble de Chablis en passant par les châteaux Renaissance du Tonnerrois ou le château de Maulnes. Également des « Enquêtes mystère » pour les 7-12 ans (et leurs parents !).

Gîtes de France : *central de résas au ☎ 03-80-45-97-15 (lun-ven 9h-18h). • gites-de-france-bourgogne.com •*

Tansports par bus : *• viamobigo.fr •*

Comité départemental de la randonnée pédestre : *Maison des sports, 10, av. du 4e-RI, 89000* ***Auxerre.*** *☎ 03-45-02-75-91. • yonne.ffrandonnee.fr •* Plusieurs topoguides par pays (GR Restif-de-La-Bretonne, les méandres de l'Yonne...).

LE NORD DE L'YONNE, AUX PORTES DU BASSIN PARISIEN

SENS (89100) 26 500 hab. *Carte Yonne, B1*

• Plan *p. 49*

À 1h en train de Paris, cette ville d'art, de foire et de marché est un vrai carrefour dans la région, et ce depuis des siècles. Des pages entières de l'histoire de France sinon d'Europe s'y sont écrites. « De l'art compliqué d'histoire », disait Victor Hugo de la cathédrale, dont la flèche pointait déjà son élégant clocher quand les Compagnons posaient à peine les premières pierres de Notre-Dame de Paris. Une cathédrale qui prend encore plus de superbe, embrasée par un magnifique spectacle de lumière, les nuits d'été. En dépit de son riche passé et de son patrimoine historique, Sens n'est pas une ville-musée. Elle est restée fidèle à ses traditions commerçantes, si animée le lundi, jour de grand marché.

UN PEU D'HISTOIRE

Sens commence à faire parler d'elle avec les Sénons, l'une des plus puissantes tribus gauloises (d'où ce nom de Sénonais qui colle à ses habitants). Commandés par Brennus (rien à voir avec le bouclier du championnat de France de rugby !), les Sénons envahissent l'Italie et s'emparent de Rome en 390 av. J.-C. Retour de manivelle : les Romains conquièrent la Gaule et trouvent sur les rives de l'Yonne un petit coin à leur goût. La *Pax Romana* apporte un nouveau sens à la capitale de la Senonie, des villas raffinées, des temples, des thermes et surtout un terme à ces épisodes guerriers...
Son intégration dans le domaine royal par Henri Ier, en 1055, annonce une nouvelle période de prospérité. Sens devient l'une des capitales de la chrétienté. Ses prélats portent le titre de « primats des Gaules et de Germanie ». Le pape Alexandre III s'y réfugie, comme Thomas Becket, archevêque de Canterbury. En 1234, Saint Louis épouse Marguerite de Provence dans la cathédrale (dont l'architecture aurait inspiré celle de la célèbre cathédrale de Canterbury en Grande-Bretagne). Le puissant archevêché de Sens commande même l'évêché de Paris. Une belle opulence mise à mal par les sursauts de l'Histoire : guerre de Cent Ans, guerres de Religion, Révolution...

Adresse et info utiles

i @ *Office de tourisme de Sens et du Sénonais* *(plan A1)* **:** *6, rue Général-Leclerc. ☎ 03-86-65-19-49. • tourisme-sens.com • Mai-oct, tlj ; hors saison, fermé dim et j. fériés, plus mar mat déc-mars.* Audioguides et tablettes payants sur la cathédrale et le centre historique. 3 rallyes pour les enfants avec des livrets-découverte. Nombreuses visites pour les individuels, en été. Location de vélos.

– ***Marchés :*** *au centre-ville, lun tte la journée, ven mat (jusqu'à 13h) halles et parvis de la cathédrale ; mer et sam mat halles. Quartier des Champs-Plaisants, mer et dim mat.*

Où dormir ? Où manger ?

Hôtel de Paris et de la Poste *(plan A1, **3**)* **:** *97, rue de la République. ☎ 03-86-65-17-43. • hotelparisposte@orange.fr • hotel-paris-poste.com • ♿ Restos fermés dim-lun. Doubles 76-156 €. Menu déj en sem 23 € en terrasse ; menus 40-86 €.* Maison canoniale au XVIIIe s, ancien relais de poste, une alternative chic et confortable au cœur de la ville. Chambres cosy, voire luxueuses (superbes au rez-de-chaussée, sur la petite cour). Mais les moins spacieuses sont déjà très bien. La table de la 3e génération de Godard. À découvrir sous la belle verrière du resto, *Senon* ou en terrasse, version brasserie au *Postillon,* à moins que vous ne vous contentiez d'un coup à boire au bar *Le Relais,* ou d'un grignotage au salon de thé. C'est selon votre budget, vos goûts et vos envies du moment.

Le Crieur de Vin *(plan B1, **12**)* **:** *1, rue d'Alsace-Lorraine. ☎ 03-86-65-92-80. Fermé dim-mar midi hors saison. Congés : 2 sem en juin, 2 sem en août et 2 sem à Noël. Résa indispensable. Menus 28-48 €.* Un bistrot bourguignon sympa et généreux, annexe d'une grande maison *(La Madeleine)* qui fait le bonheur des gourmets. Produits de qualité et carte sous la houlette du même chef, Patrick Gauthier. Impeccable sélection de vins de l'Yonne. Tout à côté, le ***Cav's,*** du même propriétaire. Non, pas un caviste, mais un comptoir à... viandes (mêmes horaires).

Le Clos des Jacobins *(plan A2, **13**)* **:** *49, Grande-Rue. ☎ 03-86-95-29-70. Fermé mar soir-mer et dim soir. Formule déj en sem env 23 € ; menus 32-45 €.* Au fond d'un passage dans le quartier piéton de la ville (accès aussi par le parking des Jacobins), un resto aux allures de brasserie élégante, avec une jolie mise de table. Sourire à l'accueil pour cette adresse où se croisent les notables de la région. Du classique revisité par un regard neuf et un talent d'aujourd'hui.

Où acheter des produits locaux ?

Brasserie Larché *(hors plan par A2)* **:** *89, rue Bellocier. ☎ 03-86-65-19-89. À la sortie de la ville, direction Saint-Martin-du-Tertre. Boutique lun-ven 8h30-12h, 14h-18h.* Depuis 1996, cette brasserie fait mousser des blondes, des rousses, des blanches, de printemps ou de Noël. Le tout sous le nom générique de Thomas Becket.

Lincet *(hors plan par B2)* **:** *15, rue de la Quenevelle, 89100* ***Saligny.*** *☎ 03-86-97-83-97. À 6 km à l'est de Sens. Boutique mer-jeu 9h-12h30, 13h30-16h ; ven 8h30-16h.* Lincet propose un vrac merveilleux de fromages (chaource, époisses...) et produits locaux (moutarde, vins...). Pour les pique-niques ou remplir la besace avant de rentrer à la maison.

À voir

– ***Circuit Brennus*** pour parcourir le centre-ville (livret 1,50 € à l'office de tourisme) au gré de 56 étapes. Compter 2h.

La cathédrale Saint-Étienne *(plan B1)* **:** *tlj sauf dim mat. Audioguides et tablettes en loc à l'office de tourisme ou commentaires téléchargeables sur le site internet.*

Ample nef d'un grand équilibre et d'une belle unité. Des piles fortes et des colonnes jumelées soutiennent en alternance une voûte

UN BONNET SALUTAIRE

Sur le trumeau du foisonnant portail central de la cathédrale, on remarque une intéressante statue de saint Étienne, 1er martyr de la chrétienté. Celle-ci fut épargnée de la destruction lors de la Révolution parce qu'un citoyen l'avait coiffée d'un bonnet phrygien !

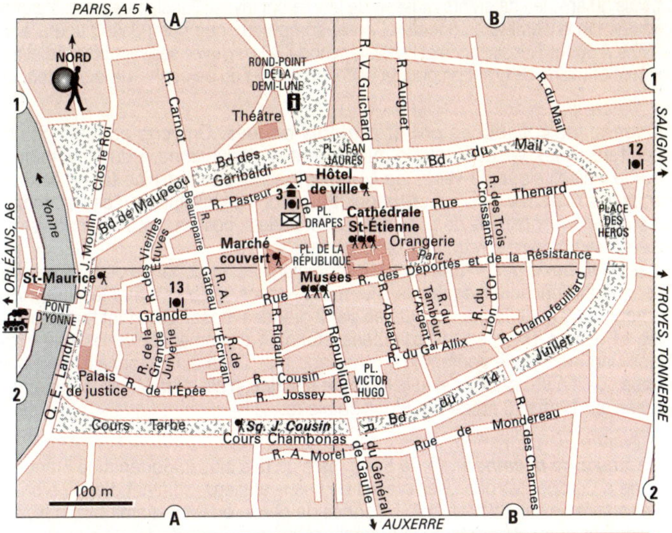

SENS

■ Adresse utile	Où dormir ? Où manger ?
@ Office de tourisme de Sens et du Sénonais (A1)	3 Hôtel de Paris et de la Poste (A1) 12 Le Crieur de Vin (B1) 13 Le Clos des Jacobins (A2)

d'ogives sexpartite. Sur la gauche, monument de marbre noir érigé en 1515 par l'archevêque de Salazar, non pas pour commémorer une illustre victoire mais pour célébrer ses parents. Transept élevé entre le XVe et le XVIe s, quand le gothique se fait flamboyant. Dans le croisillon droit, exceptionnels ***vitraux*** du XVIe s dus à des artistes troyens : arbre de Jessé, légende de saint Nicolas... En rosace, le Jugement dernier.

Chœur fermé par d'impressionnantes ***grilles en bronze*** du XVIIIe s. Le déambulatoire est la partie la plus ancienne de l'édifice. Sur le côté droit, 4 admirables ***vitraux*** du début du XIIIe s : scènes de la vie de saint Thomas Becket, vie de saint Eustache, l'Enfant prodigue, le Bon Samaritain. Dans la chapelle Sainte-Colombe, imposant ***mausolée du Dauphin,*** fils de Louis XV. Dans la chapelle absidiale, martyre de saint Savinien, un peu pompeux. Enfin, dans la chapelle Notre-Dame, intrigante ***Vierge à l'Enfant*** du XIVe s.

– ***Spectacle « Lumières de Sens » :*** *ts les ven-sam et veilles de fêtes de mi-juin à mi-sept, à la tombée de la nuit (25 mn).* Un événement original, poétique et spectaculaire basé sur la création scénique et multimédia et la diffusion d'images HD et 3D.

Les musées et le trésor de la cathédrale : *pl. de la Cathédrale. ☎ 03-86-64-46-22. • ville-sens.fr • (avec accompagnement par le personnel d'accueil pour certaines salles). Mai-sept, tlj sauf mar 10h-12h30, 14h-18h30 ; oct-avr, mer et w-e 10h-12h, 14h-18h, ainsi que lun et jeu-ven ap-m. Entrée : 6 € (réduc sur présentation de ce guide) ; réduc ; gratuit moins de 18 ans.*

Depuis 30 ans, les différents musées de la ville ont investi l'ancien palais des archevêques. Un ensemble architectural aussi somptueux que composite : une aile du XVIIIe s, 2 autres Renaissance et le palais synodal (XIIIe s), avec ses cachots médiévaux (encore couverts de graffitis ; pour la visite, demander au personnel de la billetterie).

Au rez-de-chaussée

Intéressantes ***collections pré et protohistoriques.*** On verra notamment une sépulture et les vestiges d'une maison (dite « danubienne ») du Néolithique ; pour le Paléolithique, la *Vénus de Marsangy* (silhouette féminine taillée dans un minuscule morceau de silex) et surtout le « trésor » de Villethierry (âge du bronze), un surprenant ensemble de 867 épingles, bracelets, colliers... provenant du stock d'un artisan orfèvre et retrouvés dans un vase.

– Les ***sculptures gallo-romaines*** laissent imaginer l'importance de la ville autrefois. Impressionnante façade des Thermes (35 blocs sculptés remontés ici sur 7 m de haut et 13 m de large), complétée par 2 grandes mosaïques dont l'une consacrée à Phaéton. Dans les caves voûtées, étonnant alignement de stèles funéraires. Dans une autre salle souterraine, mosaïque aux Cerfs exceptionnellement bien conservée (fin Ve-début VIe s) et la fameuse inscription (IIIe s) de Magilius Honoratus gravée sur 12 m et 3 étages de blocs de pierre.

Au 1er étage

– Le ***trésor de la cathédrale de Sens*** reste un des plus importants de France et même d'Europe. Nombreuses pièces de tissus anciens, souvent d'origine orientale : suaire de saint Victor (soie façonnée de perse, du IXe s), samit byzantin, etc. Également des vêtements sacerdotaux de Thomas Becket, du XIIe s et de saint Edme. Pièces d'orfèvrerie religieuse : la sainte châsse (coffret-reliquaire byzantin du XIIe s en ivoire finement sculpté), la sainte coupe (ciboire en vermeil de la 2de moitié du XIIe s), un précieux peigne en ivoire du VIIe s. Tapisseries du XVe s représentant l'adoration des Mages et le couronnement de la Vierge. Et un impressionnant manteau royal, don de Charles X en 1826.

– Dans une salle dédiée et dans l'ancienne galerie d'apparat des évêques est exposée l'importante ***donation Marrey*** présentant, entre autres, à côté d'une grande toile de Watteau, des œuvres des XIXe et XXe s : des marines de Marquet, des meubles conçus par le ferronnier d'art Raymond Subes, un bronze de Rodin. Également des tableaux flamands et néerlandais des XVIe et XVIIe s : de Brueghel le Jeune, l'*Hiver ou le piège à oiseaux,* l'*Adoration des Mages.* On voit aussi les bas-reliefs destinés à la ***porte Dauphine,*** un arc de triomphe détruit en 1882.

Au 2e étage (aile Henri-II)

Au bas de l'escalier, une statue de Christophe Colomb par Bartholdi (auteur de la statue de la Liberté) semble indiquer le chemin du bout du doigt. Cette section prend place sous la très belle charpente en bois du toit. On y trouve, en vrac, une jolie marine de Marseille par Eugène Delacroix, des tableaux de David, Monticelli, l'orientaliste Charles-Théodore Frère...

À l'extérieur

Les jolis ***jardins de l'Orangerie*** *(tlj 8h-18h)* se prêtent à une petite promenade fleurie hors du temps. Les jardins particuliers de l'archevêché ont été remarquablement restaurés, et chaque saison apporte un éclairage nouveau sur les plantes médicinales, les plantes d'orangerie, les rosiers anciens. Expositions temporaires gratuites dans le bâtiment de l'Orangerie.

Le marché couvert *(plan A1)* **:** *face à la cathédrale.* Typique de l'architecture métallique Baltard du XIXe s.

Les vieilles maisons *(plan A2)* **:** la Grande-Rue en aligne un grand nombre, dont la ***maison d'Abraham*** (XVIe s), à l'angle de la rue de la République et de la rue Cousin : une ancienne maison de tanneurs sur laquelle monte un arbre de Jessé, finement sculpté sur le poteau cornier (Flaubert tomba sous le charme, en 1864). Contiguë, et du même siècle, la ***maison du Pilier*** au porche intrigant. Remarquable

maison Jean-Cousin, dans la rue Jossey, dont les façades à pans de bois datent de la même époque et qui possède un bel escalier à vis derrière un petit jardin.

🕵 ***L'hôtel de ville*** *(plan A1)* **:** *rue de la République.* Impossible à rater ! Très kitsch bâtiment du début du XXe s dont la flèche est surmontée d'une étincelante statue de Brennus.

🕵 ***Le square Jean-Cousin*** *(plan A2)* **:** *proche du centre, sur le bd sud. Tlj 8h30-19h.* Construit sur le modèle défini par Édouard André, l'architecte paysagiste du parc de Vincennes, il perpétue la mosaïculture du XIXe s et est resté dans sa conception d'origine. Certains arbres datent de la création du parc, en 1880. Fleurs à profusion, pour le bonheur des mariés et des jardiniers amateurs.

🕵 ***L'église Saint-Maurice*** *(plan A2)* **:** *de l'autre côté du pont d'Yonne (dans le prolongement de la Grande-Rue).* Pittoresque petite église du XIIe s (avec son toit et sa flèche d'ardoises), posée sur une île.

L'YONNE

🕵🕵 👪 ***Le parc du Moulin à Tan et ses serres tropicales*** *(hors plan par B2)* **:** *☎ 03-86-95-38-72. À la sortie de la ville, direction Auxerre (indiqué sur la droite). Tlj 8h-20h30 (18h30 mars et oct, 17h30 nov-fév). Serres tropicales : en sem 13h30-17h, le w-e 14h-17h30 (17h oct-mars). GRATUIT.* Classé « Jardin remarquable », un parc de 15 ha qui compte parmi les lieux les plus visités de Sens. À l'entrée, une succession de serres dédiées aux ***plantes tropicales*** qui nous éloignent quelques instants de la Bourgogne. Plus de 1 500 variétés, des orchidées aux plantes carnivores en passant par des avocatiers, orangers, cacaoyers... ***Arboretum*** (avec miniferme), ***roseraie arbustive,*** promenade en sous-bois le long de la Vanne ou de la Lingue, plaine de jeux et ***zone d'observation*** de la faune. 5 ha supplémentaires donnent au parc un côté prairie.

Fêtes et manifestations

– ***Fêtes de l'Âne :*** *mi-janv.* Tradition médiévale qui remonte à l'époque où les habitants se moquaient du clergé en se déguisant.
– ***Festival d'orgue :*** *juin-sept, à la cathédrale. ☎ 03-86-95-67-54.* Une dizaine de récitals gratuits (avec retransmission vidéo sur grand écran) sur l'orgue du XVIIIe s.
– ***Musicasens :*** *début juil. ☎ 03-86-95-67-54.* Festival dédié à la musique, à la danse et aux arts de la rue.
– ***Garçon la note ! :*** *juil-août, lun-mar et jeu-ven 20h30-23h. • tourisme-sens.com •* Concerts gratuits aux terrasses de cafés ou restaurants.
– ***Fête de la Saint-Fiacre :*** *début sept. ☎ 03-86-95-38-72.*

DANS LES ENVIRONS DE SENS

SAINT-MARTIN-DU-TERTRE *(89100)*

🕵 👪 ***Le Labyrinthe de maïs :*** *route des Glaciers. ☎ 03-86-64-38-24. 10 juil-31 août, tlj 14h-19h. Entrée : 7 € (labyrinthe et visite libre de la ferme découverte) ; réduc.* 30 000 m² d'un véritable dédale de maïs. Une piste de kartings à pédales pour petits et grands, une promenade en rosalie au milieu des animaux de la ferme, plus de 60 jeux géants

DÉRAPAGE INCONTRÔLÉ

Le 4 janvier 1960, Michel Gallimard (membre de la famille d'éditeurs) proposa à Albert Camus de le remonter sur Paris à bord de sa puissante Facel-Vega. À Villeblin, au nord-ouest de Sens, c'est l'embardée. Ils meurent tous les 2. On retrouva dans la poche de Camus un billet de train pour Paris...

en bois, à l'abri dans une salle, une yourte et un chalet finlandais : qui dit mieux ? Claudine et Michel Groen ont trouvé un moyen original de présenter leurs animaux et leurs cultures.

LE PAYS D'OTHE

Au sud-est de Sens, le pays d'Othe, qui se prolonge dans l'Aube voisine, a su garder un certain charme « douce France » : de profondes forêts sillonnées par de petites routes désertes, quelques bourgs surprenants avec leurs maisons tout en brique et des hameaux entourés de vergers de pommiers. Le pays d'Othe, c'est aussi un peu la touche normande de la Bourgogne, car il produit un excellent cidre fermier et un redoutable ratafia.

Adresse utile

Syndicat d'initiative de Cerisiers et du pays d'Othe : *2, pl. de l'Église, 89320* ***Cerisiers.*** *☎ 03-86-96-24-99. • vanne-et-othe.com • Mar-sam 10h (9h mar-mer)-12h30, 14h-18h30 (16h30 sam) ; plus dim 10h-12h en juil-août. Fermé lun.* Topoguides (gratuits ou non) d'une trentaine de sentiers de randonnée.

À voir

Le musée de la Pomme et du Cidre du pays d'Othe : *au hameau des Brissots, 89320* ***Vaudeurs.*** *☎ 03-86-96-25-37. • cidrefrottier.com • À 6 km de Cerisiers, direction Saint-Florentin ; indiqué sur la gauche. Mars-nov, visite guidée tlj 15h-18h ; le mat et hors saison, sur rdv. Entrée : 2,50 € ; réduc. Compter 40 mn de visite.* Louisette Frottier, active militante pour la promotion de son pays, vous fera découvrir son étonnant et très impressionnant pressoir « à roue de perroquet » du XIXᵉ s et goûter son cidre, ses jus de pomme ou son ratafia. Si vous êtes gentil, elle poussera même la porte de sa cour, qui ouvre sur un adorable hameau.

Le cidre fermier de Philippe Charlois : *au hameau du Champion, 89320* ***Bœurs-en-Othe.*** *☎ 03-86-88-00-29. Juil-août, tlj 10h-12h, 14h-18h ; le reste du temps, ts les w-e.* Dans l'un des plus jolis villages du pays d'Othe, une affaire de famille pour découvrir tout à la fois le cidre fermier et le jus de pomme des Charlois, sans parler des eaux-de-vie de fruit bio distillées maison et autre ratafia. Petit musée, caves, pressoirs et alambic pour s'imprégner de l'atmosphère du pays.

VILLENEUVE-L'ARCHEVÊQUE

(89190) 1 230 hab. *Carte Yonne, B1*

Dans la vallée de la Vanne, à la lisière du pays d'Othe, une ville créée au XIIᵉ s par l'archevêque de Sens. Au bout de sa grande rue, le beau portail de l'église Notre-Dame (XIIᵉ-XVIᵉ s) cache une intéressante *Mise au tombeau.* La ville vit défiler un panthéon de personnalités : en 1239, la reine Blanche de Castille et son fils, le roi Louis IX, y vinrent chercher la couronne d'épines du Christ, pour laquelle sera construite la Sainte-Chapelle à Paris. François Iᵉʳ

passa des fêtes de Pâques à l'abbaye de Vauluisant en 1542, puis ce furent Charles IX et le duc de Guise qu'amenèrent les guerres de Religion. Plus tard, Napoléon Ier et Joséphine y firent un arrêt. Victor Hugo y fut pris d'une envie pressante... d'écrire à sa femme, de Gaulle y passa en route pour Colombey-les-Deux-Églises, et nous, on va s'arrêter là car on se croirait dans un vieux film de Sacha Guitry : « Si Villeneuve m'était conté ».

OUVREZ LA VANNE !

Depuis les Romains, qui bâtirent le 1er aqueduc venant de Rungis, l'eau potable a toujours été un enjeu vital pour Paris. Une eau plus chère que le vin au XVIIIe s. Le Second Empire accoucha d'un nouveau projet d'aqueduc. Les sources de la Vanne, autour de Chigy, étaient bien alimentées, y compris durant les sécheresses. La vallée étant par ailleurs plus élevée que le bassin de la Seine, l'eau pouvait être acheminée par simple gravitation. Bref, on a ouvert la Vanne pour alimenter Paris.

Adresse utile

Syndicat d'initiative de la vallée de la Vanne et du pays d'Othe : *38, rue de la République. ☎ 03-86-86-74-58. • villeneuve-archeveque.com • vanne-et-othe.com • Juil-août, fermé dim ap-m et j. fériés ; juin et sept, fermé dim-lun ; le reste de l'année, ouv ts les mat mar-sam ainsi que mer et sam ap-m.* Propose des circuits de randonnée.

Où dormir ? Où manger ? Où boire un verre dans le coin ?

Chambres d'hôtes de l'abbaye de Vauluisant : *89190* ***Courgenay.*** *06-50-01-63-70 ou 06-50-01-63-70. • contact@domainedevauluisant.fr • domainedevauluisant.fr • Doubles 70-100 €. Gîte (2-6 pers).* La porte fortifiée de l'ancienne abbaye cistercienne (voir plus bas « Dans les environs de Villeneuve-l'Archevêque »), un magnifique parc, un corps de bâtiment du XVIIIe s constituent l'entrée en matière de cette adresse de charme. Escalier monumental, boiseries, meubles et tableaux d'antiquaire, c'est le décor des 2 (véritables) suites, bien au large et dotées d'une belle âme. On adore la salle de bains vintage de la suite « Balcon ». L'aile François-Ier attenante abrite un gîte tout en voûtes. Arnaud et David veillent sur ce magnifique écrin béni des dieux.

Auberge des Vieux Moulins Banaux : *18, route des Moulins-Banaux, à Villeneuve-l'Archevêque. ☎ 03-86-86-72-55. • contact@moulins-banaux.fr • moulins-banaux.fr • À la sortie du village, route d'Arces-Dilo. Resto fermé dim soir et le midi lun-mer. Doubles 79-98 €. Formule déj en sem 19 €, menus 29 € (sem seulement)-51 €.* Un moulin à eau peu banal. Un bel emplacement, avec un jardin paisible pour l'apéro. Une belle terrasse et une grande salle avec le mécanisme du moulin, des boiseries et de l'espace... Les chambres possèdent tout le confort et une certaine fantaisie. Préférer tout de même celles sur l'arrière. Restauration qui s'efforce, elle aussi, de ne pas tomber dans la banalité.

Le Maquis de Vareilles : *2, rue de l'Érable, 89230* ***Vareilles.*** *☎ 03-86-88-31-15. • contact@lemaquisdevareille.fr • À 13 km au sud-ouest de Villeneuve-l'Archevêque. Ouv ven soir-dim et j. fériés. Fermé janv-fév. Apéro ou café offert (en cas de repas) sur présentation de ce guide.* Café-épicerie-commerce équitable de campagne « art broc café » où tout est à vendre... ou presque. On peut aussi y prendre un pot ou casser la graine à prix doux (assiette de charcuterie, croque-campagne). Produits locaux, du pays d'Othe et d'ailleurs. Organise la « fête des Saints de glace » le 2e dimanche de mai.

DANS LES ENVIRONS DE VILLENEUVE-L'ARCHEVÊQUE

L'abbaye de Vauluisant : *89190* ***Courgenay.*** *☎ 03-86-86-78-82. • vauluisant.com • À 9 km au nord de Villeneuve-l'Archevêque, aux frontières de la Bourgogne, de la Champagne et de l'Île-de-France. De mi-avr à oct, dim et j. fériés 12h-18h. Entrée : 6 € ; réduc. Visites commentées à 15h (env 1h30).* Cette abbaye cistercienne du XIIe s a vu passer bien des pèlerins et possédait même, au XIIIe s, une belle notoriété. La Révolution mit fin à tout ça. De beaux vestiges, depuis la porte fortifiée du XVIe s à l'escalier monumental de Franque (architecte de Louis XV) dans le logis bourgeois de style XVIIIe s. Au passage, on voit également un intéressant système hydraulique, un colombier, des écuries du XVIe s et une grange du XIIe s.
– ***Festival de Vauluisant*** (musique classique et jazz) organisé en juin.

L'YONNE

VILLENEUVE-SUR-YONNE

(89500) 5 450 hab. *Carte Yonne, B2*

Assoupie sur son riche passé, cette gentille petite bourgade au plan très géométrique, entourée de murailles ouvertes par 5 portes encore visibles, a été voulue en 1163 par Louis VII (dit le Pieux). Une ville entière comme résidence secondaire, Son Altesse ne se refusait rien ! Nombreux vestiges à découvrir au cours de la visite : donjon, tours, fossés, lavoirs, église, pont, portes fortifiées, relais de poste, maisons d'apparat, etc. La ville a aussi fait parler d'elle en donnant refuge à des visiteurs célèbres tels que le peintre Édouard Vuillard.

UN DOCTEUR À FUIR

Le Dr Petiot a sombrement défrayé la chronique pendant la Seconde Guerre mondiale. Médecin puis jeune maire de Villeneuve-sur-Yonne de 1926 à 1931, il s'exila pour Paris après différentes condamnations pour délits... et finit sur l'échafaud pour ses crimes commis pendant la guerre. Il proposait aux juifs de les faire passer en zone libre, mais en réalité, il les gazait pour les dépouiller et les faisait disparaître dans son fourneau de la rue Le Sueur, à Paris. Ses dernières paroles ? « Je suis un voyageur qui emporte ses bagages. »

Adresse et infos utiles

Bureau d'information touristique : *4, rue Carnot. ☎ 03-86-87-12-52. • tourisme-sens.com • Avr-sept (sauf dim-lun avr-juin et sept) 10h-12h30, 14h-18h30 (18h hors juil-août). Oct-mars, mer 14h-18h, ven 10h-12h30 et sam 10h-12h30, 14h-18h.* Visite de la ville *(jeu en juil-août)* ou location de tablettes sur le centre historique. Produits régionaux. Location de vélos.

Gare SNCF : *100, av. du 8-Mai-1945.* Ligne Paris-Sens-Dijon.

– ***Lumières de Villeneuve-sur-Yonne :*** *porte de Sens. De mi-juin à mi-sept, sam à 22h30. GRATUIT.* La porte de Sens se fait le théâtre d'un superbe spectacle. Bien plus qu'un banal son et lumière.

Où dormir ? Où manger dans le coin ?

Chambres d'hôtes du Bourg des Bordes : *39, rue de Villeneuve-sur-Yonne, 89500* ***Les Bordes.*** *☎ 03-86-96-06-42. 06-40-44-81-13.*

• brigitte.soret@hotmail.fr • À 7 km à l'est de Villeneuve, direction Dixmont. Double 55 € ; familiale. Difficile de manquer cette adresse, bien visible sur la rue principale d'un agréable petit village, à la lisière des bois du pays d'Othe. Chambres colorées, miniterrasse avec jardinet. Accès indépendant, jeux pour les enfants, kitchenette.

La Lucarne aux Chouettes : *quai Bretoche, à Villeneuve-sur-Yonne. ☎ 03-86-87-18-26. • contact@lalucarneauxchouettes.fr • lalucarneauxchouettes.fr • Resto fermé dim soir-lun. Doubles env 59-99 €. Formules déj en sem env 16,50-17,50 € ; menus 30-40 €.* Belle maison ayant appartenu naguère à Leslie Caron, actrice hollywoodienne tombée amoureuse de la Bourgogne. 3 chambres de charme assez cocooning. Élégante salle de restaurant avec tout ce qu'il faut de pierres, briques et poutres apparentes pour faire authentique, et une grande baie donnant sur la rivière. Terrasse et service sympa, carte et menus où vous devriez trouver votre bonheur dans votre tournée des grands ducs.

À voir

Les portes : fortifiées en diable au XIIIe s (bretèches, herse...), mais aux lignes pacifiées au XVIe s (élégants toits pentus en ardoises surmontés de pinacles). Elles gardent chacune des entrées de la rue principale, l'une vers Joigny, l'autre vers Sens.

Le musée-galerie Carnot : *dans les locaux de l'office de tourisme (mêmes coordonnées et horaires). ☎ 03-86-83-02-43. • culture.vsy@gmail.com • GRATUIT.* Exposition intéressante autour de l'engouement des nabis (Bonnard, Vuillard, Toulouse-Lautrec...) pour Villeneuve-sur-Yonne à la fin du XIXe s. Amusant de voir une photo de Lautrec en pleine sieste ou croqué par Vuillard en train de préparer la popote.

Le musée de la Gendarmerie : *porte de Joigny. Juil-août, mer-dim 15h-19h. GRATUIT.* Exposition sur la gendarmerie départementale, qui relate 200 ans d'histoire de cette institution. Pour les amateurs...

L'église Notre-Dame : construite entre le XIIIe et le XVIe s. Imposante façade qui mêle les influences champenoise et bourguignonne. Portail Renaissance. À l'intérieur, dans le bas-côté gauche, curieuse *Mise au tombeau* composite : personnages en stuc de la Renaissance et christ en bois du XIVe s, qui est d'ailleurs une pièce rapportée (les bras ont été bricolés, comme l'a démontré une radiographie).

La grosse tour : donjon de pierre, vestige de l'ancien château royal du XIIIe s.

DANS LES ENVIRONS DE VILLENEUVE-SUR-YONNE

SAINT-JULIEN-DU-SAULT (89530)

Le musée du Patrimoine culturel : *10, rue de l'Hôtel-Dieu. ☎ 03-86-63-22-95. À 8 km au sud de Villeneuve par la D 3. Juin-sept, jeu 14h-17h et w-e 14h30-18h. Entrée : 4 € ; gratuit moins de 12 ans.* Dans une belle demeure classée du XVIe s, objets et outils exposés évoquent les anciens métiers parfois disparus, comme le flottage du bois ou le sciage de long. Une cave de vigneron, la reconstitution d'une forge et celle d'un intérieur fin XIXe s plongent dans un « temps que les moins de 20 ans... ». Très rare collection d'outils destinés à la fabrication des fleurs artificielles qui, à la Belle Époque, ornaient robes et chapeaux.

La collégiale Saint-Pierre : tour de défense qui se marie avec harmonie à un contrefort, portails latéraux devancés de porches à arcatures, chœur élevé surmonté d'une belle charpente en bois, vitraux des XIIIe et XVIe s aux couleurs d'une étonnante vivacité.

Le château de Vauguillain : dominant le bourg, n'hésitez pas à grimper jusqu'au site de cette place forte du XIIe s, démantelé sur ordre de Richelieu au XVIIe s. Ce que cette éminence n'a pas démantelé, c'est le beau ***panorama*** sur la région, ni la jolie ***chapelle romane*** restée perchée sur son... éminence.

Le cirque Star et son Chapi Parc : *Le Petit-Launay, 89330* ***Piffonds.*** *☎ 03-86-86-44-87. • cirquestar.com • À 12 km à l'ouest de Villeneuve. Parc ouv juil-août, tlj sauf sam 10h30 (14h dim)-18h. Entrée : 11 € (parc, spectacle) ; réduc. Atelier d'initiation aux arts du cirque (sur résa) le mat : 8 €/enfant.* Le cirque Star tourne toute l'année et vient se poser chez lui, l'été, le temps d'animer ce parc de loisirs pas comme les autres, où l'on découvre en famille cet univers magique. Un cirque d'aujourd'hui, avec des artistes qui ont la pêche. Représentations, ateliers, jetez un œil sur le site pour suivre leur actualité.

L'YONNE

JOIGNY (89300) 10 100 hab. *Carte Yonne, B2*

Il faut voir d'abord Joigny depuis le pont d'Yonne : une enfilade de quais, puis la ville construite en amphithéâtre, avec ses maisons à pans de bois blotties les unes contre les autres comme si chacun voulait avoir à tout prix son petit morceau de vue. Au hasard de ses rues tortueuses, de nombreux témoins jalonnent un passé plus que millénaire qui vaut bien un label de Ville d'art et d'histoire. De retour sur la rive on retrouve le pont Saint-Nicolas, les belles halles Baltard et, derrière, la façade de style classique de l'hôtel de ville. Pour embrasser l'ensemble (et toute la vallée de l'Yonne en prime), d'un seul et beau regard, grimper en voiture la côte Saint-Jean (depuis le haut du vieux bourg, D 20 en direction de Dixmont).

SI J'AVAIS UN MARTEAU...

On appelle les habitants de Joigny des Joviniens, mais aussi des Maillotins : ce nom leur a été donné au XVe s, à la suite d'une révolte des habitants et vignerons de la cité contre un seigneur local, à coups de... maillet ! Ils voulaient lui signifier le grand tort qu'il avait de soutenir les Armagnacs contre les Bourguignons.

Adresse et info utiles

Office de tourisme : *4, quai Ragobert. ☎ 03-86-62-11-05. • joigny-tourisme.com • Juil-août, fermé lun mat, plus ap-m dim et j. fériés ; sept-juin, fermé dim-lun et j. fériés.* Bel office avec boutique. Organise des visites guidées à thème (payantes) en été d'environ 1h30 (parfois insolites) ainsi que des visites le mardi et le jeudi pour les enfants (gratuites). *Pass été* : 4 visites thématiques pour 12 €.
– ***Marchés :*** *mer mat et sam mat.* Marché traditionnel.

Où dormir ? Où manger ? Où grignoter ?

Camping

Camping municipal de Joigny : *69, quai d'Épizy. ☎ 03-86-62-07-55. • camping.joigny@orange.fr • joigny-tourisme.com • Mai-sept. Forfait tente env 13 €. CB refusées. 41 empl.* Entre le canal et l'Yonne et non loin du centre, un petit camping de bon confort avec des emplacements ombragés et bien délimités par de solides haies. Quelques équipements de loisirs (minigolf, beach-volley). Petite restauration en saison.

De bon marché à prix moyens

Le Paris-Nice : *8, rond-point de la Résistance. ☎ 03-86-62-06-72. • parisnice@wanadoo.fr • (resto seulement). À 500 m du pont, en tournant le dos à la ville. Resto fermé lun. Congés : 1re quinzaine de janv. Double 58 €. Menus 18 € (en sem), puis env 24-42 €. Apéritif maison offert sur présentation de ce guide.* Une adresse ensoleillée, située sur ce qui était autrefois le chemin obligé pour la Côte d'Azur. Les chambres gardent le nom d'étapes (optez pour « Lyon », « Nice » ou « Beaune »), mais c'est la table qui attire un public de tous âges. On vient ici se régaler d'une cuisine régionale traitée avec une touche de fantaisie et une pointe d'épices. Quant aux couleurs de la salle, elles donnent la pêche en toute saison. Terrasse sous les arbres.

Vega' Nath : *56, rue Cortel. ☎ 09-73-56-43-04. En haut de la rue piétonne qui part du pont. Tlj sauf lun 12h-19h. Repas env 15 €. Café offert sur présentation de ce guide.* La bonne petite adresse pour oublier que l'on est dans une région très « protéines animales ». Nath a plutôt une fibre végétale, végane même, et propose plein de bonnes solutions fraîches et légères pour chasser sa faim, côté salé et côté sucré. Belle carte de thés et tisanes, café et autre cappuccino...

Chic

Le Rive Gauche : *chemin du Port-au-Bois. ☎ 03-86-91-46-66. • contact@hotel-le-rive-gauche.fr • hotel-le-rive-gauche.fr • Fléché depuis le pont... rive gauche. Doubles standards 98-108 €. Menus 33-54 €.* Jérôme Joubert a travaillé 10 ans chez des étoilés avant de venir diriger les cuisines de cette bâtisse moderne aux airs de Nouvelle-Angleterre construite par la famille Lorain (qui tient un célèbre 2-étoiles sur l'autre rive). Cuisine enjouée, actuelle, à l'image de ce cadre chaleureux ouvrant sur le jardin et l'Yonne. Terrasse agréable. Chambres plaisantes, confortables, climatisées, pour qui veut profiter du vin maison (on voit les vignes sur la colline, juste en face).

L'YONNE

Où dormir ? Où manger dans les environs ?

Auberge La Fontaine aux Muses : *89116 **La Celle-Saint-Cyr.** ☎ 03-86-73-40-22. • fontaineauxmuses@aol.com • fontaine-aux-muses.com • À 10 km à l'ouest de Joigny (D 943 puis D 194). Fermé lun, et mar midi, plus le soir mar-mer hors saison. Doubles 63-82 € ; supérieures et familiales. Repas env 40 €. Apéritif maison offert sur présentation de ce guide.* Une adresse pleine de charme qui prend ses aises dans une belle maison bourguignonne du XVIIe s. On retrouve dans les pièces communes comme dans les chambres cet esprit rustique et chaleureux. L'accueil attentionné, la table attachée au terroir et à la créativité, le jardin fleuri, la piscine chauffée, le tennis et le miniparcours de golf sont autant d'arguments pour y séjourner. Sans parler des soirées jazz ni des vins du domaine !

Où acheter de bons produits ?

Marché : *sous et autour de la halle, aux bords de l'Yonne, mer et sam mat.* Si vous cherchez un pâté en croûte d'exception, un boudin de première ou un fromage bourguignon, c'est là qu'il faut vous rendre, sans compter la fine fleur, ou plutôt les fins légumes des maraîchers !

Les Gourmandises de Justine : *11, av. Gambetta. Mar-sam, plus dim mat 8h-12h30, 14h-18h30.* Gourmandises chocolatées ou non, laissez-vous surprendre par les créations d'Anthony Normand. En été, on fond pour les glaces maison.

À voir

L'église Saint-Thibault : *rue d'Étape. Concerts d'orgue gratuits en été.* Reconstruite entre les XVe et XVIe s. Au-dessus du portail, très expressive statue équestre de saint Thibault due à Jean de Joigny. À l'intérieur, chœur bizarrement de guingois (il tourne vers la gauche) et superbes clés de voûte pendantes. Quelques statues, dont une Vierge à l'Enfant du XIVe s, au sourire aussi discret que celui de la Joconde ! Quelques beaux vitraux colorés du XIXe s. Très belle chaire Renaissance.

Les maisons à pans de bois : voir la jolie ***maison de l'arbre de Jessé,*** aux pans de bois sculptés, égayés par des céramiques polychromes, juste au bout de la rue Cortel, place du Pilori. Admirable ***maison du bailli*** (XVIe s), rue Montant-au-Palais, à la façade de type champenois entièrement sculptée, portes et fenêtres en accolade. En face la ***porte Saint-Jean*** (XIIe s).

L'église Saint-Jean-Baptiste : *pl. Saint-Jean.* Perchée sur le plateau dominant la ville, l'église voisine avec le château des Gondi. Passé le clocher-porche, on découvre une formidable ***voûte*** de pierre en berceau (XVIe s) qui s'appuie sur des ***colonnes ornées*** de statues des apôtres et supporte un décor sculpté. Dans le bas-côté droit, ***monument funéraire*** (XIIIe s) d'Aélïs, comtesse de Joigny, complet et original. On y observe notamment l'allégorie de l'insouciance.

Le château des Gondi : *rue Dominique-Grenet.* De style Renaissance (fin XVIe-début XVIIe s). Construit par la famille de Sainte-Maure, le château (jamais achevé) et le comté sont achetés au XVIIe s par la famille de Gondi (le précepteur des enfants était un certain Vincent de Paul). Le château ne se visite qu'à l'occasion des Journées du patrimoine. Expositions temporaires.

L'église Saint-André : *pl. de la République.* Plusieurs fois remaniée, l'église du quartier vigneron comporte quelques détails intéressants évoquant la vigne : sarments sculptés sur son portail, statue de saint Vincent, parabole des vignerons homicides sur un vitrail... Quelques beaux vitraux du XVIe au XIXe s. Chaque dernier week-end de juillet, fête de la commune libre de Saint-André.

L'Espace Jean-de-Joigny : *pl. Jean-de-Joigny. ☎ 03-86-91-49-61. • ville-joigny.fr • Ouv tte l'année, ven-dim 14h-18h (17h dim).* Un ensemble de bâtiments contemporains qui a pris la place de l'ancienne cour des Miracles médiévale. Expositions temporaires d'art plastique et d'art décoratif.

Le musée de la Résistance : *5, rue Boffrand. ☎ 03-86-73-60-94. Dans le centre, pas très loin des quais. Ouv avr-oct, mer et sam (plus dim mai-sept) 14h30-17h30. GRATUIT.* Le plus ancien des musées de la Résistance en France, créé à l'initiative des membres du réseau Bayard en 1945. Expos temporaires.

Les fortifications : des différentes enceintes, il reste la *porte Saint-Jean* (place Saint-Jean), la *tour dite « de la prison »* (rue des Fossés-Saint-Jean), les *remparts de la Guimbarde* (chemin de la Guimbarde) et la *porte du Bois* (rue de la Porte-du-Bois).

Noter la présence de plusieurs ***galeries et boutiques de créateurs*** rue Gabriel-Cortel (aux nos 28, 29 et 31), rue Montant-au-Palais (no 8) et place Jean-de-Joigny.

À faire

- ***Navigation sur l'Yonne :*** ***Locaboat Holidays,*** *quai du Port-au-Bois. ☎ 03-86-91-72-72. • locaboat.com • À côté de l'hôtel* Le Rive Gauche. *Fin mars-début nov.* Pénichettes de location sans permis (plus ou moins grandes) pour naviguer sur l'Yonne (au week-end ou à la semaine).
- ***Les Nuits maillotines :*** *certains ven et sam d'été. Rens auprès de l'office de tourisme.* Des visites-spectacles retracent l'histoire de la ville,

accompagnées de comédiens, de chanteurs, de musiciens. Un thème et un parcours différents chaque année depuis 1998.
– ***Apéritifs-concerts :*** *ts les sam de l'été, 19h-21h, dans différents cafés.* Un apéro sympa, musical, convivial et diversifié.
– ***Les bouchons de Joigny :*** *dim début sept.* Grande réunion bon enfant à tendance masochiste, qui consiste à recréer un des fameux bouchons de la N 6, « sur la route des vacances ». Guimbardes des années 1950-1960 à la clé.

DANS LES ENVIRONS DE JOIGNY

MIGENNES *(89400)*

Arrêtez-vous en chemin à ***Laroche-Saint-Cydroine*** pour jeter un œil au superbe clocher octogonal et aux jolis chapiteaux de l'église romane, ouverte en été. Fondation clunisienne du XIe s. À Migennes même, viser l'***église du Christ-Roi,*** la « Lourdes des Cheminots », car Migennes, située à 150 km de Paris, constituait naguère une halte obligatoire pour alimenter en eau et en charbon les locomotives...

Office de tourisme : *1, pl. François-Mitterrand. ☎ 03-86-80-03-70. • tourisme-migennes.fr • Avr-oct, lun-sam 9h30-12h30, 14h30-18h30, plus dim 9h-12h juil-août ; nov-mars, ferme à 17h30 et fermé dim.* Petite expo autour d'un fragment restauré de la ***mosaïque gallo-romaine*** polychrome du Ve s découverte à Migennes en 1976. Elle est extraite du pavement d'une salle de 210 m^2 environ, l'une des mosaïques gallo-romaines les plus vastes de la Gaule du Nord.

LA PUISAYE

« Il n'y a pas de mots, ni de crayons, ni de couleurs, pour vous peindre, au-dessus d'un toit d'ardoises violettes brodé de mousses rousses, le ciel de mon pays », écrivait Colette. La bien modeste Colette. Parce qu'elle les a trouvés, ces mots (et quels mots !) pour évoquer la beauté toute de retenue de sa Puisaye natale. Après quoi, Jean d'Ormesson a croqué le Saint-Fargeau de son enfance. Avant quoi, Pierre Larousse avait commencé, à Toucy, à « semer à tout vent » ses bons mots. Alors, comment écrire, après eux, sur la Puisaye ? Comment, mieux qu'eux, raconter cette microrégion qui oublie le découpage administratif et englobe un petit morceau de la Nièvre, un autre du Loiret ? Comment vous emmener sur ses chemins creux et ses petites routes désertes qui sillonnent bocage et forêts percés d'étangs ? Comment vous faire pénétrer dans ses églises peintes à l'ocre, dans les ateliers merveilleux du chantier médiéval de Guédelon ? Commençons par visiter Charny, bien nommé « Orée de la Puisaye » : le reste suivra !

CHARNY-ORÉE-DE-PUISAYE

(89240) 1 630 hab. *Carte Yonne, A1*

À Charny, tout tourne autour de savoureuses halles à pans de bois, au centre du bourg. Il faut ensuite pousser vers les villages alentour pour dénicher quelques jolies trouvailles, dont beaucoup à découvrir depuis ou vers Joigny, situé à 28 km.

Adresse utile

Office de tourisme : *22 bis, Grande-Rue. ☎ 03-86-63-65-51. • puisaye-tourisme.fr • Avr-oct, mar-sam 10h-12h30, 14h30-18h ; plus dim 10h-12h Pâques-Toussaint. Nov-mars, sam 10h-12h30, 14h30-17h seulement.* Fiches de randonnée et circuits VTT. Expos.

Où dormir ? Où manger ?

De bon marché à prix moyens

Chambres d'hôtes Au Clos de Charny : *9, Grande-Rue. ☎ 03-86-19-37-75. 06-67-35-02-17. • auclosdecharny@yahoo.fr • auclosdecharny.fr • Doubles à partir de 70 €.* Quand Charny et charme jouent la même partition. Cet ancien prieuré met tout le sien (de charme) au profit de ses hôtes. Les sympa proprios contribuent au plaisir en vous chouchoutant. Quant aux chambres, tout comme la pièce de vie, elles allient la séduction de murs anciens avec une rénovation et un ameublement de très bon goût. Pour un moment de zénitude bucolique, direction la grande cour close où se prennent les petits déjeuners estivaux (hmm, les crêpes ou les cannelés !) et le petit parc planté de belles essences.

Auberge de Bourgogne : *3, rue des Ponts. ☎ 03-86-89-01-52. Fermé dim soir-lun, plus les soirs mar-mer hors saison. Menus env 20-25 €. Café offert sur présentation de ce guide.* Avec un tel nom, on s'attendrait à une banale auberge de village. Pas du tout. Outre un vieux vaisselier, la salle fait plutôt néo-bistrot avec ses cadres de Paname aux murs, ses banquettes de moleskine et de grandes ardoises qui poussent au « crime » protéiné : croustade d'andouillette au lard, canard rôti aux trompettes de la mort. Une tuerie à la bourguignonne, servie avec gentillesse.

À faire

Le cyclorail de Puisaye : *à la gare de Charny. 06-32-45-63-91. • cyclorail.com • Tlj, sur résa. Compter 8-15 €/pers, de 1h à la journée complète.* La ligne Charny/Villiers-Saint-Benoît a repris du service grâce à M. Bertrand. Sur un parcours de 30 km maxi, son *astrocyclorail* permet de pédaler sur les rails tout en découvrant les planètes de notre système et les distances qui les séparent. Démarrez sur le Soleil et atteignez Neptune à Villiers-Saint-Benoit. En chemin, 2 aires de pique-nique pour faire un stop en famille, et on passera même devant un curieux wagon qui est en fait une habitation ! Partiellement ombragée, cette balade n'a rien de sportive, elle est plutôt « décompressive ».

DANS LES ENVIRONS DE CHARNY

La Fabuloserie : *1, rue de Canes, 89120* ***Dicy.*** *☎ 03-86-63-64-21. • fabuloserie.com • À 6 km au nord de Charny. Juil-août, tlj 14h-19h ; avr-juin et sept-début nov, w-e et j. fériés. Entrée : 10 € ; 5-18 ans 6 € ; réduc. Visite mi-libre, mi-commentée : 2h. Expos temporaires.*
Art brut ? Dubuffet a plutôt suggéré le nom « Art hors les normes » à son fils spirituel, Alain Bourbonnais, un architecte disparu en 1988. Une étiquette qui va finalement bien à cette étonnante collection labyrinthique où chaque salle a son ambiance particulière.

Le musée et le parc exposent les œuvres émouvantes, insolites, « d'hommes du commun ». Des autodidactes qui créent des œuvres étonnantes de diversité, sans référence artistique et avec des matériaux de leur environnement.
Fabuleuse *Fabuloserie* où la visite saute d'un dessin au crayon de couleur à la salle des Turbulents (personnages extravagants faits d'une armature grillagée recouverte de papiers, tissus...) d'Alain Bourbonnais, aux engrenages d'Émile Ratier, ou de la naïve usine nucléaire de monsieur Petit à la flippante « vie de Mauricette » de Francis Marshall. La visite se poursuit dans le parc où, après avoir croisé Clemenceau ou Jane Mansfield (statues de Camille Vidal, en béton peint et grandeur nature !), on voit tourner le manège extraordinaire en forme de tour Eiffel de Pierre Avezard, garçon vacher né sourd-muet.

L'église Saint-Germain, Danse macabre : *89110* ***La Ferté-Loupière.*** *Tlj 9h-19h.* Sous un intéressant plafond en bois, en forme de carène de navire renversée, difficile de rater la fresque du XVe s qui présente un ensemble très rare de peintures murales (il n'y en a que 6 de ce type en France et 8 en Europe). Sur 25 m de mur, elle met en scène 42 personnages. Cette danse macabre (des squelettes entraînent des hommes dans leur ronde) avait, paraît-il, choqué un pape parce qu'elle plaçait tout le monde à égalité face à la mort, ecclésiastiques comme gens du peuple. Il l'avait donc fait recouvrir. Résultat : la fresque a traversé les siècles sans trop d'encombres. Grande luminosité des couleurs, dessins encore très marqués.
– En sortant de l'église, visiter l'intéressante boutique-galerie ***Acanthe Village d'Artistes*** *(16, rue Pierre-de-Courtenay ; mar-sam)* et les ***jardins d'Octave et du Prieuré*** *(☎ 03-86-73-10-35 ; visite libre de début juin à mi-sept, tlj sauf lun et mer 10h30-12h30, 15h-19h ; GRATUIT),* 2 jardins agrémentés d'une pièce d'eau, autour d'un potager à la française avec des arbres fruitiers, des fleurs et des vivaces.

Le musée du Moule à chocolat : *110, rue du Milieu, 89110* ***Villiers-sur-Tholon.*** *☎ 03-86-73-32-51. Juil-août, tlj 14h30-18h ; le reste de l'année, sur rdv. Entrée : 3 €.* Mieux vaut prendre rendez-vous avec Sylvie Langlet, ancienne chocolatière, pour découvrir cette collection privée de 300 moules exposés dans un ancien moulin.

Le musée des Arts populaires : *22, rue du Monceau, 89110* ***Laduz.*** *☎ 03-86-73-70-08. • laduz.com • ♿ (rdc). À 12 km à l'est de La Ferté-Loupière et à 15 km au sud de Joigny. Juil-août, tlj 14h30-18h ; mai-juin et sept, w-e et j. fériés 14h30-17h30. Fermé nov-janv. Entrée : 9 € ; réduc ; gratuit moins de 4 ans. Visite libre : compter 2h.* Plus qu'un musée, un lieu de mémoire d'une civilisation rurale vieille de plusieurs millénaires, disloquée en quelques décennies par l'industrialisation. Faute de vrais panneaux explicatifs, cette formidable accumulation d'outils et d'œuvres d'art donne un peu le tournis : sabots de mariage, poterie de Puisaye, vannerie, lanternes de procession, jouets anciens... Et puis on se laisse gagner par le calme du lieu, par sa poésie. On découvre le monde des galochiers, des bourreliers, des aubes de premiers communiants, des chevaux de bois de manège... Impressionnante salle de jouets d'autrefois. L'été, expos temporaires autour du textile et du papier.

Le château de Montigny : *89120* ***Perreux.*** *À 6 km au sud-est de Charny (D 120). De mi-avr à fin oct, mer-dim 11h-18h. Entrée : 5 €.* Accès au parc, communs et château du XVIIe s.

TOUCY (89130) 2 870 hab. *Carte Yonne, B3*

Toucy est le bourg natal d'un certain Pierre Athanase Larousse (1817-1875). Issu d'une famille de condition modeste, rien ne semblait prédestiner ce

garçon à une telle histoire d'amour avec les mots. En outre, cette petite ville est bien animée, en particulier le samedi matin, quand toute la Puisaye ou presque se retrouve à son incontournable marché.

Adresse et info utiles

Office de tourisme : *1, pl. de la République.* ☎ *03-86-44-15-66.* • *puisaye-tourisme.fr* • *Mar-sam 10h-12h30, 14h30-18h ; hors saison, ferme à 17h.* Visites commentées sur 3 thèmes : la ville, l'église et Pierre Larousse.

– ***Marché :*** *ts les sam mat.* Labellisé Saveurs et Savoir-faire de Bourgogne, petit frère de celui des Rameaux (voir « Fête et manifestations à Toucy et dans les environs »).

Où dormir ? Où manger ?

Prix moyens

Le Délice des Galets : *7, pl. de la République.* ☎ *03-86-44-83-67.* • *ledelicedesgalets@gmail.com* • *Fermé lun-mar. Au déj (sauf dim) formule et menu 14-18 € ; autre menu env 30 €. Apéritif maison offert sur présentation de ce guide.* Décor moderne, terrasse sur rue et cuisine classique, du soigné, de l'attentionné. Valérie et son frère Éric sont de bons pros, ce dernier continuant de veiller sur son resto d'Auxerre, *Le Bourgogne,* qu'on aime bien aussi.

Plus chic

Chambres d'hôtes Domaine de l'Ocrerie : *8, rue du 24-Août-1944, 89240* ***Pourrain.*** ☎ *03-86-42-19-12.* *06-07-35-10-80.* • *contact@domainedelocrerie.com* • *domainedelocrerie.com* • *Doubles 140-165 €. Table d'hôtes 30 €. Réduc de 15 % pour 2 nuits ou 20 % pour 3 nuits sur présentation de ce guide.* Quel charme ! Cette ancienne ocrerie a laissé libre cours au talent d'artistes, décorateurs et designers de Catherine et Gilles. Tout ce qu'il fallait pour faire de ce lieu d'histoire une splendide maison d'hôtes. 2 chambres, l'une vaste, l'autre encore plus, et une suite démesurée. Des touches du Rajasthan par-ci ou de Bali par-là, que l'on retrouve dans la cuisine de la table d'hôtes, à partager dans l'immense pièce de vie, truffée de recoins et ouverte à tous. Ocre de la terre, vert du parc, sourire des hôtes : une alchimie particulièrement réussie.

À voir. À faire

L'église : avec son chevet flanqué de 2 tours du XIIe s reliées par un chemin de ronde, elle s'apparente à une forteresse plus qu'à une église.

La Galerie de l'Ancienne Poste : *pl. de l'Hôtel-de-Ville.* ☎ *03-86-74-33-00.* • *galerie-ancienne-poste.com* • *Jeu-dim 10h-12h30, 15h-19h. Fermé 2 sem en fév.* L'hôtel particulier du XVIIe s et l'ancienne poste (on s'en doutait) abritent cette superbe galerie dédiée à la céramique contemporaine. 6 expos par an avec des céramistes de renom. Conférences. Espace librairie.

La Galerie 14 : *rue Philippe-Verger.* ☎ *03-86-44-04-11.* • *galerie14.org* • Le saxophoniste américain Ricky Ford a ouvert cette galerie dans le but d'exposer des artistes peintres, sculpteurs et photographes internationaux.

Le train touristique de Puisaye : *av. de la Gare, à Toucy.* ☎ *03-86-44-05-58.* • *train-de-puisaye.com* • *Principalement w-e et j. fériés (autres j., voir sur le site), mai-sept. Ticket A/R : 7,50-10 € selon trajet ; réduc enfants. Billet* *forfaitaire à la journée, qui vous permet de descendre où vous voulez. Transport de vélos, voitures d'enfant, animaux de compagnie gratuit.* À la croquignolette gare de Toucy, l'autorail *Picasso,* qui n'accuse pas moins d'un demi-siècle, vous trimbale à travers la campagne. Le trajet ? Toucy/Villiers-Saint-Benoît (environ 9 km à parcourir en 20 mn), tronçon de l'ancienne ligne Montargis-Clamecy. Demandez au conducteur de vous faire visiter la cabine de conduite et le compartiment moteur. Petit coin bar-boutique dans l'autorail. En gare de Toucy, visite complémentaire du musée des Ambulants de la Poste et du Musée ferroviaire. Animation formidable par des bénévoles sympas. Quiz destiné aux enfants.

L'atelier Bernasse : *route de Fontenoy. 06-14-79-04-70. Sur résa. Entrée payante.* Restauration et entretien, par des passionnés, de véhicules anciens, exposés dans les bâtiments industriels de l'une des 1res usines françaises de motos.

L'YONNE

Fête et manifestations à Toucy et dans les environs

- ***Le Beau Marché :*** *sam des Rameaux, depuis tôt le mat et tte la journée.* Marché traditionnel avec bestiaux et volailles.
- ***Festival Théâtre et cirque :*** *w-e de l'Ascension, les années impaires.* Théâtre et spectacles de rue sous chapiteau.
- ***Apéros-concerts :*** *juil-août, sam à partir de 18h30.* Concerts gratuits sur les places de Toucy.
- ***Les Estivales en Puisaye-Forterre :*** *2de quinzaine d'août.* • *estivalesenpuisaye.com* • Concerts classiques sur 10 jours, dans les églises de Puisaye.
- ***Foire aux châtaignes :*** *à* ***Diges,*** *3e sam d'oct.* Châtaignes grillées, jus de pomme... le marché d'automne par excellence.
- ***Fête de la Pomme :*** *à* ***Dracy,*** *mi-oct.* Variétés anciennes notamment.

DANS LES ENVIRONS DE TOUCY

La Pyramide du Loup : *domaine des Gilats, 89130 Toucy. ☎ 09-54-94-64-47.* • *lapyramideduloup.com* • *À 3 km au nord-est de Toucy par la D 955 (fléché). D'avr à mi-nov, mer-dim (tlj pdt les vac scol) 10h-18h. Entrée : 9,50 € ; 3-16 ans 6 € ; réduc.* Surprenante pyramide qui abrite un bluffant centre d'interprétation sur le loup. Projet que l'on doit à Cécile Delmotte, qui a parfaitement su synthétiser sa passion pour cet animal. Tout commence par « Il était une fois... », un film d'animation féerique dans un incroyable auditorium. Ensuite, une muséographie très originale rythme la visite, abordant tous les aspects du loup : son lien à l'homme (légendes, peurs, chasse, domestication...), à la nature (son rôle de super-prédateur, sa place dans l'écosystème), sa vie (biologie, morphologie, sociologie de la meute...). La visite suit plusieurs niveaux de lecture, les louveteaux adorent les quiz, haltes tactiles, olfactives...

Le Jardin de La Borde : *lieu-dit La Borde, 89130* ***Leugny.*** *☎ 03-86-47-69-01.* • *lbmh.fr* • *De mi-mars à mi-nov, ts les mar et derniers jeu et dim du mois 10h-18h (billetterie fermée 12h-14h et dès 16h). Tarif : 5 € ; visite guidée sur demande.* Laissez votre GPS vous perdre sur une route forestière cahoteuse qui vous donnera le temps d'apercevoir un renard. Une fois franchie la grille du domaine, on ne peut qu'être séduit (comme tous les visiteurs fortunés qui viennent séjourner ici, en chambres d'hôtes de luxe) par le calme et le charme de ce parc botanique hors du temps et du monde. La grande serre, le potager de 1 600 m², les parterres à la française sont les joyaux de ce Jardin remarquable. Un lieu secret de la Puisaye.

Le Centre d'art graphique de la Métairie Bruyère : *Le Petit-Arran, 89240* ***Parly.*** *☎ 03-86-74-30-72. À 7 km au nord-est de Toucy. Salles d'expo (payantes) 9h-12h, 13h-17h (vérifier les j. d'ouverture).* C'est l'un des rares sites en France où l'on pratique encore l'imprimerie « à la Gutenberg » sur d'anciennes presses. Équipe jeune, pro et très sympa, qui travaille avec les plus grands artistes ou les maisons d'édition de luxe. Artistes en résidence dont les œuvres imprimées sont exposées chaque saison. Et grande exposition autour d'un artiste de réputation internationale.

➢ Autour de Parly, randonnée à thème (6 km) à travers la châtaigneraie, classée Arbres remarquables.

➢ À Saint-Aubin-Château-Neuf (à 10 km au nord de Toucy par la D 955), voir également le ***chemin des arts*** : une cinquantaine d'œuvres d'artistes disséminées dans le village.

VILLIERS-SAINT-BENOÎT *(89130)*

Le musée d'Art et d'Histoire de Puisaye : *5, rue Paul-Huillard. ☎ 03-86-45-73-05. À 9 km au nord-ouest de Toucy. De mi-mars à mi-nov, tlj sauf mar 10h-12h, 14h-17h (18h mai-sept). Entrée : 5 € ; réduc ; gratuit 1er dim du mois.* Une jolie maison bourgeoise à l'ambiance XVIIIe s reconstituée avec sa cuisine poyaudine et le cabinet d'un érudit. Les grès de Puisaye et les faïences de l'Auxerrois constituent un bel ensemble de collections au 1er étage : des gourdes qu'attachaient les seigneurs à leurs selles aux œuvres de l'école de Carries, en passant par un rigolo pichet trompeur du XVIIe s. Dans la nouvelle aile moderne reliée par une galerie sont à l'honneur les sculptures bourguignonnes du XIIe au XVIe s, dont quelques chefs-d'œuvre de l'école de Dijon. Expos temporaires (minimum une par an) d'art contemporain.

L'église Saint-Benoît : elle abrite l'une des moins connues des fresques murales de la Puisaye, le *Dict des trois morts et des trois vifs* (XVe s). Clés auprès du musée (normalement) ou appeler Mme Girard *(☎ 03-86-45-74-47)* aux heures d'ouverture du musée.

ROGNY-LES-SEPT-ÉCLUSES

(89220) 750 hab. *Carte Yonne, A3*

L'histoire de Rogny est liée au canal de Briare et des 7 écluses. Ils font partie d'un gigantesque projet conçu par Henri IV et Sully dès 1597 pour relier la Méditerranée à l'océan et à la Manche au moyen de canaux entre les rivières. Pour cela, il fallait unir la Loire à la Seine, et donc franchir le seuil de 24 m séparant les 2 bassins. C'est à Hugues Cosnier que revient le mérite de vouloir faire franchir cette colline aux bateaux. Il imagine alors cet ensemble de 6 écluses, complétées plus tard par une 7e. Les travaux rassemblèrent 12 000 ouvriers. En 1642, le canal fut livré à la navigation et les 7 écluses fonctionnèrent jusqu'en 1880, date à laquelle elles furent remplacées par 6 écluses espacées sur le nouveau tracé du canal de Briare.

Adresse utile

Office de tourisme Cœur de Puisaye : *2, rue Gaspard-de-Coligny.* ☎ *03-86-74-57-66.* • *puisaye-tourisme.fr* • *Avr-sept, mar-sam 10h-12h, 15-18h ; plus, mai-août, dim 10h-12h, 15h-18h.* Boutique.

À voir

Les 7 écluses de Rogny : un saut de 3 siècles dans le temps pour voir combien le système initial des écluses était osé et leur franchissement impressionnant. La construction de l'édifice, ordonnée par Henri IV, commença en 1604 pour être abandonnée à sa mort. Elle fut reprise en 1638 pour se terminer en 1642. Balade agréable le long du chemin de halage. Attention, familles : pas de garde-fou ! Grand feu d'artifice le dernier samedi de juillet.

DANS LES ENVIRONS DE ROGNY

Le Ferrier de la Garenne : *à* ***Tannerre-en-Puisaye*** *(89350), à 24 km à l'est.* • *leferrierdetannerre.net* • En forêt, le plus grand site sidérurgique de la Gaule romaine. Les panneaux rencontrés vous précisent l'histoire du lieu : la production de fer à l'époque gallo-romaine, l'exploitation des scories de fer au XXe s.

Les Jardins d'eau « Pierre Doudeau » : *à* ***Bléneau*** *(89220), à 8 km au sud-est.* Une véritable réserve botanique. Le parcours santé, l'île aménagée et les lavoirs du XIXe s invitent à la promenade et à la détente.

SAINT-FARGEAU (89170) 1 690 hab. *Carte Yonne, A3*

« Petite » capitale de la Puisaye, touristique et charmante. Exilée à Saint-Fargeau, la Grande Mademoiselle, cousine de Louis XIV, a complètement transformé le château. Depuis, l'édifice s'est redécouvert une nouvelle jeunesse avec l'un des plus beaux son et lumière présentés en France, retraçant son histoire.

Adresse utile

Office de tourisme : *3, pl. de la République.* ☎ *03-86-74-10-07.* • *puisaye-tourisme.fr* • *Lun 14h30-18h, mar-sam 10h-12h30, 14h30-18h ; avr-sept, également dim 10h-12h, 15h-17h.*

Où dormir ? Où manger ?

Camping La Calanque : *lac du Bourdon.* ☎ *03-86-74-04-55.* • *campingmunicipallacalanque@nordnet.fr* • *camping-lacalanque.fr* • *À 6 km au sud-est de Saint-Fargeau par la D 85 vers Saint-Sauveur et la D 185 vers Treigny puis fléché. Début avr-fin sept. Forfait tente env 10 €. Mobile homes (4-8 pers) 220-420 €.* Un côté nature et sauvage pour les emplacements herbeux très bien ombragés parmi les chênes (très calmes vers le petit sentier à droite du camping). Propre, très correct et bien équipé.

Proximité de la base de loisirs et du lac. Jeux.

Les Grands Chênes : *Les Berthes-Bailly. ☎ 03-86-74-04-05. • contact@hotellesgrandschenes.com • hotellesgrandschenes.com • À 4 km du château de Saint-Fargeau, en direction de Saint-Amand-en-Puisaye. Congés : 2 sem déc-janv. Doubles 104-109 €.* Un vrai hôtel de charme, à 500 m du lac du Bourdon. Idéal pour se ressourcer, au calme, même si la route n'est pas loin. Jolies chambres mansardées, un coup de cœur pour celles, plus petites, avec terrasse et vue sur le parc.

L'Ancienne Gare : *av. de la Grande-Demoiselle. ☎ 03-86-74-16-45. À la sortie de la ville sur la route de Toucy. Fermé lun hors saison. Repas env 15-20 €.* Ce qui fut la gare de Saint-Fargeau héberge désormais ce néo-bistrot très agréable. Un accueil hors pair, des serveuses jusqu'au chef qui vient faire le tour des popotes, mine de rien. Une cuisine qui ne se raconte pas d'histoires, mais où les frites croustillent, les œufs en meurette parlent de Bourgogne et le tiramisu apporte sa touche d'ailleurs.

Le Bistrot du Château : *10, rue du Petit-Pont. ☎ 03-86-44-23-69. Au pied du château. Fermé dim soir, lun, et mar midi. Congés : de Noël à fin janv. Plats 15-21 €.* Bar à vins et spécialités régionales.

L'YONNE

Où dormir ? Où manger dans les environs ?

De bon marché à prix moyens

Chambres d'hôtes Le Moulin Grenon : *chez Iris Van Royen, 89130* ***Mézilles.*** *☎ 03-86-45-49-92. • iris@vanroyen.fr • lemoulingrenon.com • À 14 km de Saint-Fargeau, par la D 965 vers Toucy ; fléché depuis Mézilles (D 7 vers Tannerre-en-Puisaye). Double env 70 €.* Un petit gué sur le Branlin, un coin de campagne paisible, un vieux moulin. Une hôtesse (néerlandaise) exquise pour une maison de caractère ! Le luxe, c'est l'accueil, le cadre, le silence. Les chambres, coquettes, craquantes, s'ouvrent sur la rivière (une plus petite sur l'étang) ! Une belle adresse.

Le Moulin de Corneil : *3, pl. Lucien-Gaubert, 89130* ***Mézilles.*** *☎ 03-86-45-41-94. Tlj en juil-août ; sinon, fermé mar soir et mer. Menus déj en sem env 16-18 € ; carte 30-35 €.* Au cœur du village, la belle adresse pour les amateurs de calme, de bonne viande et de plats de pays servis avec le sourire. Très jolie terrasse au bord de l'eau. Et des chambres d'hôtes pour ceux qui ne veulent plus repartir.

À voir. À faire

La tour de l'horloge ou beffroi : en brique et en pierre, elle marque l'entrée de la vieille ville depuis le XVe s.

Le château de Saint-Fargeau : *☎ 03-86-74-05-67. • chateau-de-st-fargeau.com • Ouv fin mars-11 nov, tlj 10h-12h, 14h-18h (19h juil-août). Entrée : 11 € ; réduc. Visite guidée de 30 mn.*

Dès le Xe s, ce château de conte de fées, en plein cœur du centre-ville, a commencé à faire parler de lui, mais ce sont les XVe et XVIIe s, surtout, qui l'ont vu croître et s'embellir. Ses propriétaires les

JEAN D'O

Jean d'Ormesson (1925-2017) passa sa jeunesse au château de Saint-Fargeau qui appartenait à sa mère. Normalien, agrégé et académicien, il épousa la fille de Ferdinand Béghin, magnat de la presse et du sucre (Béghin-Say). Bien pourvu par son mariage, et ses livres se sont vendus, en plus, fort bien. C'est injuste.

plus célèbres furent Jacques Cœur et Mlle de Montpensier, alias la ***Grande Mademoiselle,*** qui passa quelques années au château lors de son exil. Ce n'est pourtant pas à une touche féminine qu'on doit ce majestueux ***pentagone de brique rose,*** mais à Antoine de Chabannes, un autre propriétaire, qui a choisi la brique pour son intérêt défensif ! L'architecte Le Vau, à qui l'on doit Versailles, intervint aussi sur les façades et la cour intérieures. Mais c'est essentiellement le tour complet des ***charpentes*** qui vaut le coup d'œil : impressionnantes (1 000 t de poutres de chêne) ! Visite guidée passionnante des salons. Charpentes, écuries et parc (5 anciennes locomotives à vapeur y sont exposées) en visite libre. ***Promenades commentées en calèche*** possibles dans le parc *(tlj en été, sur résa le reste de l'année ; 06-76-73-26-48 ; tarif : à partir de 6 €, en plus de l'entrée au château ou à la Ferme ; réduc).*
– ***Visites aux chandelles :*** *jeu soir en juil (à 22h) et août (21h30). Résa conseillée. Entrée : 13 € ; réduc.* Le château s'anime à la nuit grâce aux comédiens et saltimbanques qui font revivre certaines scènes de son histoire.
– ***Spectacle historique son et lumière :*** *Début juil-fin août, ven soir et sam soir. Début du spectacle vers 22h (durée : 2h). Pas de résa par tél. Entrée : 18 € ; réduc.* Toute l'histoire du château et de la Puisaye sur 10 siècles, du Moyen Âge à l'arrivée des troupes américaines de la Libération. Plus de 700 bénévoles sont mis à contribution, 6 000 costumes, cavaliers et ânes, pour le bonheur de plus de 30 000 spectateurs par an. Et depuis 2015, il est même en 3D !
– ***La Ferme du Château :*** *à 800 m. ☎ 03-86-74-03-76. • ferme-du-chateau.com • Ouv avr-oct, w-e, j. fériés et tlj aux vac scol 10h-18h. Entrée : 7 € ; réduc.* L'atmosphère d'une ferme où le temps s'est arrêté. La visite permet d'assister au biberon donné aux animaux nouveau-nés, de découvrir le travail du maréchal-ferrant, l'atelier de forgeron, etc.

Le musée de l'Aventure du son : *pl. de l'Hôtel-de-Ville. ☎ 03-86-74-13-06. • aventureduson.fr • Mai-sept, tlj sauf mar 10h-12h, 14h-18h ; avr et oct, tlj sauf mar 14h-18h. Entrée : 6 € ; réduc. Enquête-jeu avec son smartphone.* Unique, passionnant, drôle, attachant : un musée qui raconte, sans faire de bruit, mine de rien, toute l'aventure du son, des 1ers phonographes aux transistors des années 1960. Des pièces rares (1res machines à dicter le courrier de 1888), des curiosités (gigantesque mæstrophone), les retrouvailles avec une vieille connaissance (Nipper le chien, la voix de son maître !) et quelques révélations : le juke-box existait dès les années 1910 et s'appelait « phonotable ». Impressionnante machine orchestre pneumatique de 1930. Également des radios et instruments de musique mécaniques : le limonaire, l'orgue de barbarie et le piano bastringue.

La chapelle Sainte-Anne : *dans le cimetière de la ville. Clés à l'office de tourisme.* Anciennes peintures murales du XVIe s représentant des scènes de la passion du Christ.

DANS LES ENVIRONS DE SAINT-FARGEAU

Le lac du Bourdon : *à 3 km au sud-est par la D 185.* Grand réservoir artificiel (220 ha) aménagé pour alimenter en eau le canal de Briare. Plage de sable et baignade (surveillée en juillet-août), canoë-kayak, voile et planche à voile. Idéal les jours de grande chaleur.

GUÉDELON

(commune de Treigny, 89520) *Carte Yonne, B3-4*

Depuis 1997, un nouveau nom est apparu sur les cartes routières : Guédelon. Incroyable château médiéval dont le chantier est situé entre les communes

de Treigny, Saint-Sauveur et Saint-Fargeau. Guédelon attire à lui seul des milliers de visiteurs chaque jour sur des routes sinueuses qui étaient peu habituées à en voir passer autant...

Où manger ? Où boire un verre autour de Guédelon ?

Voir nos adresses autour de Saint-Sauveur et Saint-Fargeau.

Le Carrouge : *5, pl. de la Mairie, 89520* **Treigny.** *☎ 03-86-74-64-33. • le.carrouge@wanadoo.fr • Ouv le midi seulement. Formules 12,50-18 € ; carte 15-20 €. Café offert sur les menus sur présentation de ce guide.*
À la croisée des chemins (« carrouge » en patois régional), un café-brasserie sympa comme tout pour casser la croûte sans attaquer son portefeuille, ou pour boire un verre à la petite terrasse. Pour la culture aussi : expos, concerts et soirées à thème.

À voir. À faire dans le coin

***Le chantier du château fort de Guédelon :** *D 955, 89520* **Treigny.** *☎ 03-86-45-66-66. • guedelon.fr • (partiel). Sur la D 955, à 6 km au sud-ouest de Saint-Sauveur. Juil-août, tlj 9h30-18h30 ; avr-juin, 10h-18h (18h30 sam) ; sept-début nov, 10h-17h30 ; fermeture des caisses 1h avt. Fermé mar-mer sauf juil-août. Fermeture annuelle début nov-début avr. Entrée : 14 € ; 5-13 ans 11 € ; 14-17 ans 12 €. Réduc à 13 € pour 1 adulte sur présentation de ce guide. Visite guidée selon disponibilité des guides : 3 € (résa conseillée sur le site internet). Atelier d'initiation à la taille de pierre : 6,50 € pour 1h env. Compter min 3-4h de visite. Pique-nique possible (aires abritées ou pas ; résa de paniers pique-nique en ligne). Point de restauration rapide et resto (cuisine maison, produits locaux et/ou bio).*

Dans une carrière abandonnée s'élève, pierre après pierre, un ***château féodal.*** Un vrai, avec pont dormant, douves, tour maîtresse et tout le toutim ! Une pure création utilisant les canons architecturaux instaurés par Philippe Auguste aux XIIe et XIIIe s. !
On a pu voir s'ériger, depuis plus de 20 ans, les murs du château fort, une, puis 2, puis 3 ***tours,*** le ***corps de logis*** percé d'élégantes ***fenêtres géminées*** gothiques, qui abrite les pièces de vie (cuisine, chambre...), revêtues pour certaines de ***peintures murales.***
On visite tout cela en observant les ***artisans au travail.***
D'ailleurs, tout autour du château les ***ateliers*** (tailleurs de pierre, charpentiers, forgerons, tuiliers, cordiers, bûcherons...) permettent aux visiteurs d'observer le labeur des quelque 40 ouvriers ou artisans (et 600 stagiaires par an !) et de les questionner. Hyper pointus dans leurs domaines respectifs, ils expliquent avec sourire et verve les techniques de construction à l'ancienne (du XIIIe s), qu'ils pratiquent tout en respectant les normes de sécurité et de santé du XXIe s. Les chevaux tirent les tombereaux de pierres, le forgeron bat le fer rougi à la forge...

LES E-MAILS DU MOYEN @GE !

Aujourd'hui, le signe @ est entré dans notre quotidien, mais son origine daterait du Moyen Âge, comme abréviation du « ad » latin, le « d » entourant le « a ». Puis les Américains le reprirent au XIXe s, comme abréviation de « at » pour désigner un prix. L'arobase a ainsi toujours figuré sur les machines à écrire depuis le XIXe s, puis sur les claviers d'ordinateur, avant d'être choisie par Ray Tomlinson, l'inventeur de l'e-mail en 1971.

Pas mal de visiteurs, frappés de « guédôlatrie », reviennent régulièrement apprécier l'évolution des travaux. Un afflux de touristes (300 000 par an) qui a permis à cette entreprise de s'autofinancer, dès la 3e saison. On adhère à 100 % au créneau de ce lieu dont la devise est « ***Construire pour comprendre*** » !
En marge du château, voir aussi, le ***moulin hydraulique à farine***, une reconstitution inspirée de vestiges du XIIe s retrouvés à Thervay dans le Jura. Il est situé à environ 500 m du chantier (10 mn à pied). Se munir de bonnes chaussures en période de pluie.
Les ateliers de ***taille de pierre*** sont ouverts aux enfants comme aux adultes ; chacun repart avec un souvenir unique confectionné sur place. À faire en famille.

Le château de Ratilly : *89520* ***Treigny.*** *☎ 03-86-74-79-54. • chateauderatilly.fr • À 1,5 km de Treigny, bien fléché. De mi-juin à mi-sept, tlj 10h-18h ; hors saison, horaires plus restreints ; nov-mars, sur résa. Entrée : 4 € ; gratuit moins de 12 ans.* On ne découvre vraiment le château, un peu perdu au milieu de nulle part et entouré de forêts, qu'arrivé en face de ses nombreuses tours. Bel édifice de pierre de grès ferrugineux, construit en 1270. Place forte huguenote en 1567, puis refuge pour les jansénistes au XVIIIe s, Ratilly abrite un centre d'art vivant : atelier de poterie, expos, stages et concerts l'été. On y voit un pigeonnier du XVIIe s, percé de 1 000 boulins (niches à pigeons), du grand art. De l'art à l'are... 100 m² de terre autorisant la possession d'un pigeon, même les moins matheux jaugeront l'ampleur du domaine d'alors.

Le parc animalier de Boutissaint : *89520* ***Treigny.*** *☎ 03-86-74-07-08. • boutissaint.com • À mi-chemin de Treigny et de Saint-Fargeau, sur la D 185. De mars à mi-nov, tlj 8h-20h (dernier billet à 18h30). Entrée : 9 € ; réduc.* 400 animaux (cerfs, daims, biches, chevreuils...) vivent en liberté sur 400 ha (visite libre). Il faut parfois un peu de patience pour les débusquer. 3 enclos pour observer sangliers, bisons, cerfs, daims et mouflon corse (à ne pas déranger pendant la sieste). Jolie petite chapelle à l'entrée, ainsi que 2 étangs pour pêcher *(12 €/j. !).* Location de VTT sur place.

Le parcours aventure du Bois de la Folie : *D 185, à 2 pas de Boutissaint. ☎ 03-86-74-70-33. • natureadventure.fr • Pour les horaires, voir le site. Forfait journée adulte : 23 € ; tarifs enfant.* Pour s'évader en famille dans les arbres, 150 ateliers répartis sur une douzaine de parcours toutes catégories (dès 4 ans) au cœur d'un parc de 8 ha. Aire de pique-nique.

SAINT-SAUVEUR-EN-PUISAYE

(89520) 950 hab. *Carte Yonne, B3*

Surmonté d'un château des XVIIe et XVIIIe s et d'une tour en grès ferrugineux de forme ovoïde bâtie au XIe s par les comtes d'Auxerre et de Nevers, Saint-Sauveur-en-Puisaye s'étage jusqu'au bas de la colline. On pointera le nez dans l'*église Saint-Jean-Baptiste* avec sa nef et ses collatéraux voûtés en berceaux de bois, son chœur et son abside en pierre du XIIe s.
Du château partent aussi des sentiers à thème, sur les pas de Colette, l'enfant du pays dont on visite la maison natale, la « grande maison grave et revêche » comme la décrit l'écrivaine dans *Sidonie.*
Saint-Sauveur est un agréable lieu de séjour qui, sous un aspect faussement endormi, reçoit régulièrement d'intéressantes manifestations. Que du bonheur par ici.

Adresse utile

Office de tourisme : *pl. du Marché.* ☎ *03-86-45-61-31.* • *puisaye-tourisme.fr* • *Mar-sam (plus dim mat juil-août) 10h-12h30, 14h30-18h.* Randonnées à thème sur les pas de Colette *(mer en juil-août).*

Où dormir ?

Prix moyens

Chambres d'hôtes Masilie : *chez Simone Bruin, 3, rue des Fours-Banaux.* ☎ *03-86-45-51-76.* • *s.bruin@hotmail.fr* • *masilie.jimdo.com* • *Doubles à partir de 60 €. Réduc de 10 % en juil-août sur présentation de ce guide.* Une maison de village à l'ancienne dans une petite ruelle, au calme, à 100 m de la maison de Colette. On ne vous surprendra pas vraiment si l'on vous dit que les noms des 2 chambres que Simone met à votre disposition, avec beaucoup de gentillesse, sont « Sido » et « Vinca », la 1re pouvant héberger 3 à 4 personnes.

Chambres d'hôtes 1950, Les Tendres Années : *chez Daniel et Béatrice Salem, Les Perreux, à Saint-Sauveur.* ☎ *03-86-45-57-15.* • *1950@tendresannees.fr* • *tendresannees.fr* • *À 6 km du village. Fermé nov-mars. Double 67 € (dégressif). Animaux non admis.* Ici, tout ramène aux années 1950, vous l'aviez deviné : vaisselle, livres et revues, motos, voitures, jouets... Les objets et la musique du juke-box mettent l'ambiance, Daniel aussi ! Chambres confortables, dans le respect de l'époque. Promenades en 4 CV ou en traction !

Chambres d'hôtes Domaine des Sapins : *chez Fabrice Brangeon-Bonnard, Les Sapins, route de Mézilles.* ☎ *03-86-45-50-07.* • *brangeon_bonnard@hotmail.com* • *domaine-des-sapins.com* • *À 1,5 km du bourg, vers Mézilles. Doubles 75-85 €.* Grande et belle maison de maître du XIXe s où se répartissent certaines des chambres (les autres occupent une annexe) et un agréable salon bourgeois à disposition. En complément, une piscine couverte et un parc de 3 ha. Votre hôte, disert, est très bien informé sur son pays, profitez-en !

Où sortir ?

La Poèterie : *4, route des Janets.* 📱 *06-59-41-01-38.* • *lapoeterie.com* • *Mai-oct, jeu-dim dès 18h. Concert gratuit sam à 21h. Petite restauration.* Un village d'artistes installé dans une ancienne briqueterie, autrement dit une friche industrielle reconvertie, pour ceux qui ne sont pas réfractaires aux soirées qui bougent !

À voir

La maison de Colette : *rue Colette (remarquez la jolie plaque de rue).* ☎ *03-86-44-44-05.* • *maisondecolette.fr* • *Visite guidée seulement (résa conseillée), mer-dim (tlj juil-août) 10h-13h, 14h-18h (19h juin-août). Fermé de mi-nov à mi-mars, sauf vac de Noël. Entrée : 11 € ; réduc (notamment sur présentation du billet du musée Colette).* « Ma maison reste pour moi ce qu'elle fut toujours : le musée de ma jeunesse », qui n'a pas vraiment changé depuis la description qu'en fait Colette dans *Claudine à l'école.* La maison a été rachetée par une association, pour en faire un espace de visite et de rencontres (programmation culturelle toute l'année). Décors de l'enfance, dans l'esprit de la fin du XIXe s, tels que décrits par l'auteure elle-même, et jardins aux richesses insoupçonnées, des lieux qui ont inspiré la vie et l'œuvre de l'auteure. Parmi les objets phares, le piano familial et les médailles de guerre du père. Dans les mansardes, sa chambre, comme si rien n'avait bougé. Librairie-boutique.

Le musée Colette : *château de Saint-Sauveur. ☎ 03-86-45-61-95. • musee-colette.com • ♿ Avr-oct, tlj sauf mar 10h-18h. Entrée : 7 € ; réduc (notamment sur présentation du billet de la maison de Colette). Tablette-découverte (à partir de 8 ans) : 2 €. Expos temporaires sur Colette et son univers.* Dans un château des XVIIe-XVIIIe s, musée consacré à Colette. Elle n'y a jamais vécu et pourtant, elle est là : dans l'air flotte un parfum de violette, et sa voix rocailleuse couvre les roucoulements des pigeons derrière la fenêtre. Elle va arriver, saisir l'une des boules de sulfure de sa collection... Elle est là aussi, dans cette pièce tapissée de photos. Elle est là, enfin, dans cette bibliothèque où 1 500 livres s'ouvrent sur 1 500 fragments de son œuvre. Un musée d'atmosphère, de sensations, d'émotions.

Et comme Colette était amatrice de thé, faites une pause à la ***librairie-salon de thé*** du rez-de-chaussée. Joli cadre et accueil sympathique pour goûter des parfums venus d'ailleurs, tout en révisant la copieuse bibliographie de l'écrivaine.

COLETTE L'INSOUMISE

Les photos de Colette âgée font oublier que cette grande écrivaine s'est révoltée contre la morale réactionnaire du début du XXe s. D'abord, elle divorça. Ensuite, elle connut plusieurs aventures féminines et fit du music-hall, parfois dénudée. Colette initia même à l'amour Bertrand de Jouvenel, le fils de son nouveau mari. Elle relate cette liaison dans Le Blé en herbe. *Une femme sacrément libérée !*

Manifestations

- ***Foire aux potiers :*** *3e w-e de juil.*
- ***Les Nuits de Saint-Sauveur :*** *en août. • nuitsdesaintsauveur.fr •* Un festival de musique et d'animations jeune public, tout à la fois bucolique et savoureux.
- ***Festival international des Écrits de femmes :*** *en oct.*

DANS LES ENVIRONS DE SAINT-SAUVEUR-EN-PUISAYE

Le Moulin de Vanneau : *89520* ***Saints-en-Puisaye.*** *☎ 03-86-45-59-80. • moulin-de-vanneau.fr • À 7 km à l'est de Saint-Sauveur (D 85, puis fléché à gauche). Avr-11 nov, w-e, j. fériés et tlj pdt les vac scol 10h-18h (19h l'été). Entrée : 7 €. Menus 21-23 €.* Le *Moulin de Vanneau* est le mariage réussi d'un ***musée des Arts et Traditions populaires*** et d'une (vraie) ***ferme*** ouverte au public. On passe tout ou partie de sa journée à côtoyer les animaux, découvrir le moulin (visite commentée 2 fois/j.), la maison du meunier (avec meubles et objets de jadis), la basse-cour, l'étable, la bergerie. ***Activités ludiques*** et ***démonstrations de vieux métiers*** agrémentent la journée. Également des balades payantes à poney, en calèche ou sur un cheval de trait. Pour ce qui est de la table, on peut apporter son pique-nique, mais les épicuriens avertis affluent des environs pour profiter des bons plats et menus proposés par la maison, à base de produits de la ferme.

FONTENOY *(89520)*

Le Centre régional d'art contemporain : *château du Tremblay. ☎ 03-86-44-02-18. • crac.fontenoy@wanadoo.fr • cracdutremblay.fr • À Saint-Sauveur, prendre la direction Saints-en-Puisaye, puis Fontenoy ; suivre la D 1, puis les panneaux. Pâques-Toussaint, tlj sauf lun 14h-19h. Entrée payante.* Dans le cadre d'une gentilhommière du XVIIe s, 3 espaces permanents, dédiés à l'œuvre de Fernand Rolland, cofondateur du centre, au sculpteur Jean-Louis Vetter et à M'an Jeanne. Cette vieille dame s'est, les 3 dernières années de sa vie, amusée à peindre des pastels gras étonnants. Artothèque de près de 400 œuvres. Expositions temporaires et animations.

Le musée de la Bataille de Fontenoy : *rue Saint-Marien. ☎ 03-86-44-02-18. Juil-août, mer-dim 14h30-18h30 ; Pâques-juin, sur rdv. Entrée : 4 € (2 € en sus pour une visite guidée) ; gratuit moins de 12 ans.* Le **musée** détaille comment ce petit village de Fontenoy fut témoin, le 25 juin 841, d'une bataille à l'origine des grands conflits intereuropéens de l'époque (l'occasion d'apprendre à ne pas la confondre avec l'autre bataille éponyme de 1745). Une bataille qui opposa les 3 petits-fils de Charlemagne et marqua la fin du grand Empire occidental des Carolingiens. En complément, on peut suivre un parcours balisé de 5 km, agrémenté de quelques œuvres artistiques : un **plan-relief,** le **trône de Charlemagne** (à côté de l'église), une sculpture près de l'**obélisque** commémoratif qui marque le lieu même de la bataille *(à 1 km du village, sur la D 3, direction Lainsecq).*

MOUTIERS-EN-PUISAYE *(89520)*

L'église Saint-Pierre : *à 2 km au sud-ouest de Saint-Sauveur par la D 85. Visite libre 9h-19h (17h oct-déc). Fermé en hiver.* Petite église qu'on visitera pour ses fresques (du XIIe s pour l'essentiel) à l'ocre typique de la Puisaye, représentant la vie du Christ, de saint Jean-Baptiste, des scènes de la Genèse... À ne pas manquer, malgré le mauvais état des fresques.

La poterie de la Bâtisse : *lieu-dit La Bâtisse. ☎ 03-86-45-68-00. • poterie-batisse.com • Mar-sam 10h-12h, 14h-18h (17h en hiver) ; plus dim (mai-sept) et lun (juil-août) 15h-18h. Entrée : 5 € (9 € avec guide) ; réduc.* Un lieu qui sent bon le passé, les racines, le travail accompli par 12 générations de potiers de la même famille. Grand four couché qui n'a guère le temps de se reposer. Pétrissage de la terre, tour à bâton ou à pied, émaillage, cuissons. Démonstration de tournage en fin de visite.

DRUYES-LES-BELLES-FONTAINES

(89560) 300 hab. *Carte Yonne, B4*

Un château féodal (XIIe s) qui dresse encore fièrement ses murailles sur un éperon rocheux pour évoquer l'histoire locale, vieille de 6 siècles. Autour du château, un vieux village hors du temps à qui l'on n'a jamais dit que l'enrobé et le béton existaient. Cette poignée de maisons a un charme fou ! Au pied du château, d'autres vieilles maisons encore, des fontaines, le lavoir du XIXe s, une sobre église romane (XIe s), un vénérable tilleul classé et un enchevêtrement de petits cours d'eau et d'étangs dans cette *Station verte.*

À voir

Le château : *☎ 03-86-41-51-71. • chateau-de-druyes.com • En haut du village ; on peut y accéder par la route (fléché) et se garer avt la porte (conseillé), ou monter à pied par le petit chemin qui part du village bas. Juil-août, tlj 15h-18h (plus, de mi-juil à mi-août, mar-ven 9h30-12h) ; Pâques-juin et sept, seulement* *w-e et j. fériés 15h-18h. Entrée : 5 € ; réduc. Visite libre. Juil-août, visites interactives. Expos temporaires gratuites en été.* Un château fort plutôt bien conservé, construit à la fin du règne de Philippe Auguste, qui était la demeure des comtes d'Auxerre et de Nevers. C'est ici que Pierre de Courtenay, en 1216, a reçu les ambassadeurs venus lui proposer la couronne de l'Empire latin de Constantinople. Très beau panorama sur la vallée et sur l'un des plus beaux villages de l'Yonne. Surtout si vous montez au 3e étage de l'imposante poterne qui défendait l'entrée principale. Certains jours, par ciel dégagé, on peut apercevoir Vézelay. Animations en été.

Si vous prenez la D 104 vers Étais, à la sortie du village, l'ancien viaduc de chemin de fer offre un ***panorama*** étonnant sur le village et le château.

DANS LES ENVIRONS DE DRUYES-LES-BELLES-FONTAINES

La carrière souterraine d'Aubigny : *hameau d'Aubigny, 89560* ***Taingy.*** *☎ 03-86-52-38-79. • carriere-aubigny.com • À 8 km au nord de Druyes par la D 148. Pâques-Toussaint, tlj sauf dim mat (plus lun hors juil-août) 10h-12h, 14h30-18h30 (non-stop en juil-août). Entrée : env 7 € ; réduc. Compter une petite heure de visite. Prévoir sa petite laine.* Les pierres (extraordinaire entassement de blocs de calcaire d'une blancheur quasi immaculée, voûte haute de 18 m) portent encore par endroits les traces des lances et autres aiguilles, seuls outils utilisés autrefois par les carriers. Quelque chose d'une gigantesque sculpture contemporaine souterraine. Pour tout savoir de A à Z sur l'extraction de la pierre, ou 2 000 ans de pierre taillée en lumière(s). Frais, insolite et beau.

- À ***Taingy,*** en guise de balade digestive, traquez dans le village les ***enseignes*** d'artisans bien originales.
- Sur la route de Courson, à droite, on accède à une ***table d'orientation*** qui offre un panorama à 360° sur tout le département. Situé à 386 m d'altitude, ce point est le 2e plus haut « sommet » de l'Yonne.

UNE CARRIÈRE ENVIABLE

Exploitée depuis l'époque gallo-romaine jusqu'à la Première Guerre mondiale, la carrière d'Aubigny a fourni les pierres de l'hôtel de ville de Paris, de l'Opéra Garnier, ainsi que des cathédrales de Sens et d'Auxerre.

D'AUXERRE À CHABLIS, PAR LES CHEMINS DU VIGNOBLE

AUXERRE (89000) 36 850 hab. *Carte Yonne, B3*

• Plan *p. 76-77*

Si vous ne voulez pas vous faire remarquer en arrivant, Auxerre se prononce « Ausserre ». C'est en tout cas une ville bien agréable à vivre : de bonnes petites tables, de beaux musées, d'imposants édifices religieux et une incontournable tour de l'Horloge.

Commerçant et en grande partie piéton, le vieux centre d'Auxerre est plaisant à parcourir, un œil sur les vitrines, l'autre sur les jolies maisons à pans de bois. Et puis on se balade avec plaisir le long des quais de l'Yonne en contemplant les flèches des églises médiévales qui paraissent encore plus s'élancer vers le ciel depuis le pont Paul-Bert qui enjambe la rivière.

UN PEU D'HISTOIRE

Au Ier s, *Autessiodurum* profite de sa position sur la voie Agrippa entre le Bassin méditerranéen et la mer du Nord. La christianisation précoce – une cathédrale y est construite dès le Ve s – décide ensuite de la destinée d'Auxerre. L'évêque Germain, futur saint Germain (418-448 ; Saint-Germain-l'Auxerrois en face du Louvre, c'est le même...), entoure la ville de monastères, une véritable « muraille sainte ». Dans les siècles qui suivront, ses reliques susciteront de nombreux pèlerinages. Les IXe et Xe s marquent l'apogée de l'abbaye Saint-Germain. La papauté la déclare ville sainte au XIIe s. Tout pour plaire aux huguenots qui, en 1567, s'acharnent sur ses églises.
Jusqu'à l'arrivée, au XIXe s, d'un hémiptère quelque peu vorace (le phylloxéra !), Auxerre vit essentiellement de la vigne. Depuis, elle s'est transformée en ville de services et d'administration, où il fait bon vivre, et cela, à 1h30 à peine de la capitale.

LA GRAND-MESSE DU DIMANCHE

Auxerre reste une ville très catholique, jusque dans son club de foot, fondé en 1905 par... l'abbé Deschamps. Le stade porte le nom de l'abbé et les maillots de l'AJ Auxerre affichent toujours les couleurs bleu et blanc de la Vierge. Les miracles sont les bienvenus.

Adresses et infos utiles

Office de tourisme de l'Auxerrois (plan B2, **1**) : *7, pl. de l'Hôtel-de-Ville. ☎ 03-86-51-03-26. Mai-sept, mar-sam 9h30-18h (9h-19h juil-août) ; sinon, 9h30-12h30, 14h-18h.*

■ ***Location de voitures :*** *quelques loueurs à la gare comme **Hertz** (9, rue du Moulin-du-Président ; ☎ 03-86-46-57-30 ; lun-sam 8h-12h, 14h-18h) ou **Avis** (☎ 03-86-46-83-47).*

■ ***Taxis :*** *07-88-97-07-96 ou 07-80-06-55-02.*

■ ***La Maison du vélo*** (hors plan par B3, **3**) : *pl. Achille-Ribain. ☎ 03-86-46-24-99. • maison-velo.fr • Avr-oct, tlj 9h-12h, 14h-18h (17h avr).* Location de biclous « classiques » ou électriques. Résa conseillée. Possibilité de parking auto-fermé sur place (payant) et de navette de retour le long du canal du Nivernais. Également location de bateaux électriques sans permis et d'embarcations à pédales.

– ***Marchés :*** *mar et ven à l'Arquebuse, mer et sam en centre-ville, et dim pl. Degas.*

Où dormir ?

Bon marché

La Maison des Randonneurs (plan B3, **10**) : *parc Paul-Bert, 5, rue Germain-Bénard. ☎ 03-86-41-43-22 (résa). 07-67-53-72-07 (arrivées tardives seulement). • accueil@maison-rando.fr • maison-rando.fr • Bus nos 1 et 6 depuis la gare SNCF, arrêt Vaulabelle. Tte l'année, mais sur résa Toussaint-Pâques. Env 19 €/pers, petits déj et draps en sus. Café offert sur présentation de ce guide.* Au fond d'une impasse, en lisière d'un parc, un gîte d'étape agréable, très calme, décontracté, fonctionnel et propre. Chambres simples, sobres mais lumineuses pour 1 à 3 personnes ou dortoirs de 4-6 lits, certains donnant sur le parc et la plupart partageant les nombreux w-c et salles de bains. Lits superposés, cuisine à dispo, vente de cartes et topoguides sur place. Ah ! une contrainte : le ménage est obligatoire. Mais le cadre et l'accueil compensent.

De prix moyens à chic

Chambres d'hôtes Le Relais des Saints Pères *(plan A2,* ***11****) : 12, rue Belle-Pierre. 06-49-82-97-87. • reservations@relaissaintsperes.fr • relaissaintsperes.fr • Doubles 70-110 €.* Bel hôtel particulier du XVIIe s qui allie à merveille les contrastes : en plein centre mais au calme, matériaux et murs séculaires mais confort douillet et moderne... 4 chambres dont le prix croît suivant la surface ou la largeur du lit. Toutes bien restaurées, agencées et décorées. Beaucoup de charme, une dose de sobriété et un réel sens de l'accueil.

Hôtel Normandie *(plan A1,* ***12****) : 41, bd Vauban. ☎ 03-86-52-57-80. • reception@hotelnormandie.fr • hotelnormandie.fr • ♿ Doubles 89-135 €. Réduc de 10 % pour tt séjour de 2 j. consécutifs sur présentation de ce guide.* Grande et belle maison bourgeoise de la fin du XIXe s, avec un petit jardin sur l'arrière et de la vigne vierge sur la façade. L'enseigne rend hommage au fameux paquebot. Et il y a quelque chose de l'ambiance des grandes croisières transatlantiques dans ce lieu. Une cinquantaine de chambres, de styles différents, toutes climatisées, spacieuses et calmes. Salle de gym, sauna, billard et garage pour voitures (y compris électriques) et vélos.

Les Maréchaux *(plan A2,* ***13****) : 6, av. Foch. ☎ 03-86-51-43-77. • contact@hotel-lesmarechaux.com • hotel-lesmarechaux.com • Doubles climatisées env 70-140 €.* L'un des beaux hôtels d'Auxerre. Cette vaste bâtisse ayant été édifiée sous Napoléon III, on a le choix entre les chambres « Bernadotte », « Lannes », « Murat »... d'après les noms des maréchaux de France. Les « petites » le sont vraiment, et tous les 10 €, elles s'agrandissent. Piscine chauffée extérieure. Et beau parc.

Où manger ?

De bon marché à prix moyens

Le Flobert *(plan C3,* ***20****) : 71, rue du Pont. ☎ 03-86-51-16-19. Fermé dim (plus soirs mar-mer sept-juin). Menu déj 14,50 € ; carte 25-30 €.* Pourquoi aller chercher la perche dans le Nil lorsqu'il y a d'excellentes truites bio dans le département de l'Yonne ? Cette cuisine saine sélectionne strictement ses produits dans le champ du locavore. Veau, vache, cochon, couvée s'y accommodent avec réussite de bavarois de radis, ail des ours et champignons des bois. Pas mal non plus du côté des desserts, façon gâteau au yaourt du lac Sauvin. Des saveurs très nature, un service simple et efficace, une chouette adresse !

Le Schaeffer *(plan B2,* ***21****) : 14, pl. Charles-Lepère. ☎ 03-86-52-16-17. • contact@leschaeffer.com • Fermé lun, plus mar soir. Formules déj mar-sam 15,60-18 € ; plats env 15-19 €.* Une cantine remplie d'Auxerrois, très pratique en centre-ville. Glissez-vous jusqu'à la salle à l'arrière pour déguster un bon jambon à la chablisienne ou un des croque-monsieur maison. Allez-y sinon pour boire un verre l'après-midi, c'est plus calme.

L'Accroche *(plan C1,* ***22****) : 1, rue Dr-Labosse. ☎ 03-86-46-26-16. • restaurantlaccroche@orange.fr • Ouv midi mar-ven et soir ven-sam. Formule déj en sem 18 € ; repas env 30 €.* C'est fou ce que les Carette s'activent, tour à tour en salle et aux fourneaux (monsieur côté salé, madame côté pâtisserie). Ici, tout est frais : la déco de la salle, les produits qui ne trichent pas

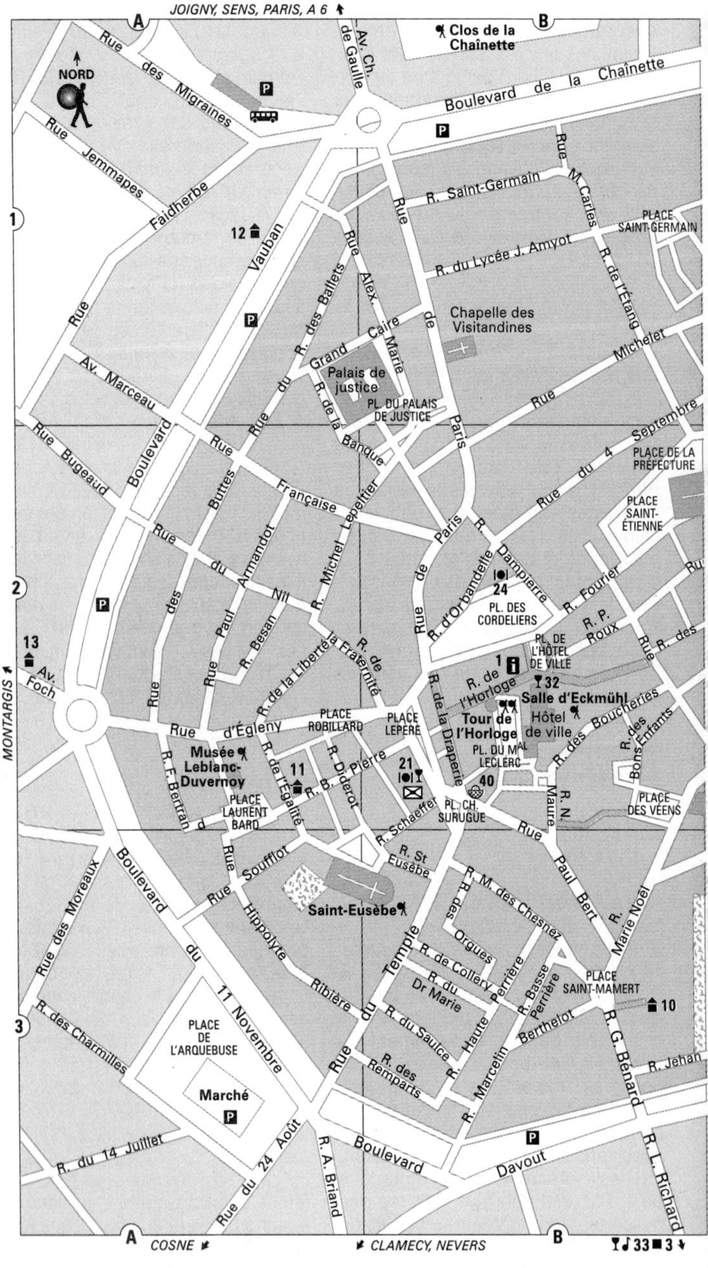
JOIGNY, SENS, PARIS, A 6
NORD
Clos de la Chaînette
Boulevard de la Chaînette
Av. Ch. de Gaulle
Rue des Migraines
Rue Jemmapes
Faidherbe
Rue Saint-Germain
Rue M. Carles
PLACE SAINT-GERMAIN
R. du Lycée J. Amyot
R. de l'Étang
12
Vauban
Rue
Rue du R. des Ballets
Rue Alex. Marie
Grand Caire
Rue de Paris
Chapelle des Visitandines
Rue Michelet
Palais de justice
PL. DU PALAIS DE JUSTICE
R. de la Banque
Av. Marceau
Boulevard
Rue Bugeaud
Rue Française
Rue du 4 Septembre
PLACE DE LA PRÉFECTURE
PLACE SAINT-ÉTIENNE
Rue des Buttes
Armandot
Michel Lepeltier
Rue du Nil
R. Dampierre
R. d'Orbandelle
24
PL. DES CORDELIERS
R. Fourier
R. P. Roux
PL. DE L'HÔTEL DE VILLE
Rue R. des
13
Av. Foch
MONTARGIS
Rue Paul
R. Besan
R. de la Liberté
R. de la Fraternité
1
R. de l'Horloge
32
Salle d'Eckmühl
Hôtel de ville
R. des Boucheries
R. des Bons Enfants
Rue d'Égleny
PLACE ROBILLARD
PLACE LEPÈRE
R. de la Draperie
Tour de l'Horloge
PL. DU M^AL LECLERC
Musée Leblanc-Duvernoy
R. F. Bertran
R. de l'Égalité
11
R. Diderot
R. B. Pierre
21
40
PL. CH. SURUGUE
R. N. Maure
PLACE DES VÉENS
PLACE LAURENT BARD
R. Schaeffer
R. St Eusèbe
Rue Paul Bert
Rue Soufflot
Saint-Eusèbe
R. M. des Chesnez
R. des Orgues
R. Marie Noël
Rue des Moreaux
Boulevard du 11 Novembre
Hippolyte Ribière
Rue du Temple
R. de Collery
R. du Dr Marie
Perrière
R. Basse Perrière
PLACE SAINT-MAMERT
10
R. des Charmilles
PLACE DE L'ARQUEBUSE
Marché
R. du Sauce
R. Haute
R. Marcelin
Berthelot
R. G. Bénard
R. Jehan
R. des Remparts
R. du 14 Juillet
Rue du 24 Août
R. A. Briand
Boulevard Davout
R. L. Richard
A
B
1
2
3
COSNE
CLAMECY, NEVERS
33 3

L'YONNE

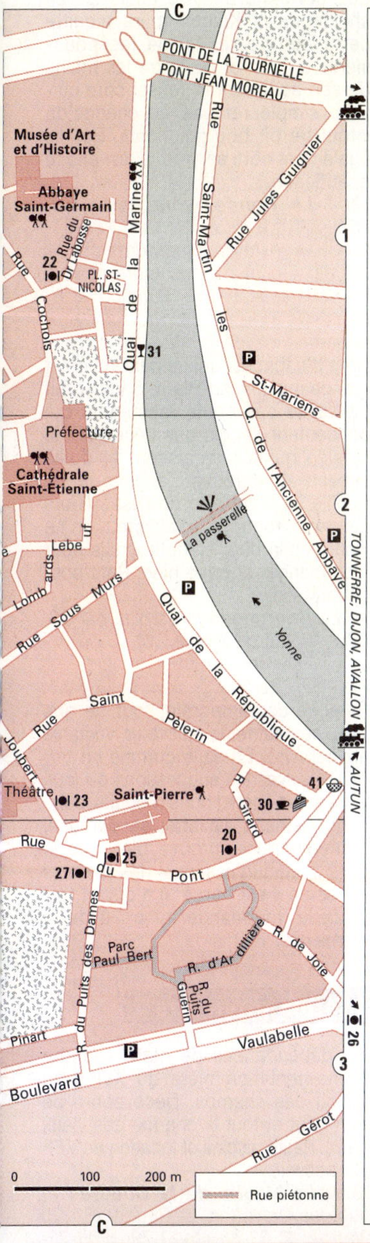

AUXERRE

Adresses utiles

1 Office de tourisme de l'Auxerrois (B2)
3 La Maison du Vélo (hors plan par B3)

Où dormir ?

10 La Maison des Randonneurs (B3)
11 Chambres d'hôtes Le Relais des Saint Pères (A2)
12 Hôtel Normandie (A1)
13 Les Maréchaux (A2)

Où manger ?

20 Le Flobert (C3)
21 Le Schaeffer (B2)
22 L'Accroche (C1)
23 La P'tite Beursaude (C2)
24 PoivretSel (B2)
25 Le Rendez-vous (C3)
26 Le Bourgogne (hors plan par C3)
27 Le bistrot de l'Aspérule (C3)

Où prendre un thé ou déguster une pâtisserie ? Où boire un verre ? Où écouter de la musique ?

30 Salon de thé Le Boudoir – Pâtisserie Eric Roy (C2-3)
31 La Péniche (C1)
32 L'Horloge (B2)
33 Espacio Piscina (hors plan par B3)

Où acheter de bons produits ?

40 Chocolaterie Olivier Vida (B2)
41 Les Fromages de Sylvain (C2)

et les tartes qui animent les formules les plus économiques. Côté viandes, le lapin se confit au chablis quand le ratafia accompagne le canard dans la terrine. Également de bons desserts, maison, on l'a compris. Pour parfaire son plaisir, un angle de terrasse sur rue.

La P'tite Beursaude *(plan C2, **23**) : 55, rue Joubert. ☎ 03-86-51-10-21. • laptitebeursaude@gmail.com • Tlj sauf mar, mer midi et jeu midi. Résa conseillée. Formule déj env 21 € ; menus autour de 30 €.* Une trentaine de couverts et 6 seulement en terrasse, dans une rue typique du vieil Auxerre. Tables en bois et carrelage. Cuisine régionale qui joue la carte nostalgie, sans exagération, avec une pointe d'humour décalé.

De prix moyens à chic

PoivretSel *(plan B2, **24**) : 32, pl. des Cordeliers. ☎ 03-86-33-81-86. Fermé le w-e. Carte 30-40 €.* Décor de bistrot (vieilles pubs, banquettes, chaises anciennes) et carte qui fait saliver, des œufs cocotte au filet mignon servi avec des girolles, en passant par des tartares mis à toutes les sauces. Envie de salade, de cochonnailles ? Pas de souci. Envie d'un bon vin ? Entre 130 et 180 références à la carte...

Le Bistrot de l'Aspérule *(plan C3, **27**) : 34, rue du Pont. ☎ 03-86-33-24-32. Tlj sauf mer-jeu. Formule déj (sauf dim) 27 € ; menu 30 €.* Une salle zen, aux tons crème et... crème qui fait moins rêver que ce que contiendra votre assiette. Le chef japonais, Keigo Kimura, a quitté cette adresse et laissé les poussières de son étoile entre les mains de son équipe. Pari réussi côté cuisine : simple, raffinée, qui change du « tout terroir bourguignon ». Réussi également côté service, aussi effacé qu'efficace.

Le Rendez-vous *(plan C3, **25**) : 37, rue du Pont. ☎ 03-86-51-46-36. • restaurant.lerendez@sfr.fr • Fermé w-e et j. fériés (hors saison, fermé le soir lun-jeu). Formule 25 € ; menus 37-51 €. Café offert sur présentation de ce guide.* Un rendez-vous d'habitués, qui ne paie vraiment pas de mine. Jean-Pierre Saunier fait partie de ces chefs rassurants qui concoctent depuis des décennies la cuisine qu'ils connaissent et qu'ils aiment, et les repas d'affaires ou de famille ici n'ont rien de triste. Œufs meurette, rognons à l'aligoté... on ne vient pas là pour chipoter, mais pour bien manger et boire bien. Petit bout de terrasse.

Le Bourgogne *(hors plan par C3, **26**) : 15, rue de Preuilly. ☎ 03-86-51-57-50. Fermé dim-lun. Formules déj mar-ven 21-26 € ; menus 33-56 €.* Relooké contemporain, tout de gris vêtu, ce petit resto cultive un véritable art de vivre. En salle comme en terrasse, suivez les suggestions du jour, vous serez épaté : bons produits, cuissons justes. L'assiette, savoureuse, contemporaine, prouve bien que le chef a retenu l'essentiel des grandes tables où il est passé. Il a ouvert une épicerie gourmande au n° 20 de la même rue.

Où dormir ? Où manger dans les environs ?

De prix moyens à chic

Chambres d'hôtes Château de Ribourdin : *8, route de Ribourdin, 89240 **Chevannes.** ☎ 03-86-41-23-16. • chateau.de.ribourdin@wanadoo.fr • chateauderibourdin.com • ♿ D'Auxerre, direction Nevers-Bourges ; dans le village, indiqué sur la gauche (direction Vallan). Doubles 85-95 €.* 5 chambres aménagées dans les dépendances de cette superbe ferme-gentilhommière du XVIe s au milieu des champs. Déco sobre de bon goût et tout le charme des vieux murs. Petite piscine et location de VTT. Bel accueil.

Le Moulin de la Coudre : *2, rue des Gravottes, La Coudre, 89290 **Venoy.** ☎ 03-86-40-23-79. 📱 06-72-74-84-80. • moulin@moulindelacoudre.com • moulindelacoudre.*

com • ♿ *À 1 km, sortie n° 20 de l'A 6 (Auxerre-Sud), direction Chablis. Resto fermé dim soir. Doubles 99-130 €. Menus 27-49 €. Apéritif maison offert sur présentation de ce guide.* Dans une campagne calme, autour d'un vieux moulin très largement remanié et complété d'un ensemble contemporain un rien froid. On y sert une cuisine qui plonge ses racines dans le terroir et l'authenticité. Les chambres sont confortables et joliment décorées. Aire de jeux.

Où prendre un thé ou déguster une pâtisserie ? Où boire un verre ? Où écouter de la musique ?

***Salon de thé Le Boudoir - Pâtisserie Éric Roy** (plan C2, **30**) : 89, rue du Pont. ☎ 03-86-52-35-93. Tlj. Formule déj (lun-ven) 12,90 €.* Une poignée de tables dans un salon cosy ou une autre poignée sur rue pour déguster les excellentes pâtisseries de la maison Roy. Formules déjeuner autour de tartes ou tartines.

***La Péniche** (plan C1, **31**) : 1, quai de la Marine. ☎ 03-86-42-59-00. Tlj (sauf lun-mar sept-juin) 11h30-22h (23h ven-sam, 19h dim).* Les pieds dans l'eau, voici l'endroit rêvé pour siroter un cocktail ou un vin du cru, à piocher dans une carte fournie. Salle au ras des flots ou agréable terrasse sur le pont supérieur, dominée par la cathédrale.

***L'Horloge** (plan B2, **32**) : 29, pl. de l'Hôtel-de-Ville. 📱 06-60-16-15-36. Tlj sauf dim-lun 8h-22h.* Terrasse réjouissante sur cette place triangulaire émaillée de façades à pans. Salle non moins agréable, moderne malgré ses lustres à pendeloques. Carte comptant tout ce qu'un bar peut offrir, dont d'excellents vins locaux et quelques bières originales.

***Espacio Piscina** (hors plan par B3, **33**) : 83, av. Yver-Prolongée. ☎ 09-72-81-75-21. À côté de la piscine, près du stade. Avr-sept, tlj sauf dim ; oct-mars, le midi seulement lun-ven, fermé le w-e.* Une adresse au bord de l'Yonne pour prendre un verre et grignoter sur le pouce. À l'écart du centre-ville, une ambiance décontractée, de la vie et des concerts tous les vendredis soir. Terrasse en été ou petite salle souvent bondée.

Où acheter de bons produits ?

***Chocolaterie Olivier Vidal** (plan B2, **40**) : 3, pl. Surugue. Fermé dim, plus lun mat.* Gourmandises chocolatées signées par un Meilleur ouvrier de France qui s'illustre par ses « rouges de Bourgogne ». Macarons à se damner et délicieuses glaces à la pêche... de vigne, pardi !

***Les Fromages de Sylvain** (plan C2, **41**) : 122, rue du Pont. ☎ 03-86-41-19-91 Mer-dim mat 9h-12h30, 15h30-19h.* Alléchante boutique d'un fromager-affineur renommé et présent sur plusieurs marchés de la région. La crème des fromagers !

***Le Borvo** : route de Beaumont, 89250 **Chemilly-sur-Yonne**. ☎ 03-86-47-82-44. • contact@leborvo.fr • leborvo.fr • À 15 km au nord d'Auxerre (D 84). Boutique lun-sam 9h-18h30.* La maison peaufine et vend ici le meilleur saumon de la région, aux côtés d'autres produits de qualité, comme les cornichons de la maison *Marc,* dernière production traditionnelle, venant de Chemilly, qui approvisionne l'Élysée entre autres.

À voir. À faire

Pour visiter le centre historique, suivre les pavés en bronze à l'effigie de Cadet Roussel (brochure payante). Pour les 6-12 ans, prendre aussi le carnet d'énigmes de *Cadet'Chou.* Visites guidées payantes *(sam à 15h)* suivant des thèmes variables. Infos à l'office de tourisme.

« Sur les traces de Cadet Roussel » : *circuit de 5 km dans la vieille ville ; compter 2h-2h30 hors visite des monuments et sites. Brochure payante à l'office de tourisme.* « Cadet Roussel est bon enfant », il vous mènera sur ses pas, ou plutôt sur ses plaques. « Cadet Roussel a 3 maisons... », il vous en montrera beaucoup d'autres à travers la ville dont de biens belles à pans de bois et poutres sculptées de toute beauté. Vous croiserez en cours de chemin sa statue polychrome.

La passerelle *(plan C2)* **:** la balade peut commencer sur cette passerelle du début du XXe s. Belle vue sur la vieille ville hérissée de clochers. Superbe de nuit. Pratique pour rejoindre le centre depuis les stationnements gratuits de la rive droite.

Le quartier de la Marine *(plan C1)* **:** quelques rues jalonnées de maisons à pans de bois autour de la délicieuse place Saint-Nicolas sur laquelle veille, depuis 1774, la statue du ***patron des mariniers.*** À la fois discrètement chic et popu, ce quartier, qui perpétue le souvenir d'une activité marinière disparue au début du XXe s, recèle beaucoup de charme.

L'abbaye Saint-Germain *(plan C1)* **:** *2 bis, pl. Saint-Germain. ☎ 03-86-18-02-90. • abbaye.saintgermain@auxerre.com • ♿ (salles médiévales seulement). Juil-août, tlj 10h-12h30, 13h30-18h ; sinon, tlj sauf certains j. fériés (et mar sept-juin) 10h-12h, 14h-17h (18h avr et oct).*

– ***L'ensemble abbatial :*** *GRATUIT. Visites guidées (1h30) mer et dim à 15h, ven en nocturne, sur résa seulement : 7,50 €.* Il y avait déjà ici, au Ve s, un oratoire contenant le corps de saint Germain. Une église, édifiée selon la légende par Clotilde, épouse de Clovis, l'a remplacé un siècle plus tard. En 1812, l'édification de l'hôpital ampute l'édifice de son narthex, isolant littéralement la tour Saint-Jean (XIIe s). On comprend toutes ces transformations en visitant l'***avant-nef archéologique*** (tombes et limites de la basilique mérovingienne bien visibles). Jetez un œil aux intéressantes vidéos présentées à l'entrée, avant de vous attarder dans le cloître, sa salle capitulaire et sa grande claire-voie gothique devançant l'accès à l'église.

– ***Les cryptes :*** *visites guidées uniquement (40 mn), ttes les heures : 7 €.* Une véritable église souterraine : une succession de voûtes, des poutres d'origine du IXe s, le ***tombeau de saint Germain*** et, surtout, un exceptionnel ensemble de ***fresques carolingiennes*** exécutées vers 850 représentant le jugement, l'extase et le martyre de saint Étienne. Impressionnant.

– ***Le musée d'Art et d'Histoire :*** *GRATUIT.* Installé dans les anciens dortoirs des moines (fin XVIIe s). ***Collections archéologiques.*** Le 1er étage fait revivre *Autessiodurum* (nom romain de la ville) avec un atelier de céramiste reconstitué, des objets usuels et une belle collection de statues : statue équestre de légionnaire, Mercure (fin IIIe s), une paire de petits chevaux en terre blanche et d'étonnants *risus,* bustes d'enfants chauves avec des yeux en amande. Au rez-de-chaussée, salles consacrées au Moyen Âge et à l'histoire de l'abbaye, avec notamment le « ***suaire de saint Germain*** », exceptionnel tissu de soie provenant des ateliers impériaux de Constantinople en l'an 1000. Parcours pédagogique pour les plus jeunes. Expositions temporaires.

La cathédrale Saint-Étienne *(plan B-C2)* **:** *☎ 03-86-51-29-20. ♿ (prévenir l'accueil du trésor). Tlj 9h-18h. Visites nocturnes certains ven-sam en juil-août à 22h ; participation libre. Festival d'orgue en été.*

DRESS CODE HISTORIQUE

Claude de Chastellux s'est largement distingué à la bataille de Cravant (1423). Pour l'en gratifier, il fut inhumé dans la cathédrale d'Auxerre où les autres comtes de sa descendance sont depuis autorisés à pénétrer « à cheval, en armes et un faucon au poing ». Les autres sont autorisés à pied, désarmés et un Routard *à la main...*

Façade gothique percée de 3 portails surmontés de motifs et hauts-reliefs superbes, même s'ils ont été mutilés lors des guerres de Religion. Une imposante rosace de 7 m de diamètre domine le portail central. À l'intérieur, nef et chœur d'un très pur style gothique sont d'une surprenante harmonie. Ensemble lumineux. Au fond du déambulatoire, superbes vitraux du XIIIe s *(La Création)*, aux bleus encore très vifs. Dans la chapelle absidiale, rarissimes peintures murales du XIe s traitées dans les ocres.
– ***Crypte et trésor :*** *d'avr à mi-oct, mar-sam 10h-11h45, 14h15-17h30 ; déc-mars, mar-sam, l'ap-m seulement. Entrée : 3,50 €.* La crypte est le seul vestige d'un ancien édifice roman (XIe s). Le *trésor* (accès depuis la nef) n'est pas celui de la cathédrale, fondu par les huguenots au XVIe s, mais une collection privée. Environ 400 pièces exposées par rotation dans une petite chapelle.

L'église Saint-Pierre *(plan C2-3)* **:** *rue Joubert.* Clocher gothique flamboyant qui a un petit air de famille avec celui de la cathédrale. Le portail Renaissance est celui de l'ancienne abbaye. Au-dessus, on reconnaît Noé. Est-il là (on sait son penchant pour le vin) parce que les vignerons ont financé en partie la construction de l'église ?

Les vieilles maisons : le quartier piéton n'en manque pas. Du genre pour lesquelles l'expression « avoir pignon sur rue » semble avoir été inventée, comme ***rue de l'Horloge*** ! Belles maisons également place Surugue. C'est là que vous retrouverez la ***statue de Cadet Roussel.*** À l'angle des rues Joubert et Fécauderie, découvrez les plus beaux ***poteaux corniers*** (des piliers d'angle, quoi !) d'Auxerre.

La tour de l'Horloge *(plan B2)* **:** élevée en 1483, elle témoigne de l'entrée symbolique du temps civil et de la bourgeoisie dans une cité que les nobles et les clercs verrouillaient jusqu'alors (un tournant essentiel !). L'horloge présente 2 cadrans : d'un côté, les heures ; de l'autre, le cadran astronomique. Juste à côté s'élevait la ***maison*** d'un certain ***Cadet Roussel.*** Huissier de justice, il doit sa réputation et la comptine enfantine qu'on lui dédia à la curieuse surélévation de sa maison et à un mode de vie quelque peu excentrique pour l'époque. À l'angle des rues de la Draperie et de la Tour-Gaillarde, magnifique poteau cornier sculpté représentant une scène de libations. Au no 7, place de l'Hôtel-de-Ville, le fameux écrivain libertin Nicolas Restif de La Bretonne (qui n'avait pas non plus un mode de vie très catholique) travailla comme imprimeur.

La salle Eckmühl *(plan B2)* **:** *pl. du Maréchal-Leclerc. ☎ 03-86-18-05-50. Avr-sept, mer-dim 14h-17h. Fermé 1er et 8 mai. Visites accompagnées : ttes les heures, gratuites et sans résa.* Rescapée de l'ancien palais des comtes d'Auxerre, la salle recèle des trésors légués à la ville par la fille du maréchal Davout, la marquise de Bloqueville. Splendide travail de lambrissage et toile peinte au plafond. Vitrine renfermant quelques témoins de la vie du XIXe s mondain, dont la tenue de cérémonie du maréchal au sacre de Napoléon.

L'église Saint-Eusèbe *(plan A-B3)* **:** *pl. Saint-Eusèbe. Tlj 9h-18h.* Admirable clocher roman, aux 3 étages à baies en plein cintre abondamment sculptées. Portail assez usé du XVIIe s. Lumineux chœur Renaissance. Beaux vitraux du XVIe s.

Le musée Leblanc-Duvernoy *(plan A2)* **:** *9 bis, rue d'Égleny. ☎ 03-86-18-05-50. Avr-sept, mer-dim 14h-18h (fermé 1er et 8 mai), sinon, ouv pour les groupes seulement sur résa. GRATUIT.* Dans une élégante demeure du XVIIIe s. Importante collection de faïences et grès de Puisaye, dont une série de faïences patronymiques qui commémore des événements et la mémoire de grandes familles. Intéressant ensemble d'assiettes décorées de thèmes et de slogans révolutionnaires (230 pièces fabriquées entre 1789 et 1794). Dans le salon de musique, tapisseries de Beauvais de 1710 (4 panneaux... le Louvre et Versailles n'en ont qu'un chacun !), évoquant, d'après les récits de voyage de jésuites, la vie de l'empereur Kang-Xi, contemporain de Louis XIV et à l'origine de la mode des chinoiseries qui déferla ensuite sur l'Europe.

Le clos de la Chaînette (plan B1) : *bd de la Chaînette. Ne se visite pas.* Visible de la rue, en pleine ville, un vignoble de 5 ha, en blanc et en rouge, ancien clos de l'abbaye Saint-Germain (d'où l'enseigne sur les bouteilles), miraculé du phylloxéra.

– **Bateaux touristiques de l'Auxerrois :** *embarquement au 1, quai de la République (plan C2). 06-30-37-66-17. • bateaux-auxerrois.com • De mi-avr à mi-oct, tlj sauf lun non fériés. Croisières (1-2h) : 12-23 €/pers ; réduc. Croisière-repas à partir de 64 €/pers.* À bord de l'*Hirondelle*, croisières touristiques et une dédiée aux enfants. Propose aussi **Les Jeudis du goût** *(juil-août, jeu à 17h ; tarif : env 18 € ; durée : 1h30)*, une minicroisière sur le canal du Nivernais avec dégustation de produits du terroir.

Manifestations

– **Marche Auxerre-Vézelay :** *fin avr.* Les mollets peuvent choisir entre 7 distances différentes (de 8 à 58 km).
– **Fleurs de Vignes :** *début juin (ts les 2 ans, années paires).* Sur les quais de l'Yonne, en plein centre, c'est la fête aux vins de l'Auxerrois.
– **Catalpa :** *3 j. fin juin. • catalpafestival.fr •* 3 jours de reggae, hip-hop et... brasseurs de son (sic !).
– **Garçon la note ! :** *juil-août, lun-sam 21h-23h30. Programme auprès de l'office de tourisme.* Concerts gratuits dans des cafés de la ville ou de l'Auxerrois.

LES VILLAGES VIGNERONS DE L'AUXERROIS ET DU CHABLISIEN

Carte Yonne, B-C3

Paysage admirable, aux vallonnements plantés de vignes et de cerisiers. Un mariage heureux au regard, à consommer sans modération : strict et géométrique en hiver, avec ses ceps alignés au cordeau, fleuri de bouquets d'arbres lorsque vient le temps des cerises, couvert d'un roux manteau lorsque le vent du nord annonce l'hiver.

COULANGES-LA-VINEUSE (89580)

À 15 km au sud d'Auxerre par la N 151, un de ces villages paisibles, au nom chantant, cachés dans ses vignobles, qui a conservé de belles demeures et une église émouvante. On l'appelait autrefois Coulanges-la-Sèche, car le village n'avait aucun point d'eau. Un pays agréable pour les amateurs de rando ou de balade à VTT. Et pour les amateurs de pinot noir, un vin très aromatique tiré des quelque 120 ha de cette petite appellation. Les rouges affichent des notes de cerise, les blancs oscillent entre pêche et miel, le rosé dévoile des arômes de fruits rouges.

Adresse utile

Maison du Pays coulangeois : *9, bd Livras. ☎ 03-86-42-51-00. • cc-payscoulangeois.fr • Mer-ven 14h-17h, plus, en saison, w-e et j. fériés 14h-18h.* Point d'info et expo. Circuits de rando (fiches payantes), « circuit des vieilles pierres » à la découverte du patrimoine et circuits VTT.

Où dormir ? Où manger à Coulanges et dans les environs ?

Bon marché

Le Clos du Roi : *17, rue Vildieu, à Coulanges. ☎ 03-86-42-25-72. • magali@closduroi.com • En saison, lun-sam 9h-19h, dim 10h-18h ; hors saison, se renseigner avt. Repas autour de 15 €. Café offert sur présentation de ce guide.* Le caveau de ce domaine a ouvert un agréable bar à vins, pour poser un coude sur une table-barrique tout en levant l'autre (coude). Des nectars à accompagner de planches de fromages ou charcuterie, sélectionnant en priorité des produits du cru. Terrine de truite bio de Prégilbert et glace artisanale tomate-basilic à tomber !

Le Migéen : *26, Grande-Rue, 89580* **Migé.** *☎ 09-53-98-05-48. • lemigeen@gmail.com • Bar ouv tlj sauf dim ap-m et lun ; resto le midi mar-ven et le soir ven-sam. Menu déj en sem env 15 € ; menu le soir 22 €. Café offert sur présentation de ce guide.* Plus qu'une simple épicerie de village, on trouve ici une véritable adresse pour exercer sa fourchette. Sur une placette agréablement aménagée en terrasse, et dans une salle bien au goût du jour, on goûte une cuisine qui sait fusionner la tradition (jambon persillé...) et la nouveauté (bourguignon de canard, feuilleté de fourme à la poire...). N'abusez pas du vin, même s'il est à un prix défiant toute concurrence !

Prix moyens

Chambres d'hôtes du domaine Maltoff : *20, rue d'Aguesseau, à Coulanges. ☎ 03-86-42-32-48. • contact@maltoff.com • maltoff.com • Au centre du village ; fléché. Double env 80 € ; familiale également. Table d'hôtes 35 €.* 4 belles chambres (un duplex avec mezzanine pour une famille) dans la propriété totalement restaurée d'un excellent vigneron. Terrasse.

Chambres d'hôtes de la Fontaine : *2, rue de la Fontaine, 89580* **Gy-l'Évêque.** *☎ 03-86-41-61-64. 📱 06-87-48-94-61. • chambresdegy@gmail.com • chambresdegy.com • Fléché dans le village, à 5 km au nord de Coulanges-la-Vineuse. Fermé janv-fév. Double 66 €. Réduc de 10 % sur présentation de ce guide.* 5 chambres estampillées au nom de céréales, plutôt grandes et lumineuses, bien au calme dans cette bâtisse en L. Au rez-de-chaussée, une pièce de vie réservée aux hôtes. Accueil cordial des proprios qui occupent l'autre aile et ne tarissent pas de bons tuyaux sur le coin.

J'MCA : *12, rue André-Vildieu, à Coulanges. ☎ 03-86-34-33-41. • jmca-restaurant-coulanges-la-vse@outlook.fr • Ouv le midi jeu-mar et le soir ven-sam. Fermé mer. Congés : 15 j. en fév et en août, 1 sem à Noël. Formule déj en sem (hors j. fériés) 16 € ; menus 26-42 €.* Cette maison joliment réaménagée abrite un couple de jeunes restaurateurs qui aiment leur métier et qui n'ont pas peur de l'écrire en gros (on précise au cas où vous auriez mal décrypté le nom du lieu). Une cuisine de passion qui ne triche pas sur la qualité, un cadre agréable et des vins de Coulanges qui coulent bien. Une jolie découverte, à tous égards.

À voir dans le coin

L'église Saint-Christophe : architecture vraiment peu rurale, puisqu'elle a été construite au XVIIIe s par Servandoni (architecte de l'église Saint-Sulpice à Paris). De style froid et néoclassique, assez unique et qui détonne dans le pays(age). Seul le clocher date de la fin du XVIe s.

DE L'EAU EN VAIN !

L'église Saint-Christophe a été édifiée sur les ruines fumantes de la précédente église, détruite en 1676 par un incendie, tout comme 170 maisons du village. L'eau venant à manquer, on perça 30 barriques de vin pour finir de l'éteindre !

L'YONNE

ESCOLIVES-SAINTE-CAMILLE (89290)

Au sud d'Auxerre, un village charmant tant pour son vin que pour sa vue. Intéressante église du XIIe s surmontée d'un clocher octogonal et précédée d'un beau porche à arcades.

Où dormir ?

Chambres d'hôtes Domaine Borgnat, Le Colombier : *1, rue de l'Église. ☎ 03-86-53-35-28. 06-45-62-90-89. • sejour@domaineborgnat.fr • domaineborgnat.com • Congés : fêtes de fin d'année. Doubles 80-108 €. Gîtes également. Table d'hôtes 32 €. Un verre sérigraphié offert sur présentation de ce guide.* Belle maison de vignerons fortifiée, datant du XVIIe s. Dans une aile, des chambres lumineuses avec parquet, beaux meubles rustiques et jolis tissus (en revanche, évitez la chambre d'appoint, au grenier). Cuisine à disposition. N'hésitez pas à rendre une petite visite aux 2 étages de caves voûtées où le coulanges du domaine vieillit dans un bel alignement de tonneaux. Vente de vins à la propriété (à prix très, très sages). Piscine chauffée et un gîte dans le colombier.

À voir

Le site archéologique : *9, rue Raymond-Kapps. ☎ 03-86-42-71-89. En contrebas, à l'entrée du village ; bien indiqué. Juil-août, tlj 10h-18h ; avr-juin et sept-oct, tlj 10h-12h, 14h-18h ; fév-mars, tlj 10h-12h, 14h-16h. Fermé nov-janv. Entrée : 5 € ; réduc.* Les recherches conduites depuis 1955 livrent des vestiges d'une occupation humaine allant du Néolithique au Mérovingien. Riche période gallo-romaine, grande villa du Ier au Ve s, thermes gallo-romains. Également une nécropole mérovingienne.

VINCELOTTES (89290)

Village bourguignon qui étire ses façades sur l'Yonne. Il fut, jadis, un port d'embarquement pour le vin.

Où camper ? Où boire un verre et grignoter dans le coin ?

Camping Les Ceriselles : *route de Vincelottes, 89290* ***Vincelles.*** *☎ 03-86-42-50-47. 06-38-15-07-41. • campingceriselles.com • Avr-sept. Forfaits tentes 13,50-18 €. Pod pour 2 pers 24-34 €. Mobile homes (2-6 pers) 271-580 €/sem. 80 empl.* Un grand camping, bien aménagé et entretenu, sur les bords de l'Yonne et du canal du Nivernais. Location de vélos, supérette. Nombreuses activités sportives (volley, pétanque, ping-pong...), aire de jeux et piscine. Cafétéria, snack.

Le Cellia : *23, quai de l'Yonne, à Vincelottes. ☎ 03-86-42-42-42. • lecellia@gmail.com • Ouv le midi mar-sam et le soir jeu-sam. Formules 12-15 € ; burgers et plats 10-20 €. Café offert sur présentation de ce guide.* Cet ancien cellier de moines, qui connut Urbain II en culottes courtes (le XIe s, quoi !), n'a rien perdu de sa vocation. Alors que 2 beaux vitraux éclairent la haute salle (6 m sous plafond), vos ripailles seront faites d'une *french pub food* et vos libations à base de vins du cru ou de bières locales. Agréable terrasse également, en surplomb de l'Yonne.

IRANCY *(89290)*

À 2 km au nord-est de Vincelottes par la D 38. Croquignolet village à la belle pierre blanche issue des carrières voisines (la pierre de Bourgogne a obtenu en 2018 le label convoité d'indication géographique protégée, IGP). Fleuri, blotti au creux d'un vallon et tout entouré de vignes, c'est le ***village natal de Soufflot,*** l'architecte du Panthéon à Paris, qui vit le jour au n° 36 de la rue qui porte son nom. Les contreforts de l'***église*** présentent une belle ornementation Renaissance.
Bourgogne oblige, une trentaine de producteurs y vendent directement ce fameux vin au goût de fruits rouges que les connaisseurs ont adopté depuis belle lurette. L'irancy bénéficie d'une ***appellation d'origine contrôlée*** (AOC) depuis 2000. Un vin bien en bouche, qui ne déçoit pas et se garde plus de 10 ans (si l'on sait être patient). Particularité unique : il peut contenir du césar, un vieux cépage local « costaud ».

Où manger ?

Le Soufflot : *33, rue Soufflot. ☎ 03-86-42-39-00. • lesoufflot.irancy@gmail.com • Ouv le midi tlj sauf lun, et le soir ven-sam. Résa conseillée. Menu 28 €.* Une adresse fréquentée aussi bien par les locaux que par les amoureux du vin en goguette. Beaucoup de monde le week-end pour se retrouver sous la vigne qui traverse la salle aménagée dans l'ancienne cour. Service à la bonne franquette.

SAINT-BRIS-LE-VINEUX *(89530)*

Sur la route depuis Irancy, Bailly via le col du Crémant ou celle venant d'Auxerre, très joli ***panorama*** sur le vignoble et la vallée de l'Yonne (table d'orientation). Saint-Bris est une grosse bourgade vinicole agrémentée d'une charmante église, dans un paysage qui rappelle les plus belles affiches de promotion pour la Bourgogne. Depuis 2003, le vin tiré de ces coteaux, un sauvignon blanc pure souche, est gratifié d'une AOC.

À voir

L'église Saint-Prix-et-Saint-Cot : édifiée du XIIe au XVIIe s, elle dresse sa façade sur la place centrale. Il faut emprunter la rue de l'Église, qui débouche sur le chevet, pour en saisir toute l'harmonieuse architecture. Sur la gauche du chevet, porte monumentale Renaissance à 2 tourelles. Sur le côté droit, beau portail Renaissance en accolade (dit ***porte des Initiés***) surmonté d'admirables personnages sculptés. À l'intérieur, riche ornementation révélatrice de l'aisance des viticulteurs. Jeter plus qu'un œil à la ***chaire en bois sculpté*** du XVe s et aux ***vitraux du XVIe s*** illustrant la vie des saints (leurs sépultures auraient été trouvées ici même par saint Germain). Au final, le trésor de cette église demeure l'arbre de Jessé peint (sur le côté droit du chœur) en 1500 et figurant la généalogie du Christ (intéressants costumes d'époque).

Les caves Bersan : *derrière l'église.* Parmi les nombreuses caves de viticulteurs, celle de la famille Bersan (installée au village depuis 1453) est particulièrement belle et impressionnante. Elle date du XIe s et s'avance dans un dédale de couloirs bien frais... comme le sauvignon blanc de la maison. Elle a été divisée par le jeu des successions : d'un côté, l'entrée historique derrière l'église est celle de la maison Jean-Louis Bersan et fils *(20, rue du Docteur-Tardieux ; ☎ 03-86-53-33-73 ; vins bio, fermé dim et j. fériés sauf sur rdv),* de l'autre, d'un look plus design extérieurement, la cave où Jean-François et Pierre-Louis Bersan vous reçoivent *(5, rue du Docteur-Tardieux ; ☎ 03-86-53-07-22 ; fermé dim et j. fériés sauf rdv).*

La chapelle de Bailly – Centre d'art Georges-Hosotte : *Bailly. ☎ 03-86-53-30-55. • hosotte.com • Mai-oct, tlj 10h-12h, 14h-19h.* Cette chapelle du XVIIIe s est entièrement dédiée à l'œuvre du peintre, qui comprend de célèbres cerisiers. Vitrail *Le Messie*, de l'artiste, au-dessus de la porte, et expo annuelle sur des thèmes différents chaque année. Du bel art dans un bel écrin.

Les caves Bailly-Lapierre : *à 1 km au sud-est du hameau de Bailly (500 m du canal). ☎ 03-86-53-77-77. • bailly-lapierre.fr • Ouv à la dégustation et à la vente. Visites guidées ts les ap-m 14h30-17h30 en juil-août ; hors saison, w-e et j. fériés à 15h30 et 16h30. Entrée : 6 €. Livret-jeu pour les enfants : 2 € (avec dégustation surprise en fin de visite). Prévoir 1h de balade (avec dégustation).* Ces anciennes carrières étaient exploitées dès le Moyen Âge (on en a extrait la pierre, transportée par voie fluviale pour bâtir Notre-Dame, le Panthéon à Paris et des ouvrages du canal du Nivernais). Reconverties en champignonnières en 1927, elles abritent depuis 1972 ces caves à vin spectaculaires (4 ha, creusés à 50 m sous la roche) où sont stockées 7 millions de bouteilles de crémant-de-bourgogne. Visite guidée bénéficiant d'une clim naturelle à 12°C (bien agréable les jours de canicule, prévoyez une petite laine !), et dégustation-vente.

ENTRE VIGNOBLES ET CERISAIES, DE SAINT-BRIS-LE-VINEUX À CHABLIS

Les paysages et collines du coin invitent à faire la route buissonnière. À 3 km à l'est de Saint-Bris-le-Vineux, ***Chitry-le-Fort*** possède une impressionnante église fortifiée au donjon à encorbellement du XVe s (on ne voit que les extérieurs). Plus près de Chablis, qu'on peut même rejoindre à pied, les villages de Préhy et Courgis sont isolés au milieu des vignes. ***Courgis,*** aux allures médiévales, a reçu Restif de La Bretonne pendant une partie de sa vie et représente plus de 300 ha de chablis premier cru. Quant à ***Préhy,*** son charme réside dans son église Sainte-Claire du XVe s, au sommet d'un vallon, à l'écart du centre du village et qui n'est entourée que de vignes.

CHABLIS (89800) 2 370 hab. *Carte Yonne, C3*

Village mondialement connu pour ses grands bourgognes blancs issus du cépage chardonnay, la clientèle anglo-saxonne en a fait une de ses destinations préférées. De fait, Chablis tient le haut du pavé depuis le haut Moyen Âge.

Comme souvent, ce petit blanc-là passa du calice des moines à la table des rois. Excellente publicité pour l'époque ! Son exportation est impressionnante... L'Europe, les États-Unis, et même la Russie, où Tolstoï le cite dans son roman *Anna Karenine,* à égal avec le champagne ! On trouve 4 appellations : petit-chablis, chablis, chablis premier cru et chablis grand cru.

Côté ville, malgré la destruction par un bombardement en 1940 de presque toutes ses maisons à colombages, Chablis, avec ses promenades ombragées le long du Serein, possède encore bien du charme... Et, pour accompagner un verre de blanc, rien de mieux qu'une des spécialités du cru, comme le jambon à la chablisienne, l'andouillette ou le duché, ce petit biscuit qui renoue avec la tradition des grands-mères. Ah ! on allait oublier la brasserie *Maddam,* 100 % bio. De la bière à Chablis, il fallait oser !

Adresse et infos utiles

Office de tourisme Chablis, Cure, Yonne et Tonnerrois : *1, rue du Maréchal-de-Lattre-de-Tassigny. ☎ 03-86-42-80-80. • escale-chablis.fr • Avr-oct, tlj 10h-12h30, 13h30-18h (19h de mi-juin à mi-sept) ; nov-mars, tlj sauf dim 10h-12h30, 13h30-18h.* Vente de carte du vignoble et topoguide des randonnées pédestres ou à VTT, de 8 à 33 km. Location de vélos (résa conseillée). Organise des visites de domaines viticoles avec dégustation. Propose des visites guidées de la ville et des villages alentour (certaines à la lanterne).

– Balade dans Chablis et le vignoble téléchargeable gratuitement sur *• guidigo.com •*

– ***Marché bourguignon :*** *dim mat, rue Auxerroise.* Marché typique.

– ***Marché nocturne d'artisanat et de terroir :*** *1er w-e d'août, en soirée (rens à l'office de tourisme).* Au cœur de la ville, avec apéritif-concert gratuit.

Où dormir ? Où manger ?

Prix moyens

Le Bistrot des Grands Crus : *8-10, rue Jules-Rathier. ☎ 03-86-42-19-41. • bistrotdesgrandscrus@wanadoo.fr • Tlj, midi et soir. Formule et menu 11,50-22 € ; carte 30 €.* Cette annexe de l'*Hostellerie des Clos* (voir ci-après) est une vraie adresse pour tous ceux qui passent par Chablis. *Le Bistrot,* côté terrasse ou côté salle, est un lieu où l'on se fait plaisir autour d'une bonne cuisine de pays, basée sur le marché. On peut très bien se contenter d'un bœuf bourguignon ou d'une andouillette braisée et d'un dessert maison. Belle carte des vins et service rapide.

De chic à plus chic

Hostellerie des Clos : *18, rue Jules-Rathier. ☎ 03-86-42-10-63. • contact@hostellerie-des-clos.fr • hostellerie-des-clos.fr • ♿ Doubles env 80-150 €. Menus 22 € (côté bistrot), sinon 48-68 €.* Dans cet ancien hôtel-Dieu et sa chapelle, fréquentés par une clientèle internationale, la famille Vignaud offre l'exemple d'une hôtellerie traditionnelle sachant se renouveler. Les pièces de réception, la salle à manger comme les chambres ont été rénovées avec soin, mariant confort, fonctionnalité et harmonie. Mon tout, agrémenté d'un spa. La table gastronomique jouit d'une excellente réputation.

Chambres d'hôtes du Moulin des Roches : *chez Anne et Thierry Grandet. 📱 06-73-20-80-50. • chablis-maisondumoulindesroches.fr • Prendre la route du camping, après le pont. Double 125 €.* Un peu à l'écart de Chablis, au bord du Serein, le *Moulin des Roches* est un havre de paix. Ses propriétaires logent dans le moulin même et vous laissent partager avec d'autres hôtes la maison de maître 1900 à l'entrée. Jolies chambres pour les amoureux sous les combles ou grandes chambres familiales au 1er étage.

Au Fil du Zinc : *18, rue des Moulins. ☎ 03-86-33-96-39. • aufilduzinc@orange.fr • Tlj sauf mar-mer. Résa souhaitée. Menus 33 € (midi), puis (3-5 services) 37-62 € ; celui à 62 € obligatoire le soir ven-sam.* Une des adresses les plus « zin-zinc » du moment, née de la rencontre d'un jeune chef japonais bourré de talent, Ryo Nagahama, et d'un fou du vin originaire d'Irancy. Fabien a eu du nez pour trouver la formule qui manquait dans cette ville chic. Au comptoir, en salle ou en terrasse, on se fait plaisir, autour de plats qui ont la précision asiatique et le goût du terroir. Service qui ne reste jamais les deux pieds dans le même tonneau.

Où dormir ? Où manger dans les environs ?

Chambres d'hôtes La Marmotte : *chez Élisabeth et Gilles Lecolle, 2, rue de l'École, 89700* ***Collan.*** *☎ 03-86-55-26-44. • lamarmotte.glecolle@*

orange.fr • À 6 km au nord-est de Chablis ; au centre du village. Double 62 €. Animaux non admis. Une belle et grosse maison au cœur de ce village sur les hauteurs de Chablis qui accueille depuis 1993. Autant dire que les Lecolle ont de l'expérience. Les 3 chambres au papier fleuri et aux poutres colorées sont simples mais agréables. Grande salle de petit déj et superbe jardin fleuri. 2 gîtes en complément, situés sur le GR 654.

Le Relais Saint-Vincent : *14, Grande-Rue, 89144* ***Ligny-le-Châtel.*** *☎ 03-86-47-53-38. • contact@relais-saint-vincent.fr • relais-saint-vincent.fr • À 11 km au nord de Chablis ; en centre-bourg. Congés : 2 sem en juil-août et autour des fêtes de fin d'année. Doubles 71-90 €. Menus 17-38 €. Café offert sur présentation de ce guide.* Dans cette rue et ce village d'un autre âge, une ancienne maison à colombages du XVIIe s, résidence du bailli de Ligny, aménagée avec goût, confortable et propre. Les chambres assument bien leur nom : soit « standard », soit « supérieure ». Au resto, une cuisine authentique comme un cep de vigne de Chablis. Terrasse fleurie, au calme dans la cour.

Auberge du Bief : *2, av. de Chablis, 89144* ***Ligny-le-Châtel.*** *☎ 03-86-47-43-42. • aubergedu bief@orange.fr • À 11 km de Chablis ; à côté de l'église, le long du Serein. Ouv midi mar-dim, plus soir ven-sam. Menus 20-47 €. Un objet publicitaire offert sur présentation de ce guide.* L'une des adresses que les gens du pays aiment fréquenter, depuis des décennies, surtout le dimanche midi. Il n'y a pas trop de place dans la grande salle à l'élégante mise de table, alors il faut arriver de bonne heure ou réserver. À moins que l'on ne vous trouve encore une petite table en terrasse... La cuisine maison, bien présentée, est raffinée. Accueil simple, charmant et souriant.

Où acheter de bons produits ?

Boulangerie-pâtisserie Body : *21, rue du Maréchal-de-Lattre-de-Tassigny. ☎ 03-86-42-12-78. Tlj sauf lun.* Faites provision ici de duchés, ces petits biscuits que l'on déguste avec un verre de chablis (certains vont même jusqu'à les tremper dedans !).

La Maison de l'Andouillette : *3 bis, pl. du Général-de-Gaulle. ☎ 03-86-42-12-82. Tlj 9h30-18h (8h30-15h dim).* Andouillettes 5A au chablis, andouille au marc, terrine d'andouillette, jambon persillé, fromages locaux affinés au chablis.

Charcuterie Colin : *5, rue du Pressoir. ☎ 03-86-42-10-62. Tlj sauf dim ap-m et lun.* Elle aligne des andouillettes d'un bon tonneau, 5A et au chablis, qui peuvent très bien se manger froides, à l'apéro.

Où déguster et acheter du chablis ?

La Cave du Connaisseur : *6, rue des Moulins. ☎ 03-86-42-48-36. En centre-ville. Tlj 10h-18h.* Une cave où l'accueil est pédagogique, historique et familial. On découvre, au fil de nombreux parcours, à quoi ressemble une feuillette et goûter les vins dans le petit salon voûté.

La Chablisienne : *8, bd Pasteur. ☎ 03-86-42-89-98. • chablisienne.com • En sortie de ville, route de Vézelay. Tlj 9h-12h30, 14h-19h (18h janv-mars) ; en été, sans interruption.* Cette coopérative possède 1 100 ha sur Chablis (un tiers du territoire). Créée en 1923 pour faire face aux épidémies (l'union fait la force !), elle représente aujourd'hui environ 300 adhérents-producteurs et les 4 AOC de Chablis (la seule à proposer le grand cru Château Grenouilles). Petites expos, espace vidéo, hôtesses compétentes incollables sur la vinification. Dégustation gratuite.

Domaine des Temps Perdus :

L'YONNE

3, rue de Chantemerle, à ***Préhy.*** *☎ 03-86-41-46-05. • clotildedavenne.fr • Lun-ven 9h-12h, 13h30-17h30 ; sam 9h30-12h30, 14h-18h.* Domaine (8,5 ha) proposant une belle gamme en blanc (chablis, saint-bris...) et en rouge (côtes-d'auxerre). Prix sages, accueil charmant de Clotilde Davenne. Dégustation.

À voir

La collégiale Saint-Martin : *ouv en saison 14h30-17h30 ; visite guidée sur résa à l'office de tourisme.* Édifiée au XIIIe s, mais le clocher a été reconstruit au XVIIIe s. Célèbre pour sa porte latérale aux vantaux recouverts de fers à cheval. Au Moyen Âge, les pèlerins les clouaient pour implorer la guérison de leurs montures. À l'intérieur, belle forêt de colonnes et colonnettes, ainsi qu'une intéressante galerie.

LA DOUBLE CASQUETTE

En France, le soldat romain Saint-Martin, en partageant sa tunique avec un pauvre, est devenu le saint patron des policiers. Moins de chance en Italie, car en quittant sa Hongrie natale pour s'installer à Tours, il laissa sa femme vaquer avec ses nombreux amants. Voilà pourquoi, chez les Italiens il est plutôt le patron des cocus. Toute honte bue.

La porte Noël : 2 tours du XVIIIe s, édifiées à l'emplacement d'une ancienne porte de ville, lorsque Chablis était fortifiée. Juste à côté, dans la rue des Juifs, au no 6, une superbe fenêtre à meneaux. Au no 10, une curieuse demeure Renaissance aux pierres disparates, ancienne « synagogue » du Moyen-Âge. Expos temporaires *(mar-sam 14h-18h, dim 11h-13h).*

Le Petit Pontigny : *sur la route de Chichée (en droite ligne de la porte Noël).* Ensemble de bâtisses médiévales où se tiennent toutes les fêtes et cérémonies du vin à Chablis. Dans la cour, impressionnant pressoir à abattage du XVIIe s. Cellier du XIIe s parfaitement aménagé.

L'Obédiencerie – Domaine Laroche : *22, rue Brio. ☎ 03-86-42-89-28. Tte l'année sur rdv (fermé dim Toussaint-Pâques). Visite guidée env 1h : 15 €, dégustation incluse d'un chablis, 2 premiers crus et un grand cru à la boutique du domaine Laroche.* Cet ancien monastère des moines de Saint-Martin abrita un temps les reliques du saint. La visite donne l'occasion de remonter aux racines de ces vieux murs (IXe s, quand même !) et à l'histoire des vins de Chablis jusqu'à nos jours. Vieux pressoir, son et lumière, film 3D, dégustation. On ne s'ennuie pas.

LUMIÈRE DIVINE

Une curiosité pour les spécialistes : les bâtisseurs de la collégiale Saint-Martin, qui mêlaient souvent le mystique à l'architecture, ont œuvré pour que lors du solstice d'été (21 juin), la lumière vienne illuminer l'agneau sculpté sur la face arrière de l'autel (de 9h à 9h15). À 10h, heure solaire, c'est le visage du Christ qui s'illumine à son tour sur l'autre côté de l'autel.

À faire dans le vignoble

– ***Chablis Vititours :*** *📱 06-11-47-82-98. • chablis-vititours.fr • Pour la ½ journée, compter 75 €/pers (dégressif au-delà de 2 pers).* Franck Chrétien propose une balade commentée en minibus dans les vignes et le bourg de Chablis (et pas que), avec dégustations.

– **E-Bike Winetour :** *1, av. Jean-Jaurès. ☎ 03-86-18-97-12. • e-bikewinetours.com • Compter 18 €/pers la balade de 2h (20 km).* Un moyen original pour découvrir le Chablisien à VTT, vélos électriques ou à scooter. Dégustation au gré des arrêts dans les domaines.

Fêtes et manifestations

– **Saint-Vincent tournante du Chablisien :** *1er w-e de fév.* Grande fête vineuse autour du saint patron, avec une dégustation gratuite en échange de l'achat d'un verre. Passe d'un village à l'autre d'une année sur l'autre. Pittoresque et chaleureux !
– ***Marché aux vins et aux fleurs :*** *1er sam de mai.*
– ***Grande fête des Vins de Chablis :*** *2de quinzaine d'oct (en w-e).*
– ***Marathon de Chablis :*** *2de quinzaine d'oct (en w-e).*

DANS LES ENVIRONS DE CHABLIS

La ***route touristique des vignobles de l'Yonne,*** à découvrir en voiture ou à vélo, traverse les villages du vignoble chablisien jusqu'à l'abbaye cistercienne de Pontigny.

Le musée Alain-Geoffroy de la Vigne et du Tire-bouchon : *4, rue de l'Équerre, 89800* ***Beines.*** *☎ 03-86-42-43-76. • chablis-geoffroy.com • À 5 km à l'ouest de Chablis, sur la D 965. Lun-ven 8h-12h, 13h30-17h30 ; sam 10h-13h, 14h-17h. Fermé dim et j. fériés. Entrée : 2,50 € (dégustation en supplément).* Étonnante collection de 3 500 tire-bouchons du XVIIIe s à nos jours. Des prodiges d'ingéniosité ! On y observe aussi des bouchons aux sacrées trognes et tout un tas d'outils de la viticulture. Belle collection de taste-vin, ces coupelles en argent façonnées pour goûter les crus avec un côté pour les blancs et l'autre pour les rouges. Dégustation et vente (non obligatoires) à la sortie.

Le château de Béru : *32, Grande-Rue, 89700* ***Béru.*** *☎ 03-86-75-90-43. • chateaudeberu.com • À 8 km à l'est de Chablis. Juil-août, visites guidées à 11h et 16h ; sinon, sur rdv. Entrée : 10 € avec dégustation ; réduc.* Propriété des comtes de Béru depuis le XVIe s, la noble demeure domine le vignoble de Chablis. Avant de pouvoir déguster, on salue le cadran solaire et lunaire du XVe s, on admire au passage la porte et la tour du XIIe s et on photographie le colombier du XIIIe s percé de 1 500 boulins.

Chambres d'hôtes au château : *coordonnées ci-dessus. • laurencedeberu@gmail.com • Doubles 150-250 €.* Pour prolonger l'instant, des chambres ont été aménagées dans l'aile XVIe s du château. Les vieux matériaux s'accommodent à merveille avec l'esprit contemporain de la déco. Ici des tapis anciens, là une tapisserie de maître, éclairages indirects, belles salles de bains... Du grand chic !

L'abbaye de Pontigny : *à 15 km au nord de Chablis. Programme de visites guidées et concerts au ☎ 03-86-47-54-99 et sur • abbayedepontigny.com • Tlj 9h-19h (17h nov-mars) ; pas de visite pdt les offices religieux. GRATUIT.*
Tout juste si l'on remarque, à mi-chemin entre Chablis et Saint-Florentin et à l'orée d'un village qu'on imaginerait volontiers sans histoire, la plus grande abbaye cistercienne de France. Construite en 1114, elle est la 2e « fille » de Cîteaux. Au Moyen Âge, les archevêques de Canterbury (Thomas Beckett, Étienne Langton et Edmond Rich, futur saint Edme, qui repose sur place), persécutés en Angleterre, y trouvèrent refuge. En 1906, après la séparation des Églises et de l'État, l'abbaye de Pontigny fut vendue au professeur et essayiste Paul Desjardins, dont les entretiens de Pontigny

(les *Décades*) réunirent pendant 30 ans les grands noms de la littérature européenne : Bachelard, Curtius, Malraux, Thomas Mann, Gide, T. S. Eliott ou Mauriac.
Une majestueuse allée de tilleuls mène à un sobre porche d'entrée qui dévoile la plus vaste abbatiale cistercienne encore intacte de nos jours. Ce ***vaisseau*** (108 m de long, on n'est pas loin des dimensions de Notre-Dame de Paris !) paraît d'autant plus immense qu'il est presque vide. Ici, comme le veut la règle de l'ordre, rien ne doit être « vain superflu ». Tout au plus, de discrètes feuilles de cistelle (celles-là mêmes qui donnèrent leur nom à l'abbaye mère, Notre-Dame de Cîteaux) pour orner certains ***chapiteaux.*** Aucun vitrail coloré, presque aucune statue ne distrait de la prière et la belle ***pierre blanche*** de Bourgogne accentue encore cette impression de pureté et de lumière. À l'intérieur de la ***clôture du chœur*** (installée au XVIIe s), une centaine de ***stalles*** en chêne sculpté. Le ***chœur,*** construit en dernier (fin du XIIe s), démontre la maîtrise du gothique. Son déambulatoire est rythmé par de fines ogives en étoile. Dans le transept droit, vénérée ***Vierge de Miséricorde*** du XVIe s.
À l'arrière, depuis le cimetière, belle vue d'ensemble de l'harmonieux chevet.

La grange de Beauvais : *rue de la Mairie, 89230* ***Venouse.*** *06-60-80-77-97. • grangedebeauvais.com • À 3 km à l'ouest de Pontigny. Visite libre juil-sept, mar et sam 9h-18h30.* Dans un site intact dominant la vallée du Serein et l'abbaye, cette dépendance de l'abbaye cistercienne de Pontigny fut directement exploitée jusqu'au XIVe s par des frères convers, puis par des fermiers jusqu'à la Révolution. Vendu en avril 1791 comme bien national, le domaine a conservé sa vocation agricole et pastorale jusqu'en 1995. L'association Grange de Beauvais a entrepris sa restauration et propose des animations ponctuelles.
– On recommande le sentier pédestre entre la grange de Beauvais et l'abbaye de Pontigny (4 km).

LE CANAL DE BOURGOGNE, DE SAINT-FLORENTIN À ANCY-LE-FRANC

Florentinois, Tonnerrois, un pays que l'on se contente souvent de traverser, pour rejoindre Troyes ou la région parisienne. Ce pays vallonné court sur les rives de l'Armançon et du canal de Bourgogne. À la fois terre viticole (on plantait déjà des vignes au XIe s), avec les bourgognes de Tonnerre (exclusivement blanc) et les bourgognes d'Épineuil (rouge ou rosé), et pays de fromages (soumaintrain, saint-florentin), le Tonnerrois reste la partie Renaissance du département, avec des châteaux de l'époque ou d'anciens lavoirs ponctuant cette campagne qui sent bon la Bourgogne éternelle...

SAINT-FLORENTIN (89600) 4 570 hab. *Carte Yonne, C2*

Cette petite ville blottie contre une butte qui la protège des vents du nord tient son nom des reliques de saint Florentin, qui furent apportées en 833. Quelques vieilles maisons dominées par une église aux exceptionnels vitraux, une fontaine aux Dragons, un jardin de l'Octroi, une tour des Cloches, un pont-canal à 5 arches comme il n'en existe que 2 en France... Les vrais amateurs de fromage de vache dégusteront sur place le fameux saint-florentin (pour le transporter, mieux vaut être équipé !). Et les curieux iront explorer lavoirs, clochers et calvaires dans les environs à moins d'opter pour la balade le long du chemin de halage.

Adresses et info utiles

Office de tourisme Serein et Armance : *16, Grande-Rue. ☎ 03-86-35-11-86. • serein-armance.fr • Lun-sam 9h30-12h30, 14h-18h30 ; plus, en saison, dim et j. fériés 10h15-12h15, 15h-18h ; fermé mar mat oct-avr.* Propose des visites guidées (payantes) de la ville et de l'église en été, des balades accompagnées, des flâneries et des « bistrots-nomades » dans les villages environnants en été.

Ferme-fromagerie Leclere : *rue des Sablons, 89570* **Soumaintrain.** *☎ 03-86-56-37-33. À 8,5 km à l'est de Saint-Florentin (D 41). Lun-sam 8h-12h30, 14h-19h ; dim 8h-12h, 16h30-18h ; j. fériés, mat seulement.* Producteurs de lait et de soumaintrain depuis 1984, les Leclere perpétuent la tradition fermière du soumaintrain IGP et du chaource AOP.

– **Marchés :** *sam mat sous la halle (marché alimentaire) et lun en centre-ville (grand marché).*

Où dormir ? Où manger ?

Camping de l'Armançon : *RN 77. ☎ 03-86-35-08-13. • info@camping-saint-florentin.fr • camping-saint-florentin.fr • Entre rivière et plan d'eau, à l'entrée de la ville. De mi-avr à mi-oct. Forfaits tente 14-16 €. 100 empl.* Possibilité de pêcher (plan d'eau). Aire de jeux pour les enfants, terrain de pétanque, vrai resto attenant. Pas d'hébergement locatif mais d'insolites tentes (bivouacs) perchées sur pilotis en location. Soirées d'animation en saison.

Les Tilleuls : *3, rue Décourtive. ☎ 03-86-35-09-09. • lestilleuls.stflorentin@wanadoo.fr • hotel-les-tilleuls.com • Doubles 71-82 €. Menus 20 € (déj en sem), puis 35-39 €.* À 2 pas du centre et dans une rue paisible, cet établissement fut un dortoir des capucins au XVIe s. Chambres confortables un peu désuètes mais bien équipées. Une jolie terrasse bordée d'un jardin permet de déjeuner au calme, à l'ombre des tilleuls ! Belle carte côté mets comme côté vins. Service agréable.

À voir

L'église : *concerts d'orgue en été ven soir.* Cette église Renaissance, monumentale pour une aussi petite ville, aurait pu être encore plus vaste. Édifiée du XVe au XVIIe s, elle ne fut jamais achevée. Comme l'affiche sa silhouette ramassée, il lui manque... la nef ! À l'intérieur, les ateliers des ***écoles champenoise et troyenne de la Renaissance*** s'en sont donné à cœur joie. Son ***jubé*** à triple arcature cintré, d'une ordonnance très pure, sépare le chœur du transept. C'est l'un des 7 répertoriés en France. Sur le côté droit, statue célèbre ***Ecce Homo,*** montrant Jésus entravé. Dans le chœur, au-dessus du maître-autel, expressives ***statues équestres*** de saint Florentin et saint Martin (le 1er patron de l'église). Si la statuaire est remarquable et foisonnante, les ***verrières*** aux couleurs éclatantes sont exceptionnelles. Dans la 2e chapelle sur la gauche, 3 ***vitraux*** de 1529, représentant *L'Apocalypse, La Nativité et la légende de Saint-Jean-Baptiste,* inspirés de dessins de Dürer, sont d'une extrême précision de détails. Ne pas manquer non plus ***La Création du monde*** (original, car se lit à l'envers, de haut en bas) dans le déambulatoire, derrière le ***maître-autel*** (1525).

Le pont-canal : *à 100 m à pied du port de plaisance.* Moins spectaculaire que celui de Briare, mais intéressant. Port de plaisance équipé et chemin de halage du canal de Bourgogne accessible aux VTT et VTC.

Le musée du Florentinois : *av. du Général-Leclerc (entrée rue Gallimard). Tlj sauf mar et ven 15h-18h. Entrée : 4 € ; réduc.* L'histoire de la ville, de l'époque gallo-romaine au XXe s. Expos temporaires.

La fontaine : pl. des Fontaines. Remplace une fontaine Renaissance démolie en 1859, mais les dragons de bronze d'origine ont été heureusement repris.

Le panorama du Prieuré : en contrebas de la Grande-Rue, on accède à des escaliers qui permettent de monter à la promenade du Prieuré. De là, on jouit d'une vue très photogénique sur la ville, avec la tour des cloches, unique vestige des murailles détruites, la cascade des toits de tuiles et l'église blanche à son faîte, mais aussi la campagne alentour.

DANS LES ENVIRONS DE SAINT-FLORENTIN

Le sentier des Gaulois : randonnée balisée d'une douzaine de kilomètres. Également d'autres circuits, de 6 à 12 km.

La réserve ornithologique : *89600 **Bas-Rebourseaux.** Par la D 43, traverser Vergigny ; après le hameau de Bas-Rebourseaux, prendre le chemin d'accès à la réserve (2 km) et suivre les panneaux. GRATUIT. Prévoir un pique-nique.* Sur une ancienne gravière de 20 ha, réserve d'oiseaux d'eau, mais aussi de rapaces. Parcours découverte de 1 km et observatoire. Permanence pour observer les oiseaux avec du matériel spécialisé les 1er et 3e dimanches après-midi de chaque mois. Sortie initiation possible *(dates et résas au ☎ 03-86-48-31-94).*

***Seignelay** (89250) : à 18 km au sud-ouest de Saint-Florentin.* Le grand argentier de Louis XIV, Colbert, acquit en 1658 le château de Seignelay. Il devint le 1er marquis de Seignelay et apporta des aménagements à sa propriété, réalisés par l'architecte du Louvre, Le Vau. Le Roi-Soleil passa même pour une chasse. Le domaine fut détruit à la Révolution, et on utilisa les matériaux pour paver les rues de Joigny. Seul héritage du grand homme, les très belles halles en bois.

***Brienon-sur-Armançon** (89210) : à 8 km à l'ouest de Saint-Florentin.* C'est une petite ville agréable pour une rapide balade autour de ses lavoirs restaurés et de sa collégiale Saint-Loup du XVIe s. Son tympan est tatoué d'une maxime révolutionnaire en diable, de Robespierre : « Le peuple suprême français reconnaît l'existence de l'Être suprême et l'immortalité de l'âme. »

TONNERRE

(89700) 5 000 hab. *Carte Yonne, C2*

La cité dégringole d'un amphithéâtre de collines jusqu'à la rive gauche de l'Armançon. Au-dessous de l'église Saint-Pierre, les ruelles s'enchaînent. Ravagée par un incendie au XVIe s, cette ville classée d'art et d'histoire a conservé peu de monuments anciens mais mérite une halte pour 2 d'entre eux : son exceptionnel hôtel-Dieu et son intrigante fosse Dionne. On aura plaisir aussi à se promener dans ses parcs arborés et sur son joli mail face à la gare.

UN CHEVALIER DU TONNERRE !

Tonnerre est la ville natale du célèbre chevalier d'Éon, l'espion au service de Louis XV, qui parcourait l'Europe sous diverses identités. Le chevalier se vit imposer le costume féminin jusqu'à la fin de ses jours par Louis XVI, mais l'autopsie post mortem révéla qu'il s'agissait bien d'un homme.

Adresse et info utiles

Office de tourisme : *12, rue du Général-Campenon. ☎ 03-86-55-14-48. • escale-en-tonnerrois.fr • Avr-oct, tlj 10h-12h30, 13h30-18h (19h de mi-juin à mi-sept) ; nov-mars, mar-sam 10h-12h30, 13h30-18h.* Propose un plan-visite de la ville et du centre ancien. Également un « tabloïd » pour approfondir sites et histoire de la cité. Balade à télécharger gratuitement sur Google Play ou Apple Store sous le nom « Tonnerre au cœur » ou sur le site internet. Location de vélos.

– **Marché :** *mer et sam.* Très beau marché couvert.

Où dormir ? Où manger ?

Camping

Camping La Cascade : *av. Aristide-Briand. ☎ 03-86-55-15-44. • campinglacascade1@orange.fr • reveavacances.fr • ♿ À 1 km du centre-ville, route d'Épineuil, à droite avt le canal. Avr-oct. Forfaits tente 12-18 €. Chalets (5 pers) 210-460 €/sem. 71 empl.* Mignon camping ombragé et tranquille avec petite piscine, en bord de rivière et du canal. Restauration en juillet-août.

Bon marché

Autour du Pressoir : *pl. Marguerite-de-Bourgogne. ☎ 03-86-54-81-05. • autourdupressoir@orange.fr • Tlj le midi, plus le soir en été. Formule unique env 12 € ; formules bistrot le soir en été. Un dessert offert sur présentation de ce guide. Réduc de 10 % sur les produits boutique pour nos lecteurs.* Passez par la boutique de produits régionaux pour vous mettre en appétit avant de vous installer dans la salle au cachet ancien ou sur la terrasse face à l'hôtel-Dieu, à moins que vous ne préfériez le jardin ombragé à l'arrière.

Prix moyens

Chambres d'hôtes Caroline's : *111, rue du Général-Campenon. ☎ 03-86-55-26-32. 📱 06-62-20-84-80. • contact@carolines.fr • carolines.fr • ♿ Suivre la direction de la fosse Dionne ; dans une impasse à hauteur du nº 111. Double env 80 €.* Au pied de la falaise, le site classé de l'ancienne ferme du XIXᵉ s éclate au jour, au bout de la petite impasse. Restauration à l'ancienne, avec les matériaux récupérés, et petits bijoux de chambres. Mme Poss, souriante et cultivée, met à la disposition de ses hôtes 5 chambres et des jardins qui incitent à l'évasion, à la quiétude (chambre « Colette » cosy, avec son petit salon).

Le Saint-Père : *2, rue Georges-Pompidou. ☎ 03-86-55-12-84. • restaurantlesaintpere@gmail.com • Tlj sauf mar soir-mer, plus le soir lun et jeu hors saison. Congés : dernière sem d'août et 2 sem en déc-janv. Menus 15 € (déj en sem), puis 26-38 €. Café offert sur présentation de ce guide.* Une petite auberge de campagne toute tapissée de vigne vierge en pleine ville. Un comptoir pour les habitués, une salle d'un rustique achevé et une petite terrasse dans la cour. Bonne et régulière cuisine maison. Et savez-vous ce qu'est un « molafabophile » ? C'est le nom donné aux collectionneurs de moulins à café ; ici, vous serez servi. Le plus ancien exemplaire date de 1750.

Chic

L'Abbaye : *chemin Saint-Michel. ☎ 03-86-54-87-16. • labbaye@yahoo.fr • l-abbaye.fr • Depuis l'église Saint-Michel, monter sur 500 m (c'est fléché à gauche). Jeu-dim 11h-15h, 18h-minuit (1h sam). Plats 18-24 €.* Sur les hauteurs de Tonnerre, dans cette ancienne abbaye, les vieilles pierres cisterciennes, les voûtes du XIIIᵉ s, le patio intérieur sont magnifiés par une décoration très parisienne, style lounge branché. Impeccable pour siroter un cocktail, grignoter des tapas, savourer des plats épurés ou faire la fête entre amis avec DJ (certains soirs).

Où dormir dans les environs ?

Chambres d'hôtes Les Champs Mélisey : *chez Dominique et Henri Ogier, 1, rue Basse, 89430* ***Mélisey.*** *☎ 03-86-75-73-20. • champsmelisey@me.com • champsmelisey.com • À 10 km de Tonnerre. Double 80 €. Table d'hôtes 30 €.* Une maison de maître du XIXe s bien dans l'esprit de la région, transformée en résidence d'artistes... et en résidence tout simplement, aux beaux jours. Chambres raffinées un brin champêtres ou exotiques. Petit déj servi à la belle saison dans la roseraie. Ou devant la cheminée...

Où acheter du vin et de bons produits ?

Pâtisserie-chocolaterie La Tentation : *51, rue de l'Hôpital. ☎ 03-86-55-02-05. Tlj sauf lun.* À découvrir, le chaource, pas le fromage, mais un gâteau à base de crème et de génoise, léger et délicieux.

Autour du Pressoir : *voir « Où manger ? ».* Boutique de produits régionaux très bien choisis.

Domaine de l'Abbaye du Petit Quincy : *4, rue du Clos-de-Quincy, 89700* ***Épineuil.*** *☎ 03-86-55-32-51. • bourgognevin.com • À 2 km au nord de Tonnerre ; à l'entrée du village, rue des Fossés (à gauche) ; suivre les panneaux. Fermé dim. Dégustation, visite de chais (sur résa ; gratuit) et vente.* Idéal pour découvrir les vins rouges, mais aussi les rosés d'Épineuil, du crémant de Bourgogne et du chablis (ils y ont des vignes).

À voir

L'hôtel-Dieu Notre-Dame-des-Fontenilles *(vieil hôpital) : pl. Marguerite-de-Bourgogne. ☎ 03-86-54-34-79. Juil-sept, tlj sauf mar 10h-20h ; hors saison, ven-dim 11h-17h. Fermé nov-mars. Entrée payante. Visite guidée possible.*
C'est l'un des plus anciens hôpitaux d'Europe puisque sa fondation remonte à 1293 ! Il est né de la charité de Marguerite de Bourgogne, comtesse de Tonnerre, veuve de Charles d'Anjou, roi de Naples, de Sicile et de Jérusalem, et par ailleurs frère de Saint Louis (mazette !). Prévoyante, la noble dame dota l'institution de vignes et de bois, assurant ainsi son autonomie financière. Dans la *grande salle des malades,* la **voûte en berceau** soutenue par une superbe charpente en bois domine de 18 m la longue et lumineuse salle (90 m de longueur) où étaient installés les lits des malades répartis en 42 chambres. Remarquez sur le dallage un « ***gnomon*** », instrument astronomique que la lumière d'une des fenêtres vient frapper quand le soleil est à son zénith. On trouve le midi solaire à 13h44 en été, à 12h44 en hiver. Dans la *chapelle,* ***Mise au tombeau*** du XVe s (une des plus anciennes d'Europe), bourguignonne mais d'inspiration flamande. Expos dans le cellier.
Au 2e étage du *pavillon Dormoy,* le ***Musée hospitalier*** évoque l'histoire de cet hôpital : du manuscrit original de la charte de fondation de l'hôtel-Dieu à la reconstitution d'un bloc opératoire de l'hôpital de Tonnerre au début du XXe s. À voir également le ***jardin Marguerite-de-Bourgogne.***

L'hôtel d'Uzès : *rue des Fontenilles (perpendiculaire à celle de l'hôtel-Dieu).* Petit et raffiné hôtel particulier Renaissance : tourelle à encoignure, délicates frises sculptées... Édifié, semble-t-il, dans la 2de moitié du XVIe s, restauré au XIXe. Le fameux chevalier d'Éon y est né en 1728...

La fosse Dionne : *prendre la rue en face de l'hôtel-Dieu, puis à gauche.* La « curiosité » tonnerroise par excellence qui attira ici même le commandant Cousteau ! Alimenté par une source mystérieuse, ce bassin circulaire du XVIIIe s est rempli d'une merveilleuse eau turquoise. C'est le père du chevalier d'Éon, Louis d'Éon qui le fit aménager de la sorte. Avec son auvent et les vieilles maisons surélevées tout autour. Charme et pittoresque garantis, si le temps s'y prête !

L'église Saint-Pierre : *un escalier y grimpe depuis la fosse Dionne par le chemin des Roches. Fin avr-fin sept, tlj 14h30-17h30.* Bâtie sur un promontoire offrant un joli panorama sur la ville et les environs, elle possède un superbe portail Renaissance d'inspiration italienne, un très bel orgue Renaissance, des verrières en grisaille de l'école troyenne et une magnifique chaire sculptée en chêne massif (XVIIe s).

L'église Notre-Dame : elle a souffert mille maux à travers les siècles jusqu'aux bombardements de la Seconde Guerre mondiale. Maintes fois reconstruite depuis sa fondation en 1164, elle affiche un portail Renaissance et une tour du XVIIe s. Elle avait pour vocation première d'accueillir les pèlerins en route vers Vézelay.

Le musée du Chevalier d'Éon : *22, rue du Pont. 06-86-37-25-63. Visites guidées avr-oct, ven-sam à 10h30, 15h et 17h ; sur rdv les autres jours. Entrée : 10 € ; réduc ; gratuit moins de 15 ans. Salon de thé.*
Cet étonnant personnage au sort romanesque en diable fut l'espion de Louis XV, recruté pour le cabinet noir. Son descendant, Philippe Luyt, a racheté la maison bâtie par le père du chevalier d'Éon. Une propriété amputée par la voie de chemin de fer Paris-Lyon-Marseille. Depuis sa 1re acquisition à 15 ans (une épée), il a rassemblé quelque 250 objets dont une robe offerte par Marie-Antoinette ! Autant dire qu'une visite guidée avec ce Cicéron érudit, ancien journaliste et adjoint aux Monuments historiques, est passionnante !
Vous revivrez, par l'image et par le verbe, la vie étonnante de ce chevalier (ou plutôt de cette chevalière, entre 1779 et 1786) qui recevait ses hôtes illustres dans le grand salon du rez-de-chaussée ou dans sa salle à manger d'été. Pourquoi se déguisait-il en fille ? Tout simplement parce que le tsar de Russie emprisonnait les ambassadeurs, qui étaient tous des hommes ! Et pour prolonger ce délicieux moment, vous pourrez prendre un thé au salon, voire loger chez le chevalier dans 5 chambres à prix chic, de style vieille France, dont les noms résument bien la vie du personnage.

DANS LES ENVIRONS DE TONNERRE

Le château de Tanlay : *à 9 km à l'est de Tonnerre sur la D 965. ☎ 03-86-75-70-61. • chateaudetanlay.fr • Début avr-début nov, tlj sauf mar (ouv j. fériés). Pour les intérieurs, visite guidée obligatoire et... passionnante (50 mn) à 10h, 11h15, 14h15, 15h15, 16h15 et 17h15. Entrée : 10 € ; réduc. Parc ouv 10h-18h30 (payant).*
Un bijou Renaissance auquel on accède par un élégant ***portail,*** le petit château, à l'appareillage de pierres à bossages vermiculés (cherchez les personnages cachés, serpents, lions, escargots...). La cour d'honneur dévoile ensuite le superbe bâtiment, plusieurs fois star du petit et du grand écran (ah, *Angélique marquise des Anges* !). 2 ***obélisques,*** excentriques guérites des gardes, encadrent le pont menant au monumental ***portail d'entrée.*** Avec ses douves en eau dans lesquelles se reflètent ses murs très blancs et ses ***tours coiffées d'hémisphères à l'impériale,*** le château se donne des airs de petit Chambord. C'est la famille Coligny qui le fit bâtir, et le fameux amiral (mort un 24 août 1572, durant le tristement célèbre massacre de la Saint-Barthélemy) y séjourna fréquemment. Depuis 3 siècles, le château appartient à la famille du marquis de Tanlay.
On débute la visite par la ***salle des massacres :*** des trophées de chasse destinés à épater les visiteurs. Dans le ***vestibule,*** dit « des Césars » (nombreux bustes d'empereurs romains), superbe grille en fer forgé du XVIe s, vestige de l'abbaye voisine de Quincy.
Le ***grand salon*** est très richement meublé. Les fauteuils Louis XV sont couverts de tapisseries d'Aubusson illustrant les *Fables* de La Fontaine. Sur les commodes, photos de souverains étrangers dédicacées (dont la reine des Pays-Bas, Juliana, descendante des Coligny) au comte de La Chauvinière, qui joua un rôle important dans la diplomatie française. Dans la ***salle à manger,*** une jolie porcelaine de Meissen est posée sur la table, tandis que dans un salon de compagnie, une ***coiffeuse*** en laque pauvre de

Venise est décorée de scènes de chasse, pour ces messieurs. Les peintures en trompe l'œil font vraiment illusion dans la ***grande galerie*** (et encore, celle que l'on découvre aujourd'hui est une version raccourcie !). Mais le plus exceptionnel dans ce parcours, c'est sans doute l'étonnant décor peint du XVIe s ornant la ***voûte de la tour de la Ligue.*** On reste béat devant ces divinités mythologiques, représentant les principaux chefs des catholiques et protestants, qui se disputent les faveurs de la monarchie...

L'abbaye Notre-Dame de Quincy : *à 3 km au nord-est de Tanlay. ☎ 03-86-75-87-03. Visites guidées début juil-3e sem d'août, tlj sauf lun, mer mat et dim mat 10h30-12h30, 15h-18h30. Groupes seulement le reste de l'année. Entrée : 7 € ; réduc.* Cette abbaye cistercienne, fondée en 1133, est la 6e « fille » de Pontigny. L'ensemble comprend hôtellerie, logis abbatial, bâtiments claustraux jusqu'à un moulin près de la fontaine Saint-Gaulthier. Celle-ci alimentait en eau potable les 200 à 250 moines et religieux qui vivaient ici à son apogée.

Le château de Maulnes : *hameau de Maulnes, à* ***Cruzy-le-Châtel.*** *☎ 03-86-72-84-77. • maulnes.com • Ouv de mi-avr à sept : vac scol de printemps et d'été, tlj 10h30-12h, 14h-18h ; les autres mois, w-e et j. fériés seulement 14h-18h. Visite guidée (obligatoire) ttes les heures : 6 € ; réduc ; gratuit moins de 6 ans.* Étrange bâtisse à nulle autre pareille, une insolence architecturale et une véritable énigme de la Renaissance. Le château fut commandé au XVIe s (1566 à 1573), au cœur de la forêt, dans un jeu subtil de lumière et d'eau, par le duc d'Uzès et la comtesse de Tonnerre pour en faire un relais de chasse. Unique en France, sa forme pentagonale, organisée autour d'un escalier-puits, ne cesse de susciter la curiosité et l'imagination. En 1917, le général Pershing et tout son état-major installèrent leur QG dans le château. De là à imaginer que le gouvernement américain s'en inspira pour le Pentagone... Complètement délaissé depuis un siècle, il a fait l'objet d'un programme de restauration et de recherche passionnant.

UN CHÂTEAU HAUT DE FORME

On ne trouve que très peu de bâtiments de forme pentagonale dans le monde, au point que le château de Maulnes attira même l'attention du Corbusier. Clemenceau, Aristide Briand, Karl Lagerfeld, passionnés par le chiffre 5, s'intéressèrent aussi aux lieux. On y tourna également certaines scènes de La Reine Margot, *avec Isabelle Adjani.*

La forêt des Géants Verts : *à* ***Argentenay*** *(89160), à 11 km au sud-est de Tonnerre sur la D 518.* Un petit parcours fléché plein d'humour dans une forêt enchantée. Ici poussent d'étranges créatures sylvestres et poétiques au pelage de mousse et bec en bois rouge ! Un enchantement ! Cet esprit décalé se poursuit jusqu'à l'écluse du village où des personnages et animaux en plats de fer-blanc veillent sur le canal.

On pourra finir cette balade à l'est du Tonnerrois en rejoignant ***Cruzy-le-Châtel,*** charmant village médiéval perché, où l'***église Saint-Barthélemy*** du XVIIIe s, à la façade d'un classicisme faussement sobre, a été réalisée par Claude-Nicolas Ledoux. À noter aussi, le beau ***lavoir*** du XIXe s, en contrebas du village.

ANCY-LE-FRANC (89160) 965 hab. *Carte Yonne, D3*

Le long du canal de Bourgogne, le château d'Ancy représente certainement l'exemple de construction le plus parfait de la Renaissance italienne sur le territoire français. Un voyage à Rome ou à Florence en plein pays tonnerrois. Pour le plaisir des yeux, le canton a mis en place des circuits des Lavoirs au départ d'Ancy, à l'écart des chemins touristiques. On n'en dénombre pas moins d'une petite trentaine dans un secteur de 30 km à la ronde.

Où dormir ? Où manger ?

Chambres d'hôtes et restaurant Au Petit Câlin : *4, Grande-Rue, 89160* ***Pacy-sur-Armançon.*** *☎ 03-86-75-51-17. • aupetitcalin@wanadoo.fr • aupetitcalin.com • À 6 km au nord-ouest d'Ancy-le-Franc par la D 905 (direction Lézinnes). Resto ouv le soir seulement. Doubles 69-80 €. Menu 21 €.* 5 chambres dans l'ancienne grange, vastes et confortables. La cuisine est conviviale et copieuse. Aux beaux jours, réservez sur la terrasse fleurie. Demandez à goûter les *bougnettes,* galettes de pomme de terre fondantes et maison, accompagnées d'une andouillette de Chablis ou d'une fondue bourguignonne. Excellent accueil.

À voir

LA RENAISSANCE DES EXPRESSIONS

À la Renaissance, on nouait une serviette autour du cou pour ne pas salir la grande collerette (appelée « fraise ») des convives. Quand la serviette était trop courte, on avait « du mal à joindre les 2 bouts ». Quant aux faveurs, c'étaient des rubans de soie qui resserraient les encolures des chemises de nuit. Quand la dame accordait que l'on délie ses faveurs, la chemise tombait. Une expression à caractère torride !

Le château : *18, pl. Clermont-Tonnerre. ☎ 03-86-75-14-63. • chateau-ancy.com • Ouv de Pâques à mi-nov, mar-dim et j. fériés (juil-août tlj) 10h-12h30, 14h-18h (non-stop juil-août) ; visite guidée (sous réserve, env 50 mn) à certaines heures. Visite libre du parc 10h-12h15, 14h-17h30 (non-stop juil-août). Entrée : 9 € (10 € si guidée) ; billet jumelé château et parc : 13 € ; réduc ; gratuit moins de 6 ans. Nombreuses animations et expos pour tte la famille. Enquête-jeu sur smartphone, audioguides et family game.*

C'est à l'Italien Sebastiano Serlio, également architecte du château de Fontainebleau, que l'on doit la divine surprise de ce charmant coin d'Italie au cœur du Tonnerrois. Édifié entre 1542 et 1550, c'est un des 1ers châteaux conçus sur plan ! Après 6 générations de Clermont-Tonnerre, le château fut racheté par le ministre de la Guerre de Louis XIV, Louvois. À nouveau vendu, il revient à la lignée des Clermont-Tonnerre qui s'en sépare en 1981. Depuis 1999, il est la propriété d'une société d'investissement qui poursuit ici une admirable œuvre de restauration.

La visite de ce bijou de la Renaissance se « limite » aux 16 pièces de l'étage « noble » et à une partie du rez-de-chaussée.

Ne vous fiez pas à la façade d'un exemplaire dépouillement : la cour intérieure carrée tient du palais, avec sa ***galerie à arcades*** ornée de pilastres corinthiens et son ordonnancement parfaitement symétrique. Et on ne vous a encore rien dit de la décoration intérieure, œuvre de Nicolo Dell'Abate et du Primatice.

Durant la visite, après avoir admiré la ***chapelle*** à l'étonnante voûte en trompe l'œil, vous traverserez une ***salle des gardes,*** spécialement conçue pour accueillir Henri III à son retour de Pologne, bien que l'ingrat changeât finalement son itinéraire et ne mît jamais les pieds à Ancy-le-Franc. Suit une enfilade de ***salons*** à la décoration fort bien conservée. Dans l'adorable ***studiolo,*** Mme de Sévigné aimait à venir papoter auprès de son amie, Mme de Louvois. Le ***salon bleu et or*** est l'un des plus fastueux ; il a accueilli Louis XIV. Après la ***galerie de Médée*** aux réminiscences pompéiennes, chambre des arts, due au Primatice.

C'est la presque secrète ***chapelle Sainte-Cécile*** qui se révèle notre pièce préférée avec ses somptueux trompe-l'œil représentant les apôtres. Voir, juste après, les ***galeries de Pharsale,*** célèbres pour leurs fresques ocre ton sur ton. Retour au rez-de-chaussée dans l'***appartement de Diane.*** 10 panneaux exécutés vers 1590 y représentent des couples (dé)vêtus.

Des lieux que vous pourrez visiter « en liberté » avec audioguide, en tenue de campagne ou en costume Renaissance (ceux-ci sont à disposition pour les enfants durant la visite).
Après la visite du château, filez flâner dans le ***parc à l'anglaise*** avec étang, îlot et pavillon de plaisance (une petite folie du XVIIIe s), de jolis cours d'eau, des petits ponts, des arbres centenaires, des oies en goguette et des sculptures sages comme des images. Des ***jardins à la française*** ont été recréés grâce à des plans du XVIIIe s pour le parterre Ouest alors que sur le parterre Est, un décor de 1620 de la chambre des Fleurs du château a pris racine dans le jardin. Les 2 créations ont été récompensées aux Victoires du Paysage 2018. L'été, l'***orangerie*** accueille expositions, concerts et réceptions privées.

La Faïencerie du château : *59, Grande-Rue. ☎ 03-86-75-13-21. ♿ Avr-sept, tlj sauf lun (et mar avr-juin) 15h-18h30. Entrée : 1 €. Compter 20 mn de découverte. Visite guidée sur demande.* Dans d'anciens bâtiments du XVIIIe s. En quelques vitrines, toute l'histoire et les techniques de fabrication de la faïencerie du château, qui dura une vingtaine d'années, fondée par le marquis de Courtauvaux, arrière-petit-fils de Louvois. Les pièces proviennent des fouilles effectuées sur place. Jolie scénographie dans de belles salles voûtées.

Manifestation

– ***Musicancy :*** *mai-sept, une visite-concert ou conférence-concert/mois (durée : 2h). ☎ 03-86-75-03-15 (office de tourisme). ● musicancy.org ●* L'étonnant palais Renaissance sert d'écrin à des concerts ou promenades musicales. Programmation très ouverte mettant à l'honneur des jeunes talents.

DE LA VALLÉE DU SEREIN AU CANAL DU NIVERNAIS

La vallée du Serein permet de rejoindre Avallon en prenant le temps de vivre. Ensuite, rien n'empêche de poursuivre vers le Morvan, en suivant la délicieuse vallée du Cousin (voir plus loin « Le Morvan, parc naturel régional »). Sinon, une 3e vallée vous tend les bras, la vallée de la Cure, qui rejoint celle de l'Yonne, et vous ramène sur les bords du canal du Nivernais.

NOYERS-SUR-SEREIN (89310) 645 hab. *Carte Yonne, C3*

Lovée dans une boucle du Serein, Noyers (que l'on prononce Noyère) ressemble à une apparition médiévale avec ses tours rondes, ses portes fortifiées, ses rues pavées, son chapelet de placettes et ses maisons à pans de bois. Labellisée à juste titre parmi les Plus beaux villages de France, la jolie cité file des jours paisibles mais bien vivants, avec ses restaurants, galeries et musée, ateliers et boutiques.

DÉTOURNEMENT DE FONDS

Noyers est tombé dans l'oubli à cause d'une lubie de Louis XVI. La route royale qui passait par là a été déplacée afin de desservir le château de l'intendant de Paris, à qui le souverain souhaitait accorder une faveur. Tout le négoce fut donc dévié et les commerçants de la ville furent ruinés !

Adresse utile

Office de tourisme : *12, pl. de l'Hôtel-de-Ville. ☎ 03-86-82-66-06. • tourisme-serein.fr • D'avr à mi-sept, lun-sam 10h-13h, 14h-18h (plus dim 10h-12h, 14h-16h de juil à mi-sept), ; de mi-sept à mars, mar-sam 9h30-12h30, 14h-17h30. Visites guidées payantes jeu-ven à 15h juil-août.*

Où dormir ? Où manger ?

Bon marché

Les Granges : *7, promenade du Pré-de-l'Échelle. ☎ 03-86-55-45-91. Mer-dim 12h-18h. Plats 12-17 €.* Un lieu et un accueil charmants. On s'installe dans la salle intérieure donnant sur un joli jardin ou dans la cour pavée pour déjeuner sur le pouce ou prendre un goûter. Bonnes pâtisseries pour les gourmand(e)s.

Restaurant de la Vieille Tour : *1, rue de la Porte-Peinte. ☎ 03-86-82-87-36. Tlj sauf jeu (et mer hors saison). Congés : de mi-nov à début fév et dernière sem d'août. Menus 21-29 €.* En salle ou sur la grande terrasse, vous goûterez une cuisine familiale, parfois exotique, à base de légumes et d'herbes du jardin. Le chef néerlandais a baroudé un peu partout et propose des assiettes végétariennes ou des plats qui ne trichent ni avec les saveurs ni avec la quantité.

De prix moyens à chic

Chambres d'hôtes Le Tabellion : *chez Rita Florin, 5, rue du Jeu-de-Paume. ☎ 03-86-82-62-26. 06-86-08-39-92. • florin.rita@wanadoo.fr • noyers-tabellion.fr • À l'ombre de l'église Notre-Dame. Avr-déc. Double 92 €.* L'ancien office notarial, sous la baguette magique de Rita, s'est métamorphosé en une maison d'hôtes pleine de couleurs, de recoins et de douceur. Du salon au jardin, vous pourrez en profiter ! Côté chambres, Rita a emporté de son Nord natal nombre de tissus et draps de lin brut (son père était un industriel dans le textile) ; vous dormirez bien, et le petit déj est un vrai bonheur.

Restaurant Les Millésimes – Maison Paillot : *14, pl. de l'Hôtel-de-Ville. ☎ 03-86-82-82-16. Ouv le midi mer-dim, plus le soir sam et j. fériés. Buffet à volonté 30 € en sem, 33 € le w-e.* Les enfants Paillot ont redonné une 2de jeunesse aux murs de l'ancienne boucherie-charcuterie familiale. La cuisine a du caractère, tout comme eux, présentée sous forme de buffet. Terrasse agréable dans la jolie impasse du Poids-du-Roi.

Où dormir ? Où manger dans les environs ?

Auberge de la Beursaudière : *9, chemin de ronde, 89310* ***Nitry.*** *☎ 03-86-33-69-69. • message@beursaudiere.com • beursaudiere.com • À 9 km au sud-ouest (D 49). Résa conseillée. Doubles 87-127 €. Formule déj (sauf dim) env 19 € ; menus env 29-58 €.* Cette grande bâtisse morvandelle, avec son pigeonnier de style médiéval, plaît autant aux locaux qu'aux visiteurs en transit. Jolies chambres de style ancien et resto très couleur locale : serveuses en costume régional et cuisine de terroir. Une grande terrasse permet de déjeuner ou de petit-déjeuner dehors. Un coup de cœur.

Chambres d'hôtes de la Vallée du Serein : *chez Pascal Gastebois, 35, Grande-Rue, 89310* ***Annay-sur-Serein.*** *☎ 03-86-82-63-98. • valleeduserein@gmail.com • valleeduserein.free.fr • À 6 km au nord-ouest de Noyers par la D 86. Pâques-oct. Double 65 €. Table d'hôtes 22 €.* Ici, pas de stress, on est là pour se reposer en terrasse, à lire un bon livre, à discuter avec Pascal ou à piquer une sieste dans l'une des jolies chambres patinées, à pans de bois et pierre ancienne. Agréable patio fleuri pour prendre le petit déj ou déguster la subtile cuisine « fusion » concoctée par vos hôtes.

Achats

Un Monde dans le Monde : *27, rue de la Petite-Étape-aux-Vins. 07-78-34-37-85. Sam 10h30-18h30 ; et, mai-sept, sur rdv.* Sylvain Gillot est « agrisculpteur » qui vend ses œuvres en bois ou en bronze, mais aussi de nombreux vêtements fabriqués avec la laine de ses moutons.

La Porte Peinte : *8, rue de la Porte-Peinte. Mai-déc, tlj sauf lun.* Ravissante galerie doublée d'un salon de thé pour découvrir de jeunes artistes venus des 4 coins de la planète.

À voir

Le centre ancien : on recense 52 **maisons à pans de bois** dans le village. Notamment, plusieurs d'entre-elles des XVe et XVIe s autour de la *place de l'**Hôtel-de-Ville*** (ce dernier étant une bien jolie bâtisse de style Renaissance). Voir la ***Maison de l'Écrit*** (anciennement *maison du Schématisme*) au no 10, sorte de tour de Pise du village. Certaines possèdent encore des arcades, mode de construction courant au Moyen Âge pour se protéger des intempéries. D'autres maisons anciennes sur des places aux noms croquignolets : « ***du Marché-au-Blé*** », « ***de la Petite-Étape-aux-Vins*** » ou encore « ***du Grenier-à-Sel*** ».

LE BLASPHÈME EST AU COIN DE LA RUE

Au Moyen Âge, les passants avaient la fâcheuse habitude d'uriner sur les murs. Certains propriétaires peignaient des croix au bas de leur maison. Les blasphémateurs étaient alors punissables du pilori. Il valait alors mieux faire une croix sur une envie pressante !

L'église : du XVIe s. D'un gothique flamboyant. Sur le côté, porche en accolade, bénitier extérieur et curieux transis sculpté dans le mur. Autre curiosité, la Vierge à l'Enfant.

Le musée des Arts naïfs et populaires de Noyers : *25, rue de l'Église. ☎ 03-86-82-89-09. Juil-août, tlj sauf mar 10h-18h30 ; juin et sept, tlj sauf mar 11h-12h30, 14h-18h ; oct-mai, w-e, j. fériés et vac scol ttes zones, tlj sauf mar 14h30-18h. Fermé janv. Entrée : 4 € ; gratuit moins de 11 ans.*
Installé dans un ancien collège (XVIIe s), ce petit musée est un véritable trésor, une caverne d'Ali Baba pour tous ceux qui s'intéressent tant aux arts populaires qu'à l'art naïf. Il fut conçu comme un cabinet de curiosités par un érudit local et fut le 1er musée de peinture de l'Yonne, s'enrichissant au fur et à mesure de donations. Celle de Jacqueline Selz, amie des surréalistes et du peintre Yvon Taillandier, initie les visiteurs aux différentes croyances et modes de vie de l'Asie, de l'Europe du Sud et de l'Amérique latine.
Au 1er étage, les cimaises présentent notamment les extraordinaires allégories sociales de Louis-Auguste Déchelette, injustement méconnues. Dans les combles, vous pourrez tourner la roue des 7 péchés capitaux. Admirer la collection d'ex-voto peints de Jacques Lagrange et surtout les 13 albums de Manga (sortes de manuels de dessins) d'Hokusaï, le grand maître japonais de l'époque Edo.
Expositions temporaires passionnantes, toute l'année, autour de donations plus récentes.

Le site du vieux château : *visite libre tte l'année.* Promenade délicieuse, chemin des Fossés, le long du Serein, jalonnée par quelques tours. Autour des XVe et XVIe s, la cité était cernée de murailles, gardées par 23 tours, et percée par 3 portes dont les vestiges sont encore visibles aujourd'hui. La balade se prolonge jusqu'à ce qu'il reste du vieux château, et son beau belvédère donnant sur la région. L'association *Le Patrimoine oublié (☎ 03-58-16-01-47 ; • lepatrimoineoublie.fr •)* s'efforce de faire revivre ce lieu à travers balades et événements comme le *Gargouillosium* et chantiers de bénévoles.

Fêtes et manifestations

- **Rencontres musicales de Noyers :** *juil. • musicalesdenoyers.com •* Nombreux concerts de musique classique.
- **Festival Vallée et Veillée :** *1er sam d'août.* Musique dans la rue.
- **Gargouillosium :** *dernier ven et w-e de juil, sur le site du vieux château.* Une vingtaine de sculpteurs taillent une gargouille en 3 jours.
- **Marché aux truffes de Bourgogne :** *1er et dernier dim de nov.* Grand marché du diamant noir, avec d'autres producteurs du terroir.

DANS LES ENVIRONS DE NOYERS-SUR-SEREIN

Le prieuré de Vausse : *89310* ***Châtel-Gérard.*** *☎ 03-86-82-87-28. ♿ À 16 km au sud-est de Noyers ; rejoindre Châtel-Gérard, puis direction Étivey par la D 115 ; fléché par la D 68, sous le pont TGV. Juil-août, mer-dim 14h-19h ; juin et sept, dim et j. fériés 14h-18h. Entrée : env 5 € ; enfants gratuit. Compter 45 mn de visite. Animations culturelles mai-sept.* Au cœur de la forêt domaniale, un prieuré cistercien fondé vers 1200 par Ansséric VI de Montréal. Le **cloître,** d'une grande sobriété, cache un jardin fleuri. Face au **chevet de l'église,** le jardin de plantes médicinales a été réinstallé comme à l'origine. Le site ayant été construit loin d'un point d'eau, les moines ont élaboré un ingénieux système pour recueillir les eaux de pluie.

La tour de télégraphe Chappe : *fléché depuis Annoux, au bout d'un long chemin empierré en forêt. Visite guidée par l'association Les Amis de la tour (📱 06-95-90-63-35, • tourchappeanoux@gmail.com •) le 1er dim du mois mai-sept 14h-18h, ou lors des Journées du patrimoine ; participation libre.* À mi-chemin de Châtel-Gérard et Massangis, en forêt de Reppe, une de ces tours inventées par le physicien Claude Chappe, il y a plus de 200 ans. Construite en 1809, celle-ci se trouvait sur la ligne de communication reliant Paris à Marseille. 2 guetteurs postés à chacune des fenêtres devaient relayer le message provenant des autres tours situées à une dizaine de kilomètres. Le système se composait d'un mât et de 3 pièces mobiles auxquelles on faisait prendre (à l'aide de câbles et de poulies) différentes positions correspondant à des signaux répertoriés.

Le P'tit Train de l'Yonne : *gare de* ***Massangis*** *(89440). 📱 06-52-67-13-13. • lepetittraindelyonne.fr • ♿ À 9 km au sud de Noyers par la route d'Avallon. Fonctionne début mai-1er w-e de sept, à certaines dates. Adulte : 6 € ; 5-11 ans 3 € ; réduc ; gratuit moins de 5 ans. Compter 50 mn A/R.* En voiture ! Découvrez un morceau d'Yonne au rythme de cet ancien train qui longe la vallée du Serein sur 5 km, sur l'ancienne ligne départementale du vieux *Tacot.* Il circula de 1887 à 1951 jusqu'à Migennes, traversant Chablis et Noyers.

La grotte de Champ-Retard : *89440* ***Coutarnoux.*** *☎ 03-86-33-94-31. • grottechampretard.com • À 15 km au sud de Noyers-sur-Serein, par la D 86, direction L'Isle-sur-Serein et Dissangis (fléché). De Pâques à mi-nov : tlj juil-août et mar-ven vac scol de printemps et d'automne 10h30-19h ; sinon, sam et certains* *ponts de mai 12h30-18h30 ; dim sur résa. Entrée : 24 € ; 4-16 ans 12-20 € ; réduc.* Un parcours aventure inhabituel, car en partie dans des carrières souterraines de pierre blanche (voûtes de près de 15 m) abandonnées depuis les années 1930. Manifestations culturelles et musicales (quelle acoustique !) en saison. Nocturnes de temps à autre (assez magique, sous les étoiles, avec les grillades au coin du feu !).

MONTRÉAL (89420) 200 hab. *Carte Yonne, C4*

À 21 km de Noyers, l'un des plus beaux villages féodaux de Bourgogne. La reine Brunehaut y aurait vécu au VIe s, d'où son nom (Mont-Royal). Un cortège de maisons en pierre des XVe et XVIe s flanquées de tourelles, d'une totale homogénéité architecturale, monte à l'assaut d'une colline, rejoignant la porte d'En-Bas à la porte d'En-Haut. Au sommet du village, sur une terrasse d'où la vue porte jusqu'au Morvan, l'admirable collégiale édifiée vers 1170.

Adresse et infos utiles

Office de tourisme : *4, pl. du Prieuré. ☎ 03-86-49-02-82. • montreal-en-bourgogne.com • De juin à mi-sept, mar et jeu-sam 10h-13h, 14h-17h30.* Visites guidées du village en été, les mardi et vendredi à 10h.

– **Marché de producteurs :** *pl. du Prieuré, Pâques-Toussaint, mer 17h30-20h.*

– **Artistes et artisans d'Art :** *dans les granges et les jardins, le w-e mi-août.*

Où dormir ? Où manger à Montréal et dans les environs ?

Chambres d'hôtes Les Clés de la Tour : *10-12, Grande-Rue. ☎ 03-86-32-17-27. 06-83-21-65-91. • lesclesdelatour@orange.fr • lesclesdelatour.com • Doubles env 60-70 €.* Au cœur de la cité médiévale, Geneviève vous accueille dans sa demeure de famille (1606), tandis que Max, son époux, fait visiter son « musée de l'outil » qu'il enrichit au fil de ses découvertes. Un escalier à vis du XIVe s mène à la bibliothèque d'où l'on peut admirer le paysage. Et, si vous le souhaitez, ils vous accompagneront volontiers pour une visite du village et de la collégiale.

Auberge du Pot d'Étain : *24, rue Bouchardat, 89440* ***L'Isle-sur-Serein.*** *☎ 03-86-33-88-10. • hotelauberge@potdetain.com • potdetain.com • Resto fermé lun-mar midi. Congés : en janv et vac de la Toussaint. Résa indispensable en saison. Doubles 65-98 €. Menus 29-50 €. Parking payant. Café offert sur présentation de ce guide.* Cette minuscule et charmante auberge rurale cache une des vraies bonnes tables de la région. Belle cuisine entre terroir et modernisme, où l'andouillette et l'escargot s'en donnent à cœur joie avec les poissons ou le pigeon, sans alourdir l'estomac ni l'addition. Cave spectaculaire (2 300 références, certaines exceptionnelles !). Chambres confortables, dont certaines avec petit salon. On a un faible pour celles, au calme, au fond de la petite cour fleurie.

Au Quinze : *15, pl. du Prieuré. ☎ 03-86-32-16-49. Mar-sam 7h-19h30. Résa conseillée. Menu env 14 €.* Un petit bar accueillant, en bas du village, où l'on peut déjeuner simplement en semaine, à prix doux (andouillette, assiette de pays, pièce de bœuf).

À voir

La collégiale Notre-Dame : *tlj 9h-18h (19h ou 20h en été).* Au XIXe s, le jeune Viollet-le-Duc s'est extasié devant ce bijou et s'est empressé de le restaurer... en l'amputant de son clocher, qui avait jusqu'alors résisté aux épreuves du temps ! Sobre, mais joli ***portail*** en plein cintre. À l'intérieur, exceptionnel ensemble de ***stalles*** en chêne sculpté du XVIe s, attribué aux frères Rigolley (facétieux, ils se sont représentés durant la pause déjeuner !) et un magnifique ***retable en albâtre*** anglais du XVe s. Malheureusement, 4 des 7 panneaux ont disparu. Jolie ***croix de calvaire*** (XIVe s) dans le transept droit.

Manifestations

– ***Montréal en lumière :*** *dernier w-e de juil et 1er d'août, ven et sam. • montrealenlumiere.businesscatalyst.com • GRATUIT. Restauration sur place.* Un spectacle de rue itinérant, retraçant l'histoire de Montréal. Plus de 100 figurants bénévoles.
– ***Les rencontres de Monthelon :*** *• monthelon.org •* Le château de Monthelon propose des restitutions d'artistes en résidence.

LA VALLÉE DE LA CURE

Carte Yonne, C3

Entre le Morvan et l'Auxerrois, la vallée de la Cure est une voie de passage dans laquelle la D 906 (ou 606) coupe au plus droit. D'abord torrent dans le Morvan, après Vézelay, la Cure s'assagit et dessine d'élégantes boucles, tout en semant de somptueuses falaises calcaires dans le paysage.

ARCY-SUR-CURE
(89270)

Village célèbre pour ses grottes... visitées depuis des décennies, voire des siècles et même plus, puisqu'on y a découvert des peintures rupestres enfouies sous une couche de suie datant de l'éclairage à la bougie !

LES PREMIERS ARTISTES ÉTAIENT DES FEMMES

Les femmes ont souvent l'annulaire de même taille ou plus court que l'index. Sur les parois des grottes d'Arcy, plusieurs mains sont peintes au pochoir (l'artiste a projeté des pigments sur sa propre main). On s'aperçoit qu'une majorité de ces mains appartiendraient à des femmes !

Où dormir ? Où manger dans les environs ?

De bon marché à prix moyens

Auberge Le Voutenay : *D 906, 89270* ***Voutenay-sur-Cure.*** *☎ 03-86-33-51-92. • auberge.voutenay@wanadoo.fr • aubergelevoutenay.com • À 6 km au sud d'Arcy-sur-Cure. Resto fermé dim soir-mar. Doubles 55-75 €. Formule 16 € (sauf sam soir et dim) et menu 25 € ; autres menus 42-55 €.* D'abord, un délicieux parc au milieu duquel coule une charmante rivière au nom tout indiqué pour un restaurateur : le Vault-de-Bouche. Des chambres spacieuses et confortables dont certaines avec salon dans la tour. Et pour les épicuriens, une cuisine traditionnelle goûteuse, élaborée à base de bons produits du terroir. VTT à disposition.

Chambres d'hôtes Le Grand Val de la Nef : *Le Grand-Val-de-la-Nef, 89440* ***Joux-la-Ville.*** *06-09-87-28-35. • sylvestre@valdelanef.com • valdelanef.com • À 15 km à l'est d'Arcy. Doubles 73-75 €. Table d'hôtes 29 €.* Un ancien relais de chasse, au bout d'une route qui se perd dans la forêt. Sylvestre, au prénom prédestiné, vous accueille dans cette belle demeure sereine. Chambres agréables à vivre et chaleureuses. Sa femme Corinne prépare l'excellente table d'hôtes. Hammam pour les jours gris.

Auberge du Camp de Cora : *2, pl. de la Mairie, 89270* ***Saint-Moré.*** *☎ 03-86-52-43-98. • aubergecampdecora@orange.fr • À côté du site archéologique du même nom (voir plus loin). Tlj sauf dim soir-lun. Formule et menu au déj 14-15,50 € ; pizzas le soir 9-12 €.* L'adresse de village sans mauvaise surprise, autour d'une cuisine classique le midi et de pizzas le soir.

L'YONNE

À voir dans les environs

Les grottes d'Arcy-sur-Cure : *☎ 03-86-81-90-63. • grottes-arcy.net • Juil-août, tlj 10h-17h30 ; avr-juin et sept-nov, tlj 10h-12h, 14h-17h. Entrée : env 10 € ; 3-17 ans 6-6,50 € ; réduc. Visite guidée seulement, ttes les 30 mn (compter 1h de visite).* Un site archéologique majeur, classé Monument historique. Pas moins de 22 grottes creusées par la Cure, dont 14 sont ornées de gravures préhistoriques ! Visite qui traverse, dans la *Grande Grotte,* 900 m de galeries et salles souterraines, dessins et peintures. 2 petits lacs, des stalactites, stalagmites et autres concrétions qui inventent un univers étrange et merveilleux. Buffon, venu en voisin au XVIIIe s, y voyait fruits, plantes, meubles, draperies... Elles contiennent aussi des peintures et des gravures de mammouths, bouquetins, oiseaux, poissons, précisément datées au carbone 30 000 ans B.P. *(Before Present).*

LA GROTTE À LEULEU

Ancien communard, le père Leuleu est une légende locale. Les touristes d'alors, venus admirer la grotte d'Arcy toute proche, faisaient le détour pour rencontrer cet ermite, star de cartes postales, installé dans la grotte « La Colombine » à Saint-Moré. En cheville avec l'épicier du village, il tint commerce dans « sa » grotte ornée, dont il pilla et revendit les vestiges archéologiques. Sa mort en 1913 fait toujours jaser : assassiné pour sa supposée fortune ou victime d'une chute en faisant... pipi ?

En quittant les grottes, prendre à gauche la petite route juste avant la D 606, direction ***Val-Sainte-Marie-le-Haut.*** Une commune libre depuis 1789, avec son église, sa chapelle, sa pompe à incendie, sa signalisation routière propre (et très locale), ses petites maisons fleuries. Au passage, voir l'élégant ***château de Chastenay.*** Un peu plus loin, on approche les restes de la ***maison forte de la Cobarde*** (au bord de la Cure, mal signalisée).

Le site archéologique Le Camp de Cora : *à* ***Saint-Moré,*** *à env 5 km au sud d'Arcy. Infos auprès de l'association Cora au ☎ 03-86-33-44-19 ; • coraliger@wanadoo.fr • Tte l'année.* Déjà habité au Néolithique, puis village retranché celte, et enfin poste fortifié sur la voie Agrippa. La muraille gallo-romaine flanquée de tours rondes est toujours debout. Resto tout à côté pour ceux que les vieilles pierres n'inspirent pas.

VERMENTON (89270)

Gros bourg de 1 200 habitants, proposant de bien paisibles balades le long des rives de la Cure jusqu'au **parc des Îles,** par exemple, d'où l'on a une vue sur la **tour du XIIIe s de l'église** et où, en été, sont parfois organisés des concerts. Des **céramiques** géantes rappellent le temps béni (1946-1983) où des céramistes particulièrement créatifs avaient fait florès au bord de la N 6.
– Pour une location de bateaux à la semaine ou au week-end au départ de Vermenton, contacter **France fluviale** au ☎ *03-86-81-54-55.*

Où dormir ?

Camping Les Coullemières : *chemin des Coullemières. ☎ 03-86-81-53-02. • contact@camping-vermenton.com • camping-vermenton.com • ♿ Avr-sept. Forfaits tente env 12-17 €. Hébergements locatifs 370-485 €/sem. 49 empl.* Au bord de la Cure, un superbe camping très calme et verdoyant. Grands emplacements bien ombragés. Location de mobile homes spacieux et bien équipés, dans une zone ombragée. Jeux et espaces verts tout autour. Bien au calme. Baignade possible dans la Cure.

Chambres d'hôtes et gîte de l'abbaye de Reigny : *chez Louis-Marie et Béatrice Mauvais, 89270 Vermenton. ☎ 03-86-81-59-30. • abbayedereigny@orange.fr • abbayedereigny.com • ♿ Au sud de Vermenton par la D 906. Tlj sauf lun. Doubles 110-120 € (- 10 € de mi-oct à avr). Table d'hôtes 48 €.* 2 très beaux gîtes, dont un adapté aux personnes à mobilité réduite (4-6 personnes) et un 2d au bord de la Cure (10-12 personnes) et 5 chambres d'hôtes (dont 2 familiales) permettent de séjourner dans ce haut lieu d'histoire où a résidé Coco Chanel dans les années 1930. Un lieu exceptionnel resté en partie dans son jus, mais des chambres de grand confort, et un superbe petit déj.

À voir dans les environs

L'abbaye de Reigny : *à 3 km au sud de Vermenton, sur la D 606 (fléché). ☎ 03-86-81-59-30. • abbayedereigny.com • ♿ et visite possible en langage parlé complété (LPC) pour les malentendants. Juil-août, tlj sauf le mat sam et dim 10h-12h, 14h-18h ; sinon, sur rdv. Entrée : 5-8 € ; réduc.* L'allée de tilleuls séculaires mène à l'abbaye cistercienne Notre-Dame fondée en 1128 par l'abbé Étienne de Toucy, sous l'autorité (et quelle autorité !) de saint Bernard. Le travail et la prière des 300 moines et convers ont fait place à la culture dans le remarquable réfectoire du XIVe s qui a conservé sa polychromie (noter le tympan, à l'entrée) ! Étonnant pigeonnier avec 3 500 boulins (les niches des pigeons) en terre cuite et sa double échelle pivotante ! L'abbaye accueille des expositions, des concerts et manifestations culturelles (festival « Paroles et musiques »).

LA VALLÉE DE L'YONNE ET LE CANAL DU NIVERNAIS

Carte Yonne, C3-4

CRAVANT (89460)

Au confluent de la Cure et de l'Yonne, cette aimable bourgade anciennement fortifiée a vu se dérouler, en 1423, une célèbre bataille entre Anglais et Bourguignons d'un côté, Français et Écossais de l'autre. Au cours des siècles

suivants, les vins fins de Bourgogne (de Beaune entre autres) laissaient ici la route pour remonter vers Paris par voie d'eau.
On entre dans le bourg par la ***porte d'Orléans*** (XVIIIe s). Dans son prolongement, la rue d'Orléans cache une ***maison forte*** avec tourelle d'angle ronde et, surtout, la ***maison de Bois,*** la plus ancienne du bourg (XIVe s), qui a conservé un charme émouvant. Le ***beffroi*** (1387) et le ***donjon*** (XIIIe s) ajoutent au cachet médiéval de ce village fréquenté un moment par l'acteur Georges Descrières (alias Arsène Lupin) qui y avait une maison... À 2 pas, ***église Saint-Pierre-Saint-Paul*** des XIIIe et XVIe s, au remarquable clocher Renaissance, unique en Bourgogne avec ses 3 niveaux à l'antique. Intérieur élancé et chœur Renaissance.

Adresse utile

Office de tourisme Chablis, Cure, Yonne et Tonnerrois : *à la halte nautique de **Cravant-Bazarnes.** ☎ 03-86-81-54-26. • escale-chablis.fr •* Location de vélos, vente de glaces et boissons.

Où dormir ?

Chambres d'hôtes Les Remparts : *chez Laurence Brot, 19, rue des Fossés. ☎ 03-86-42-51-92. 📱 06-35-45-15-41. • brot.lesremparts@orange.fr • lesremparts-cravant.fr • Double 85 €.* Difficile de ne pas craquer quand on passe en voiture devant cette belle demeure conçue pour une dame qu'aimait beaucoup Napoléon III. Plafonds à la française, boiseries, bergères, jardin... Chambres très agréables et piscine pour les journées d'été.

À faire dans les environs

L'Écluse des Dames – Parcabout : *route de Séry, 89460 **Prégilbert.** ☎ 03-86-46-10-08. • eclusedesdames@gmail.com • eclusedesdames.com • À 8 km au sud de Cravant. Tlj sauf lun 10h-19h ; fermé le w-e nov-mars. Entrée Parcabout : 9 € ; moins de 11 ans 6 € ; réduc. Chaussures fermées obligatoires pour ts et accompagnant obligatoire (et payant) pour les enfants de 3 à 6 ans.* Un lieu qui tourne autour d'une ancienne maison éclusière reconvertie en ***bistrot.*** L'adorable équipée qui y sévit propose une carte toute simple façon *snacking.* À grignoter sur la terrasse, très agréable, en contre-haut de l'écluse. Boutique. Tous les vendredis et samedis soir de juillet-août, apéro concert à 18h30. ***Parcabout,*** à côté, c'est une aire de loisirs... dans les arbres, conviviale, un parcours fait de bouts de filets marins, pour évoluer en liberté et en toute sécurité. À 250 m au-dessus de l'écluse, chouette église ***Notre-Dame de Prégilbert*** (XIIe-XIIIe s), de style roman (le clocher) et gothique primitif (le reste du bâtiment).

La ferme aquacole de Crisenon : *lieu-dit Crisenon, 89460 **Prégilbert.** ☎ 03-86-46-76-77. • fermeaquacoledecrisenon.com • Rive gauche, à 800 m à l'ouest de Prégilbert par la D 309. Tlj (sauf lun sept-avr et dim oct-mars) 9h-12h, 14h-19h (18h avr-juin et sept ; 17h oct-mars). GRATUIT.* Élevage de truites bio que l'on peut acheter comme chez le poissonnier ou pêcher soi-même sans supplément (les enfants adoreront !). Propose également des produits dérivés : truite fumée, œufs, rillettes, mousse.

MAILLY-LE-CHÂTEAU *(89660)*

Un joli bourg. 2 villages en fait : l'un anciennement fortifié, perché sur un promontoire ; l'autre installé au bord de l'Yonne. Au centre de ***Mailly-le-Haut, église fortifiée***

du XIII*^e *s, dotée d'une surprenante façade gothique (XIVe s, elle) : au 1/3 supérieur, élégante galerie d'arcatures dont les piliers sont portés par des statues. Celle du centre représenterait la comtesse Mathilde à qui l'on doit un édit pour affranchir ses serfs (au XIIe s, quelle audace !). À côté de l'église, un ***tilleul Sully*** : 4 siècles au compteur ! À l'extrémité du village, terrasse qui offre une ***vue panoramique*** sur l'Yonne et les collines du Morvan. Au pied de la falaise, ***Mailly-le-Bas.*** Pittoresque aussi, avec ses 3 cours d'eau parallèles franchis par autant de ponts. En encorbellement sur la rivière, émouvante petite ***chapelle Saint-Nicolas*** (patron des flotteurs de bois), posée sur le pont du XVe s, le plus vieux du département de l'Yonne.

Où dormir dans les environs ?

Chambres d'hôtes Les Coutas : *44, rue Camélinat, 89270* ***Mailly-la-Ville.*** *06-60-22-80-55. • lescoutas.com • Rue principale, au carrefour entre les D 100 et D 950. Double 60 €.* Adeline et Greg ont repris l'hôtel du village pour y loger 3 chambres d'hôtes colorées, modernes et une cuisine à partager où sont aussi pris les petits déj. Parquets stratifiés, douches dans les tons. On aime bien aussi la familiale avec lits gigognes, dans une chambrette séparée.

À voir. À faire dans les environs

La réserve naturelle du Bois du Parc : *à 1,5 km au sud de Mailly-le-Château.* Ce repli de terrain n'est autre qu'un massif corallien. Si, si ! La réserve (45 ha) compte un ***sentier de découverte*** émaillé de panneaux explicatifs très détaillés. Ils décryptent cet étonnant témoignage venu en directe ligne du Jurassique. On voit, au passage, des ***restes fossilisés de coraux.*** Le site est protégé, escalade interdite sauf dans l'***aire d'escalade*** spécialement aménagée un peu plus loin. Flore assez spécifique qui sévit habituellement plutôt dans l'arc méditerranéen, ainsi que le *maillotin de Bourgogne,* un rarissime escargot en voie d'extinction. Le tout sous le vol de faucons pèlerins qui nichent dans le coin.

Les rochers du Saussois : *au sud de Mailly-le-Château.* Superbes falaises calcaires de 50 m surplombant l'Yonne et prisées des grimpeurs. Cheminée des fées et sentiers raides à travers les éboulis. En arrivant de Mailly-le-Château, prendre à gauche la petite route direction « Bois du Fourneau ». Elle grimpe au-dessus de la falaise. À vos pieds, des péniches qui glissent sur l'Yonne et un village tout à fait pittoresque, avec son moulin le long de la rivière.

CHÂTEL-CENSOIR *(89660)*

À 10 km au sud de Mailly. Depuis la ville basse, on rejoint le ***bourg fortifié*** et perché sur un éperon qui domine le canal et l'Yonne. Au passage (angle des rues Rozanoff et du Moulin), une ***stèle*** honore le colonel Rozanoff, 1er pilote français à avoir franchi le mur du son, et qui avait une résidence ici. Là-haut, quelques ruelles et de solides maisons bourgeoises sont ordonnées autour de l'élégante ***collégiale Saint-Potentien.*** Intérieur élancé côté nef Renaissance (XVe et XVIIe s), bien plus intime côté chœur de style roman primitif (XIe s) qui compte d'intéressants chapiteaux ornés de motifs floraux. Crypte sous le chœur.

Où dormir à Châtel-Censoir et dans les environs ?

Demeure Saint-François : *4, rue du Moulin. ☎ 03-86-81-05-37. 06-21-22-66-09. • m.m.s.samson@gmail.com • demeuresaintfrancois.com • Doubles 95-110 €. Table d'hôtes 30 €.* Sur la place du village, cette ancienne résidence de bonnes sœurs est devenue une maison où tout le monde peut communier dans la joie et la bonne humeur, car les hôtes aiment recevoir. Chambres d'un confort total, dans l'esprit du lieu. Le petit déjeuner se prend dans une chouette salle à manger aux murs tendus de tissu pourpre, ou dans le jardin.

Le Clos de Lucy : *1, route de Faulin, 89480* ***Lucy-sur-Yonne.*** *06-09-52-81-40. • leclosdelucy@gmail.com • À 8 km à l'ouest de Châtel-Censoir (D 21). Doubles 65-95 €. Réduc de 10 % sur la 2e nuitée sur présentation de ce guide.* Marie-Claude ouvre son clos, une belle maison en pierre, à l'intérieur totalement restructuré. Les chambres, au 1er étage, sont accessibles par un bel escalier et une passerelle qui domine la pièce de vie. Chacune a sa taille, à des prix ajustés en conséquence. Un peu plus chère et plus spacieuse, une maisonnette attenante est équipée d'une cuisine. Accueil agréable et gentille cour sur le devant.

À voir. À faire dans les environs

Le château Faulin – musée de l'Innovation technique médiévale : *89660* ***Lichères-sur-Yonne.*** *06-09-74-00-68. • chateau-faulin.fr • Accès par la D 214 en 1 km depuis Lucy-sur-Yonne. Pour les visites, consulter le site.* Depuis les rives du canal, impossible de rater ce château fort qui servit de décor à certaines scènes désopilantes d'un grand classique du cinéma : *La Grande Vadrouille.* La visite conte, quant à elle, l'histoire des innovations techniques. Le châtelain a l'art de faire revivre, à travers des documents et des objets chinés ici ou là, l'histoire des hommes qui permirent au monde agraire d'avancer, des architectes qui firent passer du roman au gothique, des navigateurs qui apprirent à croire à leur bonne étoile... Il remet à sa juste place Gutenberg et cet « escroc de Colomb ».

LE MORVAN

• Carte p. 111

Pour le visiteur non averti qui, empruntant l'autoroute A 6 à la sortie de Paris, découvre sur sa droite, entre Auxerre et Avallon, un panneau annonçant les monts du Morvan, la surprise est grande. Comment ? Y aurait-il une montagne encore inconnue, si près de Paris ?
Beaucoup de touristes trop pressés de filer vers la mer et le soleil ne sont jamais allés plus loin que Vézelay, Avallon ou Saulieu. Ne craignait-on pas autrefois de s'aventurer dans le Morvan, autant pour les loups que pour les hommes, dont la mauvaise réputation était accréditée par un dicton : « Il ne vient du Morvan ni bon vent ni bonnes gens. » Mot terrible qui fit oublier longtemps cette contrée magnifique, qu'aucun des 4 départements qui composent la Bourgogne n'a vraiment cherché à revendiquer, jusqu'à ce que la création du parc naturel régional ne change sa face.

UNE ÎLE DE GRANIT

Le Morvan est en quelque sorte une ***île de granit,*** longue d'une centaine de kilomètres et inclinée de 300 à 900 m du nord au sud, large de 20 à 40 km d'est en ouest, et qui émerge au cœur de la Bourgogne calcaire (cette île en fut vraiment une, pendant l'ère secondaire, au Jurassique !).
Massif ancien donc, ce poste avancé du Massif central présente un relief assez doux, érodé, mais avec des vallées encaissées et de fortes pentes. Le climat humide et frais ajoute à cette impression de montagne : 1er obstacle en venant de la plaine occidentale, le Morvan retient les nuages... et la pluie.
Le ***granit,*** encore lui, conditionne aussi le caractère sauvage de la nature morvandelle. Car ce sol acide, peu fertile et donc contraignant pour l'agriculture, est devenu largement forestier (un tiers de la surface en 1900, près de la moitié aujourd'hui) ; et, imperméable, il est tout ruisselant de rus et de rivières, et lacustre. De granit, d'eau et de forêt, tel est le Morvan.

UN PEU D'HISTOIRE

Vers l'an 1000 avant notre ère, les ***Éduens,*** peuple celte, mènent ici une vie agricole et artisanale, et construisent des oppidums – dont celui de ***Bibracte,*** sur le mont Beuvray. Bien vus des Romains, qui les traitent en alliés, les Éduens se rallient pourtant à Vercingétorix en 52 av. J.-C. et rendent les armes avec lui à Alésia, face à Jules César. Puis ils abandonnent Bibracte pour Augustodunum (Autun) en 85 apr. J.-C., disparaissant à la fin du IIIe s, quand déferlent les hordes barbares.

Bûcherons, flotteurs, galvachers et nourrices : les métiers morvandiaux

Le Morvan étant ce qu'il est, c'est-à-dire une terre infertile au relief inhospitalier, il ne se repeuple que faiblement durant le Moyen Âge. Au XIVe s, des seigneurs locaux dégagent quelques clairières, et les Morvandiaux vivotent d'une agriculture à faible rendement, très parcellisée. Mais à partir du XVIIe s, l'***exploitation du bois*** et son ***exportation par flottage*** jusqu'à Paris vont tout changer. Dès lors, la forêt devient rentable et le Morvan revit.

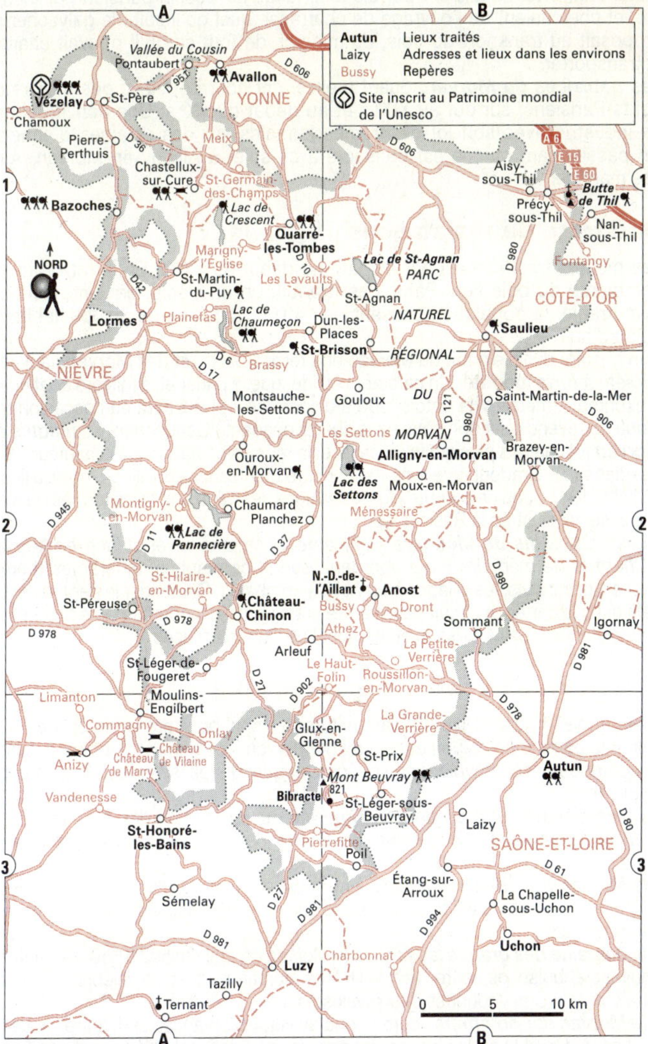

LE PARC NATUREL RÉGIONAL DU MORVAN

Mais le bois ne suffit pas, et le Morvan reste une terre pauvre, avec de pauvres gens qui doivent s'exporter. 2 métiers propres au Morvan vont alors se développer et le faire vivre jusqu'au début du XXe s : les galvachers et les nourrices.

La galvache consistait pour les hommes à descendre, de mai à novembre, dans les plaines voisines, accompagnés d'une paire de bœufs rustiques et d'une charrette. Ils allaient parfois loin, jusqu'au Bassin parisien par exemple, et cherchaient de l'ouvrage de charretier, quel qu'il soit : le galvacher se proposait au transport du bois, du minerai, de tout ce qu'il pouvait charger et transporter.

Les nourrices du Morvan, quant à elles, ont nourri et élevé des milliers de petits Parisiens, surtout au XIXe s et au début du XXe s. Une activité érigée en industrie avec son lot de drames humains sur des dizaines d'années. Un passionnant musée est consacré à ce sujet à Alligny-en-Morvan. À ne pas manquer !

Une terre de résistances

Les métiers traditionnels ont disparu au début du XXe s. Et l'arrêt brutal du commerce du bois vers Paris s'est traduit, en un siècle, par une véritable hémorragie, la population passant de 140 000 à moins de 30 000 habitants aujourd'hui.

Son histoire difficile a fait du Morvan une terre à part... et des Morvandiaux une ***société à forte identité.*** Un caractère solide, que le parler et le folklore continuent d'exprimer – même si le patois tend à disparaître – et qui aura eu l'occasion tragique de revendiquer son sens de la liberté pendant l'Occupation. Le ***maquis du Morvan*** fut l'un des plus actifs du pays, et la répression nazie fut à la hauteur. Dun-les-Places, l'« Oradour nivernais », ou encore Montsauche, brûlé en représailles le 25 juillet 1944..., on ne compte plus les villages, les hameaux et les fermes où s'est organisée et illustrée la Résistance.

– Les « ***Chemins de Mémoire*** » : 21 aménagements « *Résistance en Morvan – Chemins de mémoire* » qui abordent, sur 11 communes, différentes thématiques : les maquis, les villages martyrs, les combats... Demander le dépliant explicatif avec la carte. Le circuit passe entre autres par les incontournables musée de la Résistance à Saint-Brisson et mémorial de Dun-les-Places.

Et l'on créa le parc naturel régional

C'est en 1970 que fut créé le parc naturel régional pour préserver et mettre en valeur le patrimoine naturel et culturel du Morvan – ce département impossible – et contribuer à son développement économique, qui passe en bonne part par le tourisme.

Le parc s'étend sur ***près de 3 000 km²*** (ce qui en fait l'un des plus grands de France), il comprend 117 communes et 5 villes-portes et se divise en 3 zones bien distinctes :

– ***le Morvan des sites et vallées :*** le nord-est du Morvan, d'une altitude de 300 à 500 m, qui descend sans transition nette sur le plateau calcaire pour devenir alors assez bocager ;

– ***le domaine des grands lacs :*** c'est le Morvan central, de 500 à 650 m d'altitude, sauvage et boisé, où se trouvent les 6 lacs morvandiaux et les célèbres rivières le Chalaux et la Cure (connues des kayakistes !) ;

– ***le Morvan des sommets :*** correspond au Haut-Morvan, au sud, entre Château-Chinon, Autun et Luzy, le plus montagneux (point culminant, 902 m, au Haut-Folin).

UN DOMAINE PRÉSERVÉ MAIS FRAGILE

Le Morvan est l'ensemble naturel le plus important de Bourgogne et le mieux préservé. ***Boisé à 50 %*** – jusqu'à 80 % par endroits –, il abrite une faune et une flore très riches. Parmi les ***mammifères*** que vous rencontrerez au détour d'un chemin, le blaireau, le renard, le chevreuil ou le sanglier. Quant à la chauve-souris et l'écrevisse à pattes blanches, elles font partie des espèces protégées. Parmi les ***180 espèces d'oiseaux,*** bécassine des marais, pipit farlouse ou chouette de

Tengmalm. Mais n'oublions pas les ***amphibiens*** et notamment le crapaud sonneur à ventre jaune. Quant à la ***flore,*** le randonneur pourra enrichir son herbier avec la digitale pourpre, le genêt à balais, la callune fausse bruyère ou la prénanthe pourpre. Mais il évitera de cueillir le droséra, plante carnivore qu'on trouve dans les tourbières du Morvan ouvert. L'identité paysagère du Morvan est marquée par le ***bocage.*** Composé ici de haies vives ou de murets, il constitue non seulement des paravents pour les animaux, mais aussi des protections naturelles contre l'érosion des sols et l'uniformité des paysages.

LE ROI DES FORÊTS

Le Morvan figure parmi les 1ers fournisseurs nationaux de sapins de Noël : 1 million sur les 6,5 millions vendus chaque année en France ! Cette production est aujourd'hui florissante, se spécialisant sur le nordmann et suivie de près par la très sérieuse Association française du sapin de Noël naturel (AFSNN). Une grande fierté pour le syndicat des Pères Noël.

Cependant, on ne peut ignorer que la richesse et l'équilibre écologiques du massif sont de plus en plus menacés par l'***extension des monocultures de résineux*** – épicéa, sapin pectiné ou douglas –, plantations qui se sont beaucoup développées ces dernières décennies, au détriment des forêts de hêtres et de chênes traditionnelles et naturelles.

SAVOIR-VIVRE MORVANDIAU

Levez le pied en traversant des hameaux déserts en apparence, en longeant ces vallées encaissées où coulent des rivières à truites, ces prés fermés par des haies de houx et des barrières en bois typiques, ces fermes isolées, trapues, où hommes et bêtes, réunis sous le même toit, se sont longtemps tenu chaud, sinon compagnie. Ce qui n'empêchait pas les familles de se retrouver aux grandes occasions, notamment pour la ***Saint-Cochon,*** fête haute en couleur qui permettait aux voisins et amis de se partager les bêtes égorgées au petit matin et aussitôt transformées en boudin, futurs jambons, etc., tout étant bon à manger dans le cochon.

Le reste du temps, on se contentait de manger « la *treuffe* sous la cendre » (traduction : la pomme de terre au feu de bois !) ou de bons gros *crapiaux* (ça saute aussi, mais ça ne vit pas dans les étangs : il s'agit de petites crêpes tenant particulièrement au ventre). Pas de grands vins ni de gastronomie célèbres comme dans les autres pays de la Bourgogne, mais de « biaux produits » qui n'avaient pas attendu la mode des produits bio pour faire des heureux.

Adresses et info utiles

Maison du tourisme du Morvan : *sur le site de la Maison du parc (voir plus loin « Saint-Brisson »), 58230* **Saint-Brisson.** ☎ *03-86-78-79-57.* ● *tourisme.parcdumorvan.org* ● *À l'extrême est de la Nièvre (à 10 mn de Saulieu). Tte l'année, tlj sauf w-e 11 nov-Pâques.* Tout sur la randonnée, les activités diverses, l'hébergement, etc. Le petit guide sur les balades nature donne les contacts des sorties organisées (mycologiques, orthoptères, nuit de la chouette, de la rainette, flore morvandelle, etc.).

Association Guides en Morvan : *à La Réserve, 58170* ***Tazilly.*** ☎ *03-86-30-08-63.* ● *guidesenmorvan.com* ● Des guides-accompagnateurs spécialisés : découverte archéologique, environnementale, patrimoniale ou historique du Morvan. Tous types de randonnées.

– ***Terre de festivals :*** mai-sept. Musique, théâtre, cinéma, chansons, tous les arts se mélangent au gré de la création des artistes et du talent des habitants.

À faire

Le parc et les initiatives privées ont réussi à faire du Morvan un formidable espace de randonnées pédestres, équestres, de VTT et d'activités telles que pêche, voile et kayak... À moins que vous ne craquiez pour l'hydrospeed, plus fort que le raft et qui consiste à se jeter dans des torrents en crue avec une planche, des palmes, et coiffé d'un casque de sécurité.

Randonnées pédestres, à VTT et équestres

– Le Morvan est le domaine de la ***randonnée*** : 2 itinéraires de grande randonnée (le GR 13 et le GR Tour du Morvan), 80 circuits de randonnée en boucle (d'une demi-journée à 4 jours) et une trentaine de gîtes d'étape, soit environ un gîte tous les 20 km (attention, on trouve de tout dans ces gîtes, des vieux de la vieille assez vétustes aux super confortables genre 3 étoiles, et à tous les prix), voire des chambres d'hôtes.
– ***Les pistes de VTT :*** au départ de 19 communes, elles représentent au total près de 2 500 km de pistes balisées. Dont une, originale, éco-conçue et accessible à tous, à Autun. Également un spot de descente *(down hill)* dans la forêt de Breuil Chenue, et la Grande Traversée du Morvan (GTM).
– Quant à la ***randonnée équestre,*** il y a une dizaine de centres dans le Morvan et une vingtaine d'hébergements adaptés. Un tour équestre de 600 km sur le Morvan est balisé.

■ ***Maison du tourisme du parc du Morvan :*** 58230 **Saint-Brisson.** ☎ 03-86-78-79-57. Pour des infos exhaustives sur les visites, hébergements, randos et locations de vélos.
■ ***Association pour la randonnée équestre en Morvan*** *(AREM)* ***:*** • morvan-cheval.org • Itinéraires pour cavaliers indépendants ; sinon, randonnées accompagnées, balades en calèche, etc.

Activités nautiques

En ce qui concerne les activités en eau vive (kayak, canoë, rafting, hydrospeed), le gros avantage du Morvan est de pouvoir pratiquer des lâchers d'eau à date fixe (demander le calendrier à la Maison du tourisme), comme on faisait autrefois pour le flottage du bois, ce qui permet de gonfler les débits sur commande. Sur ***la Cure*** et ***le Chalaux,*** notamment, se déroulent grâce à ce procédé des compétitions de très haut niveau (championnats de France et d'Europe de canoë-kayak).
Pour les autres activités nautiques, le *lac des Settons* dispose d'une base bien aménagée. Voile, planche à voile, catamaran, on y pratique de tout. Sur le *lac de Pannecière,* plus sauvage, également de nombreuses activités (surtout la pêche).

■ ***Base nautique Activital :*** **Les Settons.** ☎ 03-86-84-51-98. • activital.net • Catamaran, planche à voile : cours ou location. Rafting, nage en eau vive, *wake-board,* bateaux électriques, aviron.
■ ***Okheanos :*** rens à Bornoux, 58230 **Dun-les-Places.** ☎ 03-86-84-60-61. • okheanos.com • Rafting.
■ ***Loisirs en Morvan :*** 89450 **Saint-Père.** ☎ 03-86-33-38-38. • loisirsenmorvan.com • Canoë-kayak, rafting, VTT, parcours aventure, spéléo, ou encore équitation...
■ ***Cap Extrême :*** 58140 **Brassy.** ☎ 03-86-22-23-24. 📱 06-83-49-51-17. • cap-extreme.com • Sorties en rafting sur le Chalaux et la Cure.
■ ***Angie, le feu de l'eau :*** à Plainefas, 58140 **Saint-Martin-du-Puy.** 📱 06-82-16-02-99. • angie-kayak.com • Rafting, *hot dog,* nage en eau vive...

■ ***Évasion Rafting Morvan :*** *Le Pont, 58140* ***Chalaux.*** ☎ *03-86-24-94-33.* • *evasionraftingmorvan.fr* • De l'eau vive (rafting, canoraft, *airboat*) à l'eau calme (*stand up paddle,* kayak ouvert... avec option coucher de soleil). Guides diplômés d'État.

■ ***AN Rafting :*** *à Plainefas, 58140* ***Saint-Martin-du-Puy.*** ☎ *03-86-22-65-2.* • *an-rafting.com* • Rafting, hydrospeed, canoë-raft.

■ ***Raft'Morvan :*** *à Plainefas, 58140* ***Saint-Martin-du-Puy.*** 📱 *06-95-63-59-89 ou 06-64-50-43-46.* • *rafting-morvan.com* • Rafting et canoë-raft.

■ ***Ka-no-A Canoë nature :*** *Marnay, 58140* ***Lormes.*** 📱 *07-51-68-22 62.* • *facebook.com/kanoacanoe/* •

Autres activités

Il y en a plein : pêche évidemment, tennis, tir à l'arc, vol libre, montgolfière, etc. Liste complète à la *Maison du tourisme du parc du Morvan.*

LE MORVAN

LE MORVAN DES SITES ET VALLÉES

La partie nord du PNR du Morvan est un plateau aimablement vallonné, planté de profondes forêts de feuillus et bordé par les vallées de la Cure et du Cousin. La nature est là et bien là, agréable et fraîche pour des balades en pleine campagne, des promenades à VTT ou des visites de Vézelay et Avallon en toute sérénité.

QUARRÉ-LES-TOMBES

(89630) 690 hab. *Carte PNR du Morvan, A1*

Ce bourg doit son nom aux quelque 2 000 étranges tombes qui entouraient jadis sa petite église. De bien énigmatiques sarcophages de pierre, dont on ne sait pas vraiment comment ils ont atterri ici entre le VIIIe et le Xe s. Quarré est un village qui vit rondement, au rythme d'un dynamique bistrot et d'un inimitable chocolatier qui excelle avec ses gaufres. Une foule, parfois venue de loin, se presse pour les déguster sur la place centrale...

À côté de ça, une belle forêt vraiment idéale pour d'agréables promenades (la commune est classée Station Verte). En 1942, elle reçut le 1er parachutage d'armes et de matériel en provenance de Londres pour la Bourgogne, puis, en 1944, elle joua un rôle déterminant en abritant plus de 2 200 résistants dans ce maquis considéré comme le plus important de la moitié nord du pays, dans le bois

UN NOËL QUI VIRE MAL

Par une nuit de Noël, une jeune paysanne assiste au basculement d'un gros rocher, dans la forêt, qui dévoile une incroyable salle au trésor. Elle se rue, son enfant au bras, pour rafler la mise et ressort in extremis alors que la pierre se referme... gardant le bébé captif. À la Noël suivante, la roche bascule de nouveau : la maman se précipite et récupère son bébé comme si de rien n'était. Après l'avoir sermonnée, un ange scelle définitivement la roche. On la voit toujours, surmontée d'une Vierge, à côté du parking de l'abbaye de la Pierre-qui-Vire, dont on comprend mieux le nom !

des Isles-Ménéfrier. La forêt au Duc cache des lieux superbes, comme la roche des Fées ou le rocher de la Pérouse, point culminant de l'Yonne avec ses 609 m.

Adresse utile

Accueil touristique : *rue du Grand-Puits. ☎ 03-86-32-22-20. • avallon-morvan.com • Mai-sept seulement, 11h-13h, 14h-18h30 ; fermé dim-lun et mer.* Brochure de visite ludique pour les enfants.

Où dormir ? Où manger à Quarré et alentour ?

Bon marché

Le Bistrot : *7, route du Morvan, 89630* ***Villiers-Nonains.*** *06-35-27-40-47. À 8,5 km au nord de Quarré (D 10 et D 33). Tlj sauf dim soir-lun. Repas 15-25 €. Apéritif maison offert sur présentation de ce guide.* Bistrot, oui... mais comme à la maison : du menu inscrit à main levée, au service de madame et à la cuisine de monsieur. Dans 2 salles agréablement dressées, l'affaire tient la route côté assiette, célébrant une cuisine qui ne renie pas son terroir (andouillette à l'époisses), sans oublier l'originalité (aumônière de saumon et chorizo). Pour le sucré, mention spéciale au blanc-manger. Tout est savoureux, même les prix qui ont oublié le passage à l'euro.

De prix moyens à chic

Hôtel du Nord – Restaurant Le Saint-Georges : *25, pl. de l'Église. ☎ 03-86-32-29-30. • hoteldunord@hoteldunord-morvan.com • hotel-morvan.fr • En centre-ville. Mars-Toussaint, tlj sauf mer-jeu. Doubles env 70-80 €. Formule déj en sem 19,50 € ; menus 34,50-41,50 €. Café et petits fours offerts sur présentation de ce guide.* Un hôtel looké années 1970 de dehors, mais qui a fait l'objet d'une rénovation totale bien plus récente. Côté cuisine, du bon, du traditionnel revu et corrigé, servi avec gentillesse. Mais rien à voir, évidemment, avec la maison mère (l'*Auberge de l'Âtre,* voir plus loin). Accueil diligent.

Hôtel-restaurant Le Morvan : *6, rue des Écoles. ☎ 03-86-32-29-29. • reservation@le-morvan.fr • le-morvan.fr • À la sortie de la ville, sur la route de Saint-Brisson. Hôtel fermé de mi-déc à début mars. Resto ouv mer soir-dim soir (dîner possible en ½ pens sur résa lun-mar). Doubles 73-92 €. Menus (3-7 services) 25-54 €.* Ici, on sait accueillir, on a le sourire facile, et la bonne humeur est au rendez-vous. Les chambres sont propres et personnalisées, la cuisine bourguignonne, respectueuse du marché, est délicieuse et joliment présentée. Service en terrasse aux beaux jours et petit salon pour les jours plus gris. Une adresse très agréable, malgré une façade qui n'a rien de typique.

Auberge de l'Âtre : *Les Lavaults. ☎ 03-86-32-20-79. • auberge-delatre.com • À 4 km au sud-est du bourg, par la D 10 (direction Saulieu). Resto tlj sauf lun-mar. Doubles 85-96 €. Menus 36 € (déj en sem), puis 59-65 €.* Francis Salamolard adore jouer, depuis 30 ans, dans les plats qu'il crée, avec les plantes et les champignons du Morvan. Et sa clientèle l'a suivi, fidèle, au fil des saisons. Une des dernières vraies auberges du pays avec une poignée de chambres spacieuses et rénovées, portant toutes un nom de champignon.

Où boire un verre ? Où grignoter ?

Le Quarré Crème : *14, pl. de l'Église. ☎ 03-86-32-21-90. Tlj sauf lun soir et mar soir. Formule 15 € ; menu 28 €. Café offert sur présentation de ce guide.* Le rendez-vous incontournable pour ne pas tourner en rond à

Quarré ! Pour prendre un pot ou voir un pote, casser la croûte tranquillou et profiter des animations : concerts (collaboration avec le Festivallon d'Avallon), théâtre ou cinéma.

Où acheter de bons produits ?

Quarré de Chocolat : *24, pl. de l'Église. ☎ 03-86-32-22-21. Tte l'année, tlj (sauf mer hors juil-août).* Ici, tout est en chocolat : blanc, à l'orange, aux pétales de violette, au citron vert... L'été, le dimanche, on fait la queue pour les gaufres au chocolat, sur la place, pour les glaces aussi. Mais pour le voyage, achetez plutôt les confitures insolites, les pavés et biscuits maison ou leur célèbre pâte à tartiner.

DANS LES ENVIRONS DE QUARRÉ-LES-TOMBES

Le musée Vauban *(Écomusée du Morvan) : 4, pl. Vauban, 89630* ***Saint-Léger-Vauban.*** *☎ 03-86-32-26-30. • museevauban.com • De Quarré, prendre la D 55 derrière l'église. Ouv 10h-13h, 14h-18h ; tlj juil-août ; mer-dim Pâques-juin et sept ; w-e et j. fériés, d'oct à mi-nov. Fermé de mi-nov à Pâques. Entrée : 5 € ; réduc ; gratuit moins de 8 ans. 1-2 expos temporaires à thème par an.* Saint-Léger-Vauban ! Avec un nom pareil, on s'attend à découvrir une place forte, et on tombe sur un petit village bien ordinaire. Pourquoi « Vauban » ? Parce que celui-ci y est né, bien sûr, en 1633, sous le nom de Sébastien Le Prestre. En venant de Quarré-les-Tombes par Moulin-Colas, jetez un œil à sa maison natale, à l'entrée du village, une petite ferme à l'allure de grange. Au centre du village, un musée joliment et intelligemment aménagé retrace sa vie et sa carrière. Formidable bâtisseur, Vauban a conduit 53 sièges, construit 30 places fortes et assuré la restauration d'une centaine d'autres sites. Une partie de cette œuvre est classée au Patrimoine de l'humanité par l'Unesco. Ingénieur de Louis XIV, le maréchal fut aussi philosophe, humaniste, réformateur. Une exceptionnelle destinée !

VAUBAN ALTRUISTE

Architecte hors pair pour fortifier les villes, Vauban était affligé par les famines qui découlaient des guerres. Dans ses écrits, il préconisa au peuple d'élever une truie, animal très facile à nourrir et particulièrement prolifique.

AVALLON

(89200) 7 050 hab. *Carte PNR du Morvan, A1*

On adore la découverte depuis la vallée du Cousin, un peu par surprise, de la vieille ville perchée sur son promontoire granitique. Bourg commerçant qui donne envie d'aller fouler les gros pavés disjoints de ses quelques rues anciennes et visiter sa collégiale ainsi que son unique et très beau musée du Costume.

Adresse et info utiles

Office de tourisme : *6, rue Bocquillot. ☎ 03-86-34-14-19. • avallon-morvan.com • De juil à mi-sept, lun-sam 10h-13h, 14h-18h ; dim 10h-12h, 14h-16h. Avr-juin, tlj sauf dim 10h-13h, 14h-18h. De mi-sept* *à mars, tlj sauf dim-lun 9h30-12h30, 14h-17h30.* Installé dans une maison du XVe s près du beffroi. Circuit de la Grenouille *(2 €)* pour découvrir l'histoire d'Avallon en quelques bonds. Brochure de découverte ludique pour les mômes.

– ***Marché :*** *sam mat (dans tt le centre ancien), et petit marché jeu mat.*

Où dormir ? Où manger ?

De bon marché à prix moyens

Hôtel-restaurant des Capucins : *6, av. Paul-Doumer.* ☎ *03-86-34-06-52.* • *avallonlescapucins.com* • *Dans la rue qui mène à la gare. Doubles 54-70 €. Formule déj 16 € ; menus 26-33 €. Parking privé gratuit.* 25 chambres calmes mais pas forcément monacales, donnant sur rue ou parc. Belle terrasse fleurie à l'arrière, pour déguster l'été une bonne cuisine régionale traditionnelle. Salle à manger haute en couleur. Personnel souriant.

Hôtel Avallon-Vauban : *53, rue de Paris.* ☎ *03-86-34-36-99.* • *avallonvaubanhotel.com* • *Près du centre historique. Doubles 59-65 €. Parking fermé gratuit.* Ne vous laissez pas impressionner par la route et l'environnement. Jolie cour fleurie et grand parc boisé. Les chambres donnant sur le jardin sont vraiment calmes et accueillantes.

Dame Jeanne : *59, Grande-Rue.* ☎ *03-86-34-58-71.* • *damejeanne89@orange.fr* • *Tlj sauf jeu et dim 8h-19h. Petit déj 10 € ; plats 10-15 €. Café traditionnel offert en fin de repas sur présentation de ce guide.* Un mignon salon de thé, dans l'une des grandes maisons de la rue principale. Au fond du couloir d'entrée, 2 salles lambrissées à l'atmosphère chaleureuse, avec poutres apparentes et petites tables pour faire la dînette autour de petits plats maison. Grande terrasse intérieure, aux beaux jours, entourée de hauts murs couverts de glycines.

Ferme-auberge des Châtelaines : *Les Petites Châtelaines.* ☎ *03-86-34-55-95. Prendre la D 217 direction Usy, puis c'est fléché à droite. Juil-août, ouv le soir jeu-sam plus dim midi ; hors saison, seulement sam soir et dim midi. Fermé nov-Pâques. Résa impérative. Menus 18-20 €. Digestif maison offert sur présentation de ce guide.* Du local, du sérieux, du chaleureux.

Le Vaudésir : *84, rue de Lyon.* ☎ *03-86-34-14-60.* • *levaudesir.avallon@orange.fr* • *Tlj sauf lun, mer soir et dim soir. Menu déj en sem 20 € ; autre menu 33 €. Café offert sur présentation de ce guide.* Un décor et une cuisine de bistrot faite avec amour, toujours. Ici, la tradition est revue à travers le filtre de la passion et de l'innovation, sans chercher la perfection, comme dirait Cécile, « juste la satisfaction ». Et les vins de Chablis, qu'elle connaît bien, figurent en bonne place sur la carte.

L'Horloge : *63, Grande-Rue.* ☎ *03-86-46-75-24. Tlj. Formules 14,80-17,80 € ; sinon compter 25 € pour un repas.* En plein cœur de la vieille ville, le bar-resto dans l'air du temps où l'on débarque pour boire un verre entre potes, accoudé au comptoir, ou grignoter quelques bons petits plats, dans une salle et autour d'une carte, toutes 2 bistrotières. Une agréable petite adresse.

Où dormir ? Où manger dans les environs ?

Camping

Camping municipal Sous Roche : *rue Sous-Roche.* ☎ *03-86-34-10-39.* • *campingsousroche@ville-avallon.fr* • *campingsousroche.com* • *À 2 km au sud-est d'Avallon sur la D 944, direction Quarré-les-Tombes. 1er avr-15 oct. Forfait tente env 12-15 €. Pods et chalets. 96 empl.* Dans une portion très

LE MORVAN

encaissée et assez sauvage de la vallée du Cousin en accès direct depuis le terrain. On se sent déjà dans le Morvan. Piscine, salle télé, épicerie, terrain de jeu : très complet.

De prix moyens à chic

Hôtel-restaurant Les Fleurs : *69, route de Vézelay, 89200* ***Pontaubert.*** *☎ 03-86-34-13-81. • info@hotel-lesfleurs.com • hotel-lesfleurs.com • ♿ À 4 km à l'ouest d'Avallon par la D 906. Resto tlj sauf mer-jeu (ouv jeu soir en saison). Congés : Noël et janv. Doubles 60-85 €. Menus 17-39 €. Apéritif maison offert sur présentation de ce guide.* Grande bâtisse blanche au milieu d'un jardin débordant de fleurs. Des chambres simples mais joliment mises en valeur, idéales pour un court séjour, et une salle à manger chaleureuse, colorée et fraîche avec ses boiseries. Le chef a retenu le meilleur des grandes maisons où il a travaillé et propose de bonnes petites suggestions de vins avec les menus. Terrasse.

Le Moulin des Templiers : *10, route du Cousin, 89200* ***Pontaubert.*** *☎ 03-86-34-10-80. • contact@hotel-moulin-des-templiers.com • hotel-moulin-des-templiers.com • À 3 km à l'ouest d'Avallon. Resto le soir (fermé dim), pour les clients seulement. Congés : de mi-déc à mi-fév. Doubles 70-140 €. Repas (clients de l'hôtel seulement) 21 €. Un verre de vin bio offert sur présentation de ce guide.* Un vieux moulin entièrement et joliment réhabilité. L'été, au bord de la rivière, il fait bon marcher, ou simplement lire en attendant l'heure de l'apéro, côté salle ou côté terrasse, selon l'humeur du temps.

Chambres d'hôtes Domaine des Roches : *6, rue Chaume-Lacarre, 89420* ***Sainte-Magnance.*** *☎ 03-86-33-14-87. • domainedesroches225@orange.fr • domainedesroches89.com • À 12 km d'Avallon. Doubles 74-84 €. Table d'hôtes (mar-sam) 30 €. Réduc de 10 % sur le prix de la chambre à partir de la 2e nuit (hors juil-août) sur présentation de ce guide.* Les proprios ont su donner des couleurs et de la vie non seulement aux chambres, mais aussi à l'environnement de cette maison de village. Le jardin est un vrai bonheur. Et la table n'est pas triste, côté déco comme côté assiette. Beaucoup de charme et de sincérité.

Chambres d'hôtes La Cimentelle : *chez Stéphane et Nathalie Oudot, 4, rue de la Cimentelle, 89200* ***Vassy-lès-Avallon.*** *☎ 03-86-31-04-85. • lacimentelle@orange.fr • lacimentelle.com • À 4 km au nord d'Avallon par la D 944. Fermé mer soir. Doubles 96-125 €. Table d'hôtes 48 €. Réduc de 10 % sur le prix de la chambre en sem sur présentation de ce guide. La Cimentelle* est une ancienne maison de famille transformée en maison où il fait bon séjourner en famille ou entre amis, car il y a l'orangerie et le parc pour jouer, selon le temps, de l'espace pour chacun dans les étages, sans oublier la méga piscine dans l'ancienne cimenterie. Les gourmands seront ravis de participer à la table d'hôtes ou aux cours de cuisine.

LE MORVAN

Où boire un verre ? Où sortir ?

L'Antirouille : *6, rue du Marché. ☎ 03-86-34-42-89. ♿* Le bar qui fait toujours bouger Avallon. Clientèle variée, à l'image de la déco (lumières sympa). Soirées à thème et concerts le week-end.

L'Horloge : voir plus haut la rubrique « Où manger ? ».

À voir

La tour de l'Horloge : *Grande-Rue-Aristide-Briand.* Date du XVe s. Massive et pourtant d'une certaine élégance. Elle servit de tour de guet et de siège pour les Échevins.

La collégiale Saint-Lazare : *rue Bocquillot.* Édifiée au VIIIe s, agrandie au XIIe pour accueillir les pèlerins venus se recueillir sur les reliques de saint Lazare. Les portails restent d'une belle exubérance malgré les turpitudes de l'Histoire. Le grand portail est surmonté de voussures qui alignent, dans la tradition romane, signes du zodiaque, travaux des mois, angelots, musiciens de l'Apocalypse, etc. Sur la droite, étonnante statue-colonne d'un prophète. Fines draperies semblables à des stalactites. À l'intérieur, nef qui descend en doux paliers et, dans une chapelle en rotonde, des peintures en trompe l'œil du XVIIIe s qui font illusion dans la pénombre.

Les remparts : prendre la rue Bocquillot, qui passe devant la collégiale et franchir la Petite-Porte. À droite, la ***tour Gaujard*** (XVe s) et la promenade de la Petite-Porte (vue sur la vallée du Cousin et les 1ers vallonnements du Morvan) ; à gauche, bastion de la Petite-Porte flanqué d'une tour, sous lequel s'amorce l'ancien chemin de ronde qui suit les remparts (XVe et XVIe s). Toute petite balade sympa entre murailles et jardins suspendus, ceux-ci faisant l'originalité et la fierté de la ville.

Les maisons anciennes : suivez les petites grenouilles (plan à l'office de tourisme), après avoir caressé la plus grosse d'entre elles (face à la collégiale, sculptée par l'artiste tonnerrois Yvan Baudoin). Du XVe au XVIIIe s, le centre a su conserver la mémoire du passé, sans rien défigurer. Distinguée ***maison des sires de Domecy*** (XVe s), typiquement bourguignonne, accolée à la collégiale Saint-Lazare ; ***hôtel de Condé*** au 55, Grande-Rue-Aristide-Briand ; belle tour d'escalier d'une maison du XVe s rue Belgrand (face à l'hôtel de ville), etc.

Le musée de l'Avallonnais : *5, rue du Collège. ☎ 03-86-34-03-19. • museeavallon.com • De mi-fév à mi-nov, tlj sauf mar 14h-18h. Fermé 1er mai. Entrée : 3 € ; réduc ; gratuit mer et moins de 18 ans. Visite guidée : 5 € (tte l'année sur résa).* Musée installé dans un ancien collège du XVIIe s, avec des œuvres d'artistes locaux, dont l'orfèvre Jean Desprès, qui a la cote dans les ventes aux enchères avec ses œuvres des années 1930 restées d'une grande modernité, le peintre Antoine Vestier et le sculpteur Pierre Vigoureux. Il réserve aussi quelques surprises. Salle dédiée à l'archéologie avallonnaise. Belle mosaïque romaine dite « de Vénus » (IIe s), collection d'armes présentées par le sculpteur Jacques Perreaut, et tout sur l'ethnie des Yao Mien et Mun avec la considérable donation J. Pourret. Également une exposition des pièces de la donation Chaumard sur la vie rurale dans l'Avallonnais. Pour les beaux-arts, œuvres de Georges Rouault, Dürer et Braque, ainsi qu'un espace d'art contemporain ouvert aux jeunes artistes.

Le musée du Costume : *6, rue Belgrand. ☎ 03-86-34-19-95. De mi-avr au 1er nov, tlj 10h30-12h30, 13h30-17h30. Entrée : 5 € ; réduc. Visite guidée d'env 45 mn. Une nouvelle expo chaque année.* Un musée un peu fou, qu'on adore voir et revoir, dans cet hôtel ô combien particulier. 12 salles, comme autant de tableaux, pour remonter le temps du XVIIIe s à nos jours. Des salles enrichies au fil des ans par la passion des tableaux, objets, tapisseries et dentelles que les sœurs Carton se plaisent à partager, et surtout à raconter à tous ceux qui tendent l'oreille. Aux demoiselles d'Avallon qui s'amusent à dire qu'elles préfèrent « manger des nouilles pour pouvoir acheter une robe », nous devons bien une visite.

La statue de Vauban : *pl. Vauban.* Une statue de l'enfant du pays réalisée par Bartholdi, le sculpteur de la *statue de la Liberté* de New York et du *Lion* de Belfort.

À faire

Parc-aventure des Châtelaines : *route des Châtelaines. ☎ 03-86-31-90-10. • abloisir.com • Entrée : 25 € ; enfants 3-14 ans 11-22 € ; réduc.* Plusieurs parcours sur 6 ha, à découvrir sur le site (avec les heures et jours d'ouverture variables selon la saison).

DANS LES ENVIRONS D'AVALLON

🍴🍴 ***La vallée du Cousin :*** *au sud-ouest de la ville.* Une des plus jolies vallées de la région, magnifique le matin, au soleil levant. Elle suit le lit d'une petite rivière déboulant du Morvan et creusant dans le granit des gorges fraîches et boisées. La D 427 s'y glisse pour quelques kilomètres entre Avallon et Vault-de-Lugny. Lieu idéal de pique-nique avec jeux enfants (aires aménagées).

Le château de Chastellux-sur-Cure *(89630) : ☎ 06-76-75-83-71. • chateau-de-chastellux.com • À 15 km au sud d'Avallon par la D 944 ; accès fléché. Pâques-Toussaint, tlj sauf lun-mar (ouv lun juil-août). Visite guidée exclusivement (1h15), à 11h15, 14h30 et 16h30. Entrée : 10 € ; réduc ; gratuit pour les personnes handicapées. Entrée gratuite pour le parc seul.* Superbe forteresse flanquée de 8 tours, lieu de vie, lieu d'histoire qui affiche son élégante silhouette sur un promontoire dominant la Cure. Chastellux appartient à la même famille depuis plus d'un millénaire. Les bâtiments sont construits entre le XIIIe et le XIXe s. Tapisseries des Gobelins, plafonds à la française, galerie de portraits, bibliothèque... « Un modeste F64 », plaisante le châtelain au verbe haut qui assure souvent la visite. C'est un acteur hors pair... normal, il a longtemps côtoyé les grandes pointures du cinéma français. Beau parc à découvrir au gré de 3 parcours aménagés (de 15 à 50 mn). Plusieurs événements organisés chaque année.

Les musées du château de Montjalin : *château de Montjalin, 89200* **Sauvigny-le-Bois.** *☎ 06-70-01-75-77. À 8 km au nord-ouest d'Avallon par la D 957 ; fléché à droite, 3 km au-delà de Sauvigny. Tlj 9h-19h. Entrée : 8 € ; réduc.* Dans les dépendances d'un beau château de style classique, une étonnante collection de voitures, principalement des années 1950-1970. De clinquantes Humber Pullman, Lincoln ou Cadillac ayant appartenu pour certaines au président de la République ivoirienne, côtoient d'émouvantes bagnoles « sorties de granges », présentées en l'état, parfois tout juste reconnaissables. Également un musée du Concorde, un musée John F. Kennedy et un musée des Panneaux !

Manifestations dans l'Avallonnais

- ***Festival des 3 muses :*** *juin.* Théâtre, musique et danse. Également pour le jeune public.
- ***Festival des foins :*** *juin, à* ***Saint-Germain-des-Champs.*** Festival musical.
- ***Festivallon :*** *juil-août, à Avallon et dans l'Avallonnais. • festivallon.fr •* Priorité à la chanson française festive pour des dizaines de concerts dans des restos et des bars.

VÉZELAY (89450) 430 hab. *Carte PNR du Morvan, A1*

• Plan *p. 123*

Vézelay ne mérite pas seulement une visite pour sa célèbre basilique, haut lieu de l'histoire et de la chrétienté, classée au Patrimoine mondial de l'Unesco. C'est aussi un charmant village (labellisé parmi les Plus Beaux Villages de France), perché sur une colline dominant à la fois la vallée de la Cure et le nord du Morvan.

En saison, vous croiserez pas mal de monde (1 million de visiteurs par an, peut-être plus !) dans les rues de la cité qui a su se préserver. Vézelay, ce sont aussi des vins d'appellation d'origine contrôlée « bourgogne-vézelay », en blanc uniquement, depuis 1997.

UN PEU D'HISTOIRE

Connue de l'Europe entière, dès le XIe s, pour abriter les reliques de sainte Marie-Madeleine, l'abbaye fut le point de départ de la 2e croisade prêchée, au XIIe s, par saint Bernard. Plus tard, le roi de France Philippe Auguste et le roi d'Angleterre Richard Cœur de Lion y débutèrent la 3e croisade. Saint François d'Assise choisit la colline pour y fonder le 1er monastère franciscain en France. Au cours des siècles, Vézelay fut une étape essentielle pour les pèlerins qui se dirigeaient vers Saint-Jacques-de-Compostelle. D'où l'importance de la basilique, comparée à la taille du village.
Vézelay est aussi un village d'écrivains : Éluard a écrit ici Liberté, René Char et Georges Bataille y sont passés, et les maisons de Romain Rolland (aujourd'hui musée Zervos) et de Max-Pol Fouchet sont cachées dans les petites rues du village où s'est éteint Jules Roy.

Adresse et infos utiles

@ *Office de tourisme* *(plan A3)* **:** *12, rue Saint-Étienne. ☎ 03-86-33-23-69. • vezelaytourisme.com • Tlj (sauf dim avr-juin et lun sept-mars) 10h-13h, 14h-18h (17h30 sept-mars).* Documentation sur le parc du Morvan et toute la Bourgogne : circuits pédestres, cyclo et VTT dans les environs. Location d'audioguides. Pour les enfants, petit livret pour visiter la basilique (payant) et parcours-jeu à la découverte de Vézelay.

➢ ***Transport :*** *• viamobigo.fr •* Toute l'année, 2 navettes/j. depuis la gare de Sermizelles.

– ***Stationnement :*** parkings (payants) au bas du village. De là, pour ceux qui ont des difficultés de déplacement, ***navettes gratuites*** jusqu'à la basilique *(tlj, ttes les 15 mn, 10h-18h en été).*

Où dormir ? Où manger à Vézelay et dans les environs ?

Pour qui cherche à partager la spiritualité des lieux, plus que le confort, le ***centre d'accueil des pèlerins*** *(☎ 03-86-33-22-14)* se situe à quelques mètres de la basilique.

Camping et auberge de jeunesse

Camping et auberge de jeunesse de l'Ermitage *(hors plan*

Adresse utile

@ Office de tourisme (A3)

Où dormir ?
Où manger ?

1 Camping et auberge de jeunesse de l'Ermitage (hors plan par B3)
2 À la Fortune du Pot (A3)
3 SY La Terrasse (B2)
4 SY Les Glycines (A2)
5 Restaurant Le Cheval Blanc (A3)
6 Le Bougainville (A3)

Où boire un verre ? Où sortir ?

3 SY La Terrasse (B2)

Où acheter de bons produits ?

11 Brasserie de Vézelay (hors plan par B3)

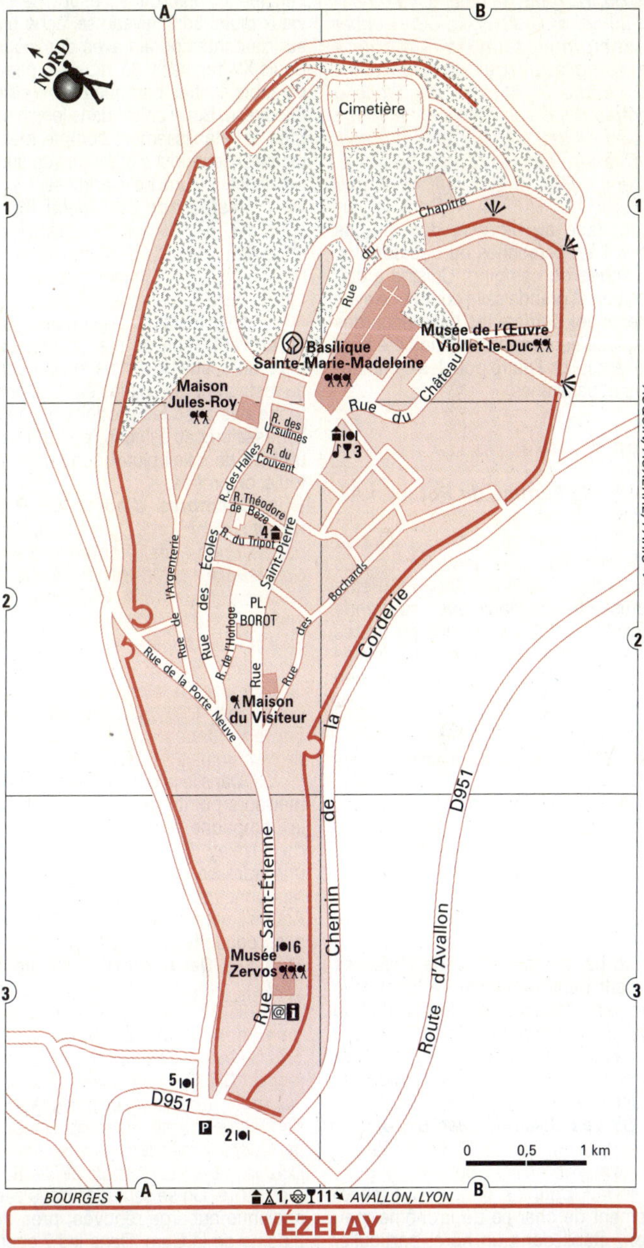
NORD
Cimetière
Rue du Chapitre
Basilique Sainte-Marie-Madeleine
Musée de l'Œuvre Viollet-le-Duc
Maison Jules-Roy
Rue du Château
R. des Ursulines
R. du Couvent
R. des Halles
R. Théodore de Bèze
R. du Tripot
Rue Saint-Pierre
Rue des Bochards
Rue de l'Argenterie
Rue des Écoles
PL. BOROT
R. de l'Horloge
Rue de la Porte Neuve
Maison du Visiteur
Chemin de la Corderie
Rue Saint-Étienne
Musée Zervos
Route d'Avallon
D951
ASQUIN, AUXERRE, PARIS
BOURGES
AVALLON, LYON
0 0,5 1 km

VÉZELAY

*par B3, **1**) :* *route de l'Étang. ☎ 09-65-38-09-59. 06-38-77-15-33. • aubergecampingvezelay@gmail.com • camping-auberge-vezelay.com • ♿ Prendre la 1re route à gauche à l'entrée du village (indiqué) ; à 10 mn à pied de Vézelay. Ouv avr-oct (sinon, sur résa). Tente et 2 pers env 12 €. 40 empl. Env 16-20 €/nuit en dortoir ou studio. CB refusées.* Dans la verdure, face au Morvan, des studios pour 4 à 6 personnes ou des dortoirs, à l'entrée du camping. Cuisine à disposition et grande salle commune avec cheminée. Derrière les bâtiments, des emplacements séparés d'un côté pour les tentes, de l'autre pour les camping-cars et caravanes.

Bon marché

À la Fortune du Pot (plan A3, **2**) : *pl. du Champ-de-Foire. ☎ 03-86-33-32-56. À l'entrée du village. Tlj sauf mar-mer. Congés : janv-fév. Menus 20,50-26 € ; carte env 25-30 €.* Petite adresse très agréable avec sa grande terrasse aux beaux jours, où toutes les générations se retrouvent. Cuisine simple. Ici, on peut dire qu'on mange vraiment à la fortune du pot.

De prix moyens à chic

SY La Terrasse (plan B2, **3**) : *2, pl. de la Basilique. ☎ 03-86-33-25-50. • vezelay-laterrasse.com • Tlj. Congés : janv-fév. Doubles 70-150 €. Formule et menu déj 19,50-23 € ; carte 30 €.* Notre chouchou à Vézelay. Un vrai hôtel de charme, avec un resto-bar sympa au rez-de-chaussée faisant dans le simple, le local et le bio. 6 chambres au confort total et au design contemporain. Terrasse face à la basilique, excusez du peu ! Concert jazz de temps en temps. Équipe qui s'active, avec le sourire, en plus.

SY Les Glycines (plan B2, **4**) : *33, rue Saint-Pierre. ☎ 03-86-47-29-81. • vezelay-laterrasse.com • Congés : janv-fév. Doubles 65-190 €.* Établissement de charme de la même maison, établi dans un hôtel particulier du XVIIIe s. Les rez-de-chaussée et 1er étage s'en tiennent au décor à l'ancienne, bien dans l'esprit de ces vieux murs. Le 2e niveau se lâche plus sur du contemporain avec des sièges Louis XV tapissés de fausses peaux de zèbre, lustres baroques à pampilles relookés... Bon confort dans les chambres et l'établissement compte même un ascenseur pour s'affranchir de grimper l'escalier. Une belle adresse.

Restaurant Le Cheval Blanc (plan A3, **5**) : *16, pl. du Champ-de-Foire. ☎ 03-86-33-22-12. Fermé jeu (et mer hors saison). Congés : début janv-fév. Formule et menu déj 24-29 € ; carte 30-45 €.* Un restaurant qu'on découvre en arrivant. Rien de bien compliqué, mais un accueil courtois et une carte au restaurant qui suit les saisons et ne triche pas avec les produits du pays. Terrasse un peu à l'écart, pour prendre un bain de soleil plutôt qu'un bain de foule, on préfère.

Chambres d'hôtes Le Petit Cléret : *chez Mireille Demeule, 5, ruelle des Grands-Prés, Fontette, 89450* ***Saint-Père.*** *☎ 03-86-33-25-87. En sortant de Saint-Père, direction Avallon par la D 957 ; rejoindre Fontette, à 2,5 km ; dans la côte, chemin à gauche (panneau). Fermé nov-déc. Doubles 50-60 €, avec w-c privés mais douche commune. Gîte 2-6 pers dans une maison indépendante 70-180 €/nuit. Table d'hôtes 22 €. Abri pour vélos et motos.* Dans le jardin en fleurs, l'un des meilleurs points de vue pour admirer la campagne et surtout la basilique de Vézelay. Depuis plus de 30 ans, une adresse qui fait le bonheur des randonneurs. Repas sain et équilibré. Accueil gentil tout plein. Chambres aussi coquettes que calmes.

Les Deux Ponts : *1, route de Vézelay, 89450* ***Pierre-Perthuis.*** *☎ 03-86-32-31-31. • lesdeuxponts@gmail.com • lesdeuxponts.com • ♿ À 5 km de Saint-Père ; au carrefour du GR 13, dans le bas du village. Juin-sept, resto tlj sauf mar ; le reste de l'année, fermé mar-mer. Congés : de mi-nov à mi-mars. Résa souhaitée. Doubles 70-95 €. Formule déj 24,50 €, menu 31 €.* On se sent bien dans cette ancienne auberge rénovée, près des 2 ponts de la Cure. Dans les 7 chambres coquettes et fonctionnelles certes, mais aussi l'été en terrasse, sous le marronnier, à déguster la cuisine du marché. Ambiance intimiste le soir dans la grande salle claire, devant la cheminée. Agréable balade digestive ensuite le long de la rivière. Du haut du village, jolie vue sur Vézelay au loin.

Le Bougainville *(plan A3, **6**) : 28, rue Saint-Étienne. ☎ 03-86-33-27-57. • lebougainvillevezelay@wanadoo.fr • Tlj sauf mar-mer. Congés : nov-fév. Repas autour de 30 €.* Dans une élégante et ancienne maison très fleurie aux beaux jours. Resto accueillant avec une salle à manger dotée d'une magnifique cheminée ancienne et d'une petite terrasse. Agréable cuisine revisitant depuis des décennies les recettes locales comme la terrine d'époisses aux artichauts et crème d'oignons...

Où boire un verre ?
Où sortir à Vézelay et dans les environs ?

SY La Terrasse *(plan B2, **3**) : 2, pl. de la Basilique. Voir « Où manger ? ».* Café resté dans son jus, ou presque, avec une grande terrasse pour une pause sucrée-salée en journée et pour les concerts jazz de temps à autre.

Les Hirondelles : *pl. sous l'Orme, 89450 **Asquins.** ☎ 03-86-33-24-22. • barleshirondelles@wanadoo.fr • À 3 km au nord de Vézelay. Tlj sauf lun (resto le midi seulement). Repas env 15 €. Apéritif maison offert sur présentation de ce guide.* Un bar-resto qui propose une cuisine bien sympathique le midi, et des concerts parfois en soirée.

Où acheter de bons produits ?

Brasserie de Vézelay *(hors plan par B3, **11**) : rue du Gravier, 89450 **Saint-Père.** ☎ 03-86-34-98-38. À 2,5 km de Vézelay. En saison, tlj 11h-21h ; hors saison, 11h-17h30 (sam seulement janv-fév). Boutique et beer garden.* Bière artisanale bio de qualité, sans sucres ajoutés, multimédaillée au concours agricole. Boutique et bar pour déguster. En pleine saison, petite restauration pour déjeuner en terrasse, et concerts réguliers.

Pour déguster les beaux et encore peu connus vins de Vézelay, plusieurs ***boutiques-cavistes*** en ville.

À voir

Comme dans tous les hauts lieux du tourisme, arriver tôt le matin en été, ou attendre la fin de la journée, quand les cars sont partis. Le site reste aussi très beau à la nuit tombée...

***La basilique Sainte-Marie-Madeleine** *(plan A-B1-2) : ☎ 03-86-33-39-50. • basiliquedevezelay.org • Tte l'année, tlj 7h-20h. Visite guidée de la basilique : juil-août, tlj sauf jeu 10h-12h, 15h-17h (guides étudiants) ; sinon, tlj sauf lun et mer à 14h30 (15h sam) par la Fraternité de Jérusalem. Libre participation.*

> **APPELLATION CONTRÔLÉE**
>
> *Basilique est un nom donné directement par le pape en hommage à un(e) grand(e) saint ou sainte. Cathédrale est le lieu où se trouve le siège (la cathèdre) d'un évêque.*

La montée est longue et parfois épuisante, sous le soleil, mais la beauté de la basilique récompense, aujourd'hui comme hier, les visiteurs arrivés jusqu'à elle. Elle comprend, du point de vue architectural, à la fois des ***éléments romans***

du XIIe s (nef et narthex) et des ***parties gothiques*** du XIIIe s (chœur et transept). Le mariage des 2 styles se fait avec une belle homogénéité. La façade, sobre et humble, et l'ensemble de l'édifice ont été restaurés par ***Viollet-le-Duc*** au XIXe s, à la demande de Prosper Mérimée, inspecteur des Monuments historiques.
On pénètre d'abord dans le ***narthex*** (lieu d'accueil des pèlerins), supporté par d'imposants piliers (levez le nez vers les chapiteaux historiés). Au-dessus du portail central, l'admirable ***tympan de la Pentecôte,*** fort bien conservé, date de 1120. Il représente la mission des apôtres après la Résurrection. Au centre, Christ en majesté, assis sur un trône. Superbe drapé, presque en mouvement ! Tympan de droite foisonnant, lui aussi, de détails : thèmes de l'Annonciation, de la Visitation, de la Nativité et, au-dessus, de l'Adoration des Mages.
La ***nef romane,*** haute de 18 m, impressionne par sa perspective. Les chapiteaux des colonnes offrent les scènes les plus variées, dont les thèmes sont généralement tirés de la Bible. Un des plus connus est ***le Moulin mystique*** (4e pilier sur la droite) : un homme verse du blé dans un moulin, un autre recueille la farine. La seule ornementation se limite aux décorations florales qui soulignent les lignes architecturales principales de l'église (étages, voûtes, etc.). D'une grande sobriété, la ***nef*** est étonnamment lumineuse pour être romane, et élégante avec ses arcs-doubleaux bicolores bien particuliers. Le 21 juin (solstice d'été), les rayons du soleil viennent frapper le sol de la basilique et forment des croix : c'est le fameux « chemin de lumière » qui guidera vos pas ce jour-là.
En vous dirigeant vers le ***chœur gothique,*** n'oubliez pas de descendre dans la petite ***crypte carolingienne*** qui abrite une partie des reliques de sainte Marie-Madeleine. 12 colonnes reposant directement sur le rocher et une faible hauteur de voûte lui confèrent une atmosphère recueillie.
À l'extérieur, par une porte dans le bas-côté droit, on peut jeter un œil à la partie du ***cloître*** restaurée par Viollet-le-Duc. La ***salle capitulaire*** est soutenue par 6 voûtes d'ogives assez harmonieuses.

LA GUERRE DES RELIQUES

Vézelay a toujours été un haut lieu de la chrétienté. Il fallait donc des reliques à la hauteur de cette « colline sacrée ». Les Sarrazins envahissant le Midi, il était urgent de sauver les reliques de Marie-Madeleine conservées à Saint-Maximin (Var). On envoya le moine Badilon – quand même escorté de soldats – pour les voler. Bien sûr, le clergé de Saint-Maximin prétend aujourd'hui que les reliques de Vézelay sont fausses...

Depuis 1993, les frères et sœurs de Jérusalem (une vingtaine d'hommes et femmes) ont redonné un peu de vie monastique à la basilique.

Le musée de l'Œuvre Viollet-le-Duc *(plan B1)* **:** *dans l'ancien dortoir des moines, au-dessus de l'aile du cloître. ☎ 03-86-33-24-62. Avr-oct, w-e et j. fériés 14h-18h (tlj en juil-août). Entrée : 3 € ; réduc ; gratuit moins de 12 ans.* Le musée comprend 2 salles abritant des sculptures médiévales et des moulages provenant des travaux de restauration de la basilique. 1er chantier d'envergure mené par le jeune architecte Viollet-le-Duc.

Derrière la basilique s'étend une vaste ***terrasse*** plantée d'arbres. Un ancien chemin de ronde longe les remparts. La vue sur les vallons du Morvan et une douce campagne, tellement bien préservée ici, est superbe.

La maison du Visiteur *(plan A2)* **:** *pl. Guillon. ☎ 03-86-32-35-65. • vezelay-visiteur.com • Juil-août, tlj sauf dim à 10h30 et 11h, 14h30 et 15h ; Pâques-Toussaint, tlj sauf mer, dim et j. fériés à 14h30 et 15h ; déc et juin, visites-solstices (voir horaires sur le site). Visite (1h15) : 9 € (eh oui !) ; réduc.* À travers un film et un atelier animé par des guides, on découvre l'art et les secrets des bâtisseurs qui ont érigé l'édifice il y a plus de 900 ans. Pour mieux en comprendre le sens et le caractère exceptionnel.

La maison Jules-Roy (plan A1-2) : *Le Clos-du-Couvent, rue des Écoles. ☎ 03-86-33-35-01. • yonne.fr • Avr-oct, mer-dim 14h-18h. GRATUIT (parc et bureau).* Jules Roy adorait Vézelay. Il y vécut, écrivit dessus (*Vézelay ou l'amour fou*, Albin Michel), et y mourut en 2000. Gainsbourg et Mitterrand, à l'occasion, lui rendaient visite. On découvre librement son bureau (laissé en l'état), son cadre de vie et un panorama splendide sur la basilique et la vallée de la Cure. Désormais, la maison accueille en résidence des écrivains à la recherche d'inspiration.

Le musée Zervos (plan A3) : *rue Saint-Étienne. ☎ 03-86-32-39-26. ♿ 15 mars-15 nov, tlj sauf mar 10h-18h (tlj juil-août) ; dernière entrée à 17h20. Entrée : 5 € ; réduc ; gratuit moins de 25 ans et pour ts le dernier dim du mois.*
Musée d'art moderne aussi remarquable qu'attachant, installé dans l'ancienne **maison de Romain Rolland** (dont la chambre a été conservée quasiment en l'état). Le dépouillement des murs, leurs nuances mêlées à la lumière diffuse et aux volumes mettent les œuvres en valeur.
Des œuvres des années 1925 à 1965, dont de nombreux ***Picasso, Giacometti, Miró, Calder, Kandinsky...*** léguées par Christian (éditeur et critique d'art) qui lança bien des artistes – et Yvonne Zervos. La collection, certainement l'une des plus belles dans le genre, suit le cheminement artistique de Zervos, depuis son entrée « en art ». La 1re œuvre est une superbe peinture de **Le Corbusier** (on apprend incidemment qu'il resta 9 mois à Vichy, en tant que solide collabo). Une approche intimiste de Picasso, l'ami de Zervos. Les œuvres des vitrines tournent chaque année, preuve de la richesse de cette collection. Et la maison du jardinier abrite 2 ou 3 fois par an des expos temporaires.

À faire

■ ***Avallon Morvan Canoë-kayak :*** *rue du Gravier, 89450* ***Saint-Père.*** *☎ 03-86-33-35-64. • amck.org •* Location et initiation à la descente en canoë-kayak sur la Cure dans cette Station Verte.

■ **AB Loisirs :** *rue du Gracier, 89450* ***Saint-Père.*** *☎ 03-86-33-38-38. • abloisirs.com •* Belle et grande infrastructure gérée avec sérieux par une équipe jeune et dynamique qui propose, dans les alentours : équitation, spéléo, raid aventure d'une journée, raft, kayak et rafting, location de VTT. Un autre centre au bois du Thureau, proche d'Auxerre.

■ ***France Montgolfières :*** *départ de Vézelay (bureaux à Semur-en-Auxois). ☎ 03-80-97-38-61. • francemontgolfieres.com • Vols avr-oct. Compter 189-219 €/pers selon sem ou w-e. Départ le mat (6h30-8h) ou en fin d'ap-m (17h-19h).* Un vrai bonheur de survoler Vézelay en montgolfière ! 3h d'aventure (dont 1h de vol).

Fête et manifestation

– ***Rencontres musicales de Vézelay :*** *4 j. fin août. • lacitedelavoix.net •* Concerts de musique classique dans les différents monuments de la ville et églises des alentours. Quelques concerts gratuits, conférences, etc.
– ***Fête de sainte Marie-Madeleine :*** *22 juil.* Rassemblement des pèlerins, procession des reliques de la sainte, messe et repas champêtre.

DANS LES ENVIRONS DE VÉZELAY

Depuis la place du Champ-de-Foire, on rejoint le hameau de ***La Goulotte*** en 2,5 km (panneaux). Yvonne et Christian Zervos (voir plus haut le musée Zervos dans la rubrique « À voir ») y possédaient une maison à l'architecture déroutante, qui offre une somptueuse vue sur la ville et la basilique. Un cadre, un lieu, un panorama et des expos contemporaines *(☎ 03-86-32-36-10 ; • fondationzervos.com • ; juil-août, mer-dim 14h-18h30).* Le hameau accueille aussi les Éditions de La Goulotte. L'art de la linogravure, version fils de Raymond Queneau. La maison accueille des expositions *(entrée : 2 € ; réduc).* Atelier d'artiste.

L'église Notre-Dame : *à* ***Saint-Père,*** *à 3 km au sud de Vézelay.* Cette église de style gothique bourguignon, construite entre 1240 et 1455, est une vraie dentelle. Remarquable tympan sur l'arcade centrale du porche. À chacun des angles du clocher, des anges sonnent de la trompette ; au-dessus, des chevaliers combattent des monstres. Intérieur d'une belle harmonie gothique.

Centre d'accueil et de découvertes Les Fontaines Salées : *à 1,5 km de Saint-Père par la route de Pierre-Perthuis. Tlj 10h-18h30 (fermé 12h30-13h30 avr-juin et sept-oct). Fermé Toussaint-mars. Entrée : 6 € ; réduc.* Un site archéologique comprenant les ruines d'un sanctuaire et de thermes gallo-romains : bassin, piscine, etc. Les résurgences d'une source captée au Néolithique (4300 av. J.-C.) coulent toujours. Les objets trouvés lors des fouilles du site sont exposés sur place.

Poussez jusqu'à ***Pierre-Perthuis*** *(6 km au sud de Vézelay par la D 958).* Avant de franchir les vestiges du château fort (XIIe-XIIIe s) de Geoffroy de Charny-Vauban, continuez à droite (fléché) vers les ***2 ponts*** : le vieux bombé date de 1770, le plus récent, tout en haut, a été construit en 1880. Aire de pique-nique idéale pour regarder passer les canoës et tremper les pieds... En reprenant la route, passez sur le pont et continuez vers la ***Roche percée*** (à 2 km ; signalé). Beau point de vue, mais attention, la Roche n'est pas sécurisée !

Cardo Land : *89660* ***Chamoux.*** *☎ 03-86-33-28-33. • cardoland@wanadoo.fr • cardoland.com • Sur la D 951, à 7 km de Vézelay, direction Clamecy. Juil-août, tlj 10h-19h ; avr-juin et sept-oct, w-e, j. fériés et tlj aux vac scol 13h30 (11h dim)-17h30. Fermé en hiver. Entrée : env 13 € ; réduc. Bar-resto et pique-nique possible.* Les 90 sculptures de dinosaures (à l'échelle) de l'artiste Raoul Cardo font le charme de ce parc à thème étonnant qui a survécu à son créateur. Ambiance sonore assurée alors que l'on parcourt les 10 ha de cette petite vallée. Grotte avec son et lumière de 10 mn, style Cardo-Lascaux, pêche aux tortues sous la surveillance du grand plésiosaure, spectacle avec Athor le dinosaure *(20 mn, tlj à 15h30 sauf en cas de pluie),* un site de fouilles archéologiques pour les têtes blondes, des ateliers (maquillage, peinture pariétale...) complètent la visite.

BAZOCHES

(58190) 200 hab. *Carte PNR du Morvan, A1*

Construit sur le versant d'une vallée à peine encaissée, bucolique et secrète, le château de Bazoches semble veiller sur son village et son « pays » depuis toujours. Un site superbe, plein d'harmonie, à portée de regard de Vézelay, à 10 km. Outre le château, on ira voir la charmante église où est enterré le maréchal Vauban.

Où dormir ? Où manger ?

Ferme-auberge de Bazoches : *domaine Rousseau. ☎ 03-86-22-16-30. • chambresdhotes.bazoches@orange.fr • chambresdhotes-bazoches-vezelay.fr • À l'entrée du village. Fermé dim soir. Doubles 45-60 €. Repas 18 € pour les résidents.* Dans une longue maison en pierre du XIXe s, salle rustique (poutres, cheminées, et tables en bois) pour goûter estouffade de bœuf à l'ancienne, côte de porc à l'époisses ou tarte aux fruits de saison, préparés avec le maximum de produits de la ferme. À l'étage, 4 chambres d'un honorable confort.

À voir

Le château de Bazoches, demeure du maréchal de Vauban : *au village. ☎ 03-86-22-10-22. • chateau-bazoches.com • À 18 km au nord-est de Corbigny, par la D 958. De début fév à mi-nov, tlj 9h30-12h, 14h30-18h (17h à partir d'oct), mais fermé le mat en fév-mars ; journée continue en juil-août et pdt les w-e fériés. Visite libre avec dépliant : 9,50 € ; réduc ; gratuit moins de 7 ans. Compter 1h-1h30.*
Noble et imposant, ce château, construit au XIIe s par Jean de Bazoches, a conservé 3 ailes et 3 tours d'origine. La façade est postérieure, du XVIIe s, conférant à l'ensemble une forme trapézoïdale. Elle fut édifiée par le plus illustre propriétaire du château : Vauban (1633-1707), le bâtisseur de forteresses, à qui l'on doit plus de 300 places fortes et ouvrages. Vauban, né à Saint-Léger, 30 km plus à l'est, demeure très présent à Bazoches.
Durant la visite, quantité de belles choses en une succession de bibliothèques, de chambres (dont la sienne, joliment conservée), de salons et autre bureau de travail : superbe ***mobilier,*** souvent estampillé, ***toiles et pastels*** de maîtres (Mignard, Clouet, Quentin de La Tour...). Au passage, portrait fameux de Louis XIV à cheval. Cadeau du roi à son maréchal (57 ans à son service, quand même !), il possède la particularité d'être signé de son auteur, Van der Meulen, chose très rare s'agissant d'un portrait du roi.
Clou de la visite, la ***Grande Galerie*** qu'il avait aménagée comme un bureau d'études et dans laquelle il élabora la majorité de ses plans : les ***arbres généalogiques*** représentés aux murs ont demandé plus de 1 000 écussons (en porcelaine de Limoges). On y voit également son ***armure,*** qui porte encore les stigmates de la guerre !
En sortant, jetez un œil à la cour intérieure, traversez les jardins et regardez au loin. La vue est superbe.

AVIS DE RECHERCHE

Le convoyage du cœur de Vauban de Bazoches aux Invalides, décidé par Napoléon Ier en 1808, fut confié à un cortège. Mais, arrivé à Paris, le précieux coffret n'était plus à sa place, dans la selle du cheval du brigadier-chef. Le convoi rebroussa chemin, cherchant partout. Soulagement quand on remit la main sur le coffret au château de Bazoches, dans la mangeoire des chevaux ! Que de sueurs froides pour un cœur dont Vauban avait, en toute humilité, souhaité qu'il fût enseveli sous l'autel de l'église pour être foulé par les pieds du curé.

L'église Saint-Hilaire : petite église reconstruite à partir du XVIe s, qu'on visite surtout pour la tombe de Vauban. Dans l'une des chapelles à droite du chœur (très joli d'ailleurs), une plaque signale la sépulture du maréchal et de sa famille.

LE DOMAINE DES GRANDS LACS

Partie centrale du Morvan, cette région des grands lacs appartient à la Nièvre mais avec un petit bout en Côte-d'Or (lac de Chamboux, près de Saulieu) et un tout petit bout de l'Yonne (lac du Crescent). Elle ne possède pas de

ville importante, simplement des hameaux, des fermes isolées. Les bourgs les plus grands, Montsauche, Ouroux, Dun-les-Places ou Lormes, restent modestes et pittoresques. Mais l'attrait du pays est ailleurs, dans ses sous-bois, ses sentes, ses grands lacs. Tous sont artificiels, créés pour le flottage du bois et servant à la régulation des cours d'eau (Les Settons, Pannecière), la production électrique (Chaumeçon, Crescent) ou la production d'eau potable (Saint-Agnan, Chamboux). Les lacs de Pannecière et des Settons sont les plus grands (520 et 359 ha), et ce dernier est le mieux aménagé. En revanche, les autres bénéficient souvent d'un cadre plus naturel et sauvage.

LE LAC DE SAINT-AGNAN

Carte PNR du Morvan, B1

Avec ses prairies qui glissent doucement vers les eaux, comme un petit coin d'Irlande au cœur du Morvan, l'étroit et profond lac de Saint-Agnan, à une vingtaine de kilomètres au nord-ouest de Saulieu, ne manque pas de romantisme, pour commencer en beauté ce circuit. Tranquille (même en été...) village de Saint-Agnan sur la rive et sentier de découverte de 9 km. Ne cherchez pas d'office de tourisme, la Maison du parc, à Saint-Brisson, n'est qu'à 5 km.

Où dormir ?

La Vieille Auberge : *au bourg, 58230* ***Saint-Agnan.*** *☎ 03-86-78-71-36. • lvasaintagnan@orange.fr • lavieilleaubergedulac.com • ♿ Resto ouv tlj en juil-août, sinon, fermé le midi mar-mer, plus le soir mar-mer oct-avr. Congés : nov. Double 65 €. ½ pens possible.* Grosse et belle maison en pierre posée à quelques enjambées du lac. Chambres tout simplement plaisantes et parfaitement tenues. Perdu dans un hameau tranquille, c'est un lieu idéal pour se ressourcer.

SAINT-BRISSON

(58230) 280 hab. *Carte PNR du Morvan, B1*

Village serein, un peu perché au-dessus d'un étang où tous les visiteurs du Morvan se doivent de passer un jour ou l'autre puisqu'il abrite la Maison du parc, lieu incontournable pour un séjour réussi dans le Morvan.

Où dormir ? Où manger ?
Où boire un verre dans le coin ?

Camping municipal Les Saults : *à Saint-Brisson, dans le village. ☎ 03-86-78-70-80. • mairiestbrisson58@wanadoo.fr • De mi-avr à mi-sept. Forfait tente en hte saison env 7 €. CB refusées. 25 empl.* Un tout petit camping municipal, très simple, qui se résume à un terrain aux emplacements non délimités par des haies, mais bien placé et au calme. Vérifiez qu'il est bien ouvert avant de vous y rendre, et passez à la Maison du parc pour préparer votre séjour dans le Morvan des lacs.

Le Bistrot du Parc : *à Saint-Brisson, Maison du parc. ☎ 03-86-76-03-25. • contact@*

lebistrotduparc-morvan.fr • lebistrotduparc-morvan.fr • De mi-mars à nov, tlj sauf ven hors juil-août 12h-17h30. Formules 16,50-20,50 €. Café offert sur présentation de ce guide. Stop, passage obligé ! Ce bistrot moderne au rez-de-chaussée d'un bâtiment tout en bois ouvre largement sur l'étang. Le talent d'Anne-Sophie n'a d'égal que sa gentillesse. Elle propose des menus tout simples, tout bons et extra-sains, à base de produits morvandiaux ou bio (ou les 2) et s'inspire de recettes d'antan. Elle fait aussi salon de thé. Bref, il y a toujours une bonne raison d'aller lui faire coucou.

Le Saut du Gouloux : *58230* ***Gouloux,*** *à 8 km au sud-ouest, sur la D 977. ☎ 03-86-78-28-55. Fermé lun-mer hors saison. Congés : déc-janv. Menus 19,50-29 €.* Pimpante construction en bois, on ne peut plus bucolique avec les glouglous du Gouloux pour vous faire la conversation en contrebas. Intérieur moderne et lumineux, mais c'est encore plus sympa en terrasse quand on le peut. À la carte, une cuisine locale, revigorante et de saison avec quelques spécialités comme la truite ou le saupiquet du Morvan (un jambon à la crème).

L'Auberge Ensoleillée : *rue du 8-Mai, 58230* ***Dun-les-Places.*** *☎ 03-86-84-62-76. À peine à l'écart du centre (c'est fléché). Congés : 24 déc-début fév. En hiver, appeler avt. Doubles 42 € (w-c sur le palier)-50 €. Menus 20 € (en sem), puis 30-35 €. Café offert sur présentation de ce guide.* Une auberge qui semble là depuis toujours, avec sa belle terrasse tranquille et ses femmes aux commandes, au bar et en salle. Accueil franc et souriant, cuisine traditionnelle très simple, et chambres à l'ancienne pleines de modestie derrière une façade mangée par la vigne vierge.

À voir

La Maison du parc du Morvan : *☎ 03-86-78-79-57. • parcdumorvan.org • D'avr à mi-nov, tlj 9h30 (10h w-e et j. fériés)-12h30, 14h-17h30 (tlj 10h-13h, 14h-18h juil-août) ; le reste de l'année, mer-ven 9h30-12h30, 14h-17h30. Accès libre pour les extérieurs, ouv tte l'année.* Cette maison bourgeoise a conservé belle allure au fil des ans, avec ses différents corps de bâtiments, ses 2 musées, son parc, son jardin botanique, son sentier de découverte de l'étang Taureau et son herbularium, qui présente toute la flore végétale du Morvan. Également des expos, une Maison du tourisme où vous trouverez ici toutes les documentations et infos diverses à propos du PNR, un bistrot génial, une boutique... Pendant l'été, animations pour les familles.

Le musée de la Résistance en Morvan : *dans le domaine de la Maison du parc. ☎ 03-86-78-72-99. • museeresistancemorvan.fr • Ouv 31 mars-11 nov, tlj sauf sam mat et mar hors juil-août, 10h-13h, 14h-18h (17h avr et oct-nov). Entrée (jumelée avec la Maison des Hommes et des Paysages) : 6,50 € ; réduc ; gratuit moins de 8 ans. Audioguide inclus. Expo temporaire en saison.* La France occupée par les Allemands, la ligne de démarcation est tracée. La zone libre se situe à quelques kilomètres au sud du Morvan. Dès lors, cette région forestière, sans grandes voies de communication et administrativement répartie sur 4 départements, va devenir une terre de refuge puis de résistance où vont s'illustrer de nombreux maquis. De nombreux objets et témoignages visuels et sonores illustrent de façon simple ce « désordre de courage » qui comptait, lors du débarquement de Normandie, une trentaine de maquis et quelque 10 000 hommes. Cette période de l'histoire réapparaît aussi grâce aux 21 aménagements « *Résistance en Morvan – Chemins de mémoire* » qui abordent, sur 11 communes, différentes thématiques : les maquis, les villages martyrs, les combats... Demander le dépliant explicatif avec la carte.

La Maison des Hommes et des Paysages *(Écomusée du Morvan)* ***:*** *mêmes bâtiment et tarifs que le musée de la Résistance. ☎ 03-86-78-79-10.* Cette exposition interactive est la maison-centre de l'Écomusée du Morvan, composé de 9 maisons à thème et de 3 sites associés. Elle raconte l'histoire et les mémoires du Morvan d'hier à aujourd'hui.

DANS LES ENVIRONS DE SAINT-BRISSON

Le saut du Gouloux : *à 8 km au sud-ouest (fléché).* « C'est un trou de verdure où chante une rivière, accrochant follement aux herbes des haillons d'argent... » Voici, à une poignée de minutes de marche depuis le parking aménagé, une cascade picturale de 10 m de haut et aux accents rimbaldiens, inscrite dans un petit cirque naturel, pour les plus poètes d'entre vous. C'est aussi plus simplement une sympathique petite promenade familiale. Restaurant sur place (voir plus haut).

La saboterie Marchand – Musée vivant de la Saboterie : *Le Meix-Garnier, 58230* ***Gouloux.*** *☎ 03-86-78-73-90. À une dizaine de km au sud par la D 20, puis la D 977 bis. Tlj 10h-12h, 14h-17h30. Entrée : 2 €.* Où nous avons compris que c'était beau, un sabot, et très intéressant de le voir réaliser par l'un des derniers artisans du département. Sur place, point de vente de sabots et d'objets de boissellerie, etc. Démonstration de fabrication à l'ancienne, par groupe de 10 minimum, sur rendez-vous seulement. C'est l'un des sites associés de l'Écomusée du Morvan.

Le Mémorial de Dun-les-Places : *rue du 11-Novembre-1918, 58230* ***Dun-les-Places.*** *☎ 03-86-78-44-74. • museeresistancemorvan.fr • À 9 km à l'ouest par la D 6. Ouv 31 mars-11 nov ; mai-sept, mar 14h-18h, mer-ven 10h-13h, 14h-18h, w-e 14h-18h (fermé lun) ; avr et oct-nov, mêmes horaires mais fermé à 17h et lun-mar. Entrée : 5 € ; réduc.* Le village a été surnommé l'« Oradour nivernais » en raison des atrocités qui y furent perpétrées par les nazis. Du 26 au 28 juin 1944, le village est pillé puis brûlé par les soldats allemands qui fusillent 27 hommes. Ce centre d'interprétation ouvert en 2016 est avant tout un bouleversant lieu de mémoire où l'on peut entendre les témoignages des survivants et mieux comprendre comment se reconstruire, physiquement et moralement, après un tel drame. Un parcours mène ensuite sur les lieux emblématiques du village, dont l'église *Sainte-Amélie,* sous le porche de laquelle eut lieu la tuerie. Petite curiosité, 4 piliers frappés chacun d'un des prénoms du constructeur de l'église (Marie, Augustin, Xavier, Feuillet) entourent l'enceinte de l'édifice !

ALLIGNY-EN-MORVAN

(58230) 280 hab. *Carte PNR du Morvan, B2*

« Le train s'arrêta à la barrière de mon enfance. » C'est avec ces mots que Jean Genet évoquait Alligny lorsqu'il revint adulte dans son village d'enfance où il avait été placé au début du XXᵉ s chez une nourrice morvandelle. Alligny accueille un touchant musée rendant hommage, au-delà de l'histoire vécue par Jean Genet, au sensible sujet des nourrices du Morvan et des enfants de l'Assistance publique.

Où dormir ? Où manger ? Où boire un verre ?

L'Auberge du Morvan : *dans le bourg. ☎ 03-86-76-13-90. • aubergebranlard@wanadoo.fr • aubergedumorvan.fr • À quelques km à l'est du lac des Settons par la D 193 et la D 121. Fermé lun soir, mar soir et mer. Congés : de mi-nov à début mars. Doubles 60-90 €. Menus 18 € (déj en sem), 22 € (w-e), puis 28-38 €. Café offert sur présentation de ce guide.* Ce vénérable hôtel, à la croisée de toutes les routes, a fait peau neuve récemment. Au cadre rustique de la salle de restaurant (cuisine bourguignonne, comme il se doit) et du véritable pub irlandais accolé répondent les chambres toutes différentes, aménagées sous combles dans un style mêlant opportunément l'ancien et le moderne avec de jolies tapisseries originales. Confort et charme assurés.

La Ferme des Prés : *Les Prés. ☎ 03-86-76-15-54. • contact@ungiteenmorvan.com • ungiteenmorvan.com • À 5 km de Saulieu, direction Alligny-en-Morvan. Double 69 €. Gîtes également (7-9 pers).* Le site de cette ferme restaurée comprenant différents corps de bâtiments est enchanteur entre marais, plans d'eau et GTM (Grande Traversée du Morvan, un chemin à parcourir à pied ou à vélo) qui la traverse. Ces producteurs de sapins de Noël proposent 3 jolies chambres dans un style rustico-moderne plein de raffinement. Également 2 gîtes, et vous ne serez pas dérangé par les voisins ici !

À voir

***Le musée des Nourrices et des Enfants de l'Assistance publique** (Écomusée du Morvan) : le bourg. ☎ 03-86-78-44-05. • museedesnourrices.fr • Tlj sauf sam mat et mar (plus lun hors juil-août) 10h-18h. Fermé de mi-nov à fév. Entrée : 6 € ; réduc ; gratuit moins de 8 ans.*

Dans le sillon de leurs frères et cousins les flotteurs de bois, l'histoire des nourrices morvandelles est née au cœur des échanges entre Paris et le Morvan. Il y avait les « nourrices sur lieu », travaillant à Paris, et les « nourrices sur place », qui accueillaient au pays les « Petits Paris », enfants de l'Assistance publique de la Seine.

Au XIXe s, on parlait d'une véritable « industrie nourricière » et on estime à près de 250 000 le nombre d'enfants placés dans la région en 150 ans, assurant un revenu complémentaire essentiel aux familles paysannes morvandelles. L'invention du biberon eut raison des nourrices morvandelles, mais il y en eut jusque dans les années 1970. Si elle pouvait se révéler bien souvent sordide (enfants maltraités, abusés ou utilisés comme main-d'œuvre), cette histoire a aussi vu se nouer de véritables histoires humaines. Aujourd'hui encore, les familles se souviennent...

C'est tout cela que raconte ce musée didactique, émouvant et sobre aux murs extérieurs blanchis à la chaux, la couleur du lait, pensé pour donner un visage à toutes ces destinées anonymes. Certains aspects restent d'actualité tel ce « Babyklappe » allemand, une trappe tournante dans une porte pour abandonner un enfant, datant de... 2013 !

Café, boutique et chambres d'hôtes sur place.

LE LAC DES SETTONS

Carte PNR du Morvan, B2

De Saint-Brisson, prendre la D 977 bis puis la D 236 (très beau parcours) pour gagner le doyen des lacs morvandiaux. Mis en eau en 1858, il est aussi le plus visité, le plus « pratiqué », grâce à ses infrastructures (base nautique de la presqu'île des Settons, tour du lac de 15 km aménagé avec passerelles). Sa digue en pierre, unique en France, ne retient pas moins de 360 ha de surface d'eau. Beaucoup de monde en été.

La moitié sud du lac (180 ha) appartient à la commune de Moux, qui tire son origine d'un oppidum gaulois. Ses habitants sont plutôt des durs à cuire, ayant abrité le 1er maquis du Morvan, « Les Fiottes » (mais pas de quoi faire de l'humour avec ces patronymes étonnants !).

Adresse utile

Office de tourisme Morvan Sommets et Grands Lacs : *à la Maison des Grands Lacs, rive droite, 58230 Montsauche-les-Settons. ☎ 03-45-23-00-00. • morvansommetsetgrandslacs.com • Juil-août, lun-sam, j. fériés* *et dim mat 9h30-12h30, 14h-18h ; le reste de l'année, j. et horaires d'ouverture plus restreints.* Location de vélos à assistance électrique. Sur place, *Comptoir des activités nature* sur tout ce qui est pratiqué dans la région des grands lacs : nautisme, équitation, grimpe d'arbres, VTT, pêche...

Où camper autour du lac ?

⛺ ***L'Hermitage de Chevigny :*** *lac des Settons, rive gauche, 58230* ***Moux-en-Morvan.*** *☎ 03-86-84-50-97. • hermitage-chevigny.eu • ♿ De mi-avr à fin sept. Tente en hte saison 18 €. 120 empl. Réduc de 10 % pour un séjour d'une sem min, hors juil-août, sur présentation de ce guide.* Camping en pleine verdure, arboré et fleuri, avec belle façade de 300 m sur le lac. Plutôt tranquille en raison de sa situation stratégique sur un parc qui s'avance en proue dans le lac. Plage et ponton d'accostage. Le GR 13 et les sentiers de randonnée partent du camping. Accueil très sympathique.

⛺ ***Chalets-camping Plage du Midi :*** *lac des Settons, rive droite, Les Branlasses, 58230* ***Montsauche-les-Settons.*** *☎ 03-86-84-51-97. • campplagedumidi@orange.fr • settons-camping.com • De mi-avr à mi-oct. Forfait tente en hte saison env 16 €. 110 empl.* Bien situé, les pieds dans l'eau (plage, embarcations à pédales...), avec des emplacements en partie ombragés par des arbustes joliment taillés. Location de chalets, roulottes et cabanes dans les arbres. Soirées musicales et animations en saison. Bar très agréable, avec billard, terrasse sur la berge, épicerie et petite restauration. Piscine couverte chauffée avec un spa.

Où dormir ?
Où manger dans les environs du lac ?

Bon marché

🏠 |●| ***Domaine-hôtel L'Annexe :*** *Bellevue, 58230* ***Moux-en-Morvan.*** *☎ 03-86-76-17-30. 📱 06-78-28-18-74. • margalida.pascal@orange.fr • hotel-annexe-morvan.fr • À 5 km du lac ; accès par la D 121 ou la D 193. Fermé janv-fév. Doubles 45-70 €. Menus env 20-27 €.* Établissement familial en 2 parties. Depuis la salle à manger confortable, où l'on sert une cuisine traditionnelle franche et généreuse (œufs en meurette, jambon à la crème, vacherin), on profite d'une belle vue dégagée sur les environs. Quant à l'hôtel, situé dans un bâtiment à proximité, il surplombe un joli parc agrémenté d'un plan d'eau.

Prix moyens

🏠 |●| ***Les Grillons du Morvan :*** *Les Settons, rive droite du lac, 58230* ***Montsauche-les-Settons.*** *☎ 03-86-84-51-43. • info.lesgrillonsdumorvan@orange.fr • lesgrillonsdumorvan.com • ♿ Ouv de mi-mars à début nov. Resto tlj sauf le midi mer-jeu. Doubles 66-86 €. Menu 25 € ; carte env 30 €.* Brocante ? Galerie d'art ? Bar à concerts ? Maison d'hôtes ? Il y a un peu de tout ça dans la plus atypique des adresses du Morvan. L'accueil est décontracté et chaleureux, la cuisine s'amuse avec le terroir. Rien de gastro, mais de belles spécialités servies avec largesse dans une jolie salle ou dans la véranda panoramique. Les chambres sont aussi colorées que rigolotes (il y a même un petit chalet dans le parc), et les bassins de la Cure sont là, juste en contrebas, au bord du parc où il fait bon se reposer sur les transats. On allait oublier, le chef est également chocolatier et propose une boutique de produits morvandiaux.

🏠 |●| ***Le Relais des Lacs :*** *D 37, 58230* ***Planchez.*** *☎ 03-86-78-41-30. • contact@le-relais-des-lacs.fr • le-relais-des-lacs.fr • Au sud-est d'Ouroux-en-Morvan, direction Château-Chinon. De mi-mars à mi-nov.*

Doubles à partir de 60 €. Repas env 15-25 €. Apéritif maison offert sur présentation de ce guide. Plusieurs ailes composent cet établissement aux faux airs de chalet montagnard couvert de bardeaux, jusqu'à la terrasse donnant sur le centre du village. Couleurs toniques se mêlant à la chaleur du bois... on se sent tout cosy dans la trentaine de charmantes chambres. Le restaurant n'est pas en reste. Une adresse rafraîchissante.

À voir. À faire dans le coin

Plages : nombreuses autour du lac. Baignade Pavillon Bleu surveillée en été, l'après-midi sur la plage de la presqu'île des Settons (rive droite).

– ***La base nautique Activital des Settons :*** *rive droite, 58230* ***Montsauche-les-Settons.*** *☎ 03-86-84-51-98. • activital.net • Ouv Pâques-1er nov.* Location de *funboat,* catamarans, planches à voile, canoë, stand-up paddle. Bateaux miniatures et stages de voile pour adultes et enfants. Location de VTT (électriques possibles) et cartes de pêche (ainsi qu'à l'office de tourisme).

Bateaux-promenade : *bateau* Le Morvan *sur la rive droite, ☎ 03-85-52-52-17 et 06-75-39-38-89 ; bateau* Les Settons, *également sur la rive droite, ☎ 03-86-84-51-97. Pâques-sept, 45 mn de balade commentée sur le lac. Tarif : env 9 € ; réduc.*

La Maison des Grands Lacs du Morvan : *rive droite, à* ***Montsauche-les-Settons.*** *☎ 03-45-23-00-00. Mêmes horaires et même bâtiment que l'office de tourisme.* Maison des ingénieurs du barrage restaurée pour abriter l'office de tourisme et une courte expo sur le barrage. Point de vue imprenable depuis sa terrasse.

Visite commentée du barrage : *mar à 11h en juil-août, et sur demande tte l'année. Rdv au bureau d'information touristique des Settons. Infos : • morvansommetsetgrandslacs.com •*

LE LAC DE PANNECIÈRE

Carte PNR du Morvan, A2

Le plus grand et peut-être bien le plus beau des lacs morvandiaux, encore sauvage. Impressionnant barrage de 49 m de haut et nombreux pêcheurs. Au bord du lac, *Chaumard,* village martyr pendant la Seconde Guerre mondiale. Voir l'espace ludique montrant la maquette du barrage qui avait été construite pour expliquer aux habitants de la vallée le projet d'envergure de la construction du barrage. Elle est désormais agrémentée d'un circuit expliquant le lien avec le canal du Nivernais, à proximité. Visite guidée du barrage et de la maquette le vendredi à 11h en juillet et août, et sur demande toute l'année (rendez-vous sur le belvédère du barrage ; infos sur *• morvansommetsetgrandslacs.com •***).**

Où camper ? Où manger près du lac ?

Camping des Îles : *58120* ***Chaumard.*** *☎ 03-86-78-05-58. • campingdechaumard@gmail.com • Mai-sept. Forfait tente env 16 €. Hébergements locatifs également. CB refusées. 30 empl.* Entre l'aire naturelle et le camping aménagé, mais des emplacements tout de même délimités par des haies, dans le cadre splendide des rives boisées du lac. Simple et sympa.

La Vieille Auberge : *face à l'église, 58120* ***Chaumard.*** *☎ 03-86-78-03-22. Tlj. Menus 26-35 €.* L'établissement porte bien son nom avec son café de bourg et la salle de resto à l'ancienne en bas de quelques marches. Dans l'assiette, une cuisine traditionnelle simple, sans fioritures, efficace et bienvenue pour un déjeuner en passant. Service jovial.

À voir dans les environs

Ouroux-en-Morvan (58230) **:** *à l'ouest du lac des Settons par la D 193.* Autour de ce village aujourd'hui bien paisible s'est déroulée une page glorieuse de la Résistance, avec le maquis Bernard, le plus important du Morvan. Depuis quelques années, Ouroux s'est ouvert à l'art contemporain avec plusieurs installations permanentes d'artistes, dont un insolite « feu tricolore » au milieu du village. Ouroux accueille également le festival tonique, *Partie(s) de campagne* à la mi-juillet, animé par une équipe s'occupant d'ordinaire du cinéma itinérant dans la Nièvre, et qui joue ici le côté « court ».

LORMES

(58140) 1 390 hab. *Carte PNR du Morvan, A1*

Cette petite ville est dominée par l'église Saint-Alban, d'où l'on profite d'une vue panoramique tout là-haut. Elle possède par ailleurs un plan d'eau aménagé, l'étang du Goulot, tout indiqué pour les familles qui souhaitent faire trempette. Lormes tente de redonner vie à la région, en organisant un important *Festival de chanson française* sur un week-end fin juillet et la ville s'est d'ailleurs jumelée avec... la chanson (c'est écrit sur les panneaux !).

Adresse utile

Office de tourisme Morvan Sommets et Grands Lacs : *5, route d'Avallon. ☎ 03-86-22-82-74. • morvansommetsetgrandslacs.com • Juil-août, lun-sam, j. fériés et dim mat 9h30-12h30, 14h-18h ; le reste de l'année, j. et horaires d'ouverture plus restreints.* Visite commentée à certaines dates en juillet et août.

Où dormir ? Où manger dans le coin ?

Camping

Camping de l'Étang du Goulot : *à Lormes. ☎ 03-86-22-82-37. 06-79-15-19-33. • info@campingetangdugoulot.com • campingetangdugoulot.com/fr • Mai-fin sept. Forfaits tente 13-16 € pour 2. Également du locatif. 64 empl.* Un site idéal pour profiter de *pods*, tipis, cabanes, roulottes, tentes safaris et mobile homes ou de sa propre tente. Il n'y a qu'un pas à franchir pour aller faire trempette dans cet étang doté d'une miniplage ou s'embarquer sur un canoë. Le rêve pour les enfants, petits ou grands. Sur place, adorable *Bar-restaurant du Lac* installé dans l'ancienne gare, mais aussi de quoi faire un barbecue, une table de ping-pong, un minigolf... Allez, on déballe les sardines !

De bon marché à prix moyens

Hôtel Perreau : *8, route d'Avallon (D 944). ☎ 03-86-22-53-21. • hotelperreau@gmail.com • Double autour* *de 60 €. Réduc de 10 % sur le prix de la chambre mars-juil sur présentation de ce guide.* L'hôtel de bourg de campagne comme on peut se l'imaginer. Une vieille et imposante maison avec des chambres à l'ancienne au confort sans reproche (dans le bâtiment principal ou dans l'annexe). Restaurant.

Restaurant-bar Joe Lounge Caffé : *3, rue Paul-Barreau. ☎ 09-88-18-27-89. Fermé mar soir et mer. Repas env 20-25 €.* Resto italien semi-gastro offrant quelques spécialités de Toscane. Carpaccio, pâtes bien sûr, mais aussi viandes et poissons de la Botte, sans oublier le tiramisu national. Le kit parfait !

La Grande Maison du Morvan : *Les Granges, 58140* **Saint-Martin-du-Puy.** *07-71-72-93-63. • info@lagrandemaisondumorvan.fr • lagrandemaisondumorvan.fr • À 5 km au nord, sur la D 944. Doubles 110-115 €. Table d'hôtes 23 €.* Bâtisse du XIXe s, au cœur d'un parc arboré de 2 ha. 5 chambres d'hôtes spacieuses et lumineuses au confort chic et sobre. Salle de billard, bibliothèque.

À voir. À faire

L'église Saint-Alban : tout en haut du bourg, cette église néoromane (1866) domine la région et dispose d'un point de vue sur tout le pays corbigeois. En 1591, elle fut témoin de la résistance des Dames de Lormes, qui s'opposèrent aux troupes envoyées par le duc de Nevers pour reprendre la ville aux ligueurs, 1ers « réformés » de la région.

Les gorges de Narvau : *à 300 m du centre-ville (c'est fléché) ; parking sur la droite.* Profonde entaille creusée dans le granit morvandiau par l'Auxois. Joli site naturel où dégringolent les cascades à découvrir au long de 2 circuits pédestres. Falaises propices à l'escalade et quelques petits coins sympa où pique-niquer.

DANS LES ENVIRONS DE LORMES

Saint-Martin-du-Puy : joli village, vaguement perché, qui s'étend autour d'une vaste place centrale. Une élégante fontaine y est posée. Sur un côté de la place, très belle église, qui possède un chœur du XIe s.

Le lac de Chaumeçon : depuis Saint-Martin-du-Puy, tourner à gauche par la D 235 pour redescendre vers le lac de Chaumeçon. Là encore, très beau point de vue en corniche juste avant d'arriver au lac, où l'on peut pratiquer des activités nautiques.

Le lac de Crescent : prenez votre temps (réseau compliqué de départementales secondaires et tertiaires, une bonne carte s'impose) pour arriver au lac de Crescent, cerné de pentes abruptes. Petite zone de baignade à droite du barrage, avec quelques tables de pique-nique.

LE MORVAN DES SOMMETS

De beaux panoramas, une campagne riante et dégagée, des fermes et des herbages, il y a quelque chose de plaisant dans ce pays préservé, aux belles ondulations naturelles. Un pays à découvrir au départ de la capitale morvandelle, Château-Chinon, ville de passage située entre Morvan des lacs et Sud-Morvan. En arrivant du Nivernais (voir le chapitre précédent), le changement d'atmosphère est surprenant. D'Autun, dans la vallée de l'Arroux, jusqu'à Bibracte, au sommet du mont Beuvray, vous remonterez 500 m de dénivelée

et 2 000 ans d'histoire. Prenez des forces, vous allez découvrir l'un des sites majeurs du Haut-Morvan, et l'un des musées les plus visités de Bourgogne. Pour vous entraîner, petite balade apéritive dans les hauteurs d'Uchon, à mi-chemin entre Luzy et Autun.

CHÂTEAU-CHINON

(58120) 2 420 hab. *Carte PNR du Morvan, A2*

Située au carrefour des routes nord-sud et est-ouest et perchée sur une haute colline à 609 m d'altitude, cette petite ville du parc naturel régional du Morvan constitue un passage obligé pour découvrir la région.
Château-Chinon a connu une sorte d'âge d'or du temps du président François Mitterrand, qui en fut le maire de 1959 à 1981. Celui-ci a légué au conseil général de la Nièvre les cadeaux qui lui avaient été offerts durant ses 2 septennats. Ils sont exposés au musée du Septennat, dans la partie haute de la ville. De cet endroit, la vue sur la région est très évocatrice : vaste paysage à 360° composé de bosquets épais, de vallées cultivées et de monts lointains couverts de sombres forêts. Voici l'antique Gaule chevelue, le seuil du pays des Éduens, que Jules César mit tant de temps à vaincre !

Adresse utile

ℹ ***Office de tourisme Morvan Sommets et Grands Lacs :*** *à l'entrée du bd de la République. ☎ 03-86-85-06-58. • morvansommetsetgrandslacs.com • Mai et juil-août, lun-sam, j. fériés et dim mat 9h30-12h30, 14h-18h ; le reste de l'année, j. et horaires d'ouverture plus restreints.* Location de vélos électriques. Boutique. Prêt de tablette (ou appli à télécharger) pour découvrir la ville en e-rando : circuits « Sur les pas de François Mitterrand » (environ 4 km) et « La chapelle de Faubouloin » à Corancy (compter 4-6h). Balade nature avec explications sur le flottage du bois « Retour aux sources » à Glux-en-Glenne (environ 2h30).

Où dormir ? Où manger ?

De bon marché à prix moyens

🏠 |●| ***Logis Au Vieux Morvan :*** *8, pl. Gudin. ☎ 03-86-85-05-01. • hotel.restaurant@auvieuxmorvan.com • auvieuxmorvan.com • Resto fermé dim soir-lun et mar midi. Congés : de déc à mi-janv. Doubles 69-81 €. Menus 13 € (déj en sem), puis 20,50-30 €. Café offert sur présentation de ce guide.* Du resto panoramique, le spectacle est magnifique, avec le Morvan jusqu'à l'horizon. Chambres dans un style contemporain sobre et agréable, certaines profitant aussi du paysage. Bon gîte, table honorable et accueil pro. Voilà une adresse solide. François Mitterrand ne s'y était d'ailleurs pas trompé en descendant ici – toujours dans la même chambre – lorsqu'il venait dans sa circonscription.

|●| ***Bar-brasserie Le Relais du Morvan :*** *1, route d'Autun. ☎ 03-86-78-16-88. Au niveau du rond-point, à la sortie sud-est de la ville. Tlj sauf mar soir-mer. Menus 15-22 € (déj en sem) ; carte 30-40 €. Café offert sur présentation de ce guide.* Bar-brasserie dans l'esprit mais intérieur moderne et chaleureux au goût du jour avec des tonalités grises et mauves. La carte ne déçoit pas non plus avec ses accents

bourguignons. Les locaux s'y retrouvent volontiers pour un repas de bonne tenue et dans la bonne humeur.

Hôtel-restaurant du Parc : *49, route de Nevers.* ☎ *03-86-85-29-35. À l'entrée de la ville, venant du nord. Fermé ven et sam midi. Formules déj en sem à partir de 15 € ; menus env 20-35 €.* Si le bâtiment en contrebas de la route n'est pas très aguicheur avec son grand parking, la salle aérée ouvre sur une large vue avec coucher de soleil (presque) garanti le soir. Le chef a du savoir-faire et choisit ses fournisseurs régionaux avec soin. Carte classique mais personnelle pour des plats soignés. Épicerie.

Où dormir dans les environs ?

Voir nos bonnes adresses autour de Bibracte (voir plus loin), l'attraction forte de ce coin du Morvan que vous pouvez rejoindre par de fort jolies routes, au départ de Château-Chinon.

Chambres d'hôtes Au Domaine de Champs : *domaine de Champs, 58120* ***Saint-Léger-de-Fougeret.*** ☎ *03-86-85-13-40.* • *guy.boulin@orange.fr* • *chambresauxchamps.fr* • ♿ *À 13 km au sud de Château-Chinon, sur la D 157 entre Saint-Léger et Onlay. Fermé dim. Congés : déc-fév. Doubles 60-75 €. Table d'hôtes sur résa 25 € avec boisson.* Difficile de reconnaître la bergerie de cette ancienne ferme de caractère isolée dans une belle campagne : rénovée de fond en comble, elle renferme désormais une vaste salle commune très chaleureuse (poêle pour les soirées fraîches, salon, bouquins à disposition...) et 5 chambres impeccables, joliment aménagées et tout confort. On s'y sent bien, d'autant que l'accueil est aux petits oignons.

LE MORVAN

Où acheter de bons produits dans le coin ?

Les Galeries Morvandelles : *8 bis, rue Jean-Marie-Thévenin, à Château-Chinon.* ☎ *03-86-78-22-56.* Épicerie fine de produits locaux et régionaux.

Biscuiterie Grobost : *Coeurty, 58110* ***Saint-Péreuse.*** ☎ *03-86-84-44-33. À env 10 km à l'ouest par la D 978 (fléché), à mi-chemin avec Châtillon. Juil-août, tlj 8h-12h, 14h-18h ; sinon, lun-ven et sam mat.* La recette du célèbre biscuit à la cuillère inventée en 1902 est toujours la propriété exclusive de la famille Grobost. L'usine implantée ici depuis les années 1990 offre l'occasion de s'approvisionner à la boutique en biscuits et autres madeleines.

Les Ruchers du Morvan : *port de l'Homme, Corancy (D 37), 58120 Château-Chinon.* ☎ *03-86-78-02-43. Fermé dim hors saison.* Miel certifié en agriculture biologique, boutique, écomusée.

Les Rêves d'Honoré : *58430* ***Arleuf.*** ☎ *03-86-78-85-17. À env 10 km à l'est, direction Autun.* Boulangerie-pâtisserie artisanale où dénicher les craquants du Morvan, des biscuits secs aux noisettes.

À voir

Face à la mairie, ***fontaine de Niki de Saint Phalle,*** aux formes amusantes et aux couleurs pétantes (ou vice versa). Et, ouvrant sur la rue Notre-Dame et les quelque 2 ou 3 rues anciennes de Château-Chinon, ***porte Notre-Dame,*** ouvrage flanqué de tours massives et unique témoin de la cité médiévale.

Mais le promeneur appréciera surtout la grimpette jusqu'au ***calvaire*** (30 mn aller-retour), belvédère naturel offrant un panorama sur le massif morvandiau d'un côté et le Bazois de l'autre. Belle vue également depuis l'esplanade François-Mitterrand, pas très loin.

Le musée du Septennat et le musée du Costume : *4-6, rue du Château. **Fermés pour travaux,** en vue de la création de la **cité muséale,** un complexe touristique regroupant les 2 musées, une salle d'expo, un jardin, ainsi que le bureau d'information touristique de Château-Chinon.* • *nievre.fr* • L'immense ***musée du Septennat*** permet de mesurer la quantité phénoménale et la qualité des cadeaux officiels reçus par François Mitterrand : artisanat de tous les continents, mais également de véritables pièces d'archéologie, des défenses d'éléphant, etc. Une manière originale de replonger dans la géopolitique du monde à la fin du XXe s.

Le musée du Costume réunit quant à lui une collection vestimentaire de 5 000 pièces tout de même, don de Jules Dardy en 1983. 2 siècles de costumes français permettent de suivre l'évolution de la silhouette, de la taille corsetée à la poitrine opulente, façonnée par les robes à panier, à crinoline ou à tournure.

DANS LES ENVIRONS DE CHÂTEAU-CHINON

La Maison de l'élevage et du charolais (écomusée du Morvan) **:** *rue de la Mission, 58290 **Moulins-Engilbert.** ☎ 03-86-84-26-17.* • *ecomusee.elevagecharolais.over-blog.com* • *En plein centre. De mi-juin à mi-sept, tlj sauf lun non fériés 10h-17h ; de Pâques à mi-juin et de mi-sept au 1er nov, w-e et j. fériés 14h-17h. Entrée : 3 € ; gratuit moins de 12 ans ; réduc. Visite couplée du musée et du marché du Cadran : juil-août et avr, mar à 9h (par le musée) et certains mar à 14h30 (avec l'office du tourisme ; résa obligatoire : 2,50 €). Expos temporaires.* Ce musée explique l'histoire du Morvan agricole et de ses habitants de 1800 à nos jours. Idéal notamment si vous voulez en savoir plus qu'au resto sur les charolaises, qui ont supplanté au XVIIIe s la rouge omniprésente auparavant (la morvandelle). Exposition très didactique et bien documentée présentant tout le circuit de l'élevage : du vêlage à l'abattage, jusqu'au ***marché du Cadran*** pour la commercialisation, le plus important marché de France dans son genre *(marché ovin 1 lun sur 2 9h-12h, et marché bovin mar 6h-13h).* Les enchères sont désormais électroniques. Traditionnelle fête de la Louée, fin juin.

Le théâtre des Bardiaux : *58430 **Arleuf.** À env 10 km.* Petit théâtre antique datant de la période gallo-romaine, qui pouvait accueillir à l'époque de 600 à 700 personnes.

SAINT-HONORÉ-LES-BAINS

(58360) 850 hab. *Carte PNR du Morvan, A3*

Petite station thermale à l'ancienne, accueillant quelque 4 500 curistes et vacanciers en saison. Déjà connues du temps des Romains *(Aquae Nisinaeï)*, il fallut attendre le XIXe s pour qu'on redécouvre les vertus de ses *eaux sulfureuses*, sodiques et arsenicales, qui offrent d'excellents résultats dans le traitement de l'asthme ou de la bronchite chronique.

Quand on ne vient pas à Saint-Honoré pour raison de santé, on peut toujours aller se faire plumer au *casino...* ou observer le spectacle de quelques *villas* excentriques, néogothiques ou pseudo-normandes. À voir aussi, l'*établissement thermal* (1855-1907), très Second Empire, pourvu de *jardins.* Datant du XIXe s mais largement remaniés en 1950 par Christian Gerber, ils comptent parmi les plus beaux du département.

Adresse utile

Bureau d'informations touristiques : *13, rue Henri-Renaud. ☎ 03-86-30-43-10. • tourismebazoisloiremorvan.fr • En saison, lun-sam mat, plus sam ap-m et dim mat en juil-août ; hors saison, ouvertures plus retreintes.* Propose une e-rando avec location de tablette numérique.

Où dormir ? Où manger ?

Camping

Camping et gîtes des Bains : *15, av. Jean-Mermoz. 07-77-73-00-17. • campinglesbains@gmail.com • campinglesbains.com • Accès : route de Vandenesse, 1 km sur la D 985, puis D 106. Fin mars-fin oct (loc tte l'année). Forfaits tente 14-17 €. Hébergements locatifs 143-588 €. 130 empl. Réduc de 10 % sur l'emplacement nu (hors option) sur présentation de ce guide.* Un camping à taille humaine et propre, tenu par une jeune équipe motivée. Emplacements spacieux et ombragés, ambiance familiale (piscine avec toboggan). Location de mobile homes et de gîtes. Épicerie d'appoint. Plein de balades à faire dans le coin.

De prix moyens à chic

Auberge du Pré Fleuri : *22, av. Jean-Mermoz. ☎ 03-86-30-74-96. • aubergeduprefleuri.com • De mi-mars à mi-nov. Resto fermé lun. Doubles 64-70 €. Menus 20-40 €.* Au milieu d'un petit parc arboré et à côté du centre thermal. Jolies chambres rénovées dans un style actuel dans une petite maison bourgeoise d'autrefois et, tout à côté, resto dans une bâtisse moderne avec véranda, prolongée par une terrasse ombragée d'humeur champêtre. Accueil très aimable, bonne cuisine toute simple et ambiance pas du tout ville de cure.

Chambre d'hôtes Castel des Cèdres : *40, rue de l'Hâte. ☎ 03-86-30-64-38. 07-86-01-27-83. • jeanpierre.maes@casteldescedres.fr • casteldescedres.fr • À 200 m des thermes. Doubles et suites 95-140 €. Table d'hôtes.* Saint-Honoré regorge de « folies », ces villas excentriques construites au XIXe s. Les proprios de celle-ci, construite en pierre du pays et flanquée de tours rigolotes, ont eu la bonne idée d'y aménager chambres et appartements de toutes tailles. Martine est designer d'intérieur, autant dire que la déco et le confort ont été pensés avec un soin extrême. Quant aux cèdres, il n'y en a plus qu'un, mais quel cèdre !

Où manger dans les environs ?

Le Clos de la Bussière : *pl. de l'Église, 58360* ***Sémelay.*** *☎ 03-86-30-91-66. • leclosdelabussiere2@wanadoo.fr • À 8 km au sud de Saint-Honoré par la D 985, puis à droite la D 158. Ouv ts les midis, plus le soir jeu-sam (ven-sam seulement hors saison). Formules déj en sem 14,50-16,50 € ; menus 24,50-36,50 €. Apéritif maison offert sur présentation de ce guide.* Au pied d'une jolie église romane, un p'tit resto-bar de carte postale qui propose une cuisine fine et savoureuse. Les amateurs de crustacés se régalent, les carnivores ne sont pas en reste avec le filet de bœuf charolais maison. Jolie petite adresse qui mérite le détour, les nombreux habitués ne manquent pas de le faire...

À voir

Le musée Georges-Perraudin de la Résistance : *pl. du 18-Juin-1940 (entrée par la rue Joseph-Duriaux). ☎ 03-86-30-72-12. Juin-sept, tlj sauf lun-mar*

LE MORVAN

14h30-18h30 ; sinon, sur rdv. Libre contribution. L'hôtel du Guet qui accueille ce musée a joué un grand rôle pendant la Seconde Guerre mondiale. Son propriétaire, Georges Perraudin, y cachait des parachutistes, entreposait le ravitaillement des maquis... Riche documentation d'époque avec plus de 2 000 journaux, revues (de *Paris-Match* au journal de la Wehrmacht), livres et affiches, et plus de 100 maquettes et armes. Évocation du ***maquis Louis*** qui s'est distingué dans les environs. Visite guidée riche en précisions et autres anecdotes historiques.

LUZY

(58170) 2 060 hab. *Carte PNR du Morvan, A3*

Chef-lieu de canton du Sud-Morvan, Luzy paraît bien tranquille, à l'abri des vestiges de ses remparts. Elle tient pourtant une place privilégiée parmi les éleveurs de viande de charolais. Dans la salle des mariages de l'hôtel de ville (ouverte aux horaires administratifs), une curiosité : 8 tapisseries de basse lisse en laine et soie d'Aubusson du XVIIIe s.

Adresse et info utiles

- ***Office de tourisme :*** *pl. Chanzy. ☎ 03-86-30-02-65. • tourismebazoisloiremorvan.fr • De mi-avr à sept seulement, tlj sauf sam ap-m et dim.* En saison, expos d'art.
- ***Marché :*** *pl. de l'Église, ven mat.*

Où dormir ?
Où manger à Luzy et dans les environs ?

Camping

Camping du Château de Chigy : *58170* ***Tazilly.*** *☎ 03-86-30-10-80. • reception@chateaudechigy.com.fr • chateaudechigy.com.fr • ♿ À 2 km au sud de la commune, à 500 m de la D 973. Fin avr-fin sept. Forfaits tente 18-26 €. Hébergements locatifs jusqu'à 8 pers, nuitée possible. 135 empl. Réduc de 5 % sur présentation de ce guide.* Un superbe domaine de 72 ha qui ne manque pas d'atouts : 2 étangs, 2 piscines (dont une couverte), de petits chalets de vacances, un bar. On peut même loger dans le château ! Animations en juillet-août.

De prix moyens à chic

Cabanes lacustres et chambres d'hôtes du château d'Ettevaux : *Ettevaux, 58170* ***Poil.*** *☎ 03-86-30-95-51. 📱 06-66-59-66-47. • ettevaux@orange.fr • ettevaux.fr • cabanes-lacustres.fr • À env 15 km au nord-est de Luzy par la D 27, puis à droite la D 192 vers Ettevaux. Cabanes pour 2 nuits 250-320 €. Doubles 85-90 € (dégressif dès la 2e nuit). Visite guidée de la chapelle néogothique offerte à nos lecteurs, selon disponibilité.* Pas besoin d'aller au Canada, Ettevaux offre les mêmes sensations avec, en prime, un majestueux château en toile de fond avec son parc et sa chapelle ! Car l'aventure est au bout de la pagaie : c'est en canot qu'on rejoint les cabanes sur pilotis, isolées sur un plan d'eau verdoyant. Terrasse pour l'apéro, pièce à vivre au rez-de-chaussée, chambre à l'étage, toilettes sèches et douche solaire, rien ne manque pour un séjour romantico-trappeur écolo ! Pour ceux qui préfèrent la vie de château, chambres d'hôtes plus classiques (enfin, façon de parler, car le lieu n'est pas triste). Et 2 gîtes étonnants eux aussi (dans la maison du jardinier et les anciens haras) pour les familles.

🏨 🍽 ***Hôtel du Morvan :*** *26, rue de la République. ☎ 03-86-30-00-66. • reservation@lhoteldumorvan.fr • hotelrestaurantdumorvan.fr • À la sortie de la ville, direction Saint-Honoré. Bistrot ouv mar soir-sam midi. Resto fermé j. de fête et j. fériés. Doubles standard 75-110 €. Au bistrot, formules 21 € (déj en sem)-38 € ; au resto, menus 49-89 €.* La façade de 2 étages est élégante avec ses volets anthracite et ses balcons ouvragés. Intérieur confortable et contemporain, jusque dans les chambres. Au restaurant gastronomique ou au bistrot, une cuisine traditionnelle soignée et personnalisée. La référence culinaire du secteur.

Manifestations

- ***Fête du Violon :*** *en fév.*
- ***Le Vent sur l'arbre :*** *début août. • leventsurlarbre.fr •* Festival de musique classique.
- ***Fête de l'Accordéon :*** *mi-août.*

DANS LES ENVIRONS DE LUZY

Les retables de l'église de Ternant (58250) **:** *à 14 km au sud-ouest de Luzy par la D 973 direction Bourbon-Lancy, puis, à droite, la D 30. Tlj à partir de 9h.* La petite église paroissiale Saint-Roch possède 2 magnifiques retables de la Vierge et de la Passion (milieu et fin XVe s), impressionnants aussi par leur taille. Présentation audio (penser à prendre une pièce de 2 € !). On en profite pour saluer le travail de La Camosine, association œuvrant pour la restauration et la mise en valeur du patrimoine nivernais. En sortant, jeter un œil à l'étonnante boulangerie.

UCHON

(71190) 90 hab. *Carte PNR du Morvan, B3*

À mi-chemin entre Autun et Montceau-les-Mines, Uchon forme le point culminant du pays d'Autun (681 m). On y monte par des petites routes tranquilles, mais le dimanche, aux beaux jours, il y a du monde ! Amoureux de solitude, mieux vaut éviter les week-ends de juillet-août. Difficile d'imaginer qu'au début du XXe s il y avait ici 500 habitants. Le bois faisait vivre bûcherons, scieurs de long, charrons, sabotiers, etc.

Où manger dans le coin ?

🍽 ***Auberge de la Grousse :*** *le bourg, 71190* ***La Chapelle-sous-Uchon.*** *☎ 03-85-54-44-24. • auberge@lagrousse.fr • À quelques km au nord d'Uchon. Fermé mar-mer, plus les soirs (sauf sam) hors saison. Congés : déc-janv. Menus 14 € (déj lun-sam, verre de vin et café compris), puis 30-34 €.* L'auberge de ce petit village de 200 âmes met joliment en valeur les produits et producteurs de la région. Une ligne de conduite que la maison (labellisée *Artisan cuisinier*) cultive depuis 20 ans, et explique pourquoi on vient de loin se ressourcer ici. Le plus difficile, c'est de trouver une table (mieux vaut réserver) et ensuite de choisir son plat, car tous font envie.

🍽 ***Les Gourmets :*** *45, rue Bouthière, 71190* ***Étang-sur-Arroux.*** *☎ 03-85-54-11-75. À 10 km au nord-ouest d'Uchon. Fermé lun, mar soir et sam midi. Formule déj en sem ; sinon, menus 20,50-37,50 €.* Mêlant cuisine traditionnelle et inventive, cette table est devenue incontournable sur le territoire. Un cadre élégant et sobre, des plats très bien présentés, un jeune chef, Benoît Berthoud, à l'écoute de la salle, une équipe accueillante, des prix raisonnables...

À voir

Sur la route, on rencontre d'abord l'***église,*** ancienne chapelle du château aujourd'hui disparu. Du XIIe s, elle présente un mélange de roman et gothique. À l'intérieur, les plus belles statues furent volées en 1973, mais il reste une pietà, une *sainte Barbe* en bois polychrome (reconnaissable à sa tour), une *Vierge à l'Enfant* et un beau *saint Christophe* avec Jésus sur le dos.

En contrebas, un curieux monument. C'est l'***oratoire de Belle-Croix,*** érigé au XVIe s, au moment des grandes pestes. L'église étant trop petite pour contenir les milliers de fidèles fuyant l'épidémie et venus implorer saint Roch, on disait la messe depuis l'oratoire. Les pèlerinages durèrent jusqu'à la Révolution.

Mais le must, à Uchon, c'est de partir à la découverte de ces ***roches*** aux noms étranges : la *Pierre qui croule,* la *Griffe du Diable...* Pour se rendre au *site du Carnaval,* on peut prendre un sentier qui part en bas de l'église ou y aller en voiture par la D 275 et la route de l'antenne ; parking, puis on finit le reste à pied.

Le centre monastique orthodoxe Saint-Hilaire-Saint-Jean-Damascène : *au bourg d'Uchon, sur la D 228. ☎ 03-85-54-47-75. Ouv le w-e 14h-18h. Visite libre ou guidée (payante) sur rdv.* L'occasion de s'informer sur cette Église orthodoxe française, issue des Églises grecque, russe et ukrainienne traditionnelles. Expo permanente de très belles icônes. Librairie, cadeaux, produits naturels, plantes aromatiques, etc.

AUTUN (71400) 15 200 hab. *Carte PNR du Morvan, B3*

• Plan *p. 147*

Il y a d'abord un site, tout en harmonie et douceur : une grosse colline contre laquelle la ville s'est adossée depuis près de 2 000 ans. Les Romains avaient déjà compris son importance et en firent une des capitales de la Gaule. À taille humaine, à l'écart de la frénésie du monde, elle a gardé le style et le caractère « balzacien » des belles villes de province. Autun n'est pas une ville hautaine mais une ville sereine et préservée.

UN PEU D'HISTOIRE

Au Ier s av. J.-C., Autun est fondée par l'empereur Auguste pour succéder à la rustique capitale gauloise, Bibracte. D'emblée, le projet est ambitieux autant que prestigieux : 6 km de remparts, 4 portes monumentales, un théâtre immense... Cette vitrine de Rome prend le nom d'*Augustodunum.*
Lorsque la Gaule fait sécession, la ville demeure fidèle à Rome, et elle subit, en 269, le courroux destructeur de l'empereur dissident Victorinus. Au Xe s, arrivée du corps de saint Lazare et gros pèlerinages en prévision. Le comté d'Autun perd alors son autonomie et rejoint le duché de Bourgogne.

L'ère des Rolin

Autun a tous les atouts dans son jeu, d'autant plus qu'au XVe s Nicolas Rolin, avocat autunois, est nommé chancelier de Philippe le Bon et apporte sa pierre à la grandeur et au prestige de la ville. Autun s'enrichit alors de superbes demeures (comme l'actuel musée Rolin) et notre chancelier va même exporter son talent de bâtisseur aux Hospices de Beaune. Son fils, le cardinal Jean Rolin, y rajoutera sa patte, dotant la cathédrale de magnifiques sculptures et faisant construire sa flèche. Au XVIe s, c'est la 2e ville de Bourgogne, aux XVIIe et XVIIIe s, Autun continue à prospérer. Évêché, chef-lieu de bailliage, siège de nombre d'institutions religieuses, juridiques et administratives, Autun coule des jours paisibles.

LAISSEZ REFROIDIR LES COLÈRES

À Autun comme à Dijon, il n'y eut pas de Saint-Barthélemy. Pierre Jeannin, président du parlement de Bourgogne, refusa de prendre en considération l'ordre royal de massacrer les protestants, déclarant : « Il faut obéir lentement aux souverains quand ils sont en colère ! »

Évêque par intérim !

Charles-Maurice de Talleyrand arrive à Autun le 12 mars 1789 comme nouvel évêque de la ville. Juste le temps de dire une fois la messe à la cathédrale et de se faire élire député du clergé aux états généraux, puisque la charge épiscopale autunoise s'accompagne de la présidence des états de Bourgogne. Bonne affaire pour Talleyrand, qui va démarrer une carrière politique contrastée. Mais, hélas, la Révolution relègue Autun au rang de sous-préfecture.
Au XIXe s, la ville sombre dans une léthargie relative. Mais le foisonnement intellectuel rappelle qu'elle n'est pas qu'une « belle endormie ». L'exploitation des schistes bitumineux, dès 1837, marque le début d'une période industrielle inventive. La naissance de la machine à laver le linge va révolutionner la vie quotidienne de nos aïeux ! 100 ans plus tard, c'est la chaise Tolix, créée ici, qui deviendra un des objets cultes du mobilier industriel.

Adresses et infos utiles

Office de tourisme *(plan A2,* ***1****)* **:** *13, rue du Général-Demetz. ☎ 03-85-86-80-38. • autun-tourisme.com • Tlj sauf dim hors saison.* Infos sur les cartes connectées : 69 circuits de rando (4 niveaux de difficulté), infos historiques et patrimoniales, activités de loisirs et visites sur les 55 communes du territoire ; appli gratuite Onprint (ou téléchargement sur le site), un téléphone suffit, même sans réseau et sans couverture. Sinon, consulter *• bit.ly/autunbalade •* pour des circuits gratuits à faire à pied, à vélo ou en voiture.

Espace Gislebertus – Destination Autun *(plan A3,* ***2****)* **:** *pl. du Terreau (face à la cathédrale). Tlj avr-sept.* Un espace « zéro papier » dédié à la découverte du patrimoine d'Autun et sa région. Film en 3D au sujet du tympan de la cathédrale, maquette interactive en relief sur la construction de la ville, panneaux sur les fouilles et programmateur de circuits de découverte (patrimoine bâti, naturel ou immatériel, selon ses envies !).

– ***Navette gallo-romaine :*** *en juil-août.* Minibus conduisant sur les principaux sites du patrimoine antique. Circuits guidés ou non.

Espace Sports et Nature : *base de loisirs Marcel-Lucotte, route de Chalon. ☎ 03-85-52-47-09. Juil-août, lun-sam 10h-12h, 14h-19h ; dim 14h-19h. Et tte l'année sur résa.* Location de VTT, vélos à assistance électrique, VAE enduro, canoës, embarcations à pédales, voile, *paddle*.

– ***Marché :*** *mer et ven sous les halles et sur le parvis de l'hôtel de ville 8h-13h.* Un régal, surtout le vendredi, jour de grand marché.

Où dormir ?

Camping

⛺ ***Camping de la Porte d'Arroux*** *(hors plan par A1, **4**) : Les Chaumottes, 6, rue du Traité-d'Anvers. ☎ 03-85-52-10-82. • camping-autun@aquadis-loisirs.com • aquadis-loisirs.com • ♿ À la sortie de la ville, direction Lucenay-l'Évêque (D 980). Début mars-début nov. Forfaits tente env 15-18 €. Caravanes et mobile homes 176-499 €/sem. 100 empl.* Au bord d'un plan d'eau, au calme, dans un environnement assez boisé. Bon confort. Aire de jeux pour les enfants.

De prix moyens à chic

🏠 ***Chambres d'hôtes Maison Sainte-Barbe*** *(plan B3, **7**) : chez Marie-Luce Lequime, 7, pl. Sainte-Barbe. ☎ 03-85-86-24-77. • contact@maisonsaintebarbe.com • maisonsaintebarbe.com • ♿ Résa fortement conseillée. Double env 90 €.* Cette grande demeure de caractère (naguère habitée par les chanoines de la cathédrale), aux murs épais et anciens, abrite 5 belles chambres très bien arrangées et confortables. Accueil attentionné. Charmant jardin clos et escalier en colimaçon.

🏠 🍽 ***Hôtel-restaurant de la Tête Noire*** *(plan B2, **5**) : 3, rue de l'Arquebuse. ☎ 03-85-86-59-99. • hoteltetenoire.fr • Congés : de mi-déc à fin janv. Doubles 89-99 €. Menus 17 € (en sem), puis 23,50-49 €.* Chambres confortables et arrangées comme il faut derrière une façade abondamment fleurie. Nos préférées sont en hauteur sous les toits, avec vue sur la campagne au loin. Savoureuse et copieuse cuisine bourguignonne proposée au travers de plusieurs menus. Accueil chaleureux, excellent service et grande salle climatisée. Un avantageux rapport qualité-prix-emplacement.

Où manger ? Où boire un verre ?

De très bon marché à bon marché

🍽 ***La Trattoria*** *(plan A3, **13**) : 2, rue des Bancs. ☎ 03-85-86-10-73. Fermé lun-mar et en sept. Menus 18-28 €.* Parmi les adresses préférées des Autunois, qui se réfugient aux jours gris dans la petite salle lumineuse, dirigée par des gens accueillants ou en terrasse abritée de l'autre côté de la rue. Délicieuse nourriture italienne (vous êtes accueilli par une authentique famille calabraise) !

🍽 🍦 ***Zuppa Zuppa*** *(plan A2, **1**) : terrasse de l'Europe, 14, rue du Général-Demetz, à côté de l'office de tourisme.*

Adresses utiles

- ℹ 1 Office de tourisme (A2)
- ℹ 2 Espace Gislebertus (A3)

⛺ 🏠 Où dormir ?

- 4 Camping de la Porte d'Arroux (hors plan par A1)
- 5 Hôtel-restaurant de la Tête Noire (B2)
- 7 Chambres d'hôtes Maison Sainte-Barbe (B3)

🍽 🍷 Où manger ? 🍦 Où boire un verre ?

- 1 Zuppa Zuppa (A2)
- 2 Le Petit Rolin (A3)
- 5 Restaurant de l'Hôtel de la Tête Noire (B2)
- 6 Comptoir Cuisine (B3)
- 9 Le Café de la Bourse (A1)
- 11 Le Châteaubriant (A1)
- 13 La Trattoria et Le Monde de Don Cabillaud (A3)
- 14 Le Café des Tilleuls (A2)
- 15 New Saint Georges Café'In (A2)

Où acheter de bons produits ?

- 30 Le Cellier de Benoît Laly (A1)
- 31 La Ferme de Rivault (hors plan par B3)
- 32 Le Cygne de Montjeu (A2)
- 33 Boucherie-charcuterie Gautier (A2)
- 34 L'atelier-boutique Neyrat (B2)
- 35 La Pause Café (A-B2)

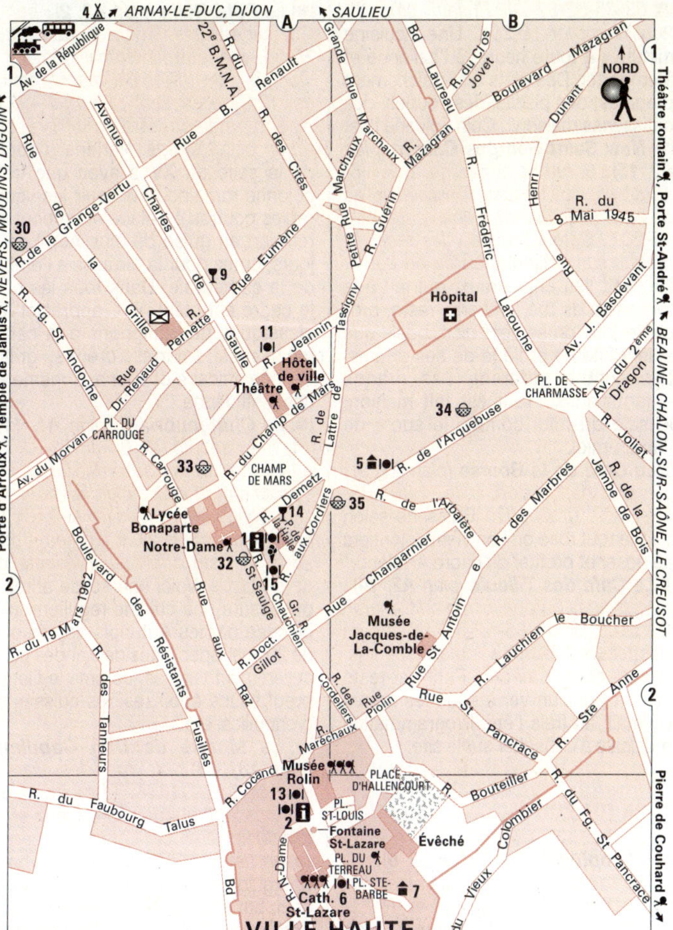
4 ARNAY-LE-DUC, DIJON
SAULIEU
A
B
1
2
3
NORD
Théâtre romain, Porte St-André, BEAUNE, CHALON-SUR-SAÔNE, LE CREUSOT
Porte d'Arroux, Temple de Janus, NEVERS, MOULINS, DIGOIN
Pierre de Couhard
Av. de la République
Avenue Charles de Gaulle
R. du 22e B.M.N.A.
R. B. Renault
Grande Rue Marchaux
Bd Laureau
R. du Clos Jovet
Boulevard Mazagran
R. Mazagran
Dunant
R. des Cités
Petite Rue Marchaux
R. Guérin
R. Frédéric Latouche
Henri
R. du 8 Mai 1945
Rue Henri Dunant
Av. J. Basdevant
Hôpital
Rue de la Grange-Vertu
R. de la Grange-Vertu
Rue de la Grille
R. Eumène
R. Pernette
R. Jeannin
Tassigny
Rue Dr. Renaud
R. Fg. St Andoche
Hôtel de ville
Théâtre
R. du Champ de Mars
R. de Lattre de
PL. DE CHARMASSE
Av. du 2ème Dragon
R. Joliet
R. de la Jambe de Bois
PL. DU CARROUGE
Av. du Morvan
R. Carrouge
CHAMP DE MARS
R. de l'Arquebuse
R. Demetz
R. de l'Arbalète
R. des Marbres
Lycée Bonaparte
Notre-Dame
P. de la Halle
aux Cordiers
R. St Saulge
R. Chauchien
Gr.
Rue Changarnier
Musée Jacques-de-La-Comble
Rue St Antoine
R. Lauchien le Boucher
Boulevard des Résistants Fusillés
Rue aux Raz
R. Doct. Gillot
R. du 19 Mars 1962
R. des Tanneurs
R. des Cordeliers
Rue Piolin
Rue St Pancrace
R. Ste Anne
R. Maréchaux
R. Cocand
Musée Rolin
PLACE D'HALLENCOURT
R. Bouteiller
R. du Faubourg Talus
PL. ST-LOUIS
Fontaine St-Lazare
Évêché
R. du Fg. St Pancrace
R. N.-Dame
PL. DU TERREAU
PL. STE-BARBE
Cath. St-Lazare
Rue du Vieux Colombier
VILLE HAUTE
Bd Mac Mahon
R. Rivault
R. Dufraigne
Rue Saint Georges
R. Raquette
Remparts romains
R. du Fg. St Blaise
0
100
200 m
Tour des Ursulines
30
9
11
34
5
33
35
14
1
32
15
13
2
6
7
31

AUTUN

☎ *03-85-52-37-74. Tlj sauf dim 10h-20h. Compter 10-20 €.* Une « cuisine minute » à toute heure, à l'italienne et à emporter. Des plats bio, fraîchement préparés, des pizzas, des soupes, des pâtisseries maison... Coin épicerie fine.

New Saint Georges Café'In *(plan A2, **15**) : 9, rue Saint-Saulge. 06-76-79-81-95. Ouv Pâques-Toussaint et vac de Noël (tlj juil-sept). Repas autour de 15-20 €. Café offert pour les repas et menus sur présentation de ce guide.* Un petit lieu chaleureux, qui fait à la fois salon de thé, crêperie, resto, brocante, où l'on se sent bien, quels que soient l'heure et l'âge de ses artères. Les enfants adorent. Les grands enfants aussi. Tout est fait maison, le salé du midi comme le sucré de l'après-midi.

Le Café de la Bourse *(plan A1, **9**) : 18, av. Charles-de-Gaulle.* ☎ *03-85-52-11-77. Tlj sauf dim.* Brasserie-salon de thé tout rose où l'on vient volontiers se poser et profiter du cadre Art déco.

Le Café des Tilleuls *(plan A2, **14**) : terrasse de l'Europe, 6, rue du Général-Demetz.* ☎ *03-85-52-51-44. • cafe destilleuls@neuf.fr • cafedestilleuls.fr • De mars à mi-déc.* Petit bar-resto sympa pour un verre sous les arbres du mail, au frais l'été. Programmation musicale à consulter sur le site.

Prix moyens

Comptoir Cuisine *(plan B3, **6**) : 13, pl. du Terreau, au pied de la cathédrale.* ☎ *03-85-54-30-60. Mar-sam. Repas 20-30 €.* Le chef est revenu au pays poser ses valises après avoir baroudé dans le monde et fait ses classes auprès de grands noms parisiens. Sa carte fait office de CV gastronomique et mêlant habilement les cultures culinaires est et ouest. Le tout servi dans une ambiance bistrot et une déco ethno-moderne sympa et jeune.

Le Petit Rolin *(plan A3, **2**) : parvis Chanoine-Denis-Grivot.* ☎ *03-85-86-15-55. • lepetitrolin@gmail.com • Tlj. Congés : de mi-nov à mars. Menus env 13 € (déj en sem), puis 14,50-27 €. Apéritif maison offert sur présentation de ce guide.* Parlons d'abord de la salle du XVe s avec une frêle colonne romaine pour tenir les vénérables poutres en place et un bout de rempart en guise de mur. Aux beaux jours, optez pour la terrasse à l'ombre de la cathédrale. Dans tous les cas, le cadre est idéal pour apprécier les classiques bourguignons à la carte, mais aussi salades, crêpes, grill... Service efficace et souriant, même en cas d'affluence.

Le Châteaubriant *(plan A1, **11**) : 14, rue Jeannin.* ☎ *03-85-52-21-58. • lechateaubriantautun@orange.fr • Tlj sauf dim-lun, plus mer soir hors saison. Congés : 2 sem en fév et 2 sem en juil. Menus 16-18,50 € (en sem), puis 26-35 €. Café offert sur présentation de ce guide.* Voici une solide adresse qui assure une cuisine régulière, plébiscitée par les Autunois depuis plus de 20 ans. Spécialités de viandes particulièrement tendres, comme le filet de bœuf sauce époisses, les cuisses de grenouilles, etc.

Le Monde de Don Cabillaud *(plan A3, **13**) : 4, rue des Bancs. 07-60-94-21-10. Tlj sauf dim-lun. Congés : 1res quinzaines de janv et de juin. Menu 37 €. Café offert sur présentation de ce guide.* Au pays du bœuf bourguignon, un restaurant de poisson et un bar à huîtres ? Normal, on est rue des Bancs et c'est la passion maritime qui anime le chef originaire de Saint-Malo (Bretagne) émigré à Autun. C'est mignon et charmant, bien situé, avec une cuisine ouverte sur la petite salle sobrement décorée.

Voir aussi, plus haut, dans « Où dormir ? », le resto de l'***Hôtel de la Tête Noire*** *(plan B2, **5**).*

Où dormir ? Où manger dans les environs ?

Bon marché

Chambres d'hôtes chez Françoise Gorlier *: ferme de la Chassagne, 71190 **Laizy**.* ☎ *03-85-82-39-47. • francoise.gorlier@wanadoo.fr • À 12 km au sud-ouest d'Autun. Avr-oct. Double env 54 €. Table d'hôtes* *(sauf dim, sur résa) env 22 €. Réduc de 10 % hors juil-août sur présentation de ce guide.* C'était le rêve de petite fille de Françoise : devenir fermière. Son bonheur est contagieux, car vous ressortirez de chez elle gonflé à bloc. La maison est magnifique et le panorama sur le massif du Morvan unique. Le lait, le beurre, les œufs, la confiture, les légumes, tout est maison et délicieux. Excellent rapport qualité-prix.

Chic

Chambres d'hôtes Domaine Les Escargots : *Les Billaudots, 3, impasse de la Croix, 71540* ***Igornay.*** *☎ 03-85-54-18-45. • info@domaine-les-escargots.com • domaine-les-escargots.com • ♿ À env 13 km au nord d'Autun par la D 681. Tourner à droite vers Igornay ; 500 m plus loin à gauche, panneau. Doubles et suites à partir de 80 €. Menus 30-38 €, boissons incluses.* Grande maison ancienne restaurée où l'on est accueilli par une gentille dame néerlandaise francophone, mariée à un chef cuisinier bourguignon. Chambres impeccables et très soignées, avec des grands lits. Vue sur le jardin. Très bonne table.

Chambres d'hôtes du château de Vareilles : *chez Carolien et Robert Van Baaren, 71540* ***Sommant.*** *☎ 03-85-82-67-22. • chateaudevareilles.com • À 11 km au nord d'Autun et à 15 km du site du mont Beuvray. Avr-oct. Double 95 €. Table d'hôtes 27,50-35 €.* Au pied d'une colline boisée, un petit château tout blanc comme dans un conte de fées, tenu par Carolien et Robert Van Baaren. Les chambres sont superbes et le petit déj vaut à lui seul le déplacement. Piscine chauffée.

Où déguster du vin de la région ?

Le Cellier de Benoît Laly *(plan A1,* ***30****) : 14, rue de la Grange-Vertu. ☎ 03-85-52-24-83. Mar-sam (sauf j. fériés) 9h-12h, 14h-19h ; l'été, ouv également lun 10h-12h, 14h30-18h30.* Cellier et minimusée de la Vigne et du Vin. Un endroit étonnant si vous aimez le vin et son histoire. Dégustation possible, vente en vrac et à la bouteille.

Où acheter de beaux produits ?

Le Cygne de Montjeu *(plan A2,* ***32****) : 12, rue Saint-Saulge. ☎ 03-85-52-29-61. Mar-dim mat 8h30 (8h le w-e)-12h30, 14h-19h15.* Une belle et bonne pâtisserie-chocolaterie. Régalez-vous l'été avec des glaces faites maison. D'ailleurs tout est fait maison, dont les noisettes et croquets du Morvan !

Boucherie-charcuterie Gautier *(plan A2,* ***33****) : 5, rue Saint-Christophe. ☎ 03-85-52-20-90. Fermé dim ap-m et lun.* Charcuterie traditionnelle et familiale avec de succulents produits faits maison. Vaut le détour, et pas seulement pour les jambons persillés du Morvan, saucissons ou pâtés extra ! La patronne est un vrai personnage.

L'atelier-boutique Neyrat *(plan B2,* ***34****) : 19, rue de l'Arquebuse. ☎ 03-85-86-54-00. Juin-sept, lun-jeu et ven mat, plus sam en hte saison.* Un lieu original où l'on produit sous vos yeux des parapluies, de manière artisanale, une spécialité 100 % autunoise depuis 1852. Mais l'entreprise Neyrat en produit 1 million par an dans ses usines en Asie ! Magnifique boutique où chaque pépin est quasiment une pièce unique. Compter de 35 à 95 € selon le modèle, secrets de fabrication inclus !

La Pause Café *(plan A-B2,* ***35****) : 9, rue aux Cordiers. ☎ 03-85-86-34-60.* Épicerie fine et torréfacteur où l'on trouve plus de variétés de thés, mais aussi un savoureux mélange maison de café appelé Talleyrand, plébiscité par les Autunois.

La Ferme de Rivault *(hors plan par B3,* ***31****) : sur les hauteurs de Saint-Blaise, d'où l'on domine tt Autun. ☎ 03-85-52-43-52. Visite et dégustation 7,50 €.* Philippe et Alexandre

Labonde font l'élevage de canards. Ils vendent foies gras, rillettes, confits, et surtout, ils préparent, sur résa pour les groupes, un mâchon à la bonne franquette à base de produits maison.

À voir

La cathédrale Saint-Lazare (plan A3) **:** *accès partiel, dû à des travaux avec fouilles archéologiques.*
Un joyau roman du XIIe s dans un écrin gothique.
L'un des chefs-d'œuvre de la cathédrale, c'est le ***tympan,*** qui a été magnifiquement restauré. Le sculpteur a laissé son nom gravé sous les pieds du Christ : il s'appelait Gislebertus et avait un style bien à lui, caractérisé par l'allongement des corps, les visages grotesques attribués aux diables ou le traitement graphique des lignes. En 1766, trouvant ce boulot vraiment barbare et primitif, les chanoines le firent disparaître derrière une épaisse couche de plâtre, le sauvant du coup des destructions de la Révolution. Merci, les chanoines ! On le retrouva par hasard en 1837, mais il faudra attendre 1948 pour que le Christ retrouve sa tête, qui traînait au musée Rolin ! Impossible de décrire entièrement le tympan. On conseille de visionner le film détaillant ce tympan unique à l'espace Gislebertus juste en face.
À l'intérieur, l'influence romaine est marquante. L'architecte se serait-il inspiré de la porte d'Arroux ? Il faut détailler les admirables ***chapiteaux*** de Gislebertus, un par un. Dans la 4e chapelle, vitrail de l'arbre de Jessé, le seul vieux vitrail de la cathédrale (XVIe s).
On accède à la ***salle capitulaire*** par le jardin, le « clos Gislebertus », attenant à la cathédrale *(juin-sept, tlj sauf dim ap-m et lun ; entrée : 2 €, réduc, gratuit moins de 12 ans).* C'est ici que sont exposés les chapiteaux qui étaient initialement sur certains piliers du chœur et de la nef. Une chance unique de les admirer de près. Parmi les plus célèbres : le 2e à droite en entrant, *La Pendaison de Judas,* avec ses 2 diables tirant sur la corde. En sortant, dans le jardin, allez voir la gargouille irrévérencieuse à qui vous ne manquerez pas de tirer la langue.
– Découvrez librement « ***La cathédrale en lumière*** » (et en musique) : *1er juil-31 août 21h-23h.*

Le musée Rolin (plan A2-3) **:** *5, rue des Bancs. ☎ 03-85-52-09-76. Avr-sept, tlj sauf mar 10h-13h, 14h-18h ; oct-mars, tlj sauf mar 10h-12h30, 14h-17h30. Fermé 1er janv-début fév et certains j. fériés. Entrée : 6,50 €, 7,50 € avec expo temporaire ; réduc ; gratuit pour ts le 1er dim du mois. Le billet donne droit à des réduc pour le musée de Bibracte. Sinon,* Pass archéo *avec le musée du Pays châtillonnais, Trésor de Vix, le musée de Bibracte et le site d'Alésia.*
L'un des plus riches musées d'art de Bourgogne, installé dans l'hôtel particulier du chancelier Rolin. Propose tous les 2 ans, en plus de la collection permanente, des expos d'envergure nationale en partenariat avec le Louvre.
– ***Au rez-de-chaussée :*** remarquables mosaïques, notamment celle des auteurs grecs et surtout celle du Bellérophon terrassant la Chimère, récemment restaurée. Salle des poteries, amphores, verres et petits bronzes. Salle des outils anciens, métallurgie du Ier au IVe s, jolies figurines, grande variété de fibules, bijoux, épingles. Superbe casque de parade en bronze doré. Noter les délicats dessins sur le sarcophage de saint Francovée et l'une des 1res inscriptions chrétiennes (du IVe s) : l'inscription de Pectorios. Reconstitution d'une petite nécropole avec stèles, sarcophage d'enfant en plomb du IVe s.
– Passage dans la ***cour nord,*** ce qui permet d'admirer la ravissante façade et la tour avec fenêtres et porte à accolade de l'hôtel Rolin.
– De là, accès aux ***salles romanes*** au rez-de-chaussée avec en pièce maîtresse la fameuse *Tentation d'Ève,* restaurée en 2016, qui figurait sur le linteau du portail latéral de la cathédrale et qu'on retrouva dans le mur d'une maison, comme matériau de construction. Mais où est passé Adam ?

– Par l'escalier à vis on parvient aux ***salles gothiques*** au 1er étage, où se trouve une autre pièce maîtresse, la *Nativité du cardinal Jean Rolin* du « Maître de Moulins ». Remarquable modelé du visage de Joseph, mais ce sont les bleus qui s'avèrent tout simplement extraordinaires. À côté, admirer la *Vierge d'Autun* en pierre polychrome du XVe s.
– Les ***salles Beaux-Arts*** du 2e étage abritent des collections de la fin du XVIe s à nos jours.

Le muséum d'Histoire naturelle Jacques-de-la-Comble *(plan B2)* **:** *14, rue Saint-Antoine. ☎ 03-85-52-09-15. (rdc). Juil-août, mer-dim 14h-17h30 ; sept-juin, mer 14h-17h. Fermé j. fériés. Entrée : 5,60 € ; réduc ; gratuit pour ts le 1er dim du mois. Visite guidée sur résa.* Installé dans un ancien hôtel particulier avec moult moulures et dorures. Exposition permanente sur les milieux naturels et anciens de la région : minéraux, fossiles, insectes, oiseaux et mammifères. Les tiroirs du musée abritent tout de même 800 000 échantillons ! Pour tout savoir sur l'autunite – qui n'est pas une maladie, mais le 1er minerai d'uranium découvert – et sur l'autunien – bien connu des géologues férus de l'ère primaire –, les rapaces oubliés et d'autres bestioles sympathiques comme ces bons vieux dinosaures...

L'Autun romain

Le théâtre romain *(hors plan par B1)* **:** *entrée av. du 2e-Dragon.* Construit au Ier s apr. J.-C., avec 148 m de diamètre, il fut le plus grand de la Gaule romaine et pouvait contenir jusqu'à 20 000 spectateurs. Ne subsiste aujourd'hui que la *cavea,* la partie où l'on s'asseyait. Comme beaucoup de monuments romains, le théâtre servit de carrière de pierre, notamment pour la construction du grand séminaire.

La porte d'Arroux *(hors plan par A1)* **:** *rue du Faubourg-d'Arroux.* Des 4 portes de la ville, il n'en reste que 2. Elles étaient toutes construites sur le même plan. Pour sa part, la porte d'Arroux, qui commandait la route de Sens, n'a jamais été reconstruite et nous parvient donc dans son état originel. Édifiée en calcaire, large de 17 m, elle est percée de 2 grandes ouvertures pour les véhicules et de 2 petites pour les piétons.

La porte Saint-André *(hors plan par B1)* **:** *rue de la Croix-Blanche.* Située sur la route de l'Est. Plus massive que la précédente, car enterrée, elle fut un peu remaniée et restaurée durant les siècles. Elle possède encore une de ses tours de garde, qui fut transformée en église au Moyen Âge.

Les remparts *(plan A-B3)* **:** construits par les Romains, il en subsiste plus de la moitié sur les 6 km d'origine, ainsi que 23 des 54 tours existant à l'époque et 3 portes monumentales sur 4. Bien entendu, une partie des remparts, épais de 2,50 m, et des tours a été englobée dans les habitations, mais certains éléments se laissent encore assez bien deviner. Cette muraille, inhabituelle en Gaule si tôt dans la conquête romaine, montrait bien la volonté des 1ers Autunois de se construire une capitale à l'image de Rome. Appareillage de pierre très régulier. La partie la plus homogène, quasiment intacte, s'étend sur le boulevard Mac-Mahon, depuis la tour des Ursulines.

Le temple dit « de Janus » *(hors plan par A1)* **:** *au lieu-dit La Genetoye, à env 500 m des remparts. Accès par la rue du Faubourg-Saint-Andoche ou celle du Faubourg-d'Arroux.* Ce qui reste de ce temple typiquement gallo-romain impressionne, et pourtant, ce n'est que la *cella,* la partie centrale, qui faisait 24 m de haut et 2,20 m d'épaisseur. C'est ici que se tenait la statue du dieu. Tout autour tournait une galerie. Les trous que vous apercevez dans la façade sont ceux de la charpente de la galerie ou des boulins qui servirent à fixer les échafaudages durant la construction.

La pierre de Couhard *(hors plan par B3)* **:** *à l'est de la ville, en direction de la cascade de Brisecou.* Date probablement du Ier s apr. J.-C. On devine un monument funéraire ou un cénotaphe de forme pyramidale qui, à l'origine, devait bien faire une trentaine de mètres de haut. Son revêtement de plaques de calcaire a disparu et on peut voir un trou béant causé par les recherches effectuées au XVIIe s.

Balade dans la ville haute *(plan A-B2-3)*

À partir de la cathédrale, c'est un délice de vagabonder le long des ruelles médiévales... Au no 9, l'ancien farinier des chanoines abrite le ***cellier des Arts,*** qui accueille artistes et artisans d'art locaux. Toutes les créations exposées peuvent être acquises *(☎ 03-85-52-85-81 ; mer-dim 10h-18h30).*

Devant la cathédrale s'élève la ***fontaine Saint-Lazare*** *(plan A3),* construite en 1543 dans le style Renaissance.

Pittoresques impasses autour de la cathédrale venant buter contre la muraille. Prenons à droite du parvis. À l'angle de l'impasse du Jeu-de-Paume, belle « maison du tripot » (le casino quoi !) à pignons pointus, colombages et fenêtres à accolade. Au no 12, rue Notre-Dame, l'***hôtel de Millery,*** du XVIIe s, son grand jardin, son beau perron avec escalier en fer à cheval. Côté impasse, l'hôtel s'appuie sur les murs de bâtisses du XVe s (façade plus fruste).

Au bout de la rue Dufraigne et de la rue du Faubourg-Saint-Blaise *(plan A3)* puis à droite s'élève la ***tour des Ursulines*** (XIVe s), octogonale, surmontée d'une statue de la Vierge. Bâtie sur la base d'une tour romaine, c'est le seul vestige de la forteresse du bailli des ducs de Bourgogne. Elle appartient aujourd'hui à un artiste japonais, Isao Takahashi, qui y enseigne l'art de la fresque médiévale. Création d'une fresque sous la voûte de la tour et expo de mi-juillet à mi-août.

Sereine rue Saint-Quentin et charmante ***rue Sainte-Barbe.*** Au no 3, ***place Sainte-Barbe,*** 3 clins d'œil du passé : stèle romaine insérée dans le mur, petite baie romane et fenêtre du XVe s. ***Place d'Hallencourt,*** entrée de l'évêché (ne se visite pas). Portail du XVIIIe s et tour Saint-Léger du XIIIe s.

Quelques pas dans la ville classique

C'est la ville qui se développa au XVIIIe s, autour de la ***place du Champ-de-Mars*** *(plan A2).*

Au bout de la place, le ***lycée Bonaparte*** *(plan A2),* ancien collège des jésuites du XVIIIe s. En 1779, Napoléon et son frère Joseph y furent élèves. Impressionnante grille en fer forgé de 1772. À côté, l'***église Notre-Dame*** *(plan A2),* ancienne chapelle du collège. À l'intérieur, statue de Sainte-Anne et la Vierge, en pierre, du XVe s. ***Mairie*** de style assez éclectique, comme il sied souvent à cette architecture du XIXe s et imposant ***théâtre*** à l'italienne également du XIXe s à côté (on rehaussa la mairie pour que le théâtre ne soit pas plus haut !).

NAPOLÉON, ROCK STAR

*Napoléon fréquenta quelques mois le collège de la ville et revint, au faîte de sa gloire, dormir à l'*Hôtel de la Poste*. Pour mieux l'approcher, quelques dames émoustillées se déguisèrent en servantes, lors du dîner qui fut donné en son honneur. En 1815, à son retour de l'île d'Elbe, il dormit dans le même hôtel. Mais là, ses ex-admiratrices eurent plutôt tendance à le snober. Et il repartit furieux.*

Au n° 12 de la place, en passant par le mail et son kiosque, débute le beau ***passage Balthus*** qui finit rue aux Cordiers. Construit en 1848, il ne manque pas d'élégance, avec sa double galerie sur le toit des boutiques, formant balcon sur le passage. Accès par un gracieux escalier. Ce beau décor néoclassique plut à Alain Resnais puisqu'il y tourna une scène d'*Hiroshima mon amour* (d'après le roman de Marguerite Duras).

Manifestations

- ***Ateliers en famille :*** *à chaque vac scol.* Ateliers ludiques autour des saveurs et senteurs romaines, de la gastronomie médiévale, des secrets du naturaliste... Également un jeu de piste en famille sur le thème de l'architecture. À partager avec les enfants.
- ***Journées romaines :*** *1er w-e d'août.* ● *journees-romaines.com* ● Engagez-vous... à retrouver la légion VIII Augusta ! Une équipe de passionnés qui vous feront voir du pays.
- ***Augustodunum « Entre Ombres et Lumières » :*** *fin juil-début août.* Son et lumière dans le théâtre antique. Péplum grandeur nature : jeux de lumières, projection sur écran géant, grande fresque historique.

BIBRACTE ET LE MONT BEUVRAY

(71990) *Carte PNR du Morvan, A-B3*

Il était une fois, aux IIe et Ier s av. J.-C., à la fin de l'âge du Fer, une grande ville gauloise qui, croyait-on, résisterait encore et toujours à l'envahisseur... L'histoire aurait pu continuer ainsi et faire l'objet, quelques siècles plus tard, d'une série de bandes dessinées célèbres. Le seul best-seller écrit ici n'est pas d'Uderzo ni de Goscinny, mais de César, qui y acheva la rédaction de ses *Commentaires sur la guerre des Gaules,* une fois vainqueur à Alésia.
Quelques décennies après la conquête romaine, Bibracte fut abandonnée au profit d'Autun, ce qui explique pourquoi il vous faut impérativement parcourir, après la visite d'Augustodunum (nom romain d'Autun), les 25 km qui vous séparent de Bibracte, cette cité endormie depuis mais conservée, fossilisée, au cœur de la forêt. Et réveillée aujourd'hui par les archéologues qui ont fourni la matière du musée résolument high-tech, porte d'entrée du site. Il permet de tout savoir de cette période charnière de notre histoire où les Gaulois devinrent gallo-romains et sert de porte d'entrée à ce « Grand Site de France ».

LA CAPITALE DES ÉDUENS

Labellisé « Grand Site de France », l'oppidum de Bibracte, capitale des Éduens, culmine sur le mont Beuvray à 821 m. Un site exceptionnel déjà pour sa vénérable forêt de hêtres et de chênes. Il sert d'écrin aux vestiges archéologiques et à des points de vue uniques sur les paysages préservés et bucoliques de la Bourgogne centrale.
Au Ier s av. J.-C., une grande ville gauloise s'élevait au sommet du mont Beuvray. Bibracte possédait ses quartiers de nobles et d'artisans, son centre monumental, ses voies d'accès. L'oppidum, ville fortifiée avec 5 km de remparts en partie visibles et de nombreuses portes, était certes un carrefour économique, mais surtout le siège du pouvoir civil et religieux des Éduens.

Quand commence la guerre des Gaules, les Éduens étaient depuis un siècle des partenaires commerciaux des Romains. Leur revirement, scellé par la fameuse coalition gauloise, durant laquelle Vercingétorix fut proclamé chef en 52 av. J.-C., avait été fortement anticipé par le comportement de Jules César, de plus en plus tyrannique vis-à-vis de ses alliés gaulois.
Abandonnée au moment du changement d'ère au profit d'Autun, Bibracte fut bientôt recouverte d'une forêt et sombra dans l'oubli pendant des siècles. Le site de la capitale des Éduens du temps de Jules César fut retrouvé à la fin du XIXe s par un érudit autunois, ***Jacques-Gabriel Bulliot*** (1817-1902). À force de curiosité et de ténacité, il fouilla la montagne et découvrit les restes de l'oppidum.
Après une interruption de 70 ans, les archéologues fouillent à nouveau le site tous les étés depuis 1984.
Tout cela vous sera largement expliqué au cours de la visite passionnante du musée. Compter une bonne journée « gauloise » pour découvrir le musée (payant) et le site archéologique et naturel du mont Beuvray (en accès libre).

Où manger ? Où boire un verre à Bibracte ?

Le Chaudron *(restaurant de cuisine gauloise)* **:** *sur la gauche du musée. ☎ 03-85-86-52-40. • info@bibracte.fr • De mi-mars à mi-nov, ouv vac scol, dim et j. fériés, le midi seulement. Compter env 19 € (12,50 € moins de 12 ans). Possibilité de formule journée gauloise avec visite guidée du site et entrée du musée. Résa obligatoire.* La découverte archéologique se poursuit jusque dans l'écuelle, sur des sortes d'établis assez bas, sans fourchette (mais avec une cuillère et un couteau, à la mode gauloise), vous prendrez votre repas dans de la vaisselle fabriquée sur des modèles d'époque. Salade de lentilles et d'orge, viandes mijotées dans le cidre et le miel, galettes de noisettes et autres fruits des bois... Le resto propose aussi des cervoises blondes, brunes ou rousses brassées spécialement pour Bibracte.

Pour les petites faims et les grandes soifs, en été, on peut y acheter un pique-nique *(9 €/pers)* composé de produits du terroir : terrine du Morvan, fromage de chèvre, entre autres. On y déguste aussi de belles tartes, de la cervoise, du miel...

Où dormir ?
Où manger dans les environs du mont Beuvray ?

De bon marché à prix moyens

Maison Le Petit Ailleurs : *chez Christiane Angermann et Philippe Gautheron, La Boutière, 71990* ***Saint-Léger-sous-Beuvray.*** *☎ 03-85-82-54-08. 06-22-32-17-42. • christiane.angermann@gmail.com • gite-du-morvan.com • Compter 455 €/sem en hte saison.* Si tous les guides du parc se mettaient, comme Christiane, à retaper une vieille maison de village pour en faire un gîte sympa comme tout, où se poser à 2 ou en famille, il y aurait plus de monde qui séjournerait par ici. Confortable, chaleureux, pratique, avec une terrasse pour se faire bronzer et un sauna pour les jours sans soleil.

Chambres d'hôtes Aux Sources de l'Yonne : *lieu-dit Anverse, 58370* ***Glux-en-Glenne.*** *☎ 03-86-76-15-70. • sdlyonne.com • À env 4 km au nord. D'avr à mi-nov. Double 55 € ; dégressif. Forfait tente pour 2 env 14 €.* Les Néerlandais sont présents en nombre l'été dans le Morvan. Certains s'y installent, comme ce couple qui a perché sa jolie maison à flanc de colline. Intérieur boisé et des chambres chaleureuses décorées sur des thèmes morvandiaux, dont une suite familiale. Cuisine à disposition, installée de façon insolite dans une ancienne cave. Dans le jardin en contrebas, petite piscine bien animée l'été. Cuisine du monde à la table d'hôtes et accueil charmant. Possibilité de camper à côté de la maison. Également plusieurs gîtes dans les environs.

La Petite Auberge : *le bourg, 58370* **Glux-en-Glenne.** *☎ 03-86-78-65-79. • aubergeglux@orange.fr • À env 4 km au nord. Fermé mer, plus jeu hors saison. Congés : de janv à mi-fév et début sept. Menus 20-24 €. Café offert sur présentation de ce guide.* Une auberge de poche où l'on est accueilli avec le sourire en terrasse ou dans l'une des 2 jolies salles rustiques. Qu'il s'agisse d'un repas complet ou d'une simple pause, tout est frais et maison avec parfois d'amusantes touches anglaises (la patrie du chef). L'adresse idéale pour se poser avant ou après une rando sympa que l'on recommande vivement, « Les Sources de l'Yonne », au départ du parking « La Source ». Faisable avec des enfants en 3 km. Topo disponible à la mairie ou à l'office de tourisme de Château-Chinon.

Chambres d'hôtes L'Eau Vive : *chez Catherine et René Denis, 71990* **Saint-Prix.** *☎ 03-85-82-59-34. • renecat.denis@orange.fr • chambresdhotes-eauvive.fr • Fermé 15 j. fin juin et Toussaint-Pâques. Double env 55 €. Table d'hôtes le soir env 25 €, sans le vin.* En contrebas de la route, sur un flanc de coteau verdoyant, un ancien corps de ferme aménagé à côté de la maison d'habitation, avec 4 jolies chambres jouissant d'une belle vue sur la campagne. Accueil charmant et dynamique. Catherine cuisine merveilleusement (ah, le bœuf charolais au pain d'épice et les succulentes tartes !) et René connaît bien les randonnées et itinéraires de VTT.

Très chic

Chez Franck et Francine : *71990* **Saint-Prix.** *☎ 03-85-82-45-12. • chez-franck-et-francine@wanadoo.fr • ♿ Fermé dim soir-lun. Résa min 2 j. avt. Menus 47-55 €.* Dans un petit village, au pied du Haut-Folin, le point culminant du Morvan. Une cuisine digne des grandes toques de Bourgogne, vous n'en reviendrez pas ! Encore faut-il pouvoir obtenir une place, car le chef est seul en cuisine, et comme il ne cuisine que du frais, ne pas y arriver à l'improviste.

À voir. À faire

Le musée de Bibracte : *71990* **Saint-Léger-sous-Beuvray.** *☎ 03-85-86-52-35. • info@bibracte.fr • bibracte.fr • ♿ (matériel adapté). De mi-mars à mi-nov, tlj 10h-18h (19h en juil-août, 22h les mer de juil-août). Entrée : 7,50 € avec audioguide ; 12 € pour le passeport Bibracte (entrée au musée + visite guidée du site, tlj à 10h30, 14h, 15h et 16h30 en juil-août ; dim, j. fériés et vac scol à 14h30 de mi-mars à fin juin et de mi-sept à mi-nov ; tlj à 14h30 la 1re quinzaine de sept) ; 27 € pour la journée gauloise (repas inclus au Chaudron) ; réduc ; gratuit moins de 12 ans hors repas. Avec ce billet, réduc pour d'autres sites. Sinon Pass archéo avec le musée du Pays châtillonnais, Trésor de Vix, le musée Rolin d'Autun et le site d'Alésia. Prêt de poussettes, porte-bébés, bornes de rechargement pour vélos électriques...*

Bâti au pied du mont Beuvray, labellisé Grand Site de France, ce musée est d'abord un vrai pari architectural qui se déploie en strates : pierres taillées, pierres polies, verre et métal, en rappel des âges de l'humanité (on est chez des archéologues !).

L'intérieur du musée, ultramoderne, est plus ouvert que jamais sur la nature environnante, tout en faisant appel aux nouvelles technologies pour permettre à tous, petits et grands, d'utiliser au mieux cette fantastique machine à remonter le temps. Il présente ***à l'étage,*** par lequel vous commencez la visite, l'émergence du phénomène urbain dans l'Europe tempérée, ancré dans l'histoire de la fin du Ier millénaire av. J.-C., au travers de tous ses aspects : agriculture et artisanat, économie et réseaux d'échanges, urbanisme et expressions artistiques...

Le rez-de-chaussée dévoile les vestiges de Bibracte, ceux d'une ville où cohabitaient déjà, avant même la conquête, des éléments traditionnels de la culture gauloise et les signes d'une influence grandissante du monde romain. Des centaines d'objets, amphores, monnaies, vaisselle, outils, etc., exhumés depuis la reprise des fouilles en 1984, des maquettes et des reconstitutions permettent de comprendre les étapes de cette romanisation et le travail archéologique à la source de ces découvertes. Ne ratez pas le survol interactif de l'oppidum avec une tablette numérique pour découvrir le millefeuille des données topographiques, hydrographiques et archéologiques et voyager dans le temps.

À TABLE, LES GAULOIS !

Les Gaulois mangeaient du cochon (succos), du goret (orco), et même parfois des petits chiens (coligno). Renards et loups étaient chassés pour leur fourrure. Les céréales servaient à faire la bouillie, base de l'alimentation gauloise. Pour les banquets, on n'hésitait pas à sacrifier un taureau, un bœuf et de nombreux moutons. Les archéologues sont formels, le sanglier figurait rarement au menu des ripailles !

- ***Un conseil :*** après votre tour dans le musée, suivez les ***visites guidées du site,*** pour mieux rêver la ville enfouie sous la forêt.
- Chaque été, le musée propose des ***ateliers pour enfants*** *(tlj sauf ven-sam)* ainsi que des ***soirées thématiques*** *(mer seulement).*

On trouve aussi au musée une ***boutique*** bien riche en matière d'archéologie et d'environnement, et proposant en outre toute une gamme de bijoux originaux et de jeux.

Le Grand Site de France de Bibracte - Mont Beuvray : *accès libre et gratuit.* Pour atteindre le sommet du mont Beuvray, on peut soit monter à pied (très belle randonnée en soi), soit utiliser en été les navettes gratuites, soit encore y aller en voiture. Une jolie route ombragée y grimpe parmi les hauts troncs moussus, mais attention, elle est à sens unique et ne revient pas à son point de départ.
On traverse une immense forêt parsemée de clairières où se déploient chaque été des chantiers de fouilles qui accueillent des étudiants issus de toute l'Europe. Au lieu-dit La Chaume, une table d'orientation se tient face à un superbe panorama, l'un des plus dégagés du Morvan. Un plan du site et de ses secteurs remarquables est disponible gratuitement à l'accueil du musée.

- La ***grimpe d'arbres*** vous fascine ? Renseignez-vous auprès de l'équipe du musée. Ateliers ou demi-journée découverte. Après une explication sur la forêt et ses racines, l'animateur vous guidera jusqu'à la cime ! Sensations garanties.
- ***Morvan d'Ailes :*** *balade accompagnée de rapaces tte l'année sur résa (☎ 06-85-34-12-89) ou démonstration de rapaces en vol libre (juil-août, lun-ven à 17h, mer et w-e à 11h aux vac de Pâques et Toussaint).* Une découverte originale d'une demi-douzaine de rapaces évoluant en vol libre ou au poing des fauconniers.

Les différents sites sur le mont Beuvray : ils sont accessibles à pied, par des sentiers balisés. Le tour des Remparts fait 5,2 km. Le grand tour sur le mont Beuvray (6,5 km) sinue à travers les bois et passe par le sommet (vue superbe). Compter entre 2h et 3h minimum.
Le *col de la Croix-du-Rebout* (musée), le rempart extérieur, la *tombe des Barlots* (nécropole), la *porte du Rebout* (703 m, principal

ARE FUNÉRAIRE

C'est au sommet du mont Beuvray que François Mitterrand aurait souhaité être enterré. En 1995, il avait acheté un petit terrain d'un are (100 m²) à 810 m d'altitude, au lieu-dit La Chaume, pour un franc symbolique. Une association locale (L'Are pour tous !) s'opposa fermement au projet dans ce site protégé, et Mitterrand renonça finalement à son idée. Il repose à Jarnac, en Charente, au cimetière municipal.

accès de l'oppidum), la *roche de la Wivre,* la *Côme Chaudron* (quartiers des forgerons et des bronziers), la *Pâture du couvent* (restes d'un couvent franciscain et du plus ancien forum de Gaule) et, plus haut encore, le *parc aux chevaux* et l'*Hôtel des Gaules* (vestiges d'une vaste demeure à la romaine, et chaumière-musée qui servait de base aux recherches de Jacques-Gabriel Bulliot, le pionnier de l'archéologie de Bibracte)...

ANOST (71550) 670 hab. *Carte PNR du Morvan, B2*

Dans la partie la plus sauvage et la plus boisée du Morvan, à une vingtaine de kilomètres à l'est de Château-Chinon, Anost a su cristalliser sur son nom toutes les envies de grand air, de randonnées, de convivialité, par une politique d'accueil touristique intelligente et préservant son identité villageoise. Tout comme Francis Poulenc qui y venait en vacances l'été, vous aimerez ce camp de base bien situé pour partir à la découverte de la forêt sur des sentiers bien balisés ou des routes sereines et tranquilles. Mais avant cela, n'oubliez pas de jeter un œil aux gisants de Jehan de Roussillon et de sa femme, dans l'église. Ils datent du XIIIe s.

Où dormir ?
Où manger à Anost et dans les environs ?

Camping municipal du Pont de Bussy : *à Anost. ☎ 03-85-82-79-07 (juin-août). 06-69-98-34-23. • campingdanost@orange.fr • anost.fr • À la sortie du village, en direction de Bussy-Corcelles. Avr-fin sept. Forfait tente 16 € (avec électricité). Mobile homes 130-460 €/sem. CB refusées. 37 empl.* Dans un cadre bucolique à souhait, un petit camping à l'accueil sympa. Beau gazon, sanitaires impeccables, aire de jeux, tennis, baignade.

Auberge de la Chaloire : ***71400 La Petite-Verrière.*** *☎ 03-85-54-14-10. • hotel@auberge-de-la-chaloire.com • auberge-de-la-chaloire.com • À 7 km au sud-est d'Anost. Resto fermé le midi lun-mar, plus les soirs lun-mar hors saison. Doubles 65-76 €. Gîte 6 pers. Menus 21 € (déj en sem), puis 27,50-31,50 €. Café offert sur présentation de ce guide.* Face à l'église, en pleine campagne. Des Néerlandais sympathiques font vivre cet ancien hôtel-resto où l'on se retrouve, entre Européens gastronomes, pour savourer des plats du terroir intelligemment remis à l'honneur, à tout petits prix. Piscine extérieure chauffée.

À voir

La Maison des galvachers : *au centre du village. ☎ 03-85-82-73-26. Juil-août, tlj sauf mar 14h-18h ; juin et sept, mer et w-e 14h-18h ; oct-mai, mer et sam 14h-17h. Mais appeler avt. Entrée : 3 € ; réduc ; gratuit moins de 6 ans et pour ts le 1er dim du mois juin-sept.* Très intéressant petit musée sur ce que fut l'une des activités typiques du Morvan : galvacher, c'est-à-dire charroyeur (conducteur de charroi nomade). Après les plantations de printemps dans leurs champs morvandiaux, ils partaient sur les routes avec leurs bœufs de trait. Du mois de mai à la Saint-Martin (11 novembre), ils vendaient leurs services de bouviers à tout faire jusqu'en région parisienne ou en Champagne : débardage de bois, labourage, transport de matériaux lourds... Aujourd'hui encore, dans le parler populaire local, quand on va travailler au loin, on « part à la galvache ». Le dernier attelage cessa de courir les chemins en 1978.

La Maison du patrimoine oral de Bourgogne : *la Cure. ☎ 03-85-82-77-00. L'une des antennes de l'Écomusée du Morvan. Sur rdv. Visites animées.* Jouer avec les sons, danser, chanter, écouter, observer, raconter des histoires et plein d'autres choses encore... On y trouve aussi un centre de documentation et une boutique de CD et de livres.

L'Enclos à sangliers : *au-dessus du village.* Au sein de la forêt domaniale, un élevage de 20 ha dont on peut faire le tour (environ 2 km). Panneaux pédagogiques sur les sangliers et le Morvan.

Randonnées pédestres

Panoramas sur la forêt du Morvan à Notre-Dame-de-l'Aillant : *6 km, 2h.* Un bain de nature facile. Balisage : blanc et rouge du GR 13, jaune et rouge du GR de pays, jaune du PR. Références : *PR et Week-end en Morvan,* éd. Chamina ; *Tour du Morvan,* éd. FFRP. Carte : IGN au 1/25 000, nº 2824.
Départ de la mairie d'Anost. La traversée de la vallée du Coterin, puis le contournement du mont Athez (564 m) vous mèneront au panorama de Notre-Dame-de-l'Aillant, magnifique, sur les collines boisées du Morvan. Vous continuez vers le nord et le village de Sarceray, en suivant la vallée du Corterin ; sinon, vous pouvez retourner directement à Anost par le balisage jaune et rouge du GR de pays.

Circuit des Galvachers : *11,6 km, 4h.* Jolie rando pour bons marcheurs au départ d'Anost jusqu'à la chapelle de Velée. Vue panoramique.

LA CÔTE-D'OR

• Carte p. *162-163*

ABC de la Côte-d'Or

- ***Superficie :*** 8 763 km^2.
- ***Préfecture :*** Dijon.
- ***Sous-préfectures :*** Beaune, Montbard.
- ***Population :*** 532 900 hab.
- ***Point culminant :*** 723 m (mont de Gien) dans le Morvan.
- ***Signe particulier :*** point de jonction de 3 bassins versants (Seine, Rhône-Saône et Loire) sur la commune de Meilly-sur-Rouvres.

Descendez les « Champs-Élysées de la vigne » de Dijon à Beaune, en suivant la « RDGC », la célébrissime *Route des grands crus,* où l'on a parfois bien du mal à se croiser et où chaque nom de village est connu du monde entier. Cette constellation de terroirs – les « climats » tels qu'on les appelle ici – fait partie depuis 2015 des sites inscrits au Patrimoine mondial de l'Unesco. Ici, la Côte-d'Or vous fait son cinéma sur écran géant.

Repassez-vous le film de Klapisch, *Ce qui nous lie,* avant de partir à bicyclette dans les vignes autour de Beaune ou rejouez *La Grande Vadrouille* de Meursault à Saint-Romain, là même où le film avec Bourvil et de Funès a été tourné, il y a plus d'un demi-siècle déjà, puis gardez des forces pour les Hautes Côtes. Une descente sur la vallée de l'Ouche vous permet de rejoindre le canal de Bourgogne à Pont-de-Pany, là où Depardieu et Dewaere jetèrent Miou-Miou à l'eau dans *Les Valseuses.*

Quelques kilomètres d'une route express qui a tendance à faire la cour au canal, et vous voilà au pays de Vincenot et de Vercingétorix, 2 célèbres moustachus. Le MuséoParc Alésia a rendu vie au 2^d, et à travers lui à toute une microrégion encore méconnue, alors qu'elle possède de véritables trésors patrimoniaux (l'abbaye de Fontenay, le château de Bussy-Rabutin et la Grande forge de Buffon).

Prenez ensuite les chemins de traverse qui, du canal de Bourgogne à la vallée de la Saône en passant par les sources de la Seine, vous donneront envie de mordre la Côte-d'Or à pleines dents.

Et puis, comme la route donne faim, vous aurez peut-être envie d'escargots, d'œufs en meurette, de coq au vin, de jambon persillé avec de la vraie moutarde artisanale, de tourte morvandelle, de fromage d'Époisses ? Il y aura toujours de belles et bonnes tables sur votre chemin, une auberge en plein Morvan, dans le Châtillonnais, au cœur du futur parc national des forêts de Champagne et Bourgogne, près d'une rivière à truites ou un bar à vins, un bistrot à l'ancienne, un resto ne vous prenant pas que pour des touristes, sur la *Route des grands crus*.

UN NOM EN OR

Au fait, d'où vient le nom Côte-d'Or ? Les Côte-d'Oriens vous le confirmeront : rien à voir avec le chocolat, d'origine belge ! Le seul département français dont le nom n'a pas de référence géographique tire son appellation de la couleur des vignes à l'automne. On doit ce trait poétique à un député (poète ?) de l'Assemblée constituante lors de la Révolution française.

Adresses et infos utiles

Côte-d'Or Tourisme *(agence de développement touristique)* **:** *19, rue Ferdinand-de-Lesseps, BP 1601, 21035* ***Dijon*** *Cedex.* ☎ *03-80-63-69-49.* • *cotedor-tourisme.com* • et • *bouger-nature-en-bourgogne.com* •, le site internet dédié aux loisirs nature, à suivre aussi sur les réseaux sociaux avec #lacotedorjadore.

■ ***Gîtes de France :*** *central de résas Accueil et Vacances, basé à* ***Dijon.*** ☎ *03-80-45-97-15.* • *reservation@gites-de-france-bourgogne.com* • *gites-de-france.com* • *Accueil téléphonique lun-ven 8h30-12h30, 13h30-18h (17h ven).*

Tansports par bus : • *viamobigo.fr* •

■ **CDRP 21** *(Comité départemental de randonnée pédestre)* **:** *9, rue Jean-Renoir, 21000* ***Dijon.*** ☎ *03-80-41-48-62.* • *cotedor-randonnee.com* • Pour toutes les infos sur les randonnées en Côte-d'Or.

– Pour partir à la découverte du département à pied, à vélo, en voiture ou en canoë, téléchargez l'appli gratuite mobile « Balades en Bourgogne » sur Apple Store et Google Play, indépendante de la connexion internet. 120 balades dont une quinzaine sur la *Route des grands crus.*

– Découvrez également les partenaires souvent décalés qui font l'originalité du site • *happybourgogne.com* • Des rencontres inattendues avec des porteurs de projets faisant partager leurs expériences touristiques et de loisirs.

Comment circuler ?

Gare routière *(plan Dijon, A2)* **:** *21, cours de la Gare, à Dijon.* ☎ *0825-88-88-26.* Des bus réguliers avec l'ensemble de la Côte-d'Or : le Châtillonnais, le val de Saône, la Côte, l'Auxois, le Morvan... Dessertes et horaires sur • *viamobigo.fr* •

DIJON

(21000) 156 000 hab. *Carte Côte-d'Or, C3*

• Plan *p. 166-167*

Connue dans le monde entier pour une moutarde souvent fabriquée ailleurs, Dijon peut s'enorgueillir surtout d'un secteur sauvegardé largement piéton, riche en monuments et sites historiques, et d'un musée des Beaux-Arts (gratuit !) qui a retrouvé sa superbe, après une réfection totale. Il est le 2ᵈ après le Louvre à être logé au cœur d'un ancien palais. Un palais dont il ne reste de visible, de loin, que la tour Philippe-le-Bon. Mais ça suffit pour redonner du panache et un peu de folie médiévale à la vieille cité des Ducs.

Le quartier du musée est le point de départ d'une jolie balade dans le temps, des maisons à colombages aux couleurs retrouvées jusqu'aux jardins et cours cachés des hôtels particuliers. On peut même pousser jusqu'aux abords du canal de Bourgogne, où la Cité internationale de la gastronomie et du vin prend forme dans l'ancien hôtel-Dieu.

Dédié à la fois au tourisme, à la culture et au commerce, ce vaste centre d'affaires et commercial aura pour ambition de valoriser le repas gastronomique français inscrit au Patrimoine de l'Unesco depuis 2010 et les « climats » de Bourgogne depuis 2015. Une 2de inscription qui a permis à tout le secteur sauvegardé (qui s'étend bien au-delà du centre ancien proprement dit) de bénéficier de cette reconnaissance.

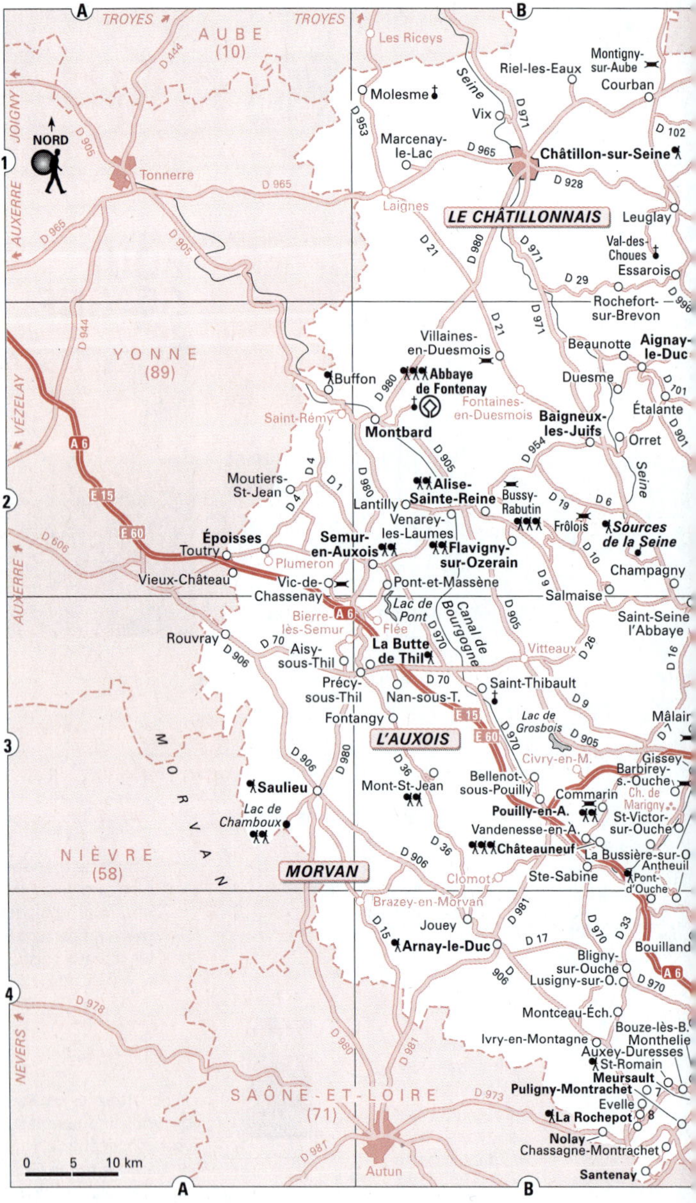

NORD
AUBE (10)
YONNE (89)
NIÈVRE (58)
SAÔNE-ET-LOIRE (71)
MORVAN
TROYES
JOIGNY
AUXERRE
VÉZELAY
NEVERS
LE CHÂTILLONNAIS
L'AUXOIS
MORVAN
Les Riceys
Molesme
Riel-les-Eaux
Montigny-sur-Aube
Courban
Vix
Seine
Marcenay-le-Lac
Châtillon-sur-Seine
Tonnerre
Laignes
Leuglay
Val-des-Choues
Essarois
Rochefort-sur-Brevon
Villaines-en-Duesmois
Beaunotte
Aignay-le-Duc
Buffon
Abbaye de Fontenay
Fontaines-en-Duesmois
Duesme
Étalante
Saint-Rémy
Montbard
Baigneux-les-Juifs
Orret
Moutiers-St-Jean
Lantilly
Alise-Sainte-Reine
Bussy-Rabutin
Frôlois
Sources de la Seine
Venarey-les-Laumes
Époisses
Toutry
Semur-en-Auxois
Flavigny-sur-Ozerain
Plumeron
Vieux-Château
Vic-de-Chassenay
Pont-et-Massène
Champagny
Salmaise
Lac de Pont
Canal de Bourgogne
Bierre-lès-Semur
Flée
Saint-Seine-l'Abbaye
Rouvray
Aisy-sous-Thil
La Butte de Thil
Vitteaux
Précy-sous-Thil
Nan-sous-T.
Saint-Thibault
Fontangy
Lac de Grosbois
Mâlain
Civry-en-M.
Gissey
Barbirey-s.-Ouche
Saulieu
Mont-St-Jean
Bellenot-sous-Pouilly
Commarin
Ch. de Marigny
Lac de Chamboux
Pouilly-en-A.
St-Victor-sur-Ouche
Vandenesse-en-A.
Châteauneuf
La Bussière-sur-O.
Antheuil
Pont-d'Ouche
Ste-Sabine
Clomot
Brazey-en-Morvan
Jouey
Arnay-le-Duc
Bouilland
Bligny-sur-Ouche
Lusigny-sur-O.
Montceau-Éch.
Bouze-lès-B.
Ivry-en-Montagne
Monthelie
Auxey-Duresses
St-Romain
Meursault
Puligny-Montrachet
Evelle
La Rochepot
Nolay
Chassagne-Montrachet
Santenay
Autun
A 6
E 15
E 60
D 444
D 905
D 965
D 953
D 971
D 102
D 928
D 21
D 980
D 29
D 996
D 944
D 701
D 901
D 954
D 4
D 1
D 19
D 6
D 606
D 10
D 9
D 970
D 26
D 16
D 70
D 906
D 7
D 36
D 981
D 15
D 17
D 33
D 978
D 973
0 5 10 km
A
B
1
2
3
4

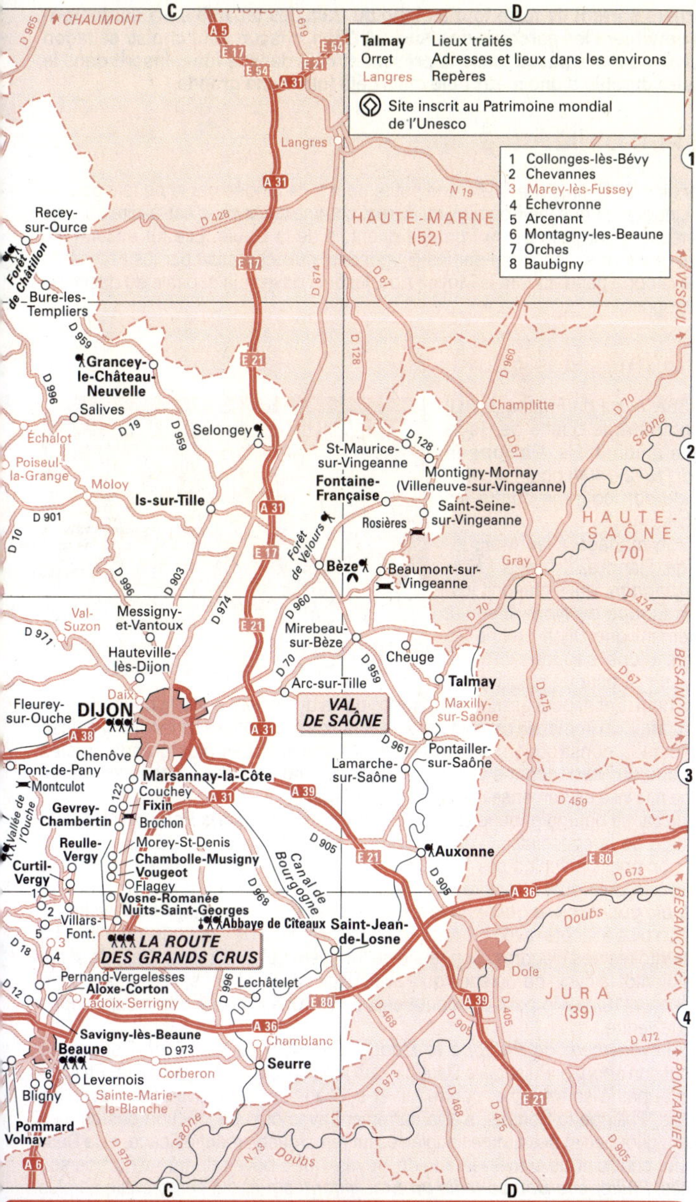

Talmay Lieux traités
Orret Adresses et lieux dans les environs
Langres Repères
Site inscrit au Patrimoine mondial de l'Unesco
1 Collonges-lès-Bévy
2 Chevannes
3 Marey-lès-Fussey
4 Échevronne
5 Arcenant
6 Montagny-les-Beaune
7 Orches
8 Baubigny
CHAUMONT
Langres
HAUTE-MARNE (52)
VESOUL
Champlitte
HAUTE-SAÔNE (70)
Gray
Saône
Recey-sur-Ource
Forêt de Châtillon
Bure-les-Templiers
Grancey-le-Château-Neuvelle
Salives
Échalot
Poiseul-la-Grange
Moloy
Selongey
Is-sur-Tille
St-Maurice-sur-Vingeanne
Montigny-Mornay (Villeneuve-sur-Vingeanne)
Fontaine-Française
Rosières
Saint-Seine-sur-Vingeanne
Forêt de Velours
Bèze
Beaumont-sur-Vingeanne
Val-Suzon
Messigny-et-Vantoux
Mirebeau-sur-Bèze
Cheuge
Hauteville-lès-Dijon
Arc-sur-Tille
Talmay
Daix
VAL DE SAÔNE
Maxilly-sur-Saône
Fleurey-sur-Ouche
DIJON
Pontailler-sur-Saône
Chenôve
Lamarche-sur-Saône
Pont-de-Pany
Marsannay-la-Côte
Montculot
Couchey
Fixin
Gevrey-Chambertin
Brochon
Vallée de l'Ouche
Reulle-Vergy
Morey-St-Denis
Chambolle-Musigny
Curtil-Vergy
Vougeot
Flagey
Auxonne
Canal de Bourgogne
Vosne-Romanée
Nuits-Saint-Georges
Villars-Font.
Abbaye de Cîteaux
Saint-Jean-de-Losne
LA ROUTE DES GRANDS CRUS
Doubs
Dole
JURA (39)
BESANÇON
Pernand-Vergelesses
Aloxe-Corton
Ladoix-Serrigny
Lechâtelet
Savigny-lès-Beaune
Beaune
Chamblanc
Seurre
Levernois
Corberon
Bligny
Sainte-Marie-la-Blanche
Pommard
Volnay
PONTARLIER

LA CÔTE-D'OR

Des itinéraires cyclables ont été réaménagés au centre de la ville, des éco-quartiers sortent de terre tout au long du tram, les œuvres d'art contemporain ponctuent les parcours de visite... À Dijon, chacun peut choisir sa façon de vivre : dans le passé, dans le présent et déjà dans le futur, inscrit dans le registre durable d'une métropole qui a déjà tout d'une grande.

UN PEU D'HISTOIRE

À l'origine de Dijon, il y a *Divio,* une petite bourgade fondée par le peuple gaulois des Lingons, et que les Romains utilisèrent comme *castrum,* c'est-à-dire comme forteresse, pour protéger la frontière orientale de la Gaule. Elle fut ensuite, au cours des siècles, occupée par les Burgondes, puis conquise par les Francs, et se développa pendant tout le Moyen Âge, jusqu'à devenir la capitale du duché de Bourgogne.

La tournée des grands ducs

En 1363, le roi de France Jean II le Bon, offrit le duché de Bourgogne à son 4e fils, ***Philippe le Hardi (1342-1404)*** pour le remercier de son courage contre les Anglais.
Par son mariage avec Marguerite de Flandre, il fonda l'***État bourguignon,*** qui s'étendait jusqu'en Europe du Nord. Il voulut également que Dijon prenne les allures d'une capitale, et pour cela il s'y fit bâtir un palais digne de ce nom. Enfin, pour assurer la postérité de sa dynastie, il édifia la chartreuse de Champmol, un immense monastère qui servait de nécropole à sa famille. Il dirigea lui-même la construction de son fastueux tombeau ! Les plus grands artistes d'Europe du Nord, comme Claus Sluter, vinrent travailler sur ce chantier, ce qui donna à la ville un immense rayonnement artistique.

LE FRANC DE L'INFORTUNE

Philippe le Hardi fut nommé ainsi alors qu'il n'avait que 14 ans, après sa célèbre phrase à la bataille de Poitiers en 1356 : « Père, gardez-vous à droite, père, gardez-vous à gauche. » Une injonction en vain puisque le roi de France fut fait prisonnier et emmené en Angleterre. C'est à cette occasion que fut créé le franc pour payer la rançon !

La puissance bourguignonne était fondée. Son fils, ***Jean sans Peur (1371-1419),*** s'efforça de la consolider. C'était un prince sournois et plein d'audace. Tout lui était bon pour parvenir à ses fins, à commencer par le meurtre. C'est donc sans aucun scrupule qu'il fit occire son rival, Louis d'Orléans, ce qui provoqua ***une véritable guerre civile qui opposa les Armagnacs aux Bourguignons.*** Il n'hésita pas non plus à fricoter avec les Anglais, en pleine guerre de Cent Ans, pour enrichir ses territoires des Flandres. Son règne ne fut guère qu'un immense bain de sang, mais bientôt le cycle de violence qu'il avait déclenché finit par se retourner contre lui, et en 1419, sur le pont de Montereau, il mourut assassiné d'un coup d'épée dans le ventre.
Avec l'avènement de ***Philippe le Bon (1396-1467),*** le duché de Bourgogne connut son apogée. Puisque le Dauphin de France avait fait tuer son père, Philippe n'hésita pas à se retourner contre lui, et si Jean sans Peur avait frayé avec les Anglais, Philippe le Bon, lui, s'allia carrément avec eux. La jonction des armées bourguignonnes et des armées anglaises fut remarquablement efficace, et le Dauphin fut contraint de signer le traité de Troyes, qui le privait du trône. Fort de son succès, ***Philippe le Bon se tailla un État gigantesque,*** qui comprenait, en plus de la Bourgogne : le Luxembourg, l'actuelle Belgique, les Pays-Bas et même une partie du nord de la France. Il se fit bâtir de somptueux palais un peu partout sur ses terres, à Lille, à Bruges, et à Dijon bien sûr, où il fit élever la tour qui porte son nom. Ses banquets pouvaient durer près d'une semaine, et à sa cour, on pouvait

le voir, entouré de ses maîtresses (il en eut une trentaine) et flanqué de ses bâtards (17 en tout, quand même !). On peut dire qu'il poussa l'art de vivre à la bourguignonne jusqu'à son paroxysme !
À sa mort, en 1467, c'est son fils, ***Charles le Téméraire (1433-1477),*** qui hérita de cet État, qui était alors l'un des plus puissants d'Europe. Mais cet État, pourtant immense, était encore peu de chose aux yeux de ce prince dévoré d'ambition. Charles ne voulait plus se contenter d'un duché, il voulait se tailler tout un royaume. Alors, pour cela, il se lança dans une série de guerres tous azimuts : il envahit la Lorraine, ravagea l'archevêché de Liège, il guerroya en France, en Allemagne et même jusqu'en Suisse, où il fut déconfit. En 10 années de règne, il parvint à se mettre toute l'Europe à dos, si bien que c'est presque seul qu'il périt à Nancy, sur le champ de bataille, le 5 janvier 1477. Son corps ne fut retrouvé que quelques jours après sa mort, enseveli sous la neige, à moitié dévoré par les loups. Avec sa vie s'acheva la puissance bourguignonne. ***Louis XI sauta sur l'occasion, et annexa le duché de Bourgogne à la couronne de France.***

Le temps de la colère... et de l'embourgeoisement

Avec l'***installation du parlement à Dijon,*** en 1480, la ville changea d'époque. Les hommes d'armes laissèrent la place aux hommes de loi. Dijon, progressivement, s'embourgeoisait.
Ce changement ne se fit pas sans heurts et la ville connut un certain nombre de soulèvements, souvent violents. En 1477, les partisans de l'ancien duché de Bourgogne furent les 1ers à se révolter, au cours d'une sanglante émeute, appelée la ***mutemaque.*** L'hôtel de ville fut pris d'assaut et les armes de Bourgogne se substituèrent à celles du roi. Louis XI fut contraint d'envoyer son armée reconquérir la ville. Il fit ensuite construire un château fort (aujourd'hui disparu) afin de la surveiller.
À la fin du XVIe s, ce furent cette fois les partisans de la Ligue qui soulevèrent Dijon. Ils se barricadèrent dans le château, qu'ils prirent d'assaut, puis bombardèrent à coups de canon leurs adversaires pendant des jours entiers. Il fallut l'intervention d'Henri IV, après sa victoire de Fontaine-Française en 1596, pour mettre fin à ces troubles. Temporairement...
Car dès l'année 1630, la ville s'agita de nouveau. Les vignerons se révoltèrent contre les taxes que Louis XIII voulait faire peser sur le vin. Armés de serpettes, les insurgés donnèrent le nom de ***Lanturlu*** à leur mouvement, qui tenait tout autant de l'émeute que du défilé de carnaval. Louis XIII y mit un terme, par l'intervention de son armée, et la ville ne fut épargnée du pillage que grâce à l'intervention de quelques parlementaires qui s'agenouillèrent devant lui pour implorer sa clémence.
Pourtant, malgré ces soubresauts épisodiques, la ville changea progressivement d'aspect au cours de cette période et se modernisa. On y traça l'actuelle rue de la Liberté pour l'aérer. Les parlementaires s'y firent construire de nombreux et prestigieux hôtels, que l'on peut encore admirer aujourd'hui. Et surtout, on dégagea la vaste place royale, devenue place de la Libération, dessinée par Mansart. En forme d'hémicycle, bordée d'arcades, elle dévoile toute la grandeur du palais des États. À la fin du XVIIIe s, Dijon était considéré comme ***l'une des villes les plus élégantes de France.*** On dit même qu'elle était *la mieux pavée du royaume.*
La période révolutionnaire fut ici moins sanglante qu'ailleurs, même si de nombreux monuments durent en souffrir. Certains et non des moindres disparurent, comme la chartreuse de Champmol.

Dijon, ville mutante

En un siècle, Dijon passe de l'image de petite capitale de province à celui de métropole entendant jouer un rôle capital de par sa position à la croisée des chemins, entre Lyon et Strasbourg, le Bassin parisien et la Suisse, sans oublier le canal de Bourgogne qui passe à l'ouest.

■ Adresse utile

- Office de tourisme de Dijon Métropole (C2)

Où dormir ?

10 Camping du lac Kir (hors plan par A2)
11 Hôtel du Palais (C2)
12 Hôtel des Ducs (C2)
13 Hôtel Le Chambellan (C2)
14 Hôtel Le Jacquemart (C1-2)
15 Ethic Étapes Dijon – Centre de rencontres internationales (hors plan par C1)
18 Hôtel Victor Hugo (A1)
20 Chambres d'hôtes des Marcs d'Or (hors plan par A3)
22 Maison Philippe le Bon – Restaurant la Closerie (B3)
24 Hôtel Wilson (C3)
25 Résidence Odalys City Les Cordeliers (B3)

Où manger ?

30 Café de l'Industrie (B1)
31 La Crêpitante (C1-2)
32 Pépé Joseph (C1)
33 La Menuiserie (B1)
34 Fado à Mesa (C1)
35 Madeleine Café (C2)
36 Brasserie des Beaux-Arts (C2)
37 L'Un des Sens (C2)
38 Le Café Gourmand (C2)
40 La Maison des Cariatides (C2)
42 D Z'Envies (B1)
43 Le Central (B2)
47 Le Parapluie (A3)
48 Chez Léon (B1)
50 Masami (hors plan par C2)
52 Little Italy (C2)
56 Le Piano qui Fume (B3)
57 La Causerie des Mondes (B2)
58 L'Essentiel (A1)
64 L'Alhambra (C1)
68 L'Arôme (C1)
75 L'Age de Raisin (B3)
84 Maison Millière (C2)

Où boire un verre ?
Où manger sur le pouce ?
Où sortir ?

62 La Cave se rebiffe (C2)
63 Le Quentin (B2)
65 Chez Bruno (C2)
66 La Part des Anges (C2)
67 Le Temps des Ducs, Les Enfants du Rock et le Pop'Art (C2)
69 Au Vieux Léon (hors plan par C2)
71 La Péniche Cancale (A3)
75 L'Âge de Raisin (B3)

Où acheter de bons produits ?

80 Boutique Maille (B2)
81 Pain d'Épices Mulot (B2)
82 Petitjean (C2)
84 Moutarderie Fallot (C2)

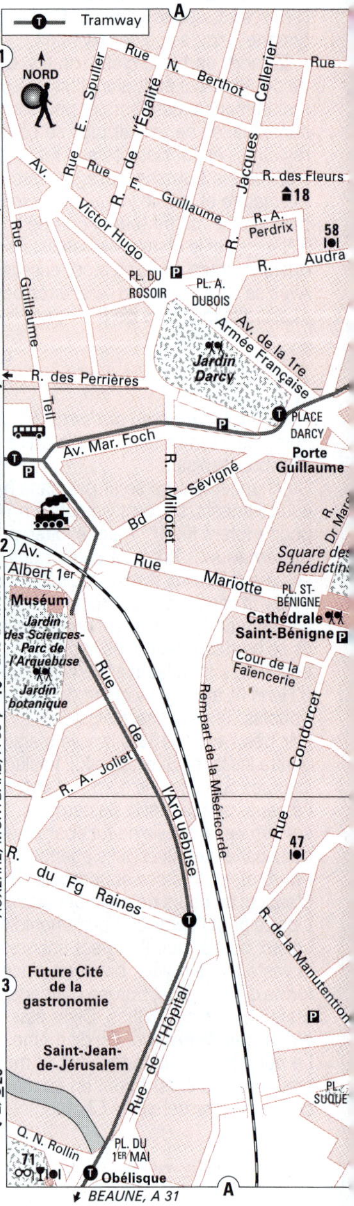

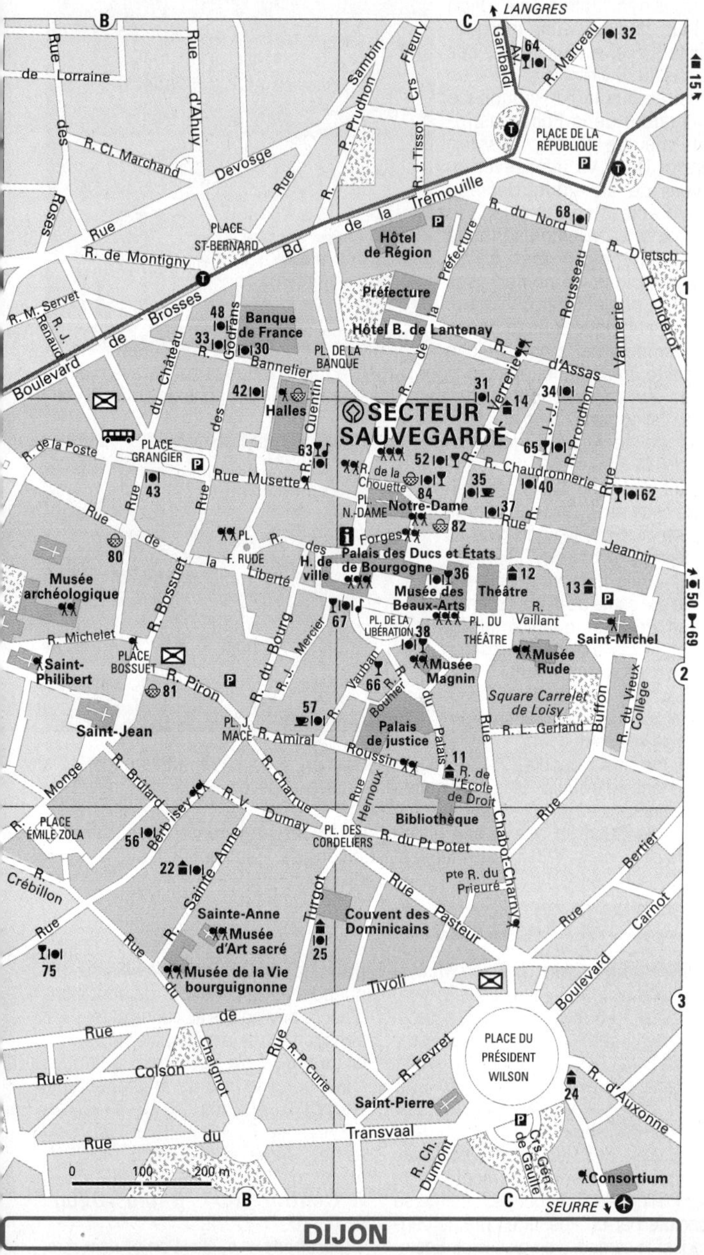
LANGRES
B
C
Rue de Lorraine
Rue d'Ahuy
R. Cl. Marchand
Rue des Roses
Devosge
Rue Sambin
R. P. Prudhon
Crs Fleury
R. J. Tissot
Av. Garibaldi
R. Marceau
64
32
15
PLACE DE LA RÉPUBLIQUE
Bd de la Trémouille
R. du Nord
68
R. Dietsch
R. Diderot
1
Rue
PLACE ST-BERNARD
R. de Montigny
R. M. Servet
R. J. Renaud
Boulevard de Brosses
Hôtel de Région
Préfecture
R. de la Préfecture
Rousseau
Vannerie
48
Banque de France
33
30
R. Godrans
R. du Château
R. Bannelier
PL. DE LA BANQUE
Hôtel B. de Lantenay
R. Verrerie
R. d'Assas
42
Halles
R. Quentin
SECTEUR SAUVEGARDÉ
31
14
34
R. J.-J. Rousseau
R. Proudhon
R. de la Poste
PLACE GRANGIER
63
52
65
R. Chaudronnerie
40
62
43
Rue Musette
R. de la Chouette
84
35
Rue des Godrans
PL. N.-DAME
Notre-Dame
37
Rue de la Liberté
PL. F. RUDE
Forges
82
Rue Jeannin
80
Palais des Ducs et États de Bourgogne
H. de ville
36
12
13
Musée archéologique
R. Bossuet
Musée des Beaux-Arts
Théâtre
67
PL. DE LA LIBÉRATION
38
PL. DU THÉÂTRE
R. Vaillant
Saint-Michel
50
69
R. Michelet
R. Mercier
R. J.
Rue du Bourg
PLACE BOSSUET
Saint-Philibert
R. Piron
81
Vauban
66
R. Bouhier
Musée Magnin
Musée Rude
2
Square Carrelet de Loisy
Buffon
R. du Vieux Collège
Saint-Jean
PL. J. MACÉ
R. Amiral
57
Palais de justice
R. du Palais
R. L. Gerland
Rue Roussin
11
R. de l'École de Droit
Monge
R. Brûlard
R. Charrue
Rue Hernoux
Bibliothèque
Rue Chabot-Charny
R. V. Dumay
PLACE ÉMILE ZOLA
56
Berbisey
PL. DES CORDELIERS
R. du Pt Potet
Rue
Bertier
22
R. Sainte Anne
Pte R. du Prieuré
R. Crébillon
Sainte-Anne
Turgot
Couvent des Dominicains
Rue Pasteur
Rue
Carnot
Musée d'Art sacré
25
Rue
75
Rue du
Musée de la Vie bourguignonne
Tivoli
Boulevard
3
Rue de
Rue Chaignot
Rue R. P. Curie
R. Fevret
PLACE DU PRÉSIDENT WILSON
Rue Colson
24
R. d'Auxonne
Saint-Pierre
Rue du Transvaal
R. Ch. Dumont
Crs Gén. de Gaulle
0
100
200 m
Consortium
SEURRE

DIJON

De tous les maires que Dijon connut, quelques-uns marquèrent le XXe s, à leur façon. Les années 1920 virent le sacre d'un ministre sous la IIIe République et initiateur de la Foire gastronomique de Dijon : Gaston Gérard. Dijon va faire rêver au travers de sa moutarde, son pain d'épice, son cassis, ses escargots. La ville doit surtout à sa 1re femme un plat qu'on retrouve ici sur de nombreuses tables, le poulet Gaston-Gérard. Un plat calorique à base de vin blanc, moutarde, crème fraîche et comté, ingrédients ajoutés pour pallier le paprika que la dame avait laissé tomber sur le poulet qu'elle préparait ce jour-là pour Curnonsky, critique culinaire de l'époque.

MAIS OÙ EST PASSÉE LA MOUTARDE DE DIJON ?

La moutarde de Dijon est la plus célèbre au monde. Or, la culture de la moutarde a pratiquement disparu de Bourgogne, dans les années 1960, au profit du Canada. Aujourd'hui, plusieurs exploitations agricoles la remettent timidement au goût du jour. Si la graine de moutarde refleurit, il n'en est pas de même de sa production, la dernière usine purement dijonnaise ayant été transplantée hors de la ville...

Le chanoine Kir, élu triomphalement à 69 ans en 1945, fut certainement le plus populaire des maires de cette ville. Il prit l'habitude de faire servir aux hôtes qu'il recevait un mélange (1/3 cassis, 2/3 aligoté) qui allait les faire trinquer longtemps à la santé de la Bourgogne.
Robert Poujade, quant à lui, fut durant 30 ans le digne successeur de ces grands hommes qui ont su vivre avec le temps plus qu'avec leur temps. Dijon lui doit sa réputation de ville verte.
Son successeur depuis 2001, François Rebsamen, a eu, entre autres priorités, la lourde tâche d'insuffler de la vie à cette ville-musée (re)devenue la grande métropole du Centre-Est.
– Pour découvrir la ville et son histoire autrement, un livre décapant : *La Traversée de Dijon,* par Germain Arfeux, aux Éditions de l'Escargot Savant.

UN KIR, SINON RIEN !

Curé de campagne, le chanoine Kir, élu maire de Dijon en 1945, se dévoila orateur caustique, s'engageant dans des campagnes électorales épiques. Particulièrement vaillant, il resta maire jusqu'à l'âge avancé de 92 ans, votant « à l'unanimité », c'est-à-dire seul contre tous, la création – aux portes de la ville – du lac qui porte son nom et qui sortit de terre en 1964.

Adresses et infos utiles

i *Office de tourisme de Dijon Métropole* *(plan C2)* **:** *11, rue des Forges. ☎ 0892-700-558 (0,35 €/mn). • destinationdijon.com • Avr-sept, lun-sam 9h30-18h30, dim et j. fériés 10h-18h ; oct-mars, lun-sam 9h30-13h, 14h-18h, dim et j. fériés 10h-16h. Point d'accueil au Puits de Moïse (hors plan par A2). Labellisé Accueil Vélo.* Espace convivial. Propose une mémorable montée à la tour Philippe-le-Bon, qui peut même se conclure par un apéritif en été, le vendredi et le samedi (voir plus loin). Également des balades en Segway ou « Jeudis vin » dans un lieu divin de Dijon. Un bon plan : le *Dijon City Pass 24h, 48h* ou *72h,* qui permet de bénéficier de conditions d'accès privilégiées aux principaux sites, transports dans la métropole inclus.

■ ***Location de voitures :*** *quelques loueurs à proximité de la gare comme* **Hertz** *(20, av. Foch ; ☎ 03-80-53-14-00 ; lun-ven 8h-12h, 13h30-18h ; sam 9h-12h, 14h-17h) ou* **Avis** *(☎ 0820-61-16-63 ; 0,112 €/mn).*

■ ***Central Taxi Radio Dijon :*** *☎ 03-80-41-41-12.*

– ***Marchés :*** *mar, jeu, ven et sam mat, autour des halles. Marché aux livres sam mat.*

Comment circuler en ville ?

Tram *(plan A2)* **:** *agence Divia Mobilité, 16, pl. Darcy. ☎ 03-80-11-29-29 (libre appel). • letram-dijon.fr •* À 2 pas de la gare. Paiement possible avec CB dans les trams (2 lignes).

Transports urbains *(plan B2)* **:** *pl. Grangier. ☎ 03-80-11-29-29 (libre appel). • divia.fr •* Le réseau dessert toute l'agglomération dijonnaise 5h30-0h30.

Divia City **:** *ttes les 6 mn env, 7h-20h.* Navette gratuite en centre-ville. Bien pratique !

DiviaVélodi **:** *☎ 0800-200-305 (libre appel).* On s'inscrit via Internet *(• velodi.net •)* ou son smartphone *(• wap.velodi.fr •).* Compter 1 €, puis 0,50 €/30 mn (1re demi-heure gratuite).

Où dormir ?

Appartements

Chambres et appartements en ville, chez l'habitant... voici une petite sélection : ***Luxury Flat in Dijon,*** qui a lancé la mode des appartements au calme, joliment conçus et équipés *(📱 06-79-52-49-16 ; • luxuryflatindijon.fr •)* ou d'autres, cachés dans des hôtels particuliers, tout aussi confortables et charmants *(• myhomeindijon.com • et • appartements-a-part.com •).* Sinon, liste des appart'hôtels à l'office de tourisme.

Camping

Camping du lac Kir *(hors plan par A2,* ***10****)* **:** *3, bd Chanoine-Kir. ☎ 03-80-30-54-01. • contact@camping-du-lac-dijon.com • camping-du-lac-dijon.com • ♿ Bus nos 12 ou 18, arrêt « CHS-La Chartreuse ». Avr-oct. Forfait tente env 16 €. 121 empl.* Un site agréable, tout à côté de la promenade de l'Ouche et du canal. Épicerie et boulangerie. Restauration rapide, bar. Location de vélos. Plage du lac à 300 m.

Bon marché

Ethic Étapes Dijon – Centre de rencontres internationales *(hors plan par C1,* ***15****)* **:** *1, av. Champollion. ☎ 03-80-72-95-20. • reservation@cri-dijon.com • cri-dijon.com • ♿ Bus direct depuis la gare (ligne 3). Accueil 24h/24. Nuitée env 23-30 €, petit déj compris, mais linge en sus ; tarif dégressif dès la 2e nuit.* Ce centre d'hébergement propose une centaine de chambres d'une capacité de 1 à 6 lits, équipées de douche et w-c (et TV pour celles à 1 ou 2 lits). Une adresse multiculturelle et pratique qui offre un hébergement de qualité à petits prix.

Hôtel Le Chambellan *(plan C2,* ***13****)* **:** *92, rue Vannerie. ☎ 03-80-67-12-67. • contact@hotel-chambellan.com • hotel-chambellan.com • Double standard env 60 € ; familiales. Réduc de 10 % sur le prix de la chambre nov-mars sur présentation de ce guide.* Avec sa cour intérieure du XVIIe s, *Le Chambellan* ravira les amateurs de vieilles pierres et du confort d'aujourd'hui. Vieille bâtisse au charme ancien dont les chambres donnent sur la rue ou sur la petite cour. Même direction qu'au *Jacquemart.*

Prix moyens

Hôtel Le Jacquemart *(plan C1-2,* ***14****)* **:** *32, rue Verrerie. ☎ 03-80-60-09-60. • contact@hotel-lejacquemart.fr • hotel-lejacquemart.fr • Doubles 67-77 € ; familiale également. Réduc de 10 %, sauf en sept, sur présentation de ce guide.* À 2 pas du palais des Ducs de Bourgogne et de la préfecture. Une vieille et vaste maison du XVIIe s qui offre, au hasard de ses escaliers et couloirs, des chambres au confort suffisant pour un court séjour.

Hôtel Victor Hugo *(plan A1,* ***18****)* **:** *23, rue des Fleurs. ☎ 03-80-43-63-45. • hotel.victor.hugo@wanadoo.*

fr • hotelvictorhugo-dijon.com • À 5 mn à pied de la gare SNCF. Bus n° 1 Quetigny-Chevigny, arrêt « Darcy-Chaussier ». Ⓣ Place-Darcy. Doubles env 51-68 €. Parking payant (offert sur présentation de ce guide). Une vingtaine de chambres confortables et accueillantes. Confort plus rudimentaire dans les chambres les moins chères. Dormez en paix, fenêtre donnant sur le jardin.

Hôtel du Palais *(plan C2,* ***11****) :* *23, rue du Palais. ☎ 03-80-65-51-43. • reservation@hoteldupalais-dijon.fr • hoteldupalais-dijon.fr • Doubles à partir de 65 €.* Dans une belle bâtisse du centre historique, petit hôtel familial. Certes pas d'ascenseur, mais un escalier en pierre qui dessert des chambres charmantes. Celles des 1er et 2e étages sont nettement plus vastes que les chambres standard, perchées sous les toits (clim pour ces dernières). Mansardées, elles ne manquent pourtant pas de cachet, juste d'espace !

Chambres d'hôtes des Marcs d'Or *(hors plan par A3,* ***20****) :* *9, rue des Marcs-d'Or. 06-77-90-46-81. • bnb.dijon@gmail.com • chambre-hote-dijon.com • Bus n° 13 Motte-Giron, arrêt « Bel-Air » (10 mn de trajet). Compter 75-85 € pour 2. Appart également. Table d'hôtes 30 €.* Dans une ancienne grange entièrement rénovée, avec accès indépendant, des chambres décorées avec goût et meublées en ancien. Petit déj servi soit sur la terrasse, soit dans la vieille salle à manger. Jardin à l'italienne caché, très sympa. Table d'hôtes le soir dans la grande tradition bourguignonne.

Résidence Odalys City Les Cordeliers *(plan B3,* ***25****) :* *3-5, rue Turgot. ☎ 0825-562-562 (prix d'appel + 0,18 €/mn). À partir de 80 €/nuit pour un 2-pièces 4 pers (linge de lit et de toilette fourni, lits faits à l'arrivée et ménage quotidien).* Dans un ancien couvent de dominicains, une résidence atypique aménagée autour d'un ancien cloître. 74 appartements de bon confort pour se poser au calme. Copieux buffet de petit déjeuner. Spa très agréable. Bref, un agréable refuge où se poser une fois une place de stationnement trouvée (pas le plus facile dans le quartier).

De prix moyens à chic

Hôtel des Ducs *(plan C2,* ***12****) :* *5, rue Lamonnoye. ☎ 03-80-67-31-31. • contact@hoteldesducs.com • hoteldesducs.com • Doubles 79-139 € ; également des supérieures et familiales. Parking payant.* Idéalement placé à côté du théâtre et du musée des Beaux-Arts. Chambres de goût et non dénuées d'humour. *Espace game* au sous-sol et galerie d'art contemporain au rez-de-chaussée. L'hôtel propose aussi de spacieux et lumineux appartements à proximité. Accueil spontané, chaleureux et pro. Aux beaux jours, on prend son petit déj à l'air libre, sur la terrasse située à l'arrière. Demander à voir le mur du castrum romain au sous-sol, c'est une curiosité.

Hôtel Wilson *(plan C3,* ***24****) :* *1, rue de Longvic. ☎ 03-80-66-82-50. • hotelwilson@orange.fr • wilson-hotel.com • Doubles 76-115 € ; supérieures et familiales également. Parking payant. Kir offert aux porteurs de ce guide.* Dans cet ancien relais de poste situé à l'orée du centre-ville, une trentaine de chambres classiques et confortables (également des chambres communicantes) avec poutres au plafond. Elles donnent sur la cour (pour les « supérieures ») ou la place. Petit déj servi dans une salle à l'imposante cheminée.

Maison Philippe le Bon – Restaurant La Closerie *(plan B3,* ***22****) :* *18, rue Sainte-Anne. ☎ 03-80-30-73-52. • contact@maisonphilippelebon.com • maisonphilippelebon.com • Doubles 110-200 € ; petit déj 17 €. Resto fermé dim oct-mai ; bar ouv à partir de 16h. Formules déj en sem 19-26 € ; menus 31-88 €. Apéritif offert sur présentation de ce guide.* Un lieu très agréable pour passer des nuits cocooning au sein d'hôtels particuliers du XVIIe s joliment rénovés. Demandez le dernier étage ainsi qu'une chambre sur jardin si possible. Design contemporain aux couleurs et confort d'aujourd'hui. On peut boire un verre ou dîner à *La Closerie,* en salle ou en terrasse, s'il fait beau, côté jardin.

Où manger ?

De très bon marché à bon marché

🍴 🍷 ***L'Alhambra*** (plan C1, **64**) : *3, rue Marceau. ☎ 03-80-56-51-14. Tlj sauf sam ap-m et dim 7h30-20h30 ; repas le midi seulement. Compter env 12-15 €.* Un des rendez-vous incontournables de ceux qui aiment manger (et boire) le midi dans un décor de bistrot, servis par une patronne au franc-parler. C'est ouvert du café-croissant à l'apéro-saucisson et fermé à l'heure où les restos de nuit voisins s'animent. Top à midi en tout cas.

🍴 ***Fado à Mesa*** (plan C1, **34**) : *83, rue Jean-Jacques-Rousseau. ☎ 03-80-63-10-73. Fermé dim (sauf 3e dim du mois) et lun. Menus sandwich, planche et dégustation env 7-10 €.* Ce comptoir portugais joue la fraîcheur et l'efficacité. Si vous aimez les sandwichs à la viande, mais aussi les sardines millésimées, Victor, qui sait faire partager ses origines et ses passions, vous les servira avec le sourire. Pour accompagner le café, délicieux *pastéis de nata.*

🍴 ⛱ ***Café de l'Industrie*** (plan B1, **30**) : *15, rue des Godrans. ☎ 03-80-30-20-81. Tlj sauf dim-lun et j. fériés. Congés : 1 sem à Pâques, 3 sem en été, 1 sem fêtes de fin d'année. Menu déj 14,50 € ; carte 25 € env. Digestif maison offert sur présentation de ce guide.* Un vrai troquet à l'ancienne, devenu tendance, forcément. Le bar se transforme le midi pour accueillir une clientèle soucieuse de manger vite, pas trop mal et à bon compte, dans une ambiance chaleureuse, notamment les jours de marché. Petite salle à côté, vite remplie. Les patrons sont sympa, les voisins aussi, c'est bien là le principal. Le soir, à l'heure de l'apéro, planches et tournées de rigueur. Terrasse sur la rue piétonne qui déborde quelque peu, faut serrer les coudes.

☕ 🍴 ⛱ ***La Causerie des Mondes*** (plan B2, **57**) : *16, rue Vauban. ☎ 03-80-49-96-59. Tlj sauf dim-lun. Résa obligatoire. Compter 15-20 €.* Toutes les générations se retrouvent en terrasse ou sur les chaises dépareillées de cette ancienne librairie transformée en salon de thé décalé. Un salon dijonnais où l'on cause, boit, mange bio et bon à la fois. Cuisine de marché parfumée le midi, qui change chaque jour selon l'humeur de la patronne, desserts qui méritent qu'on y revienne l'après-midi et ambiance sympa à toute heure.

🍴 ***La Crêpitante*** (plan C1-2, **31**) : *31, rue Verrerie. ☎ 03-45-08-17-25. Tlj sauf dim-lun. Formule déj env 13 € ; menus 17-22 €.* Dans cette crêperie, pas d'étendard breton mais un savoureux mélange des genres. Pauline en cuisine joue la carte bio, travaille les produits bourguignons et franc-comtois, tandis que Romain en salle propose bières locales, vins de producteurs et cidre bio. Les végétariens sont heureux, les autres aussi.

🍴 ***L'Âge de Raisin*** (plan B3, **75**) : *67, rue Berbisey. ☎ 03-80-23-24-82. Ts les soirs sauf dim-lun, à partir de 18h. Formule env 25 € ; grignotages à partir de 10 €. Café offert sur présentation de ce guide.* Ici, au bout de la rue Berbisey, le bonheur est dans l'assiette et la gouaille dans la salle ! La nappe vichy à carreaux rouges et la caricature des *Tontons flingueurs* donnent à l'établissement un cachet digne du Dijon chanté par Jamait (qui fréquente souvent le quartier). Que du bon, de l'authentique ! Des vins sélectionnés avec amour, des plats mitonnés avec soin par madame, des assiettes de charcuterie qui donnent soif (voir aussi « Où boire un verre ? »).

🍴 ***La Menuiserie*** (plan B1, **33**) : *28, rue des Godrans. ☎ 03-80-30-46-07. Tlj sauf dim-lun. Formules 15-18 €.* Un bistrot de copains qui propose à prix doux une cuisine « simple, savoureuse et engagée ». Qu'ils soient à boire ou à manger, les produits sont dans la mesure du possible locaux et bio. Desserts fabuleux. Le soir, grignotages à l'ardoise pour un apéro prolongé. Version à emporter possible avec boîte en verre consignée.

🍴 ☕ ***Madeleine Café*** (plan C2, **35**) : *8, rue Verrerie. ☎ 03-80-69-24-91. Tlj sauf dim 9h-19h. Formules à partir de 15 € le midi ; brunch sam 22 €.* Jetez un œil aux sculptures en bois de cette vieille façade classée et poussez la porte de ce *coffee shop* (hmm le café du matin avec une madeleine maison !), qui se révèle aussi une cantine bio et bobo d'un jeune chef qui travaille bien. Il propose de savoureux plats de saison qui sortent de son imagination autant que de sa cuisine de poche. Un petit bout de terrasse sympa à l'ombre l'été.

Prix moyens

Maison Millière *(plan C2, **84**) : 10, rue de la Chouette. ☎ 03-80-30-99-99. Ouv le midi mar-dim et le soir ven-sam. Formules 16-20 € ; menus 29-39 €.* Un resto-boutique-salon de thé abrité derrière les murs médiévaux d'une des plus célèbres maisons à colombages de la ville. Cuisine parfumée, bien tournée, réalisée par un des fils de la maison, qui se fait plaisir en proposant un menu du marché épatant de fraîcheur, de justesse. Assiettes fleuries en été, retour des épices aux 1ers frimas. Et on retrouve à la carte des plats dans la grande tradition bourguignonne comme la joue de bœuf ou le suprême de volaille sauce époisses. Cour aux allures de jardin intérieur, apaisante et plaisante.

Brasserie des Beaux-Arts *(plan C2, **36**) : 1, pl. des Ducs (autre entrée dans la cour du musée). ☎ 03-80-66-45-36. Tlj sauf mar 8h30-19h (service 12h15-15h). Formules env 17-21 € et plats 13-20 €.* C'est le resto du musée, très couru aux beaux jours pour ses 2 terrasses, l'une côté cour, l'autre côté square des Ducs. À l'intérieur, aménagement contemporain où chacun peut choisir le coin qui lui convient, selon qu'il aime faire une dînette assis sur un canapé ou s'offrir un mange-debout pour dominer la salle. Cuisine inventive, service empressé. Idéal avec le menu du jour.

Le Café Gourmand *(plan C2, **38**) : 9, pl. de la Libération. ☎ 03-80-36-87-51. Tlj sauf dim. Formules à partir de 22 €.* Une des vitrines de la place centrale de Dijon, entre café et brasserie. Derrière les baies vitrées, on profite de la vue sur la tour Philippe le Bon tout autant que de petits plats réussis et d'une ambiance dans le ton bistrot. Planches pour l'apéro, burger, côte de bœuf... Une cuisine gourmande, fraiche et conviviale qui séduit à coup sûr. Grande terrasse, la dernière à capter les rayons du soleil le soir.

Chez Léon *(plan B1, **48**) : 20, rue des Godrans. ☎ 03-80-50-01-07. Tlj sauf dim-lun et certains j. fériés. Formules déj mar-sam 15,90-19,90 € ; le soir, menus 27-32 € ; carte 30-40 €.* Du pied de cochon à l'andouillette en passant par l'entrecôte d'Angus ou le tartare maison, *Chez Léon*, tout est bon, même le cholestérol ! Éric et sa fille, Camille, sont là pour conseiller les vins qui vont bien, et ça, ça nous va bien. Décor bistrot qu'on adore, mais la vue sur le parc de la Banque de France, quand on est en terrasse, n'est pas mal non plus.

L'Essentiel *(plan A1, **58**) : 12, rue Audra. ☎ 03-80-30-14-52. • restaurantlessentieldijon@orange.fr • Tlj sauf dim-lun. Formule déj 24 € ; menus 33-60 €.* Un chef qui a tout compris des envies actuelles de la clientèle. Formé à bonne école, il propose une formule épatante au déjeuner, avec des saveurs et des goûts inédits. Accueil pro, chaleureux. Débusquez l'adorable cour avec sa terrasse sous le mûrier-platane, qui protège des grosses chaleurs et donne l'impression d'être dans le Var. Surtout quand arrive le rosé et un plat qui sent bon le Midi (même le soir !).

L'Arôme *(plan C1, **68**) : 2 et 6, rue Jean-Jacques-Rousseau. ☎ 03-80-31-12-46. Tlj sauf mar-mer. Résa conseillée. Formules déj 19-22 € (sauf dim) ; menu-carte le soir et dim 35-40 €.* Une cuisine dans l'air du temps, là aussi, proposée par un chef discret qui laisse à sa femme, en salle, le soin de proposer la formule du jour ou d'expliquer les plats à la carte, avant de proposer le vin qui va bien avec ou de lâcher un « désolé on est complet » au téléphone. Pendant ce temps, dans sa cuisine de poche, son homme réalise des prodiges, jouant à sa façon des textures, des mélanges sucrés-salés pour réinventer des plats qu'il aime. C'est si simple, la gastronomie, quand on a compris ça.

Pépé Joseph *(plan C1, **32**) : 8 B, rue Marceau. ☎ 03-45-83-69-62. Tlj sauf dim-lun. Formules déj env 14,50-17,50 € ; le soir 25-31 €.* Franck Schmitt a quitté la vie de château pour une vie de bistrotier à l'ancienne, où il peut faire dans le généreux, le sincère, la fraîcheur. Même les vins sont servis frais chez lui, les vins d'Alsace surtout, à redécouvrir en partageant un plat apporté dans une cocotte ou alors une flammekueche maison. Chez lui, on mange, on rigole, on boit pas mal, et à prix doux. Enfin, presque.

Little Italy *(plan C2, **52**) : 25, rue Verrerie. ☎ 03-80-30-58-37. Tlj sauf dim soir-lun. Formule déj en sem 13 € (café compris) ; carte 25-30 €. Brunch dim.* Un lieu décalé façon décor loft new-yorkais. Une ambiance décontractée à souhait, des fauteuils défoncés, des chaises dépareillées, de grandes tables en terrasse, côté rue, protégées du regard par des oliviers, et surtout des produits exclusivement italiens à déguster sur place, dans ce resto-épicerie animé par une équipe sympa. Côté desserts, tiramisu, panna cotta aux fruits rouges et cupcakes.

Le Parapluie *(plan A3, **47**) : 74, rue Monge. ☎ 03-80-28-79-94. • parapluiedijon@gmail.com • Tlj sauf mer et dim. Congés : 3 sem en janv-fév, 1 sem en été. Résa conseillée. Formule déj 23 € ; le soir, menu dégustation 36 €.* Original, épatant et à prix doux. Chern, chef trentenaire malin (et malais par ailleurs) n'a gardé que le meilleur des grandes maisons où il est passé. Charles, le sommelier, sait choisir les vins qui vont bien avec cette cuisine libérée, qui revisite aussi les classiques locaux genre jambon persillé ou poulet Gaston-Gérard, en les épiçant et en les revitalisant. Un p'tit coin de parapluie gourmand à 2 pas de la future Cité internationale de la gastronomie et du vin.

Mention spéciale pour le quartier populaire **Berbisey-Zola** *(plan B2-3)*, entre bars animés le soir et une guirlande de petits restos bourguignons ou du monde, de l'Asie à l'Afrique en passant par la Méditerranée, tous à l'ambiance fraternelle. Allez, une table parmi les autres :

Le Piano qui Fume *(plan B3, **56**) : 36, rue Berbisey. ☎ 03-80-30-35-45. • info@lepianoquifume.fr • Fermé lun soir, mar soir, mer et dim. Formules déj en sem 14,50-18 € ; menu-carte 32-36 €. Café offert sur présentation de ce guide.* S'il fume, ce *Piano,* c'est que le chef – que l'on voit s'activer en cuisine – envoie depuis 15 ans, avec une belle régularité, des plats de saison qui ne trichent ni avec le goût ni avec les produits utilisés. Sa carte, courte, lui permet de travailler les produits de saison et de régaler, à petits prix, une clientèle fidèle. Une adresse qui reste un modèle de probité.

De prix moyens à chic

D Z'Envies *(plan B1, **42**) : 12, rue Odebert. ☎ 03-80-50-09-26. Tlj sauf dim et j. fériés. Congés : 2 sem début janv. Formules déj 17-21 € ; sinon, compter 32-40 €.* Un bistrot dans le goût de l'époque, ouvert près des Halles par un ex-étoilé libéré de toutes contraintes : cet acrobate des cuissons rapides réalise une cuisine associant les saveurs du Maghreb et les techniques du Japon aux trouvailles du marché. Jouant sur les mots autant que sur les textures. Jamais tristes, car le chef tatoué le plus doué du secteur a du caractère. Ses plats aussi, forcément. Tout cela est gentiment tarifé, servi rapidement, non sans attentions. À savourer en terrasse ou en salle. A également ouvert un resto de pâtes, *Peppucio.*

Masami *(hors plan par C2, **50**) : 79, rue Jeannin. ☎ 03-80-65-21-80. • contact@restaurantmasami.com • Tlj sauf dim et j. fériés. Congés : 3 sem en août. Menus 14,50 € (déj en sem)-54 €.* Sûreté du geste, pureté du style, ou l'inverse. Formé chez les grands, Masami a un vrai talent honorant l'authentique cuisine japonaise. Produits frais et assaisonnements subtils, à apprécier dans la petite salle très zen, presque spartiate. La cave est bourguignonne et judicieuse, mais on pourra en profiter pour découvrir d'authentiques sakés à l'étrange et surprenante suavité.

De chic à plus chic

|●| ***L'Un des Sens*** *(plan C2, **37**) : 3, rue Jeannin. ☎ 03-80-65-75-58. • lundesens21@gmail.com • Tlj sauf dim-lun. Formules déj 22-25 € ; le soir, menu 58 €, plats 28-38 €.* Ce petit cocon gourmand cartonne à chaque service. Les raisons du succès : déco d'aujourd'hui sur fond de vieilles pierres, carte courte, plats au goût exquis et visuellement parfaits... et seulement 20 couverts. C'est dire si la résa est fortement conseillée, surtout en fin de semaine. Dans le même esprit, des vins soigneusement choisis et servis au verre.

|●| ***La Maison des Cariatides*** *(plan C2, **40**) : 28, rue Chaudronnerie. ☎ 03-80-45-59-25. Résa conseillée. Tlj sauf dim-lun. Menus déj 19-24 € ; carte le soir 35-55 €.* Carte courte, pour ne travailler que le frais, le marché, avec des plats le midi qui ressemblent, en plus simple, à ce que vous pourrez découvrir le soir. Dans ce lieu mêlant vieilles pierres et déco dans l'air du temps, la cuisine grande ouverte sur la salle, le service aussi souriant qu'efficace et les vins à la carte pas donnés mais bien choisis. Terrasse cachée très agréable en été.

|●| ***Le Central*** *(plan B2, **43**) : 3, pl. Grangier. ☎ 03-80-30-44-00. Tlj sauf dim. Ouv jusqu'à 23h. Menus du jour 24-29 € ; nettement plus cher à la carte.* Une institution dijonnaise qui a choisi le jour de ses 90 ans pour renaître. Grandes baies vitrées, lustres design, banquettes et atmosphère zen. Depuis la salle on découvre ce qui se passe derrière les vitres d'une véranda qui fait office de scène : les fruits de mer comme la cave à viande sont là pour ouvrir l'appétit. Grill chic. Et toujours le chariot de desserts pâtissiers à l'ancienne.

Où manger dans les environs ?

Voir aussi plus loin nos bonnes adresses au départ de la route des Vins.

|●| ***L'Auberge des Tilleuls :*** *8, pl. de l'Église, 21380 **Messigny-et-Vantoux.** ☎ 03-80-35-45-22. 📱 06-88-94-16-64. • aubergedestilleuls21380@gmail.com • Sur la D 996, à 10 km au nord de Dijon. Tlj sauf dim-lun. Congés : 2 sem en fin d'année et le mois d'août. Résa conseillée. Formules déj en sem 19-22 € ; le soir, menu-carte 28-32 €. Café offert sur présentation de ce guide.* Une des plus belles adresses des environs de Dijon. Accueil charmant, service efficace, déco vintage et carte qui respecte la tradition et les produits, autant que les clients. Carte des vins réduite mais pertinente. Sans résa, vous risquez de vous retrouver à errer autour de la place comme des malheureux.

|●| ***La Maison des Bonnes Vies :*** *5, pl. du Champ-de-Foire, 21560 **Arc-sur-Tille.** ☎ 03-80-72-46-85. Ouv le midi mar-sam, plus ven soir. Formules 17-21 € ; menu 31 € ven soir.* Rien que le nom donne envie de faire le détour. Dans cette réjouissante maison de famille, une carte réduite qui fait dans le léger le midi, à déguster sous le préau aux beaux jours, et dans le terroir le vendredi soir : petit salé aux lentilles, pot-au-feu de tête de veau, andouille aux haricots...

Où boire un verre ? Où manger sur le pouce ? Où sortir ?

Autour des halles et de la place de la Libération

🍷 Si le soleil vous incite à vous poser sur une ***terrasse,*** essayez celles de la ***place François-Rude*** *(plan B2),* rendez-vous du Tout-Dijon, du café du matin à l'apéro du début de soirée. Les maisons anciennes qui bordent cette placette accueillent toutes un bar ! Faute de place au soleil, allez vous réfugier dans les rues voisines ou autour des ***halles*** *(plan B1-2),* autre lieu de vie incontournable du centre ancien avec la ***rue des Godrans*** *(plan B1-2)*, à 2 pas.

🍷 🍽 ♪ ***Le Quentin*** *(plan B2,* ***63****) : 6, rue Quentin. ☎ 03-80-30-15-05. • qbistrot@gmail.com • ♿ Fermé dim, plus midi lun-jeu hors saison. Planche 10 € env.* Face aux halles, le bistrot tendance et incontournable... à l'image de sa terrasse. Vins de petits producteurs, servis au verre, bons et pas chers. Pour grignoter, de belles planches de charcuterie et de fromage, en provenance directe des halles.

🍷 🍽 Pour boire une bière, ***Au Fût et à Mesure,*** 12, rue Quentin, et pour un cocktail, le soir, dans un décor théâtral et une ambiance assez gaie, le ***Speakeasy,*** 14, rue Quentin.

🍷 Si vous ne trouvez pas votre bonheur autour du marché, poussez jusqu'à la ***place de la Libération,*** d'une minéralité qui donne forcément soif. Idéal pour une petite faim de nuit ou une grosse soif de jour : 4 ou 5 bars avec terrasse tout autour comme ***Le Café Gourmand*** (voir « Où manger ?) ou encore ***Le Chanoine,*** tenu par un bon vivant, qui propose aussi des plats du terroir joliment réalisés.

🍷 🍽 ♪ ☂ ***Le Temps des Ducs, Les Enfants du Rock et le Pop'Art*** *(plan C2,* ***67****) : pl. de la Libération. ☎ 03-80-30-25-30. Tlj.* À côté de la plus vieille brasserie de Dijon qui a pris un coup de jeune, en donnant des grands ducs une vision plutôt décalée, le même propriétaire a créé un bar, *Les Enfants du Rock* qui s'ouvre sur *Le Pop'Art* : déco vintage et programmation éclectique (actu sur le site *• popart.fr •*).

🍷 🍽 ***Le BHV,*** à l'angle de la place et de la rue Vauban, a conservé le look bistrot d'antan mais l'esprit a changé, on est passé à l'heure des cocktails et des planches.

La vraie surprise, dans cette ***rue Vauban*** dont les terrasses lorgnent toutes sur la tour Philippe-le-Bon, c'est ***La Part des Anges*** *(plan C2,* ***66*** *; 5, rue Vauban ; ☎ 03-80-49-89-56 ; mar-sam 15h-23h).* Le seul bistrot de France estampillé Loiseau, où l'on peut boire un verre en grignotant chic, avant d'aller dîner à *Loiseau des Ducs,* le gastro voisin, à des prix plus conséquents.

Entre la place de la République et le théâtre

🍷 🍽 ***Chez Bruno*** *(plan C2,* ***65****) : 80, rue Jean-Jacques-Rousseau. ☎ 03-80-66-12-33. Tlj sauf dim-lun, à partir de 18h. Congés : sem du 15 août.* Bar à vins et bar à jambons, comme l'indique l'enseigne. Un bar à des kilomètres des concepts branchés lounge. Les clients sont debout, verre à la main, tandis que le patron sert ses vins de producteurs qu'il connaît par cœur ! Il les accompagne d'assiettes à sa façon. Des vins d'anthologie, des « introuvables », sélection d'un passionné au caractère bien trempé.

🍷 🍽 ***La Cave se Rebiffe*** *(plan C2,* ***62****) : 57, rue Vannerie. ☎ 09-52-73-46-28. • lacaveserebiffe21@gmail.com • Tlj à partir de 18h. Congés : 2 sem en août. Repas env 25 €.* Bar à cocktails en début de semaine, bar à vins où l'on dîne à partir du jeudi soir. Peu de tables, peu de choix, faut réserver. Rien que du beau, du bio chez ce militant du goût. Les provenances sont indiquées, pour la charcuterie comme pour les plats.

🍷 ***Au Vieux Léon*** *(hors plan par C2,* ***69****) : 52, rue Jeannin. ☎ 03-80-67-78-93. Ouv lun-sam 18h-1h30.* Un bistrot iconoclaste. Avec ses tonneaux et ses grandes tablées, c'est le rendez-vous des zicos et des bohèmes. Musique française pour boire un verre au son des flonflons et de l'accordéon...

🍷 🍽 Autour de la place de la République, en dehors de ***L'Alhambra,*** rue Marceau (voir « Où manger ? ») et d'un grand classique comme ***La Rhumerie Jamaïque*** (la « Jam » pour plusieurs générations de Dijonnais), une autre adresse pour ceux qui aiment faire dans le local et dans la mousse : le ***Craft Beer Pub*** (1, bd de la Trémouille).

Quartier Berbisey-Zola

🍷 ♪ Pas mal de ***bars*** fréquentés par la jeunesse dijonnaise dans l'un des derniers quartiers un peu populaires du centre-ville : la place Émile-Zola (avec la version dijonnaise des ***Berthom*** et le ***Barbarian's,*** pour les amateurs de bières et d'ambiance) et la rue Berbisey *(plan B2-3),* où les fans d'Yves Jamait retrouvent leur chanteur dijonnais préféré au bar de *L'Univers.* Notre coup de cœur : ***L'Âge de Raisin*** *(plan B3,* ***75****),* fréquenté par les imprimeurs, journalistes, et autres grands et bons buveurs du quartier. Ici tout le monde fraternise en s'appelant très vite par son prénom (voir aussi « Où manger ? »).

Au sud, côté canal

La Péniche Cancale *(plan A3,* ***71****) : port du Canal, 14, av. Jean-Jaurès. ☎ 03-80-43-15-72. • public@penichecancale.com • penichecancale.com • Ouv mar-sam en saison ; seulement le soir jeu-sam hors saison. Congés : autour des fêtes de fin d'année.* À la fois bistrot gourmand et cabaret flottant. C'est dans la cale que se déroulent les festivités. On s'y retrouve pour déguster un verre de vin, une bière ou un jus de fruits artisanal. On n'hésite pas non plus à y grignoter quelques bons produits du terroir le midi au resto ***So Fish*** tout en découvrant un groupe de musique, des comédiens, un photographe, etc. Un lieu propice aux échanges, avec une programmation tout sauf à fond de cale !

Où acheter de bons produits ?

Les Halles *(plan B1-2)* **:** *mar, jeu (à l'intérieur), ven et sam mat.* Ne manquez surtout pas le marché du samedi, sous les halles à l'ancienne, au cœur de Dijon : c'est le plus coloré, le plus animé. Nombreux restos et bistrots avec terrasse tout autour. Et même au cœur des halles avec une buvette haute en couleur. De juin à fin septembre, brunch le dimanche dans un esprit guinguette *(25 € adulte, 12 € enfant ; • destinationdijon.com •).*

Boutique Maille *(plan B2,* ***80****)* **:** *32, rue de la Liberté. ☎ 03-80-30-41-02. • maille-boutique.dijon@unilever.com • Tlj sauf dim 10h-19h.* Une superbe vitrine à l'enseigne d'une marque qui a plus de 300 ans d'existence : « Il n'y a que Maille qui m'aille. » Vente de moutarde à la pompe ou au pot (plus de 60 variétés) et pots copies d'anciens. Également des vinaigres aux goûts originaux.

Pain d'épices Mulot et Petitjean *(plan B2,* ***81****)* **:** *13, pl. Bossuet. ☎ 03-80-30-07-10. • mulotpetitjean.fr • Tlj sauf dim-lun mat 9h-12h, 14h-19h.* Drôle de maison d'allure et d'esprit médiévaux pour abriter un paradis du pain d'épices : en forme de sabot, cloche, poisson, ou tout simplement de « pavé de santé » à l'ancienne, glacé-mince et nonnettes fourrées. Ne pas manquer le musée ouvert 6, bd de l'Ouest à Dijon (voir plus loin) ni la boutique du 1, rue de la Chouette, installée au rez-de-chaussée d'une demeure à colombages rénovée dans des couleurs pain d'épices *(plan C2,* ***82*** *; ☎ 03-80-61-42-22 ; mar-sam 10h-12h30, 14h-19h).* Autres boutiques rue de la Liberté *(tlj)* et place Notre-Dame *(mar-sam 10h-12h30, 14h30-19h).*

Boutique-atelier Moutarderie Fallot *(plan C2,* ***84****)* **:** *16 A, rue de la Chouette. ☎ 09-54-04-12-62. Tlj en continu.* Une boutique qui a redonné à Dijon un peu de sa fierté moutardesque, puisque la moutarde Fallot, la seule « authentique moutarde de Dijon », produite à Beaune de façon artisanale, à la meule, dans des locaux que vous aurez tout le loisir de visiter, a un atelier-boutique en plein cœur de ville.

Une dizaine de ***chocolatiers*** de haut niveau ont fait de Dijon une des 1res métropoles... antistress. Aux côtés de *Patrice Gillotte (21, rue du Bourg),* le plus connu, citons simplement les boutiques de *Pierre Hubert (31, rue des Godrans), Frank Pourrier (26, rue Musette), Sébastien Hénon (4, rue des Godrans),* ou encore *Jonathan Pautet,* le plus culotté, à l'angle de la rue Verrerie et de la rue de la Chouette.

À voir

L'accès aux collections permanentes des musées municipaux de Dijon (sauf le musée Magnin et le Consortium donc) est gratuit. Ils sont fermés le mar.

➢ Départ du palais des Ducs *(plan C2),* où commence toute balade ici-bas. Pour vous aider, l'office de tourisme (entrée au 11, rue des Forges) a créé le *Parcours de la chouette* (petit guide payant 3,50 €), qui vous invite à suivre des petites flèches triangulaires portant le symbole fétiche des Dijonnais. Compter 1 à 2h (ou plus si l'on s'arrête pour visiter certains édifices). Il existe une version « junior » avec un cahier ludique et instructif. Connexion smartphone payante également. Sinon, possibilité de suivre une visite guidée *(● destinationdijon.com ●)* ou de faire le parcours urbain ou nature en... Segway !

Le Dijon des ducs de Bourgogne

Le palais des Ducs et des États de Bourgogne *(plan C2)* **:** *pl. de la Libération, rue de la Liberté et rue des Forges. ☎ 0892-700-558 (office de tourisme ; 0,34 €/mn). Visite de la* ***tour Philippe-le-Bon*** *ttes les 45 mn, tlj sauf lun 10h30-12h, 13h45-17h30 avr-11 nov ; le reste de l'année, seulement le w-e à 11h, 12h, 14h, 15h et 16h, et mar à 14h, 15h et 16h ; résa indispensable à l'office de tourisme. Montée commentée par un guide. Entrée : 3 €. Apéritifs le sam en été (2 horaires ; 20 € ; réduc) ; résa sur ● destinationdijon.com ● Visite également des salons de l'hôtel de ville w-e et j. fériés, toujours avec guide : 8 € ; réduc. Infos et résas à l'office de tourisme.*

GAME OF BURGUNDY

L'histoire complexe des ducs de Bourgogne inspira nombre d'auteurs français et étrangers. Parmi ceux-ci, l'écrivain américain George R. R. Martin pour sa série de romans Le Trône de fer, *plus connue encore depuis son adaptation à l'écran...* Game of Thrones. *Il est d'ailleurs venu visiter spécialement le palais des Ducs en 2014, entouré d'une foule d'admirateurs.*

Avant de sortir de l'office, jetez un œil à la ***chapelle des Élus*** *(accès gratuit),* que les élus de la province firent édifier, reflet de l'art de Versailles sous le règne de Louis XV. Méconnue, enclavée dans les bâtiments des États, son chevet visible de la rue des Forges est le seul indice qui trahit sa présence. Sa hauteur démesurée lui permet de bénéficier de la lumière du jour. Somptueux décor sculpté sur les parois, autel en marbre. Traverser la cour de Flore pour reprendre la rue de la Liberté. Dans le passage, avec un peu de chance, une exposition organisée au 1er étage vous permettra d'emprunter l'***escalier Gabriel,*** remarquable autant par sa conception (sous ses tribunes se cachent en réalité les riches archives municipales) que par sa belle rampe en fer forgé. Il mène au ***salon Apollon,*** antichambre de l'ancienne salle des États de Bourgogne. Le décor actuel, qui date de la fin du XIXe s, est d'un pompeux, voire d'un pompier avec l'inénarrable tableau des *Gloires de la Bourgogne.*

À la recherche de l'ancien logis des Ducs

Les états de Bourgogne furent les seuls en France à construire un bâtiment spécialement à leur usage ! Véritable palais joignant l'utile au somptueux, il englobe l'ancien palais des Ducs, disparu sous une unité de façade voulue par Louis XIV, et pérennise ainsi le lieu du pouvoir politique autour duquel se développe la ville depuis des siècles.

Un ensemble que l'on peut admirer depuis une des terrasses de la place de la Libération. De là, on voit parfaitement comment Jules Hardouin-Mansart, 1er architecte du roi, a intégré le vieil hôtel des ducs de Bourgogne dans le palais des États. Construit entre 1364 et 1455, le logis médiéval disparut ainsi presque entièrement au XVIIe s derrière les façades classiques du nouveau palais des États. Seule resta visible la tour Philippe-le-Bon, dont la haute silhouette domine toujours la ville ancienne. Elle reste le symbole de la puissance du duc au cœur de la ville et abrite l'escalier qui desservait les appartements du duc. On vous conseille la montée

au sommet, même si vous allez nous maudire au bout de quelques centaines de marches, parce que ça grimpe sérieusement ! Mais la vue devrait vous redonner le sourire, d'autant que la meilleure façon de comprendre cette ville secrète, c'est encore de la prendre de haut.
À la sortie, traversez le beau passage voûté d'ogives entre la cour d'honneur et le petit square des Ducs, idéal pour une pause. Levez les yeux.
À gauche, les hautes fenêtres gothiques sont celles de la grande salle des gardes. Cette vaste salle, qui abrite aujourd'hui les tombeaux des ducs, était la salle des festins, symbole étonnant qui ne surprend personne par ici. Le duc avait ses appartements à 2 pas, dans des pièces devenues aujourd'hui les bureaux du maire et des adjoints.
L'entrée dans la cour de Bar, métamorphosée elle aussi, permet de découvrir les cuisines ducales et leurs 6 immenses cheminées où l'on pouvait cuire des bœufs entiers.
Juste à l'entrée du passage se dresse la tour de Bar, construite par Philippe le Hardi au XIVe s, ce qui en fait la partie la plus ancienne du palais.
De la cour de Bar, on peut accéder à l'espace d'accueil et à la boutique.

***Le MBA-Musée des Beaux-Arts métamorphosé** (palais des Ducs de Bourgogne ; plan C2) : entrée pl. de la Sainte-Chapelle ou cour de Bar. ☎ 03-80-74-52-70. • beaux-arts.dijon.fr • ♿ (accès partiel). Tlj sauf mar : juin-sept 10h-18h30 ; oct-mai 9h30-18h. Fermé 1er janv, 1er et 8 mai, 14 juil, 1er et 11 nov, 25 déc. GRATUIT. Audioguide. Boutique. Bonne idée : on peut emprunter des sièges pliants à l'entrée.*

LES RISQUES DU MÉTIER

Au rez-de-chaussée du musée, noter l'ancienne échansonnerie. L'échanson était l'officier chargé de servir à boire à une personne de haut rang, mais aussi de goûter les boissons par crainte d'empoisonnement en raison des nombreuses intrigues de cour. Une charge risquée certes, mais certainement pas déplaisante en Bourgogne.

L'un des plus anciens musées de France, installé pour partie dans le palais des Ducs de Bourgogne. L'année 2019, année des 600 ans de montée sur le trône de Philippe le Bon, marqua également la fin des travaux de rénovation de la 2de tranche. Une 1re tranche avait déjà permis de remettre en valeur le bâti médiéval et d'installer les 1ers espaces muséographiques consacrés à la période du haut Moyen Âge à la Renaissance (Ve-XVIe s). ***Espaces transformés aujourd'hui pour permettre de traverser le temps jusqu'au XXIe s, dans un parcours en 8 séquences,*** au départ du ***grand escalier d'honneur.***

Le parcours chronologique mélange les techniques et les disciplines artistiques afin de faire dialoguer peintures, sculptures, objets d'art, mobilier et vestiges archéologiques. Cartels, tables multimédia, audioguides... autant d'outils pour faciliter le parcours tout au long de cette succession de salles reconstruites du sol au plafond, fortes de ***1 500 œuvres*** révélant les grands jalons de l'histoire de l'art européen, mais aussi bourguignon, comme il se doit.

Le Moyen Âge en Bourgogne

Après une 1re séquence consacrée à ***l'Antiquité,*** source d'inspiration (remarquables portraits du Fayoum en Égypte), et une 2de au ***Moyen Âge en Europe,*** la spécificité du ***Moyen Âge en Bourgogne*** est dévoilée dans la galerie de Bellegarde, érigée au début du XVIIe s pour relier la tour de Bar à l'ancien logis du duc. Là, sont exposés ***2 imposants retables dorés de la chartreuse de Champmol (XIVe s).*** Sculptés par Jacques de Baerze, ils ont été peints par Melchior Broederlam. Au grand raffinement des volets extérieurs peints s'ajoute la splendeur des décors sculptés intérieurs, ciselés telles des pièces d'orfèvrerie. ***De vrais livres d'images.*** Et une belle introduction au faste du temps des Grands Ducs.

Justement, il est temps d'aller retrouver, au pied des ***tombeaux de Philippe le Hardi et Jean sans Peur,*** le cortège des célèbres ***pleurants*** (41 par cénotaphe). Un cortège qui force au respect, à l'admiration et à l'humilité. Il faut se pencher, et même se plier pour admirer cet ensemble vivant et particulièrement novateur dans la statuaire de l'époque : prenez le temps d'observer les attitudes, l'expression, la variété des sentiments (extra, celui qui se cache sous sa cape et se mouche), les drapés fluides... Un travail étonnant et remarquable.

LES PRINCES DES FLEURS DE LYS

En récompense de son courage au côté de son père Jean II le Bon, à la bataille de Poitiers en 1356, son 4e et dernier fils, Philippe, y gagna le surnom de Philippe le Hardi et reçut en apanage le duché de Bourgogne. Le blason des ducs de Bourgogne (bandes diagonales jaunes et bleues) intégra alors les fleurs de lys, emblème familial et dynastique des descendants de Saint Louis.

LA CÔTE-D'OR

De la Renaissance au roi Soleil

Les maîtres de la Renaissance italienne sont représentés dans la séquence suivante par ***Véronèse, Vasari*** et ***Titien,*** pour ne citer que les plus célèbres. L'admirable *Dame à sa toilette* fait partie des œuvres restaurées qui retrouvent ici une place de choix. Quant au XVIIe s, il met à l'honneur ***le caravagisme*** avec la *Judith* de Commodi, un *Saint-Jérôme* anonyme, ou encore *Le Souffleur à la lampe* de ***Georges de La Tour.*** L'accrochage de la salle suivante permet de mettre en regard les ***compositions d'artistes flamands avant et après Rubens*** (beau Frans Hals). Coysevox, Lebrun ou Coypel sont réunis pour célébrer le siècle de Louis XIV, et ***l'art bourguignon est représenté par Tassel, en peinture, et Dubois, en sculpture.*** La fin du règne du roi Soleil est l'occasion d'aborder l'art de la cour (*Le Siège de Lille* par Van der Meulen en célèbre les conquêtes), une table dressée permet de mettre en avant mobilier, vaisselle et horlogerie sous la Régence.

De la Révolution au XIXe s

Une salle entière rend hommage aux ***artistes bourguignons*** accueillis depuis la création de l'école de dessin en 1767. Quant à la très belle salle des statues, elle retrouve sa configuration d'origine. Un des temps forts de la visite, avec la ***Grande Galerie,*** qui a retrouvé ses grands formats (Rubens).

Le XIXe s fait l'objet d'un traitement thématique. La ***salle Sophie et François Rude*** met en avant les productions des 2 artistes bourguignons, tandis que la suivante introduit des thèmes plus littéraires (*Don Quichotte à cheval* par Daumier). On passe de l'Histoire à l'académisme et à l'éclectisme, puis aux thèmes réalistes et naturalistes. Une salle restitue l'atmosphère d'un ***atelier d'artiste,*** faisant l'objet d'un accrochage serré.

Orientalisme, expressionnisme, modernisme

Au 2e étage, une salle consacrée à l'orientalisme permet de retrouver ***Delacroix*** et ***Ziem.*** L'impressionnisme et le pointillisme sont mis à l'honneur avec ***le seul Monet du musée*** *(Étretat, La porte d'Aval).* Une attention particulière est portée à la figure humaine dans la 2de moitié du XIXe s : ***Odilon Redon, Manet*** ou ***Tissot,*** dont la délicieuse *Japonaise au bain*.

C'est à ***François Pompon,*** sculpteur animalier originaire de Saulieu, formé à l'école des Beaux-Arts de Dijon, que revient l'honneur d'ouvrir le siècle suivant, enrichi au niveau des œuvres présentées par la donation des époux Granville. On passe du cubisme aux années 1920 et 1930, l'expressionnisme au modernisme, ***de Picasso à Delaunay.*** Honneur à ***Vieira da Silva et Arpad Szenes,*** artistes dont le musée possède une des plus grandes collections. Le 2e étage de la tour de Bar consacre l'œuvre de ***Lapicque. De Staël, Berholle*** ou ***Manessier*** s'affrontent à la loyale. D'autres œuvres pourront, au fil des accrochages, troubler cette remontée du temps, l'enrichir au gré des dépôts attendus.

Ouverture sur la ville
Le parcours s'achève au rez-de-chaussée, à travers des pièces consacrées à ***l'art contemporain*** et les ***salles d'expositions temporaires,*** dont les fenêtres donnent désormais sur la rue Rameau. Le vieux musée replié 2 siècles durant sur ses collections s'est offert une ouverture sur la ville, à travers un quartier désormais entièrement piéton, offrant un flux apaisé à travers cour (de Bar) et jardin (des Ducs). Il rejoint ainsi les autres grands musées des Beaux-Arts qui ont connu un lifting réussi, avec création de salles où l'on peut lire, se relaxer, acheter des livres (une boutique incroyablement achalandée) ou boire un café, et plus si la faim vous prend.
En ressortant, faites une pause à la ***Brasserie des Beaux-Arts*** (voir « Où manger ? »).

La rue Verrerie *(plan C1-2)* **:** bordée par un bel ensemble de maisons à pans de bois restées dans leur jus médiéval. Cette rue est l'épicentre d'un quartier riche en boutiques d'antiquaires, de design... Formant un angle avec la ***rue Chaudronnerie,*** un ancien hôtel de commerçants dijonnais inspiré par la Renaissance italienne. Autre curiosité, toujours rue Chaudronnerie, au n° 5, la maison aux Trois-Pignons, édifiée vers 1440. Intéressante façade par sa géométrie et par son architecture à pans de bois. En face, sur la place, la ***maison des Cariatides,*** qui abrite l'une des bonnes tables de la ville. La vue sur l'arrière de la maison des Cariatides révèle 2 tours gothiques et une galerie de bois à portiques.

L'église Notre-Dame *(plan C2)* **:** *tlj 7h30 (9h dim)-19h ; non accessible pdt les offices.*
Construite au XIIIe s, c'est la doyenne des églises de Dijon et certainement la plus familière à ses habitants. Façade remarquable, avec toute une série de gargouilles surmontées d'une attraction célèbre : qu'il pleuve ou qu'il vente, le *Jacquemart* tape mécaniquement toutes les heures depuis 1383, tirant avec philosophie sur sa bouffarde, sans rancune envers ceux qui l'ont rapporté (Philippe le Hardi l'avait déclaré prise de guerre), avec son horloge, du beffroi de Courtrai. Depuis, il a été doté d'une femme et de 2 enfants, qui sonnent les demi-heures et les quarts.
L'église a été édifiée au milieu d'un quartier populaire dans un espace plus que restreint, ce qui a contraint ses maîtres d'œuvre à une jolie prouesse technique pour obtenir la légèreté et l'impression d'ampleur que l'on ressent à l'intérieur. À la droite de l'autel se trouve l'une des plus anciennes statues de Vierge de France, vraisemblablement du XIe s. Le bras nord du transept conserve 5 vitraux d'origine, vieux de plus de 700 ans ! Également une tapisserie des Gobelins (*Terribilis,* 1950) illustrant l'évacuation inespérée de l'ennemi en 1513 et 1944.

DRAME À NOTRE-DAME

Les gargouilles originales de l'église Notre-Dame de Dijon auraient causé la mort d'un usurier venu s'y marier, à la suite d'une chute accidentelle (d'une gargouille, pas de l'usurier) vers 1240. Démontées à la demande des successeurs de la victime, elles furent remplacées bien plus tard par de fausses gargouilles commandées en 1880.

La rue de la Chouette *(plan C2)* **:** au chevet de l'église, de belles maisons à pans de bois, dont la maison Millière (au n° 10), construite en 1483. Sur son toit ont été perchés, au début du XXe s, un chat et une chouette. À côté, au n° 8, l'***hôtel de Vogüé*** fut le 1er hôtel particulier édifié au début du XVIIe s à Dijon sur le modèle des hôtels particuliers parisiens. Majestueux porche d'entrée ouvrant sur une cour au portique sculpté. À la conception classique de l'édifice s'allie tout le raffinement décoratif de la Renaissance italienne jusqu'aux toits recouverts de tuiles vernissées. Quant à la petite chouette en pierre qui a donné son nom à cette rue, vous la découvrirez usée par le temps et les hommes, sculptée sur l'angle d'un contrefort de Notre-Dame, face à la plaque n° 9 au sol. Cette chouette fétiche est la gardienne de tous les vœux et secrets des Dijonnais (heureusement qu'elle est sourde et aveugle !). Elle n'exaucera les vôtres que si vous la caressez de la main gauche, celle du cœur.

La ***rue Musette*** conduit aux ***halles*** signées Ballard (et non Baltard) et à une ribambelle de terrasses de restos et cafés qui ont poussé tout autour, un quartier particulièrement animé les jours de marché. Vous pouvez jeter un œil aux expos d'art contemporain proposées par le ***FRAC,*** dans les bâtiments des anciens Bains du Nord *(16, rue Saint-Quentin).*

La rue des Forges *(plan B-C2)* **:** piétonne et à l'ombre du palais, on y trouve de petites résidences que s'était fait construire l'entourage des ducs. Au n° 34, l'hôtel d'Henri Chambellan, maire en 1490, représente le nec plus ultra de l'architecture médiévale en France. Si c'est ouvert, longez le couloir pour découvrir, côté cour, un joyau du gothique flamboyant, avec sa galerie de bois ouvragé et l'escalier à vis qui se termine par une exceptionnelle statue de jardinier porteur de la voûte. À côté, au n° 38, façade Renaissance de la maison Maillard. Exubérance florale et animale : chou bourguignon, mufle de lion, guirlandes de fleurs. Au n° 40, l'hôtel Aubriot (XIIIe et XXe s) offre aux regards, par-delà ses statues de la Justice et de la Force, un des toits vernissés les plus célèbres de la ville (et à l'intérieur, bien caché, un bar à cocktails dans le goût de l'époque, la nôtre, évidemment !). Au n° 54, l'hôtel Morel-Sauvegrain du XVe s.

La place François-Rude *(plan B2)* **:** une place piétonne animée avec ses bars en terrasse, au nom du sculpteur dijonnais qui a réalisé le plus célèbre bas-relief de l'Arc de Triomphe à Paris : *La Marseillaise.* Les jours de marché, il est même difficile d'y circuler. Le point de mire, c'est la statue-fontaine du Bareuzai, personnage de vigneron dans le plus simple appareil, montré foulant au pied les raisins comme on le faisait autrefois (mais tous les vignerons n'étaient pas aussi bien bâtis !).

Balade à l'ouest et au sud du secteur sauvegardé

L'ancien secteur sauvegardé, circonscrit au départ au centre historique et à ses principaux monuments, s'est étendu jusqu'aux facultés, englobant certaines œuvres d'art contemporain encore mal comprises du grand public. Une traversée de la ville, d'ouest en est, permet de mesurer ce qui fait le charme de cette cité secrète, qui cache ses trésors au fond d'une cour d'hôtel particulier ou dans des caves et souterrains abritant des bars, des spas ou des restos.
Pour qui arrive de la gare, la place Darcy reste l'entrée principale de la ville, avec un mythique hôtel de la Cloche devenu aujourd'hui un palace des temps modernes, et cet « arc de triomphe » ouvrant sur l'artère principale de la ville, la rue de la Liberté, elle aussi rendue aux piétons.

Le jardin Darcy *(plan A1-2)* **:** *pl. Darcy.* Créé en 1880 en plein centre pour rafraîchir les poumons des ouvriers de l'époque, dans un souci d'hygiène morale. Imaginé autour du réservoir construit par l'ingénieur Darcy pour amener l'eau en ville, un assemblage d'escaliers et de balustrades encadre des vasques en terrasses d'où l'eau s'écoule en cascade, dans le style italien alors en vogue. À voir pour le fameux ours blanc de Pompon, sculpteur animalier cher aux Dijonnais, qui n'est pas de lui mais de son élève Martinet.

Le Musée archéologique de Dijon *(plan B2)* **:** *5, rue du Docteur-Maret.* ☎ *03-80-48-83-70. Avr-oct, tlj sauf mar 9h30-12h30, 14h-18h, ; hors saison, mer et w-e. Fermé certains j. fériés. GRATUIT.*
Une véritable machine à rêver qu'abrite l'aile principale de l'abbaye bénédictine Saint-Bénigne. Voyez dans la cour d'entrée les sarcophages mérovingiens.
– Montez d'abord jusqu'au ***2e étage de l'ancien dortoir de l'abbaye bénédictine,*** construit par l'abbé Hugues d'Arc au XIIIe s. Vous découvrirez un vaste panorama

de la présence de l'homme en Bourgogne, de la préhistoire au Moyen Âge, avec les sites incontournables de la région : Alésia, Les Bolards, Mâlain... Un paradis pour les « chercheurs d'or », des boucles d'oreilles de l'époque mérovingienne à la copie du magnifique bracelet de La Rochepot (1,3 kg d'or pur).
– ***Au niveau 1 :*** les voûtes gothiques accueillent les ***sculptures d'époques romane et gothique,*** ainsi que les expos temporaires. Mise en couleur et en lumière réussie.
– ***Au niveau 0 : l'univers magique de la déesse des Sources de la Seine Sequana,*** à qui l'on offrait des ***ex-voto*** dans l'espérance d'une prochaine guérison. Représentant les parties du corps atteintes par le mal, ces rares sculptures de bois constituent un ensemble exceptionnel, l'un des seuls témoignages de l'art et des croyances populaires en Gaule avant et pendant l'occupation romaine. Prenez le temps de visiter ***l'ancienne salle capitulaire et le scriptorium,*** en jetant plus qu'un œil aux étonnants ***fragments de monuments funéraires*** représentant des scènes de la vie d'autrefois : marchand de vin et ses clients, charcutier avec son boudin et son bac à sang...

★★ *La cathédrale Saint-Bénigne* *(plan A-B2)* **:** *tlj 8h30-19h30. Crypte ouv 8h30-18h (17h en hiver et pause déj), fermé dim mat. Entrée : env 2 € ; accès intérieur et extérieur.*
5 églises ont été successivement construites sur le lieu de la découverte du sarcophage de saint Bénigne. En 1272, la chute d'une tour ayant écrasé le chœur, l'abbé Hugues d'Arc entreprit de reconstruire entièrement l'église romane dans le nouveau style gothique. L'élévation très pure de la nef et du chœur sont typiques du gothique bourguignon. Le clocher, le plus élevé de la ville aux 100 clochers, culmine à 93 m.
De l'immense abbatiale rebâtie à partir de 1001 par Guillaume de Volpiano, religieux envoyé de Cluny pour réformer une abbaye qui sombrait dans la décadence, ne subsiste aujourd'hui que la *crypte.* Une vaste rotonde copiée sur celle conçue pour le tombeau du Christ à Jérusalem (il n'en existe apparemment que 8 dans le genre dans le monde). Des colonnes en nombre forment 3 cercles autour de la crypte. 2 d'entre elles supportent encore leur chapiteau d'origine, orné d'un homme en prière, taillé d'un coup de ciseau un peu malhabile, rare exemple de sculpture préromane. Vestiges d'un sarcophage du IIe s. Dans le prolongement de la rotonde, chapelle mortuaire du VIe s (plus probablement du IXe s).
Visites guidées gratuites des combles, toitures et soupentes, du carillon de 63 cloches (avec ou sans démonstration sonore !), de la chambre des cloches ou du musée de l'Orgue.

★ *L'église Saint-Philibert* *(plan B2)* **:** *GRATUIT lors des expos temporaires, mai-sept. Possibilité de visites guidées ; infos à l'office de tourisme.* La seule église romane de la ville jouxte la cathédrale. C'était la paroisse à la fois la plus civique et la plus remuante de Dijon ; en effet, ce quartier abritait la corporation des « culs bleus » (les vignerons, qui représentaient autrefois un tiers de la population !). La jolie flèche à crochets fut élevée au début du XVIe s. Après avoir servi d'entrepôt et d'écurie après la Révolution, l'église fut victime d'une attaque de sel qui la rongea littéralement à partir des années 1970.

★ *La place Bossuet* *(plan B2)* **:** de beaux hôtels entourent la statue de Bossuet, accolée à l'église dans laquelle il a été baptisé, aujourd'hui transformée en théâtre, un comble pour un homme qui prisait peu les comédiens.

★★ *La rue Berbisey* *(plan B2-3)* **:** bel alignement d'hôtels particuliers, sur la droite. Au n° 23, petit hôtel de Ruffey (ouvert en semaine), élevé en 1752 pour un président de la Chambre des comptes. Au n° 27, petit hôtel Berbisey, bijou revu au XVIIIe s. Au n° 25, grand hôtel Berbisey, élevé à partir de 1657 pour un conseiller au parlement. Au n° 21, hôtel Legouz de la Berchère, au portail orné d'allégories de la Justice et de l'Abondance. Au n° 19, hôtel le plus ancien, qui abrite un restaurant

(*La Closerie,* voir plus haut) avec une merveilleuse petite cour gothique et appartint à Thomas Berbisey, secrétaire de Louis XI. Au n° 3, hôtel Le Compasseur, avec sa tourelle du XVIe s qui joue les curieuses, penchée sur la rue ! Laissez-vous emmener à 2 pas, rue Brûlard *(plan B2-3),* au n° 2, pour pousser la grille (accès public) de l'hôtel Bouchu d'Esterno et profiter de la paix du petit jardin.

UN ARCHITECTE À LA POINTE

Au n° 8 de la place Bossuet, l'hôtel Fevret de Saint-Mesmin fut l'un des 1ers à adopter la mode des combles brisés permettant un étage supplémentaire en toiture. Un toit dit « à la Mansart », d'après François Mansart (1598-1666), l'architecte qui développa cette technique et qui donna logiquement son nom aux... mansardes.

Le musée de la Vie bourguignonne (plan B3) **:** *17, rue Sainte-Anne. ☎ 03-80-48-80-90. (par ascenseur). Tlj sauf mar 9h30-12h30, 14h-18h. Fermé certains j. fériés. GRATUIT.*
Un des musées les plus attachants de la ville. Collection étonnante d'objets pour plonger au cœur de la vie quotidienne du XIXe s, rassemblée dans les pièces entourant l'ancien cloître du monastère des Bernardines. Toute une rue commerçante de la fin du XIXe et du début du XXe s a été reconstituée au 1er étage. Il ne s'agit pas d'une simple enfilade de devantures, mais d'une atmosphère de rue, avec ses recoins où l'on découvre ici un atelier de fourrure, là une blanchisserie, une pharmacie... Des enseignes, des affiches en font revivre d'autres.
Salon de lecture, expositions temporaires, projection de films et atelier pour les enfants. Profiter de la tranquillité du cloître ou du jardin voisin pour se poser avant d'attaquer la fin du parcours.

Le musée d'Art sacré (plan B3) **:** *15, rue Sainte-Anne. Même numéro de tél, mêmes horaires que le précédent.* Installé dans l'ancienne église Sainte-Anne, au dôme vert visible de loin et ancienne propriété des cisterciennes de l'abbaye Notre-Dame-de-Tart, le musée présente sculptures, peintures, mobilier et vases liturgiques, objets de piété populaire provenant principalement de Côte-d'Or. Il possède aussi une importante collection de vêtements et ornements liturgiques, ainsi que de saintes reliques.

La rue Amiral-Roussin (plan B-C2) **:** vous voilà au cœur du Marais dijonnais, secteur maintenant piéton. Poussez la porte du n° 23 (ouvert le week-end), ancien hôtel d'un avocat au parlement ; belle façade sur cour, au répertoire sculpté caractéristique de la Renaissance. Au n° 19, admirez le porche finement ciselé de l'ancienne église de la Madeleine, construite pour la communauté des Hospitaliers de Saint-Jean-de-Jérusalem, installée dans la ville depuis le XIIe s.

Le quartier du Palais (plan C2) **:** la rue du Palais vous mène tout droit vers l'ex-parlement de Bourgogne, devenu le *palais de justice.* C'est là que la bourgeoisie dijonnaise pouvait venir s'anoblir, jusqu'à la Révolution, en achetant charges et offices. Assez remarquable à l'extérieur, avec son pignon de belle allure et son porche d'entrée aux colonnes de pierre rose. L'original de la belle porte en bois, signé Sambin, se trouve au musée des Beaux-Arts. À l'intérieur, grande salle des pas perdus, dont le plafond ressemble à la carène d'un bateau renversée, et chambre dorée au somptueux plafond à caissons datant de 1522.
À l'arrière du palais de justice, rue Jean-Baptiste-Liégeard, beau déploiement d'échauguettes au revers de l'*hôtel Legouz Gerland.* L'entrée de l'hôtel, au n° 21, rue Vauban, annonce une cour très différente, très grand style, aménagée au XVIIIe s. Des lions superbes et généreux gardent la maison. En ressortant, jetez un œil sur l'hôtel Bouhier, parlementaire dijonnais et bibliophile d'exception.
Puisqu'on parle bouquins, suivez le chemin des écoliers pour revenir rue de l'École-de-Droit et entrez à la *bibliothèque municipale,* pour goûter le silence et admirer la beauté de la salle de lecture installée dans l'ancienne chapelle du

collège des Godrans (jésuites). Elle abrite plus de 200 000 volumes et 3 000 manuscrits, dont les plus fameux sont ceux de l'abbaye de Cîteaux (début XIIe s).

Le musée Magnin (plan C2) : *4, rue des Bons-Enfants. ☎ 03-80-67-11-10. • musee-magnin.fr • Tlj sauf lun 10h-12h30, 13h30-18h. Fermé 1er janv et 25 déc. Entrée : 3,50 € ; réduc ; gratuit moins de 26 ans (et enseignants) et pour ts le 1er dim du mois. Audioguide (versions enfants, malvoyants et malentendants disponibles).* Cette belle collection de peintures françaises et étrangères a été léguée à l'État en 1938, avec l'hôtel particulier du XVIIe s (un des plus beaux de Dijon), un musée en soi avec sa remarquable cage d'escalier du XVIIe s et son mobilier d'époque. Entre chambres, boudoirs, salons et alcôves, on goûte avant tout au charme hors du temps de cet édifice. D'Allori à Girodet, de La Hyre à Champaigne, on découvre également cet ensemble étonnant d'œuvres des écoles italienne, flamande, hollandaise et française, du XVIe au XIXe s, ainsi que des meubles et objets d'art, le tout réuni par les amateurs d'art Maurice et Jeanne Magnin au XIXe s. Notamment une superbe collection d'esquisses du XVIIIe s. Ces œuvres et ces noms peu connus, mais souvent tout aussi remarquables que les plus illustres, traduisent le regard tout en finesse des Magnin sur leur époque. Tout au long de l'année, le musée propose des concerts de musique classique, notamment dans la salle italienne et dans sa cour joliment restaurée.

L'église Saint-Michel (plan C2) : *tlj 7h-19h (fermée pdt les offices).* Un merveilleux gâteau empilant savamment gothique et Renaissance, avec comme cerises les 2 boules dorées rutilantes au sommet des tours du XVIIe s. Admirable Jugement dernier du tympan central. Originales boiseries des 4 piliers de la croisée du transept avec 2 bancs arrondis qui épousent les colonnes.

Le musée Rude (plan C2) : *8, rue Vaillant. ☎ 03-80-74-52-70. Tlj sauf mar : juin-sept 10h-18h30 ; oct-mai 9h30-18h. Fermé certains j. fériés. GRATUIT.* Aménagé dans le chœur et le transept de l'ancienne église Saint-Étienne (tandis que la nef accueille la bibliothèque), ce musée est tout petit mais il vaut assurément le coup d'œil. Il faut dire que le moulage grandeur réelle du *Départ des volontaires* (1792) de l'Arc de Triomphe de l'Étoile a de quoi impressionner. Amusez-vous à découvrir les moulages des autres sculptures de François Rude. Le musée abrite des éléments du castrum gallo-romain ; recueillez-vous devant, ça se fait rare !

En sortant, vous n'aurez que quelques pas à faire pour retrouver Rude à l'intérieur du MBA ou pour vous poser en terrasse, places du théâtre ou de la Libération, les plus courues de la ville dès les premiers soleils.

À voir. À faire à l'écart du centre

Le Consortium (plan C3) : *37, rue de Longvic. ☎ 03-80-68-45-55. • leconsortium.fr • Mer-dim 14h-18h (nocturne ven jusqu'à 20h ; gratuit 17h-20h). Entrée : 5 € ; gratuit moins de 18 ans. Visites guidées gratuites, sur inscription, 1er jeu du mois à 12h30 ; pour les enfants, mer des vac scol à 15h ; sans inscription ts les ven à 18h30 ; et « visites flash » les w-e.* Un bel espace, grand, blanc, très blanc, pour accueillir les grands noms de l'art contemporain. Expos renouvelées tous les 3 mois. Également des concerts de musique actuelle.

Le parc de la Colombière (hors plan par C3) : *cours du Parc. Bus nos 6, 11 ou 18, arrêt « Parc-de-la-Colombière » ou « Colombière ». À la périphérie sud-est de Dijon, vers Longvic.* Les « allées du Parc », longue avenue commençant place Wilson et bordée de nombreuses maisons du XIXe s, mènent jusqu'à l'ancienne résidence d'été du prince de Condé. Dès 1688, il avait mis le domaine de la Colombière à la disposition des citadins, lançant la mode des jardins publics. Ce parc à la française, réalisé par un élève de Le Nôtre, reste un des lieux de promenade favoris des familles dijonnaises. On y vient avec les enfants voir les animaux dans leurs enclos. Hors des sentiers battus, on trouve les fragments de l'ancienne voie romaine reliant Lyon à Trèves.

Balade le long de l'Ouche *(hors plan par A3)* **:** accessible depuis le centre-ville, en passant par la rue Monge. C'est à l'arrêt du tram que démarre une coulée verte, longue de 2,2 km, en direction du lac Kir *(hors plan par A1)*. C'est ici, à l'emplacement de l'ancien hôpital, qu'en 2020 la Cité internationale de la gastronomie et du vin devrait ouvrir ses portes.

Le jardin des Sciences – Parc de l'Arquebuse *(plan A2)* **:** *14, rue Jehan-de-Marville et 1, av. Albert-Ier. ☎ 03-80-48-82-00. Tlj sauf mar, sam mat, dim mat et j. fériés 9h-12h30, 14h-18h. Fermé certains j. fériés. Entrée libre pour le jardin et le muséum, mais payante pour le planétarium ; gratuit moins de 6 ans. Expos temporaires.*
À l'entrée du parc, côté ville, le ***muséum*** présente l'histoire du vivant et de la biodiversité. Les expositions temporaires sont présentées à l'autre bout du jardin, au pavillon du Raines, plus récent. Éducatif et drôlement bien fait. Tout à côté, le ***planétarium Hubert-Curien*** est tout à la fois lieu de spectacle, d'exposition permanente, de conférences... Animations numériques avec la projection de plusieurs spectacles traitant par exemple de l'évolution des espèces, de la diversité du vivant...
Pour y arriver depuis la gare ou la ville, agréable balade à travers le ***jardin botanique.*** Une délicieuse flânerie dans l'univers de la biodiversité végétale sauvage et cultivée. Le ruisseau du Raines, avec ses cygnes et sa collection vivante d'anatidés (des canards, quoi !), sépare le pôle botanique d'un arboretum où les écureuils sautillent parmi des arbres rares et parfois centenaires. On y trouve un hôtel à insectes, quelques ruches d'abeilles domestiques, une prairie fleurie... Un parcours tactile permet aux personnes déficientes visuelles de découvrir les différentes essences d'arbres.

La Fabrique de pains d'épices Mulot et Petitjean *(hors plan par A1)* **:** *6, bd de l'Ouest. ☎ 03-80-30-07-10. • mulotpetitjean.fr • Pas loin de la chartreuse de Champmol. Lignes de bus nos 10 et 12, arrêt « Perrières ». Mar-sam 10h-12h30, 14h-18h30. Entrée : 8 € ; réduc.* La célèbre fabrique de pain d'épice Mulot et Petitjean a plus de 220 ans d'existence, mais elle ne les fait pas. Cette entreprise du « patrimoine vivant » accueille le visiteur sur le site industriel original, reconverti en lieu de mémoire gourmand. Une muséographie ludique, tendre et drôle à la fois conduit le visiteur, amateur ou non de pain d'épice, sur les pas de ceux qui ont fait et continuent d'assurer le succès de cette ultime entreprise artisanale du secteur.

Le Puits de Moïse **:** *bus no 12 CHS-La Chartreuse. Tlj 9h30-12h30, 14h-17h30 (17h janv-mars et nov-déc). Entrée : 3,50 € ; réduc. Possibilité de visite guidée ; rens auprès de l'office de tourisme.* Magnifique et pathétique vestige de la chartreuse de Champmol, la nécropole des ducs de Valois, aujourd'hui enfermée au sein de l'hôpital psychiatrique. Un lieu étonnant, à découvrir absolument. Simplement, pensez que vous êtes dans un hôpital.

Le lac Kir *(hors plan par A1)* **:** *bus no 12, arrêt Lac ou Parc-à-Bateaux (pour la base nautique).* Avec ses 30 ha d'espaces verts, c'est la promenade préférée des Dijonnais toute l'année. L'été, le site se métamorphose en « Dijon-plage ». Baignade surveillée, volley, tennis, minigolf avec buvette et terrasse, base nautique, parcours de santé, et même une location de transats en juillet-août. Face au lac, côté route, saluez le frère du zouave du pont de l'Alma (tous 2 ont été sculptés par le Dijonnais Georges Diébolt).

L'observatoire du lac Kir *(hors plan par A1)* **:** *en venant de la gare, au croisement avec le bd Chanoine-Kir ; à droite au feu, petite route escarpée (fléchage « Observatoire lac Kir »), puis 1re à gauche direction Talant.* Pour embrasser tout le site d'un seul regard et se promener sur les sentiers balisés de la ***combe de la Fontaine-aux-Fées.***

La combe à la Serpent *(hors plan par A2)* **:** *bus n° 3 Fontaine-d'Ouche, arrêt « Bachelard ».* Le plus grand espace vert aux portes de la ville, à quelques minutes du quartier de la Fontaine-d'Ouche, poussé dans les années 1960 entre les collines et le lac Kir. Plus de 30 km de chemins bien balisés, complétés par des liaisons avec d'autres combes comme la combe Persil et la combe Saint-Joseph. Observatoire pour les amoureux des astres. Montez jusqu'au parc à daims et rejoignez Corcelles-les-Monts, où vous attend sur la place du village un café-resto de campagne, *Le Petit Arlette* *(☎ 03-80-42-90-04 ; fermé dim),* tenu depuis 70 ans (mais si !) par une dame adorable. Sur les murs du bistrot, grandes toiles peintes par des artistes du cru réputés.

Fêtes et manifestations

– ***Le Brunch des Halles :*** *juin-fin sept, dim 11h-15h.* • *dijon.fr* • *visitdijon.com* • Un rendez-vous dominical très attendu, concocté par le chef partenaire du jour. Résa plus que conseillée.
– ***L'Été on continue :*** *juin-fin sept.* • *destinationdijon.com* • Une sélection de festivals, spectacles, concerts, expos qui donnent du peps à l'été dijonnais...
– ***Fêtes de la Vigne :*** *fin août-début sept.* • *fetesdelavigne.org* • Soirées à thème, Festival international de folklore (années paires), artisanat du monde, bals...
– ***Tribu Festival :*** *fin sept-début oct.* • *tribufestival.com* • Sympathique festival autour du jazz, des musiques électroniques et du monde.
– ***Foire internationale et gastronomique :*** *1re quinzaine de nov.*

LA ROUTE DES GRANDS CRUS

Cette Côte-là a de tout temps suscité bien des convoitises... de la part des chanoines. Du côté de Beaune, c'est l'influence d'Autun et de Cluny qui domine. On est déjà au sud ! Du côté de Dijon, les évêques de Langres, qui sont également ceux de Dijon jusqu'au XVIIIe s, ont la haute main sur les clos les plus fameux, comme celui de Bèze. Les moines de Cîteaux, établis dans la plaine il y a 900 ans, arriveront trop tard pour avoir les beaux morceaux. Ils créeront tout de même le clos de Vougeot, ce qui n'est pas si mal, il faut l'avouer !

Mais le vin de Bourgogne n'est pas l'apanage des abbayes, ni même celui des grandes familles, comme en témoigne le nombre de bons petits producteurs. Plus que l'étiquette, importent les petits rendements et la qualité, qu'on se le dise !

Il est cependant difficile de comprendre les vins qui se font ici. Le cépage ne pose guère de problème, on le sait : à quelques rares exceptions, il s'agit de pinot noir pour les rouges et de chardonnay pour les blancs. Les appellations sont donc essentiellement géographiques... « climatiques », dit-on ici !

Mais au fait, qu'est-ce qu'il a de si original, le « climat » bourguignon, pour être mis à toutes les sauces (au vin, certes) et pour

LA LANGUE, MODE D'EMPLOI

Avec le nez, la langue est l'outil de base pour apprécier le vin. Quelques rappels anatomiques avant toute bonne descente (terme bien approprié en Bourgogne, où la cave est le haut lieu de la maison) : le sucré se goûte grâce au bout de la langue, le salé sur les côtés avant, l'acidité sur les côtés arrière et l'amer sur le fond de la langue. Le mauvais vin, lui, se goûte un peu partout, mais là, recrachez, l'anatomie ne peut rien pour vous !

avoir mérité son classement au Patrimoine mondial de l'Unesco en 2015 ? Il désigne, en réalité, à chaque fois, un bout de terre valant souvent son pesant de cailloux, identifié sous son nom propre depuis le Moyen Âge et qui doit sa personnalité, unique au monde, aussi bien au sous-sol qu'au sol, à son exposition qu'à son... microclimat. Ailleurs, on appelle ça des « crus ». La Bourgogne en compte plusieurs centaines !

LA CÔTE, DE DIJON À BEAUNE

LES VILLAGES VIGNERONS AUX PORTES DE DIJON

Carte Côte-d'Or, C3

Dijon, capitale des ducs de Bourgogne, aimerait bien ravir à Beaune son titre de « capitale du bourgogne ». On en est loin, même si de gros efforts ont été faits pour rappeler qu'autrefois la moitié des habitants de la ville étaient des travailleurs de la vigne, qui occupait tous les coteaux avoisinants.
Grégoire de Tours atteste la présence de vignes à Dijon au VIe s, mais c'est bien Philippe le Hardi qui sera le 1er à œuvrer pour la gloire des vins de Bourgogne en interdisant le gamay en 1395 et en prônant le pinot. Philippe le Bon, dont on célébra en 2019 les 600 ans de l'accession au trône, exigea l'arrachage des vignes dans les lieux « chétifs » (l'est de la ville notamment !). Et puis, au XVIIe s, les parlementaires dijonnais inventèrent la notion de ces fameux climats, classés désormais au patrimoine mondial de l'humanité, qui ont incité la métropole à encourager la culture de la vigne sur le territoire.

LES COTEAUX DIJONNAIS

Il faudra attendre encore un peu pour voir la vigne pousser au kilomètre zéro de la route des Vins, à la porte même de la future Cité internationale de la gastronomie et du vin. Déjà, les vignes replantées dans les années 1980 aux Marcs-d'Or, à Talant, et surtout sur le plateau de La Cras, au-dessus du lac Kir, donnent un vin que l'on peut trouver lors des réceptions en ville, et dans les boutiques spécialisées, qui ont fleuri à Dijon (*La Route des Vins,* rue Musette, *Dingovino,* rue Vauban, entre autres).

CHENÔVE (21300)

Le béton a remplacé la vigne, dans les années 1960, quand il fallut bâtir pour accueillir des communautés nouvelles, mais cet ancien village vigneron, au terminus du tram, a conservé des traces émouvantes de son passé.

Où manger ?

I●I *L'Auberge du Vieux Pressoir :* *2, pl. Anne-Laprévote. ☎ 03-80-27-17-39. • famille.simon7@wanadoo.fr • Ⓣ Chenôve (T2). Sur la pl. principale du village. Ouv le midi lun-sam et le soir ven-sam. Congés : 3 sem en août. Menu déj 16,50 € ; sinon, repas env 25-35 €. Café offert aux porteurs de ce guide.* Un bistrot de village ultra-convivial avec sa terrasse qui déborde sur la place. Le midi, le menu du jour est une aubaine. C'est du costaud, du délibérément rétro (quoique, tout de même, interprété). Ici, même si vous n'êtes pas fan de ris de veau, vous allez vous régaler. Tout est excellent et de qualité irréprochable. La cave est pareillement intégriste : que des propriétaires de marsannay et de gevrey-chambertin !

MARSANNAY-LA-CÔTE

Aujourd'hui « banlieue rurale » de Dijon, le village fut longtemps célèbre pour son rosé, qui tapait joyeusement dans les têtes. Unique en Bourgogne, sa production remonterait vers 658, période où le pinot noir garnissait les coteaux. Au fil des ans, les vignerons de Marsannay-la-Côte n'ont cessé de se battre pour voir reconnues les qualités de leurs vins, au point d'obtenir une AOC en 1987 pour les 3 couleurs de leur palette : rouge, rosé et blanc.

Trois sentiers de découverte balisés (« Village-Vignoble », 3,8 km ; « Milieu forestier », 5,3 km ; et « Combes », 8,9 km), ainsi qu'un circuit des tables d'orientation de 20 km pour flâner aux portes de la côte de Nuits.

FIXIN

Fixin (prononcez « Fissin » !) produit essentiellement des rouges un rien sauvages, très structurés. Il faut les découvrir au *Manoir de la Perrière* (visite sur résa, ☎ 03-80-52-47-85), par exemple, où les ducs de Bourgogne avaient leur pavillon de chasse, cédé ensuite aux moines de Cîteaux.
Ne quittez pas Fixin sans avoir jeté un coup d'œil au lavoir rond de 1827, alimenté par de l'eau ferrugineuse à un carrefour de la route des Grands Crus !

Où manger ?

Le Clos Napoléon : *4-6, rue de la Perrière. ☎ 03-80-52-45-63. • contact@clos-napoleon.com • Tlj. Formules déj en sem env 15-18 € ; menus 28-48 €.* Une des vraies tables de la côte de Nuits, un paradis des gourmets tout à la fois rassurant, accueillant et réjouissant, dans une belle bâtisse. Terrasse délicieusement ombragée, au pied des vignes. Les vins proviennent de la cave, qu'on peut visiter tout à côté (plus de 150 appellations à découvrir), et les prix restent doux.
S'il n'y a plus de place, allez ***Chez Jeannette*** *(7, rue Noisot. ☎ 03-80-52-45-49 ; fermé dim soir, lun, et mar midi ; menus 22-68 €)* : du frais, du locavore, du sympa et du succulent à la fois. Petite terrasse très agréable. Quelques chambres sur place à prix doux.

À voir

Le parc Noisot : *☎ 03-80-52-45-52 (mairie) et office de tourisme de Gevrey-Chambertin. Accès fléché. Parc ouv tte l'année (seulement à pied) ; musée à 150 m, ouv seulement de mi-mai à mi-sept, le w-e 14h30-18h30. Entrée : env 2,50 € ; gratuit moins de 12 ans.* Un curieux parc-musée dominant le village et consacré au culte impérial. Originaire d'Auxonne, dans le val de Saône, Claude Noisot a combattu à Wagram, en Espagne, fait la campagne de Russie, accompagné Napoléon à l'île d'Elbe. Les Cent Jours ? Waterloo ? Il en était. Retiré sur ses terres, et plutôt argenté par un heureux mariage, le vieux grognard commanda au sculpteur dijonnais François Rude ce *Napoléon* s'éveillant à l'immortalité, que l'on a baptisé ici plus simplement *Le Réveil de Napoléon*. Le buste du sculpteur se trouve à quelques mètres. Noisot aménagea un parc autour du monument, créa un petit musée nostalgique et fit tailler dans la roche

100 marches (sur le sentier qui parcourt la combe de Fixin). Panorama au sommet sur le val de Saône, le Jura et les Alpes (par temps clair !). Site d'escalade et sentiers de balades balisés.

L'église de Fixey : *à env 1 km (ne pas confondre avec celle de Fixin !). ☎ 03-80-52-45-52 (mairie).* Peut-être le plus ancien monument d'art roman de la Côte, puisque cette église se trouvait là dès 902. Superbe de simplicité, de pureté, elle voue l'un des cultes les plus anciens à saint Antoine, cet ermite invoqué pour la guérison de nombreuses affections contagieuses. Il donna son nom à l'ordre des Antonins, dont l'emblème orne la porte d'entrée.

BROCHON *(21220)*

Un village célèbre pour abriter le dernier grand château de Bourgogne, construit entre 1895 et 1898 par un politicien poète sur le modèle des châteaux du Val de Loire.

Où manger ?

La Table d'Éole : *9, pl. Jolyot-de-Crébillon. ☎ 03-45-83-56-10. • contact@latabledeole.com • ♿ Au centre du village. Ouv le midi mar-sam et le soir ven-sam. Formule 16,50 € ; menu bourguignon 30 €. Café offert aux porteurs de ce guide.* L'ancien bistrot du village est devenu une des tables les plus accueillantes des environs de Dijon. Clientèle locale tout comme les produits ! On mange frais, autour d'un plat du jour savoureux et généreux, accompagné d'un vin de la Côte tant qu'à faire. La carte est un vrai bonheur, c'est simple, c'est joliment et gentiment servi aussi.

À voir

Le château de Brochon : *à 500 m au sud de Fixin par la D 122. ☎ 03-80-52-93-01. • lyc21-liegeard.ac-dijon.fr • Visites guidées et payantes en été.* Au milieu des arbres, caché par un lycée dans le jus des années 1960, un château étonnant, dans le style néo-Renaissance, construit à la fin du XIXe s par un personnage original qui avait été sous-préfet. Enfin, pas n'importe lequel ! Se piquant de poésie, Stéphen Liégeard inspira à Alphonse Daudet, alors qu'il était à Carpentras, *Le Sous-préfet aux champs* !

CÔTE À CÔTE

Député sous le Second Empire, bien marié et donc libre de son temps et de son argent, le sous-préfet Stéphen Liégeard, qui fit construire le château de Brochon, publia aussi un livre en 1887 sur la Riviera. Cet ouvrage ne passa guère à la postérité en dehors d'une formule célèbre : pensant à sa chère Côte-d'Or, il inventa... la « Côte d'Azur » !

GEVREY-CHAMBERTIN

(21220) 3 260 hab. *Carte Côte-d'Or, C3*

En traversant Gevrey, on se demande parfois ce qu'il se passe derrière ces hauts murs couverts de lierre ou de glycine et qui donnent un peu de

vie. Gevrey-Chambertin est la commune de Bourgogne qui compte le plus d'appellations classées en grands crus. Si le château ne se visite pas (aujourd'hui propriété d'un milliardaire chinois), la halle Chambertin devrait être rénovée pour abriter un espace de création dédié aux vins avec dégustation et vente, tandis que le village a accueilli la Saint-Vincent tournante début 2020. Pour l'anecdote, un préfet de l'époque qui, ayant eu vent d'une fronde des habitants voulant que le village s'appelle seulement Chambertin, les menaça de l'appeler « Gevrey-tout-court ». Et on en resta là.

LE CHAMP DE BERTIN

Jusqu'en 1847, le village s'appelait Gevrey. Mais un fermier du nom de Bertin avait planté une parcelle qui allait devenir célèbre et Louis-Philippe autorisa l'adoption du patronyme Chambertin pour ce grand cru.

Adresse utile

ℹ *Office de tourisme Gevrey-Chambertin Nuits-Saint-Georges :* *1, rue Gaston-Roupnel. ☎ 03-80-34-38-40. • gevreynuitstourisme.com • Fermé dim-lun oct-avr.* *Pass* touristique, séjours clés en main, visites guidées en saison, vente de billets TER, boutique.

Où dormir chic ?

Hôtel Arts et Terroirs : *28, route de Dijon. ☎ 03-80-34-30-76. • info@hotel-arts-et-terroirs.com • hotel-arts-et-terroirs.com • Doubles à partir de 102 € ; familiales également. Parking et garage. Kir ou crémant de bourgogne offert sur présentation de ce guide.* La route longe la maison ? Pas de panique ! Ici, tout se passe côté jardin, les vignes en fond de décor. Rien de design côté chambres, mais du confort et des tons doux. Et par-dessus tout, l'atmosphère apaisante d'un bel hôtel qui se met en 4 (étoiles) pour vous servir avec le sourire. Petit déj à prendre dans le jardin aux beaux jours, ainsi que des planches de charcuterie, sur demande. Bar à vins.

Hôtel Les Grands Crus : *rue de Lavaux. ☎ 03-80-34-34-15. • contact@hoteldesgrandscrus.com • hoteldesgrandscrus.com • De mi-mars à nov. Doubles 92-102 €.* Un hôtel rassurant, style vieille France. Les touristes l'adorent car ils peuvent rentrer sans problème après une étude approfondie des crus locaux. La façade est austère et les chambres n'ont rien de design, mais elles sont confortables. Les moins chères, situées au 2e étage, sont mansardées et offrent le même confort que les autres.

Où manger ?

Bon marché

La Jeannette : *1, rue du Gaizot. 📱 06-61-77-63-19. • maccarine@hotmail.com • Dans le centre, pas loin de l'office de tourisme. Tlj sauf mer 10h-19h (16h dim). Congés : vac de la Toussaint. Menu 16,50 € ; plats 6-13 €. Café offert en fin de repas sur présentation de ce guide.* Tout ici est vintage et un peu délirant, de la déco tendance *girly* aux 2-3 tables en formica. Notre débrouillarde Jeannette elle-même est un vrai personnage ! Comme il y a toujours du monde, on tire les rallonges, on se fait de la place, et on se régale de bons petits plats simples du midi.

Prix moyens

Chez Guy & Family : *3, pl. de la Mairie. ☎ 03-80-58-51-51. • info@chez-guy.fr • Tlj sauf dim-lun. Formule déj 18 € ; menu terroir 32 €. Café offert sur présentation de ce guide.* Chez Guy, on aime la vie, les bons produits, la cuisine de saison, les cuissons justes et les goûts francs. Les provenances sont indiquées, les prévenances de rigueur. On aime que les clients, comme les vins, soient servis à bonne température. Terrasse bien agréable, qui constitue l'épicentre du village. Belle carte pour partir à la découverte des vins du cru (quelques introuvables, mais aussi des occasions à saisir).

Le Bistrot Lucien : *6, rue du Chambertin. ☎ 03-80-34-33-20. Tlj. Formules déj en sem 23-33 € ; menus 28-38 €.* Un vrai beau bistrot avec comptoir en bois massif, pierre de Comblanchien et parquet solide, proposant une cuisine de terroir qui « se sent bien dans son assiette », comme on dit par ici. Belle carte des vins, mais fallait-il le préciser ? Et grande terrasse côté cour.

À voir

L'église Saint-Aignan : bien ancrée au sommet du vignoble, elle a été construite du XIIIe au XVIe s. Son enduit rose doit sa couleur, dit-on, au vin qu'on y aurait versé. De très belles boiseries avec figures du Christ et de la Vierge, des stalles Louis XIV agrémentent le chœur ; autel Louis XV. La grille du sanctuaire date de 1710. Cuve baptismale de la fin du XVe s.

DANS LES ENVIRONS DE GEVREY

Morey-Saint-Denis *(21220) : à 3 km.* Comme Gevrey l'a fait pour le chambertin, Morey s'est adjoint, en 1925, le nom du cru saint-denis. Quelques grands crus à retenir : bonnes-mares, clos-de-la-roche, clos-saint-denis, clos-des-lambrays et clos-de-tart. À découvrir en se promenant dans ce village qui abrite quelques anciennes et typiques maisons de vignerons, avec des escaliers sous auvent.

Le Caveau des Vignerons : *3, pl. de l'Église. ☎ 03-80-51-86-79. Tlj 10h30-13h, 14h-18h30 ; fév, seulement ven-dim. Fermé janv.* Plus de 170 appellations vendues au prix de la propriété. Certains vins en dégustation gratuite, venant de la plupart des vignerons du village.

La combe Lavaux : *à 4 km, circuit de 8 km dans la combe pour randonneurs avertis ; infos à l'office de tourisme.* La nature sauvage, dans une réserve naturelle qui recèle une faune et une flore rares. La profonde dépression de la combe, bordée de corniches rocheuses, offre depuis son « sommet » un magnifique point de vue sur le vignoble.

Chambolle-Musigny *(21220) : à 7 km.* Village très attachant, avec un vin qui annonce un changement de « climat ». On passe de la force du chambertin à la grâce du romanée, pour parler le langage vigneron. Des « climats » aux noms évocateurs : « Les Amoureuses », « Les Charmes », « Derrière la grange ». Belles peintures murales dans l'abside de l'église (1539). Respect pour le tilleul planté sous Sully (XVIe s) dans le petit coin bucolique à côté de l'église.

Le Millésime : *1, rue Traversière. ☎ 03-80-62-80-37. • info@restaurant-le-millesime.com • Face au château. Tlj sauf dim-lun. Congés : les 2 premières sem de janv et d'août. Formule déj en sem env 20 € ; menus 33-50 €. Café offert sur présentation de ce guide.* Une jolie halte sur la route des Vins. L'une des meilleures tables de la Côte, respectant les saveurs, les produits et les prix, ce qui frôle l'exploit. La cuisine épurée vous offre des échappées terre-mer par-delà l'horizon des rangs de vignes. Et le sommelier vous convaincra certainement de passer par le caveau viticole à côté...

VOUGEOT (21640) 200 hab. *Carte Côte-d'Or, C3*

La plus petite commune de la Côte, qui s'étire entre les coteaux et la route, que vous rejoignez ici. Vougeot doit son nom célèbre à... de l'eau ! Un pont à péage fut érigé au XVIe s sur la rivière, la Vouge.

L'attraction, c'est bien sûr le célèbre château du Clos de Vougeot, au milieu des vignes, emplacement si inhabituel en Bourgogne. Un lieu qui a vu naître les 1res relations publiques dans les années 1930. Puisque le bourgogne se vendait mal dans le monde, c'est le monde entier qui fut invité à venir le déguster et à faire du château la plus belle table d'hôtes de France, autour de la confrérie des chevaliers du Tastevin, fondée en 1934 sur le modèle des confréries vineuses d'autrefois.

UN VERRE ÇA VA, MAIS À PIED

Tous les grands vins se dégustent dans un verre à pied. Et les autres gagneraient à l'être. Seul un verre à pied permet d'apprécier le vin par l'œil, le nez, la bouche. Ne jamais tenir un verre à pied autrement que par sa base ou sa « jambe », sinon les doigts réchaufferaient le contenu. Enfin, ce type de verre permet d'admirer la « robe » sans passer pour un obsédé (le cul de la bouteille ne faisant plus rêver !).

Où dormir ?

Où manger à Vougeot et dans les environs ?

Hôtel de Vougeot : *18, rue du Vieux-Château. ☎ 03-80-62-01-15. • contact@hotel-vougeot.com • hotel-vougeot.com • ♿ Congés : 1 mois à partir de Noël. Doubles 69-135 € ; familiales également. Possibilité de « machon » froid 22 € sur résa. À l'arrivée, un verre de vin offert sur présentation de ce guide.* Dans ce petit village, on ne s'attend pas à trouver un bel hôtel comme celui-là. Calme, avec des chambres confortables et larges, d'une sobre rusticité, donnant sur la rue ou la cour. Plusieurs avec vue sur le clos (et accès direct). Caveau de dégustation. Accueil attentionné jusque dans les détails.

Restaurant Christian Quenel : *12, pl. de l'Église, 21640* ***Flagey-Échézeaux.*** *☎ 03-80-62-88-10. Fermé dim soir et mer. Congés : 2 sem aux vac de fév. Formules déj en sem 20-25 € ; menus 32 € (sauf dim)-60 €. Café offert sur présentation de ce guide.* Une jolie surprise à l'ombre du clocher de Flagey. Une table discrète, où l'on déjeune à prix tout doux, et dîne en retrouvant le vrai goût des légumes, qui accompagnent ici un poisson ou une viande cuits parfaitement. Ris de veau, joue de bœuf... du sérieux. Service gentil comme tout. Terrasse abritée des regards.

À voir

⚲⚲⚲ *Le château du Clos de Vougeot :* *☎ 03-80-62-86-09. • closdevougeot.fr • Avr-oct, tlj 9h-18h30 (17h sam) ; nov-mars, 10h-17h. Visite libre et guidée 45 mn ; dernière entrée 1h avt fermeture. Entrée : 7,50 € ; réduc ; gratuit moins de 8 ans. Visites guidées (payantes) à 11h30 et 14h30. Pas de dégustation ni de vente, mais une boutique culturelle dédiée au vin. Point info sur place.*
Le château, qui se dresse majestueusement au milieu de ses 50 ha de vignes, est ***l'œuvre des bons moines de Cîteaux,*** qui étaient venus là au XIIe s pour trouver du vin de messe convenable. De cette époque demeure le cellier, cette grande salle qui servait autrefois de cave aux moines. Le château, d'inspiration Renaissance, aurait été édifié autour de 1550 auprès du cellier et de la ***cuverie (XVe s).*** Une cuverie qui vaut à elle seule la visite, avec ses ***4 pressoirs gigantesques*** qui permettent d'imaginer les vendanges d'autrefois. Dans la cour qui la précède, une sculpture d'un viticulteur qui ploie sous la charge de son panier : c'est *Le Porteur de bénaton,* d'Henri Bouchard. Montez à l'étage dans le dortoir des moines où est projeté le ***film panoramique « Jamais en vain, toujours en vin »*** (c'est la devise de la confrérie) : des prises de vue aériennes assez bluffantes et une immersion dans l'histoire prestigieuse du château et de la confrérie, le tout raconté par Pierre Arditi. Confisqué pendant la Révolution, le château fut sauvé de la destruction un siècle plus tard grâce à Léonce Boquet, qui le restaura. Vendu au lendemain de la Seconde Guerre mondiale à un groupement de familles de la Côte, il est aujourd'hui le ***fer de lance de la confrérie des chevaliers du Tastevin.*** Ces amateurs de bonne chère organisent chaque année de fameux chapitres (banquets) pour quelques centaines d'épicuriens, chevaliers avertis ou en passe d'être intronisés.
– Parmi les événements culturels marquants qui ont lieu chaque année au château, signalons le *festival Musique et Vins au Clos de Vougeot* qui a lieu la dernière quinzaine de juin. Également *Livres en vignes* (fête du Livre) le dernier week-end de septembre.

VOSNE-ROMANÉE

(21640) 470 hab. *Carte Côte-d'Or, C4*

Comme Andorre, le très discret (pour vivre heureux, vivons cachés !) domaine de la Romanée-Conti (1,8 ha, soit 5 000 à 10 000 bouteilles par an), le vignoble le plus cher du monde, est géré par 2 coprinces, représentant les 2 familles propriétaires depuis un demi-siècle. Depuis 1232, il a changé 9 fois de famille et doit son nom actuel au prince de Conti, qui l'acheta en 1760, au nez et à la barbe de Mme de Pompadour. Pour sa part, la Romanée-Saint-Vivant (6,5 ha) fut l'œuvre des moines de Saint-Vivant de Vergy.

Où dormir ? Où manger ?

Hôtel Le Richebourg – Restaurant Le Vintage : *ruelle du Pont. ☎ 03-80-61-59-59. • hotel@lerichebourg.com • hotel-lerichebourg.com • Tlj. Doubles à partir de 90 €. Formule déj en sem 19 € ; menus 38-75 €. Formules à la carte côté bar 20-25 €.*
Une maison accueillante à la déco contemporaine, ouverte par la famille Mongeard-Mugneret, un des grands noms du village, dont on retrouve ici les vins à la carte. Salle lumineuse avec une terrasse cachée. Cuisine bistronomique. C'est également un hôtel cosy et discret avec un grand spa *(children friendly)* d'où l'on bénéficie d'une vue sur les vignes, le jardin du grand-père ou le village.

NUITS-SAINT-GEORGES

(21700) 5 660 hab. *Carte Côte-d'Or, C4*

L'histoire de Nuits-Saint-Georges remonte, vous vous en doutiez, à la nuit des temps. Elle commence avec le développement d'une cité gallo-romaine florissante dans la plaine, au lieu-dit Les Bolards. Au XVIe s, le bourg s'entoure de remparts (hélas, démolis), édifie en son centre un beffroi en 1619 (dont le carillon rythme toujours l'activité de la ville !) et se dote, grâce aux dons multiples, d'un hospice dont les produits du domaine viticole sont toujours vendus aux enchères le 3e dimanche de mars. À distance égale entre Beaune et Dijon (20 km), Nuits constitue une étape incontournable pour les vins rouges, la côte de Nuits compte notamment 24 des 33 grands crus de Bourgogne. Ses vieilles rues, ses demeures anciennes, ses maisons à portail ou sa promenade du Jardin-Anglais font de Nuits-Saint-Georges une agréable petite ville, amoureuse de ses vins autant que de sa tranquillité.

NUITS SUR LA LUNE

La petite ville de Nuits-Saint-Georges est connue jusque sur la Lune, depuis que les astronautes d'Apollo XV ont donné en 1971 son nom à un cratère, en hommage à ce vieux Jules Verne. Relisez Autour de la Lune, *les héros boivent une bouteille de vin de Nuits pour célébrer « l'union de la Terre et de son satellite » ! Espérons qu'ils n'ont perdu aucun point.*

LA CÔTE-D'OR

Adresse utile

Office de tourisme Gevrey-Chambertin Nuits-Saint-Georges : *3, rue Sonoys. ☎ 03-80-62-11-17. • gevreynuitstourisme.com • Fermé dim-lun oct-avr.* Pass touristique, location de vélos électriques, séjours clé en main, boutique, parcours d'orientation.

Où dormir ? Où manger ? Où boire un verre à Nuits et dans les environs ?

De bon marché à prix moyens

Hôtel-bar de l'Étoile : *5, pl. de la Libération. ☎ 03-80-61-04-68. Au centre du bourg. Fermé mar soir et mer. Congés : déc-janv. Double 52 €. Menus 16,50-26 €. Réduc de 5 € à partir de la 2e nuit sur présentation de ce guide.* Ce petit hôtel familial n'a effectivement que 1 étoile sur sa plaque réglementaire, et dessinée sur son toit en tuiles vernissées à la bourguignonne. Chambres rénovées et tranquilles sur l'arrière. Bar d'habitués où traîner au comptoir pour tout savoir de l'actualité du canton. Grande terrasse pour les beaux jours. Cuisine toute simple.

O'Bar@20 : *9, pl. de la République. ☎ 03-80-61-01-69. Sur la pl. centrale, avec terrasse. Fermé dim soir-lun. Congés : vac scol de fév. Formules déj 14,50-17,50 € ; planches env 15-22 €. Café offert aux porteurs de ce guide.* Le bar à vins qui a la cote, en pleine Côte ! Ambiance lounge façon Beaune, des vins au verre que l'on peut choisir et déguster les yeux fermés, accompagnés de charcuterie et autres produits régionaux haut de gamme. Et comme ici on ferme tard, vos Nuits ne seront plus les mêmes !

Autre belle adresse, le ***Bist'Roch,*** bar à vins du domaine Prieuré Roch *(22, rue du Général-de-Gaulle ; ☎ 03-80-62-00-08.* Une belle surprise que ce menu unique réalisé par une jeune cuisinière, sortie des grandes maisons. Vins nature maison.

Chic

Hôtel La Gentilhommière – Restaurant Le Chef Coq : *13, vallée de la Serrée. ☎ 03-80-61-12-06. • contact@lagentilhommiere.fr • lagentilhommiere.fr • À 10 mn du centre-ville (fléché depuis le centre). Resto fermé mar soir et sam midi. Doubles à partir de 89 € ; suites et familiales. Formule déj en sem 25,90 € ; menus 37 -59 €.* Une cuisine dans l'air du temps, sur fond de terroir revisité. Le midi en semaine, menu à prix tout doux. Superbe terrasse aux beaux jours, piscine et tennis. On se sent bien dans cette belle et immense maison, en pleine nature, où l'on prend le temps de vivre. Chambres ou suites thématiques et ethniques, toutes de plain-pied et alignées comme dans un motel !

Achats

Fruirouge et Compagnie : *40, Grande-Rue (la rue piétonne). ☎ 03-80-27-31-59. • epiceriefermiere@fruirougeetcompagnie.com • Tlj sauf dim-lun 9h30-12h30, 14h30-19h.* Créations de la ferme *Fruirouge,* que vous allez pouvoir visiter dans les Hautes Côtes, à Concœur (confitures, jus, nectars, sirops, etc.), mais aussi tout pour un pique-nique gourmand : terrines, vins...

LA CÔTE-D'OR

À voir

Le Musée municipal : *12, rue Camille-Rodier. ☎ 03-80-62-01-37. Ouv 2 mai-31 oct, tlj sauf mar 10h-12h, 14h-18h. GRATUIT. Programme d'animations.* Un petit musée passionnant, installé dans la maison de Camille Rodier. Dans les caves voûtées, sculptures, vaisselle, bijoux, ex-voto, etc. évoquent l'activité sociale, économique et religieuse à l'époque gallo-romaine sur le site voisin des Bolards (visite guidée sur rendez-vous au musée). Puis des tombes mérovingiennes témoignent d'une époque peu connue... Au 1er étage, expo temporaire annuelle.

Le Cassissium : *8, passage Montgolfier. ☎ 03-80-62-49-70. • cassissium.fr • (label Tourisme et Handicap). Avr-11 nov, tlj 10h-13h, 14h-19h ; 12 nov-mars, mar-ven 10h30-13h, 14h30-17h (18h sam et vac scol). Fermé 25 déc et 1er janv. Visite de 1h30-1h45 (dernier départ 1h45 avt fermeture). Entrée : 9,50 € ; réduc ; gratuit moins de 12 ans.* Le site de production des liqueurs *Védrenne* joue la carte de la visite familiale dans son vaste espace d'expo, moderne et ludique, consacré au cassis. Film de 15 mn, animations visuelles, olfactives et gustatives pour découvrir les vertus de cette petite baie noire, qui arrive massivement dans les usines (600 t par an, dont 70 % produites en Bourgogne) avant de suivre un processus qu'on découvre ensuite dans l'unité de production (visite guidée obligatoire). Le tour se termine par le chai de vieillissement des eaux-de-vie de Bourgogne et la dégustation... Boutique autour du cassis et de produits régionaux.

L'Imaginarium : *av. du Jura. ☎ 03-80-62-61-40. • imaginarium-bourgogne.com • En face du Cassissium. Tlj 10h (14h lun)-17h (dernière visite) ; la boutique ferme à 19h. Entrée : 10-21 € ; réduc. Compter min 1h30 de visite.* C'est pour explorer le monde des « vins à bulles » que le groupe Boisset a décidé de leur consacrer une exploration sensorielle complète, de la vigne à la table, à proximité immédiate de son lieu de production. Le site comprend un son et lumière de

40 mn (« Sacrée Vigne »), une découverte interactive et joliment scénographiée qui plonge dans l'histoire de l'homme et de la vigne, à travers leurs outils. S'ensuit une amusante partie sur la vinification même, « Magie des Bulles », étape par étape. Dégustation (y compris de vins non effervescents, plusieurs formules, dont une intéressante comprenant 3 premiers crus). Boutique.

DANS LES ENVIRONS DE NUITS-SAINT-GEORGES

La Karrière : *D 35, 21700* ***Villars-Fontaine*** *(5 km à l'ouest). Plus d'infos sur le site • lakarriere.fr •* L'Association Vill'Art développe un projet inédit dans une ancienne carrière d'exploitation de pierre de Comblanchien, à laquelle elle a donné une seconde vie. Écrin naturel devenu galerie d'art à ciel ouvert avec des fresques street art XXL et scène pour tous types de spectacles lors d'un festival de fin d'été. C'est aussi un site très fréquenté l'été.

L'abbaye de Cîteaux : *sur la D 996, à l'est de Nuits-Saint-Georges, près de Saint-Nicolas-lès-Cîteaux. • citeaux-abbaye.com • ♿ (label Tourisme et Handicap). Mai-début oct et vac scol de la Toussaint : 9h45-18h30 (dernière visite à 16h30 ou 17h) ; fermé dim mat, les mat de l'Ascension et du 15 août, ainsi que lun-mar en mai-juin et sept; lun en juil-août. Visites guidées seulement, durée 1h15 (mieux vaut réserver au ☎ 03-80-61-32-58 ou sur • visites@citeaux-abbaye.com •) : 7,50 € ; gratuit moins de 12 ans. Film, expos. Boutique (fermé lun non fériés et dim mat), avec notamment vente de fromage de Cîteaux.*

Abbaye fondée à la fin du XIe s, berceau de l'ordre cistercien, eh oui ! C'est parmi les « cistels » (roseaux) d'une forêt marécageuse que Robert de Molesme (1029-1111) décida d'ériger en 1098 ce monastère pour vivre selon la stricte règle de saint Benoît, dans l'esprit de pauvreté, de travail et de prière. La poignée de pionniers fut rejointe 15 ans plus tard par le futur saint Bernard, personnage passionné, flamboyant et très engagé dans les débats de son temps. 8 siècles après, le 2 octobre 1898, une nouvelle poignée d'hommes a réoccupé les lieux d'où les moines avaient été chassés à la Révolution, et aujourd'hui, une trentaine de frères y vivent.
Ne soyez pas surpris, il n'y a plus grand-chose à voir du Cîteaux du XIIe s : seuls 2 des bâtiments qui ont échappé au massacre de la Révolution sont encore visibles. À l'étage, la ***bibliothèque*** (XIIIe et XVIe s), restaurée, offre aux visiteurs une exposition des 1res enluminures créées à Cîteaux, au XIIe s et une maquette de l'abbaye en 1720. On peut également voir la seule galerie restante du ***cloître des copistes,*** lui aussi restauré dans les tons d'époque et doté de cellules adjacentes. L'exposition « Cîteaux, une terre et des frères » propose, dans le ***noviciat*** (partie encore accessible du ***définitoire***), une piste de réflexion sur la gestion des biens naturels que les moines ont pratiquée pendant des siècles avec l'eau, la forêt et les ressources de leur domaine. Le parcours guidé permet de comprendre la spiritualité et l'organisation cistercienne, celle qui voit aujourd'hui, sur 5 continents, dans plus de 350 monastères, des communautés vivantes marcher sur le chemin ouvert ici.

CURTIL-VERGY ET REULLE-VERGY

(21220) 190 hab. *Carte Côte-d'Or, C3*

Les hautes côtes de Nuits ont remplacé sur les cartes, mais pas dans le langage courant ni dans les cœurs, l'Arrière-Côte, terme plus vrai, plus bourguignon mais moins vendeur aux yeux des vignerons. Les petites routes

foisonnent, elles vous amènent à 2 villages où l'on peut encore trouver des artisans authentiques, des vignerons ayant le sens de l'accueil. On n'est pas sur la Côte, comme on dit ici, même si l'océan des vignes n'est pas loin. Prenez le temps, avant de redescendre vers Beaune, de musarder sur les petites routes de ce que l'on nomme aussi le *pays des fruits rouges.* En alternance avec la vigne sont venues s'ajouter des cultures de framboisiers et cassissiers qui ont acquis une belle réputation.

Où dormir ? Où manger à Curtil-Vergy et dans les environs ?

Très bon marché

Gîte d'étape de la Trentinière : *ferme de la Trentinière, 21420* **Bouilland.** *☎ 03-80-61-42-64. • latrentiniere@hotmail.fr • Sur la D 18, à 3 km au nord-ouest. De mi-mai à mi-oct. Nuitée 17 € (draps et petit déj en plus). Possibilité de panier-repas sur résa. CB refusées.* Dans sa ferme, Marie-Jeanne Jouquet est toujours aussi sympathique et communicative. Gîte d'étape avec dortoir et chambres.

De prix moyens à chic

Hôtel Le Manassès : *rue Guillaume-de-Tavanes, Curtil-Vergy. ☎ 03-80-61-43-81. 06-13-17-81-55. • yves.chaley@aliceadsl.fr • G hotelmanasses.fr Congés : déc-fév. Doubles avec bains 85-110 €. Apéritif maison offert sur présentation de ce guide.* Hôtel à la fois kitsch et bon chic bon genre. On se sent bien chez les Chaley. La vue depuis les chambres est splendide, le calme règne. On « petit-déjeune » à la bourguignonne. Dégustation de vins tous les soirs à partir de 18h. Et visite du petit musée du Vin installé dans une ancienne grange.

Le Petit Bonheur : *6, rue Beauvois, Curtil-Vergy. ☎ 03-80-61-31-03. Fermé mar-mer. Formule déj en sem 14,50 € ; menus 28,50-35 €.* Ambiance « Le petit bonheur est dans le pré » dans ce resto tout simple qui se donne avec cœur à ce coin de campagne. Concerts 2 fois par mois et cuisine du terroir qui fait un malheur !

LA CÔTE-D'OR

À voir. À faire à Reulle-Vergy et dans les hautes côtes de Nuits

Le village de Reulle-Vergy** (21220) :* ce presque hameau a longtemps été déserté, au pied du château détruit. Envahi par les artisans dans les années 1970, Reulle-Vergy a retrouvé des habitants et, chaque week-end de Pentecôte, ouvre ses maisons le temps d'un carrefour artisanal haut en couleur locale. Allez jeter un œil à l'atelier de « joaillerie singulière » de Firouza, 9, rue de Vergy. Une créatrice hors normes *(• firouza.fr •).* Grimpez jusqu'à l'église*** (rarement ouverte), dédiée à saint Saturnin, construite à partir du XIIe s. Le sentier de la butte de Vergy (13 km) longe les ruines de l'ancienne forteresse, qui rayonna aux alentours de l'an 1000 sur toute la région, et permet de profiter du panorama sur les Hautes Côtes. Au passage, voir l'abbaye Saint-Vivant (affiliée à Cluny). C'est aujourd'hui une propriété privée.

MAL AU CŒUR

L'amant de la châtelaine de Vergy, mort en croisade, avait demandé que son cœur soit remis à sa bien-aimée. Mais le mari (certainement jaloux) intercepta le « cadeau », le confia à son cuisinier et le fit servir à table à la châtelaine, qui trouva cela fort bon... avant d'apprendre l'ignoble et indigeste vérité.

Une belle route conduit de **Bévy** (à l'ouest de Reulle et l'Étang-Vergy) à **Collonges-lès-Bévy** et à son château du XVIIe s. Vient ensuite **Chevannes,** avec sa petite église dotée d'une flèche bourguignonne polychrome. Par Meuilley, dirigez-vous ensuite vers **Arcenant,** la capitale des fruits rouges, afin d'admirer son église du XIVe s, ses grottes ainsi que le puits Groseille et le monument du maquis (visibles du chemin du site de l'Écartelot), et surtout pour goûter la production locale. *Jean-Baptiste Joannet* (• cremedecassis-joannet.com •) fabrique et vend directement ses crèmes de cassis, de framboise et de fraise. Un régal. Autre curiosité : le *site gallo-romain de L'Écartelot,* à **Arcenant** *(dans le bois du même nom ; ☎ 03-80-61-24-70 ; ♿ ; tte l'année – mais attention à la période de la chasse... – visites guidées sur rdv).* Ensemble rural du début de notre ère, sanctuaire, bassin d'alimentation en eau.

La ferme Fruirouge : *à* ***Concœur*** *(21700). ☎ 03-80-62-36-25. Accès fléché par les D 25 et D 109. Fermé mar-mer.* Isabelle et Sylvain Olivier produisent et transforment les fruits rouges. Belles et subtiles originalités : moutarde au cassis, ketchup au cassis, beurre de fruits (cassis), vinaigres, ratafia et somptueuses confitures gourmandes (à la bassine). Accueil charmant.

Depuis Arcenant, la route qui rejoint Beaune en passant par Pernand-Vergelesses et Aloxe-Corton vous fait d'abord traverser **Échevronne,** autre village célèbre pour ses crèmes et liqueurs de fruits rouges (maisons en pierre, lavoirs, chapelle du XIIe s dans l'église). À peine 3 km d'embardée permettent d'atteindre la *Maison aux mille truffes et champignons* située à **Marey-lès-Fussey** (• mille-truffes-champignons.com •), un parcours ludique et une boutique pour découvrir la truffe de Bourgogne.

Bouilland *(21420)* **:** depuis Arcenant, suivre la combe de Pertuis jusqu'à Bruant. Les eaux bouillonnantes du Rhoin ont sans doute donné leur nom à ce village dominé par de magnifiques falaises. La « petite Suisse de Côte-d'Or » est un havre de paix à quelques minutes de Beaune. On y croise beaucoup de marcheurs (le GR 7 passe par là), cyclistes et adeptes de l'escalade.

LA CÔTE-D'OR

ALOXE-CORTON (21420) 170 hab. *Carte Côte-d'Or, C4*

Ses vignes exposées au sud-est et au midi donnent de grands vins rouges et un blanc magnifique comme le corton-charlemagne, « monument historique » produit sur 72 ha ici et à Pernand-Vergelesses. Cédé en 775 à la collégiale de Saulieu par l'empereur Charlemagne, le clos Charlemagne est à l'origine de ce grand cru. On peut faire une visite intéressée au château Corton-André, du XVe s, sous le prétexte d'admirer ses toits aux tuiles vernissées, tout en allant déguster ses vins et visiter ses caves.

Où dormir chic ?

Hôtel Villa Louise : *9, rue Franche. ☎ 03-80-26-46-70. • contact@hotel-villa-louise.fr • hotel-villa-louise.fr • À côté du château. Congés : de mi-janv à mi-fév. Doubles standard 98-128 € ; familiales ; petit déj 17 €. Un verre de vin maison/pers offert sur présentation de ce guide.* Un charme fou et de jolies chambres pour se réveiller au milieu des vignes. Belle terrasse et vue sur le vignoble pour certaines, sans parler du pigeonnier, romantique à souhait. Une adresse très courue en automne, qui respire la sérénité et le goût exquis de la famille Perrin, aussi productrice de vins. Petite piscine (couverte et chauffée), hammam, sauna.

Chambres d'hôtes La Passerelle des Corton : *12, rue des Corton. ☎ 09-50-52-63-64. • passerelledescorton@gmail.com • lapasserelledescorton.fr • Face à l'entrée du château. Doubles 98-110 €.* Des vignes tout autour jusque sur les murs pour cette pittoresque maison solitaire, ne manquant pas de romantisme. À l'intérieur, des chambres à la déco classique et un brin grandiose, dans un esprit assez british. Un emplacement de rêve en tout cas et un accueil aux petits soins, prodigue en infos sur la région.

DANS LES ENVIRONS D'ALOXE-CORTON

Pernand-Vergelesses : accroché au flanc d'une colline, un des plus beaux villages de la Côte, avec ses belles maisons aux toits de tuiles vernissées. Pernand-Vergelesses offre, depuis la statue de la Vierge, un magnifique panorama sur son vignoble, fierté de ses habitants. Une fierté bien placée, surtout en ce qui concerne le corton et le corton-charlemagne, mais ses vins rouges courants ont aussi du caractère et ses aligotés sont à bénir.

La route entre Pernand et Magny-lès-Villers : emprunter la C 5, sur 3 km, à travers vignes, combe et collines coiffées d'arbres. Bien plus joli que la route départementale !

SAVIGNY-LÈS-BEAUNE

(21420) 1 450 hab. *Carte Côte-d'Or, C4*

Un joli village ceinturé de vignes et de champs, où des murs de pierres sèches bordent les propriétés de leurs traits crayeux. Site naturel par sa vallée et ses falaises rocheuses, Savigny recèle un château bâti au XIVe s, restauré au XVIIe s. Aujourd'hui, il a une double vocation : viticole et muséographique. À découvrir avec les autres curiosités du village, dont ces nombreuses inscriptions qui jalonnent les murs. Enfin, la Cousinerie de Savigny est une amicale de gens qui assurent la promotion des vins de Savigny. Sa convivialité est légendaire !

« SANTÉ ! » ET SANCTI

« Les vins de Savigny-lès-Beaune sont des vins nourrissants, théologiques et morbifuges », peut-on lire rue Leclerc. Nourrissants ? Avec modération ! Théologiques ? Savigny n'échappe pas à la règle : l'évêque d'Autun, l'abbaye de Cîteaux, les carmélites de Beaune ou les moines de Maizières y furent tous propriétaires de vignobles. Mais morbifuges ? On a oublié que le vin fut un remède miracle, notamment comme antidépresseur et comme antiseptique.

Adresse et info utiles

Office de tourisme Beaune & Pays beaunois : *4, pl. Fournier. ☎ 03-80-21-63-70. • beaune-tourisme.fr • Juin-sept, mar-sam 9h30-12h30, 14h-18h30 ; le reste de l'année, horaires plus restreints.* Parcours découverte « Si Savigny m'était conté » *(2 €)*.

– **Bienvenue à Savigny :** *un w-e début mai.* Fête et découverte des différents climats de l'appellation savigny-lès-beaune en compagnie des producteurs.

Où dormir ? Où manger ?

L'Ouvrée : *54, rue de Bourgogne. ☎ 03-80-21-51-52. • contact@louvree.fr • louvree.fr • Doubles 67-72 €. Formules déj en sem 15-18 € ; menus env 25-40 €.* À l'entrée de la vallée de Fontaine-Froide, un hôtel de campagne pour se mettre au vert dans le beau parc arboré ou sur la terrasse, sous les tilleuls. Chambres qui ne sont pas du dernier cri, mais prix raisonnables. Au resto, grand choix de menus proposant une savoureuse daube de joue de bœuf, notamment. Excellent accueil.

À voir

L'église Saint-Cassien : clocher roman en tuf à base carrée surmonté d'une flèche octogonale du XIIe s, elle cache une superbe fresque du XVe s représentant des anges et des saints arborant les instruments de la Passion, attribuée à l'école de Van der Weyden. Nef du XVIIIe s.

Beaux lavoirs au passage, et très ancien four, dit « de la Communauté », ***rue Eulalie-Fion.*** Lever le nez pour déchiffrer les nombreux proverbes, inscriptions et dictons gravés sur le fronton des maisons : « Il ne faut pas donner son appât au goujon quand on peut espérer prendre une carpe. »

Le château : *☎ 03-80-21-55-03. • chateau-savigny.com • (parc). De mi-avr à mi-oct, tlj 9h-18h30 ; le reste de l'année, 9h-12h, 14h-17h30. Fermé les 3 premières sem de janv et 25 déc. Entrée : 12 € ; 10-16 ans 6 € ; réduc ; gratuit moins de 9 ans. Compter 2h de visite (dernière entrée 1h30 avt fermeture).* Château construit en 1340, percé de multiples fenêtres au XVIIe s. L'actuel propriétaire, Michel Pont, lui a rendu sa vocation viticole (17 ha de vignes en exploitation), et son musée du matériel vinicole pourrait à lui seul justifier le parcours. Comme c'est un fou de voitures de sport et de motos, vous allez pouvoir surtout admirer une trentaine de modèles Abarth à côté de motos restées dans leur jus (il en possède 250 anciennes), passer plus vite à côté de certaines maquettes (il doit avoir plus de 2 300 modèles) et verser une larme devant une centaine d'avions de chasse qui terminent leur vie dans le parc. Si vous êtes fan, le château réserve d'autres surprises, comme ces camions de pompiers restaurés avec plus ou moins de bonheur.

Le domaine Chandon de Briailles : *1, rue Sœur-Goby. ☎ 03-80-21-52-31. GRATUIT (parc seulement). Magasin de vin.* Beaucoup ignorent encore les merveilles cachées de ce beau domaine viticole, dont le nom est associé depuis 1834 à une vieille famille de la Côte. Un vrai décor pour comédie de Marivaux que cette « folie » du XVIIIe s. À l'arrière, caché de la route par un mur de pierres sèches, un jardin à la française, avec ses allées de buis et sa roseraie, vous mène jusqu'à une étrange grotte en forme de coquille, alternant pierres percées et pierres d'échantillon.

LA CÔTE, DE BEAUNE À SANTENAY

Une Côte qui change d'atmosphère. D'austère, de cistercienne, elle devient clunisienne, dans l'esprit comme dans la forme. Est-ce à Puligny ou à Chassagne que la terre est « si rare, si précieuse que l'on prend soin de racler ses chaussures en quittant la vigne » (Jean-François Bazin) ? Si, de Dijon à Beaune, ce sont surtout des rouges qui ont marqué votre chemin vineux, de Beaune à Santenay sont rassemblés tous les grands blancs, du meursault au montrachet.

BEAUNE

(21200) 23 000 hab. *Carte Côte-d'Or, C4*

• Plan *p. 202-203*

Beaune fait partie de ces hauts lieux touristiques que l'on peut visiter en toute saison. Au printemps, quand la vigne reverdit, quand sortent les 1res terrasses et les décapotables des fils de bonne famille. En été, quand les rues grouillent de touristes aux sons du Festival international d'opéra baroque. En automne, quand flotte dans l'air le parfum du raisin commençant sa mue. En hiver, quand la vigne ne dort que d'un œil et qu'il fait bon aller, de vignes en caves et de caves en tables, goûter à un art de vivre typiquement bourguignon.
Beaune reste une cité secrète, où de hauts murs et des grilles ouvragées bordent des rues silencieuses. Est-ce parce que la ville est cerclée par des remparts et des bastions comme un tonneau par ses douelles ?
Le rapport au tonneau est d'ailleurs essentiel pour comprendre et les vins et les hommes. Ici, on a beau vivre avec son époque, on aime le bois. Il rassure, tout comme les portraits de ces hommes illustres qui ont donné leurs noms aux grandes maisons de négoce, noms qui résonnent mieux que ceux des nouveaux « repreneurs » américains, japonais, néerlandais ou même français, dont on a déjà été suffisamment attristé de devoir accepter, avec les capitaux, certains conseils de gestion.
Longtemps repliée sur ses secrets d'alcôve ou de fabrication, Beaune et ses Hospices, l'un des 1ers Monuments historiques visités en France, s'est ouverte à une vitesse fabuleuse sur le monde extérieur, devenant réellement la capitale d'une Bourgogne viticole au carrefour des voies ferrées et routières de l'Europe d'aujourd'hui.

LA CÔTE-D'OR

UN PEU D'HISTOIRE

Des frères convers travaillant les vignes des abbés de Cîteaux aux salariés actuels œuvrant pour les Hospices, le vin reste encore le meilleur fil rouge pour raconter l'histoire de Beaune. Pas besoin de remonter jusqu'aux Éduens. Encore que l'invention du tonneau, à la place des bonnes vieilles amphores, c'est quand même à eux qu'on la doit.
Même le christianisme naissant dut s'adapter aux mœurs locales : quand la Vierge à l'Enfant apparut sur les armes de la ville, ce dernier tenait une grappe dans sa menotte.
Au Moyen Âge, ce sont les riches marchands drapiers qui se chargèrent du négoce du vin. Beaune joua le rôle de ***place forte et capitale judiciaire*** du duché de Bourgogne, avant que les ducs ne lui préfèrent Dijon. Au début du XVIIe s, les ordres religieux, tirant profit des bonnes âmes et du vignoble, occupèrent plus de la moitié de la surface habitable, donnant à la ville cette architecture particulière encore visible aujourd'hui.
Lorsque Beaune perdit, au XVIIIe s, son importance stratégique, les terrasses des bastions et les fossés furent transformés en jardins. Quant aux caves des fortifications, devenues inutiles, elles furent acquises par la nouvelle bourgeoisie de négociants. Ce fut elle aussi qui récupéra ces propriétés à la Révolution, quand furent désaffectés les domaines religieux. Ce qui fit dire à l'écrivain bourguignon Raymond Dumay : « Beaune est la seule ville au monde entourée d'un rempart de bouteilles. »

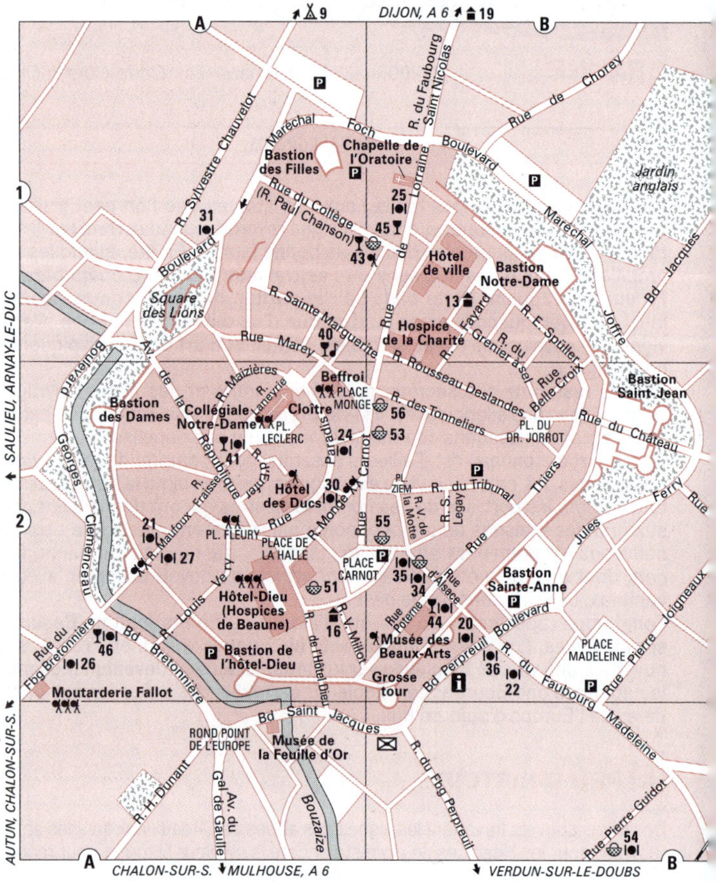

Adresses et infos utiles

Office de tourisme Beaune & Pays beaunois (plan B2) : *accueil porte Marie-de-Bourgogne, 6, bd Perpreuil. ☎ 03-80-26-21-30. • beaune-tourisme.fr • Avr-oct, lun-sam 9h30-18h30 (19h juin-sept), dim et j. fériés 9h30-18h. Nov-mars, lun-sam 9h30-12h30, 13h30-18h ; dim et j. fériés 10h-12h30, 13h30-17h. Également un « Point I » au 1, rue de l'Hôtel-Dieu, tlj sauf dim nov-mars.* Visite guidée « De ville en cave » et visites audioguidées sur l'appli « Balades en Bourgogne ».

– Profitez de votre passage pour visiter, dans les mêmes locaux, la ***Maison des climats,*** exposition de référence pour comprendre cette curiosité du vignoble de Bourgogne *(ferme 30 mn*

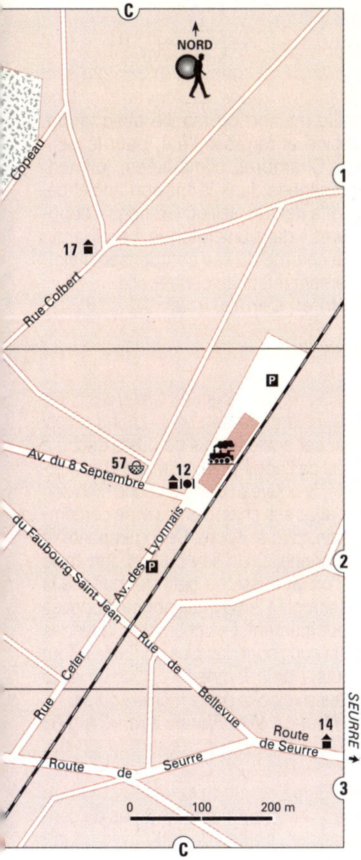

■ **Adresse utile**

Office de tourisme Beaune & Pays beaunois (B2)

Où dormir ?

9 Camping municipal Les Cent Vignes (hors plan par A1)
12 Hôtel de France Le Tast'Vin (C2)
13 Chambres d'hôtes Beaune Nuit (B1)
14 Hôtel Grillon (C3)
16 Hôtel Central (A2)
17 Hôtel La Villa Fleurie (C1)
19 Hôtel Le Home (hors plan par B1)

Où manger ?

20 Le Caveau des Arches (B2)
21 La Buissonnière (A2)
22 Le Comptoir des Tontons (B2)
24 Le P'tit Paradis (A2)
25 La Ciboulette (B1)
26 Le Bénaton (A2)
27 Loiseau des Vignes (A2)
31 La Table du Square (A1)
30 Le Bistrot Bourguignon (A2)
34 Les Pôpiettes (B2)
35 Restaurant F & B (B2)
36 Restaurant Piqu'bœuf, L'Ardoise et Caves Madeleine (B2)

Où boire un verre ?
Où grignoter sain et bon ?
Où faire une dégustation de vin ?

40 Pickwick's (A1)
41 Maison du Colombier (A2)
43 Patriarche (A-B1)
44 La Part des Anges (B2)
45 Les Mille et Une Vignes (B1)
46 La Dilettante (A2)

Où acheter de bons produits ?

35 Mulot et Petitjean (B2)
51 Athénæum de la Vigne et du Vin (A2)
53 Charcuterie Franck Bourgeon (B2)
54 Hélice, l'escargotier beaunois (B3)
55 Fromagerie Hess (B2)
56 Passion Millot (B2)
57 Boulangerie Bruno Liégeon (C2)

LA CÔTE-D'OR

BEAUNE

avt l'office de tourisme ; entrée libre).
– *Bon à savoir :* on peut bénéficier de tarifs réduits sur les entrées de certains sites du coin en prenant les billets dans les offices de tourisme (Beaune, Chagny, Meursault, Santenay, Savigny et Nolay) ou sur ● *beaune-tourisme.fr* ●

■ ***Location de voitures :*** ***ADA Location,*** *23, av. du 8-Septembre ;* ☎ *03-80-22-72-90.* ***Europcar,*** *3, route de Pommard ;* ☎ *0825-358-358.*

■ ***Location de vélos*** *(plan C2)* **:** ***Bourgogne Randonnées,*** *7, av. du 8-Septembre.* ☎ *03-80-22-06-03.* Suggestions de circuits touristiques. ***Beaune Vélo Tour,*** *4, impasse du Pigeou.* *06-23-31-15-93.* Accompagnement dans la région, stages VTT, vélos électriques.

– *Marché :* *sous les halles. Produits de bouche mer mat, grand marché sam mat.*

Où dormir ?

Camping

Camping municipal Les Cent Vignes (hors plan par A1, **9**) **:** *10, rue Auguste-Dubois. ☎ 03-80-22-03-91. • campinglescentvignes@mairie-beaune.fr • ♿ À 200 m de la D 974 ou 1 km de l'A 6, sortie nº 24. 15 mars-31 oct. Forfaits tente env 15-18 €. 116 empl.* Accessible en 10 mn à pied depuis le centre-ville. Ombragé et emplacements bien délimités par des haies. Terrain multisports. Resto.

Prix moyens

Hôtel de France – Restaurant Le Tast'Vin (plan C2, **12**) **:** *35, av. du 8-Septembre. ☎ 03-80-24-10-34. • contact@hoteldefrance-beaune.com • hoteldefrance-beaune.com • Resto fermé le w-e hors saison. Doubles env 70-120 €. Formules déj en sem 16-19 € ; menu-carte 24-36 €. Garage privé payant.* Chambres impeccables et calmes, ne manquant ni de charme ni de confort (clim). Certaines donnent même sur une terrasse intérieure très agréable. Au resto, des formules sympathiques (comme le service) laissant toujours du choix sans rogner sur la qualité. Cuisine maison de saison et carte des vins très fournie. Terrasse.

Chambres d'hôtes Beaune Nuit (plan B1, **13**) **:** *5, rue Jean-Belin. 📱 06-64-66-06-51. • dduthy@wanadoo.fr • beaunenuit.com • Congés : sept. Double autour de 75 €. Remise de 10 % à partir de la 2e nuit sur présentation de ce guide.* Dans une petite rue tranquille, à 2 pas (allons, quelques dizaines) du centre historique. La maison est toute petite, mais on a ses aises dans les 2 chambres, même si la « Rouge » est plus spacieuse. Plaisante déco. Accueil souriant et décontracté.

De prix moyens à chic

Hôtel Grillon (plan C3, **14**) **:** *21, route de Seurre. ☎ 03-80-22-44-25. • joel.grillon@wanadoo.fr • hotel-grillon.fr • ♿ Prendre la direction Seurre-Dôle sur le bd périphérique. Congés : fév. Doubles 90-115 €. Réduc de 10 % sur le prix de la chambre 20 nov-28 janv sur présentation de ce guide.* Une vieille maison de famille avec jardin, piscine et terrasse l'été, pour le petit déj. Chambres climatisées, joliment aménagées dans la maison ancienne, qui n'a rien de vieillot. Grandes « supérieures » dans une rotonde. Le joli jardin et le charme du lieu compensent l'éloignement relatif du centre-ville.

Hôtel Central (plan A2, **16**) **:** *2, rue Victor-Millot. ☎ 03-80-24-77-24. • hello@lecentralbeaune.com • lecentralbeaune.com • Doubles 89-149 €. Parking payant. Apéritif maison offert sur présentation de ce guide.* Lifting réussi pour cet ancien relais de poste caché à 2 pas de l'hôtel-Dieu. Intimiste et confortable, le nouveau *Central* cache bien son jeu, avec ses chambres au style contemporain, chic et épuré. Déco pimpante et fonctionnelle. Un lieu où l'on dort mais où l'on vit aussi, du petit déj-buffet à la *finger food* à la bourguignonne proposée à tout moment. Les chambres, ouvertes sur la cour, sont des plus agréables. Tout à côté, *Dame Tartine by Edgar,* un resto lui aussi relooké par la même équipe.

Hôtel La Villa Fleurie (plan C1, **17**) **:** *19, rue Colbert. ☎ 03-80-22-66-00. • contact@lavillafleurie.fr • lavillafleurie.fr • Fermé en janv. Doubles à partir de 69 € ; familiale 4-5 pers.* À 2 pas du centre ancien, petite villa 1900 avec un jardin de poche. Ce dernier fait craquer les Anglais qui adorent le look très british de cette maison. Un intérieur chaleureux, un accueil souriant et une dizaine de chambres meublées avec goût, climatisées.

Hôtel Le Home (hors plan par B1, **19**) **:** *138, route de Dijon. ☎ 03-80-22-16-43. • info@lehome.fr • lehome.fr • ♿ Doubles env 75-110 € ; familiales également.* En venant de Dijon, on voit à peine cette vieille maison bourguignonne cachée dans la verdure, derrière un mur, à l'entrée de la ville. Accueil charmant, déco (inévitablement !) à l'anglaise, salon de lecture ou de travail au 1er étage, chambres rénovées, donnant sur le jardin (qu'on préférera, *of course,* à celles côté route). Très beau et bon petit déj.

Où manger ?

Si vous ne trouvez pas votre bonheur ici, allez piocher un peu plus loin, dans notre rubrique bars à vins.

De prix moyens à chic

La Buissonnière (plan A2, **21**) : *34, rue Maufoux. ☎ 09-50-73-21-75. Fermé sam-dim. Résa conseillée. Plats à la carte 12-19 €.* Une petite adresse au décor de brocante chic qui a tout d'une grande. Petits recoins, tables espacées, petite terrasse en été côté cour et mange-debout donnant sur la cuisine ouverte. Les plats à la cuisson remarquable font dans le goûteux et le généreux.

Le Bistrot Bourguignon (plan A2, **30**) : *8, rue Monge. ☎ 03-80-22-23-24. Fermé dim-lun. Formules déj en sem env 15-19 € ; carte 35-40 €.* Bar à vins, tendance jazz certains soirs. 2 petites salles : l'une au fond pour les concerts, l'autre prolongée l'été d'une terrasse sur la rue piétonne. Une déco de bric et de broc avec fauteuils et canapés, d'inamovibles potes du patron pour faire monter l'ambiance au gré des verres de vin et quelques gentils plats élaborés façon bistrot.

Le Caveau des Arches (plan B2, **20**) : *10, bd Perpreuil. ☎ 03-80-22-10-37. • info@caveau-des-arches.com • Fermé dim-lun. Résa conseillée. Menus 26-58 € Apéritif maison offert sur présentation de ce guide.* Un caveau du XVe s avec 2 salles voûtées, ça plaît toujours. La carte est suffisamment riche pour que vous trouviez votre bonheur. Côté vins, la cave, sacrément bien lotie, charmera les connaisseurs.

Le P'tit Paradis (plan A2, **24**) : *25, rue Paradis. ☎ 03-80-24-91-00. • leptitparadis@orange.fr • Fermé sam-dim. Formule déj 22 € ; menus-carte 29-36 €.* Le chemin du paradis gustatif. Juste en face du musée du Vin, un petit resto à la déco sobre et aux couleurs aussi fraîches que la cuisine maison, proposée à prix gentils. Goûtez donc au pavé de charolais poêlé au beurre d'époisses. Terrasse en été.

Le Comptoir des Tontons (plan B2, **22**) : *22, rue du Faubourg-Madeleine. ☎ 03-80-24-19-64. • lestontons@wanadoo.fr • Près de la pl. Madeleine (parking gratuit), à 5 mn du centre-ville. Ouv le soir seulement. Fermé dim-lun. Congés : fév et août. Compter 50 €. Résa fortement conseillée.* Pépita et Richard, son « bonhomme » comme elle l'appelle devant les habitués, ont réussi à fidéliser une clientèle qui apprécie la rigueur des cuissons, le goût des préparations et le caractère bien trempé de Dame Pépita, qui officie seule en cuisine et privilégie les produits bio de saison. Fait surtout bar à vins-épicerie chic.

Restaurant F & B (plan B2, **35**) : *6-8, rue d'Alsace. ☎ 03-80-21-04-19. Fermé dim. Menus 18-21 € (déj en sem), puis env 28-38 €.* Un vrai bar à vins où l'on mange bien, sur la petite place Carnot, qui vaut bien la grande. Petite terrasse sympa et une déco intérieure branchée. La carte alterne quelques classiques revisités et des en-cas très qualitatifs. Cuisine simple, avec de beaux produits, et des bouteilles qui dépassent volontiers le terroir bourguignon.

Les Pôpiettes (plan B2, **34**) : *10, rue d'Alsace. ☎ 03-80-21-91-81. • info@les-popiettes.com • Fermé mar-mer. Congés : 2 sem en fév. Menu déj env 18 € ; carte 35-45 €. Brunch dim 27 €. Café offert sur présentation de ce guide.* De l'humour, de la bonne humeur et des plats qui n'ont pas vraiment l'accent du cru eux non plus : les volubiles Aurora et Giada, 2 sœurs ritales, ont mis la cuisine bourguignonne à la sauce méditerranéenne. Elles pratiquent l'intégration culinaire à leur façon (risotto selon produits de saison) jusqu'à l'incontournable tiramisu rhubarbe, figue et pain d'épice.

Restaurant Piqu'bœuf (plan B2, **36**) : *2, rue du Faubourg-Madeleine. ☎ 03-80-24-07-52. • contact@piquboeuf.com • Fermé mar-mer. Congés : 3 sem en janv et 3 sem en juin-juil. Menus 29-40 €. Digestif maison offert sur présentation de ce guide.* Installé dans une belle maison du XVIIIe s, un resto spécialement dédié aux amateurs de viande : savoureuses grillades de bœuf charolais cuites à la braise ou au gaz de roche volcanique (en été), toujours devant les clients. Un resto aux couleurs du temps, agréable au goût comme à l'œil.

Caves Madeleine (plan B2, **36**) : *8, rue du Faubourg-Madeleine. ☎ 03-80-22-93-30. • cavesmadeleine@hotmail.com • Fermé mer et dim. Congés : 2 sem en fév-mars et août et autour des fêtes de fin d'année. Menu déj en sem 23 € ; plats à l'ardoise 18-24 € ; menu dégustation 55 €.* Descendez 2 marches et vous voici dans une salle façon caveau « tchin-tchin mais pas bling-bling » comme ils disent, avec ses murs tapissés de grands noms du coin, ses tablées en bois et l'opinel sur la table. Bons plats du jour, selon l'envie du chef qui aime bien servir lui-même. Un endroit dynamique où tout est bon, même le pain ! Surtout quand on peut reprendre de la terrine de campagne.

La Table du Square (plan A1, **31**) : *26, bd Maréchal-Foch. ☎ 03-80-24-03-32. Fermé dim-lun. Plats env 15-20 €.* Que de beaux produits bien travaillés, ce qui est un minimum pour des Beaunois, habitués à avoir le meilleur dans les verres comme dans l'assiette. Quel plaisir de partager avec les touristes le saumon gravlax maison, l'incontournable boudin noir ou un tataki de thon, entre autres petites merveilles de gueule. Au moment de passer commande, le plus compliqué sera certainement de choisir parmi les 650 références de vin affichées au *Square*. Terrasse agréable.

L'Ardoise (plan B2, **36**) : *14, rue du Faubourg-Madeleine. ☎ 03-80-21-41-34. • lardoisebeaune@gmail.com • Fermé dim-lun. Formules 26-32 € ; plats 18-27 €.* Parmi la brochette de bonnes petites tables de la rue, ce bistrot sympa propose une ardoise extra : viandes, burgers, clubs-sandwichs, le tout maîtrisé à merveille par un chef qui ne perd rien des conversations depuis la grande cuisine ouverte. C'est qu'ici, vins (et quels vins !) au verre aidant, les décibels montent vite.

La Ciboulette (plan B1, **25**) : *67, rue de Lorraine. ☎ 03-80-24-70-72. • laurent.male@orange.fr • Fermé lun-mar. Congés : 3 sem en fév et 1re quinzaine d'août. Formule déj 21 € ; menus 29,90-40 €.* Près de la porte Saint-Nicolas, une adresse qui tient le haut du pavé (à l'époisses, au vin...) depuis plus de 20 ans. Ici, on vous servira, dans un décor sobre, une cuisine rigoureuse et de qualité, faisant le bonheur des touristes comme des Beaunois.

Plus chic

Loiseau des Vignes (plan A2, **27**) : *31, rue Maufoux. ☎ 03-80-24-12-06. • loiseaudesvignes@bernard-loiseau.com • Fermé dim-lun. Le midi, menus à partir de 28 € ; le soir, menus 59-119 €.* Une création savoureuse qui restitue l'âme de *La Côte d'Or* à Saulieu : le bonheur de l'assiette, certes, mais surtout un esprit bourguignon réinventé avec naturel et talent. Ici, tout y est : l'accueil, le cadre, la carte réalisée par un chef sudiste formé à bonne école et une « bibliothèque des vins » qui invite à mettre son nez dedans : 70 bouteilles sont proposées à la dégustation au verre. Au déjeuner, menu du jour attrayant, et carte à prix, certes, plus conséquent midi et soir. Service dynamique.

Le Bénaton (plan A2, **26**) : *25, rue du Faubourg-Bretonnière. ☎ 03-80-22-00-26. • reservation@lebenaton.com • À la sortie de Beaune, direction Meursault. Fermé mer-jeu tte l'année, plus sam midi avr-nov. Menus 34 € (déj en sem), puis 62-80 €.* Ambiance zen, décor dépouillé, en complète harmonie avec une carte qui varie selon les saisons et les envies du chef. Une carte qui renouvelle les fondamentaux de la cuisine française en y apportant une touche et une technique très particulières. En été, le jardin japonais est vraiment idéal pour un repas en amoureux ou même entre amis. N'hésitez pas à prendre le menu du marché et choisissez à la carte un vin d'ici.

Où dormir ? Où manger dans les environs ?

De prix moyens à chic

Le Parc de l'Hostellerie : *13, rue du Golf, 21200* **Levernois.** *☎ 03-80-24-63-00. • leparc@levernois.com • levernois.com • Par la D 970, direction Verdun-sur-le-Doubs, puis à gauche. Congés : de fin janv à* *mi-mars. Doubles 75-85 €. Animaux non admis. Visite-dégustation dans un domaine viticole, sur présentation de ce guide.* Une demeure du XVIIIe siècle adorable, avec son parc aux arbres centenaires. Derrière la façade couverte de vigne vierge, des chambres cosy pleines de charme, ayant chacune leur atmosphère, leur décor. Cour fleurie, en terrasse, pour un petit déj bucolique. Et un superbe resto au bord de l'eau (voir ci-après).

L'Escale de Jules et Lily : *2, rue de l'Église, 21200* ***Bligny-les-Beaune.*** *07-86-36-66-09. • escale-beaune@orange.fr • jules-lily.fr • À 5 km au sud de Beaune. Doubles 99-129 €. Table d'hôtes 40 €. Une bouteille de bourgogne maison offerte, pour une résa en direct, sur présentation de ce guide.* Belle maison de famille restaurée par un couple de retour au pays après un passage dans l'océan Indien. Bertrand Vuillemin et sa petite famille ont le sens de l'accueil. Ils ont su donner une nouvelle vie au parc, à la maison, aux anciennes écuries. Les chambres témoignent d'une certaine idée du luxe et du confort. Une adresse où l'on parle voyages, vins (ils ont même ouvert une boutique), dans toutes les langues. 4 gîtes également.

Bistrot du Bord de l'Eau : *rue du Golf, 21200* ***Levernois.*** *☎ 03-80-24-89-58. Entrée par le Parc de l'Hostellerie de Levernois. Fermé le soir mar-mer en saison, le soir lun-mar hors saison. Menus déj en sem 30-34 € ; carte env 40-45 €.* Un amour de petit bistrot qui ne se prend pas au sérieux, alors qu'on est à l'entrée d'un *Relais & Châteaux.* Le chef revisite les grands classiques franco-bourguignons au travers d'un menu-carte astucieux et sincère. Le potager pourvoit en légumes de saison et les produits du marché sont au rendez-vous. À savourer en terrasse au bord de la Bouzaize, charmante rivière qui serpente dans un parc de 5 ha, ou alors dans les anciennes cuisines du XVIIIe s.

L'Ô à la Bouche : *11, rue Basse, 21200* ***Levernois.*** *☎ 03-80-20-01-40. • loalabouche21@orange.fr • Fermé mer, plus mar hors saison. Congés : janv. Compter env 15 € (déj en sem)-30 € le repas. Café offert sur présentation de ce guide.* Un cadre idyllique, surtout en été quand les tables débordent sur la terrasse à l'ombre du figuier et jusque dans le jardin, au bord de la mare. Dans la salle ouverte sur l'extérieur, les tables bien espacées préservent l'intimité des discussions : un confort qui devient trop souvent l'exception. Au déjeuner, la formule est une aubaine. Cuisine appliquée et soigneuse, service prévenant.

La Bouzerotte : *25, route de Beaune, 21200* ***Bouze-lès-Beaune.*** *☎ 03-80-26-01-37. • contact@labouzerotte.fr • Au bord de la D 970. Fermé lun-mar. Congés : vac de fév et 10 j. début janv. Menus 26-38 €, et menus truffes. Café offert sur présentation de ce guide.* Une auberge qui a su, en un quart de siècle, conserver intacte son atmosphère ! Des tables en bois, des meubles rustiques, une cheminée avec un feu de saison dans la grande salle claire. Terrasse aux beaux jours. Carte succincte, bien équilibrée entre terroir et créativité. La surprise est à l'arrivée des assiettes : fraîcheur et qualité des produits, belle présentation. Conseils sur le choix des vins par la maîtresse de maison.

LA CÔTE-D'OR

Où boire un verre ? Où grignoter sain et bon ? Où faire une dégustation de vin ?

Le choix pour les assoiffés de savoir est vaste entre les caves-restaurants citées précédemment, les caves-boutiques ou les caves-visites mentionnées plus loin, les bars listés ici. Toutes les formules existent, du plus nature au plus chic.

La Dilettante *(plan A2,* ***46****) : 11, fg Bretonnière. ☎ 03-80-21-48-59. Ouv 12h-minuit. Fermé mer et dim. Résa conseillée. Assiettes env 7-17 €.* La cuisine ouverte participe au charme et à l'ambiance de ce bar convivial qui joue aussi la carte épicerie fine. Que des produits en provenance des fermes et maraîchers du coin dans l'assiette, et des vins nature dans les verres. Grand choix de bières aussi.

Les Mille et Une Vignes *(plan B1, **45**) : 61, rue de Lorraine. ☎ 03-80-22-03-02. Fermé dim-mar.* À voir la devanture et la déco, disons pour tous les goûts, on imagine mal que se cache ici un vrai bar à vins qui propose de vieux millésimes à prix décents. Un bistrot où l'on se retrouve vite entre amis si l'on se laisse entraîner par Marine, grande fan de rugby, autour d'une assiette de terrine maison, de fromage ou autres tapas à la bourguignonne.

Pickwick's *(plan A1, **40**) : 2, rue Notre-Dame. ☎ 03-80-22-55-92. Fermé dim-lun. Happy hour 18h-19h.* Situé derrière la basilique, dans l'ancien quartier des chanoines, un pub inattendu à la chaleureuse déco, bien feutrée, où se côtoient bons vins de propriétaires et nombreuses bières importées de la perfide Albion. Et même une mousse locale à base de gingembre.

La Part des Anges *(plan B2, **44**) : 24 bis, rue d'Alsace. ☎ 03-80-22-07-68. Fermé dim, plus lun hors saison.* Resto-bar à vins tendance chic et branché. Cadre lounge à la déco néo-moderniste sobre, comme il se doit, avec belle verrière et petite terrasse pour voir et être vu ! Ambiance feutrée côté bar pour déguster une assiette de salaisons avec un verre de vin. Cuisine de terroir revisitée et service sympathique.

Patriarche *(plan A-B1, **43**) : 7, rue du Collège. ☎ 03-80-24-53-78. • patriarche.com • Tlj 9h30-11h15, 14h-17h15. Fermé 24, 25, 31 déc et 1er janv. Visite libre : env 17 €, dégustation comprise (10 vins). Compter 1h.* Noble destinée pour ce couvent du XVIIe s converti en caves de stockage par un négociant en vins à la Révolution : 5 km de galeries voûtées et plusieurs millions de bouteilles bien au frais servent d'écrin à cette visite d'un autre monde, des bouteilles en libre-service disposées sur des tonneaux en fin de parcours. Dégustation commentée par des sommeliers avec achat possible en bout de course, bien sûr.

Maison du Colombier *(plan A2, **41**) : 1, rue Charles-Cloutier. ☎ 03-80-26-16-26. Fermé sam-dim. Congés : autour des vac scol de Noël. Compter 30-35 €/pers.* L'endroit toujours terriblement tendance où il fait bon de se retrouver à la fraîche, en été, sur la terrasse, devant des tartines aux truffes de Bourgogne (ben oui, quand même !) et un verre de vin du pays. À l'intérieur, côté bar ou côté salon, c'est encore plus cosy, plus beaunois.

Où acheter du vin et de bons produits régionaux ?

Athénæum de la Vigne et du Vin *(plan A2, **51**) : 5, rue de l'Hôtel-Dieu. ☎ 03-80-25-08-30. • athenaeum.com • Tlj 10h-19h en saison. Fermé 25 déc et 1er janv.* Amusant, passionnant, un vrai lieu de rencontre autour du vin, à la fois librairie, papeterie, disquaire, boutique de déco et cave bien sûr.

Pour déguster sur place ou rapporter à la maison, quelques adresses incontournables : la ***charcuterie Franck Bourgeon*** *(plan B2, **53** ; 9, pl. Monge ; ☎ 03-80-22-13-22 ; tlj sauf dim ap-m et lun).* Un des meilleurs jambons persillés du pays, à savourer avec un pain de la ***boulangerie Bruno Liégeon*** *(plan C2, **57** ; 29, av. du 8-Septembre ; ☎ 03-80-22-24-97 ; tlj sauf jeu).* Goûtez le « pain des hospices » au maïs torréfié. Pour un pique-nique dans les vignes, prenez aussi un fromage local chez ***Hess*** *(plan B2, **55** ; 7, pl. Carnot. ☎ 03-80-22-90-70 ; tlj sauf dim ap-m).*

Pour déguster de vrais escargots de Bourgogne, en revanche, mieux vaut pouvoir se poser autour d'une table : ***Hélice, L'Escargotier Beaunois*** *(plan B3, **54** ; 11, rue Pierre-Guidot ; ☎ 09-83-72-05-49)* n'est qu'à 10 mn à pied du centre de Beaune. Une boutique où l'on peut en déguster une douzaine avec un verre de vin pour moins de 15 €.

Pour les becs sucrés, arrêt devant ***Passion Millot*** *(plan B2, **56** ; 1, pl. Monge ; ☎ 03-80-22-10-35 ; fermé* *lun),* le confiseur-chocolatier dans toute sa splendeur. Grande spécialité : les burgondines, un praliné au chocolat très fin, enrobé d'un sucre glacé lui permettant de voyager. Sinon, si vous avez manqué la visite de *La Fabrique de pain d'épices* à Dijon, séance de rattrapage à la boutique ***Mulot et Petitjean*** *(plan B2,* ***35****; 1, pl. Carnot ; ☎ 03-80-22-06-18).*

À voir

Garez votre voiture en périphérie ou dans un parking, Beaune se parcourt à pied. Coup de cœur pour la mise en scène nocturne qui met sous les feux des projecteurs 7 monuments, illuminés de 22h à 0h30 en été, ainsi qu'à la tombée de la nuit autour des fêtes de fin d'année et lors des festivals (de mi-juin à mi-septembre, entre autres).

*** ***L'hôtel-Dieu*** *(plan A2) :* *rue de l'Hôtel-Dieu. ☎ 03-80-24-47-00. • hospices-de-beaune.com • ♿ De mi-mars à mi-nov, tlj 9h-18h30 ; le reste de l'année, tlj 9h-11h30, 14h-17h30. Dernier billet 1h avt fermeture. Entrée : 8,50 € avec audioguide ; réduc ; gratuit moins de 10 ans.*

Un rare témoignage de l'architecture civile de la fin du Moyen Âge. Il faut pénétrer dans la cour d'honneur pour avoir le choc de ces toits de tuiles émaillées multicolores en terre cuite, dessinant d'extraordinaires figures géométriques, et décorés d'une cinquantaine de girouettes.

On doit cet hôtel-Dieu à Nicolas Rolin (1376-1462), chancelier du duc de Bourgogne Philippe le Bon et homme de bien ; du moins en avait-il. Lorsqu'il créa l'hôpital, en 1443, Louis XI, toujours charitable, aurait dit : « Il a fait assez de pauvres dans sa vie pour pouvoir aujourd'hui les abriter ! » Ainsi naquit l'hôtel-Dieu, sur une architecture d'inspiration flamande, qui fonctionna sans interruption jusqu'en 1971. Les derniers malades partirent en 1984.

DU VIN SUR ORDONNANCE

La vente du vin des Hospices permettait d'offrir les soins aux indigents. À l'époque, les 2 grands remèdes étant la prière et le vin, l'un s'avérait moins efficace que l'autre. L'ivresse calmait la douleur tout en favorisant le sommeil et redonnait un peu le moral. Les malades avaient droit à 2 litrons par jour. À la grâce de Dieu !

Par ici la visite

On commence devant la « ***salle des Pôvres*** », avec son célèbre plafond, ses lits à colonnes bien alignés (mais 2 malades par lit, et tête-bêche !), habillés de blanc et rouge. Un décor somptueux « entre les soins et la prière » s'achevant sur une ***chapelle*** gothique, servant l'été de salle pour des concerts baroques haut de gamme. La literie vous dit quelque chose ? Probablement une réminiscence de *La Grande Vadrouille* ! On admirera aussi la ***salle Saint-Hugues,*** réservée aux malades les plus riches et dont les peintures murales illustrent des miracles de Jésus, puis la salle Saint-Nicolas attenante avec une maquette en paille de l'hôtel-Dieu, datant du XVIIIe s. Petit film sur la confection de la fameuse coiffe en cornette portée par les religieuses. La ***cuisine*** a été intelligemment reconstituée avec sa vaste cheminée gothique égayée par un savant tournebroche à automate datant de 1698. La visite continue avec la ***pharmacie*** et ses pots de verre et de faïence dont les noms laissent rêveur : « poudre de cloportes », « yeux d'écrevisses », « poudre de noix vomique ». Traversez la ***salle des tentures*** et ses magnifiques collections (remarquable *Saint-Antoine parmi les tourterelles,* XVe s) avant d'aller admirer le clou des Hospices : le ***polyptyque du Jugement dernier,*** attribué à Rogier Van der Weyden. C'est l'une des plus célèbres œuvres de la peinture flamande du XVe s. L'éclairage est parfait. Le Christ en majesté (très beau mouvement de plissés) est assis sur un arc-en-ciel, symbole des liens qui unissent les cieux et la terre. Sous ses pieds, l'archange saint Michel pèse les âmes avec beaucoup d'élégance et sans parti pris. À sa droite, les maudits, une expression d'horreur indicible dans les visages, filent vers l'enfer. À gauche, les bienheureux sont accueillis au paradis.

Les Hospices sont aussi propriétaires d'un vignoble prestigieux d'une soixantaine d'hectares répartis en de nombreuses parcelles. Au fil des années, ce patrimoine s'est constitué grâce à des legs ; des arpents de terre ont aussi servi de monnaie d'échange à certains malades pour payer leurs soins. C'est ce vin qui est chaque année mis aux enchères le 3e dimanche de novembre (on en trouve aussi en vente à la boutique).

LE CLOS DU MARÉCHAL PÉTAIN

Pendant la guerre, un préfet vichyste imposa la création de cette cuvée aux Hospices de Beaune. Elle bénéficia aussitôt du titre de premier cru. Et pourtant, le 1er millésime de 1942 fut calamiteux. « Sabotache » ?

La collégiale Notre-Dame (plan A2) : *pl. du Général-Leclerc. ☎ 03-80-24-77-95. Tlj 9h-17h (19h juin-sept). Visite des tapisseries : de mi-avr à mi-nov, dim-jeu 14h30-17h ; ven-sam 10h30-12h, 14h30-17h. Fermé pdt les offices. Entrée libre.* Bel exemple d'art roman bourguignon, qui s'est vu adjoindre au cours des siècles un décor gothique (portail et chevet), un clocher et une chapelle du XVIe s. Au XIXe s, l'inévitable Viollet-le-Duc n'a pas pu s'empêcher d'y ajouter une galerie couverte. Collection de tapisseries, du XVe s, consacrées à la vie de la Vierge dans le chœur. Prenez le temps d'admirer le cloître et le logis du XVe s. En sortant, choisissez votre route en votre âme et conscience : la rue Paradis ou la rue d'Enfer.

Le musée du Vin (plan A2) : *rue d'Enfer, dans l'hôtel des Ducs. ☎ 03-80-24-56-92. Avr-sept, tlj sauf mar 10h-13h, 14h-18h ; mars et oct-nov, tlj sauf lun-mar 10h-13h, 14h-17h. Fermé 25 déc et 1er janv. Dernier billet 45 mn avt fermeture. Entrée : env 5,80 € ; réduc ; gratuit moins de 11 ans.* Toute l'histoire de la vigne et du vin, de l'Antiquité à nos jours. Une maquette du vignoble explique parfaitement la topographie et le phénomène de « climat » bourguignon, étayée par des explications sur l'importance des conditions naturelles. Très beaux pressoirs dans la cuverie de l'ancienne résidence des ducs de Bourgogne (en accès libre). Dans la dernière salle, tapisserie de Jean Lurçat sur le motif du vin.

Le musée des Beaux-Arts (plan B2) : *porte Marie de Bourgogne, 6, bd Perpreuil. ☎ 03-80-24-56-92 et 03-80-24-98-70. • beaune.fr • De mi-avr à sept, tlj sauf mar 10h-13h, 14h-18h ; jusqu'à 17h le reste de l'année et fermé lun-mar. Entrée : env 6 € (donne aussi accès au musée du Vin de Bourgogne) ; réduc.* Le nouveau circuit du musée (rouvert en 2019) met l'accent sur ses pièces maitresses, des œuvres de Brueghel de Velours, François Rude, Camille Corot, Félix Ziem, Paul Day, Le Corbusier, Fernand Léger, Marc Chagall... Également d'intéressantes approches thématiques comme l'Orient vu par les artistes au XIXe s. Dans l'une des salles, des œuvres inédites de Gérard Dorville, dessinateur de B.D. des années 1960. Expos temporaires également.

Balade en ville (plan A2) : au hasard des rues, vous découvrirez des façades chargées d'histoire. Les riches drapiers construisirent des maisons avec des échoppes où tout se traitait, au sens strict, sur le volet. Il suffit de pousser, parfois avec force, quelques portes pour découvrir de magnifiques cours dissimulées aux regards. Baladez-vous du côté de la ***place Fleury*** *(plan A2)* et son hôtel de Saulx (XVe et XVIIe s), le long de la ***rue Maufoux*** *(plan A2)* et de la ***rue Monge*** *(plan A2)*, aux toits très rapprochés jusqu'à la ***place Monge*** *(plan A-B2)*. Derrière la statue de Gaspard Monge, étonnant beffroi du XIVe s, d'un aspect tout flamand.

Le circuit des remparts : commencez par la tour de l'hôtel-Dieu et remontez le temps jusqu'au XIIe s, quand la ville commença de boucler cette ceinture qu'elle consolidera au XVe s, sur ordre de Louis XI. Remarquez au passage les toits, les petits jardins. La tour des Dames, aux pierres taillées en bossage, abrite 2 étages de caves. Du bastion des Lions, transformé en jardin public, au bastion Notre-Dame, rien ne vous empêche de tricher en coupant par la place Marey et les rues du vieux Beaune. Ne cherchez pas le château, dans la rue du même nom. La maison *Bouchard Père et Fils* a gardé le nom de ceux qui, en 1810, achetèrent le château de Beaune et transformèrent les puissants bastions, construits pour la guerre, en caves de vieillissement. Située entre le château et le bastion Sainte-Anne, la tour Renard, avec sa couverture en lave, date probablement du XIVe s. À ne pas confondre avec la petite tour des Billes, accolée à la grosse tour, sur le rempart Madeleine.

La moutarderie Fallot *(plan A2) : 31, rue du Faubourg-Bretonnière. ☎ 03-80-22-10-10. • fallot.com • Visites « Découvertes » (musée seulement) ou « Sensations fortes » (davantage axée sur la production pour cette dernière avec en plus visite de l'usine). Résa obligatoire, parfois plusieurs j. à l'avance. Compter 1h15. Entrée : 10 € (dégustation comprise) ; réduc ; gratuit moins de 10 ans.* La recette de sa longévité et du succès, depuis 1840, cette moutarde multicolore la doit aux produits de base hyper sélectionnés dont elle use et abuse pour se faire belle et bonne, tout en changeant de couleurs selon l'humeur (25 en tout), et à un exercice journalier qui explique son piquant et cette saveur incomparable : le broyage à la meule de pierre. Ce qui ne l'empêche pas de s'offrir des liftings réguliers, se faisant plaisir avec un espace muséographique style écomusée, avant de relancer la « véritable moutarde de Bourgogne » frappée d'IGP (indication géographique protégée), produite à 100 % avec du vin blanc aligoté et des graines cultivées en Bourgogne. Pour faire ses emplettes, un espace de vente et de dégustation où les classiques de la maison côtoient les dernières créations et une sélection de moutardes du monde.

LA CÔTE-D'OR

À faire dans les environs

Le parc de la Bouzaise *(hors plan par A1) : rue du Faubourg-Saint-Martin. Avr-oct, tlj 8h-21h (22h juin-juil) ; fév-mars, 8h-18h ; nov-janv 8h-17h ; le w-e, ouvre à 9h.* Entouré de vignes, classé depuis 1943, c'est le refuge des familles beaunoises. Location de barques en saison. Et point de départ de la véloroute Beaune-Santenay. Des randos vers la montagne de Beaune et le Pays beaunois démarrent ici (parking aisé). Demander la brochure « 30 itinéraires de randonnée pédestre » à l'office de tourisme.

■ ***Veuve Ambal :*** *le Pré-Neuf, à* ***Montagny-lès-Beaune.*** *☎ 03-80-25-90-81. • veuveambal.com • ♿ Fermé 1er janv et 25 déc. Départ des visites à 10h30, 11h30, 14h30, 15h30, 16h30 (plus 17h30 avr-sept) avec dégustation : 7 € ; réduc ; gratuit moins de 12 ans.* La maison *Veuve Ambal* élabore des crémants depuis la fin du XIXe s. Un parcours didactique à travers le site de production, des films et un parcours dédié aux enfants. Intéressant et moins commercial que prévu.

■ ***Héli Travaux :*** *☎ 03-80-22-30-67. • helitravaux.com • Vols 8-30 mn sur la base de 3 pers max.* Survol en ULM de Beaune ou des côtes de Beaune et de Nuits.

■ ***Beaune Montgolfière :*** *📱 06-51-56-82-56. • beaune-montgolfiere.fr •* Vol découverte, mais aussi vol à 2, de nuit, etc.

La voie des Vignes : à vélo, un itinéraire idéal pour découvrir les premiers crus de Meursault. De Beaune à Santenay, et de Santenay à Nolay, une véloroute de 23 km (plus 13,5 km) jalonnée de prestataires œnotouristiques.

Fêtes et manifestations

– ***Festival international du film policier :*** *fin mars-début avr. • beaunefestivalpo licier.com •*

– ***Festival Scène d'été :*** *juil-sept.* Représentations théâtrales et spectacles de rue, « apéroésies », déambulation médiévale, garden-party.
– ***Festival international d'opéra baroque :*** *tt le mois de juil.* • *festivalbeaune.com* • Concerts des plus prestigieux ensembles mondiaux du vendredi au dimanche dans la cour des Hospices ou dans la collégiale Notre-Dame.
– ***Ciné Rétro :*** *1re quinzaine d'août, dans l'ancienne chapelle Saint-Étienne. Infos : ☎ 03-80-24-90-57.* Ici, on renoue avec l'épique époque des débuts du cinéma. Étonnant voyage dans les années 1920 !
– ***Festival Jazz O Verre :*** *sept-oct.* • *jazzabeaune.fr* •
– ***Vente aux enchères des vins des Hospices de Beaune :*** *3e dim de nov.* Chaque cuvée est offerte par lots et sous la dénomination qui rappelle les donateurs. La vente des vins signale surtout les tendances du marché : reprise ou stagnation. Bon an mal an, elle rapporte aux Hospices une coquette somme.
– ***Lumières à Beaune ! :*** *du 21 juin aux Journées du patrimoine et lors des festivals.* • *beaune.fr* • Créations visuelles dans des sites emblématiques, complétées par une visite audioguidée de Beaune.
– ***Beaune Blues Boogie Festival :*** *déc.* • *lacomedieduvin.com* • Musique jazz des années 1940.
– ***Festival Mômes et Merveilles :*** *de mi-déc à mi-janv. ☎ 03-80-24-56-78.* Spectacles pour enfants.

POMMARD (21630) 600 hab. *Carte Côte-d'Or, C4*

Un village de caractère ; même le donjon du XVIIe s est carré, ce qui l'oppose à la traditionnelle élégance élevée du gothique et aux courbes douces du roman, plus familières en ces parages. Avant d'entrer dans le village, on croise la croix de Pommard ; elle marquait au Moyen Âge l'heureuse issue d'un passage à gué difficile. Pommard est connu dans le monde entier pour ses vins rouges puissants et charpentés, qui furent les préférés d'Henri IV et de Louis XV, pour ne citer que ces soiffards-là.

Où manger ? Où boire un verre ?

La Compagnie Fanny : *12, pl. de l'Europe. ☎ 03-45-63-16-53.* • *laciefanny@gmail.com* • *Fermé mar.* Bar à vins ouvert par Fanny Sabre, viticultrice, qui propose une petite restauration sympathique pour accompagner la dégustation de ses vins maison.

Où déguster des douceurs ?

Appellation Chocolat : *5, pl. de l'Europe. ☎ 03-45-63-85-89.* • *appellation-chocolat.fr* • *Mar-sam 9h30-19h.* Incongrue, une chocolaterie au pays du vin ? Pas tant que ça quand on a le doigté et l'art des assemblages du couple Dessolins. Truffes colorées selon les saisons, sarments au marc de pommard, parfums bourguignons comme la moutarde, le cassis ou le pain d'épice. Prix aussi doux que le chocolat.

À voir

Le château de Pommard : *15, rue Marey-Monge. ☎ 03-80-22-07-99.* • *chateaudepommard.com* • *Tlj 9h30-18h30 (17h30 déc-mars) ; dernier départ 1h avt fermeture. Fermé 24, 25, 31 déc et 1er janv. Entrée : 35-60 € ! Gratuit moins de 18 ans.*

Il en impose, le célèbre château XVIIIe s posé au milieu des vignes qui s'étirent à perte de vue ! 20 ha qui produisent ce grand vin parmi les grands, dont le nom fait à lui seul frétiller les papilles des amateurs du monde entier. Si depuis la cour d'honneur pavée la perspective est si majestueuse, c'est en partie grâce aux Compagnons du Tour de France qui ont rénové le château pendant 3 ans. Le point d'orgue de la visite se passe évidemment en sous-sol : ce sont les caves somptueuses, où s'alignent quelque 300 000 bouteilles. 5 vins en dégustation et vente à la clé, mais le Saint-Graal se paie plein pot !
Mi-juillet, festival *Rootstock* avec mise en place d'un hôtel éphémère chic pour les amateurs du « glambing ». On peut passer ainsi une partie de la nuit au bar et à goûter à toute la production maison.

VOLNAY (21190) 330 hab. *Carte Côte-d'Or, C4*

Pommard et Volnay, c'est un peu comme entre les O'Timmy et les O'Hara (relisez vos vieux *Lucky Luke* !), une querelle de clocher qui remonte à la nuit des temps et se prolonge jusqu'à Meursault : « Entre Pommard et Meursault, c'est toujours Volnay le plus haut. » Référence géographique à sa position dominante sur les coteaux du vignoble. Même les vins sont frères ennemis, car les volnays, dont beaucoup de premiers crus sont célèbres, sont fins, délicats, féminins. Sinon, Volnay est un adorable village appuyé à flanc de coteau.
– ***Élégance des Volnay :*** *dernier sam de juin. • pascalbouley@wanadoo.fr •* Fête et dégustations. Une personnalité féminine préside la journée devenant ambassadrice des vins de Volnay.

Où manger ?

Le Cellier Volnaysien : *2, pl. de l'Église. ☎ 03-80-21-61-04. • contact@restaurant-lecelliervolnaysien.com • Ouv sam soir et ts les midis sauf mer. Congés : du 20 déc à mi-janv. Formule déj en sem 20,50 € ; menus 26,50-33,50 €. Apéritif maison offert sur présentation de ce guide.* Un caveau avec de grandes tables en bois, cadre on ne peut plus rustico-bourguignon pour déguster les vins en direct de la propriété (château de Savigny-lès-Beaune) et d'autres, donc à prix accessibles. Avec quelques spécialités faciles à imaginer : coq à la lie de vin, œufs en meurette.

L'Agastache : *1, rue de la Cave. ☎ 03-80-21-12-30. • contact@lagastache-restaurant.com • Fermé dim-lun. Formule déj en sem 25 € ; le soir 40 €. Café offert sur présentation de ce guide.* Un resto pour les locaux, les vignerons et leurs visiteurs, d'où la résa indispensable. Nunzio est un passionné de cuisine qui a trouvé la formule idéale pour envoyer vite et bien des plats et des desserts savoureux qu'il peut même commenter au passage. Les cyclistes de la voie des Vignes s'arrêtent boire un verre et reviennent le soir « bien habillés ». Déco actuelle, un mix vintage et contemporain. Petite terrasse. Pour les vins, faire confiance à la spécialiste maison.

DANS LES ENVIRONS DE VOLNAY

Monthelie : un des villages les plus typiques de la côte de Beaune, bâti à flanc de coteau, avec ses ruelles étroites, sa belle église romane du XIIe s, son château aux toits colorés. De la D 73, en haut de la colline, remarquable panorama sur la région. Les grands vins rouges de Monthelie sont charpentés

et acquièrent avec le temps un bouquet ample et harmonieux. Ses premiers crus se distinguent par leur élégance et leur finesse.
– ***Printemps de Monthelie :*** *3e w-e d'avr.* ☎ *03-80-21-68-97.* Dégustation-vente de vin, animations et gastronomie.

Auxey-Duresses : ce paisible village de vignerons garde l'entrée d'un pittoresque vallon, placé autrefois sous la protection d'un camp romain. Église avec 2 curiosités à ne pas manquer : le clocher orné de pyramidions et le retable du XVIe s. Vins blancs à découvrir et vins rouges ayant un air de famille avec ceux de Pommard ou de Volnay. La route continue vers les hautes côtes. Revenir sur Meursault en cherchant à repérer dans les vignes ces cabanes en pierres rondes authentiques que sont les cabottes.
– ***Coup d'œil, coup de cœur :*** *3e w-e d'oct.* ☎ *03-80-21-21-05.* Caves ouvertes à Auxey-Duresses.

MEURSAULT (21190) 1 620 hab. *Carte Côte-d'Or, B4*

Rime avec « oh », la bouche s'arrondissant pour goûter d'avance les grands vins blancs, issus du chardonnay, aux saveurs de noisette et d'amande grillée ! À leur apogée, ils ont des saveurs de beurre et de miel. Village prospère, agréable et tranquille, c'est un excellent point de chute pour qui veut sillonner le vignoble. Et si vous avez l'impression de bien connaître la mairie avec ses tuiles vernissées, c'est que vous n'avez pas manqué les rediffusions de *La Grande Vadrouille,* le lieu ayant servi de siège à la kommandantur dans le film, ainsi qu'à la scène de l'Allemand qui louche.

Adresse utile

Office de tourisme : *pl. de l'Hôtel-de-Ville.* ☎ *03-80-21-25-90.* • *beaune-tourisme.fr* • *Juin-sept, lun-sam 9h30-12h30, 14h-18h30 ; le reste de l'année, horaires plus restreints.* Organise des visites guidées payantes du village *(La Grande Vadrouille à Meursault)* avec dégustation de juin à septembre.

Où dormir ? Où manger ?

De prix moyens à chic

Chambres d'hôtes chez Noël et Colette Chouet : *4, rue du Moulin-Foulot (juste en face du château).* *06-60-80-72-27.* • *colettechouet@wanadoo.fr* • *domainechouet.com* • *Double 78 €.* Cette belle maison recouverte de glycine abrite de belles chambres à l'étage, certaines d'entre elles se partagent la salle de bains, pour une même famille seulement. Petit déj servi dans la spacieuse pièce à vivre, chaleureuse avec ses murs de pierre. Plein de tuyaux des proprios qui appartiennent à la plus ancienne famille de vignerons de la ville (18 générations !).

Le Soufflot : *8, N 74.* ☎ *03-80-22-83-65.* • *lesoufflot.meursault@yahoo.com* • *Fermé sam-dim. Formule déj en sem 32 € ; le soir 50 €.* On aimait beaucoup le 1er *Soufflot,* à Irancy, qui devait son nom au célèbre architecte originaire du village. Ce nouvel opus est tout bonnement extra. Cuisine pleine de générosité et riche de découvertes, que la carte ne laisse pas soupçonner (un mot par plat, on fait dans la sobriété en cuisine). La carte des vins est tout à fait remarquable, vous serez soufflé. De quoi rendre jaloux bon nombre de confrères. Service pro et décontract', ça change. Terrasse.

À voir

Le château de Meursault : *☎ 03-80-26-22-75. • chateau-meursault.com • En été, visites tlj à 10h30, 11h30, 14h, 15h, 16h et 17h ; en hiver, à 10h30, 14h et 16h en sem, plus 11h30, 14h, 15h, 16h et 17h le sam (plus restreint le dim). Entrée : 24-35 € (6 vins en dégustation).* Impossible de traverser le village sans évoquer ce château mythique entouré de 60 ha de vignes réparties sur une centaine de parcelles différentes. Moult premiers crus (meursault « Les Charmes », aloxe-corton, savigny-lès-beaune « Les Peuillets ») dont on vous vantera les qualités durant la dégustation, moment fébrilement attendu après une visite pour laquelle il est difficile de s'emballer complètement, compte tenu du prix. Selon l'affluence, la dégustation commentée est plus ou moins expédiée, mais on vous poussera systématiquement à l'achat. N'empêche que les 3 500 m² de caves cisterciennes à double voûte (XIVe-XVIe s), où reposent des milliers de bouteilles, sont vraiment exceptionnels ! Et que la déambulation devant les œuvres de peinture contemporaine est plutôt plaisante.

La léproserie : admirez, en contrebas de la route lorsque vous arrivez par la D 974, le superbe portail roman de la léproserie, fondée au XIIe s par Hugues II, duc de Bourgogne, et restaurée en 2015.

L'église Saint-Nicolas : belle église du XVe s, qui était la chapelle du château féodal, actuel hôtel de ville. À la suite d'un incendie vers 1480, les abbés de Cluny la firent rebâtir, élevant une flèche octogonale de 57 m avec crochets et petits arcs-boutants. Bel édifice avec son portail principal, ses vitraux et sa Vierge à l'Enfant en pierre polychrome du XIVe s.

À faire

Le sentier des Buis : un circuit familial de 11,5 km pour aller jusqu'à Monthelie entre forêts de pins et vignobles.

Le sentier Meursault-Blagny : le site de Saint-Christophe domine le village et le vignoble (accès fléché). Une aire de pique-nique s'ouvre sur un panorama grandiose, à 180°, sur les vignes. C'est le point de départ d'une rando de 9 km balisée. Optez sinon pour *Meursault en famille,* un kit pour une découverte amusante du sentier botanique de Saint-Christophe *(30-45 mn ; 5 € le kit auprès de l'office de tourisme).*

Festival

– ***Festival de musique « De Bach à Bacchus » :*** *début juil.* Un festival qui est aussi l'occasion de rencontres bien arrosées. Organisé par Yves Henry, pianiste de talent, il rassemble autour du piano amateurs de vin et amoureux du classique.

PULIGNY-MONTRACHET

(21190) 470 hab. *Carte Côte-d'Or, B4*

Village de vins réputés dans le monde entier : montrachet, chevalier-montrachet, bâtard-montrachet, etc. Le vocable « bâtard » fait référence au Grand Bâtard Antoine, fils illégitime du duc Philippe le Bon, qui reçut en héritage certaines terres de ces villages. Un vin de roi, ça n'empêche, le plus grand vin blanc sec du monde, dit-on, et on n'est pas chauvin en Bourgogne

(encore que le Montrachet, c'est le mont pelé, le mont chauve, donc) ! « Il faut le boire à genoux et la tête découverte », disait Alexandre Dumas, qui n'a pas vécu ici que d'amour et d'eau fraîche, manifestement. Et attention, ne prononcez pas le « t » dans Montrachet, sacrilège !
Si Puligny produit presque exclusivement des vins blancs, avec de superbes « climats », Chassagne se partage entre blancs et rouges, avec un terroir qui se prolonge vers Santenay et évolue vers le pinot noir.

Où dormir ? Où manger dans le coin ?

Hôtel La Chouette : *3 bis, rue des Creux-de-Chagny. ☎ 03-80-21-95-60. • info@la-chouette.fr • la-chouette.fr • Congés : déc. Doubles 150-160 €, petit déj compris. Animaux non admis. Réduc de 10 % sur le prix de la chambre en résa directe sur présentation de ce guide.* Chambres confortables à souhait (certaines familiales, d'autres avec terrasse), cosy comme tout, dans cette grande maison bourguignonne à la lisière du village. Salles de bains spacieuses et modernes. Adresse idéale ouverte sur le vignoble, pour séjourner au calme, dans le beau jardin ou dans le salon classique, au coin du feu, près de l'apaisante bibliothèque.

La Cabane : *9, rue Charles-Paquelin, parc Michelle-Bachelet, 21190* ***Chassagne-Montrachet.*** *☎ 03-80-26-66-37. • contact@restaurant-lacabanechassagne.com • Tlj 10h30-21h. Plat du jour 11 € ; formule déj 20 €.* Une cabane chic et une formule maligne que l'on doit autant à la Mairie, qui voulait créer un lieu convivial à Chassagne, qu'au chef étoilé de Puligny, Édouard Mignot (restaurant *Ed-Em,* une adresse plus chic !). Du frais, du bon, du simple, que l'on avale sur le pouce (sandwichs excellents à emporter) ou en prenant juste l'apéro. Ou plutôt un verre de vin. Pierre (pour changer de la planche) de charcuterie ou de poissons fumés, goûteux plat du jour, savoureux desserts et glaces artisanales.

SANTENAY

(21590) 920 hab. *Carte Côte-d'Or, B4*

Sans trop insister sur les bienfaits de ses eaux thermales (on parle de l'ouverture prochaine d'un centre thermal...), connues depuis l'Antiquité, Santenay produit de remarquables vins et se situe à la croisée de voies pédestres et de pistes cyclables, dont l'EuroVélo-route. La voie verte, qui suit le tracé de l'ancienne voie ferrée, relie Santenay à Nolay (9 km).

Adresse et info utiles

Office de tourisme : *gare SNCF. ☎ 03-80-20-63-15. • beaune-tourisme.fr • Juin-sept, tlj 9h30-12h30, 14h-18h30 ; avr-mai et oct, mar-sam ; nov-mars, les ap-m mar, jeu et sam.* Location de vélos. Topoguides et circuits en vente à l'office. Vente de billets d'activités touristiques (patrimoine, caves, loisirs).

TER et correspondance avec le TGV à Montchanin. Pas de billetterie sur place ; le billet est en vente à bord du TER.

Où camper ? Où manger ?

Camping des Sources : *av. des Sources. ☎ 03-80-20-66-55. • camping.santenay@aquadis-loisirs.fr • aquadis-loisirs.com/camping-des-sources • À 2 km du centre-ville et de la gare SNCF (fléché). Pâques-Toussaint.*

Forfaits tente 15-18 €. Mobile homes 176-500 €/sem. 160 empl. Un must dans le genre, avec des emplacements spacieux, certains avec vue sur la montagne et les vignobles. Nombreuses voies vertes et pistes cyclables. Piscine et tennis extérieurs au camping, mais limitrophes (accès payants).

Le Terroir : *19, pl. du Jet-d'Eau. ☎ 03-80-20-63-47. • restaurant. le.terroir@wanadoo.fr • Fermé jeu et dim soir, plus mer soir hors saison. Congés : début déc à mi-janv. Menus 23 € (déj en sem)-47 € ; carte 50-60 €. Café offert sur présentation de ce guide.* Vous apprécierez la cuisine d'un chef toujours plein de talent, d'audace et d'imagination. Une des belles tables qui réinventent le terroir régional, depuis 30 ans déjà. Plaisir assuré dès le 1er menu. Mais les amateurs ne manqueront pas la « fricassée du braconnier », aux escargots, puisqu'on est en Bourgogne. En été, profitez d'une belle salade sur la terrasse en bord de place. Service agréable.

À voir

L'église Saint-Jean-de-Narosse : *le w-e en été 15h-19h.* Église des XIIIe et XVe s. Porche roman, voûte gothique, belles statues de bois polychrome du XVe s (saint Martin, saint Roch) et une Vierge au dragon du XVIIe s.

Le château : *☎ 03-80-20-61-87. • chateau-de-santenay.com • Caveau et dégustation, tlj avr-nov. Visite du chai et des caves sur rdv avr-nov, tlj à 10h30, 14h et 16h : env 10 €.* Majestueuse demeure seigneuriale des IXe, XIVe et XVIe s, qui appartenait jadis à Philippe le Hardi. Accès libre au parc.

Les Maranges : il aura fallu attendre la Saint-Vincent tournante de 1997, la plus grosse fête vigneronne de toute la Bourgogne, pour que le monde découvre l'appellation maranges, méconnue, rattachée à la côte de Beaune mais partagée entre 3 villages appartenant au département voisin. Un vin étonnant et des villages pittoresques, accrochés au flanc d'un coteau installé plein sud sur les pentes du mont de Sène, lieu de promenade et de dépaysement complet. Magnifique panorama circulaire au sommet.

DES HAUTES CÔTES À LA VALLÉE DE L'OUCHE

NOLAY

(21340) 1 560 hab. *Carte Côte-d'Or, B4*

Aux confins de la Côte et des Hautes Côtes, si dans ce paysage où paissent paisiblement les charolaises, où grimpent les vignes sans se presser non plus, surgit un clocher dentelé qui, au fur et à mesure de votre approche, s'enfonce au milieu de maisons hautes, c'est Nolay qui vous accueille.

Adresse utile

Office de tourisme Beaune & Pays beaunois : *13, av. de la République. ☎ 03-80-21-80-73. • beaune-tourisme.fr • Juin-sept, lun-sam 9h30-12h30, 14h-18h30 ; le reste de l'année, mar-sam et horaires plus restreints.* Propose en saison des visites guidées de la ville (certaines en nocturne et théâtralisées). Billetterie.

Où dormir ?
Où manger à Nolay et dans les environs ?

Camping

Les Chaumes du Mont : *route de Couches. 06-85-33-03-42. • les chaumesdumont@orange.fr • En arrivant de Beaune, prendre la rue à gauche au niveau de l'hôtel de ville ; c'est à env 300 m du centre-ville. Avr-oct. Forfaits tente env 10-16 € pour 2. Caravanes également. 70 empl.* Un camping bien paisible à taille humaine : emplacements en terrasses, dans la verdure et au calme, au bord d'un plan d'eau. Baignade en été et 3 courts de tennis (payant). Restaurant accueillant (pizzeria, crêperie).

De bon marché à prix moyens

Hôtel de la Halle : *6, pl. Monge. ☎ 03-80-80-04-57. • contact@hotel-la-halle-nolay.com • hotel-la-halle-nolay.com • Dans le centre du vieux bourg, en face de l'église. Double 72 €.* Cette maison ancienne située sur la place piétonne abrite d'adorables chambres pimpantes, auxquelles on accède par un escalier étroit. Elles affichent des tonalités gaies et sont amoureusement meublées à l'ancienne. Tout aussi adorable, la petite cour intérieure transformée en jardin où est servi le petit déj. À côté, *Bistrot des Halles* bien sympa.

Le Burgonde : *8, pl. de l'Hôtel-de-Ville. ☎ 03-80-21-71-25. • contact.burgonde@orange.fr • Fermé dim soir, mar soir, mer. Formule déj en sem 20,50 € ; menus env 24-39 €.* Une adresse qui fait le bonheur des gourmets de Nolay : un resto incontournable où les familles se retrouvent pour les petits et grands événements entre 2 déjeuners dominicaux. Une franche convivialité aussi appréciée des touristes, jusqu'à la terrasse ombragée au calme sur cour intérieure. Dans l'assiette, une cuisine de terroir réussie. Service agréable.

Midupi : *35, rue de la République. ☎ 09-80-39-95-35. Fermé dim soir, mar, mer midi. Résa conseillée. Menus déj en sem env 20-25 € ; menu-carte env 36 € le soir.* Une poignée de tables rondes bien espacées dans cet ancien bazar, des canapés en cuir au fond, et un duo sympathique : lui aux fourneaux, elle en salle, toujours élégante, et tous 2 bien décidés à régaler d'une cuisine innovante. Le menu, qui offre peu de choix et ne permet pas de faire l'impasse sur l'entrée ou le dessert, change chaque semaine pour mettre en avant les produits de saison.

Ferme-auberge La Chaume des Buis : *hameau* ***Dragny,*** *21340 Nolay. ☎ 03-80-20-94-71. • loubet.karine@yahoo.f • 15 juin-15 sept, tlj sur résa ; hors saison, w-e (sauf dim soir) et j. fériés. Fermé déc-avr. Repas fermier 26 €.* Perchée au-dessus du vignoble des hautes côtes de Beaune, un cas à part... La maison ne paie pas de mine, rien de sophistiqué côté salle, ni dans l'accueil, mais une terrasse avec un panorama époustouflant sur la campagne bourguignonne. Et dans l'assiette, que du bon, du sincère : vraie terrine à l'ancienne, civet de cochon (ici ils sont élevés en plein air) mais aussi, l'été, omelettes et légumes du jardin pour les végétariens.

À voir

Le quartier ancien : belles maisons à pans de bois et encorbellements, qui ont gardé la trace du blason des corporations qu'elles abritaient. L'église Saint-Martin, du XVe s, abrite quelques belles statues des XVe et XVIe s, et un amusant clocher en pierre qui a conservé ses sculptures originales. La pièce maîtresse du quartier, ce sont les halles, puissantes et sobres, qui s'animent depuis 1388 de marchés et de foires en tout genre (dont une, célèbre, à la brocante et aux antiquités, les week-ends de Pâques et du 15 août). Une charpente monumentale soutient le toit immense, à 4 pans, recouvert de laves bourguignonnes. Entre l'église et les halles, un petit bar sympa permet de se poser en terrasse et de profiter à plein de cette belle place harmonieuse. Quant à la petite chapelle Saint-Pierre (XVIe s), située sur la place du même nom, c'est la seule survivante parmi les 15 chapelles que Nolay possédait au Moyen Âge.

Fête

– ***De Cep en Verre :*** *début août. Rens à l'office de tourisme.* Nolay est en fête, une fête gourmande, culturelle, artisanale, ludique... Rallye pédestre dans les vignes, « paulée » (menu gastronomique).

LA ROCHEPOT (21340) 260 hab. *Carte Côte-d'Or, B4*

Joli paysage de carte postale, avec le château-forteresse aux toits de tuiles vernissées accroché à son éperon rocheux. En contrebas, le village, riche de maisons anciennes où, çà et là, on reconnaît une arcade gothique empruntée au château lors d'une destruction partielle à la Révolution.

Où dormir ?

Chambres d'hôtes La Pauline : *1, rue de l'Orme. ☎ 03-80-21-72-80. Dans le village, monter vers le château et suivre le fléchage. Double 65 €.* 2 chambres d'hôtes installées de chaque côté de la petite rue, dans d'anciennes maisons typiquement bourguignonnes. Le petit déj est servi dans une belle salle rustique avec cheminée et pierre jusqu'au sol. Lucienne et Marc Fouquerand sont des vignerons aux petits soins pour leurs hôtes, et vous pourrez déguster hautes-côtes-de-beaune, aligoté, santenay premier cru et un excellent volnay premier cru Chanlins. Petite terrasse sympathique.

À voir

Le château : *• larochepot.com •* ***Visible de l'extérieur uniquement.*** Avec ses toitures de tuiles vernissées et ses tours rondes et carrées, cette forteresse médiévale perchée sur son piton rocheux semble sortie d'un conte de fées bourguignon revu façon Disney. Ce que vous voyez est en fait la reconstitution assez fidèle, au XIXe s, d'un château fort du XVe s, ancienne demeure de la famille Pot, chevaliers de la Toison d'or et familiers de la cour des ducs de Bourgogne.

DANS LES ENVIRONS DE LA ROCHEPOT

Baubigny, Orches, Évelle : juste au nord, un semis de hameaux juchés au pied de superbes rochers ou à mi-pente dans un site plaisant. Idéal pour une randonnée du genre costaud. Au-dessus d'Orches, beau panorama bucolique pour un pique-nique improvisé.

Le château de Corabœuf : *hameau de* ***Ivry-en-Montagne,*** *21340 Jours-en-Vaux. ☎ 03-80-20-22-87. • chateaudecoraboeuf.com • À 11 km au nord par la D 906 ; à la sortie d'Ivry, sur la route de Nolay. Pâques-oct. GRATUIT.* Bâtiments des XIIIe et XIXe s, granges fortifiées et pavillons forment un ensemble architectural original, caractéristique d'une maison forte féodale. Exposition sur l'histoire du château dans la salle voûtée du donjon à tourelles d'angle.

***Saint-Romain** (21190) : à 6 km au nord.* Pittoresque village abrité par ses falaises et au-dessus, à 400 m, cirque naturel avec une vue à couper le souffle sur les villages en contrebas. Église du XVe s et ruines du château médiéval, qui servait de cellier fortifié aux ducs de Bourgogne.

LA VALLÉE DE L'OUCHE

Carte Côte-d'Or, B-C3-4

Un circuit ignoré des touristes bien souvent. Cette vallée paisible ne se gêne pas pour flirter avec les Hautes Côtes, et avec le canal de Bourgogne sur sa partie la plus sinueuse. Il vous faudra rejoindre Pont-d'Ouche pour le voir y effectuer un coude à 120° et surtout passer au-dessus de l'Ouche. Une curiosité ! Cette vallée au charme discret abrite quelques adresses confidentielles qui font le bonheur des Dijonnais le week-end.

MIOU-MIOU À LA BAILLE

C'est le long du canal de Bourgogne, à deux pas de la vallée de l'Ouche, que Bertrand Blier tourna en 1974 la célébrissime scène des Valseuses dans laquelle Depardieu et Dewaere décident de jeter à l'eau Miou-Miou... un peu trop agaçante à leur goût.

Adresses et info utiles

***Office de tourisme des Sources de l'Ouche à l'Auxois, antenne de Bligny :** 21, pl. de l'Hôtel-de-Ville, 21360 **Bligny-sur-Ouche.** ☎ 03-80-20-16-51. • bligny@tourismepouillybligny.fr • Avr-oct, mar-sam 9h30-12h30, 14h-18h ; plus, juin-sept, dim et j. fériés 9h-12h30.* Toutes les infos sur la partie sud de la vallée, sur terre comme dans les airs. Produits locaux.

***Office de tourisme Ouche & Montagne :** 250, rue de Bourgogne, 21410 **Pont-de-Pany.** ☎ 03-80-33-33-59. • office.tourisme@ouche-montagne.fr •*

– ***Marché :** mer mat à **Bligny** ; foire le 3e mer du mois.*

Où dormir dans la vallée ?

Bon marché

***Ô Berges de l'Ouche :** 21410 **Saint-Victor-sur-Ouche.** ☎ 03-45-83-60-18. • obergesdelouche@yahoo.fr • valleedelouche.com • Compter 22-24 € la nuitée/pers.* Entre AJ, chambre d'hôtes et gîte d'étape, cette grande baraque non dénuée de charme avec son solide balcon face à la végétation luxuriante est un lieu atypique dans sa gestion, son organisation. En fait, on y loge à la carte ! Jolies chambres avec salle de bains pour 1 à 6 personnes. Et les prestations s'adaptent aussi à vos besoins : avec ou sans draps, avec ou sans petit déj... pour court, moyen et plus long séjour. Une adresse pour les familles, les cyclistes, et même les cavaliers (prés pour les chevaux).

***La 34 S :** écluse du Banet, chemin de Champagne, 21410 **Gissey-sur-Ouche.** ☎ 03-80-51-17-73. 📱 06-48-23-47-72. • info@la34s.fr • la34s.fr • Entre Sainte-Marie et Gissey. Compter 280-350 €/sem pour 2 pers. Petite restauration (tlj sauf jeu-ven) 11h-17h.* Il faut y croire pour y accéder, mais on est vite récompensé par cette maisonnette guillerette en pierre du pays qui vous ouvre les portes du canal, dans toute son intimité. Elle abrite un gîte de poche avec mezzanine pour 2 (plus un canapé-lit dans la cuisine). Dehors, quelques tables pour des repas au vert et au bleu, ou un verre en toute simplicité.

Prix moyens

Ferme du Pigeonnier : *21360* ***Montceau-Écharnant.*** *☎ 03-80-20-23-23. • contact@ferme-du-pigeonnier.fr • ferme-du-pigeonnier.fr • Face à l'église. Compter 68 € pour 2 ; familiale ; dégressif. Réduc de 10 % sur le prix de la chambre à partir de 4 nuits consécutives sur présentation de ce guide.* On élève ici non pas des pigeons mais des charolaises et – toujours rien à voir – on produit du fromage de chèvre. La maison a de l'allure, les chambres à la ferme sont spacieuses, toutes carrelées et fonctionnelles, donnant sur un jardinet pour 2 d'entre elles.

Chambres d'hôtes L'Escarboucle : *2, pl. du 11-Novembre-1918, 21360* ***Bligny-sur-Ouche.*** *☎ 03-80-20-02-62. • contact@escarboucle-maisondhotes.fr • escarboucle-maisondhotes.fr • Doubles 80-110 €. Table d'hôtes 30 € sur résa (4 pers min).* Cette élégante demeure de bourg en pierres de taille abrite un havre de paix. Aux murs de 3 des 4 chambres, des repro XXL de tableaux évoquant « une femme et son bijou ». Cet écrin raffiné se prolonge jusqu'à l'Ouche qui coule des jours heureux au fond du jardin plein de couleurs et sur les bords duquel vous mettrez peut-être la main sur la mystérieuse escarboucle.

Plus chic

Chambres d'hôtes La Saura : *route de Beaune, 21360* ***Lusigny-sur-Ouche.*** *☎ 03-80-20-17-46. • la-saura@wanadoo.fr • la-saura.com • Juste au sud de Bligny. Doubles 130-145 € ; dégressif.* Jolie propriété bourgeoise avec une grande pelouse devant, une piscine en contrebas et les toits et le clocher du village en fond de tableau. La source *(la saura)* de l'Ouche n'est qu'à 2 pas. Un écrin privilégié pour des chambres spacieuses, pleines de charme, chacune avec sa personnalité. Les pierres d'origine (XVIIIe-XIXe s) ont été mises en valeur, traduisant l'âme rustique et sereine des lieux.

Où manger dans la vallée ?

Bon marché

Le Bistrot du Port : *Pont-d'Ouche (21410), à 2 km de Thorey-sur-Ouche. 06-80-02-17-38. • port.booking@gmail.com • Avr-oct. En saison, ouv ts les midis sauf mar, plus le soir mer-dim ; hors saison, ouv le midi seulement sauf mar. Formule déj 22 € ; menu 26 € le soir. Café offert sur présentation de ce guide.* Ce bistrot-épicerie-bar a tout pour plaire, en bord de canal avec de vénérables péniches pour faire la causette. Accueil jovial de Sonya, qui propose une carte toute simple, toute fraîche avec des desserts pas en reste. Concerts en saison. Le mignon pont-canal à proximité en voit passer du monde l'été, entre cyclistes, plaisanciers et randonneurs.

De prix moyens à chic

O P'tit Repère du Goût : *8, rue des Vieilles-Carrières, 21410* ***Fleurey-sur-Ouche.*** *☎ 03-80-41-30-92. En marge de la D 905, entre Dijon et Sainte-Marie-sur-Ouche. Tlj sauf dim soir, lun, mer soir. Menu du marché env 14 € ; plats 16-24 €.* Au bord du canal, un de ces restos qui font le bonheur des familles en quête d'authenticité et de simplicité. Prix tout doux le midi, carte plus conséquente le soir, avec de jolies surprises. Même si les œufs en meurette vous font envie, n'hésitez pas à suivre les suggestions du moment. Tout cela servi non sans humour dans une salle lumineuse et moderne ou dans une véranda spacieuse. Pour la balade digestive, aller voir l'ancien lavoir, situé au bord de l'Ouche.

Bistrot des Moines : *abbaye de la Bussière, D 33, 21360* ***La Bussière-sur-Ouche.*** *☎ 03-80-49-02-29. • info@abbayedelabussiere.fr • Ouv le midi lun-sam, plus le soir lun-mar. Menus à partir de 29 €.* Plus rien à voir avec le réfectoire d'antan. Depuis la transformation de l'ancienne abbaye cistercienne en hôtel de charme, on vient ici s'offrir une cuisine de marché, raffinée et un brin canaille, entre élégantes colonnades, galeries ouvragées et douce lumière des vitraux. Atmosphère un peu surréelle et feutrée, digne d'un château écossais transplanté en Bourgogne. Balade dans le parc pour digérer, ou simplement pour profiter du lieu. Salle de resto très chic par ailleurs, si le cœur vous en dit. Chambres aussi.

Plus chic

La Ferme de la Ruchotte : *La Ruchotte, 21360* ***Bligny-sur-Ouche.*** *☎ 03-80-20-04-79. 📱 06-08-68-61-53. • auberge@laruchotte.com • À 4 km du centre-ville. Repas seulement sur résa, le midi mer-dim. Menu unique 50 € ; vins (bio) en supplément.* Une ferme-auberge travaillant des produits bio, produits sur place ou locaux. Surtout, le fermier est un ancien de chez Gagnaire, un chef, un vrai. Et c'est à une vraie fête qu'il nous convie dans sa jolie salle à manger... Un coup de cœur qui a cependant son prix !

À voir. À faire au fil de l'Ouche

Les sources de l'Ouche : *à* ***Lusigny-sur-Ouche*** *(21360).* Remontez jusqu'aux sources de l'Ouche par un chemin bucolique dans ce joli village de pierre avec des petits ponts qui enjambent le ruisseau et pas un hideux fil électrique pour dénaturer le site. Un vrai décor de film ! C'est d'ailleurs ici que Louis Malle tourna *Les Amants* en 1958. Les lieux n'ont guère changé. La Vierge noire, sur le flanc de la colline, est restée un lieu de pèlerinage fréquenté. Autre célébrité de Lusigny, l'écrivain Michel Tournier qui trouva ici l'inspiration lors de ses nombreux séjours.

L'église Saint-Germain-d'Auxerre : *à* ***Bligny-sur-Ouche*** *(21360).* Belle église à clocher roman, autrefois située dans l'enceinte d'un château fort détruit au XVe s.

Le musée Papotte – Artisanat et vie rurale : *7, rue du Moulin-Papotte, 21360* ***Bligny-sur-Ouche.*** *☎ 03-80-20-12-71. Juil-août, tlj sauf ven-sam 14h30-18h ; mai-juin et sept, dim et j. fériés 14h30-18h. Entrée : 4 € ; réduc.* Un musée sur l'artisanat et la vie rurale animé par de passionnés (et passionnants) bénévoles. Formidable exposition d'outils en état de fonctionnement. On y a par exemple découvert un miroir aux alouettes (eh oui, cela existe !). Sont également reconstitués l'intérieur d'une modeste maison de ferme ainsi qu'une véritable salle de classe du XIXe s. Démonstration de métier à tisser.

Le chemin de fer touristique de la vallée de l'Ouche : ***Bligny-sur-Ouche*** *(21360). ☎ 03-80-20-17-92. 📱 06-30-01-48-29. • chemindefervalleedelouche.blogspot.com • Au départ de l'ancienne gare de Bligny, ou de Pont-d'Ouche (aller simple). Juil-août, tlj ; mai-juin et sept, seulement dim et j. fériés. A/R : env 8,50 € ; enfant 3-10 ans 3 €.* Montez à bord d'un tortillard d'autrefois pour une promenade de 1h30 aller-retour le long de la vallée jusqu'à Pont-d'Ouche. On se laisse bercer au rythme du petit train filant à la vitesse de 25 km/h à peine, entre forêts et prairies.

Le pont-canal et le viaduc de Pont-d'Ouche : *commune de* ***Thorey-sur-Ouche*** *(21360).* Hameau à la jonction de 3 vallées, il a un peu perdu de sa sérénité depuis la construction, en 1959, du viaduc de l'autoroute A 6, le plus grand ouvrage d'art de cette liaison (504 m de long), à une hauteur de 23 m. Mais le charme opère toujours avec son étonnant pont-canal, près de l'écluse nº 20. Grâce à la forme des voûtes en arcs surbaissés des 3 arches, le canal présente ici une respectable profondeur de 2,30 m. Celle-ci suffit aux péniches pour poursuivre leur périple en passant au-dessus de l'Ouche. Au petit port fluvial (une vingtaine d'amarres), sympathique et accueillant bistrot.

Le belvédère de Saint-Jean-de-Bœuf *(21410)* **:** *Les Meix Simonot*. Magnifique panorama sur la vallée de l'Ouche.

L'écluse de la Charme 28S : *à* **Saint-Victor-sur-Ouche** *(21410). ☎ 03-80-30-18-37. • ecluse-de-la-charme.fr • Juil-août seulement. Animations, spectacles, restauration.* « C'est simple, c'est sympa et c'est au bord de l'eau » comme ils disent. On n'en demande pas plus !

Les jardins de Barbirey : *21410* **Barbirey-sur-Ouche.** *☎ 03-80-49-08-81. • jardinsdebarbirey.com • ♿ Juil-août, tlj sauf lun-mar 14h-19h ; mai-juin et sept, w-e et j. fériés 14h-18h. Entrée : 6 € ; réduc. Compter 2h.* Visite des jardins privés, classés Jardin remarquable, de ce château qui ne se visite pas. Le domaine accueille des manifestations autour des plantes et ouvre aussi ses portes en été à un festival branché de création de spectacles vivants, « Entre cour et jardins ».
Possibilité de passer une nuit dans ce cadre magnifique : plusieurs chambres d'hôtes au château *(• resabarbirey@gmail.com • ; à partir de 110 €),* quand elles ne sont pas réservées pour des mariages. Quel bonheur quand on ouvre les volets !

Le château de Mâlain *(21410)* **et les fouilles gallo-romaines de Mediolanum :** *au nord de l'A 38, en passant par Pont-de-Pany.* Bénévoles et habitants fouillent et remontent patiemment les vestiges du château surplombant le village. Il est vrai qu'il a fière allure, de loin comme de près ! 6 pièces sont désormais hors d'eau et meublées. Jardin du curé, roseraie, terrasse panoramique, exposition sur les outils de la vigne dans la *salle des trois poteaux*. *Visite possible de mi-avr à fin oct, w-e et j. fériés 14h-18h (19h en août, tlj en juil). Entrée : env 4 € ; réduc. Visites guidées sur rdv. • malaingam@laposte.net • chateau-malain-bourgogne.fr •*
– **Les fouilles gallo-romaines de Mediolanum :** un autre chantier, à l'entrée du même village, a permis de retrouver dans un état exceptionnel tout un quartier de *Mediolanum,* l'ancienne cité gallo-romaine. Pour découvrir les trésors déterrés, il faut se rendre au musée *(ouv en juil, tlj 14h-18h),* dans le village, ou au Musée archéologique de Dijon.
– Et si vous passez par Mâlain en juin, vous aurez peut-être la chance de tomber sur la ***fête médiévale des Sorcières,*** celles-ci envahissant le village tous les 2 ans (années impaires) pour faire la foire *(• sorcieres-de-malain.com •).*

Notre-Dame d'Étang : *La Cude, à* **Velars-sur-Ouche** *(21370). • notre-dame-detang.fr • À 20 km à l'ouest de Dijon, par les D 10 et D 905.* Un arrêt pour cette statue dorée visible de loin, juchée à 545 m (visite possible). Belle balade pour s'y rendre, en voiture ou à pied, depuis le village. Tout là-haut, joli panorama.

Sillonner l'Arrière-Côte : retourner à Pont-de-Pany, et prendre la direction d'Urcy. Sur le plateau, la nature est restée très sauvage. Une halte s'impose, avant Urcy, devant le ***château de Montculot*** pour rêver comme Lamartine qui venait s'y « enivrer de solitude » après la mort de Julie. Il y composa une partie des *Méditations poétiques,* entre 2 promenades à pied ou à cheval. Le château actuel, qui date du XVIIIe s, ne respire pas la joie de vivre. Pas de visite. Jolies petites routes peu fréquentées pour redescendre dans la vallée. De La Bussière-sur-Ouche, une autre jolie route, souvent empruntée par des cyclistes et des randonneurs, mène, à travers bois et champs, jusqu'à Châteauneuf-en-Auxois.

Fête et manifestation

– **Saint-Sébastien :** *3e sam de janv.* Une fête moins médiatisée que la Saint-Vincent, qui se déroule la semaine suivante dans un des villages de la Côte.

L'ancien et le nouveau bâtonnier distribuent aux familles des « michottes », petits pains symbolisant l'entraide sur laquelle est fondée cette confrérie.
– ***Festival Bligny Imitation*** *(FBI)* **:** *en avr.* Comme son nom l'indique, le rendez-vous des imitateurs...

ENTRE AUXOIS ET MORVAN

L'autoroute A 6 n'a rien fait pour arranger les frictions entre ces 2 micro-régions au caractère bien trempé : d'un côté le Morvan, pays des sapins, des nourrices et des loups en hiver (bon, d'accord, on simplifie), de l'autre le riche Auxois, avec ses fermes fortes, ses châteaux et villages perchés... Leur seul point commun, au fond, c'est de n'avoir jamais vraiment recherché les touristes. Les uns les craignaient, les autres n'en avaient point besoin.
Les 2 seuls signes extérieurs de reconnaissance de l'Auxois, depuis l'autoroute, sont le château de Châteauneuf et la butte de Thil. Quant au Morvan, vous l'avez déjà largement découvert, dans ce guide, si vous êtes descendu de Paris en suivant l'autoroute. Reste à découvrir 2 villes sur la N 6 qui servirent longtemps d'étapes pour qui descendait vers le soleil, la voiture chargée jusqu'à ras bord : Saulieu, porte d'entrée du pays des Grands Lacs, et Arnay-le-Duc, ville gourmande qui conserve ses secrets.

CHÂTEAUNEUF

(21320) 80 hab. *Carte Côte-d'Or, B3*

Classé parmi les Plus Beaux Villages de France, il l'est notamment le soir quand son château est tout illuminé, au-dessus des plaines environnantes. Paysage magnifique et carte de visite pour tout l'Auxois. Comment résister à la vue de ce splendide nid d'aigle, souvent photographié avec le canal et un bateau au premier plan ? Châteauneuf plaît tellement aux étrangers qu'ils ont racheté bon nombre des vieilles maisons médiévales, ce qui crée, l'été, une atmosphère assez originale. Très pittoresque, avec son château médiéval, ses halles, sa promenade et son église du XVᵉ s, devant laquelle on peut jouir d'un superbe panorama sur l'Auxois. Difficile, l'été, d'échapper au bain de foule, entre les marchés, les brocantes, les fêtes de tout poil...
Noter que, s'il évoque Châteauneuf dans ses livres, c'est à Commarin, tout à côté, que vécut l'écrivain bourguignon Henri Vincenot, où il écrivit, entre autres, *La Billebaude* et *Le Pape des escargots*.

Où dormir ? Où manger dans le coin ?

Camping

⛺ ***Camping Lac de Panthier*** **:** *1, chemin du Lac, sur la D 977 bis, 21320* ***Vandenesse-en-Auxois.*** *☎ 03-80-49-21-94. • info@lac-de-panthier.com • lac-de-panthier.com • ♿ À 2,5 km. Début avr-début oct. Forfaits tente pour 2 avec voiture et électricité env 21-28 €. Chalets et mobile homes pour 4-6 pers.* Camping de grand confort (c'est un 4-étoiles avec piscine, sauna, resto dominant le lac, épicerie...), calme et bien ombragé, entre l'orée de la forêt et une petite rivière, à 2 pas du lac. Les emplacements les plus recherchés... mais les moins intimes sont d'ailleurs situés face au lac. Location de vélos.

Bon marché

Restaurant du lac de Panthier : *situé au camping, 21320 **Vandenesse-en-Auxois.** ☎ 03-80-49-21-94. • info@lac-de-panthier.com • Avr-début oct, tlj sauf mer hors juil-août. Menus env 17-27 € ; plats env 7-17 €.* Le plus indéniable, c'est la salle toute vitrée, prolongée par une terrasse dominant le lac. Résultat, c'est toujours plein entre baigneurs d'un jour et campeurs. Fritures, moules, cuisses de grenouilles, pizzas : la carte s'adapte à tous, copieuse pour les sportifs, plus gourmande pour les fines bouches.

L'Orée du Bois : *Grande-Rue, à Châteauneuf. ☎ 03-80-49-25-32. D'avr à mi-nov, tlj sauf mar hors juil-août. Plats 14-17 €.* Repérez la maison à colombages face aux Halles, elle abrite un restaurant chaleureux à l'intérieur soigné. Crêpes, assiette de l'Auxois, salades, grillades... Idéal pour les familles !

Chez Lucotte : *rue du Moulin, 21320 **Vandenesse-en-Auxois.** ☎ 03-80-49-22-38. Dans le centre. Lun-ven, le midi seulement. Menu 15 €.* Café-resto pas compliqué qui pousse ses tables et ses chaises jusque sur la route, au bord du canal. Un repaire de motards (Nicolas est intarissable sur le sujet) tandis que Corinne régale tout ce petit monde d'une cuisine familiale : jambon persillé maison, bœuf bourguignon, tarte aux pommes...

Prix moyens

Hostellerie du Château : *à gauche du château, dans le village de Châteauneuf. ☎ 03-80-49-22-00. • contact@hostellerie-de-chateauneuf.com • hostellerie-de-chateauneuf.com • Hôtel fermé mer, plus mar hors saison. Congés : de mi-déc à mi-janv. Doubles 67-82 €. Menus 14,90 € (déj sauf j. fériés), puis 19,90-43 €. Café offert sur présentation de ce guide.* Cet hôtel est situé dans le cœur historique de ce minuscule village médiéval. Très confortable, il reste une étape tranquille et agréable. Chambres toutes simples et de tailles variables, rénovées, certaines avec vue sur le château. Resto bien placé avec ses terrasses. Choisissez la plus petite, avec ses tables donnant sur le château féerique le soir quand il est illuminé. Grillades cuites au feu de cheminée et pizzas.

Chambres d'hôtes chez Annie Bagatelle : *rue des Moutons, à Châteauneuf. ☎ 03-80-49-21-00. • michel.bagatelle@wanadoo.fr • chezbagatelle.fr • Au cœur du village. Doubles 70-80 €.* Par une ruelle, on accède à cette ancienne bergerie avec cour intérieure. 4 chambres charmantes avec jolie cheminée ou lit en mezzanine pour les familles ! Gâteau, miel et confitures maison au petit déj.

Auberge du Marronnier : *pl. du Marché, à Châteauneuf. ☎ 03-80-49-21-91. Ouv ts les midis, plus sam soir. Congés : début déc-début fév. Menus 16-30 €. Café offert sur présentation de ce guide.* Salle d'auberge de campagne et, quand le temps le permet, charmante terrasse sur la place du village. Inévitablement un peu touristique, mais le service a le sourire, et la cuisine, d'une stricte orthodoxie bourguignonne, un certain allant. Honorables plats du jour, viande charolaise ou jambon persillé, à arroser à l'heure de l'apéro d'un verre de petit blanc de l'Auxois.

Plus chic

Château de Sainte Sabine : *8, route de Semur, 21320 **Sainte-Sabine.** ☎ 03-80-49-22-01. • info@saintesabine.com • saintesabine.com • À quelques km au sud. Resto fermé mer midi en saison, lun-mar hors saison. Congés : début janv-début mars. Doubles 115-140 € ; supérieures et familiales. Menus 28 € (déj en sem), puis à partir de 45 €. Apéritif maison offert sur présentation de ce guide.* Le château, de fort belle allure, domine la vallée et offre un panorama à couper le souffle sur la forêt et, à l'horizon, la cité médiévale de Châteauneuf. Modernes, lumineuses et ultra-confortables, les chambres s'ouvrent sur une campagne verdoyante. Belles salles de bains avec pierre de Bourgogne. Depuis le resto très réputé (le jeune chef est bouillonnant d'idées !) et la terrasse, une vue dont on ne se lasse pas sur le parc et l'étang. Parc animalier de 8 ha où gambadent daims et paons. Bref, la grande classe pour un séjour en apesanteur.

À voir

Le château : *☎ 03-80-49-21-89. • chateauneuf.bourgognefranchecomte.eu • Tlj sauf lun et certains j. fériés 10h-12h30, 14h-17h45 (9h30-18h45 de mi-mai à mi-sept). Dernière entrée 17h en hiver, 18h en été. Visite guidée de 45 mn (selon affluence). Entrée : env 5 € ; réduc ; gratuit le 1er dim du mois oct-avr. Nombreuses animations.*
La curiosité principale de Châteauneuf reste son château médiéval, avec ses 5 tours, construit au XIIe s par Jean de Chaudenay et offert plus tard par Philippe le Bon à son fidèle conseiller Philippe Pot, dont le macabre tombeau avec 8 pleurants a été reconstitué dans la chapelle (l'original se trouve au Louvre). Ce spécimen si bien conservé de l'architecture militaire bourguignonne au XVe s servit de lieu de tournage au *Jeanne d'Arc* de Rivette en 1993.
On peut flâner dans la cour, découvrir l'histoire du château dans le ***centre d'interprétation,*** scruter l'horizon depuis la salle à manger (celle avec maquette), avant d'aller admirer la cheminée de la grande salle et la chapelle décorée de belles peintures murales (XVe s). Viennent ensuite les différents appartements dans une douce odeur d'encaustique, passant du Moyen Âge aux XVIe, XVIIe et XVIIIe s. La lumière entre enfin et les tapisseries sur les murs ont fait place à la toile de Jouy.

Manifestation

– ***Marché médiéval :*** *un w-e de juil, les années paires.* Les rues exhalent les épices, les confitures au miel et le fumet des rôtis. Du four à pain sortent boules dorées et tartes, tandis que sur la place, bœufs, cochons et moutons grillent devant vous.

DANS LES ENVIRONS DE CHÂTEAUNEUF

Prenez la petite route qui, de virage en virage, vous mène de l'autre côté du canal de Bourgogne, à Vandenesse-en-Auxois. Promenade conseillée le long du canal ou sur les sentiers balisés pour atteindre un très beau panorama sur le lac de Panthier et Commarin, village tranquille où vécut l'écrivain bourguignon Henri Vincenot (une plaque sur sa maison évoque sa mémoire).

Le château de Commarin *(21320)* **:** *☎ 03-80-49-23-67. • commarin.com • À 6 km au nord. Avr-Toussaint, tlj 10h-18h (plus tard pour la boutique). Visite seulement guidée des appartements (1h). Visite libre du parc en saison. Entrée : env 8 € ; extérieur seulement env 4 € ; réduc. Boutique de produits régionaux.*
Ce village tranquille possède l'un des plus beaux châteaux de la région, tout en mesure et équilibre : 2 grandes grilles, de longues allées, des pièces d'eau, un beau parc à l'anglaise de 35 ha (pas fleuri, autant le savoir), des douves, des écuries classées du XVIIIe s, de vastes cuisines avec un piano géant du XIXe s... L'ensemble a une gueule terrible. Même s'il est bien antérieur, c'est à partir du XVIIe s qu'il s'éveilla vraiment, avec Marie-Judith de Vienne qui aménagea l'intérieur avec goût. Depuis, rien n'a changé : décoration et mobilier sont intacts, à l'image des exceptionnelles tapisseries héraldiques du XVIe s.
La particularité de ce château vient de la famille de Vogüé, qui en est propriétaire depuis des siècles. Pendant la Révolution, l'aïeul était tellement aimé qu'il fut protégé jour et nuit par ses paysans armés de fourches et de faux. Ce fut l'un des rares nobles rescapés de la région. Aujourd'hui, c'est toujours un Vogüé qui gère et entretient le château familial. Il y habite avec sa famille.

Possibilité de pique-niquer dans le parc et petite terrasse face au château où l'on peut déguster produits régionaux et boissons. Idéal pour un casse-croûte avec la plus belle vue que l'on puisse imaginer !

ARNAY-LE-DUC

(21230) 1 450 hab. *Carte Côte d'Or, B4*

Au croisement de la D 906 et de la D 981, Arnay-le-Duc constitue l'une des portes du Morvan. On peut imaginer le bourg qui s'est formé, au Xe s, sous la protection du château féodal de la Motte-Forte, en se promenant dans les environs immédiats de la tour du même nom, où se tiennent chaque été des expos.
Devenir simple chef-lieu de canton n'a pas dû être chose facile à supporter pour cette cité fortifiée qui, depuis 1342, pour avoir appartenu au domaine ducal, s'appelle Arnay-le-Duc. Pendant près de 500 ans, elle fut le chef-lieu d'un bailliage important, comme en témoignent les belles demeures bourgeoises, résidences de nombreux gentilshommes...
La ville est aussi le siège de la confrérie de la poule au pot, destinée à promouvoir le pays d'Arnay et ses richesses gastronomiques. Quel rapport entre la poule, le pot et le roi ? Lors des guerres de Religion, le jeune prince de Navarre – le futur Henri IV – participa à la bataille d'Arnay en 1570. Vainqueur de 12 000 catholiques, avec seulement 4 000 protestants, il s'installa en ville et fit ripaille. Quant à la poule au pot, vous connaissez...

LA CÔTE-D'OR

Adresse utile

ℹ ***Office de tourisme :*** *6, pl. Bonaventure-des-Périers. ☎ 03-80-90-07-55. • tourisme-arnayliernais.fr • Fermé dim et j. fériés.* Visites « gourmandes » *(le mar, juil-sept),* jeux découverte pour les enfants, visites commentées de la ville, expo.

Où dormir ? Où manger ?

⛺ ***Camping de l'étang de Fouché :*** *rue du 8-Mai-1945. ☎ 03-80-90-02-23. • etange-fouche@huttopia.com • campingfouche.com • ♿ À 500 m du centre-ville. D'avr à mi-oct. Forfaits tente 15-27 € pour 2. Mobile homes et chalets 4-6 pers. 209 empl.* Ombragé, avec des emplacements séparés par des haies. Nombreuses activités : location de vélos, baignade surveillée dans l'étang (aires de pique-nique, plage, toboggan et parcours de santé), belle piscine, jeux, pêche, etc. Épicerie, snack (le midi, en juillet-août) et resto.

🏠 |●| ***Chez Camille :*** *1, pl. Édouard-Herriot. ☎ 03-80-90-01-38. • accueil@chez-camille.fr • chez-camille.fr • Au centre du bourg, sur la D 981. Double 90 € ; familiale. Formule déj en sem 18 € ; menus 25-40 €. Café offert sur présentation de ce guide.* Au pied de la vieille ville, c'est une auberge presque mythique de la nationale 6, à la mode d'autrefois avec ses volets bleus. Sous une grande verrière avec plantes et fauteuils en osier, revivez les années 1950-1960 à travers un menu rappelant la cuisine d'autrefois : terrine du pêcheur sauce verte, bouchée à la reine, tête de veau sauce ravigote... Étonnant ! Également des chambres confortables, dans un esprit vieille France, nettement moins chères dans l'annexe, l'*Hôtel Clair de Lune.*

|●| ***Le Café du Nord :*** *12, pl. Bonaventure-des-Périers. ☎ 03-80-64-10-50. • contact@cafedunord.eu • Près de l'office de tourisme. Tlj en*

juil-août ; hors saison, le midi sauf mer, plus le soir ven-sam. Menus 16,80-23,80 € ; carte env 30 €. Café offert sur présentation de ce guide. Cet ancien café du XVIIIe s a retrouvé le sourire depuis quelques années, et a conservé sa délicieuse déco d'antan. Brasserie, salon de thé, lieu d'expos, concerts, ciné, théâtre, vente de produits régionaux... Les vieux murs ne devaient pas s'attendre à un tel programme !

À voir

La vieille ville : après avoir visité l'église Saint-Laurent (jeu-visite à disposition à l'office de tourisme), prenez le temps d'admirer les anciennes maisons à arcades et colombages de la rue Saint-Honoré et les belles maisons anciennes de la rue des Trois-Tourelles. Sans oublier le château des princes de Condé (il ne se visite pas). Quoi que vous fassiez, vous vous retrouverez place Bonaventure-des-Périers (poète contemporain de Clément Marot). La maison Bourgogne, édifice de style Renaissance du XVe s, abrite l'office de tourisme. À proximité, une surprenante galerie d'arts primitifs. La tour médiévale constitue le seul vestige de l'ancien château fort de la Motte-Forte.

La Maison régionale des arts de la table : *15, rue Saint-Jacques. ☎ 03-80-90-11-59. • musee-artsdelatable.fr • De mi-avr au 11 nov, tlj 10h-12h, 14h-18h. Entrée : 6 € ; gratuit moins de 8 ans.* Dans une superbe bâtisse du XVIIe s (l'ancien hospice Saint-Pierre), la Maison régionale ouvre ses portes pour une expo annuelle de plus de 7 mois autour des éléments essentiels de l'art de vivre : arts de la table, alimentation, gastronomie et gourmandise. Profitez de l'expo pour admirer l'ancienne cuisine (collection d'étains et de faïences), la chapelle et le jardin.

La petite maison de la RN 6 : *9, rue de la Gare, site de la Barive. ☎ 03-80-64-37-09. 📱 06-14-51-23-42. En sortie de ville. Avr-sept, mer et ven-dim 10h-18h. Entrée : 1 €.* Pour les nostalgiques de la fameuse route des vacances Paris-Lyon qui traverse la ville, petit musée installé dans une ancienne maison de garde-barrière.

Le musée de la Lime : *15, rue Saint-Jacques (dans l'ancienne maternité). Mer et sam 14h-18h. Entrée : 2 € ; gratuit moins de 12 ans.* Râpes, limes à ongles..., la limerie *Proutat* employa jusqu'à 500 personnes à Arnay, de 1845 à 1958. Retour sur cette aventure industrielle.

Manifestations

– ***Cyclosportive Claudio Chiappucci :*** *début juin. • cyclo-claudiochiappucci.fr •* 4 parcours ouverts à tous, en présence de Claudio Chiappucci, ancien coureur cycliste. Le vainqueur gagne son poids en vin de Bourgogne...
– ***Nocturnes estivales :*** *juil-août, certains jeu soir.* Ambiance festive et musicale, restauration en plein air, producteurs régionaux et artisanat dans le centre-ville.

POUILLY-EN-AUXOIS

(21320) 1 450 hab. *Carte Côte-d'Or, B3*

Le plus intéressant à Pouilly, c'est ce qu'on ne voit pas en traversant cette bourgade commerçante où se croisent les usagers de l'autoroute et les

vacanciers qui se promènent sur le canal de Bourgogne : sa célèbre voûte de 3 333 m (ici, on ne parle pas de tunnel) qui unit la Seine et le Rhône, empruntée depuis 1832 par le canal de Bourgogne avant de resurgir à l'air libre. Repérer la verrière moderne réalisée par l'architecte japonais Shigeru Ban.

ENTRE TROIS EAUX

À Pouilly-en-Auxois, vous êtes arrivé, mine de rien, sur le toit du monde occidental. Incroyable ligne de partage des eaux, où le « Pape des escargots », personnage fétiche de Vincenot, l'écrivain bourguignon, aimait aller pisser : « Trois gouttes pour la Manche, trois gouttes pour la mer des Atlantes et trois gouttes pour la Méditerranée. Amen ! »

Adresses utiles

i ***Office de tourisme Pouilly en pays d'Auxois :*** *port de Plaisance, 1, rue de la Coopérative. ☎ 03-80-90-77-36. • tourismepouillybligny.fr • Lun-sam 9h-12h30, 14h-18h (18h30 juil-août) ; plus dim l'été. Fermé aux vac de Noël.* Fait aussi capitainerie. Labellisé Accueil Vélo.

■ ***Maison de pays de l'Auxois sud :*** *en bordure de l'A 6, sortie péage ; au rond-point, direction Créancey. ☎ 03-80-90-75-86. • maison-auxois.com • Mar-ven 10h-18h, sam 14h-18h.* On y trouve de bons produits régionaux et des objets d'artisanat (130 exposants, quand même !).

LA CÔTE-D'OR

Où dormir ? Où manger dans le coin ?

Camping

Camping Vert Auxois : *15, rue du Vert-Auxois, à Pouilly. ☎ 03-80-90-71-89. 📱 06-82-93-33-90. • contact@camping-vert-auxois.fr • camping-vert-auxois.fr • ♿ À 500 m du bourg. Début avr-fin sept. Forfaits randonneurs 13-16 € pour 2. Hébergements locatifs 4-7 pers 330-570 €/sem (nuitée possible). 70 empl.* Camping au bord du canal de Bourgogne, dans un environnement agréable avec des haies variées pour séparer les emplacements. À taille humaine surtout et accueillant pour les enfants. Sympa, les « Canadas treks », des tentes confortables avec terrasse. Bloc sanitaire fonctionnel et moderne, mais pas toujours très intime, autant le savoir.

Prix moyens

Hôtel-restaurant de la Poste : *pl. de la Libération, à Pouilly. ☎ 03-80-90-86-44. • hoteldelapostepouilly@orange.fr • hoteldelaposte-pouilly.fr • Resto fermé dim-lun. Congés : de mi-nov à début déc. Doubles 65-82 €. Menus env 16 € (déj en sem), puis 22-41 €.* Une auberge à l'ancienne idéale pour une halte rustique, dans une chambre ou devant une assiette. On y va pour s'offrir un ragoût d'escargots, une entrecôte charolaise ou des quenelles de brochet, mais attention, pas tout au même repas !

Chambres d'hôtes chez Martine Denis : *7 et 15, rue de Pouilly, 21320* ***Bellenot-sous-Pouilly.*** *☎ 03-80-90-71-82. • mrdenis@club-internet.fr • chambresdhotesbellenot.com • À 2 km au nord-ouest de Pouilly par la D 108. Compter 65 € pour 2. Réduc de 10 % sur la chambre en résa directe sur présentation de ce guide.* Une grande propriété paisible, face aux vertes prairies de l'Auxois, appréciée autant pour l'accueil que pour la propreté et le confort de ses 3 chambres, toutes simples (même si l'une d'elles, « Les Boutons-d'or », possède cheminée et four à pain !).

À voir. À faire au fil du canal de Bourgogne

Balades sur le canal à bord de* La Billebaude, *bateau électrosolaire : *gérées par l'office de tourisme ; résa obligatoire au ☎ 03-80-90-77-36. • cap-canal.fr • Avr-oct. À partir de 13 €.* Comme les mariniers du début du XXe s, empruntez le tunnel souterrain traversé par le canal sur 3,3 km. Également des circuits thématiques de 2h à la journée, voire une formule duo bateau-petit train touristique l'été seulement.

Le sentier créatif « Dessine-moi le canal de Bourgogne » : 9 stations de dessin ponctuent un sentier de 3,5 km autour du port de plaisance.

Les sentiers balisés : 200 km de sentiers autour des lacs de Cercey, Panthier, Grosbois, Chazilly et Le Tillot, réservoirs aménagés autour de Pouilly pour alimenter en eau le canal de Bourgogne et qui font le bonheur des pêcheurs.

Le contre-réservoir de Grosbois : *sur la commune voisine de **Grosbois-en-Montagne** (21540).* Dans un agréable environnement de prés, collines et bois, cette étendue d'eau de 15 ha date de 1830 et avait été créée pour fournir le canal en eau. Beau point de vue. Zone de baignade surveillée, populaire en été, tables de pique-nique, terrains de sport, pêche et sentier-découverte sur la faune et la flore.

***L'église de Saint-Thibault** (21350) :* *à 13 km au nord par la D 970. Visite libre, sinon visites guidées pour les groupes sur rdv au ☎ 03-80-64-61-04.* Qui ne sentirait battre un peu son cœur en découvrant, au sein d'un petit village, surplombant un paysage typique du coin, cet ancien prieuré avec un chœur de cathédrale pour une nef de village ? Ce bijou d'architecture gothique est la fierté de ce village, notamment pour la hardiesse, l'élégance de ce chœur du XIIIe s. Celui-ci contraste avec le reste de l'édifice, reconstruit au XVIIIe s après un incendie. Il faut évidemment imaginer les pèlerins du XVe s faisant 30 km à pied pour venir se reposer dans ce prieuré dépendant de l'abbaye de Cluny, célèbre pour avoir recueilli les reliques de saint Thibault. On peut voir, dans la chapelle Saint-Gilles, l'énorme coffre en bois peint, du XIVe s, qui les renfermait. Superbe retable du XIVe s dans le chœur.

DE POUILLY-EN-AUXOIS À SAULIEU

Mont-Saint-Jean *(21320) : à 13 km à l'ouest de Pouilly par la D 977 bis, puis la D 36.* Une merveille de petit bourg féodal, pittoresque à souhait au sommet de sa butte. Belle promenade sous les arbres menant au château actuel qui est le vestige d'une forteresse dont les origines remontent au Xe s. Remarquable église Saint-Jean-Baptiste, dont certaines parties datent du XIIe s avec quelques transformations au fil du temps. Nombreuses maisons anciennes.
– ***Le musée de la Vie rurale et de l'Église XIIe et XVe s :*** *☎ 03-80-84-31-22. Juil-août, dim 15h-18h. GRATUIT.* Ateliers de ferblantier, de sabotier et de menuisier.

Café associatif Le Là Itou – La Coudée : *dans le centre de Mont-Saint-Jean. ☎ 03-80-84-38-08. • lacoudee.fr •* Au *Là Itou*, on cultive humour, fantaisie et recettes originales ; en témoigne celle de la Chanvrette, un mélange exclusif et secret. Oui, c'est bien en plein dans l'Auxois que vous pouvez faire du cirque, du théâtre, ou encore simplement participer à une exposition-débat ! Autant vous dire qu'entre les soirées contes, concerts, boums, brocantes le programme est chargé !

Domaine Aurélien Febvre : *21, rue Avau, 21350 **Thorey-sous-Charny.** ☎ 03-80-64-65-12. 06-73-26-90-12. • domaine-aurelien-febvre.fr • À 6 km* *au nord-est de Mont-Saint-Jean. Sur rdv.* Aurélien a relancé au début des années 2000 ce petit vignoble de l'Auxois, en agriculture biologique. Visite de l'exploitation et, bien sûr, dégustation de ses vins naturels (sans sulfites), dont un rouge et un blanc originaux, vieillis dans des jarres en terre cuite !

SAULIEU

(21210) 2 970 hab. *Carte Côte-d'Or, A3*

Depuis 20 siècles, il semble que les voyageurs aient pris l'habitude de faire étape sur ce site, à mi-chemin entre Bibracte et Alésia, entre montagnes du Morvan et plaines de l'Auxois. C'est ici que Bernard Loiseau avait fait son nid derrière les fourneaux de *La Côte d'Or,* pour gagner ses 3 étoiles tout en se forgeant une solide réputation médiatique. La petite cité sédélocienne, tout naturellement labellisée Site remarquable du goût, est aussi parsemée d'œuvres contemporaines, en hommage à François Pompon, le sculpteur animalier qui a également marqué la ville.

Adresse et info utiles

Office de tourisme : *24, rue d'Argentine. ☎ 03-80-64-00-21. • saulieu-morvan.fr • Mai-3e w-e de sept, tlj 9h30-13h, 14h-18h30 (10h-13h, 14h-17h dim) ; hors saison, tlj sauf dim-lun 10h-12h, 14h-17h.* Infos sur les 7 circuits de randonnée dans la région, parcourue également par le chemin Bibracte-Alésia.

– ***Balades gourmandes :*** *mer et jeu à 15h ; départ à l'office de tourisme.* Histoire des grands chefs cuisiniers ayant marqué la ville et dégustation de produits locaux.

Où dormir ? Où manger ?

La Borne Impériale : *16, rue d'Argentine. ☎ 03-80-64-19-76. • jean.berteau0512@orange.fr • borne-imperiale.com • ♿ Dans le bourg, le long de la N 6. Resto fermé mar (plus lun soir hors saison). Doubles 75-95 €. Repas complet env 35 € ; sinon, formules et menus.* Élégante salle de resto traditionnelle avec terrasse aux beaux jours, pour goûter une honnête cuisine régionale, entre aiguillette de charolais, quenelles de brochet et poulet de Bresse. Une auberge qui propose également des chambres.

La Vieille Auberge : *15, rue Grillot. ☎ 03-80-64-13-74. • lavieilleauberge3@wanadoo.fr • À la sortie de la ville. Fermé mar soir-mer hors saison. Congés : 10 j. en mars, 12 j. début juil, 2 sem en déc. Menus 14-56 €. Café offert sur présentation de ce guide.* Salle croquignolette, jolie terrasse cachée, et bonne cuisine de tradition, généreuse (œuf meurette, sandre beurre rouge...) avec une sélection de fromages régionaux et nougat glacé au ratafia pour digérer.

Loiseau des Sens : *4, av. de la Gare. ☎ 03-45-44-70-00. Resto fermé jeu-ven et 2 sem en janv-fév. Doubles env 100-170 €. Menus 35-65 €.* Dans la constellation des tables estampillées Loiseau, en voici une plus « relax », dans un bâtiment écocompatible entièrement dédié au bien-être (spa de luxe, le plus grand de Bourgogne). À la carte, le bio et le végétarien ont leur place tout comme le charolais et le locavore. La famille Loiseau a pris l'habitude depuis longtemps, dans ses divers restos, de faire confiance à des chefs ayant du terroir une vision élargie, venant eux-mêmes d'horizons très différents. Celui-ci, d'origine japonaise, ne dépareille pas.

Où dormir ? Où manger dans les environs ?

Le Domaine de la Pierre Ronde : *lac de Chamboux, 21210 **Saint-Martin-de-la-Mer.** ☎ 03-80-84-13-07. 06-99-09-30-21. • domainedelapierreronde@gmail.com • domainedelapierreronde.com • Au sud de Saulieu, suivre « Lac de Chamboux » et non Saint-Martin-de-la-Mer. Compter 80-175 €/nuit pour 2.* Ici on pratique le tourisme extensif sur 25 ha de pure nature, au bord du lac le plus sauvage du Morvan. Maisons sous terre façon hobbits, yourte tipi, chaumière de magicien, tentes inuit ou de trappeur... Les indécis peuvent combiner plusieurs logements durant le séjour. Au programme : marche et baignade, couchers de soleil au son des oiseaux ou de la neige jusqu'au cou, un feu sous les étoiles pour se retrouver... Et le doux luxe de ne rien faire dans ce domaine original.

Chalets-Loisirs : *La Coperie, 21430 **Brazey-en-Morvan.** ☎ 03-80-84-03-15. • lacoperie.loisirsettourisme@wanadoo.fr • À 12 km au sud-est de Saulieu par la D 15 ; à la sortie de L'Huis-Renaud, tourner à droite en direction de Villiers-en-Morvan et suivre les panneaux. Pour un chalet 4 pers, compter 350-410 €/sem. Également gîte d'étape, autour de 16 €/nuitée.* Dans un site superbe, Isabelle et Alain Simonot, éleveurs de moutons, ont aménagé une dizaine de chalets à quelques centaines de mètres de plusieurs plans d'eau. Dans chaque habitation : séjour avec cheminée et mezzanine. Certains loisirs sont inclus dans le prix (piscine, pêche, tennis...). Excellent accueil.

Ici M'aime : *4, route de Paris, 21530 **Rouvray.** ☎ 03-80-64-74-56. • contact@icimaime.fr • À 17 km au nord-ouest, près de la sortie de l'autoroute. Tlj sauf dim soir et lun midi. Congés : de janv à mi-fév. Doubles 89-147 €. Formules déj en sem 15-20 € ; carte et formules 29-48 €. Un petit déj/chambre et par nuit ou un café pour un menu offert sur présentation de ce guide.* Une des plus belles, des plus souriantes adresses qu'on puisse trouver, aux portes du Morvan. Rouvray, faut vouloir y aller. On y trouve pourtant ce petit resto tendance, bien de notre temps. Ardoise au mur, pour avoir le temps de choisir. Olivier Largy, qui a appris la cuisine auprès de sa fermière-aubergiste de mère, avant d'aller se former chez des grands, n'écrit que l'essentiel pour laisser la surprise, visuelle, olfactive. L'ail des ours, au printemps, la truffe, en hiver, il sait où aller les chercher, pas bien loin. Chambres très agréables, dont 2 avec balcon donnant sur les champs.

Où boire un verre ?

Le Café Parisien : *4, rue du Marché. ☎ 03-80-64-26-56. • jmtingaud@free.fr • Fermé le soir des dim et j. fériés (parfois fermé l'ap-m en hiver).* Jean-Marc Tingaud, enfant du pays et photographe de renom à Paris, a choisi de sauver ce vieux café datant de 1832. Sous les glaces qui couvrent les murs, jeunes et moins jeunes se donnent rendez-vous autour des grandes tables pour le café du matin, l'apéritif ou la pause déjeuner. Au 1er étage, c'est le coin des joueurs en tout genre : billards, tables de jeu permettent de se retrouver pour papoter. Demandez le programme des concerts et des soirées contes.

À voir

La basilique Saint-Andoche : *infos à la Pastorale du tourisme, ☎ 03-80-64-07-03. • psaulieu@orange.fr • saulieu-morvan.fr • Ouv mar-sam mars-nov,*

LA CÔTE-D'OR

ainsi que dim ap-m avr-oct et lun ap-m juil-sept. Visite guidée (1h) sur rdv.
Édifiée au XIIe s (900 ans en 2019, elle a été restaurée pour l'occasion). Si, au hasard de l'histoire, le chœur et le transept ont subi des modifications, la nef, elle, reste un parfait exemple d'art roman bourguignon. Remarquable suite de chapiteaux sculptés et, dans le chœur, non moins remarquables stalles du XIVe s, typiques de l'école bourguignonne. Tribune en chêne du XVe s portant un orgue contemporain au design inattendu. Tombeau tout en marbre sous l'autel de saint Andoche, un des 3 martyrs locaux dont les corps furent ensevelis en 178.

Le musée municipal François-Pompon : *3, pl. du Docteur-Roclore. ☎ 03-80-64-19-51. • museefrancoispompon@wanadoo.fr • ♿ (partiel). Lun 10h-12h30 ; mer-sam 10h-12h30, 14h-18h (17h30 oct-déc et mars) ; dim et j. fériés 10h30-12h, 14h30-17h. Fermé lun ap-m, mar et janv-fév. Entrée : 3 € ; réduc ; gratuit moins de 18 ans et pour ts le dim. Visites guidées sur rdv. Riche programmation d'expos temporaires et d'animations.*
Installé dans un hôtel particulier du XVIIe s, ce passionnant musée n'est pas uniquement consacré à l'œuvre de François Pompon. La section archéologique présente par exemple des stèles gallo-romaines provenant de l'antique Saulieu.
D'autres salles sont consacrées aux arts et traditions populaires morvandiaux et à l'art sacré. Reconstitution d'une cuisine du XIXe s. Il faut grimper au 1er étage pour contempler les œuvres tout en douceur de François Pompon (1855-1933), l'enfant du pays, fabuleux sculpteur animalier dont la copie en résine de son « ours polaire » se trouve au square Alexandre-Dumaine. Voir également la salle de gastronomie dédiée à Bernard Loiseau (1951-2003) et Alexandre Dumaine (1895-1974). Boutique de moulages d'œuvres de François Pompon confectionnées par les ateliers du Louvre.
– Allez voir aussi le taureau sculpté à l'entrée de la ville (rue d'Argentine, vers l'office de tourisme) et le condor qui veille sur la tombe de son maître, dans le vieux cimetière, au pied de la petite église Saint-Saturnin.

Le centre ancien : balade le nez en l'air, avec arrêt au *Café Parisien* (voir plus haut). Vieilles demeures rue Vauban et rue de la Truie-qui-File. Et si vous cherchez un moyen d'occuper votre soirée (on ne fait pas la fête tous les soirs à Saulieu), allez donc au cinéma, étonnamment installé dans une ancienne église.

DU LARD OU DU COCHON ?

La rue de la Truie-qui-File doit son nom à ce qu'on appellerait aujourd'hui un « fait divers » : au Moyen Âge, à Paris, un homme qui avait dressé une truie à filer la quenouille a été condamné à brûler avec elle sur le bûcher, étant accusés tous deux de sorcellerie !

À faire dans les environs

Le lac de Chamboux : une pause fraîcheur à 3 km au sud de Saulieu pour toute la famille. C'est l'un des plus beaux lacs artificiels du Morvan, le plus petit et aussi le plus récent (construit en 1984), et l'un des 6 réservoirs d'eau potable du parc. Balade de 8 km (2h30, facile) pour en faire le tour.

Fêtes et manifestations

– ***Journées gourmandes du Grand Morvan et des Pays de Bourgogne :*** *en mai, à l'Ascension.* Rendez-vous gastronomique.

– ***Fête du Charolais :*** *3e w-e d'août.* Immenses comices agricoles à la gloire de cette race bovine blanche très représentée dans le Morvan.
– ***Fête du Sapin :*** *un w-e de déc avt Noël.* Saulieu rend hommage au sapin de Noël à travers spectacles, veillée morvandelle, vente de sapins...

DE LA BUTTE DE THIL À VITTEAUX

Carte Côte-d'Or, B3

LA BUTTE DE THIL (21390)

À mi-chemin entre Saulieu et Semur-en-Auxois, impossible d'échapper à cette grosse colline plantant ses 490 m d'altitude au milieu de la plaine. Du sommet, on profite évidemment du spectacle des environs, l'Auxois d'un côté, le Morvan de l'autre. On comprend instantanément pourquoi une grosse tour carrée monte la garde ici depuis le Moyen Âge. À ses pieds s'étend Précy-sous-Thil, une petite ville classée « Station Verte ».

Adresse utile

Bureau d'information touristique des Terres d'Auxois : *1 B, route de Maison-Neuve, 21390* ***Précy-sous-Thil.*** *☎ 03-80-64-40-97. • terres-auxois.fr • Dans le village, au pied de la butte. Mar-mer et ven-sam 9h30-12h30, 14h-17h30 ; fermé sam ap-m oct-mars.*

Où dormir ? Où manger dans les environs ?

Bon marché

Chambres d'hôtes Les Forges : *18, chemin rural des Forges, 21390* ***Aisy-sous-Thil.*** *☎ 09-67-36-09-83. • giroudeau.daniel@orange.fr • À 6 km à l'ouest de la butte par la D 70. Double 50 €.* Plusieurs chambres aménagées dans une ancienne ferme, à l'écart du logis des propriétaires, qui sont par ailleurs charmants, voire passionnants. Garage pour abriter votre cheval à moteur. Cuisine à disposition.

Ferme-auberge La Morvandelle : *21390* ***Fontangy.*** *06-78-80-88-68. • ferme-auberge-lamorvandelle@orange.fr • À 8 km au sud-est de la butte par la D 36. Ouv Pâques-nov, sur résa, w-e et j. fériés seulement. Menu unique env 25 €. Café offert sur présentation de ce guide.* Voici une bonne ferme-auberge où vous pourrez goûter salmis de pintade, œufs en meurette, etc. Une cuisine de grand-mère... et de référence régionale. De plus, vente de superbes produits fermiers.

Chic

Château de Beauregard : *21390* ***Nan-sous-Thil.*** *06-75-44-12-95 et 06-83-47-41-95. • beauregard.chateau@wanadoo.fr • chateaudebeauregard.net • À 5 km au sud-est de la butte par la D 10. Pâques-Toussaint. Doubles 100-140 €.* En pleine nature, cet ancien château du XIIIe s, remanié au XVIIe, domine le petit village de Nan. Le bâtiment, affichant déjà un cachet superbe, a magnifiquement été restauré en maison d'hôtes. Confort douillet, chambres spacieuses et lit à la polonaise. Beau petit déj. Balades dans le parc.

À voir

Le château et la collégiale : *pour le château (06-12-37-48-07 ; ● forteresse-de-thil.fr ●), juil-août, ouv tlj sauf lun 10h-18h30 ; Pâques-juin et sept-oct, w-e et j. fériés 11h-18h. Entrée : autour de 6 € ; réduc.*
Ces 2 monuments se partagent le sommet de la butte de Thil d'où l'on profite du panorama. Construit entre le IXe et le XIVe s, ce serait l'un des plus vieux de France. Derrière les murs d'enceinte percés d'étroites meurtrières, on découvre le donjon massif et carré, des salles médiévales où subsistent de vastes cheminées, etc. Perceval, le proprio passionné, est par ailleurs magicien ! Extra pour les enfants qui peuvent s'amuser avec des jeux du Moyen Âge. Plusieurs animations dont la célèbre ***fête médiévale des Seigneurs de Thil,*** le 2e week-end d'août.
À l'autre extrémité de la butte se dresse la collégiale. Le temps a laissé sa marque sur cette église fondée en 1340, mais elle conserve de précieux vestiges. Elle est désormais privée. En été, des concerts permettent heureusement d'en voir l'intérieur.

LA CÔTE-D'OR

PONT-ROYAL *(21390)*

À mi-chemin entre Précy et Vitteaux, un simple pont sur la D 70, jeté sur le canal. On trouve ici une poignée de maisons, un resto chaleureux *(Le Pont Royal)* et une halte fluviale proposant un original bateau-gîte *(La Maison du Canal).* Ce site paisible au bord de l'eau bénéficie d'un éclairage artistique assez inattendu le soir, *les Verticales de Lumière,* soulignant la poésie des berges.

VITTEAUX *(21350)*

Simple ville de passage de Dijon à Montbard, Vitteaux cache bien son jeu et recèle un patrimoine médiéval qui vaut le coup d'œil. En sortie de ville (direction Précy), une curieuse soucoupe volante s'est posée sous les arbres, l'une parmi 5 échouées dans le monde ! C'est que Vitteaux ne manque pas d'humour. Revenez à la nuit tombée. Si vous apercevez des ombres furtives danser sur les maisons et dans la chapelle de la Trinité, vous ne rêvez pas. C'est l'œuvre du plasticien Christian Boltanski.

Adresse utile

Bureau d'information touristique des Terres d'Auxois : *16, rue Hubert-Languet. ☎ 03-80-33-90-14. Mar-sam 9h30-12h30, 14h-18h ; fermé jeu et sam ap-m nov-fév.*

À faire dans les environs

Le Parc de l'Auxois : *le Foulon, D 905, 21350* ***Arnay-sous-Vitteaux.*** *☎ 03-80-49-64-01. ● parc-auxois.fr ● Au nord, sur la route de Semur-en-Auxois (D 905). Avr-sept, tlj 10h-19h ; ferme à 18h le reste de l'année. Fermé en hiver. Entrée : env 17 € ; réduc. Restauration possible et tables de pique-nique.* Parc zoologique et de loisirs, plus, en juillet-août, parc aquatique : trois en un !

LE NORD DE L'AUXOIS

Un périple à travers de calmes paysages sur les traces de grands hommes : des perdants magnifiques comme Vercingétorix à Alésia ou Bussy-Rabutin retiré dans son château éponyme ; des visionnaires qui allaient à leur façon changer la face du monde, des forges de Buffon à l'abbaye de Fontenay, empreinte de l'esprit de saint Bernard. Pour découvrir ce coin de France méconnu des touristes, un ouvrage à lire sourire aux lèvres : *Carnet de route en Auxois,* par Germain Arfeux, aux Éditions de l'Escargot Savant.

SEMUR-EN-AUXOIS

(21140) 4 500 hab. *Carte Côte-d'Or, B2*

Que l'on arrive par le nord ou par l'ouest, la vue est doublement saisissante : le pont Joly, le bien nommé, les remparts, les tours du donjon, les maisons à pans bois et les hôtels particuliers, la flèche de la collégiale, la falaise finissant dans l'Armançon, qui opère ici une boucle et abrite un étonnant bateau-lavoir... et toute la ville qui se reflète dans ses eaux calmes...
Semur constitue une étape incontournable dans le pays de l'Auxois, voire un pied-à-terre idéal pour rayonner, à quelques kilomètres de la sortie 23 de l'autoroute A 6. Il est vrai que son patrimoine, très photogénique, vaut tous les détours du monde !
Flânez dans le centre et laissez-vous tenter par les devantures de boutiques d'un autre âge. Semur draine une grande partie de l'activité économique du secteur, comme les accordéons et harmonicas *Hohner*. Cette petite ville classée Site patrimonial remarquable est bien plus qu'un musée à ciel ouvert !

Adresse utile

ℹ *Office de tourisme des Terres d'Auxois :* *2, pl. Gaveau.* ☎ *03-80-97-05-96.* • *contact@terres-auxois.fr* • *À l'entrée de la cité médiévale. Juil-août, tlj ; le reste de l'année, lun-sam et certains w-e fériés (Pentecôte...).* Visites guidées de la cité médiévale et visioguides en location (ou applis téléchargeables), y compris en langue des signes. Parcours fléché au sol (livret payant), les *3 Enceintes.* Labellisé Accueil Vélo.

Où dormir ? Où manger ? Où boire un verre ?

De bon marché à prix moyens

⌂ *Hôtel Les Cymaises :* *7, rue du Renaudot.* ☎ *03-80-97-21-44.* • *contact@hotelcymaises.com* • *hotel cymaises.com* • *Au cœur de la vieille ville. Double env 80 €. Parking.* L'occasion de pousser la porte d'une des nombreuses maisons bourgeoises du vieux centre sauvegardé. Celle-ci, en forme de L, ne manque pas d'allure. Les chambres impressionnent moins, meublées à l'ancienne et pas toujours bien isolées, mais elles présentent tout le confort attendu. Le charme suranné des lieux, l'emplacement central avec parking privé et l'accueil très professionnel complètent le tableau.

Aux Vieux Pavés : *4, rue du Vieux-Marché. ☎ 03-80-92-27-45. Dans le vieux centre. Fermé dim soir-lun et mer soir. Formule déj en sem 13,50 € ; carte 25-30 €.* Une agréable ambiance de bistrot se dégage de cette adresse discrète, lovée dans un coin de rue. Carte tendance traditionnelle avec des spécialités de poisson et de viande qui se valent, en plus de l'inévitable et non moins délicieux bœuf bourguignon. Le chef choisit ses produits avec soin et réinvente le menu en fonction du marché. Une adresse présentant une indéniable personnalité !

Le Saint-Vernier : *13, rue Févret. ☎ 03-80-97-32-96. Dans une petite rue qui descend de la pl. Notre-Dame vers les remparts. Tlj. Menu du chef env 13 € (déj en sem) ; autres menus 20-32 €.* C'est l'un des plus anciens restaurants de Semur, et sans doute celui où la nourriture est la plus copieuse, et la plus bourguignonne. La spécialité, ici, c'est l'époisses, qu'on répand en abondance sur la salade, l'entrecôte, la tartiflette. On trouve même un tiramisu à l'époisses ! Ambiance à la bonne franquette.

Chic

Hôtel Relais de la Côte d'Or : *1, rue de la Liberté. ☎ 03-80-97-24-54. • vj@auxois.fr • auxois.fr • Doubles 85-147 € selon saison et confort ; familiales. Apéritif maison bourguignon offert pour une résa en direct sur présentation de ce guide.* En plein centre-ville, cet ancien relais de poste est le plus vieil établissement hôtelier de la région. La façade a été refaite à l'ocre bourguignon, tandis que les chambres thématiques proposent un confort bien actuel. Cheminée dans certaines, baignoire balnéo ailleurs, poutres apparentes au 2e étage, sous les combles (ascenseur), triple vitrage. Au rez-de-chaussée, une belle chambre familiale mélangeant pierre et bois.

Où acheter de bons produits ?

Pâtisserie Nicolas: *rue de la Liberté. ☎ 03-80-97-08-94.* Produit la spécialité de la ville : le *granit rose*, un biscuit aux amandes, bigarreaux, chocolat orange et éclats de noisette.

Biscuiterie Mistral : *route de Dijon. ☎ 03-80-89-66-66. • biscuits-mistral.fr • À 1 km du centre-ville. Lun et sam 9h-12h30, 13h30-18h30 ; mar-ven 9h-18h30.* Depuis 1954, *Mistral* confectionne madeleines et quatre-quarts. Magasin d'usine et visite possible de la fabrique.

Bon Vivant : *rue Champ-de-la-Perdrix. ☎ 03-80-97-43-99. Dans la ZI, direction A 6. Lun-sam.* Le fabricant de biscuits sucrés et salés *Kroes Feuilletage* a ouvert une boutique autour du thème de l'apéro avec alcools régionaux et grignotages. Dégustations et visite des ateliers.

À voir

Pénétrez à pied dans la ville historique par les ***portes Sauvigny*** et ***Guillier,*** au niveau de l'office de tourisme et de la ***Barbacane.*** La devise de la cité, inscrite sur cette belle porte fortifiée du XIVe s, devrait vous rassurer : « Les Semurois se plaisent fort en l'accointance des estrangers. » On accède à la rue Buffon, piétonne et commerçante, bordée de maisons anciennes.

La collégiale Notre-Dame : *en été, visites possibles avec l'Association des amis de la collégiale ; infos à l'office de tourisme.* Au début du XIIIe s, l'accroissement du nombre d'habitants conduisit à la construction d'une des plus belles églises gothiques de Côte-d'Or, restaurée au XIXe s par Viollet-le-Duc. Le tympan de la porte des Bleds (des Blés !) conte avec moult détails la légende de saint Thomas. Sur l'une des colonnes rampent 2 escargots de Bourgogne. À l'intérieur, l'étroitesse de la nef (6,50 m) surprend par rapport à son élévation (21 m) et sa longueur (66 m). Les bas-côtés sont bordés de chapelles aux vitraux remarquables des XVe et XVIe s. Au fond du déambulatoire, magnifique vitrail où un archange pose une couronne de laurier sur la tête de soldats français de 14-18. Dieu avait-il choisi son camp ? Dans les chapelles dites des Drapiers et des Bouchers, côté nord, figurent des scènes particulières à ces 2 corporations. Du même côté, très belle *Mise au tombeau,* une sculpture polychrome (1490) appartenant à l'école bourguignonne.

La tour de l'Orle-d'Or : *visite guidée possible en été et certains w-e de juin et sept. Infos à l'office de tourisme.* À voir en redescendant de la collégiale par la rue Févret, qui débouche sur la rue du Rempart. C'est la plus imposante (44 m de haut) des tours rondes qui marquaient les angles de l'ancien donjon. En face, un joli ***théâtre à l'italienne*** reconstruit en 1903 et joliment réhabilité. Programmation tout au long de l'année désormais. Très beau point de vue sur le pont Pinard, la cité et l'Armançon.

SCÈNE DE MÉNAGE

Le plafond du théâtre de Semur est moins anodin qu'il en a l'air. Avec de bons yeux et un miroir, on aperçoit l'inscription « À bas la calotte ». Un brin provocatrice, elle fut peinte vers 1905, lors de la séparation des Églises et de l'État. Quant aux demoiselles en tenue légère, ce sont en fait des jeunes filles de bonne famille de la ville. On ne vous dit pas le scandale !

LA CÔTE-D'OR

La promenade du rempart : plantée de tilleuls, à l'extrémité du quartier du château. Belle vue sur l'Armançon. Descendre vers la rivière par des ruelles débouchant à hauteur du pont Joly, qui fut jeté sur l'Armançon au XVIIIe s. Depuis la promenade du rempart, si l'on emprunte l'escalier de la Poterne ou la rue Basse-du-Rempart, on parvient au pont des Minimes. Autre très belle vue sur l'ensemble de la ville, avec ses remparts, ses vieilles maisons, ses tours massives. Balade pleine de charme par les rues de Vaux et des Tanneries, le quai d'Armançon...

Le Musée municipal : *côté cour, 3, rue Jean-Jacques-Collenot. ☎ 03-80-97-24-25. Avr-oct, tlj sauf mar 14h-18h ; nov-mars, mer-sam 14h-18h. Groupes tte l'année sur résa. Entrée : 3 € ; réduc.*
Installé dans l'ancien couvent des Jacobines du XVIIe s, un musée au charme fou et à la richesse tout à fait inattendue, dont on a eu la bonne idée de conserver la muséographie du XIXe s. Mêmes les étiquettes n'ont pas bougé ! Il est de surcroît animé par une équipe passionnée et passionnante.
Voir notamment les plâtres originaux d'œuvres célèbres, dus pour l'essentiel à Augustin Dumont (1801-1884) dont son *Génie de la Liberté* qui se trouve aujourd'hui au sommet de la colonne de Juillet, place de la Bastille à Paris. *Au 1er étage,* galerie de géologie-paléontologie comptant 10 000 fossiles de l'Auxois-Morvan, dont des spécimens d'ammonites du Sinémurien (un étage géologique connu de tous les spécialistes) et salle de zoologie à la manière d'un cabinet de curiosités.

UN NOM GRAVÉ DANS LA ROCHE

Les richesses du sol de l'Auxois sont telles que son calcaire gris-bleu typique constitue une référence dans l'histoire géologique. Alcide d'Orbigny, professeur au Muséum national d'histoire naturelle de Paris donna en 1844 à un étage du Lias (période jurassique, ère secondaire) le nom de Sinémurien, en référence à... Semur-en-Auxois.

Au 2e étage, section archéologie et une salle Beaux-Arts joliment rénovée avec plusieurs tableaux de Corot au milieu d'un bel ensemble de peintures, accrochés à la mode du XIXe s. Ne pas manquer les vues de Semur par Bouhot, remarquables pour leurs jeux de lumière.

Fêtes

– ***Festival de la B.D. :*** *mi-avr au Caveau des Maréchaux, 25, rue de la Liberté.*
– ***Fêtes traditionnelles de la Bague :*** *autour du 31 mai.* La cité médiévale renoue avec les fêtes d'antan. La *course des Chausses* fait partie des festivités incontournables. Pour la petite histoire, cette célèbre course à pied se déroulait déjà à Semur en 1566 et le 1er arrivé gagnait... une paire de bas tricotés : les chausses. Le 31 mai, l'animation la plus attendue reste la *course de chevaux de la Bague,* tradition remontant à 1639. Le vainqueur se voit récompensé par une chevalière en or aux armes de la ville. Pour la dernière des courses, dite *de la Timbale,* les chevaux sont attelés à un sulky sans effectuer plus de 3 foulées au galop.
– ***Fête médiévale :*** *un w-e en mai (se renseigner à l'office de tourisme).* Marché médiéval, animations, défilé... Costumé et pittoresque.
– ***Fête de Marie :*** *autour du 15 août (selon jour).* Fête de la patronne de la ville avec feu d'artifice sonorisé et thématique.

DANS LES ENVIRONS DE SEMUR-EN-AUXOIS

La Maison pour tous de Semur-en-Auxois propose chaque été des visites de différents villages des alentours (se renseigner à l'office de tourisme).

Le lac de Pont : *à 6 km au sud de la ville, par la D 103.* Sentier forestier de 12 km faisant le tour de ce lac artificiel, mais tout en méandre. Activités nautiques, baignade surveillée en été, pêche... Le cadre est vraiment sympa. Camping sur place.

Restaurant Le Pari des Gourmets : *10, rue du Lac, 21140* ***Pont-et-Massène.*** *☎ 03-80-97-11-11. • lepari desgourmets@laposte.net • À 4 km au sud de Semur, direction lac de Pont. Congés : vac de Noël. Fermé dim soir, plus sam midi hors saison. Repas env 20-25 €. Café offert aux porteurs de ce guide.* Une grande construction des années 1950, devenue un accueillant resto familial repris par 2 frères passés dans de bonnes maisons. Cuisine actuelle, qui a du goût et de l'idée en fonction des saisons. L'été, profiter de la terrasse sous la tonnelle.

Le potager du château de Lantilly : *7, rue Saint-Antoine, 21140* ***Lantilly.*** *06-14-09-55-69 et 06-66-16-58-78. • clairedevirieu@gmail.com • À 8 km au nord de Semur par la D 103N. Juin-3e sem de sept, mar-sam 10h-12h, 14h-18h ; ou sur rdv. Entrée : 5 € ; gratuit moins de 18 ans.* Le château du XVIIIe s planté sur les hauteurs face à la vallée des Laumes vaut en soi le coup d'œil. Mais direction le vaste potager entièrement clos de murs que la famille de Virieu a ressuscité de manière peu conventionnelle avec ses haies de buis en ellipses, à mi-chemin entre l'esprit à la française et le jardin fleuri à l'anglaise. Un jardin de tous les jardins en quelque sorte, classé « Remarquable », où l'on retrouve des aromatiques, un jardin d'eau, une cabane en dur sortie d'*Hansel et Gretel,* une éolienne sur une île...

Le château de Bourbilly : *21140* ***Vic-de-Chassenay.*** *☎ 03-80-97-05-02. (sauf la chapelle). À 10 km au sud-ouest par la D 9. Visite guidée du château de mi-juil à août seulement, tlj sauf mar 13h30-18h (sur résa pour les groupes de*

10 pers, de mai à mi-sept). Entrée : 10 €, parc compris ; réduc ; gratuit moins de 10 ans. L'ancien château familial de la marquise de Sévigné, femme de lettres à sa manière, fut sauvé de la ruine après la Révolution. Ses vastes salles habitées abritent des souvenirs, des collections de coffres et de lustres de Venise. Dans la chapelle contemporaine, le « Paradisus », anthologie des portraits des propriétaires depuis la moitié du XVe s. Une visite guidée qui rend passionnante la découverte d'un des plus anciens châteaux de Bourgogne.

ÉPOISSES

(21460) 740 hab. *Carte Côte-d'Or, A2*

Protégé par des douves et des remparts, le cœur du village a beaucoup de charme. À 12 km à l'ouest de Semur par la D 954, l'endroit est célèbre pour son fromage, né au début du XVIe s, et pour son château où la marquise de Sévigné venait reposer sa plume. C'est par l'une de ses fameuses lettres que l'on entendit parler pour la 1re fois, à l'extérieur, du fromage fabriqué près de cette ancienne place forte édifiée entre les XIVe et XVIIIe s. Les fermières des environs réussirent à s'approprier les secrets des moines cisterciens, pères de ce fromage à la belle croûte bien bourguignonne. Napoléon en raffolait et Brillat-Savarin le considérait en son temps comme le « roi des fromages ».

LA CÔTE-D'OR

Où dormir ? Où manger ? Où sortir dans le secteur ?

La Pomme d'Or : *5, rue des Forges, à Époisses. ☎ 03-80-96-35-88. Ouv ts les midis, et sur résa le soir. Menus du jour (déj en sem) env 14-16 € ; autres menus 18,50-28 €.* Un ancien relais de poste du XVIIe s, devenu bon an mal an un modeste bar PMU de village... Il reste une bonne halte pour le voyageur affamé ou assoiffé. Au menu, des plats à base d'époisses et des vins de pays de l'Auxois servis au verre.

Chambres d'hôtes La Vigne du Pont : *14, rue de l'Église, 21460* ***Vieux-Château.*** *☎ 03-80-96-32-23. 06-61-95-82-33. • lavignedupont@gmail.com • lavignedupont.com • À 7 km au sud-ouest. Fermé Noël-Jour de l'an. Double 61 €. Table d'hôtes 25 €. Réduc de 10 % sur le prix de la chambre sur présentation de ce guide.* Point de château dans ce bourg très campagnard, mais un cottage à côté de la maison des proprios où l'on est accueilli par une divinité indienne et un bassin. Le ton est donné. Les 2 adorables chambres se situent à chaque niveau. Accueil disponible et petit déj copieux pour les sportifs qui ont bien fait de s'écarter un peu du canal...

Café-théâtre Le Saint-Valentin : *2, pl. de Verdun, 21460* ***Toutry.*** *☎ 03-80-96-41-41. • kfevalentin.com • À 5 km à l'est d'Époisses par la D 954. Résa conseillée.* Le centre névralgique de ce village qui fait à la fois tabac, articles de pêche et bonbons ! Certains soirs, c'est aussi une ambiance garantie pour des concerts qui ne vous coûteront que vos consommations. Philippe Dal'Dosso a su remplir son carnet d'adresses d'artistes aussi éclectiques et talentueux que sympathiques.

Où acheter de l'époisses ?

Fromagerie Berthaut : *dans le village (indiqué). ☎ 03-80-96-44-44. • fromagerie-berthaut.com • Mar-sam 9h30-12h15, 14h-18h, plus dim en juil-août 10h-12h30.* Dans les années 1950, un couple de fermiers,

Robert et Simone Berthaut, relança la fabrication de l'époisses. Aujourd'hui, une usine ultramoderne a remplacé l'atelier d'autrefois et le lait pasteurisé a supplanté le lait cru. Mais le mystère de la fabrication de ce fromage affiné au marc de bourgogne est toujours jalousement gardé. Boutique sur place.

À voir

Le château d'Époisses : *au centre du village. ☎ 01-42-27-73-11. • chateaudepoisses.com • Visite du parc tte l'année, tlj 9h-18h. Visite guidée de l'intérieur en juil-août, tlj sauf mar 10h-12h, 15h-18h. Entrée : env 8 € ; 2 € pour le parc seul ; réduc.* L'élégant château, où Mme de Sévigné aimait séjourner quand elle venait en Bourgogne s'occuper du domaine hérité de ses parents à Bourbilly (voir plus haut), reste la propriété de la famille de Guitaut depuis 1672. Mieux vaut suivre la visite commentée pour découvrir, au milieu des beaux salons (essentiellement des XVIIe, XVIIIe et XIXe s), le souvenir des personnages illustres qui y ont séjourné : le Grand Condé, Chateaubriand, la reine Élisabeth II... Sinon, promenade libre à l'intérieur de cette double enceinte de fortifications magnifiques enserrant maisons médiévales, chapelle, colombier du XVIe s avec 3 000 cases et une magnifique charpente. Un lieu clos fascinant et attachant. Ne pas hésiter à en faire le tour par les jardins.

DANS LES ENVIRONS D'ÉPOISSES

L'apothicairerie de l'hôpital Saint-Sauveur : *21500 **Moutiers-Saint-Jean.** 06-86-68-55-85 (association Monsieur Vincent). À 10 km au nord, à mi-chemin avec Montbard (où l'on retrouvera le canal). Courant juil-août, mer et w-e 14h-17h (18h dim). Entrée : 2,50 € ; réduc ; gratuit moins de 12 ans.* Nichée au sein de l'ancien hôpital Saint-Sauveur, cette pharmacie du XVIIe s possède une magnifique collection de 224 pots en faïence, piluliers, chevrettes servant à conserver huiles et sirops... le tout posé dans des niches en bois, séparées par des colonnettes torsadées. Belle collection d'étains du XVIIIe s.

En contrebas du village, ne manquez pas les très attachants ***jardins Cœurderoy,*** en terrasse avec des portiques en rocaille Renaissance *(juil-août, tlj 11h-19h ; visite libre et gratuite).* Datant du XVIIe s et clos de murs, ils comptent 9 portes, 3 bassins et un nymphée.

Visite également en été et aux Journées du patrimoine du château-abbaye de Moutiers (*06-07-01-83-00, • abbayedemoutiers.fr •*). Le palais abbatial est considéré comme la plus ancienne abbaye de Bourgogne et offre à la visite une dizaine de pièces meublées. Objets d'art, portraits, pianos-forte...Mais aussi l'inattendue salle de bains de l'évêque !

ALÉSIA (ALISE-SAINTE-REINE)

(21150) 600 hab. *Carte Côte-d'Or, B2*

À 12 km au nord de Semur se cache Alise-Sainte-Reine, un village sur les hauteurs également dénommé Alésia, célèbre pour sa bataille qui opposa César à Vercingétorix. On y trouve les ruines de la ville gallo-romaine. À ses pieds, à 3 km, le MuséoParc Alésia, l'ingénieux centre d'interprétation constitue une halte historique majeure.

En 1839, la découverte, sur le mont Auxois, d'une inscription comportant le bout de phrase *in Alisiia* transforma la vie de la cité. Les fouilles d'une grande précision dépêchées par Napoléon III et menées par les militaires de 1861 à 1865 mirent au jour le double système de fortifications enserrant l'oppidum, des armements gaulois et romains ainsi que des monnaies de toutes les tribus impliquées dans le conflit.

Cent ans plus tard, d'autres fouilles permirent non seulement de préciser les relevés des fortifications, mais aussi de recueillir de nouveaux objets directement associés au siège : armes, clous de chaussures de légionnaires et même balles de fronde au nom du lieutenant de César, *Titus Labienus.* Des fouilles qui se sont largement appuyées sur les centaines de photographies aériennes réalisées par René Goguey. Toute une documentation précieuse que le MuséoParc Alésia a su bien mettre en valeur.

UNE BATAILLE DE SPÉCIALISTES

Des dizaines de communes à travers la France se sont prises pour Alésia (Syam, Alaize, Guillon...), mais aucune n'a pu fournir les preuves matérielles d'un tel siège. Et pas un archéologue, français ou étranger, n'a vraiment remis en question la localisation de la défaite de Vercingétorix à Alise-Sainte-Reine.

KIR Y EST, ALLEZ-Y DONC !

Dommage que personne n'ait eu l'idée de créer ici un musée en hommage au chanoine Kir, enfant du pays devenu maire de Dijon après la guerre, disparu en avril 1968 en laissant le souvenir d'un personnage haut en couleur et un nom culte pour tous les amateurs d'authentique blanc-cassis. Il repose en paix au cimetière d'Alésia, visité par tous ceux qui vont ensuite trinquer à son souvenir, en redescendant.

À moins que la peur des radars n'incite à rechercher plutôt l'eau de la source qui aurait jailli sur le lieu du martyre d'une jeune chrétienne : Reine. Le culte de ses reliques et de l'eau miraculeuse de cette source a fait les beaux jours du village pendant des siècles. Pour accueillir les dizaines de milliers de pèlerins, un hôpital fut construit, à l'initiative de la très secrète société du Saint-Sacrement.

Adresses utiles

ℹ ***Office de tourisme du pays d'Alésia et de la Seine :*** *1, av. de la Gare, 21150* ***Venarey-les-Laumes.*** *☎ 03-80-96-89-13. • alesia-tourisme.net • À 1 km du canal, dans le Centre d'art et de congrès, grand bâtiment moderne accolé à la gare. Tte l'année, lun-sam : avr-sept 9h30-12h30, 14h-19h ; oct-mars 10h-12h, 15h-17h.* Organise des balades guidées en saison et autres manifestations.

■ ***Location et réparation de vélos :*** *avec* ***Rando Fitness Venarey Cycles,*** *au port du canal, 2, route de Semur, 21150* ***Venarey-les-Laumes.*** *☎ 03-80-96-01-33. • vcrf.fr • Mar-sam 9h-12h, 14h-18h30.* Location sur résa et réparation.

Où camper ? Où manger dans le coin ?

Camping municipal : *15, rue du Docteur-Roux, 21150* ***Venarey-les-Laumes.*** *☎ 03-80-96-07-76. • camping@ville-venareyleslaumes.fr • venareyleslaumes.fr • ♿ Au bord de la D 905. De début avr à mi-oct (chalets tte l'année). Forfait tente env 13 € pour 2. 65 empl.* Beau camping, bien ombragé, près d'un plan d'eau aménagé et d'une rivière. Une poignée de chalets (2 à 4 et 5 à 7 personnes), dont un équipé pour les personnes handicapées.

Le Bistrot de Louise : *7, rue Eugène-Edon, 21150* ***Venarey-les-Laumes.*** *☎ 03-80-89-69-94. Non loin du rond-point menant à la gare. Fermé le soir dim-mar. Menus 14,90 € (en sem)-38 € env.* Une affaire qui tourne à plein régime, menée par une équipe pétillante de femmes, dans une salle moderne et animée, aux teintes acidulées. Dans l'assiette, on joue la carte régionale avec escargots, cassis et viandes locales en ticket gagnant.

À voir

Le MuséoParc Alésia : *outre le Centre d'interprétation, voir aussi, si le temps le permet, à 3 km, les vestiges de la ville gallo-romaine (lire plus bas). ☎ 03-80-96-96-23. • alesia.com • Ouv tlj : juil-août 10h-19h ; avr-juin et sept-oct 10h-18h ; fév-mars et nov 10h-17h. Fermé déc-15 fév. Billet : 10-12 € selon saison, audioguide inclus (8-10 € Centre d'interprétation seul, env 4 € vestiges seuls) ; réduc ; gratuit moins de 7 ans. Visites guidées et animations en supplément. Résa en ligne possible. Pass « Visitez malin » avec l'abbaye de Fontenay et le château de Bussy-Rabutin. Sinon Pass archéo avec le musée Rolin à Autun, le musée de Bibracte et le musée du Pays châtillonnais, Trésor de Vix.*

LE COMBAT DES CHEFS

En 52 av. J.-C., César commandait une colonne de 10 légions. Une légion comprenant 4 000 hommes, le décompte a de quoi faire trembler : l'armée romaine représentait plus de 100 000 hommes avec les auxiliaires, des milliers de chariots transportant vivres, armes et butins, ainsi que 40 000 bêtes de somme. Le tout s'étalait sur 30 km ! En face, Vercingétorix alignait, lui, 80 000 valeureux guerriers.

Ne cherchez plus, Alésia est bien là, en Bourgogne, qu'on se le dise ! Inauguré en 2012 et construit sur l'emplacement des camps de l'armée romaine, le Centre d'interprétation permet de tout comprendre sur le siège d'Alésia, sur le contexte historique de l'époque et sur la construction du mythe du Gaulois au XIXe s. Ancré sur le champ de bataille, le bâtiment rond permet une immersion à 360° au cœur du paysage de l'Auxois, qui n'a quasiment pas changé depuis plus de 2 000 ans !

L'exposition permanente, avec pièces archéologiques, objets reconstitués, maquettes, multimédia... propose un parcours clair afin que chacun, grands comme petits, puisse s'approprier cette page d'histoire. La reconstitution des lignes de fortifications romaines en extérieur participe également à ce voyage dans le temps entre la fin de la période gauloise et le début de l'époque gallo-romaine (en été, spectacle quotidien sur la vie des légionnaires romains). En 2020, expo temporaire sur la cuisine au temps des Gaulois. Du sanglier, vraiment ?

Restaurant du MuséoParc – Le Carnyx : *ouv à ts, le midi, 15 fév-30 nov. Formules 14-16 €.* On profite d'une magnifique terrasse panoramique ou de grandes baies ouvrant sur le paysage alentour. Rien de gaulois ni de bien gastronomique, du classique de cafét', avec un buffet d'entrées et de desserts.

Les vestiges de la ville gallo-romaine : *à 2,5 km en traversant le village d'Alise, à droite à la statue de Jeanne d'Arc. Horaires et tarifs : se reporter au Centre d'interprétation. Parcours fléché avec notice explicative. Compter 1h.* À l'issue du siège d'Alésia, César a tenu sa promesse : il n'a pas détruit l'oppidum gaulois, habité initialement par la tribu des Mandubiens, ce qui a permis le développement d'une ville gallo-romaine au cours du Ier siècle de notre ère. Aujourd'hui, on découvre les vestiges du théâtre, du forum, du temple et des quartiers d'habitation et d'artisanat, autant de témoignages qui traduisent l'effervescence d'une cité qui devait compter 5 000 habitants environ.

La statue géante de Vercingétorix : *à 600 m de la ville gallo-romaine (7 mn à pied). En voiture, dans Alise, à la statue de Jeanne d'Arc, prendre à gauche.* Voulue par Napoléon III (c'est d'ailleurs le visage de l'empereur que l'on voit !), cette œuvre du sculpteur Aimé Millet a été installée en 1865 pour marquer la fin des campagnes de fouilles. Haute de 6,60 m, elle est un résumé de la mythologie gauloise telle qu'on envisageait à l'époque, c'est-à-dire avec fantaisie et anachronisme ! Depuis, grâce à l'archéologie, un portrait plus réaliste des Gaulois a pu être dessiné !

RIXE DE CONFUSION

En faisant Obélix livreur de menhirs, Goscinny et Uderzo nous ont bien fait rigoler, mais ils ont créé une belle confusion dans nos esprits naïfs. Soyons clairs, les menhirs remontent à des millénaires en arrière. L'erreur s'explique : avant le XIXe s, les historiens ne connaissaient pas l'existence de peuples antérieurs aux Gaulois, en France. Ils n'avaient alors qu'une idée fixe : ce qui était très ancien était obligatoirement... gaulois.

L'hôpital Sainte-Reyne : *26, rue de l'Hôpital, Alise-Sainte-Reine. 06-86-93-50-73 (association Desnoyers-Blondel). • association.desnoyers-blondel@orange.fr • Visite guidée de mi-juil à fin août, sam ap-m et dim ap-m ou sur rdv. Entrée : 4 € ; réduc ; gratuit moins de 12 ans.* Jolie petite apothicairerie (186 pots de pharmacie classés) cachée à l'arrière de la magnifique chapelle baroque de cet hôpital toujours en activité depuis sa fondation en 1659. On découvre une ancienne salle de malades, la salle du conseil d'administration du XVIIe s, ainsi qu'une lingerie réaménagée en bibliothèque. Dans la chapelle, une série unique de 13 cartons de tapisserie retracent la vie de sainte Reine, peints de 1620 à 1645. 6 d'entre eux ont bénéficié récemment d'une restauration exemplaire. Ne pas manquer le point de vue sur l'ensemble du site d'Alise et d'Alésia.

L'église Saint-Léger : *rue du Palais, dans Alise.* Coincée entre 2 maisons du village, une petite église très ancienne (certaines parties remontent aux VIIe et Xe s !). Plan inspiré de celui des 1res basiliques chrétiennes : inévitable abside en cul-de-four, belle charpente coiffant la nef.

Entre les ***centres d'exposition*** *Les Trois Énergies* à Alise ou de *La Porcherie (22, route de Montbard, à **Ménetreux-le-Pitois** ; • laporcherie.com •)*, lieu d'art contemporain décalé à l'image de son créateur Rémi Tamain, le pays d'Alésia regorge d'adresses qui font le bonheur des curieux.

Manifestations

– ***Les Musicales en Auxois :*** *2 sem en juil-août.* Un double plaisir : découverte musicale et patrimoniale sur 10 sites peu connus, servant d'écrin à une programmation originale.
– ***Le Mystère de sainte Reine :*** *dernier w-e d'août. • mysteredesaintereine.com •* Depuis l'an 866, on rend hommage ici à une chrétienne canonisée pour avoir été martyrisée au IIIe s par un certain Olibrius, proconsul des Gaules. Pour l'occasion, tout le village se mobilise : cérémonies, pièces de théâtre en costumes d'époque, retraite aux flambeaux. Et grand cortège historique le dimanche matin. Certains prient, d'autres rient.

LA CÔTE-D'OR

FLAVIGNY-SUR-OZERAIN

(21150) 370 hab. *Carte Côte-d'Or, B2*

Petit bourg fortifié, classé parmi les Plus Beaux Villages de France et perché sur un escarpement rocheux dominant la campagne environnante. Un aspect médiéval utilisé pour le tournage du film *Le Chocolat* avec Juliette Binoche et Johnny Depp. Dans l'abbaye bénédictine, construite au VIIe s, on fabrique toujours les bonbons à l'anis.

BONBONS À L'ANIS

Une douceur très ancienne puisque ce sont les Romains qui rapportèrent cet anis d'Orient pour soigner leurs soldats de la dysenterie, pendant le siège d'Alésia. On prétend que Louis XIV avait toujours ces bonbons sur lui pour cacher son haleine pestilentielle due à un bout de gencive arraché !

Adresse et info utiles

ℹ ***Maison au Donataire :*** *9, rue de l'Église. ☎ 03-80-96-25-34. Avr-oct.* Petit point d'info sur Flavigny, géré par l'association des Amis de la cité (plan gratuit). Liste des hébergements sur • *alesia-tourisme.net* • (plusieurs jolies chambres d'hôtes dans le village).

– Pas de distributeur au village.

Où dormir ? Où manger ?

Chambres d'hôtes Algranate-La Maison du Tisserand : *14, rue de l'Ancienne-Cure. 📱 06-08-89-93-82. • marie@algranate.fr • algranate.fr • Doubles 106-144 € (dégressif). Table d'hôtes 17 €.* Dans l'une des demeures centenaires de Flavigny offrant de jolies vues sur les collines. On passe par le salon de musique pour gagner les 2 chambres (dont une familiale) au charme rustique, meublées avec raffinement. Petit déj vivifiant et bio à base de scones, compotes et pain d'épice maison. Salon de thé et petite épicerie bio. Marie vous emmènera certainement visiter sa *Maison des arts textiles* à 2 pas.

La Grange : *pl. de l'Église. ☎ 03-80-96-20-62. • lagrange21150@gmail.com • ♿ Ouv 12h30-18h : début vac de Pâques-fin oct, tlj sauf lun (juil-août tlj) ; mars-début vac de Pâques et nov, dim et j. fériés. Fermé déc-fév. Self pour les particuliers ; plats 6-20 € (à emporter, sur commande). Café offert sur présentation de ce guide.* Une quinzaine d'agricultrices et d'agriculteurs font découvrir leurs bons produits de la ferme derrière la grande porte en bois qui donne en plein sur la place de l'église. Un régal ! Laissez-vous guider par les bonnes odeurs et ne manquez pas les « quatre-heures soupatoires ». En vente, produits de la ferme (miel, confiture, vin, terrines, escargots, fromage...).

Le Garum : *rue Gautrin. ☎ 03-80-89-07-87. Dans une rue descendant à gauche de la pl. de l'Église. Fermé lun hors juil-août. Formules 15,50-19,50 € ; plat env 12 €.* Un vent asiatique et inattendu souffle sur cette salle qui cache bien son jeu, un brin rustique avec ses voûtes et sa cheminée. Après tout, les anis venaient bien d'Orient ! À la carte, nems, rouleaux de printemps, *pho* (soupe), *bo bun* (salade froide) et... du chocolat produit sur l'exploitation maison, au Vietnam.

À voir

La fabrique d'Anis artisanale : *dans l'abbaye. ☎ 03-80-96-20-88. • anis-flavigny.com • Tlj sauf w-e 9h-11h30. Fermé 1er janv, 1er mai et 25 déc. GRATUIT. Visite guidée de la fabrique (30 mn).*
Depuis le XVIe s, on y produit les fameux petits bonbons à l'anis. On aime autant les bonbons que le cadre de cette fabrique sise dans une ancienne abbaye fondée sous Charles Martel par le chef burgonde Widerad ! L'***atelier de dragéification*** est ouvert à la visite : c'est d'ici que sortent chaque année plus de 230 millions de « bien bons bonbons ». Et les petites boîtes métalliques, toujours aussi joliment rétro, perpétuent aussi la tradition.
Visiter les ***anciens ateliers d'expédition et de conditionnement,*** en activité depuis le départ des moines après la Révolution française jusqu'en 2019. Salles voûtées, mobilier d'origine (années 1960) et vieilles machines. On découvre également une aile du cloître intérieur et une vue sur l'escalier d'honneur. Sans oublier le petit ***musée des Anis*** qui retrace l'histoire de la graine jusqu'au bonbon et l'évolution de la marque au fil des générations de fabricants. Le couple de bergers représenté sur les couvercles en a vu passer des propriétaires !
Voir également la ***crypte carolingienne*** qui permet de comprendre l'histoire de l'abbaye telle qu'elle a commencée en 719, sous le règne de Pépin le Bref. Arts gallo-romain, roman et gothique réunis dans un mouchoir de poche.
– ***Petit atelier olfactif, boutique*** et ***Café des Anis*** sur place *(tlj sauf 1er mai, 25 déc et 1er janv).* On y trouve apéro anisé (forcément), biscuits maison, glaces artisanales et vins au verre.

OUPS !

Quelques décennies avant J.-C., un confiseur romain, Julius Dragatus, laissa tomber par accident une amande dans une jarre de miel en préparant le baptême d'un enfant. Il venait d'inventer la dragée, qui deviendra symbole de fécondité et d'amour. D'où la bergère et le berger énamourés représentés sur les boîtes d'anis de Flavigny...

Le musée Algranate – Maison des arts textiles et du design : *3, rue Lacordaire. 📱 06-08-89-93-82. • marie@algranate.fr • algranate.fr • Visite guidée seulement, sur rdv, lun et mar. Entrée : 5 €.* Tout à la fois centre de ressources, musée du patrimoine rural et atelier, ce lieu paisible et accueillant s'attache à l'histoire textile de la Bourgogne et nous initie à ses techniques. Expo de différents métiers à tisser. La visite guidée par Marie, passionnée et passionnante, permet de pénétrer ce monde artistique et allégorique dans la mouvance « Arts & Crafts » où tout part de la nature, des couleurs, des saveurs et des matières : chanvre, laine, soie...

Le vieux village : il faut se promener au hasard des ruelles tortueuses et agrémentées de rosiers anciens, à la découverte des tourelles d'escaliers et d'une foule de maisons anciennes. Quelques jolis spécimens dans la rue de l'Église, avec la maison au Loup (levez les yeux vers sa gargouille et vous comprendrez d'où vient son nom...) du XIIIe s. Également la maison au Donataire (où se trouve le point info), de style Louis XII et aux élégantes fenêtres, ainsi que l'église Saint-Genest, sa tribune et son jubé. En face, sur la place, peut-être reconnaîtrez-vous la façade de la chocolaterie de Juliette Binoche.

Le domaine de Flavigny-Alésia : *Cyril Raveau, pont Laizan, à 2 km en contrebas du village. ☎ 03-80-96-25-63. • domainedeflavignyalesia.com • Tlj 10h-18h.* L'ancienne dépendance monastique de l'abbaye de Flavigny abrite cuverie et salle de dégustation. Les 13 ha du vignoble, un des plus anciens de France (répertorié dès 1224), produisent des vins des coteaux de l'Auxois (IGP).

Très beaux vins blancs, rouges et rosés (le beurot ou pinot gris, notamment, sont remarquables, souvent primés au niveau international). Accueil avisé et prix doux. Goûter également la *Gourmandise du Colombier*, un vin liquoreux aux arômes de miel, de coing et de sous-bois.

DANS LES ENVIRONS DE FLAVIGNY-SUR-OZERAIN

Le château et les jardins de Bussy-Rabutin : *à 2 km du village de* ***Bussy-le-Grand*** *(21150). ☎ 03-80-96-00-03. • chateau-bussy-rabutin.fr • ♿ (partiel). De mi-mai à mi-sept, tlj 9h15-13h, 14h-18h ; hors saison, 9h15-12h, 14h-17h. Fermé certains j. fériés. Entrée : env 8 € ; réduc ; gratuit moins de 26 ans, étudiants et enseignants européens. Visites libres ou guidées selon l'affluence.*
Ancienne maison forte entourée de douves en eau, le château de Bussy fut reconstruit par la famille de Rabutin au XVIIe s au cœur d'un domaine de 30 ha. On admire d'abord la cour d'honneur pour découvrir les 4 grosses tours rondes flanquant les angles de cet édifice en U, acquis par l'État en 1929. Quel panache ! Le cousin de Mme de Sévigné, Roger de Rabutin (1618-1693), comte de Bussy et célèbre homme à femmes, y écrivit une *Histoire amoureuse des Gaules* qui dévoilait les aventures galantes de la Cour. Pas étonnant que Louis XIV en prît ombrage et l'embastillât : mieux vaut prévenir que guérir ! Puis il fut exilé dans son château pendant 16 ans. Pour se venger, ce grand gamin passa son temps à décorer la demeure familiale et fit dessiner, sur certains murs, des devises cinglantes et les visages des maîtresses du roi.
Voir, parmi les dizaines et dizaines de portraits qui ornent les murs, la fameuse galerie des rois de France, le reluisant salon de la Tour dorée, des portraits de grands hommes de guerre... Le parc est planté face au village de Bussy-le-Grand que l'on aperçoit en fond de tableau. Il a fait l'objet d'une complète restructuration, prenant pour principe la restitution du plan du jardin à la française du XVIIe s, idéalisé, avec parterres cernés de buis, cabinets de verdure, labyrinthe et bosquets délimités par des allées en étoile.

Le musée Gorsline : *5, route d'Étormay, 21250* ***Bussy-le-Grand.*** *☎ 03-80-99-30-78. • musee-gorsline.com • ♿ (partiel). À 2 km du village de Bussy. Ven-dim 15h-18h. Expos temporaires. Donation bienvenue.* Séduits par la beauté de la région et l'accueil des habitants, Douglas et Marie Gorsline ont posé là bagages et chevalets en 1965. Cela ne les a pas empêchés de voyager à travers le monde, de la Chine à Venise, de Florence à New York. Partout, le regard du peintre a su se traduire en des œuvres originales « à double foyer », jouant à fond sur les illusions d'optique, exposées aujourd'hui dans le monde entier... et ici, à Bussy, dans cette ancienne bergerie remarquablement aménagée. Depuis leur mort, une équipe de fidèles entretient leur mémoire à tous 2.

MONTBARD

(21500) 5 800 hab. *Carte Côte-d'Or, B2*

Le TGV a mis à 1h de Paris cette petite ville qui vit de ses industries. Avec sa métallurgie de pointe, ses produits s'exportent partout dans le monde : façade de la Fondation Louis-Vuitton à Paris, câbles électriques de l'Arche de la Défense ou du dernier paquebot des chantiers de Saint-Nazaire, équipement métallique du stade Maracana au Brésil, du barrage des Trois-Gorges en Chine, plateformes pétrolières off-shore du monde entier, tubes des générateurs de centrales nucléaires...

Un homme à lui seul attire chaque année 11 000 visiteurs (le double de la population) qui viennent découvrir le parc et l'ancienne résidence de Buffon, ce grand précurseur de l'écologie.
Georges-Louis Leclerc et son collaborateur, Louis-Jean-Marie Daubenton, 1er directeur du Muséum national, sont nés en effet dans cette ville de Montbard à la topographie si particulière, car marquée par l'implantation de la forteresse des ducs de Bourgogne sur une butte qui sera réaménagée par Buffon. Un parc et des jardins à découvrir aux beaux jours, sans oublier les célèbres forges situées non loin.

GEORGES-LOUIS LECLERC, COMTE DE BUFFON

Né en 1707, Georges-Louis Leclerc Buffon (1707-1788) succède à Jussieu à l'Académie des sciences et devient administrateur des jardins du Roi (actuel Jardin des plantes de Paris) tout en poursuivant des recherches en botanique, en physique et en métallurgie.

L'ORIGINE DU BABOUIN

Buffon était en conflit avec son banquier. Quand il fit le classement des primates, il nomma babouin le singe le plus laid. C'était le nom dudit banquier...

Collaborateur de Daubenton, ami de Jean-Jacques Rousseau et du ministre Maurepas, Buffon parvient régulièrement à s'isoler de la cour de Louis XV, passant 8 mois par an à Montbard. Inlassable observateur de la nature et expérimentateur, c'est également un homme d'affaires avisé mais un voisin pas toujours des plus commode. Il agrandit sa propriété, aménage des jardins en terrasses et introduit des espèces alors exotiques (le platane) dans le royaume. Dans les tours de l'ancien château ducal surplombant la ville, il installe un observatoire. Dans son cabinet de travail, il recevra tous les grands noms scientifiques de l'époque. Pionnier dans de nombreux domaines, Buffon a également laissé en héritage à sa ville un important savoir en matière sidérurgique grâce à ses célèbres forges, 1re « usine modèle » du siècle des Lumières (voir « Dans les environs de Montbard »).
On lui doit surtout la fameuse et colossale *Histoire naturelle* (36 volumes, plus 8 autres après sa mort), publiée sur 40 ans, où tous les sujets (ou presque) des sciences naturelles sont soigneusement décrits et analysés. La place accordée à l'image y est tout à fait novatrice et les 1 008 estampes aquarellées des oiseaux représentent de véritables chefs-d'œuvre de l'illustration ornithologique. Succès immédiat avec 3 réimpressions en 6 semaines pour les 2 premiers volumes et une traduction dans plusieurs langues. Rien à envier, donc, à l'*Encyclopédie* de Diderot, qui parut à la même époque.

Adresses utiles

Office de tourisme du Montbardois : *pl. Henri-Vincenot, à la gare. ☎ 03-80-92-53-81. • ot-montbard.fr • Lun-sam 9h-12h30, 14h-17h30 (jusqu'à 13h, puis 18h30 avr-oct), plus dim en juil-août 10h-13h, 14h-17h30.* Location de vélos (*• velibourgogne.fr •*). Boutique. Accueil disponible et efficace.

Location de voitures : Renault Rent, *route de Saint-Rémy, ☎ 03-80-92-00-00.*

Où dormir ? Où manger à Montbard et à Buffon ?

Camping Les Treilles : *rue Michel-Servet, à Montbard. ☎ 03-80-92-69-50. • camping.lestreilles@montbard.com • montbard.com •*

♿ Accès par la rocade Pierre-Mendès-France et la route de Châtillon. Avr-oct. Forfaits tente env 14-17 €. Mobile homes. 80 empl. Réduc de 10 % en hte saison et de 20 % en basse saison sur l'emplacement pour 7 nuits sur présentation de ce guide. À l'écart de la ville, la verdure fait oublier l'architecture du quartier. Tout confort. Pas mal d'installations (terrain de tennis, jeux pour les enfants, volley...) et, juste à côté, le centre nautique en accès gratuit pour les campeurs (4 bassins, sauna, hammam, toboggan, etc.). Animations estivales, dépôt de pain, barbecues, tables pour pique-nique.

Chambres d'hôtes Maison des Forges : *5, rue des Forges, à Buffon. ☎ 03-80-92-11-12. 📱 06-19-94-44-29. • desforges.buffon@gmail.com • chambres-hotes-buffon.com • À 6 km au nord-ouest par la D 905. Fermé déc-janv. Double 72 €. Réduc de 5 % sur le prix de la chambre sur présentation de ce guide.* Avec le canal de Bourgogne pour paysage, cette grande maison est facile à repérer, c'est la seule avec un toit en ardoises dans le village ! Les chambres, ainsi qu'un espace familial (2 chambres avec coin cuisine) forment un ensemble très coquet, en plus du jardin fleuri et de la terrasse. Accueil charmant.

Le Marronnier : *6, route des Forges, à Buffon. ☎ 03-80-92-33-65. • lemarronnier.buffon21500@gmail.com • lemarronnier-buffon.com • ♿ À 6 km au nord-ouest par la D 905. Resto tlj midi et soir. Congés : fin d'année. Doubles 60-70 €. Menus 13 € (déj en sem) puis 23-35 €.* Bar d'habitués, resto de village et de passage, et petit hôtel de 5 chambres, *Le Marronnier,* c'est tout cela à la fois. Côté chambres, c'est impeccable : look contemporain, calme et clim. Et si vous avez peur de la route, demandez une chambre qui donne sur l'arrière, mais vous manquerez la vue apaisante sur le canal qui coule juste de l'autre côté de la route. Côté table, honnête cuisine rustico-classique, servie en salle ou en terrasse (mais plus sous le marronnier... qui a disparu !).

Le Bistrot d'Anatole et Arthemiss : *16, rue Anatole-Hugot, à Montbard. ☎ 03-80-89-59-80. • anatole-arthemiss@orange.fr • ♿ Resto mar-sam, le midi seulement. Repas env 15 €.* Cuisine savoureuse, assiette copieuse, clientèle heureuse. Un cadre tout simple pour une formule qui plaît bien. On choisit la taille de l'assiette et ce qu'on met dedans : terrines de légume ou poisson, quiches sucrées-salées, salades, fromage local, soupe... Ce bistrot situé dans les anciens faubourgs de la ville n'a qu'une douzaine de places à offrir, mais plusieurs services possibles sur résa.

Le Café des Amis : *18, rue Carnot, à Montbard. ☎ 03-80-92-00-60. ♿ Resto lun-ven, le midi seulement. Compter 10-15 €.* Tout près des halles (marché le vendredi, animation garantie), un café coloré. Grandes tables où l'on partage une cuisine simple et généreuse en compagnie des ouvriers des usines métallurgiques toutes proches. Un joyeux mélange ! Menu unique, faut pas chipoter.

À voir. À faire

Le parc Buffon : *sur les hauteurs de la ville, près de l'église. ☎ 03-80-92-50-42. GRATUIT. Visites guidées et payantes des tours et du cabinet de travail de Buffon, avr-sept, mer-dim.* Dominant la ville, c'est une succession de jardins en terrasses, reliés par de beaux escaliers fleuris. On peut simplement s'y balader le nez au vent ou visiter avec un guide les 2 tours (dont celle de l'Aubespin, du XIVe s, plus haute tour-terrasse de Bourgogne, au sommet de laquelle Buffon se livrait à des expériences sur les effets de la lumière et de la foudre) et le cabinet de travail (sur le seuil duquel s'est agenouillé Jean-Jacques Rousseau) sans oublier les salles souterraines de l'ancien château. Remarquer la statue de Daubenton, l'autre enfant du pays avec à ses pieds un couple de moutons mérinos.

Le musée Buffon : *rue du Parc-Buffon. ☎ 03-80-92-50-42. Face à l'entrée basse du parc. Tlj sauf mar 10h-12h, 14h-18h (fermé à 17h et le mat en sem oct-mars). Fermé sem de Noël. GRATUIT.*
Un musée passionnant consacré à Buffon, mais aussi à son ami et collaborateur Daubenton (1716-1800), médecin, anatomiste et minéralogiste, cheville ouvrière de Buffon qui contribua à de nombreux volumes de l'encyclopédie. Le musée offre un voyage dans l'esprit scientifique des Lumières à travers des objets scientifiques des XVIIIe et XIXe s et des pièces de collection. Également des expos temporaires à la muséographie toujours surprenante sur les rapports entre l'art et la science.
– ***Rez-de-chaussée :*** section des fossiles, sous forme de cabinet d'histoire naturelle, une mode née au XVIIIe s parmi les riches particuliers. Boiseries travaillées et vitrines soignées : la mise en scène comptait tout autant que les pièces exposées. Les fossiles et les coquillages visibles ici sont remarquables, on parlait alors d'oryctologie, avant l'apparition de la minéralogie, la paléontologie ou encore la géologie au XIXe s.
– ***1er étage :*** exemple moderne d'un cabinet de curiosités. Reconstitution du bureau de Buffon et des explications sur son travail de classification des animaux auxquels il attribuait souvent des caractères humains. Le cheval, « la plus noble conquête de l'homme » (c'est de lui !) se révélait ainsi fidèle et affectueux. Voir l'amusant arbre généalogique des singes de 1766. Avant de repartir, feuilletez le copieux recueil des 1 008 planches d'oiseaux peintes par Martinet pour Buffon !

Le musée des Beaux-Arts : *rue Piron. ☎ 03-80-92-50-42. Sur résa.* Dans une ancienne chapelle des Ursulines du XIXe s, œuvres d'artistes locaux des XIXe et XXe s et expos temporaires.

Le centre aquatique Amphitrite : *rue Michel-Servet, à côté du camping. ☎ 03-80-89-15-20. • ca-amphitrite.fr • Tte l'année, tlj.* Centre nautique moderne avec 4 bassins, sauna, hammam, toboggan, etc.

LA CÔTE-D'OR

DANS LES ENVIRONS DE MONTBARD

Les forges de Buffon *(21500) : ☎ 03-80-92-10-35. • grandeforgedebuffon.fr • À 6 km au nord-est par la D 905. Avr-Toussaint, tlj sauf mar 10h-12h30, 14h30-18h (juil-août, tlj 10h-18h) ; visites guidées possibles (et passionnantes !) en été à 15h, 16h et 17h. Visite libre ou guidée : 8 € ; réduc ; gratuit moins de 12 ans. Le billet donne droit à un tarif préférentiel dans d'autres sites, dont l'abbaye de Fontenay.* Buffon était célèbre pour ses publications sur les oiseaux et les mammifères. Mais il étudia aussi les minerais. Voilà pourquoi il créa ces forges... à 60 ans, en 1768, pour les étudier et poursuivre ses expériences sur les minéraux. Elles constituent un rare et remarquable exemple des préoccupations rationalistes et de l'harmonie prônées par les Lumières au XVIIIe s, prémices du développement industriel du siècle suivant. Cas unique à l'époque, elles réunissaient au même endroit les 3 métiers de la métallurgie : extraction, fonderie et ferronnerie. L'économie de temps et de transport en fit une affaire très rentable. Elle fonctionna pendant un siècle avant de devenir une cimenterie. Les propriétaires actuels de ce magnifique patrimoine architectural et industriel proposent un film explicatif et une expo relatant 30 ans de restauration, qui permettent de se faire une idée juste du lieu. Buffon était riche, le bougre ! On visite uniquement les forges et la roue à aubes actionnant les soufflets, installée au bord d'une rivière, et le pavillon Buffon. Magnifique !

L'ABBAYE DE FONTENAY

Carte Côte-d'Or, B2

L'un des monuments absolument majeurs de toute visite en terre bourguignonne, à 6 km de Montbard. L'abbaye de Fontenay, aujourd'hui classée au Patrimoine mondial de l'Unesco, est restée telle qu'elle fut fondée en 1118 par saint Bernard, au creux d'un vallon boisé, autrefois marécageux et assaini par les moines. Un lieu de rêverie et de méditation où flotte désormais, sous les tilleuls, le souvenir du dernier dialogue de Roxane et de Cyrano de Bergerac, tel que l'a filmé Jean-Paul Rappeneau en 1989. Des scènes de la série des *Angélique* (1964-65) y furent aussi tournées. Visites nocturnes « à la bougie » en été et concerts de temps à autre.

Comment y aller ?

➢ Pas de bus, malheureusement, depuis Montbard. La solution la plus simple reste donc la voiture. On peut aussi récupérer un vélo à l'office de tourisme, mais il faut savoir que la route n'a rien de bucolique et qu'elle n'est pas sécurisée pour les cyclistes, à moins de connaître les chemins de traverse pour s'y rendre. Il existe d'ailleurs une randonnée sans difficulté particulière, qui longe le ru de Fontenay et s'enfonce dans la forêt (GR 213 ; boucle de 11,5 km). Une belle balade pour ceux qui disposent de temps.

À voir

L'abbaye de Fontenay : *21500* ***Marmagne,*** *à 3 km à l'est de Montbard. ☎ 03-80-92-15-00. • abbayedefontenay.com • Pâques-Toussaint, tlj 10h-18h ; le reste de l'année, tlj 10h-12h, 14h-17h. Entrée : 10 € en visite libre et 12,50 € en visite guidée ; réduc. Le billet donne droit à un tarif préférentiel dans d'autres sites, dont les forges de Buffon. Visite libre ou guidée (en saison seulement ; départ ttes les heures). Compter 1h.*

L'état de préservation de l'abbaye est unique en Europe. Elle a conservé son église, les bâtiments claustraux et ses dépendances : boulangerie, forge, pigeonnier, hôtellerie, cloître, dortoir. On voit aussi les rares et magnifiques vestiges de l'industrie papetière qui permit la sauvegarde du site après la Révolution. Les énormes travaux de restauration, on les doit au banquier et collectionneur d'art Édouard Aynard.

Ne pas manquer l'***église abbatiale*** aux dimensions imposantes, à la simplicité toute cistercienne. Dans le transept à gauche, on remarquera, dans cet ensemble si épuré, la statue typiquement bourguignonne de Notre-Dame de Fontenay (XIVe s). À l'étage, le ***dortoir des moines de chœur*** est abrité par une charpente du XVe s en chêne (l'originale a brûlé dans un incendie), en forme de carène de navire renversée. De la fenêtre, on plonge sur les ***jardins,*** classés Jardins remarquables. Au centre des bâtiments monastiques, le ***cloître*** roman est remarquable pour sa broderie d'arcades et ses colonnes massives, qui n'alourdissent pourtant pas la perspective. La ***forge,*** où a été reconstitué un marteau hydraulique, est l'une des plus anciennes d'Europe et la plus grande de France. La métallurgie faisait partie des nombreux savoir-faire des cisterciens, qui excellaient dans les travaux manuels, leur permettant ainsi de vivre en autarcie. Une boutique, un audiovisuel et une salle lapidaire complètent l'ensemble.

Randonnées

Sentier de découverte forestière de Fontenay : 4 km ; compter 1h30-2h ; 1re partie très facile. Prendre à gauche, face à l'abbaye. Il mène à une fontaine et à l'étang Saint-Bernard.

Fontenay-Vézelay : sur plus de 80 km, ce sentier emprunte un ancien chemin de Compostelle et permet de rallier l'abbaye de Fontenay à Vézelay via Époisses.

LE CHÂTILLONNAIS

CHÂTILLON-SUR-SEINE

(21400) 5 900 hab. *Carte Côte-d'Or, B1*

Sur cette terre de passage régnait, 6 siècles avant notre ère, celle que l'on a appelée – faute de mieux, depuis la découverte de sa tombe en 1953 – la « princesse de Vix ». Sa puissance devait être grande, si l'on en juge par l'énorme vase de bronze qu'on lui fit fondre en Grèce et qui fait aujourd'hui l'orgueil du musée du Châtillonnais. Comme son nom l'indique, ce joli bourg au nord du département est baigné par la Seine, dont les eaux sont grossies par la Douix, source vauclusienne qui jaillit au pied d'une falaise en pleine ville. Plusieurs fois pris d'assaut et bombardé en 1944, il conserve de belles traces de son passé.

Adresse utile

Office de tourisme du Châtillonnais : *1, rue du Bourg. ☎ 03-80-91-13-19. • chatillonnais-tourisme.fr • Tte l'année lun-sam ; plus dim mat juil-août.* Visites guidées de la ville (1h30). Accueil chaleureux.

Où dormir ? Où manger à Châtillon et dans les environs ?

Campings

Camping municipal Louis-Rigoly : *esplanade Saint-Vorles, à Châtillon. ☎ 03-80-91-03-05. • camping-chatillon-sur-seine@orange.fr • mairie-chatillon-sur-seine.fr • À 1 km des D 928 et D 71. Avr-sept. Forfait tente env 15 €. Hébergements locatifs 255-370 €/sem. CB refusées. 51 empl.* Un joli site, près de l'église Saint-Vorles, ombragé et agréable. Beaux emplacements spacieux. Barbecue à disposition. Piscine municipale à 200 m.

Camping Les Grèbes du lac de Marcenay : *5, rue du Pont-Neuf, 21330 Marcenay. ☎ 03-80-81-61-72. • info@campingmarcenaylac.com • campingmarcenaylac.com • Au sud-est par la D 953, puis la D 965. Forfaits tente env 15-20 € selon saison. Hébergements locatifs. 90 empl.* Joliment situé, juste au bord du lac, et bien ombragé. Baignade surveillée en été. Location de mobile homes pour 4 personnes. Rivière à 1 km. Location de vélos et prêt de canoës. Piscine.

De prix moyens à très chic

L'Armoise : *route d'Autricourt, 21570* ***Riel-les-Eaux.*** *☎ 03-80-93-72-76. Fermé mar-mer en saison, le soir lun-jeu hors saison. Formules et menus 19,50 € (déj en sem)-35 €. Café offert sur présentation de ce guide.* *L'Armoise* aurait pu se contenter d'offrir du steak-frites congelé aux campeurs voisins et autres utilisateurs du seul lieu de baignade naturel du nord du département. Au contraire, ce resto joue la carte de la qualité, proposant du rafraîchissant en été, avec les produits du potager, et des spécialités savoyardes en hiver. De la terrine maison au paris-brest, vous ne serez pas déçu. Terrasse et cadre sympa.

Château de Courban : *7, rue du Lavoir, 21520* ***Courban.*** *☎ 03-80-93-78-69. • contact@chateaudecourban.com • chateaudecourban.com • À 18 km au nord-est de Châtillon. Doubles 99-179 €. Menus 49-119 €.* Aux confins de la Côte-d'Or, un château au chic vraiment décontracté. Les propriétaires flamands de cet hôtel de charme ont eu la bonne idée d'installer un spa de luxe dans les communs et d'engager un Japonais de talent dans les cuisines. Ce qui explique le regain d'activité sur les routes menant au château. Takashi est un humble, un enthousiaste, le vrai héritier des grands chefs qui l'ont formé.

À voir. À faire

La source de la Douix : prendre la rue du Maréchal-Leclerc jusqu'au pont jeté sur la Seine, d'où l'on bénéficie d'une très belle vue sur l'église Saint-Vorles ; tournez à droite en longeant la Seine jusqu'à l'ancienne porte de la ville, vous serez alors tout près de la résurgence de la Douix. Savourez le moment présent auprès de cette source vauclusienne, puis retournez sur vos pas pour prendre les escaliers qui mènent sous la tour de Gissey, ancienne tour du château fort. Prenez à droite pour monter jusqu'à l'église Saint-Vorles. Superbe point de vue là encore.

L'église Saint-Vorles : *esplanade Saint-Vorles. ☎ 03-80-91-50-50. De mi-juin à fin août, tlj 10h30-12h, 14h30-17h30 ; de mi-avr à mi-juin et sept, w-e et j. fériés 14h30-16h30 ; le reste de l'année, sur résa pour les groupes (☎ 03-80-91-13-19).* Dominant la ville, un des plus anciens édifices romans de Bourgogne. Les remaniements successifs n'ont en rien altéré l'austérité et la simplicité de son architecture primitive. Remarquable sépulcre du XVIe s. Diptyque et reliques de saint Vorles.

Redescendre ensuite en ville par l'escalier qui se trouve en face de l'église, après une pause sur l'esplanade pour savourer le panorama. Tourner tout de suite à droite par la rue des Évolots, d'où l'on peut découvrir les quartiers anciens.

Le musée du Pays châtillonnais, Trésor de Vix : *14, rue de la Libération. ☎ 03-80-91-24-67. • musee-vix.fr • Tlj 10h-17h30, sauf mar sept-juin. Fermé 1er janv, 1er mai, 11 nov, 24-25 et 31 déc. Entrée : 7 € ; réduc. Visite commentée tlj à 11h et 15h en été ; tlj sauf mar à 15h autres vac scol. Sinon Pass archéo avec le musée Rolin d'Autun, le musée de Bibracte et le site d'Alésia.* Installé dans les bâtiments de l'ancienne abbaye Notre-Dame, le musée abrite le plus grand cratère en bronze que l'Antiquité nous ait légué, découvert dans une tombe en janvier 1953 : ***le fameux vase de Vix,*** daté des environs de 530 av. J.-C. Il serait originaire du sud de l'Italie. Ce cratère à volutes, dont les anses représentent la gorgone Méduse, servait à mêler l'eau et le vin lors de banquets. D'une esthétique admirable, il s'impose aujourd'hui encore comme une référence unique et puissante de l'art grec. Un torque (collier) en or, chef-d'œuvre d'orfèvrerie celte, a été découvert dans cette même sépulture. Très finement ciselé, un petit cheval ailé, rappelant Pégase, y est représenté. Le reste du musée met en lumière le monde celte et gaulois, évoque la vie quotidienne gallo-romaine, nous parle d'art sacré et de métallurgie. Belles expositions temporaires.

Fêtes et manifestations

– ***Tape-Chaudron*** *et* ***fête du Crémant :*** *3e sam de mars. ☎ 03-80-91-50-50 (mairie).* Un défilé de chars ponctué par quelque 500 bidons et chaudrons agités frénétiquement. Une tradition qui a traversé les siècles. En complément indispensable, pour arroser la fin de l'hiver, la *fête du Crémant.*
– ***Journées châtillonnaises :*** *1er w-e de juin.* Exposition artisanale et grande vente annuelle de la race bovine locale : la race brune.
– ***Juillet musical de Laignes :*** jazz, musique classique, apéros-concerts, super !
– ***Festival des Arts en Campagne :*** *en juil, à* ***Recey-sur-Ource*** *et dans le Pays châtillonnais.* Contes, concerts, animations.
– ***Festi'Val de Seine :*** *en été, dans la vallée de la Seine.* Musique, randonnée et ateliers en tout genre. Le lieu change chaque année.
– ***Semaine musicale Saint-Vorles :*** *dernière sem d'août.*
– ***Truffes et Crémant :*** *1er w-e de déc à* ***Leuglay.*** Fête de circonstance pour les gourmets.

DANS LES ENVIRONS DE CHÂTILLON-SUR-SEINE

Le site de Vix : *à 7 km au nord-ouest par la D 971, puis suivre le fléchage.* C'est au pied de la grosse colline (à 306 m d'altitude exactement) du mont Lassois qu'a été découvert le trésor de Vix. On suit la petite route qui grimpe jusqu'au sommet pour la vue panoramique sur la plaine environnante et la petite ***église Saint-Marcel,*** du XIIe s *(mai-sept, dim et j. fériés seulement, 15h-18h30).*

Le lac de Marcenay : *à 15 km à l'ouest par la D 965.* Créé par les moines de Molesme, c'est aujourd'hui, avec ses 90 ha, un des plus grands lacs de Côte-d'Or. Joli site, réserve ornithologique et activités : pêche, balades à cheval...
– Expo-vente de produits régionaux dans l'ancienne halle au charbon d'un haut-fourneau du XVIIIe s, posée sur la digue du lac *(juil-août, tlj 15h-19h ; avr-juin et les 15 premiers j. de sept, le w-e seulement, 15h-18h30).*

L'abbaye de Molesme : *à 23 km au nord-ouest par la D 16. Ne se visite pas, mais on voit assez bien le bâtiment de l'extérieur.* Bâtiment conventuel et cour du cloître d'une célèbre abbaye bénédictine fondée en 1075, par dom Robert. C'est d'ici que partirent, en 1098, 12 moines en direction de la forêt de Cîteaux où ils fondèrent une abbaye qui allait entrer dans l'Histoire...

Le château de Montigny-sur-Aube : *à 25 km au nord-est par la D 965. ☎ 03-80-93-55-23. • chateaudemontigny.fr • Parc, extérieurs du château et chapelle accessibles de mai à mi-nov, mar-dim 14h-18h30 ; le reste de l'année, lun-ven sauf j. fériés 10h-12h, 14h-16h30. Entrée : 8 € ; réduc.* Monument historique de style Renaissance édifié en 1550, avec son parc et ses vergers-potagers (labellisés Jardins remarquables). Dégustation possible de sorbets, jus de fruits ou déjeuners champêtres à la *Table des Jardiniers.*

La route du Crémant : à faire en voiture ou à vélo, selon la façon dont on tient soi-même la route (120 km en tout !). Doc à l'office de tourisme. Tout au long, les vignerons châtillonnais ouvrent leurs caveaux. Pour qui ne voudrait pas aller très loin, belle balade dégustation de chaque côté de la Seine, entre ***Massingy*** *(Domaine Brigand et œnocentre Ampelopsis dédié à l'évolution de la vigne et au vin ; • oenocentreampelopsis.magix.net •)* et ***Chaumont-le-Bois,*** à 2 km d'Obtrée *(musée de la Vigne ; visite dans les vignes et dégustation chez M. Bouhelier, ☎ 03-80-81-95-97 ; • bouhelier-vigneron.com • ; GRATUIT).*

LA FORÊT DE CHÂTILLON

Carte Côte-d'Or, B-C1

Dépliez votre carte : c'est cette grosse tache verte qui s'étend au sud-est de Châtillon. Le plus grand massif forestier de Côte-d'Or, avec 9 000 ha d'une nature miraculeusement préservée (le marais des Brosses cache par exemple une faune et une flore d'une vraie rareté). L'homme, pourtant, y a vécu de longue date : les fouilles menées autour d'Essarois ont révélé que les Gallo-Romains s'y plaisaient déjà.

Dans les petits villages qui cernent la forêt, de nombreuses communautés de Templiers ont laissé quelques étonnants vestiges. Et la forêt de Châtillon a, pendant la Seconde Guerre mondiale, servi de refuge aux résistants à l'occupant nazi. Au carrefour des routes forestières typiques au plan en étoile qui sillonnent la forêt, un imposant monument a été élevé à la mémoire de ces maquisards.

Un avant-goût du futur « parc national des forêts de Champagne et Bourgogne », englobant la forêt de Châtillon, annoncé pour 2020.

Adresse utile

Point infos touristiques : *à la Maison de la forêt. Lire ci-dessous « À voir. À faire en forêt de Châtillon ».*

Où dormir ? Où manger ?

Chambres d'hôtes L'Abbaye du Val des Choues : *21290* ***Essarois.*** *☎ 03-80-81-01-09. • contact@abbayeduvaldeschoues.com • abbayeduvaldeschoues.com • Au cœur de la forêt ; prendre la route des Étangs depuis Voulaines. Doubles env 90-110 € ; suite familiale également. Table d'hôtes 30 €, vin et café compris.* En voyant ces chambres d'hôtes aménagées dans les anciennes cellules, les frères convers n'en reviendraient pas ! Les chambres sont simples, décorées à l'ancienne, dans un site enchanteur. Quel bonheur d'ouvrir sa fenêtre, le matin, sur la vaste cour de l'abbaye fleurie de roses et égayée par le chant des oiseaux, avec la forêt alentour ! Balades jusqu'à l'étang voisin des Marots.

Pour une pause au vert et active, chambres d'hôtes accueillantes à ***Rochefort-sur-Brevon*** *(21510),* ***Les Chambres de Rochefort*** *(9, rue des Forges ; 07-82-82-69-65 ; doubles à partir de 70 €).* Matthieu Bouchard, véritable passionné et ancien boulanger, propose tout à la fois des balades très nature et une table gourmande, ce qui n'est pas à négliger, quand on se retrouve perdu dans le grand nord côte-dorien.

Le Sabot de Vénus : *13, Grande-Rue, 21290* ***Bure-les-Templiers.*** *☎ 09-70-35-11-53. Tlj sauf dim et j. fériés, et le soir lun-jeu. Congés : 3 sem en août-sept. Formule déj en sem env 16 € ; menus et carte env 25-40 €.* Comme un pied de nez à la désertification des campagnes, petit bar-tabac-resto-traiteur-gîte qui reste une des tables les plus accueillantes et rassurantes du pays depuis plus de 15 ans. Si vous êtes dans le coin, on vous incite à découvrir cette salle toute pimpante et cette bonne cuisine de marché à prix serrés.

Les Fumerons : *1, rue de Valverset, 21290* ***Leuglay.*** *☎ 03-80-81-82-28. • restaurant-lesfumerons.fr • Tlj, le midi seulement. Menu du jour autour de 16 €.* Si la marche vous a donné faim, petit resto-bar sympa juste en face de la *Maison de la forêt,* au bord de l'Ource. Cheminée en hiver, terrasse en été, bel accueil toute l'année. De la vraie bonne cuisine du pays. S'il y a du suprême de pintade au crémant, vous allez vous régaler, mais on aime bien aussi la pièce de bœuf au beurre de truffes de Bourgogne. Coffrets régionaux.

À voir. À faire en forêt de Châtillon

La Maison de la forêt : *1, ruelle de la Ferme, 21290* ***Leuglay.*** *☎ 03-80-81-86-11 ou 03-80-81-82-50. • maison-foret.com • Avr-début sept et vac scol de la Toussaint, mar-ven 9h-12h, 14h-18h ; w-e 14h-18h. Entrée : 5 € ; réduc.* Expositions autour de la forêt et du bois, grimpe dans les arbres, sorties nature, visites guidées en forêt, parcours GPS à la découverte des chants d'oiseaux. Pour tout savoir sur le futur parc national des forêts de Champagne et Bourgogne.

Recey-sur-Ource *(21290)* **:** Recey est comme couronné de villages semés çà et là, blottis dans un frais vallon ou escaladant des pentes. Le bourg lui-même est bâti en amphithéâtre sur les pentes du Grand-Foiseul, haut de quelque 442 m. À la fin du XVIe s, il fut entouré d'importantes fortifications dont subsiste la partie nord avec quelques tours. À 3 km, on peut voir de la route la « Courroirie », ancienne église des Chartreux de Lugny remontant aux 1res années du XIIIe s, convertie aujourd'hui en gîte rural. De Recey, prendre la direction de Saint-Broing-les-Moines (c'est fléché) pour découvrir le très ancien marais des Brosses (sentier aménagé).

L'abbaye du Val des Choues : *21290* ***Essarois.*** *☎ 03-80-81-01-09. • abbayeduvaldeschoues.com • ♿ (partiel). Juil-août, tlj 10h-18h ; avr-juin et sept, tlj sauf mar 13h-17h ; oct-Toussaint, w-e seulement 13h-17h. Entrée : env 8 € ; réduc. Repas de la meute des chiens (autour de 150), l'ap-m vers 16h (tlj juin-août et dim en mi-saison s'il fait beau).* Au cœur de la forêt, nichée dans un vallon, une ancienne abbaye cistercienne du XIIe s qui a résisté à la Révolution. Fondée par Eudes III, duc de Bourgogne. Un musée avec quelque 500 trophées de cervidés et une salle de la Forêt vivante pour découvrir tous les habitants de la forêt, du blaireau au sanglier. Le musée-opéra de la Vénerie porte un nouveau regard sur la chasse à courre en l'associant à... l'art contemporain ! Également salle des Échos, salle de la Toison d'or, galeries d'exposition, parc animalier. Reconstitution de jardins à la française avec de beaux bassins de pisciculture. Nombreuses randonnées et balades en forêt.

Rochefort-sur-Brevon *(21510)* **:** à la lisière sud de la forêt domaniale de Châtillon. Un joli village groupé autour d'un étang, et l'un des sites les plus admirés du Châtillonnais, marqué par l'ancienne activité sidérurgique avec des édifices encore très préservés et le magnifique château du maître de forges.

AIGNAY-LE-DUC (21510) 410 hab. *Carte Côte-d'Or, B2*

Le duc, c'est Robert Ier, 1er duc capétien, fils de Robert le Pieux, roi de France, qui reçut le duché de Bourgogne en 1033 et habita le château d'Aignay. Au XVe s, le pays était un centre de commerce de draps, toiles et cuirs très important. Les guerres de Religion et les invasions lui furent fatales.

Où dormir dans le coin ?

🏠 🍽 ***Chambres d'hôtes La Demoiselle :*** *4, rue Sous-les-Vieilles-Halles, à Aignay-le-Duc. ☎ 03-80-93-90-07. • claude.o.bonnefoy@orange.fr • maisonlademoiselle.com • Double 55 €. Table d'hôtes sur résa 25 €, tt compris.* Belle maison de maître du début du XVIIIe s. La propriété de Claude et Myriam Bonnefoy se caractérise par son traitement minéral spécifique à la région. Repas servi près de la cheminée, dans le séjour. Jardin, vue sur le village et l'église du XIIIe s.

🏠 🍽 ***Maison d'hôtes Manoir de Tarperon :*** *chez Soisick de Champsavin, 21510* ***Beaunotte.*** *☎ 03-80-93-83-74. • manoir.de.tarperon@wanadoo.fr • tarperon.fr • À 5 km au nord-ouest d'Aignay, au-delà de Beaunotte, par la D 901. Avr-oct. Double 80 €. Table d'hôtes 20 €.* Niché dans un écrin de verdure, gentil manoir du XVIIIe s remanié par l'arrière-grand-père de Soisick au XIXe s. Une demeure de famille riche en souvenirs, dont ceux de Jean Bart, corsaire plein de panache, anobli et nommé chef d'escadre par Louis XIV. 5 chambres plus craquantes les unes que les autres et une maison totalement ouverte aux hôtes, du vaste hall à la cuisine campagnarde, en passant par l'immense salon et la salle à manger aux portraits, et encore l'atelier où peindre, modeler, chanter, danser...

🏠 🍽 ***Chambres d'hôtes Les Clos d'Orret :*** *le bourg, 21450* ***Orret.*** *☎ 03-80-96-59-21. • chambres@clos-orret.com • clos-orret.com • Entre Aignay et Baigneux. Mars-nov. Doubles 74-84 €. Table d'hôtes sur résa 24 €. Réduc de 10 % sur le prix de la chambre sur présentation de ce guide.* La maison propose 3 chambres décorées avec soin et conservant l'authenticité des lieux. Sans oublier une vue imprenable sur le val de Seine, une solide table d'hôtes, et beaucoup d'autres activités pour un dépaysement champêtre et culturel garanti ! Car Anne-Lise et Jacques hébergent souvent des musiciens dans leur magnifique ferme du XVIe s (la grange a été aménagée à cet effet).

À voir

🚶 Belles maisons du XVIe s, lavoirs intéressants et bien restaurés, ancienne forge. Ensemble architectural : lavoir de la Margelle et maison de tanneur, illuminé. Église Saint-Pierre-et-Saint-Paul construite au XIIIe s, une des plus belles du Châtillonnais, avec un somptueux retable Renaissance en pierre, où 9 scènes de la Passion sont sculptées en haut-relief, peintes et dorées.

DANS LES ENVIRONS D'AIGNAY-LE-DUC

🚶 ***Étalante*** *(21510) : à 5 km au sud-est par la D 101.* Petit village un peu accroché à la pente. En contrebas, source de la Coquille aménagée (site idéal pour pique-niquer). Pour les marcheurs, insolite circuit de la Coquille, qui fait le tour des nombreuses fermes isolées, bâties pour la plupart aux XVIe et XVIIe s. Celle de *La Pothière,* sur la D 901, plus près d'Aignay-le-Duc, une belle ferme forte (XVe-XVIe s), étant la plus connue *(w-e et j. fériés, sur rdv seulement au ☎ 03-80-93-80-06 ; • lapothiere@aol.com •).*

🚶 ***Duesme*** *(21510) : à 7 km au sud-ouest d'Aignay par la D 101.* Vestiges du château et aire de pique-nique.

🚶 ***Baigneux-les-Juifs*** *(21450) : à 15 km à l'ouest.* Il aura suffi d'une autorisation de s'installer donnée vers la fin du XIIIe s à une colonie juive pour que le village trouve ce déterminatif qui intrigue tant les visiteurs. Bel ensemble de maisons anciennes des XVe et XVIe s, avec tourelles octogonales. Église gothique du XIIIe et joli lavoir. À 5 km, château début Renaissance de Jours-les-Baigneux.

DE LA SEINE À LA SAÔNE

LES SOURCES DE LA SEINE

Carte Côte-d'Or, B2

Inutile de mettre des bottes ou de prendre le sac à dos pour remonter jusqu'aux sources du fleuve le plus célèbre de France. Inutile même de faire un détour pour elles, sauf si vous avez choisi de revenir sur Dijon par l'ancienne route de Troyes. Le village qui les abrite s'appelle désormais *Source-Seine,* vous ne pouvez pas le manquer.
Le célèbre fleuve chanté par tant de poètes commence là son périple par un ridicule filet d'eau qu'on franchit en 2 pas sur une minuscule passerelle, le pont Paul-Lamarche (mine de rien, c'est le 1er pont sur la Seine !). Une fausse grotte de pierre percée, un peu kitsch, protège depuis le XIXe s (et sur proposition d'un certain baron Haussmann) la source principale de la Seine, propriété de la Ville de Paris et une statue de la nymphe Sequana.
On en oublierait presque l'importance du site archéologique : un ancien sanctuaire gaulois et gallo-romain d'où proviennent de remarquables ex-voto (les Gaulois prêtaient à l'eau de la source des vertus miraculeuses) en bois, pierre ou bronze trouvés en 3 campagnes de fouilles archéologiques et exposés au Musée archéologique de Dijon.

À voir. À faire dans les environs

***Salmaise** (21690) :* *à 12 km.* Un village inscrit comme Haut Lieu de Bourgogne, à plus d'un titre. L'église (chœur du XIIIe s), les halles communales armoriées (XIIIe s), les puits, les fontaines couvertes de laves, les lavoirs, les vieilles rues en font tout le charme. Sans oublier les vestiges du château bâti par les Mont-Saint-Jean au XIIe s, dominant la vallée de l'Oze.

***L'école-musée de Champagny** (21440) :* *☎ 03-80-35-09-31. Juil-août, tlj sauf lun 15h-18h ; Pâques-juin et sept-Toussaint, dim et j. fériés 15h-18h ; Visite commentée de 1h env. Entrée : 4 € ; réduc.* En 1851, le conseil municipal du village admirait les plans d'une construction qui allait abriter une salle de classe, un logement pour l'instit et, à l'étage, une mairie. Installé en 1856 pour l'ouverture de l'école, le mobilier ne fut jamais retouché par la suite. Tables, ardoises, bancs, tableaux noirs... le temps ici s'est arrêté...

***L'église abbatiale de Saint-Seine-l'Abbaye** (21440) :* *sur la D 971. ☎ 03-80-35-00-44 (office de tourisme). Mieux vaut téléphoner avt de s'y rendre.* Saint Seine fut le fondateur d'un important monastère dont ne subsiste aujourd'hui qu'une splendide église gothique, la plus ancienne de Bourgogne. À l'intérieur, un superbe autel, véritable dentelle de pierre, des stalles du XVIIIe s, des peintures murales du XVIe s retraçant la vie de saint Seine en 22 tableaux, mais aussi des pierres tombales.

Office de tourisme : *pl. de l'Église, 21440* ***Saint-Seine-l'Abbaye.*** *☎ 03-80-35-00-44. • cc-forets-seine-suzon.fr • De juil à mi-sept, tlj sauf lun et jeu ; sinon, seulement mar et jeu-ven.* Propose toute une série de visites guidées des sites des environs.

ENTRE TILLE ET VINGEANNE

Carte Côte-d'Or, C-D2

Au nord-est de Dijon s'étendaient autrefois des terres très convoitées. Entre la Tille et la Vingeanne, était-on bourguignon, champenois ou franc-comtois ? Querelles dépassées qui n'empêchent pas cette région d'être l'une des plus paisibles du département. Les châteaux d'apparat n'y sont-ils pas plus nombreux que les forteresses ? Si vous aimez l'eau (la région porte aussi le nom de « pays des trois rivières ») et la verdure, vous allez être servi.

SALIVES (21580)

C'est à Salives que la Tille prend sa source. On la voit jaillir sous l'église dans le lavoir. Beau donjon de l'an 1000, le seul en Bourgogne de cette époque avec sa porte à... 12 m du sol ! Agréable promenade des remparts autour du village médiéval fortifié et de ses 12 tours restaurées. Église médiévale intéressante par son architecture et ses sculptures. Très beau jeu de lumière, œuvre d'un artiste contemporain. Tennis et golf.

GRANCEY-LE-CHÂTEAU-NEUVELLE (21580)

À 16 km au nord-ouest de Salives. Important patrimoine historique : remparts du Xe s, porte fortifiée, collégiale Saint-Jean du XIIIe s, église Saint-Germain du XVe s. À découvrir avec le sentier des Remparts, qui court sur 5,5 km. Magnifiques illuminations de l'ensemble des fortifications. Et pour garder la forme, suivez le sentier des Girolles, sur 22 ou 24 km (!), ou celui de Saint-Germain (3 km).

Point information tourisme : *pl. de la Mairie. ☎ 03-80-75-63-45.* Visites guidées.

IS-SUR-TILLE (21120)

Tous les amateurs de mots croisés connaissent cette « gare de triage » en 2 lettres... Is, pour remercier de tant de célébrité, organise, le 3e week-end de mai, le festival de Mots croisés. C'est aussi le berceau de la truffe de Bourgogne (fête de la Truffe et des Papilles le 3e samedi d'octobre). C'est enfin l'une des communes les plus dynamiques de la Côte-d'Or en matière d'art floral, autour du thème de la rose. À part ça... quelques vestiges d'enceinte et agréable promenade dans le centre-ville et le long de l'Ignon. En été, balade en famille d'un quart d'heure, dans la forêt, avec le petit train des Lavières, qui a fêté récemment ses 40 ans.

Adresse utile

@ Office de tourisme : *pl. de la République. ☎ 03-80-95-24-03. • covati-tourisme.fr • Mai-oct, mar-sam 9h30-12h30, 14h-18h, plus dim en juil-août 10h-12h30 ; le reste de l'année, horaires restreints.*

Où dormir ? Où manger ?

Auberge Côté Rivière : *3, rue des Capucins. ☎ 03-80-95-65-40. • hotel-restaurant-coteriviere.com • Resto fermé dim soir-lun. Doubles env 85-135 € ; familiales également. Formules déj (sauf dim) 18-21 € ; menu*

30 €. Située dans la partie la plus bucolique du petit bourg, une belle maison de caractère, avec un parc ombragé et une terrasse au bord de l'Ignon, bien agréables en été. Pour les jours gris, une grande salle rustico-chic avec cheminée et plusieurs salons. Bien bonne cuisine de saison, dans le style bourguignon. Pain maison, produits frais. Beau petit menu du jour. Chambres cosy, exquises et confortables.

À voir. À faire dans les environs

Le petit train des Lavières : *☎ 03-80-95-36-36. De mi-juin à mi-sept, dim et j. fériés 15h-19h. Compter env 2 € pour les grands ; réduc.* Un petit train touristique, tiré par son locotracteur Diesel, pour une balade champêtre sympa comme tout, dans des wagons découverts. Circuit en boucle dans une forêt de pins. Départ dans la zone de loisirs, rue des Pins (ça ne s'invente pas !).

Le magasin d'usine de SEB : *15, rue des Champs, 21600* ***Selongey.*** *À 10 km au nord-est par la D 959 et la D 3. Tlj sauf dim 9h30-18h30.* Pour qui voudrait faire un tour au magasin d'usine de SEB. Un magasin qui ne chôme pas, surtout les jours de grande braderie. Le bourg de Selongey figure dans le Larousse pour avoir été, en 1953, le lieu d'une révolution. C'est ici que Frédéric et Henri Lescure ont inventé la fameuse Cocotte-Minute SEB, ensuite fabriquée dans leur usine.

UNE UTILISATION SURPRENANTE !

Loin de s'intéresser à la cuisine fusion, depuis des décennies, le Commissariat à l'énergie atomique utilise les Cocotte-Minute pour transporter les matériaux radioactifs. On n'a rien trouvé de plus pratique... et pas cher.

LA CÔTE-D'OR

FONTAINE-FRANÇAISE (21610)

C'est à Fontaine-Française que s'est déroulé l'ultime épisode des guerres de Religion. Un monument commémoratif, aujourd'hui lieu de pique-nique, sur la route de Saint-Seine, à 1 km, rappelle la victoire remportée par Henri IV le 5 juin 1595 contre les troupes de la Ligue, commandées par le duc de Mayenne. Celui qui ne risque pas d'avoir un monument, c'est Gallas, qui, en 1636, à la tête des troupes suédoises, détruisit nombre de châteaux sur son passage. Pour se venger, on fait une méga-fête, de Selongey à Saint-Jean-de-Losne, tous les... 50 ans. La dernière ayant eu lieu en 1988, vous avez encore le temps de prendre des places pour la prochaine !

Où dormir ? Où manger dans le coin ?

Camping

Camping du Trou d'Argot : *rue Basse, 21610* ***Montigny-Mornay*** *(Villeneuve-sur-Vingeanne). 06-77-51-69-33. • nathalie.schneider5721@yahoo.fr • camping-du-trou-argot.com • À 8 km au nord-est par la D 960. De mi-avr à mi-oct. Forfait tente env 7 €. CB refusées. 30 empl.* Au bord de la rivière, à l'écart d'un vieux village accroché sur le coteau.

Bon marché

Le Bistrot Gourmand : *10, pl. Henri-IV, à Fontaine-Française. ☎ 03-80-95-04-58. Tlj sauf mer. Assiettes généreuses 10-15 €.* Bar-cantine au cœur de Fontaine-Française tenu par une jeune retraitée qui a voulu recréer un espace de convivialité en ville. Marie-Jeanne vous accueille dans un cadre atypique rappelant celui des écoles d'antan, ambiance brocante et salon de thé détente. Les plats proposés sont tous confectionnés à base de produits locaux ou régionaux.

Le 23 : *23, rue de Velet, 21610* ***Montigny-Mornay*** *(Villeneuve-sur-Vingeanne). ☎ 03-80-75-99-15. • restaurantle23@hotmal.fr • Tlj sauf dim soir, lun, mar et mer soir. Compter 10-15 €. Également 2 chambres.* Nicolas et Christophe vous accueillent chez eux, dans ce village un peu perdu où la Vingeanne coule avec charme et douceur. Au restaurant, une cuisine franche et délicieuse, un vin bien choisi... On se régale et on profite aussi des 2 chambres d'hôtes, très confortables, avec vue sur la rivière.

De prix moyens à chic

Château de Rosières : *21610* ***Saint-Seine-sur-Vingeanne.*** *☎ 03-80-75-96-24. 06-37-58-68-52. • info@chateauderosieres.com • chateauderosieres.webnode.fr • À 8 km à l'est par la D 960, puis la D 30 après Saint-Seine. Doubles 60-148 € ; familiale. Table d'hôtes 30 €, tt compris.* Un château du XVIe s qui ne manque pas d'allure. Son propriétaire ne cesse de l'aménager, entre 2 trains (il travaille comme contrôleur à la SNCF, ce qui en fait un châtelain pas vraiment comme les autres !). Des chambres avec carrelage du XVe s, et une suite avec porte de la même époque et des murs peints à la chaux, plus chère évidemment.

Commanderie de la Romagne : *21610* ***Saint-Maurice-sur-Vingeanne.*** *06-21-69-28-63. • xavierquenot@laromagne.com • romagne.com • À 12 km au nord-est par la D 960, puis la D 128. Fermé janv-mars. Double 95 €.* Aux confins de la Champagne et de la Franche-Comté, sur une boucle de la Vingeanne, voici une ancienne commanderie de Templiers fondée en 1144 et dont les fortifications furent renforcées à la fin du XVe s. Après la bataille de Fontaine-Française, Henri IV y installa son camp et ses poules ! Vous n'aurez rien à lui envier, puisque vous serez accueilli dans de superbes chambres d'hôtes (une chambre, une suite et un appartement) aménagées dans le bâtiment du pont-levis ; un lieu où les pierres se marient avec l'eau et les bois. Idéal pour rêver du trésor des Templiers.

À voir à Fontaine-Française et aux environs

Le château de Fontaine-Française : *☎ 03-80-75-80-40. • chateau-fontainefrancaise.fr • Juil-août, tlj sauf lun-mar 10h-12h, 14h-18h ; sept, w-e seulement. Visite guidée (compter 40 mn). Entrée : 6 € ; réduc.* Demeure parfaite du XVIIIe s, témoignage de la splendeur au siècle des Lumières, mais surtout d'un remarquable équilibre maison-environnement. Beau parc à la française avec 372 tilleuls taillés en portique, alignés comme pour une revue militaire, et des buis taillés en boule, pour égayer. Belle perspective sur la pièce d'eau.

Le jardin « À la croisée des sens » : *32, rue Henry-Berger. ☎ 03-80-75-92-95. Mai-sept, tlj sur rdv 10h-12h, 14h-18h (sauf sam mat). Entrée : 3 € au bénéfice de l'association Jardins et Santé.* En sortant du château, visite possible en saison d'un sympathique jardin de saveurs et de savoir, où fleurissent et poussent des plantes compagnes et complices.

Le château de Rosières : *21610* ***Saint-Seine-sur-Vingeanne.*** *☎ 03-80-75-96-24. À 5 km à l'est par la D 960. Tte l'année, tlj 9h-19h. Entrée : 4 € ; gratuit moins de 18 ans. Visite libre (compter 20 mn). Escape game et autres animations familiales.* Chemin de ronde avec mâchicoulis, cheminées monumentales, boiseries intéressantes, magnifique plafond à la française, de quoi fantasmer un peu. Chasse au trésor à l'intérieur et à l'extérieur du château pour petits et grands. Pour rêver tout à fait, on peut même y dormir loin du monde et du bruit (voir plus haut « Où dormir ? Où manger... ? »).

Le château de Beaumont – Maison des champs : *21310* ***Beaumont-sur-Vingeanne.*** *☎ 03-80-47-74-05. À 6 km au sud par la D 27. Visite de la maison en juil et sept seulement, tlj sauf dim 14h30-18h30. Entrée : 4 €. Jardin ouv en saison, sans* *rdv et gratuit.* Maison édifiée au XVIIIe s par le chapelain de Louis XV. Belles dimensions, savantes proportions, ornementation type des hôtels particuliers parisiens.

BÈZE (21310)

Allez savoir pourquoi les gens sourient toujours lorsqu'on leur parle de ce village qui porte le nom de la rivière qui le traverse ! Il se présente d'emblée comme un petit bourg de caractère, doté d'une maison à baies ogivales des XIIe et XIIIe s, de nombreuses maisons à colombages, d'un petit lavoir des sœurs et d'une tour d'Oysel (XIVe s) aux murs épais. L'ancienne abbaye fut à l'origine de l'un des très grands crus de Bourgogne : le clos-de-bèze, à Gevrey-Chambertin.

Adresse utile

Office de tourisme : *1 bis, rue des Moulins, 21310* ***Mirebeau-sur-Bèze.*** *☎ 03-80-36-76-17. • tourisme-mirebelloisetfontenois.fr • Face au lavoir. Avr-sept, mar-sam 10h-13h, 14h-18h ; horaires réduits en arrière-saison. Antennes à Bèze (avr-sept) et à Fontaine-Française en juil-août.*

À voir

Les grottes de Bèze : *☎ 03-80-75-31-33 (appeler en cas de grosse pluie). • beze.fr • Juil-août, tlj 9h-18h30 ; avr-juin et sept, tlj 9h30-12h, 14h-17h30 (17h en sept) ; d'oct à mi-nov, tlj 14h-17h, plus sam et dim mat 9h30-12h. Entrée : 5,50 € ; réduc.* Lac souterrain illuminé. Promenade à pied et en barque sur près de 300 m. Belle balade ensuite le long de la Bèze pour aller à la découverte de la 2e source vauclusienne de France.

L'abbaye Saint-Pierre : *06-17-64-24-41 • abbayedebeze.blogspot.fr • Juil-août, mer-dim 15h-18h30. Entrée : 4 € ; réduc.* Fondée en 630, cette abbaye bénédictine est l'une des plus anciennes de Bourgogne : elle fut la 4e des abbayes mérovingiennes du diocèse de Langres. Ses bâtiments subsistants sont les témoins d'une histoire qui embrasse donc plus d'un millénaire, du début du VIIe s à la Révolution française, où elle fut vendue comme bien national. Parc à l'anglaise traversé par la Bèze. Jardin de fleurs et de roses.

LE VAL DE SAÔNE

Carte Côte-d'Or, C-D3-4

Un long ruban vert déroulé de chaque côté d'une rivière d'apparence nonchalante, entouré de prairies au sud, de cultures maraîchères au nord, tel apparaît le val de Saône. Une vallée particulièrement convoitée au fil des siècles, notamment autour de ses villes fortifiées où les habitants se sont regroupés. Pour les amoureux de croisières au lent cours, location de bateaux habitables que l'on peut piloter sans permis *(pour tt rens, Les Canalous, 21270* ***Pontailler-sur-Saône ;*** *☎ 03-85-53-76-74 ; • canalous-plaisance.fr • ; loc au w-e ou à la sem).*

TALMAY (21270)

Le village de Madame Sans-Gêne, à mi-chemin de Bèze et d'Auxonne, mérite une petite halte, autour de son château.

Où camper dans le coin ?

⛺ **Camping La Chanoie :** *46, rue de la Chanoie, 21270* ***Pontailler-sur-Saône.*** *☎ 03-80-67-21-98. • camping.municipal1@orange.fr • camping-lachanoie.com • ♿ De l'A 39, sortie Soirans ; de l'A 31, sortie Arc-sur-Tille. De mi-mars à mi-oct. Forfait tente env 15 €. Chalets. 160 empl.* Tout fleuri, tout sympa, en bord de Saône. Location de vélos et label Accueil Vélo, au bord de la voie bleue. Dépôt de pain.

À voir. À faire dans le secteur

Le château de Talmay : *accès par la rue Thénard, près de l'église. ☎ 03-80-36-13-09. • chateau-talmay.com • Visite guidée normalement à 15h30 et 17h (compter 45 mn). Entrée payante.* Un haut donjon du XIIIe s attire les regards de ceux qui s'arrêtent, songeurs, devant les grilles de la propriété. Aménagé au XVIIe s avec boiseries et mobilier d'époque, il domine un château classique du XVIIIe s et un parc avec jardins à la française.

Le circuit des monuments, rivière et nature : *rens à l'office de tourisme de Pontailler-sur-Saône, ☎ 03-80-47-84-42. • capvaldesaone-tourisme.fr • Topo-guides en vente sur place.* Autour de Talmay, balade pédestre de 11 km (balisage blanc pas toujours évident) au fil de l'histoire, du château à la maison natale de Madame Sans-Gêne, vers la Saône, avant de revenir par la chapelle du Frêne et sa fontaine d'eau vive.

Le pont-levis de Cheuge (21310) : *à 6 km au nord-ouest par la D 112d.* Un peu à l'écart du village (point de vue par la route de Jancigny, sur le pont), étonnant pont-levis du XIXe s sur le canal de la Marne à la Saône, où a été tourné La Veuve Couderc avec Alain Delon et Simone Signoret. Le bistrot du village conserve pieusement, accrochées à ses murs, des photos du tournage.

AUXONNE *(21130)*

Ville de garnison pour les uns, capitale de l'oignon ou arrêt pain-beurre et café sur la route du ski pour les autres... Cette petite cité, forte de son passé de ville frontière, est devenue bien agréable avec son port de plaisance à 500 m du centre-ville, adossé à 400 m de fortifications du XVIIe s. Auxonne cultive le souvenir de Bonaparte qui séjourna ici à 2 reprises, en 1788-1789, puis en 1791, entre 2 longs semestres de congés en Corse.

Adresse et info utiles

Office de tourisme : *11, rue de Berbis. ☎ 03-80-37-34-46. • capvaldesaone-tourisme.fr • Face à l'église. Lun-sam (plus dim de mi-juin à mi-sept) ; en hiver, fermé sam ap-m.*

– Croisières commentées sur la Saône : *ts les ven juil-août. Infos à l'office de tourisme.*

Où camper ? Où manger dans le coin ?

⛺ **Camping de l'Arquebuse :** *route d'Athée, à Auxonne. ☎ 03-80-31-06-89. • camping.arquebuse@wanadoo.fr • campingarquebuse.com • À 150 m de la D 905. De mi-janv à mi-déc. Forfaits tente env 16-22 €. Bungalows jusqu'à 5 pers. 100 empl.* Un camping bien équipé en bord de Saône. Piscine et restauration. Location d'embarcations à pédales.

Le Nymphéa : *32, rue de Franche-Comté, 21760* ***Lamarche-sur-Saône.*** *☎ 03-80-32-02-50. À 10 km au nord par la D 976. Accès par le petit chemin à côté du Domaine Saint-Antoine (sur la D 976). Tlj. Résa plus qu'indispensable. Menus 24-32 € ; plats 13-16 €.* *Le Nymphéa* fleurit en bord de Saône. Une guinguette où l'on vient autant pour l'accueil que pour les copieuses fritures d'ablettes et pour la traditionnelle pochouse, servis dans la grande salle, ou à la terrasse fleurie qui domine les berges, là où accostent les bateaux.

À voir

L'église Notre-Dame : le transept méridional date du XIIe s, tandis que le reste fut construit du XIIIe au XIVe s, le porche ayant été rajouté en 1516. Le guide signale en un heureux amalgame qu'il faut voir « orgues, chaire à prêcher, lutrin, aigle en bronze de 1562, statue de la Vierge au raisin du milieu du XVe s, saint Antoine polychrome de la fin du XVe, christ de pitié du XVIe ». Montée à la tour de l'église le vendredi en juillet et août.

En sortant, prenez le temps d'admirer les ***maisons des XVIe et XVIIe s,*** avant d'aller jeter un œil aux ***fortifications*** et à l'***arsenal*** d'artillerie construit par Vauban. Il sert de halles, le vendredi, pour le marché.

LA CÔTE-D'OR

Manifestation

– ***Carnaval d'Auxonne :*** *1er dim de mars. Rens à l'office de tourisme.* Un des plus importants de la région, depuis près d'un siècle.

SAINT-JEAN-DE-LOSNE *(21170)*

Sa situation, au confluent de la Saône et des canaux de Bourgogne et du Rhône au Rhin, lui a valu d'être, depuis le XIXe s, la capitale de la batellerie. Saint-Jean-de-Losne est aujourd'hui le 1er port fluvial de plaisance européen.

Adresse utile

@ ***Office de tourisme Rives de Saône :*** *2, rue de la Liberté. ☎ 03-80-37-15-70. • saone-tourisme.fr • Avr-sept, mar-sam 10h-12h30, 14h-18h ; plus dim impairs en juil-août. Oct-mars, mar, mer, ven, plus sam mat.* Balade des mariniers avec panneaux, appli téléchargeable gratuitement ou tablette (3 circuits thématiques présentant l'univers de la navigation fluviale). Boutique avec produits régionaux.

Où camper ?

Camping Les Herlequins : *7, chemin de la Plage. ☎ 03-80-39-22-26. À 1 km du bourg. Ouv tte l'année. Forfaits tente env 13-16 €. 65 empl.* Camping classique sur les bords de la Saône. Location de barques électriques, de vélos et kayaks à proximité. Jeux pour enfants. Restauration rapide.

À voir. À faire

L'église Saint-Jean-Baptiste : gothique (XVIe s). Un immanquable édifice de brique élancé comme un gratte-ciel. Clocher à tourelle et toits très pentus, recouverts de tuiles vernissées pour bien se rappeler qu'on est en Bourgogne. À l'intérieur, chaire à prêcher (1604), stalles (1748), orgue (1768), maître-autel avec baldaquin (1784).

Le musée de la Batellerie : *5, rue de la Liberté. 06-41-75-25-13. • musee-saintjeandelosne.com • Avr-oct, tlj 10h-12h, 14h30-18h30, ou sur rdv. Entrée libre ; visite commentée payante.* Pour tout savoir sur la batellerie. Dans l'escalier : Vierge bourguignonne (XVe s) en chêne, réemploi d'un élément de pan de bois.

➢ **Parcours écopagayeur :** *☎ 03-80-77-92-78. • pagaies-des-bords-de-saone.fr •* Concept original pour découvrir sur la Saône la faune et la flore des rivières en canoë canadien (bien stable), topoguide en main. Itinéraires de 2h à une demi-journée entre Saint-Jean et Seurre.

Fêtes et manifestations

– **Salon fluvial :** *au printemps.*
– **Pardon des mariniers :** *3e w-e de juin.* Grande fête de la Batellerie. Une fête solennelle avec une flotte de péniches superbement décorées et une grand-messe donnée sur l'une d'elles.
– **Salon De fil en aiguille :** *fin oct.* Les fans de tricot, broderie, couture, patchwork envahissent la ville.
– **Saint-Nicolas :** *dim le plus proche du 6 déc.* Arrivée de saint Nicolas sur la Saône, défilé et grand marché à travers la ville.

LA CÔTE-D'OR

SEURRE *(21250)*

Cette petite ville tranquille s'étirant le long des berges accueillantes de la Saône est à la fois proche des diables et du Bon Dieu. Les diables étant peints sur des fresques à l'église de Bagnot, Dieu étant chez lui partout ailleurs dans ce plat pays, naguère marécageux et forestier. Lequel vit, en 1098, s'élever un monastère bâti en bois et torchis qui allait devenir célèbre dans le monde entier : Cîteaux (voir nos pages sur « La route des grands crus »). Depuis Seurre, rejoindre l'A 36 pour repartir, au choix, vers Paris ou vers le sud de la Bourgogne.

Adresse utile

Office de tourisme Rives de Saône : *capitainerie, rue de la Perche-à-l'Oiseau. ☎ 09-61-38-56-11. • saone-tourisme.fr •* Location de vélos. Boutique. Circuit découverte de la ville « Parcours patrimoine Jacquemart » avec un petit fascicule.

Où dormir ? Où manger dans les environs ?

Le Cascarot : *2, Grande-Rue, 21250* ***Lechâtelet.*** *☎ 03-80-47-01-94. • reservations.cascarot@gmail.com • cascarot.fr • Entre Saint-Jean-de-Losne et Seurre, en marge de la D 976. Fermé lun-mar. Doubles à partir de 90 € ; également des apparts. Menus 21-27,50 €.* Une adresse qu'il faut dénicher, idéale pour les cyclistes (location de vélos), située sur l'EuroVélo 6 et la voie bleue. Une jolie récompense en tout cas à l'arrivée que cet ancien hôtel réhabilité, dans un environnement bucolique, surplombant légèrement un méandre de la Saône. Derrière les volets grenat se cachent des chambres élégantes et des appartements tout confort. Au rez-de-chaussée, bar et restauration sur commande. Une halte privilégiée en immersion dans le village et accueil en anglais.

Le Comptoir de Pagny : *1, rue de la Poste, 21250* ***Pagny-le-Château.*** *☎ 03-80-72-01-09. • contact@comptoir-de-pagny.fr • Ouv le midi mar-dim et le soir ven-sam. Formules déj env 13-16 € ; le soir, compter 35 €.* Pour Iza, ancienne étoilée parisienne en quête d'une vie plus zen, plus question de refaire du gastro. Surtout le midi, où l'on vient de partout pour déjeuner chez elle à prix doux. Il faudrait aller loin pour trouver aussi goûteux, aussi inventif à si petits prix. Poétique et réaliste à la fois, l'ardoise dit tout et c'est tant mieux car la « chef » n'a pas trop le temps de causer. Le soir, les vendredi et samedi, c'est plus travaillé, plus convivial aussi. Carte des vins bien intéressante.

À voir

L'hôtel-Dieu : *14, Grande-Rue-du-Faubourg-Saint-Georges. ☎ 03-80-20-39-19. Visite guidée et payante sur rdv.* Toujours en activité, l'hôpital renferme, dans sa partie ancienne (XVIIe-XVIIIe s), de véritables trésors : apothicairerie avec une belle collection de faïences, cuisines, grande salle des hommes avec ses anciens lits clos, chapelle. Se renseigner auprès de l'office de tourisme.

Le musée de la Saône et des Gens de la Saône : *13, rue Bossuet. ☎ 09-61-38-56-11. Avr-juil et sept-oct, mar et ven 10h-12h. Entrée payante.* C'est la maison familiale de Bossuet (XVIe s), où vécurent les ancêtres du grand prédicateur, bourgeois aisés qui exerçaient le métier de charron, et dont plusieurs furent échevins ou maïeurs. Beau bâtiment en brique rouge, typique de l'habitat local. Musée de 3 étages regroupant des pièces du patrimoine naturel et traditionnel du val de Saône (céramique et archéologie, batellerie, vieux métiers à l'origine de l'industrie de la prothèse).

L'Étang Rouge, écomusée en plein air du val de Saône : *rue de Franche-Comté. ☎ 09-61-38-56-11. À la sortie de la ville, direction Saint-Aubin. Accès libre.* Incontournable musée de la Saône et des gens de la Saône (avec reconstitution de fermes, maisons bressanes ou bourguignonnes, granges, pigeonniers). Une passionnante réhabilitation du patrimoine local et naturel sur 6 ha. Nombreuses manifestations : brocantes, saveurs d'automne, visites gourmandes *(en juil-août, le jeu à 10h),* ateliers participatifs *(en juil-août, le mar à partir de 14h),* etc. Pour les enfants, animations genre « Le Mystère de l'Étang Rouge » (inscriptions et kits sur place auprès des offices de tourisme de Saint-Jean-de-Losne et Seurre, payant). Vraiment top.

LA SAÔNE-ET-LOIRE

• Carte *p. 268-269*

ABC de la Saône-et-Loire

- ***Superficie :*** 8 575 km².
- ***Préfecture :*** Mâcon.
- ***Sous-préfectures :*** Chalon-sur-Saône, Autun, Charolles et Louhans.
- ***Population :*** 550 000 hab., plus du tiers des Bourguignons.
- ***Point culminant :*** le signal de la Mère-Boitier (758 m).
- ***Signes particuliers :*** 2 « Grands Sites de France » (Solutré Pouilly Vergisson et Bibracte-Mont Beuvray) ; 13 chefs étoilés ; 3 vignobles (côte chalonnaise, mâconnais et beaujolais).

Quand on rejoint Mâcon depuis Dijon ou Beaune, l'apparition au loin de villages aux toits de tuiles douces et rondes à la romaine, accompagnée d'un changement de climat et d'atmosphère, d'une lumière soudain plus gaie, est un signe qui ne trompe pas. Mieux qu'un panneau frontalier, il indique le passage irrémédiable du « Nord » au « Sud ». Bienvenue en Saône-et-Loire, le département le plus méridional de la Bourgogne-Franche-Comté.

UNE TERRE DE TRANSIT(ION)

Au sud, vigne omniprésente et villages opulents, tandis que le nord du Mâconnais laisse sa forêt prendre le dessus. Entre les 2, le paysage ondoie paisiblement. Pâtures, céréales et vignes s'y côtoient sans heurts, et nos amis ruminants y sont nombreux. Une fois passé le ***Tournugeois,*** il vous reste toute la plaine de la ***Bresse bourguignonne*** à découvrir, avant de repartir vers Chalon-sur-Saône, la capitale économique du pays. La ***côte chalonnaise*** cache quelques petites merveilles que nous allons essayer de vous faire découvrir.

LAMARTINE VOIT ROUGE

Lors de la révolution de 1848, les Parisiens marchèrent sur l'hôtel de ville pour réclamer l'instauration du drapeau rouge comme nouvel emblème national. Le Mâconnais Lamartine était alors ministre des Affaires étrangères. Il s'interposa dans un célèbre discours improvisé pour sauver de justesse le drapeau bleu-blanc-rouge. Sans lui, la France arborerait aujourd'hui un drapeau ressemblant à celui de la Chine !

Le voyage dans ce sud de la Bourgogne passe tout naturellement par le ***Charolais*** et le ***Brionnais,*** terres méconnues, riches en patrimoine roman, avant de se poursuivre, selon le temps et l'envie, entre une Loire qui, quoique fort discrète, a donné la moitié de son nom à ce département, et les bords du ***canal du Centre.*** Trait d'union entre Saône et Loire, entre Digoin et Chalon, les 2 villes-portes du département, le canal du Centre est long de 112 km. Réalisé au XVIIIe s par l'ingénieur-architecte Émiland Gauthey, il fut le principal vecteur du développement industriel local avant de devenir l'un des pôles touristiques du XXIe s.

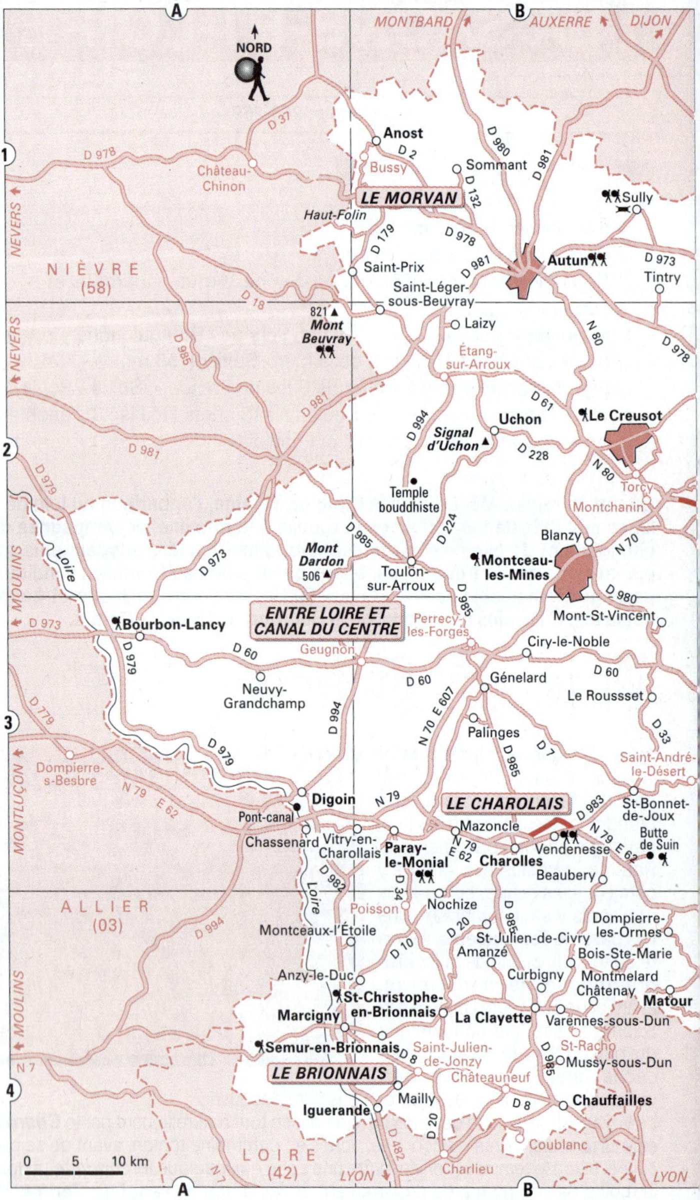

NORD
MONTBARD
AUXERRE
DIJON
NEVERS
NIÈVRE (58)
MOULINS
MONTLUÇON
ALLIER (03)
LOIRE (42)
LYON
LE MORVAN
ENTRE LOIRE ET CANAL DU CENTRE
LE CHAROLAIS
LE BRIONNAIS
Anost
Bussy
Sommant
Château-Chinon
Haut-Folin
Sully
Autun
Tintry
Saint-Prix
Saint-Léger-sous-Beuvray
821 Mont Beuvray
Laizy
Étang-sur-Arroux
Uchon
Signal d'Uchon
Le Creusot
Torcy
Montchanin
Temple bouddhiste
Blanzy
Montceau-les-Mines
Mont Dardon 506
Toulon-sur-Arroux
Mont-St-Vincent
Bourbon-Lancy
Perrecy-les-Forges
Geugnon
Ciry-le-Noble
Neuvy-Grandchamp
Génelard
Le Roussset
Palinges
Saint-André-le-Désert
Dompierre-s-Besbre
Digoin
Pont-canal
Chassenard
Vitry-en-Charollais
Paray-le-Monial
Mazoncle
Charolles
Vendenesse
St-Bonnet-de-Joux
Butte de Suin
Beaubery
Poisson
Nochize
Montceaux-l'Étoile
St-Julien-de-Civry
Amanzé
Dompierre-les-Ormes
Bois-Ste-Marie
Curbigny
Montmelard
Châtenay
Matour
Anzy-le-Duc
St-Christophe-en-Brionnais
Marcigny
La Clayette
Varennes-sous-Dun
Semur-en-Brionnais
Saint-Julien-de-Jonzy
St-Racho
Mussy-sous-Dun
Châteauneuf
Mailly
Iguerande
Chauffailles
Coublanc
Charlieu
Loire
D 978
D 37
D 2
D 980
D 981
D 132
D 179
D 18
D 985
D 973
N 80
D 61
D 994
D 228
D 224
D 979
D 60
N 70
N 70 E 607
D 980
D 779
D 33
D 7
N 79
E 62
D 983
D 982
D 34
D 20
D 10
D 8
D 482
N 7
0 5 10 km
A
B
1
2
3
4

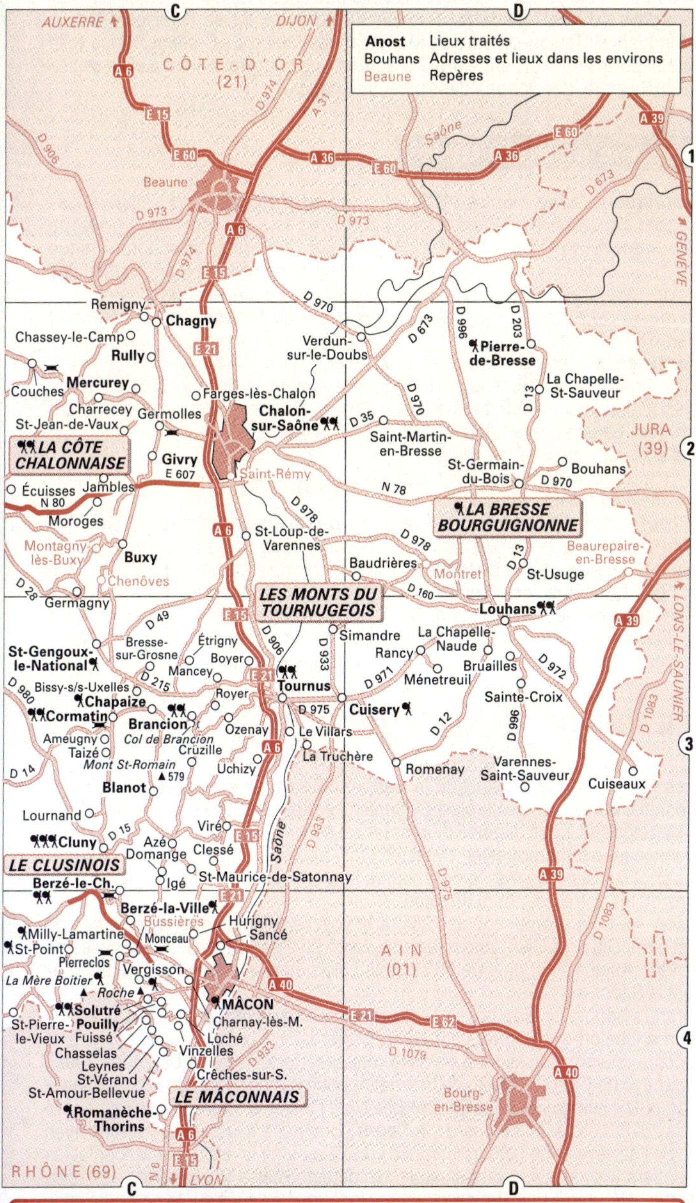

LA SAÔNE-ET-LOIRE

D'autres destinations que les routes du Vin s'ouvrent au tourisme, lentement, car l'arrière-pays a du mal à se détacher de ce qui fut longtemps sa 1re raison d'être, le travail industriel : Toulon-sur-Arroux, Montceau-les-Mines, Le Creusot... Vous voilà arrivé aux portes du ***Morvan,*** entre Bibracte et Autun, qui racontent à elles seules une autre histoire, développée dans un autre chapitre.

Adresses et infos utiles

Destination Saône & Loire *(ADT) :* *389, av. De-Lattre-de-Tassigny, 71000* ***Mâcon.*** *☎ 03-85-21-02-20.* *• info@adt71.com • destination-saone-et-loire.fr •* Carte touristique, carte de la voie verte, magazines, Tourisme & Handicap...

– ***Aventures Mômes :*** demander à l'ADT la brochure qui recense environ 80 sites sympa pour les 4-14 ans (visites et activités). La liste des prestataires est consultable sur *• destination-saone-et-loire.fr •* et dans la brochure *Aventures Mômes* (téléchargeable sur le site).

– ***La route des Châteaux :*** *• chateauxenbourgognedusud.com •* Demander dans les offices de tourisme la liste des 17 châteaux de Bourgogne du Sud que l'on peut visiter. Pour un billet d'entrée acheté, réduction dans les autres châteaux.

– ***Country Break :*** *• country-break-bourgogne.fr •* Tout un choix de séjours dans une campagne unique pour vivre de belles expériences et des week-ends extrasensoriels.

Gîtes de France Saône-et-Loire : *esplanade du Breuil, BP 522, 71010* ***Mâcon*** *Cedex. ☎ 03-85-29-55-60. • info@gites71.com • gites71.com • Accueil téléphonique tlj 9h-21h (sauf 12h-14h dim).*

Transports

➢ ***Bus :*** *infos avec la plateforme de ts les transports en Saône-et-Loire, Mobigo. • r-s-l.fr/nos-lignes-mobigo • bourgognefranchecomte.fr •* Lignes directes entre Mâcon et Cluny, Tournus et Chalon. Pour Paray-le-Monial ou Marcigny, changer à Cluny.

VOIE VERTE, RANDO, VÉLO

Vallées fluviales de la Loire et de la Saône, côte calcaire du Mâconnais et du Chalonnais, bocages du Charolais-Brionnais, étangs de la Bresse, forêts du Morvan... la Saône-et-Loire dispose d'un potentiel considérable pour la pratique de la randonnée (pédestre, équestre, cycliste). Vous allez aimer, d'autant que tables et caves sont là pour redonner forces, sourire et moral, au cas où vous auriez perdu les uns ou les autres en cours de route.
La Saône-et-Loire a aménagé en 1997 la 1re voie verte de France, un itinéraire de 44 km entre Cluny et Givry, une référence donc. En 20 ans, le réseau n'a cessé de s'étendre. Aujourd'hui, plus de 560 km de véloroutes, voies verte et bleue quadrillent la Saône-et-Loire.
La Grande boucle de Bourgogne du Sud est une superbe boucle de 145 km de Mâcon à Chalon-sur-Saône. L'itinéraire file dans le vignoble du Mâconnais et de la côte chalonnaise jalonné de sites majeurs : forteresse de Berzé-le-Châtel, cité-abbaye de Cluny, château de Cormatin, bourgs médiévaux de Buxy et Saint-Gengoux-le-National... La partie voie bleue de Chalon à Tournus (opérationnelle depuis 2019) côtoie les berges de la Saône. Une halte s'impose à Tournus avec visite de l'abbaye et de l'étonnant musée du Vélo avant le retour sur Mâcon et les 30 derniers kilomètres. Indispensable : le dépliant-carte *Voies vertes et cyclotourisme,* disponible dans tous les offices de tourisme situés sur le parcours, et le *Routard La Bourgogne du Sud à vélo.*

Office de tourisme du Mâconnais Val de Saône : *gare de Charnay-Condemine, 2727, route de Davayé, 71850* ***Charnay-lès-Mâcon.*** *☎ 03-85-21-07-14.*

• charnay.com • Avr-août, tlj 9h-12h30, 13h30-18h30 ; sept-oct, mer-dim. Lieu de départ et d'arrivée de nombreux itinéraires de randonnée et de découverte, qu'ils se fassent à pied ou à vélo (location de vélos sur place).

➢ Noter que la ligne de bus Mâcon-Cluny-Chalon (n° 7) permet de revenir au point de départ. Résa obligatoire, la veille, pour le transport des vélos *(☎ 03-85-45-86-44 ; • mobigo-bourgogne.com •).*

MÂCON (71000) 36 000 hab. *Carte Saône-et-Loire, C4*

• Plan *p. 273*

Pour vraiment découvrir Mâcon, petite ville active à la frontière du Beaujolais, du Mâconnais et de la Bresse, il faut traverser la Saône. Là, vous avez la plus belle des vues sur le quai et ses maisons bien alignées, le vieux pont Saint-Laurent, l'ancienne cathédrale se détachant en fond. Le samedi matin, il règne une belle animation sur les quais : c'est le marché sur l'esplanade Lamartine. Les autres jours, Mâcon reste une ville plaisante à vivre, même si on est dérouté par l'absence de centre réel. Pourtant Mâcon présente certains atouts, on y trouve l'une des plus belles maisons médiévales de Bourgogne et un patrimoine notable. Il faut juste prendre le temps de le débusquer, en suivant l'itinéraire « Le tracé de la plume » par exemple.

Saluons les efforts de la ville, ces dernières années, pour renouer avec son potentiel touristique et soigner son apparence. Les places ont subi un lifting, et surtout les promeneurs se réapproprient progressivement les bords de Saône, faisant oublier un peu la nationale qui longe la rivière : construction de l'esplanade Lamartine avec ses terrasses et jeux pour les enfants, réfection des quais en halte fluviale où accostent des bateaux de croisière, « voie bleue » parcourue par les joggeurs... Cette ville qui vit quasiment naître l'aviron en France semble déterminée à filer droit sans se retourner pour corriger un certain défaut d'image.

UN PEU D'HISTOIRE

L'histoire plaide pour une mise en avant de ce lieu stratégique qui fut un port important dès le IIIe s avant notre ère. Les Romains y bâtirent un castrum : Matisco, bien placé sur la via Agrippa, la grande voie reliant Lugdunum (Lyon) aux provinces du Nord. À partir de 536, la création d'un évêché, et, quelques années plus tard, l'arrivée des reliques de saint Vincent de Saragosse ne font qu'accroître l'importance du bourg.

Lors du partage de l'empire de Charlemagne en 843, Mâcon devint une ville frontière, la Saône marquant la limite entre le royaume de France et le royaume de Germanie. En 1455, Charles VII cède à nouveau le Mâconnais à Philippe le Bon, duc de Bourgogne. Dernier transfert en 1477, à la mort de Charles le Téméraire, lorsque toute la Bourgogne revient à la France.

L'HYDROBASE DE MÂCON

Dans les années 1930, la Saône à Mâcon fit l'objet d'une activité aussi peu banale que spectaculaire : la compagnie britannique Imperial Airways *en avait fait une escale technique pour ses colossaux hydravions sur les lignes Southampton-Le Cap et celles en provenance d'Asie. Une piste « d'amerrissage » idéale qui vit passer 211 vols commerciaux entre 1938 et 1939. La guerre mit fin à cette éphémère hydrobase.*

Aujourd'hui, Mâcon est une ville active, bénéficiant toujours de son rôle charnière entre Bresse, Beaujolais et Mâconnais. Son salon annuel des vins (avec le concours des grands vins de France) a acquis une réputation mondiale et, à mi-chemin sur la route des vacances méditerranéennes, la ville et ses environs constituent une véritable étape gastronomique et culturelle.

Adresses et infos utiles

Office de tourisme du Mâconnais Val de Saône (plan A2, **1**) : *1, pl. Saint-Pierre. ☎ 03-85-21-07-07. • visitezlemaconnais.com • Juil-sept, tlj 9h-19h (10h-12h30, 14h30-18h dim) ; juin, lun-sam 9h30-12h30, 14h-18h30, plus dim ; le reste de l'année, mar-sam seulement. Autre bureau (voir le chapitre d'intro sur le département) à* ***Charnay,*** *au départ de la voie verte : ☎ 03-85-21-07-14. Tlj en juil-août, mer-dim début avr-début nov.* Billetterie touristique dans les 2 lieux d'accueil. Promenades à thème originales et visites guidées de la ville en été. Infos sur les 8 circuits touristiques, culturels et gastronomiques de la *route des Vins Mâconnais-Beaujolais,* à travers environ 80 villages-étapes (guides touristiques gratuits). Location de vélos.

Maison mâconnaise des vins (hors plan par B1, **2**) : *484, av. De-Lattre-de-Tassigny. ☎ 03-85-22-91-11. Tlj 10h-19h.* Superbe espace accueil-présentation-vente des vins du Mâconnais. Fait aussi bar et restaurant midi et soir.

2 gares TGV : *Mâcon-ville centre (plan A2) et gare Mâcon-Loché-TGV (à 7 km). Bus avec le réseau de la ville TRéMA ligne E (☎ 03-85-21-98-78 ; • trema-bus.fr/fiches_horaires •) ou avec le réseau interurbain Transdev, ligne n° 7. Sinon, des navettes ponctuelles mises en place par la SNCF.*

Location de voitures : ***Hertz,*** *201, chemin des Jonchères,* ***Charnay-lès-Mâcon,*** *à 800 m de la gare TGV ; ☎ 03-85-20-92-61.* ***Avis,*** *☎ 08-20-61-16-62 (0,112 €/mn).* ***Europcar,*** *☎ 03-85-20-14-14, à la gare TGV Mâcon-Loché.* Attention, pas d'agence à la gare du centre-ville (ce serait trop simple...).

Taxis : ***RadioTaxi Mâcon,*** *06-11-48-06-88.* ***Allô Mâcon Taxis,*** *06-08-84-04-97.* ***Taxi Service,*** *06-34-64-13-65.* ***ProxyMobil,*** *07-61-17-93-38, • proxymobil.fr/fr/page-daccueil/ •* (Taxi touristique à la carte, pratique pour se rendre à la roche de Solutré par exemple ; résa possible à l'office de tourisme.)

Où dormir ?

Prix moyens

Brit Hotel Mâcon Centre (plan A2, **8**) : *1, rue Bigonnet. ☎ 03-85-38-18-10. • hotel-macon.brithotel.fr • Assez central et pas loin de la gare. Doubles env 70-100 €. Garage payant à proximité.* Hôtel à l'angle de rues passantes, qui se métamorphose peu à peu au goût et aux couleurs actuels. Les chambres sont spacieuses, de bon confort ; celles sur cour sont plus calmes. Petit jardin agréable en été.

Hôtel de Bourgogne (plan A2, **9**) : *6, rue Victor-Hugo. ☎ 03-85-21-10-23. • info@hoteldebourgogne.com • hoteldebourgogne.com • Doubles climatisées 72-125 € ; familiales également. Parking privé payant.* Hôtel ancien aux larges murs, rénové et modernisé, donnant sur une place fleurie et ombragée, à 2 pas du quartier piéton. Les chambres, décorées avec soin, ouvrent sur la rue ou sur l'arrière de la maison. Un certain charme dès qu'on est à l'intérieur (belle montée d'escalier dans le hall, patio pour patienter). Tours, détours, demi-étage, petits escaliers et recoins.

Hôtel Best Western d'Europe et d'Angleterre (plan B1, **7**) : *92-109, quai Jean-Jaurès. ☎ 03-85-38-27-94. • info@hotel-europeangleterre-macon.com •*

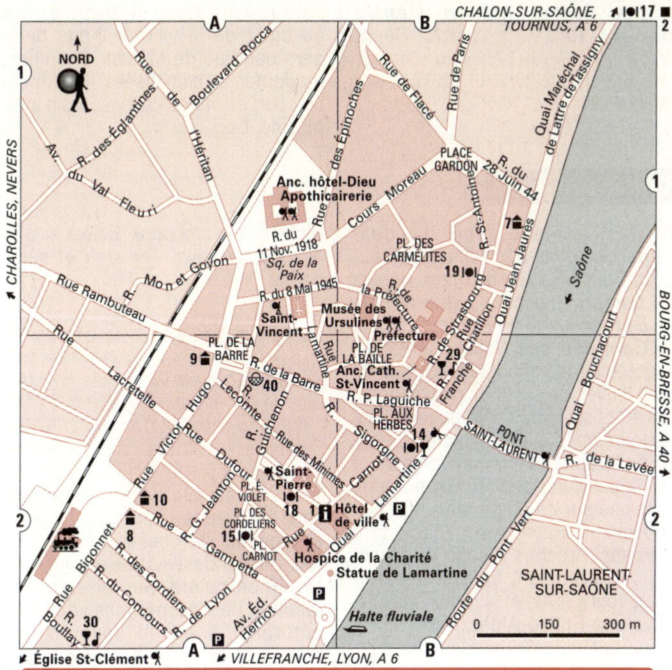

MÂCON

Adresses utiles

- **1** Office de tourisme du Mâconnais Val de Saône (A2)
- **2** Maison mâconnaise des vins (hors plan par B1)

Où dormir ?

- **7** Hôtel Best Western d'Europe et d'Angleterre (B1)
- **8** Brit Hotel Mâcon Centre (A2)
- **9** Hôtel de Bourgogne (A2)
- **10** Ibis Styles Mâcon Centre (A2)

Où manger ?

- **14** Les restaurants face au quai Lamartine (B2)
- **15** La Dolce Vita (A2)
- **17** Le Poisson d'Or (hors plan par B1)
- **18** Le Bazar Café (A2)
- **19** Ma Table en Ville (B1)

Où boire un verre ? Où sortir ?

- **14** Les bars face au quai Lamartine (B2)
- **29** Le Galion (B2)
- **30** La Cave à Musique (A2)

Où acheter de bons produits ?

- **40** Pâtisserie Noyerie (A2)

hotel-europeangleterre-macon.com • Doubles standard 88-116 € ; familiales. Parking payant sur résa. Si vous aimez les établissements de caractère, celui-ci a conservé le sien en l'adaptant aux goûts d'aujourd'hui. La reine Victoria, l'Aga Khan, Marcel Pagnol ou encore Colette ont naguère séjourné dans cet ancien couvent du XVIIIe s, sur les quais de la Saône. Chambres au design contemporain, climatisées et particulièrement bien insonorisées, vraiment grandes pour certaines (idéal pour une famille). Bar à vins. Salle tonique pour le petit déjeuner. Sur le même quai, l'***Hôtel du Nord*** appartient à la même maison (chambres moins chères).

Ibis Styles Mâcon Centre *(plan A2, **10**) : 91, rue Victor-Hugo. ☎ 03-85-39-17-11. • ibisstyles.com • Doubles env 95-160 €, petit déj-buffet inclus ; familiales. Garage privé payant.* Hôtel idéalement situé au cœur de la ville, à 2 pas de la gare centrale de Mâcon. Chambres modernes et climatisées. Idéal pour un court séjour au calme. Jardin avec piscine. Bar.

Où manger ?

En enfilade ***face au quai Lamartine*** *(plan B2, **14**)*, des restaurants pour tous les budgets, depuis les burgers maison à petits prix de ***Jo Burger*** jusqu'à la brasserie chic ***Le Comptoir des Halles.*** Terrasses abritées de la nationale (mais pas du bruit !) avec un plus non négligeable : ces établissements sont ouverts tous les jours, même le dimanche.

Certains Mâconnais déjeunent ou dînent dans des adresses qui ne sont pas sur ce guide mais que l'on pourrait indiquer sur la carte tant elles sont proches. Il suffit de passer le pont, elles sont dans le département voisin, l'Ain et la région voisine, Auvergne-Rhône-Alpes.

De bon marché à prix moyens

La Dolce Vita *(plan A2, **15**) : 23, pl. Émile-Violet. ☎ 03-85-39-13-11. • restoladolcevita@orange.fr • Fermé dim-lun et j. fériés. Congés : 1 sem début janv, 1 sem fin fév, 2 sem en août. Formules déj à partir de 13,50 € ; carte env 25-30 €. Un verre de saint-véran offert sur présentation de ce guide.* Un petit resto qui fait parler de lui pour son cadre, changeant au fil des humeurs et des voyages du patron, autant que pour son plat du jour, le midi et pour sa cuisine maison, simple. L'été, sympathique terrasse.

Le Bazar Café *(plan A2, **18**) : 34, rue Joseph-Dufour. ☎ 03-85-50-72-44. ♿ Lun-ven 8h-16h30. Congés : 3 premières sem d'août. Compter 15-20 €.* Le gentil bazar, il est dans l'adorable vitrine qui donne d'autant plus envie d'entrer que la carte du jour est attractive. Du simple, du bio, du bon, du fait maison qui ne triche pas, à prix doux. Bières locales et vins de pays. Terrasse et salon de thé.

De prix moyens à chic

Ma Table en Ville *(plan B1, **19**) : 50, rue de Strasbourg. ☎ 03-85-30-99-91. • info@matableenville.fr • Fermé le w-e et fêtes de fin d'année. Formules déj env 19-25 € ; menu 39 €.* Après avoir fait ses classes chez de grands noms bourguignons et lyonnais, le chef a entrepris un tour du monde avant de revenir dans sa région natale. Sa cuisine est le résultat de ces périples, actuelle, naturelle, riche en saveurs tout en respectant les produits. Déco urbaine décalée juste comme il faut, et bel accueil en salle de sa femme. Terrasse côté rue, accueillante elle aussi. Carte des vins avec uniquement des vignerons qu'ils aiment. On aime aussi.

Le Poisson d'Or *(hors plan par B1, **17**) : allée du Parc. ☎ 03-85-38-00-88. ♿ À 1 km du centre, direction Paris, à droite à la piscine municipale, en bord de Saône. Fermé mar-mer et dim soir. Menus 26-36 € (déj lun-sam), puis env 35-80 €.* Les reflets des eaux de la Saône et les rivages ombragés sont à vous depuis les grandes baies vitrées et la terrasse de cet agréable restaurant familial, au calme, à l'extérieur du centre-ville. Déco contemporaine et chaleureuse, boisée, aux tonalités positives. Un accueil et un service particulièrement attentionnés ajoutent au plaisir d'une savoureuse cuisine gastronomique terre-mer et basse température qui ne s'endort pas sur le terroir. La cuisine est assurée par le père et le fils, le service par leurs épouses.

Où dormir ? Où manger dans les environs ?

Se reporter également à notre chapitre « Le Sud et les monts du Mâconnais ».

Camping

⛺ ***Camping municipal :*** *1, rue des Grandes-Varennes, 71000* ***Sancé.*** *☎ 03-85-38-16-22. • camping@ville-macon.fr • macon.fr/tourisme/camping • ♿ À 3 km au nord du centre-ville, au bord de la D 906. De mi-mars à oct. Forfaits tente 2 pers env 15-17 €. 245 empl.* Sur un terrain de 5 ha, herbeux, plat et ombragé, au bord de la Saône. Piscine.

De bon marché à prix moyens

🏠 ***Chambres d'hôtes Les Tournesols :*** *chez Marcelle Rouveyrol-Lafond, 1147, route de Dracé, 71680* ***Crêches-sur-Saône.*** *☎ 03-85-36-50-22. • rouveyrol.com • À 10 km au sud de Mâcon. Double 58 €. Réduc de 10 % pour 2 nuits consécutives sur présentation de ce guide.* Une vieille demeure beaujolaise qui fut une distillerie sous Napoléon. Elle abrite 5 chambres agréables dont 3 studios de plain-pied. Piscine chauffée et jardin avec terrasse. Également une cuisine extérieure. Une maison qui aime les chiens et les chats.

🏠 |●| ***La Vieille Ferme :*** *1, bd du Général-de-Gaulle, 71000* ***Sancé.*** *☎ 03-85-21-95-15. • contact@hotel-restaurant-lavieilleferme.com • hotel-restaurant-lavieilleferme.com • À 5,5 km du centre de Mâcon (8 mn en voiture). Sortie nord de Mâcon par la D 906. Resto fermé dim soir et lun midi. Doubles 68-85 €. Formule déj en sem 17 € ; menus 25-45 €.* Ancienne ferme à laquelle a été adjoint un petit complexe hôtelier avec piscine. La partie moderne construite façon motel abrite des chambres spacieuses, plaisantes et ouvertes côté Saône et campagne. Train en fond sonore, autant prévenir. Salle de resto agréable (décor rustique, meubles anciens), mais aux beaux jours, c'est la terrasse qui remporte tous les suffrages. Cuisine classique, exécutée avec sérieux.

De chic à plus chic

🏠 |●| ***Le Moulin du Gastronome :*** *540, route de Cluny, 71850* ***Charnay-lès-Mâcon.*** *☎ 03-85-34-16-68. • moulindugastronome@wanadoo.fr • moulindugastronome.com • Resto fermé le midi mar-mer, plus le soir mar-mer hors saison. Doubles 100-105 €. Menus 20 € (déj en sem)-73 €. Café offert sur présentation de ce guide.* Un petit hôtel à taille humaine, rustique, pratique, avec piscine et tilleuls centenaires dans le parc. Près d'un axe routier passant, mais c'est bien insonorisé. Attractive cuisine classique, surtout, réalisée par un chef amoureux des produits. Coin terrasse bienvenu le soir en été.

🏠 ***Les Maritonnes :*** *513, route de Fleurie, D 32, 71570* ***Romanèche-Thorins.*** *☎ 03-85-35-51-70. • contact@lesmaritonnes.com • lesmaritonnes.com À 10 km au sud de Mâcon. Doubles classiques 99-159 €.* L'établissement haut de gamme du Sud mâconnais, un genre de villa à 2 ailes perpendiculaires, doté d'une vingtaine de chambres contemporaines ou plus classiques, toutes au confort irréprochable. Table chic sur place, le *Rouge et Blanc,* piscine, et toutes les infos pour goûter les meilleurs beaujolais alentour.

🏠 ***Chambres d'hôtes Château des Poccards :*** *120, route des Poccards, 71870* ***Hurigny.*** *☎ 03-85-32-08-27. • chateau.des.poccards@orange.fr • chateaudespoccards.fr • À 7 km de la sortie Mâcon-Nord. Doubles env 125-140 €.* Un château toscan dans le Mâconnais, on croit rêver ! Planté sur une colline, au milieu d'un parc de 3 ha, il abrite 5 chambres magnifiques, spacieuses, lumineuses et meublées à l'ancienne. Petit déj servi dans un salon baroque et terrasse avec vue sur le parc. Piscine. Une étape haut de gamme avec restaurant sur place, *L'Assiette*.

Où boire un verre ? Où sortir ?

🍸 ***Les bars face au quai Lamartine*** *(plan B2, **14**)* **:** les adresses à la mode se situent près de la Saône. Essayer notamment le ***Café des Arts,*** reconnaissable à ses chaises gentiment colorées, le ***Blue Note*** avec ses billards à l'étage et le ***Voltaire*** qui fait plus dans le néon. Terrasses à touche-touche abritées de la nationale par de la verdure et chaude ambiance certains soirs.

🍸 ♩ **La Cave à Musique** *(plan A2, **30**)* **:** *119, rue Boullay.* ☎ *03-85-21-96-69.* • *cavazik.org* • Une institution de la nuit mâconnaise, gérée par l'association Luciol. Concerts de toutes les musiques actuelles (rock, pop, métal, surtout).

🍸 ♩ **Le Galion** *(plan B2, **29**)* **:** *46, rue Franche.* ☎ *03-85-38-39-45.* ♿ *Tlj à partir de 22h. Apéro dinatoire jeu-sam 19h-22h.* Très beau cadre (voûte médiévale) et style pub. Beaucoup de monde le week-end.

🍸 ♩ Quant au ***Crescent*** *(plan A2 ;* ☎ *03-85-39-08-45 ;* • *lecrescent.net* • *; près de l'église Saint-Pierre),* programmation à découvrir sur son site.

Où acheter de bons produits ?

🧺 ***Marché du samedi matin*** *(plan B2)* **:** *esplanade Lamartine.* Un marché haut en couleur de producteurs locaux. Idéal pour faire le plein de fromages de chèvre.

🧺 ***Pâtisserie Noyerie*** *(plan A2, **40**)* **:** *39, rue de la Barre.* ☎ *03-85-38-31-11. Mar-sam et dim mat.* Parmi les spécialités, l'*idéal mâconnais* et la fameuse *gaufrette mâconnaise,* une gaufre fine roulée en cigarette.

À voir

Pour découvrir le patrimoine de la ville, suivre le « Tracé de la plume », un parcours fléché avec dépliant gratuit à l'office de tourisme (1h à 2h) proposant aussi des pauses gourmandes. Appli mobile possible.

★ ***L'ancienne cathédrale Saint-Vincent*** *(plan B2)* **:** *240, rue de Strasbourg.* ☎ *03-85-39-90-38. Juin-sept seulement, tlj sauf dim mat, lun et certains j. fériés 10h-12h, 14h-18h. GRATUIT.* De la cathédrale ne subsistent plus que le narthex et 2 tours octogonales (la tour nord conserve l'horloge de la ville, ce qui a sauvé l'édifice de la démolition totale !). On se demande bien comment la cathédrale tient encore debout. La base du monument est faite d'un petit appareillage de pierre roman du XIe s et présente des arcatures lombardes. Plus haut, on passe aux parties des XIVe et XVe s. On distingue bien les différentes campagnes de construction. Bout de nef en gothique primitif et narthex roman du XIe s. À l'intérieur, très rare tympan traité en frise. Dans l'entrée, restes de fresque à droite (polychromie). Sarcophages, vestiges du couvent des Cordeliers.

★★ ***Le musée des Ursulines*** *(plan B1)* **:** *allée de Matisco et rue des Ursulines.* ☎ *03-85-39-90-38.* ♿ *(entrée au 5, rue de la Préfecture, ascenseur et prêt de fauteuils roulants). Tlj sauf dim mat, lun et certains j. fériés 10h-12h, 14h-18h. Entrée : 2,50 € ; gratuit moins de 26 ans. Également des expos temporaires.*
Installé dans l'ancien couvent des Ursulines datant du XVIIe s, qui servit de prison en 1793 (le père de Lamartine y fut incarcéré), puis de caserne jusqu'en 1829. Il est organisé en 3 sections.
– Au ***rez-de-chaussée,*** le département d'***archéologie*** présente le résultat des fouilles entreprises par ici (de la préhistoire à la période gallo-romaine). Voir notamment le *Trésor de Mâcon,* mis au jour en 1764, mais des répliques seulement : les originaux de ces 8 petites statuettes en métal du IIIe s se trouvent au British Museum, ce qui les a certainement sauvées, contrairement aux... 30 000 autres

pièces de ce même trésor, disparues à jamais au XIXe s car fondues ! Du Moyen Âge, enseigne de marchand de vin de la ville du XIIIe s. Statues et beaux fragments de sculpture de l'église Saint-Vincent. Ne pas manquer non plus les curieuses pièces d'échec qui n'existent plus aujourd'hui (le char tiré par des chevaux est devenu la tour), l'évêque est devenu le fou, etc.

- Au ***1er étage, l'espace Alphonse-de-Lamartine*** *(1790-1869)* revient sur la vie et l'œuvre de cet enfant du pays, écrivain et homme d'État. Ses souvenirs sont aussi racontés à travers le travail de la vigne qu'il décrivit dans ses textes. Le reste de l'étage évoque la ***vie mâconnaise,*** mais aussi les activités liées au fleuve.

- Les salles du ***2e étage*** vous font revivre 5 siècles de création artistique du XVIe s au XXe s. Parmi les pièces maîtresses, une *Vénus au miroir* du XVIe s, une scène antique de Le Brun (XVIIe s), un *Portrait de monseigneur de Valras* par Greuze (XVIIIe s), mais aussi, pour le XIXe s, Monet, Corot, Courbet, Fantin-Latour, Puvis de Chavannes... Parmi les peintres locaux, Hippolyte Petit Jean et Gaston Bussière, remarquable pour ses jeux de lumière, comme si des spots éclairaient ses tableaux ! Enfin, des œuvres du XXe s, dont un tableau inattendu de Le Corbusier.

UN TRAIN D'AVANCE

C'est grâce à Lamartine que la ligne ferroviaire Paris-Lyon traverse aujourd'hui le département de la Saône-et-Loire. Il avait compris l'importance du chemin de fer pour le développement économique à une époque où les communes ne voulaient pas payer les infrastructures nécessaires. Aujourd'hui, quand le TGV passe à Mâcon-Loché, ayez une pensée pour ce poète connecté avant l'heure.

L'ancien hôtel-Dieu *(plan A1)* **:** *sq. de la Paix (entrée 344, rue des Épinoches). Rens au musée des Ursulines : ☎ 03-85-39-90-38. Visite de l'apothicairerie juin-sept, tlj sauf dim-lun (et 14 juil) 14h-18h. En dehors de ces périodes, sur rdv. GRATUIT.*
L'apothicairerie date de 1775 et est abritée dans un établissement hospitalier toujours en activité. Les plans de cet édifice furent dessinés par Soufflot, l'architecte du Panthéon, ce qui explique l'importance de son dôme d'une ampleur étonnante et d'une hauteur remarquable pour l'époque. Originalité architecturale : les salles des malades s'ordonnent autour de la chapelle en rotonde, pour que ceux-ci puissent suivre la messe de leur lit. Un vaste couloir favorisait la circulation de l'air. L'apothicairerie présente une très belle collection de pots de pharmacie en faïence de Mâcon, dans de superbes boiseries Louis XV en loupe d'orme et frêne. Le décor des fenêtres reproduit celui des vitrines. Sur les pots et tiroirs, inscription des produits populaires de l'époque : colophane, coloquinte, os de cœur de cerf (!), colle de poisson, soye en coton, yeux d'écrevisses, etc. Noter les 2 superbes vases de 1 m de haut, appelés à l'époque « pots de monstre », c'est-à-dire pots à montrer. Ils contenaient surtout les préparations les plus élaborées : la « thériaque », ou panacée universelle, le « mithridate », etc.

La nouvelle cathédrale Saint-Vincent *(plan A1)* **:** *en face de l'hôtel-Dieu, de l'autre côté de la place.* Une architecture néoclassique et mastoc – osons le dire – que Napoléon adorait. L'architecte n'est autre que Guy de Gisors, le copieur de l'Antiquité, auteur de la Madeleine et du palais Bourbon à Paris. C'est ici que furent célébrées, le 4 mars 1869, les obsèques d'Alphonse de Lamartine (il repose au cimetière de Saint-Point).

À QUEL SAINT SE VOUER ?

Napoléon offrit une grosse somme d'argent pour la construction de la nouvelle cathédrale Saint-Vincent, qu'on baptisa, en « renvoi d'ascenseur »... Saint-Napoléon ! Toujours aussi modeste le petit. Quand l'Empereur abdiqua, elle devint... Saint-Louis, en hommage à Louis XVIII. Mais à son retour de l'île d'Elbe, on rechangea vite le nom en... Saint-Vincent pour éviter que cela ne tourne au vinaigre.

L'hôtel de ville (plan A-B2) : *quai Lamartine (et pl. Saint-Pierre). Lun-ven 8h30-18h, sam 9h-12h.* Il occupe l'ancien hôtel de Montrevel de 1750, édifié pour le président du parlement de Bourgogne. En 1792, la municipalité s'y installe, et à la fin du XIXe s, le maire de l'époque fait construire les 2 ailes en retour sur la place Saint-Pierre. Côté quai, sobre façade Louis XVI avec rampe à balustre courant en corniche et angelots. À l'intérieur, boiseries d'époque dans la salle des mariages, belle montée d'escaliers avec rampe en fer forgé dominant le hall d'entrée.

Le quai Lamartine (plan B2) : jusqu'au **pont Saint-Laurent,** cher aux Mâconnais, il occupe l'emplacement d'une ancienne petite île et d'un ancien bras de la Saône, comblé au XVIIIe s. Devant la mairie, promenade ombragée avec la ***statue de Lamartine.*** Si les nouvelles générations ont un peu oublié l'écrivain, elles apprécient manifestement les travaux réalisés en son nom, sur les quais : jardin aromatique, scène sur l'eau, jeux pour les enfants, manège, bars et snacks.

L'église Saint-Pierre (plan A2) : *pl. Saint-Pierre.* Construite en 1860, dans un style néoroman, par Berthier, un élève de Viollet-le-Duc. Façade élégante, avec ses 3 niveaux d'arcatures ouvragées et sa rosace centrale. 2 tours de pierre ajourée presque gracieuses s'élèvent au-dessus. À l'intérieur cependant, on ressent moins cette impression de légèreté.

Le site archéologique de l'église Saint-Clément (hors plan par A2) : *1, pl. Saint-Clément, à 500 m au sud de la gare. Ouverture du site sur demande auprès du musée des Ursulines (☎ 03-85-39-90-38).* Lieu de sépulture des 1ers évêques de Mâcon puis basilique funéraire pour les notables, elle a été utilisée depuis le VIe s jusqu'en 1972. Des sondages archéologiques ont révélé que 14 siècles d'histoire s'y étaient succédé, en mettant au jour plus de 450 sépultures.

TONNEAU TOURNANT

L'ancien hospice de la Charité, au 249, rue Carnot, fut fondé en 1621 par saint Vincent de Paul lui-même. Remarquer en façade son « tonneau tournant » qui date du XVIIIe s, une pièce très rare. Il permettait l'anonymat aux mères qui souhaitaient abandonner leur bébé. Il suffisait de placer le nouveau-né dans cette sorte de tourniquet et de sonner la cloche pour qu'il soit tout de suite recueilli à l'intérieur.

Petite balade dans le centre

La ***rue Carnot*** (plan A-B2), piétonne, reste l'un des axes commerciaux de la ville. On aperçoit encore quelques ***traboules,*** d'étroites ruelles couvertes ou de simples couloirs qui permettaient de parvenir directement à la Saône. Au no 40, une belle porte Renaissance. Au no 79 vécut et mourut un homme qui eut inconsciemment un poids énorme dans l'histoire : Jean-Baptiste Drouet. C'est lui qui reconnut Louis XVI et la famille royale à Varennes et qui les fit arrêter, alors qu'ils étaient en fuite vers l'étranger. En disgrâce pendant la Restauration, il était venu s'installer sous un faux nom à Mâcon où il vécut très discrètement avant d'y mourir en 1824.

Place aux Herbes s'élève la ***maison de Bois*** (plan B2), devant laquelle on passa longtemps en jetant un œil soit outré, soit amusé, quelques figures grivoises, voire licencieuses, y étant gravées : personnages à masques de singes, parfois nus ou habillés seulement d'un chapeau, et représentation de dragons et autres animaux fantastiques. De beaux panneaux de bois sculptés pour cette demeure datant de l'an 1500 environ, certainement taverne et maison close à l'époque (aujourd'hui un restaurant), dont on se demande toujours par quel miracle elle a réussi à parvenir jusqu'à nous !

Manifestations

– ***Salon des vins de Mâcon :*** *fin avr.* Un événement incontournable depuis 6 décennies, le grand concours des vins de France ! Chaque année, 2 000 dégustateurs de 17 nationalités différentes testent 10 000 échantillons.
– ***L'Été frappé :*** *début juil-fin août.* Pas un soir sans une manifestation culturelle, un concert ou un spectacle pour enfants... et toujours gratuit ! Remarquable programme.

LE SUD ET LES MONTS DU MÂCONNAIS

Au départ de Mâcon, l'homme le mieux placé pour nous guider resterait bien sûr Lamartine : dans ce *Val lamartinien* qui commence au pied de Solutré, dans les monts du Mâconnais, pour s'achever aux portes du Clunisois, entre Berzé et Igé. C'est sa route que nous emprunterons, après avoir fait un détour buissonnier dans un Sud mâconnais presque entièrement consacré aux vignes.
Le Mâconnais est le plus vaste des vignobles de Bourgogne : 6 500 ha. Un tempérament déjà méridional. C'est d'abord une région de vins blancs (pouilly-fuissé et saint-véran notamment). Quant aux rouges, si agréables, ils annoncent le beaujolais voisin plus que le côte-de-beaune...
En effet, alors qu'on trouve en Saône-et-Loire 2 grands crus du Beaujolais (le saint-amour et le moulin-à-vent), le chenas et le juliénas se répartissent des 2 côtés de la limite départementale.

ROMANÈCHE-THORINS

(71570) 1 770 hab. *Carte Saône-et-Loire, C4*

Un petit village à l'extrême sud de la Saône-et-Loire, que l'on rejoint par la D 906 et qu'un enfant du pays a rendu célèbre au-delà des frontières du Beaujolais : un certain Georges Dubœuf. Le roi du beaujolais nouveau, c'est bien ça, oui... Les rêveurs ne manqueront pas de se rendre au moulin à vent, devenu l'emblème du célèbre cru du Beaujolais. Vue imprenable sur le vignoble et table d'orientation.

LA FIÈVRE DU MANGANÈSE

Le sous-sol à l'est de Romanèche recèle un taux élevé de manganèse. De ce gisement, le plus important en France, plus de 400 000 t furent extraites. Si le site est aujourd'hui recouvert de vignes AOC, la science a immortalisé le village en désignant le minerai de manganèse riche en baryum par le terme... romanéchite, qui n'a rien d'une maladie contagieuse.

Où dormir ? Où manger ?

La Maison Blanche : *N 6, 957, La Maison-Blanche. ☎ 03-85-35-50-53. • hotel-lamaisonblanche.fr • À côté de Touroparc. Resto tlj sauf dim soir-lun. Doubles à partir de 54 € ; familiales également. Menus 12-17,50 € (déj lun-sam), puis 30-54 €.* Bâtiment situé au bord d'une route très fréquentée, qu'il faut découvrir de l'intérieur, le temps de goûter aux spécialités comme les cuisses de grenouilles ou les viandes charolaises. Jolie piscine à l'arrière.

À voir

Le Hameau Dubœuf : *796, route de la Gare. ☎ 03-85-35-22-22. • hameauduboeuf.com • À la frontière du Rhône. Tlj sauf 25 déc 10h-18h (l'hiver, mieux vaut se renseigner). Entrée : 20 € ; réduc ; gratuit moins de 7 ans. Entrées possibles « hameau-gare » et « jardin seul ». Déplacements en petit train ou en sulkys (chevaux à pédales).* Café du Hameau, *situé dans le hall des pas perdus avec petite terrasse, sinon pique-nique possible au jardin.*
C'est en 1993 que Georges Dubœuf inaugura son célèbre *Hameau du Vin* et, depuis, des milliers de visiteurs passent chaque année volontiers une journée dans ce vaste univers destiné à l'imaginaire du vin, et principalement du beaujolais. Un hameau qui a une âme, celle qu'a su lui insuffler la famille Dubœuf, et un musée du Vin à découvrir en famille (les enfants ne sont jamais oubliés) pour se laisser prendre au charme de l'évocation, à la beauté des objets présentés, témoins d'un temps disparu.
– Entrée au ***Hameau*** par un buffet de gare du début du XXe s, pour prendre les billets. Immenses espaces et très beau décor, rien n'a été négligé pour séduire le visiteur. Musée du Vin, musée de cire, animation en images « Mon Beaujolais » de 15 mn, diaporama et film en 3D évoquant avec humour la fin des vendanges, cinéma dynamique avec un écran géant de 8 m x 8 m, où l'on part sur les traces du Beaujolais à bord de nacelles animées... Et un savoureux théâtre optique : si vous ne saviez pas encore que Noé fut le 1er des vignerons, vous allez devoir remonter au Déluge, en 2 temps et 3 dimensions. Balade panoramique sur les collines du Beaujolais et du Mâconnais grâce à une maquette animée. Dégustation à la fin de la visite du *Hameau* et immense boutique (évidemment !).
– Juste en face du *Hameau,* la visite continue : découvrez l'ancienne gare, la ***Gare du vin*** et son circuit sur le monde des trains et du chemin de fer avec, en pièce maîtresse, le wagon impérial de Napoléon III.
– Et puis gardez des forces car il y a encore un autre site à voir : ***Un jardin en Beaujolais,*** tout près de l'espace de vinification des établissements Dubœuf, implanté côté Rhône, sur la commune de Lancié (à quelques minutes en petit train). 6 jardins à thème à découvrir de mi-avril à mi-octobre, pour connaître les senteurs des fleurs, d'écorces de fruits ou d'épices qui font les arômes du vin. Quant à la visite de l'espace de vinification, elle donne une juste idée de l'entreprise Dubœuf aujourd'hui. Golf paysager.

Le musée départemental du Compagnonnage : *☎ 03-85-35-83-23. • musee-compagnonnage.cg71.fr • (partiel). Juin-sept, tlj 10h-18h ; le reste de l'année 14h-18h. Fermé 1er mai et 15 déc-1er janv. Entrée : 4 €, audioguide compris ; réduc ; gratuit moins de 18 ans, personnes handicapées et pour ts le 1er dim du mois. Compter env 1h.* Intéressant musée présentant le compagnonnage en charpenterie à travers la vie de Pierre-François Guillon, né à Romanèche, qui laissa une œuvre considérable. Il avait créé une école de tracé de charpente dont le rayonnement s'étendait aux 4 coins de la France, en Suisse et jusqu'aux États-Unis. Présentation des métiers du bois et nombreuses superbes maquettes de projets. Sachez que le tracé de la charpente du musée a été classé au Patrimoine immatériel de l'humanité par l'Unesco !

Touroparc : *400, rue du Parc, La Maison-Blanche. ☎ 03-85-35-51-53. • touroparc.com • Tlj à partir de 9h. Fermé 1er janv, 24-25 et 31 déc. Entrée : autour de 21 € ; enfant 3-12 ans autour de 18 €.* Un parc zoologique avec une serre tropicale, un vivarium, un dragon de Komodo (rare !) des expositions sur les vieux métiers et les minéraux. Une place de village du Beaujolais a été reconstituée, avec 30 boutiques et ateliers d'autrefois. Restauration sur place (mais pas hors saison) et attractions diverses, dont une base aquatique ouverte en été.

DE ROMANÈCHE À SOLUTRÉ PAR LE VIGNOBLE

Saint-Amour-Bellevue (71570) : *à 3 km à l'ouest de la D 906, 9 km de Solutré et 10 km au sud de Mâcon.* Dans un paysage de collines ondulantes et moutonnantes dédiées à la vigne, faites un détour par le Beaujolais saône-et-loirien pour goûter aux vins de ce village au si joli nom, qui vit au rythme du vignoble. Dans le bourg, le thème de l'amour est représenté sous forme de petits ou de grands cœurs, peints avec fantaisie, dessinés naïvement, ou sculptés ici et là sur les murs, les volets, les façades et les enseignes. Pour l'anecdote, les habitants de Saint-Amour s'appellent les Sanctamoriens. Un peu tue-l'amour !

Chambres d'hôtes Le Raisin Bleu : *71570* ***Pruzilly-en-Beaujolais,*** *à 3 km au-dessus de Saint-Amour. ☎ 03-85-35-10-17. 06-76-71-27-82. • leraisinbleu@gmail.com • leraisinbleu.free.fr • De l'église de Pruzilly, 300 m par une petite route. De mi-déc à début mars. Double 70 €.* Le raisin est bleu, le vin blanc ou rouge, et cette maison qui n'est pas vieille voit le monde en vert, car admirablement située à flanc de coteau, entourée de vignobles, avec l'horizon du Beaujolais à perte de vue. Elle abrite des chambres agréables et calmes, décorées sobrement. On est reçu par une hôtesse charmante et aimable.

Auberge du Paradis : *au lieu-dit Le Plâtre-Durand, 71570 Saint-Amour-Bellevue. ☎ 03-85-37-10-26. • info@aubergeduparadis.fr • aubergeduparadis.fr • (au resto). Resto ouv le soir mer-dim, plus le midi dim. Doubles 150-260 €. Menu dégustation 75 €.* Une adresse chic et haut de gamme, avec des chambres confortables, à la déco sophistiquée et jacuzzi. Cuisine du monde servie dans une très jolie salle à manger aux couleurs claires. Menu-carte au gré de l'inspiration du chef, toujours en quête de perfection avec un attrait pour les épices et les mélanges audacieux sucrés-salés. Il a ouvert un bistrot tendance juste à côté, orienté cuisine familiale, pas guindé et nettement plus abordable : ***Joséphine à Table*** *(fermé dim-lun ; formule déj 17 €, sinon plats 18-20 €).* Tons gris dans l'air du temps et cuivres astiqués pour la déco. Idéal le midi pour être sûr de déguster une cuisine familiale joliment mitonnée.

Saint-Vérand (71570) : *au nord de Saint-Amour-Bellevue.* C'est l'ultime village du Beaujolais avant d'entrer en Mâconnais. Nombreuses et intéressantes maisons vigneronnes, dont la maison de la Balmontière, du XVIIIe s. Église du XIVe s fort bien restaurée, avec flèche de pierre.

Moulin de Saint-Vérand : *la Roche, 71570 Saint-Vérand. ☎ 03-85-23-90-90. • direction@moulindesaintverand.fr • moulindesaintverand.fr • Resto ouv tlj (le midi en sem sur résa). Doubles 67-99 €. Repas env 30-40 €.* Beaucoup de charme pour ce bâtiment en pierre, au bord d'une rivière et aux abords très fleuris. Il abrite une vingtaine de confortables chambres ainsi que 2 roulottes VIP (avec salle d'eau et chauffage) dans le grand parc. Vieux meubles, terrasse aux beaux jours et vue sur la piscine : un cocktail gagnant pour se poser en toute quiétude. À la carte, une cuisine régionale traitée avec savoir-faire, fraîche et à base de produits locaux. Également des chambres d'hôtes et gîtes à proximité *(à partir de 55 € pour 2).* Fait agence de voyages et propose des balades à 2 CV dans les vignes.

Leynes (71570) : *à 15 km au sud-ouest de Mâcon et au nord de Saint-Vérand.* Ce village, qui s'étage sur une colline orientée au sud-est, possède pas mal de charme, une pittoresque grand-place et une jolie église du XVIe s.

Vinzelles (71680) : *à 7 km de Leynes et de Mâcon.* Pouilly-vinzelles est une très bonne appellation. Depuis Saint-Vérand, on peut se rendre directement à Vinzelles, dont le nom vient du latin *vincella* (« petite vigne »), en passant par Chaintré,

LA SAÔNE-ET-LOIRE

son restaurant étoilé *(La Table de Chaintré ; ☎ 03-85-32-90-95 ; fermé dim soir-mar)*, ses châteaux privés et son église du XIIe s.

Loché *(71000)* **:** ce petit village du vignoble a donné son nom à la gare de TGV de Mâcon-Loché, située au bout de la route (500 m). Incroyable sensation de passer aussi vite de la très grande vitesse au silence millénaire des vignes ! C'est tout le charme de Loché et son mignon clocher octogonal, dont le nom est surtout à l'origine de l'appellation du village : le pouilly-loché, délicieux vin blanc, rival de son proche voisin le pouilly-vinzelles.

Chambres d'hôtes Fleur de Vignes : *chez Chantal et Jean-Claude Delorme, 1188, chemin des Boutats, Loché. ☎ 03-85-35-67-41. • fleurdevignes.com • Entre la mairie et l'église, sur la droite de la rue en venant de la gare TGV. Double 63 €.* Grande et belle maison rénovée par un couple de vignerons récoltants. On dort dans 2 belles chambres coquettes et calmes, aux noms fleuris. Petit déj servi en terrasse, dans le patio intérieur. Possibilité de dégustation et d'achat de vins du domaine.

Café de la Gare : *face à l'ancienne gare, 2705, route de Davayé, 71850* ***Charnay-lès-Mâcon.*** *☎ 03-85-34-87-99. À 6 km à l'ouest de Mâcon. Ouv le midi, tlj sauf sam. Congés : vac scol de Noël. Menu env 16 € (sauf dim et j. fériés) ; plats 13-19 €.* Idéalement située près de l'office de tourisme et du point de départ de la voie verte, une bonne « Table de pays » tenue par des personnes souriantes et affables. Excellent service. Beaucoup de monde en salle et en terrasse, l'été, sous le platane. Coin jeux pour les enfants.

Fuissé *(71960)* **:** entre Vinzelles et Solutré, c'est évidemment la petite capitale de la célèbre appellation pouilly-fuissé. La vigne semble d'ailleurs envahir le cœur de ce village propret et a déjà fait le tour de l'église. On y trouve caves et chambres d'hôtes en grappe, un restaurant *(Mamie Cocotte)*, mais aussi l'une des plus belles maisons à galerie de la région (auvent avec une vingtaine de colonnes de pierre) et on peut y faire des balades à mobylette *(• domainecornin.com •)*. Le mont Pouilly domine le paysage avec ses 484 m.

Chambres d'hôtes La Source des Fées : *chez Philippe Greffet, le bourg, 116, route du May. ☎ 03-85-35-67-02. • contact@lasourcedesfees.fr • lasourcedesfees.fr • Doubles à partir de 128 €. Dîner env 30 €.* Un manoir patiné par le temps et un domaine au sein des vignes du Beaujolais (caveau de dégustation). Le jardin est traversé par 2 sources. Ressourcez-vous ! Chambres charmantes et personnalisées, décorées avec goût et recherche. Espace massage et relaxation. Boutique sur place.

Chambres d'hôtes La Maison du Hérisson : *le bourg, 15, route du May. ☎ 03-85-50-90-79. • reservation@lamaisonduherisson.com • lamaisonduherisson.com • Face au parking central. Doubles env 90-130 €.* De magnifiques chambres d'hôtes aménagées dans une ancienne forge. Offrez-vous la suite, côté cour, pour mieux profiter du jardin et du calme.

L'Ô des Vignes : *au centre du bourg, nº 129. ☎ 03-85-38-33-40. • chambru@me.com • Fermé mar-mer. Menus env 17 € (à la brasserie) et env 27 € (déj lun-sam) ; repas env 25-45 € au resto gastronomique.* La belle table du pays, reprise par Sébastien Chambru, un jeune chef revenu au pays. Parfait pour un déjeuner de soleil, en terrasse, sous les platanes. Un mélange des goûts et des matières très subtil, à l'instar du pâté en croûte, spécialité de la maison. Beaucoup de charme.

Chasselas *(71570)* **:** *sur la gauche de la D 31, après Leynes, en montant vers Solutré.* Chasselas ! Une délicieuse variété de raisin de table produite à Moissac a pris le nom de ce petit village du Mâconnais. Le village se blottit sur les versants du vignoble. Ses belles maisons à galerie se serrent autour d'une église des XIIe et XIVe s et d'un beau château hérissé de 3 tours médiévales. Curieusement, celui-ci ne domine pas le village comme à l'habitude. On ne voit que l'extérieur *(accès à la cour 10h-12h, 14h-18h)*, mais cave-dégustation.

SOLUTRÉ POUILLY VERGISSON

(71960) 380 hab. *Carte Saône-et-Loire, C4*

La célèbre roche de Solutré domine plus que jamais la région. Elle s'avance dans le paysage comme une étrave de navire, et, s'il n'y avait le patchwork des vignes, ce fier escarpement calcaire, torturé et modelé par des millénaires de vents puissants, suggérerait bien quelque cliché de « l'Ouest », le vrai... La forme en proue de ce rocher est due aux coraux silicifiés qui composent les couches du sommet et qui le protégèrent de l'érosion.
En choisissant Solutré comme lieu de pèlerinage annuel, le président Mitterrand contribua quelque peu à la notoriété du village. Il y grimpait rituellement à chaque Pentecôte, sous l'œil des caméras à partir de son élection en 1981. Et jamais vraiment seul... Nombre de dinosaures de la politique ou du spectacle l'accompagnaient. Mais si Solutré est classé site préhistorique de renommée internationale, c'est quand même pour d'autres raisons...
Solutré est réputé pour son site archéologique et pour avoir donné son nom à une période du paléolithique supérieur. Ce fut pendant 55 000 ans un espace de chasse pour les hommes des 5 grandes cultures de l'époque : Moustérien (Périgord), Aurignacien (Haute-Garonne), Gravettien (Périgord), Solutréen et Magdalénien (Périgord). Périodes qui s'étendirent de 50 000 à 10 000 ans av. J.-C. Ils vinrent chaque année au printemps se mettre en embuscade, au pied de l'escarpement rocheux, sur ce lieu de migration des animaux et purent ainsi tuer rennes et chevaux par milliers, dépeçant et boucanant leur viande sur place. On retrouva d'ailleurs un véritable « magma » d'os sur près de 1,50 m d'épaisseur à certains endroits.

« GRAND SITE DE FRANCE », SI FIER, SI FRAGILE

Une jolie route sinue dans le vignoble et mène de Solutré au village de Vergisson et vers d'autres villages du Rhône. Vus d'en haut, les éperons rocheux de Vergisson et de Solutré sont comme des jumeaux, « deux navires pétrifiés dans un océan de vignes » selon Lamartine. Ce paysage superbe mais fragile constitue un ensemble naturel prestigieux, classé parmi les Grands Sites de France, au même titre que Bibracte – Mont Beuvray près d'Autun dans le Morvan, le Puy-de-Dôme ou le pont du Gard.
Ce site a obtenu le label Grand Site de France en 2013, afin de préserver sa faune et sa flore et améliorer ses conditions d'accueil.

Infos pratiques

– ***Grand site de Solutré :*** *ouv 10h-18h (17h oct-mars). Fermé 1er mai et 15 déc-15 janv.*
– Se garer obligatoirement au parking gratuit, puis de là, environ 200 m jusqu'à la ***Maison du Grand Site de France Solutré Pouilly Vergisson*** *(gratuite)* avec expos, infos et café-restauration ; 200 m jusqu'au ***musée de Préhistoire*** *(payant)* ; 1,1 km jusqu'au ***sommet de la Roche*** *(gratuit ; compter 1h A/R).*

Où dormir ? Où manger près du grand site ?

Voir aussi plus haut nos bonnes adresses à Fuissé, car les 2 villages, quoique frères ennemis, se complètent aux yeux (et au palais) des amateurs de pouilly-fuissé.

De bon marché à prix moyens

🏠 🍽 ***La Grange du Bois :*** *lieu-dit la Grange-du-Bois, 71960* ***Solutré-Pouilly.*** *☎ 03-85-35-85-28. • lagrangedubois71@gmail.com • lagrangedubois.webnode.fr • À 2 km de la roche de Solutré. Double 60 € ; également gîte. Table d'hôtes sur résa 22 €.* Rapport emplacement-prix imbattable dans le coin, sur une hauteur face aux 2 roches et à la chaîne du Jura. Les chambres, toutes ravissantes et bien tenues, permettent chacune de loger une famille. Salle commune entièrement vitrée. Une adresse *Accueil paysan* spontanée et sympa avec son potager bio, ses poules, sa buvette, ses casse-croûtes et l'ambiance antistress. Idéal pour les marcheurs et autres amoureux de la nature.

🏠 ***Chambres d'hôtes chez Annie et Juliaan Stadsbader-Abeloos :*** *Le Puyé, 71960* ***Vergisson.*** *☎ 03-85-35-84-69. Double env 75 €.* Ici, vous n'apprendrez peut-être pas le patois bourguignon mais vous devriez vous régaler d'un autre accent et d'un art de vivre du Nord. Belle et grande maison moderne, avec des chambres un poil kitsch mais tout confort. 2 kitchenettes à disposition. Superbes petits déj avec des confitures et des charcuteries artisanales.

🍽 ***Auberge de la Patte d'Oie :*** *40, route des Allemands, 71960* ***Davayé.*** *☎ 03-85-35-86-50. • ed.lapattedoie@gmail.com • Resto fermé le soir lun-mar et mer tte la journée. Congés : 1 sem fin avr, 2 sem en août et fêtes de fin d'année. Menus env 20-26 €.* Du beau, du bon, du plaisant, dans un cadre lui-même très agréable. Grande terrasse, grand parking, on comprend pourquoi c'est pris d'assaut par les Mâconnais. Mais le service est du coup parfois débordé.

🍽 ⛱ ***Auberge des 2 Roches :*** *2, pl. de l'Église, 71960* ***Vergisson.*** *☎ 03-85-21-33-41. • auberge.des2roches@orange.fr • Fermé mar soir-mer ; ouv dès 8h. Congés : fêtes de fin d'année et 2 sem en juin-juil. Menus 21-35 €. Café offert sur présentation de ce guide.* Entre bistrot de bourg et salle de resto avenante derrière ses baies vitrées, cette auberge se situe pile-poil entre Vergisson et Solutré. Vue sur la Roche comprise dans le prix des menus, encore plus sympa en terrasse. À la carte, une cuisine traditionnelle et régionale de bon aloi.

Chic

🏠 🍽 ***La Courtille de Solutré :*** *dans le bourg de* ***Solutré.*** *☎ 03-85-35-80-73. • lacourtilledesolutre@live.fr • lacourtilledesolutre.fr • ♿ (resto). Resto fermé dim soir (sauf été) et lun-mar. Doubles 90-110 €. Menus 24-28 € le midi, 39,50-43,50 € le soir.* La maison de campagne telle qu'on la rêve. Chambres très agréables, au calme, pour amoureux du design et de la récup' ayant des envies de luxe et de confort. Cuisine remarquable de justesse et de goût, elle aussi, n'utilisant que des produits frais de la maison. Charmante terrasse ombragée.

À voir. À faire

La Maison du Grand Site de France Solutré Pouilly Vergisson : *☎ 03-85-35-82-81. • grandsite@cg71.fr • rochedesolutre.com • Début juil-fin août, tlj 10h-19h ; début avr-début juil et début sept-début nov, tlj 10h-18h ; sinon, tlj 11h (13h musée de la Préhistoire)-17h. Fermé courant déc et courant janv, 1er janv, 1er mai et 25 déc. Programme d'animations à consulter sur le site internet.* Expos, boutique, snack, le tout dans un cadre étonnant (jardin avec terrasse et vue, vieux pressoir « à grand pont » qui fut utilisé jusqu'à la fin du XIXe s). L'objectif de la Maison est de sensibiliser le public à la beauté fragile de ce grand site naturel où la main de l'homme a joué un rôle crucial. Également des infos sur les 5 circuits balisés en accès libre, à découvrir avec l'application gratuite (smartphone) « Solutré Rando » : la roche de Solutré (4 km), le sentier des Crêtes (8 km), entre Pouilly et Fuissé (8 km), vers Lamartine (13 km) et circuit des 3 Roches (14 km).

Le musée de Préhistoire : *☎ 03-85-35-85-24. Horaires : voir la Maison du Grand Site ci-dessus. Entrée : 5 € ; réduc ; gratuit moins de 18 ans, pour les personnes handicapées et pour ts le 1er dim du mois. Audioguide compris.* Une muséographie entièrement repensée et modernisée pour faciliter le parcours de chacun dans cette étonnante machine à remonter le temps. Impeccablement dissimulé dans les entrailles de la roche de Solutré, au-dessus du parking, le musée présente bien sûr de riches collections archéologiques autour de plusieurs thèmes forts : 50 000 ans de présence humaine à Solutré (eh oui !), la chasse et les techniques de chasse et l'histoire des recherches menées ici : en 2004, la découverte exceptionnelle de 2 perles en ivoire a permis de mieux comprendre la place du site de Solutré dans l'Europe préhistorique. La 1re, en forme de panier, est caractéristique de sites du sud de la France tandis que la 2de, en forme de disque, se rattache au nord de l'Europe. Voir également les ossements de 3 Néandertaliens découverts récemment à Vergisson. Vers - 30 000 ans, Solutré semble ainsi s'inscrire au carrefour de 2 traditions culturelles de la préhistoire. Dernier thème, bien sûr, le cheval, qui fut l'animal le plus chassé à Solutré avec le mythe de la chasse à l'abîme. Autrefois présenté au Muséum de Lyon, un squelette de cheval réalisé à partir des ossements de chevaux retrouvés à Solutré a été spécialement restauré et reconstitué pour la nouvelle scénographie. Et pour prolonger le plaisir, un parc archéologique et botanique sur 1,3 ha, avec un sentier de découverte du milieu naturel (roches, plantes, arbres...).

La roche de Solutré : grimpette facile jusqu'au sommet (493 m). Compter environ 1h aller-retour. Beau panorama, ça va de soi (par beau temps, jusqu'aux Alpes). François Mitterrand avait dit un jour : « J'aime cet endroit car de là-haut je vois tout ce qui bouge et tout ce qui ne bouge pas. »

Dans le village, belles demeures traditionnelles de vignerons. Église avec un chœur roman du XIIe s.

Vergisson : une année, le président Mitterrand fit une farce aux journalistes en gravissant Vergisson au lieu de Solutré (quasiment aussi haut, 485 m) ! Idéalement orienté au sud-est, Vergisson jouit d'un microclimat et produit aussi un excellent pouilly-fuissé.

BALADE DIGESTIVE

Suite à un repas de famille à Pâques, Danielle et François Mitterrand, nouvellement élu Président gravirent la roche et, ravis de cette balade, souhaitèrent renouveler cette sortie l'année suivante à la même période. La météo étant très mauvaise cette fois-là, il fallut repousser le rendez-vous familial. C'est ainsi qu'ils montèrent au sommet de la roche de Solutré chaque année, à la Pentecôte (oui, la côte est pentue !) de 1982 à 1995.

Panorama des 2 Roches : *à 500 m du parking de Solutré.* Le spot idéal pour découvrir à la fois Solutré et Vergisson, en imaginant qu'il y a fort longtemps les 2 sommets formaient une même falaise ininterrompue, orientée sud-est.

LE VAL LAMARTINIEN

Carte Saône-et-Loire, C4

Au-delà de Solutré, sur la route pour Cluny, vous voilà dans une des plus belles régions de l'arrière-pays, toute vallonnée, où rôde encore l'âme de Lamartine, son plus illustre occupant. Le poète vécut au sommet de sa carrière artistique et politique au château de Saint-Point que l'on peut apercevoir de l'extérieur. Voir aussi le cimetière adossé à l'église du village, où il est enterré. Quant au village de Milly, il s'est adjoint le nom Lamartine au début du XXe s, en hommage au poète. C'est ici que le grand homme passa une partie de son enfance (de 4 à 10 ans), et il y fut très heureux. Milly fut une source prodigieuse d'inspiration.

Où camper ? Où manger ?

Camping du Lac : *route Lamartine, 71520* ***Saint-Point.*** *☎ 03-85-40-54-93. • contact@campingsaintpoint.com • campingsaintpoint.com • ♿ Avr-oct. Forfait tente 2 pers env 15-19 €. 80 empl. 30 mn d'embarcation à pédales offert sur présentation de ce guide.* Sur 2 ha, un camping avec pas mal de commodités (snack, machines à laver, etc.), bien situé et au calme. Jolies balades dans les environs. Location d'embarcations à pédales. Chalets et mobile homes.

L'Auberge de Jack : *2, pl. de l'Église, 71860* ***Milly-Lamartine.*** *☎ 03-85-36-63-72. ♿ Fermé le soir et lun. Menus 14 € (déj en sem)-26 €.* Une chaleureuse auberge de village, qui enchante les gens d'ici et ceux de passage depuis près de 40 ans. Accueil souriant et aimable. Il y a un petit bar et une salle traditionnelle (affiches de cinéma) où l'on dévore, au coude à coude, la meilleure andouillette du coin ou le pot-au-feu de charolais le jeudi midi en hiver. Aux beaux jours, quelques tables dehors devant l'église.

À voir

Pour se rendre à Saint-Point depuis Solutré, suivre la D 31, puis la D 45, vers Tramayes, par le col de Grand-Vent. Au sud de la route s'élève ***le signal de la Mère-Boitier,*** point culminant des monts du Mâconnais (758 m). On y accède par une route de 4,5 km depuis Tramayes, puis par 300 m de chemin caillouteux en pente raide. Superbes échappées sur les vallées et paysages pleins de sereine beauté. Les derniers arpents de vigne s'effilochent, se mêlant doucement aux pâtures et à la *teppe,* cette toundra herbeuse parsemée de buissons malingres. Après le col, descente livrant toute la vallée de la Valouze et, au loin, Saint-Point.

L'église de Saint-Point : bordant le parc, une mignonne église romane avec un vieux cimetière dont on a gardé les tombes les plus anciennes bien dans la tonalité des lieux. Intéressant clocher carré à 2 étages. À l'intérieur, gros piliers, le banc des Lamartine bien sûr, une fresque gothique dans le chœur figurant le Christ en majesté. 2 tableaux peints par la femme de Lamartine : *Sainte Geneviève* et *Sainte Élisabeth.* Noter, dans le transept, la « litre », bandeau noir peint sur les murs des églises quand le seigneur mourait, avec ses armoiries (ici, la famille de Saint-Point).

Contre le mur du cimetière, adossé au parc du château, s'élève la petite chapelle abritant les **tombeaux de Lamartine** et de sa famille (sa mère, sa belle-mère, sa fille Julia, sa femme Marianne, et Valentine de Cessiat, sa nièce, qui réussit à éviter la vente du château et la dispersion des souvenirs).

Le château de Saint-Point : *• chateaulamartine.com •* Le père de Lamartine offrit ce château à son fils en 1820, en avance sur héritage, pour son mariage. D'origine médiévale, avec de grosses tours auxquelles Lamartine ajouta une terrasse et, plus tard, une aile dans le style gothique romantique. L'ensemble présente un aspect hétéroclite évident ! Le célèbre poète y vécut comme un gentilhomme campagnard, recevant ses amis : Victor Hugo, George Sand, Chopin, Liszt, Charles Nodier, Eugène Sue, Ponsard...

Pour rejoindre Pierreclos, suivre la route de « montagne » passant par le ***col des Enceints*** (529 m). Nature vraiment sauvage. On trouve dans ces massifs du Mâconnais beaucoup de forêts composées de sapins Douglas, de différentes variétés de chênes, mais aussi des érables, hêtres, châtaigniers, etc.

Le château de Pierreclos : *71960* ***Pierreclos.*** *☎ 03-85-35-73-73. • contact@chateaudepierreclos.com • chateaudepierreclos.com • Au sud de Milly-Lamartine. Avr-sept, tlj sauf sam 10h-19h ; mars et oct-nov, lun-ven 14h-18h. Entrée : 7,50 € ; enfant 7-12 ans 5 € ; réduc ; gratuit moins de 7 ans. Livret-jeu et activités pour les enfants dès 3 ans. Plusieurs animations culturelles au fil de l'année.*

Sur sa colline, Pierreclos a fort belle allure avec son donjon du XIIIe s et sa grosse tour du XVIe s couverte de tuiles vernissées, et il s'intègre superbement dans le paysage. Lamartine y puisa l'inspiration de *Jocelyn.* On dit aussi qu'il fut un temps l'amant de Nina, la femme du fils du châtelain, dont il aurait eu un enfant (une plaque le rappelle à l'entrée du site).
Au centre d'une grande terrasse offrant une vue magnifique sur le vignoble mâconnais, ce château massif conserve fièrement le souvenir de 9 siècles d'histoire. De style composite, il fut remanié plusieurs fois du XIIe au XVIIIe s. L'élément le plus original du château est le monumental escalier à vis spiralée (unique en France par ses dimensions). Une véritable prouesse technique, car l'axe de l'escalier se déroule en torsade en même temps qu'il monte.
La visite est libre et plonge le visiteur dans l'ambiance du Moyen Âge. De la chapelle du XIIe s, il ne reste que le clocher, l'abside et le chœur. À noter, les très beaux chapiteaux du XIIe s. Dans la salle du Chevalier, on peut essayer les armes et protections utilisées au Moyen Âge. À voir aussi, l'immense cuisine avec 2 très grandes cheminées et une broche qui fonctionne comme un mécanisme d'horloge, la boulangerie et ses fours, et la salle des épices. On peut accéder au sommet de la tour et découvrir la vue depuis les échauguettes.

La maison de Lamartine : *71960* ***Milly-Lamartine.*** *☎ 03-85-37-70-33. En plein bourg. Appeler pour connaître les conditions de visite.* C'est ici que le grand homme passa une partie de son enfance. La famille Lamartine s'y installa en 1794. En 1830, le poète a 40 ans. Déjà bien connu et riche, il acquiert la maison de Milly au moment du partage des biens familiaux, ainsi que les 50 ha de vignes qui l'entourent. On imagine le déchirement que fut la vente du domaine en 1860, par un Lamartine ruiné et criblé de dettes alors que Milly fut une source prodigieuse d'inspiration. La demeure est toujours habitée par la même famille depuis 1861. Le lierre grimpant de la façade, planté par la mère de Lamartine, est toujours présent sur les murs !

ESPRIT ES-TU LÀ ?

Les membres de la famille Sornay, actuels propriétaires de la maison de Lamartine à Milly, ne descendent pas de l'écrivain. Leur ancêtre était le notaire qui, en 1861, avait racheté à Lamartine sa maison. Il avait juré au poète, peiné par la vente, qu'il prendrait soin de sa demeure et qu'il transmettrait son souvenir aux générations futures. Promesse respectée, l'âme de Lamartine est toujours là !

BERZÉ-LA-VILLE (71960) 520 hab. *Carte Saône-et-Loire, C4*

Village qui donne déjà un aperçu du Clunisois, avec son côté coquet et fleuri, et ses belles maisons à galerie. Au hasard des rues, vous rencontrerez vieux lavoirs, puits à 2 étages, meules à plâtre, etc. L'église paroissiale, à l'architecture toute simple, date du XIIe s. Sur son clocher carré à baies géminées tourne toujours une girouette aux armes de l'abbaye de Cluny. Monter jusqu'à la roche Coche, à 455 m, pour bénéficier d'un superbe panorama sur le Mâconnais. Ça change de Solutré !

À voir

La chapelle des Moines : *☎ 03-85-36-66-52. Pâques-oct, tlj 9h30-12h30, 14h-18h30 (17h30 sept-oct). Entrée : env 4 € ; gratuit moins de 12 ans. Billet couplé avec le château de Berzé-le-Châtel : env 9 €. Sinon, billet couplé avec l'abbaye de Cluny : env 11 €.*

Curieuse destinée que celle de cette chapelle située sur les terres du doyenné de Berzé (qui dépendait de l'abbaye de Cluny et la fournissait en céréales). Saint Hugues aimait venir s'y reposer des vicissitudes du pouvoir spirituel. La chapelle est contemporaine de la célèbre abbaye de Cluny III. Au cours des siècles, elle se retrouva cernée par une habitation et fut convertie en grange.
À l'extérieur subsiste le décor de bandes et arcatures lombardes. Ce n'est qu'en 1887 qu'un prêtre découvrit ces admirables fresques. L'abbaye ayant été démolie en 1798, la chapelle constitue donc un témoignage unique de l'art de la fresque clunisienne de cette époque. Foisonnement des couleurs et raffinement de son style dont on perçoit encore les influences byzantines, c'est l'émerveillement ! Sur le cul-de-four, remarquable Christ en majesté, de 4 m de haut, entouré des apôtres. À ses pieds, portraits de 9 martyrs. Accès à la chapelle basse où sont présentés l'historique et l'objet des différentes fresques.

DANS LES ENVIRONS DE BERZÉ-LA-VILLE

*** *Le château de Berzé-le-Châtel* (71960) :** ☎ *03-85-36-60-83. • berze.fr • À 4,5 km au nord-ouest de Berzé-la-Ville. Juil-août, tlj 10h-18h ; avr-juin et sept-oct, tlj sauf lun 14h-18h (17h sept-oct) ; le reste de l'année, sur rdv pour les groupes. Entrée : env 8 € ; réduc. Billet couplé avec la chapelle des Moines : env 9 €.* Bien assis sur son éperon, impossible qu'il vous échappe : c'est le château le plus imposant du Mâconnais. Édifié du Xe au XIIIe s autour d'une chapelle carolingienne et d'un puits de 40 m taillé dans le roc, il fut le siège de la 1re baronnie du Mâconnais. Accès par un gros châtelet flanqué de 13 tours des XIIIe et XVe s. Sur les terrasses, vergers, potager et jardins à la française. Vente de vins de la propriété.

Le château de Monceau : *à 6,5 km au sud-est de Berzé-la-Ville, sur les hauteurs de Prissé (71960), à gauche de la N 79, sur la route de Mâcon.* ☎ *03-85-37-81-52.* Petit détour par ce château à flanc de colline pour faire plaisir aux fans de Lamartine. Il ne se visite pas, mais l'extérieur et la chapelle sont accessibles. Lamartine le reçut en héritage en 1833 et il partagea son temps entre cette demeure et Saint-Point. Belle façade flanquée de 2 pavillons. Jusqu'en 1850, de nombreux amis littéraires et politiques y vinrent lui rendre visite. Les mordus débusqueront dans les vignes du château le curieux *Pavillon des Girondins* ou *Solitude de Lamartine,* ce petit pavillon octogonal en bois où Lamartine se retirait pour écrire.

Igé *(71960)* **:** *à 7,5 km au nord-est de Berzé-la-Ville.* Le village niché dans un vallon, entouré de collines ondulantes, mérite le détour pour la jolie chapelle du hameau voisin de ***Domange.*** L'église date du XIe s et possède un beau clocher à arcatures lombardes et baies géminées. C'est aujourd'hui un lieu d'exposition et de concert.

LE CLUNISOIS ET LE HAUT-MÂCONNAIS

Terre d'art et de savoir-vivre dans la partie sud de la Saône-et-Loire, le Clunisois est une petite région qui attire des visiteurs émerveillés par l'harmonie qui émane de ces paysages bien préservés et de son riche patrimoine. Autour de Cluny et de Cormatin, la nature invite à emprunter les chemins de traverse : à pied ou à vélo, le regard s'attarde là sur une croix ou un lavoir ancien, ici sur une maison paysanne ou un manoir ayant connu des jours meilleurs avant d'attaquer la tournée des églises romanes – un peu la spécificité du pays. Une balade hors du temps, dans des paysages vallonnés couverts de forêts et de pâtures, entre les monts du Mâconnais à l'est et les monts du Charolais à l'ouest.

MATOUR (71520) 1 030 hab. *Carte Saône-et-Loire, B4*

Au cœur de moyennes montagnes, étagées de 772 à 1 012 m, à l'extrémité sud de la Bourgogne, Matour se situe à mi-chemin entre Cluny et La Clayette. Station verte de vacances et de randonnées, avec 4 circuits balisés, dont un notamment qui monte au col de la Croix-d'Auterre.

Adresse utile

Office de tourisme : *6, pl. de l'Église. ☎ 03-85-59-72-24. • tourisme-haut-clunisois.com • Juil-août, tlj 9h30-12h30, 14h30-18h30 ; mai-juin, mar-sam ; le reste de l'année, lun-ven.* Expo-vente d'objets d'artisanat régional et produits du terroir.

Où camper ? Où manger ?

Camping Le Paluet : *2, rue de la Piscine. ☎ 03-85-59-70-92. • lepaluet@matour.fr • matour.fr • À 300 m du bourg. Avr-oct. Forfaits tente env 15-20 € (moins cher pour les randonneurs). 73 empl.* Location de tentes équipées et de chalets pour 4 à 8 personnes. Tennis, piscine, snack.

Chez Christophe Clément : *1, route de Saint-Pierre-le-Vieux (pl. de l'Église, au centre). ☎ 03-85-59-74-80. Fermé dim soir et lun soir. Résa conseillée (surtout en basse saison). Formule déj en sem 13 € ; menus à partir de 23 €.* Le papa du chef était charcutier. On vient de loin pour goûter à « l'andouillère du père Clément » – de merveilleuses andouillettes accompagnées de cuisses de grenouilles au chou –, mais aussi aux œufs en meurette... et pour admirer la collection de coqs maison. Façade fleurie et cadre agréable. Une 2e salle (la *Coq Aie Try,* en v.o. !), dans un style bistrot à l'ancienne.

Où dormir ? Où manger dans les environs ?

Camping

Le Village des Meuniers : *Les Meuniers, 344, rue du Stade, 71520* ***Dompierre-les-Ormes.*** *☎ 03-85-50-36-60. • villagedesmeuniers@yahoo.fr • villagedesmeuniers.com • Avr-oct (tte l'année pour les gîtes). Forfaits tente 18-41 € pour 2. 86 empl.* Un très beau camping à 450 m d'altitude, sur 4 ha avec vue panoramique. Grands emplacements herbeux entourés de haies, bien arborés. Tout un choix d'hébergements locatifs : chalets XXL, mobile homes, cottages, lodges, *coco sweet...* Restauration, vente à emporter, piscine couverte et chauffée, espace bien-être.

De bon marché à prix moyens

Chambres d'hôtes chez Jean Dorin : *Écussol, 71520* ***Saint-Pierre-le-Vieux.*** *☎ 03-85-50-40-99. À 7,5 km au sud-est de Matour ; très jolie route pour y aller. Pâques-oct. Double 57 €.* Une ferme à la sortie du hameau, avec une bien belle vue sur les monts du Beaujolais. 4 chambres dans une petite maison indépendante. Éleveurs de volailles, Marie-Noëlle et Jean Dorin proposent aussi leurs vins produits sur les coteaux juste au-dessus de la maison. Piscine et jardin.

Le Saint-Cyr : *le bourg, 71520* ***Montmelard.*** *☎ 03-85-50-20-76. • lesaintcyr@cegetel.net • lesaintcyr.*

fr • ♿ *À 9 km au nord-ouest de Matour. Fermé le midi lun-mar, plus les soirs ven et dim hors saison. Congés : vac scol de fév zone A et début janv. Doubles 64-72 €. Gîtes 4 pers. Menus 17 € (déj en sem), puis 26-39 €. Apéritif maison offert sur présentation de ce guide.* Sur une colline, à 544 m, un petit hôtel-restaurant-gîte tenu par un couple dynamique. Quelques chambres confortables, avec vue panoramique sur le bocage, les monts et les forêts. 2 gîtes également et une piscine chauffée. Sans compter la vraie bonne cuisine du pays dans une salle donnant sur ce vaste paysage vert.

À voir

La Maison des patrimoines : *manoir du Parc. ☎ 03-85-59-78-84.* • *maison-des-patrimoines.com* • ♿ *Juil-août, tlj sauf mar 14h-19h ; avr-juin et sept-oct, tlj sauf lun-mar 14h-18h. Fermé le reste de l'année. Entrée : env 5 € ; réduc.* Cette élégante demeure historique du XVIIIe s, entourée d'un grand parc, présente une exposition interactive originale sur les patrimoines locaux. Histoire, nature et tradition sont les 3 thèmes principaux de la visite, ponctuée de bornes interactives, animations sonores, films et jeux. Manifestations saisonnières comme les sorties nature pour découvrir les plantes comestibles ou médicinales, les champignons, et stages de sourcier ou de vannerie...

DANS LES ENVIRONS DE MATOUR

DOMPIERRE-LES-ORMES (71520)

À 9 km au nord de Matour.

LAB 71 : *☎ 03-85-50-37-10.* • *lab71.fr* • *Juin-août, tlj 10h-18h ; avr-mai et sept-oct, lun-ven 14h-18h ; le reste de l'année, sur résa.* Site du département conçu pour apprendre en s'amusant sur la thématique du développement durable. De nombreux ateliers scientifiques, pédagogiques et interactifs en lien avec les programmes scolaires permettent aux jeunes d'explorer l'univers des sciences, de l'innovation et des cultures. Expos temporaires, techniques et artistiques en période estivale dans ce beau bâtiment en osmose parfaite avec le paysage environnant.

L'arboretum domanial de Pézanin : en 1903, Philippe Levêque de Vilmorin choisit le vallon semi-montagnard de Pézanin, dont un étang occupe le fond, pour créer, sur 27 ha, un *arboretum.* Ce mot employé au XIXe s désignait un lieu de collection et de culture d'espèces et de variétés d'arbres sélectionnés pour pouvoir les étudier de près. Actuellement géré par l'Office national des forêts, l'arboretum de Pézanin compte quelque 500 espèces originaires du monde entier.

CLUNY (71250) 4 540 hab. *Carte Saône-et-Loire, C3*

• Plan *p. 293*

L'un des points forts de tout voyage en Bourgogne, une fascinante immersion dans ce qui fut le cœur et le moteur spirituel et religieux de l'Europe médiévale. À Cluny, labellisée Cité de caractère de Bourgogne-Franche-Comté, se trouvent les vestiges du plus grand monastère de la chrétienté aux XIIe et XIIIe s, un complexe d'architecture romane à la fois religieuse, militaire et

civile. Malgré l'usure du temps et les vicissitudes de l'Histoire, cette abbaye, qui influença longtemps tout l'Occident, conserve une capacité d'évocation prodigieuse. Quant à la ville même, elle est encore presque entièrement contenue dans ses limites médiévales, aucun modernisme incongru dedans et au-dehors n'étant venu troubler le rêve. L'intelligente politique de conservation menée par la Ville et le Centre des monuments nationaux a permis de conserver la personnalité et le charme de l'ensemble. C'est peut-être là que réside le vrai trésor de Cluny : si 90 % de l'abbaye ont été mis au jour, 90 % de la ville médiévale restent à explorer !
Et puis il y a l'atmosphère particulière de Cluny, qui cache de bonnes petites adresses pour qui aime les tables bien vivantes autant que les vieilles pierres, et qui s'anime aux 1ers rayons du soleil, en attendant le jour béni (facile, ici !) où tout son centre deviendra réellement piéton.

UN PEU D'HISTOIRE

L'abbaye est ***fondée en 910*** par Guillaume, duc d'Aquitaine. C'est Bernon, abbé de Baume-les-Messieurs et Gigny (dans le Jura), qui préside à la naissance de l'abbaye, et l'acte fondateur stipule qu'elle sera totalement indépendante de tous les pouvoirs, à l'exception de celui du pape. C'est la règle de saint Benoît qui est adoptée.

UN ABBÉ POUR 7 PAPES !

À Cluny, l'élection de l'abbé se faisait exclusivement par ses pairs : on dit que le vote à bulletins secrets aurait été inventé à cette occasion. Il permit en tout cas l'émergence de véritables « patrons » d'abbaye, en général choisis jeunes. C'est ainsi qu'en 2 siècles il n'y eut que 6 grands abbés à Cluny contre... 42 papes à Rome !

Un rayonnement européen et de grandes réformes

Cluny va devenir la « capitale » d'un ***empire religieux*** et temporel considérable qui comprend 10 provinces et plus de 1 400 prieurés clunisiens (sans compter filiales, succursales et autres)... et plus de 10 000 moines. Étonnant : on découvre encore aujourd'hui des sites, comme en Pologne par exemple. L'influence de Cluny sur tous les grands problèmes de son temps sera énorme : reconquête de l'Espagne, organisation des grands pèlerinages, relations avec le Saint Empire germanique, l'Angleterre normande, le royaume capétien, réforme grégorienne, liens et discussions avec l'Église d'Orient, etc. Cluny intervient également dans le domaine des arts, de la musique, de la peinture, de l'orfèvrerie. Sa liturgie et sa pompe deviennent d'une richesse incroyable (opposées à d'autres ordres monastiques beaucoup plus austères). Il faut imaginer de longues processions occupant plus du tiers de la journée, des milliers de cierges, de multiples chants et des cloches qui sonnent à la volée quasiment tout le temps... Et tout le beau monde qui vient rendre visite à Cluny : princes, rois, papes, évêques. C'est à Cluny que les cardinaux portent pour la 1re fois leur célèbre couvre-chef.

Le règne des grands abbés

Il y eut d'abord ***Bernon,*** le fondateur. ***Odon*** lui succède, bien entendu élu démocratiquement en 926. En 942, ***Aymard*** prend la suite. Il contribue à augmenter largement le nombre des établissements dépendants de l'abbaye et entame la construction d'une nouvelle église abbatiale. En 964, ***Mayeul*** poursuit l'édification de l'église (***Cluny II,*** dans la terminologie des archéologues). Il marque considérablement son « règne » : ami des empereurs d'Allemagne, conseiller d'Hugues Capet et également grand réformateur. Il refuse de devenir pape à Rome pour mieux servir Cluny.

Odilon de Mercœur succède à Mayeul en 994 et régnera 54 ans. Avec lui, c'est le véritable décollage de Cluny. Il ira 9 fois à Rome dénouer les intrigues, résoudre de graves problèmes. Il est à l'origine de la ***« trêve de Dieu »*** et de la création de la fête des Morts. Surtout, il lance l'idée de la ***« grande reconquête » chrétienne de l'Espagne sur l'Islam,*** puis sa mise en œuvre. Il entame un gros travail de centralisation et d'organisation de l'« empire », qui possède désormais une richesse fabuleuse.
Odilon meurt, et ***saint Hugues,*** un vrai Bourguignon (de Semur-en-Brionnais), reprend en 1049, à l'âge de 25 ans, une abbaye prospère qu'il va mener à son apogée. De nouveaux monastères indépendants adhèrent à Cluny, l'argent entre à flots. Un dicton rapporte que « partout où le vent vente, l'abbé de Cluny a rente ». Le moment est donc venu d'entamer la construction d'une nouvelle église, ***Cluny III.*** Il y a énormément d'argent et il continue d'en entrer en quantité inouïe (à la prise de Tolède, en Espagne, le roi Alphonse VI offre à Cluny la majeure partie du butin !).

La plus grande église de la chrétienté

Le 1er coup de pioche est donné en 1088. Saint Hugues possède bien sûr les moyens de voir grand : 187 m de long (une longueur seulement dépassée par Saint-Pierre de Rome au XVIe s), une vaste avant-nef, 5 nefs, 2 transepts, dont le plus long mesure 77 m de large, un chœur immense avec déambulatoire, chapelles rayonnantes, 5 clochers. Le tout sur 30 m de hauteur sous voûte. Quand Hugues meurt, après 60 ans de bons et loyaux services, l'église n'est pas encore achevée. C'est son successeur, ***Pons de Melgueil,*** qui en assure la préouverture en 1120, lorsque la nef est terminée. Dès la mise en route de Cluny III, il fait démolir une grande partie de Cluny II pour agrandir le cloître.
Finalement, en 1122, Pons est congédié et c'est ***Pierre le Vénérable*** qui symbolisera le dernier grand abbé de Cluny. Sous son règne, en 1130, le pape Innocent II inaugure l'église officiellement, alors qu'il ne reste plus que l'avant-nef à couvrir et son grand portail à construire. Sous l'autorité de Pierre le Vénérable, Cluny connaît ses derniers moments de gloire. Le malheureux Pierre Abélard vient y oublier Héloïse et se réconcilier avec l'Église.
L'abbatiale fera l'admiration de toute l'Europe. Ce qui stupéfie le plus, outre les volumes impressionnants et l'harmonie des lignes, c'est l'époustouflante décoration. D'abord les fresques, dites de l'école du mont Cassin, absolument éblouissantes, et les sculptures, dont les chapiteaux rescapés, aujourd'hui au Farinier, restituent toute la splendeur. Quant aux fresques, pour s'en faire une idée, il reste heureusement celles de la chapelle aux Moines à Berzé-la-Ville, qui furent peintes probablement par les mêmes artistes.

Le début de la fin

XIIIe s : ***l'âge d'or est terminé.*** L'ordre de Cîteaux, créé par saint Bernard, est en train de supplanter celui de Cluny, avec son ascétisme plus conforme aux idéaux du christianisme. Du XIVe au XVIe s, la guerre de Cent Ans, le conflit franco-bourguignon, les guerres de Religion vont considérablement affaiblir Cluny en désorganisant son empire, en empêchant les rentrées d'argent, en permettant à de nombreux monastères de reprendre leur liberté. Trésor, bibliothèque et archives, pillés en 1562 par les protestants, disparaissent à jamais. Coup de grâce avec l'ingérence du pouvoir royal qui intervient désormais dans la nomination des abbés, par le biais de la commende. La charge est toutefois encore très recherchée (et aux revenus substantiels), puisque Richelieu et Mazarin ne la refusent pas. Les abbés des XVIIe et XVIIIe s appartiennent tous à de nobles familles (les Conti, La Rochefoucauld, La Tour d'Auvergne), mais cela n'empêche pas l'***inéluctable déchéance.*** Rongé par les querelles doctrinales, l'ordre subit une dernière humiliation : en 1744, un décret place l'abbaye sous les ordres directs de l'évêché de Mâcon. C'en est fini de l'indépendance de Cluny ! En 1750, ce qui reste de Cluny II, du cloître et des bâtiments médiévaux attenants, est rasé et on construit

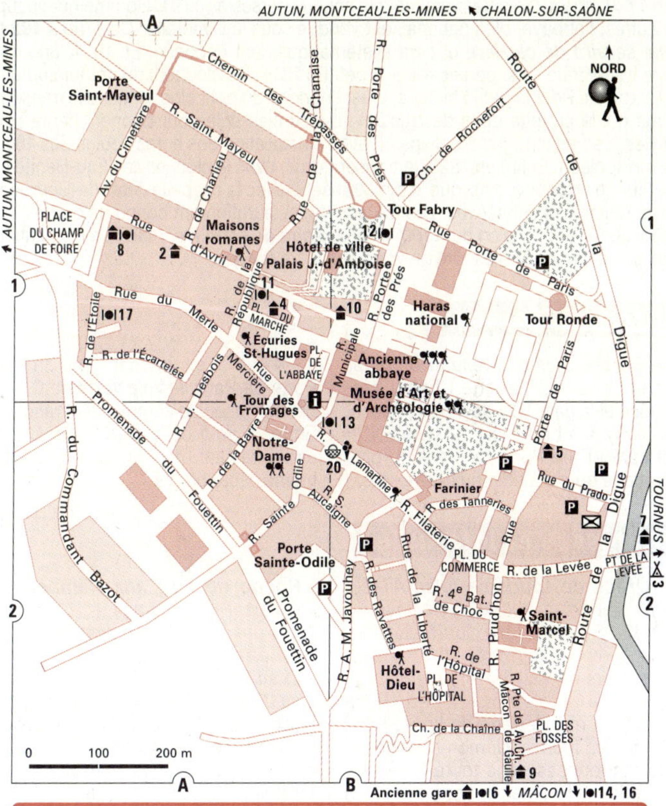

CLUNY

Adresse utile

- Office de tourisme (A1-2)

Où dormir ?

2 Chambres d'hôtes Maison Tandem (A1)
3 Camping Saint-Vital (hors plan par B2)
4 Chambres d'hôtes Le Clos de l'Abbaye (A1)
5 Cluny Séjour (B2)
6 Hôtel de l'Abbaye (hors plan par B2)
7 Hôtel Saint-Odilon (B2)
8 Le Potin Gourmand (A1)
9 Chambres d'hôtes La Maison des Gardes (B2)
10 Hôtel de Bourgogne (B1)

Où manger ?

6 Restaurant de l'Hôtel de l'Abbaye (B2)
8 Le Potin Gourmand (A1)
11 La Locanda (A1)
12 La Halte de l'Abbaye (B1)
13 Le Café du Centre (A-B2)
14 Le Pain sur la Table (hors plan par B2)
16 Hostellerie d'Héloïse (hors plan par B2)
17 Au Bon Point (A1)

Où acheter de bons produits ?

20 Pâtisserie-chocolaterie Germain (A-B2)

de nouveaux bâtiments monastiques autour d'un grand cloître de style classique. À l'ouest, la belle façade gothique du palais du pape Gélase et l'imposante écurie de Saint-Hugues (1095) ne seront paradoxalement sauvées de la destruction que par la Révolution.

En 1789, rideau ! Les derniers moines sont dispersés en 1791. Comme beaucoup d'autres, l'abbaye, bien national, est vendue sous le Directoire. ***De 1798 à 1823, elle servira de carrière*** et sera systématiquement dépecée. En 1801, une rue dite « scélérate » est percée dans la nef. En 1811, les clochers du chœur sautent à l'explosif. Pour la petite histoire, c'est l'horloge du petit clocher dans le transept droit qui le protège de la destruction : il était bien utile pour donner l'heure aux halles. Le transept gauche disparaît avec l'installation des haras voulus dès 1806 par Napoléon. Enfin, en 1823, le transept droit, avec le clocher de l'Eau-Bénite et la tour de l'Horloge, ainsi que le petit transept (avec la chapelle Jean-de-Bourbon) sont définitivement sauvés. Les travaux de restauration ont connu un grand élan pour ***2010,*** à l'occasion du ***1 100e anniversaire de l'abbaye,*** mais la réhabilitation du site se poursuivra encore pendant plusieurs années.

Arriver – Quitter

➢ ***En bus :*** avec le ***réseau Mobigo,*** liaisons avec Mâcon, Chalon-sur-Saône et la gare TGV de Mâcon-Loché. À Cluny, arrêt à l'ancienne gare SNCF et surtout rue Porte-de-Paris, le plus pratique pour accéder au centre-ville.

➢ ***À vélo :*** en passant par la rue Porte-de-Paris, ***la voie verte de Cluny*** pénètre jusqu'au centre-ville. Pratique ! Entrer à vélo ou à pied dans Cluny est autrement magique qu'en voiture, même décapotable.

LA SAÔNE-ET-LOIRE

Adresses et info utiles

i ***Office de tourisme*** *(plan A1-2)* **:** *tour des Fromages, 6, rue Mercière. ☎ 03-85-59-05-34. • cluny-tourisme.com • ♿ Tlj avr-oct ; tlj sauf dim janv-mars et nov-déc. Fermé 1er janv, 1er mai, 1er et 11 nov, 25 déc.* Résa hôtelière et billetterie en ligne. Boutique bien fournie. Nombreuses fiches de randonnées dans toute la région. Pour les différentes options de visites de l'abbaye et de la ville, se reporter à la rubrique « À voir ». Sinon, demander le jeu *Cluny et le sortilège de Pidou-Berlu* pour découvrir Cluny en famille.

– ***Ronde de nuit aux flambeaux :*** *juil-août. Participation : 10 € ; enfant 12-16 ans 5 € ; gratuit moins de 12 ans, flambeaux fournis. Sans résa ; départ à 21h à l'office. Dates et infos à l'office, annulation en cas de pluie.* Partez sur les pas de Gérard Thélier, historien local, conteur et guide conférencier, qui fait revivre, en costumes d'époque, l'histoire et le patrimoine de la ville, de ses paroisses et de l'abbaye.

■ ***Location de vélos :*** ***LudiSport,*** *ancienne gare, pl. des Martyrs-de-la-Déportation. 📱 07-83-91-62-59. • ebike71.com •* VTT, rollers, etc.

Où dormir ?

Camping et auberge de jeunesse

⛺ ***Camping Saint-Vital*** *(hors plan par B2,* ***3****)* **:** *rue des Griottons. ☎ 03-85-59-08-34. • camping.st.vital@orange.fr • cluny.fr/camping • ♿ À 300 m du CD 980. Pâques-Toussaint. Forfait tente env 12-14 € pour 2. Chalets et mobile homes également. 171 empl.* Un 3-étoiles agréable et ombragé, à prix modérés. Piscine municipale gratuite pour les clients. Boutique de dépannage et de produits régionaux. Accès direct à la voie verte.

🏠 ***Cluny Séjour*** *(plan B2,* ***5****)* **:** *22, rue Porte-de-Paris. ☎ 03-85-59-08-83. • reservation@cluny-sejours.fr • cluny-sejours.fr • ♿ Congés : fêtes de fin d'année. Résa conseillée. Nuitée à partir de 23 €/pers en chambre 2-5 lits ; petit déj en sus. Doubles privées à partir de 50 €.* Installée dans l'un des bâtiments du XVIIIe s de l'abbaye (la ciergerie), c'est une sorte d'AJ (environ 70 lits) bien tenue et vraiment pratique.

En prime, accueil jovial ! Chambres au calme, douches à chaque étage. Également une option chambre double avec salle d'eau privée, plus haut de gamme. Parking et garage à vélos.

Prix moyens

Hôtel de l'Abbaye *(hors plan par B2,* ***6****) : 14 ter, av. Charles-de-Gaulle. ☎ 03-85-59-11-14. • hotel@abbaye-cluny.fr • abbaye-cluny.fr • Tlj sauf mar, plus mer hors saison. Doubles 70-90 €. Menus 23-34 € ; carte env 30-35 €. Café offert sur présentation de ce guide.* Un couple cluniso-thaï a insufflé à cet établissement sa double culture et un nouveau départ tout en couleur. Igor aux fourneaux, May à l'accueil, et des clients de toutes les générations, ravis de l'ambiance conviviale qui règne ici. Les chambres sont toutes confortables avec au choix le charme du moderne ou la nostalgie d'antan pour celles qui ne sont pas encore rénovées. Quant à l'excellente table, de la Bourgogne à l'Asie, elle fait l'unanimité.

Chambres d'hôtes Le Clos de l'Abbaye *(plan A1,* ***4****) : chez Claire et Pascal Bouvrot-Lardy, 6, pl. du Marché. 06-25-45-30-95. • closdelabbaye.cluny@gmail.com • closdelabbaye.fr • Doubles à partir de 70 € ; triple et quadruple.* Grand jardin, grande maison, grand confort, à 2 pas du centre. 3 chambres, dont une suite de caractère, à la déco sobre et lumineuse, où les boiseries anciennes et le béton ciré font bon ménage.

Hôtel Saint-Odilon *(plan B2,* ***7****) : Belle-Croix. ☎ 03-85-59-25-00. • contact@hotelsaintodilon.com • hotelsaintodilon.com • À moins de 10 mn à pied du centre. Double 72 €.* Une construction récente, style « motel monastique », qui respecte l'environnement. Une architecture basse, rappelant une ferme, avec sa tour carrée et ses 2 ailes. Chambres fonctionnelles et de bon confort, aux coloris plaisants, avec vue sur les champs. Tout concourt à en faire une agréable étape.

Chambres d'hôtes La Maison des Gardes *(plan B2,* ***9****) : 18, av. Charles-de-Gaulle. ☎ 03-85-59-19-46. 06-80-24-37-02. • contact@lamaisondesgardes.com • lamaisondesgardes.com • Doubles à partir de 80 € ; familiale. Parking payant.* Une demeure de caractère, en plein cœur de la ville, sorte de petit manoir resté en partie dans son jus, comme le parc. Très belles chambres dans la maison même, décorées avec un goût très sûr par une propriétaire aux petits soins.

Chic

Hôtel de Bourgogne *(plan B1,* ***10****) : pl. de l'Abbaye. ☎ 03-85-59-00-58. • hotel-cluny.com • Fermé déc-janv. Doubles 92-139 €.* Une vénérable maison d'une quinzaine de chambres qui a retrouvé vie et fraîcheur, édifiée en 1817 sur le site de l'ancienne abbaye. L'idéal est de pouvoir profiter du jardin et de la terrasse aux beaux jours, mais la grande salle, hors saison, a un petit côté romantique quand le feu crépite dans la cheminée.

Le Potin Gourmand *(plan A1,* ***8****) : 4, pl. du Champ-de-Foire. ☎ 03-85-59-02-06. • lepotingourmand@wanadoo.fr • potingourmand.com • Resto fermé lun, plus mar midi. Doubles standards 108-118 € env. Menus 39-49 €. Au bistrot, formules 16-20 € (déj mer-dim).* C'est un lieu original, une ancienne fabrique de poterie transformée en petit hôtel de charme arrangé avec beaucoup d'imagination et de fantaisie, doté d'un spa. Cour intérieure, gros murs anciens couverts de vigne vierge, très belles chambres à la déco personnalisée, certaines évoquant les pays lointains. Au resto, cuisine goûteuse, servie dans une salle à manger de caractère. À moins d'opter pour le côté bistrot à *L'Arquebuse*. Accueil jovial dans tous les cas.

Chambres d'hôtes Maison Tandem *(plan A1,* ***2****) : 21, rue d'Avril. 06-67-27-82-46. • cluny@gmail.com • maison.tandem.cluny@gmail.com • Doubles 80-150 €. Réduc de 10 % en hte saison sur présentation de ce guide.* Dans l'une des rues historiques de Cluny, cette demeure cossue a été repensée intégralement avec les standards d'aujourd'hui, dans un style et un goût extrêmes. Les 4 chambres thématiques présentent de beaux volumes, l'une d'entre elles se trouvant dans la dépendance du jardin. Mobilier rétro et classe, entre authenticité et modernité. Une adresse chic et choc.

Où dormir dans les environs ?

Prix moyens

Chambres d'hôtes de la Pierre Folle : *La Pierre-Folle, 71250 Cluny. ☎ 03-85-59-20-14. • lapierrefolle@sfr.fr • lapierrefolle.com • De Cluny, direction Mâcon ; à 3 km au rond-point, 2e sortie vers la N 79 (sur la gauche donc) et, 300 m plus loin, petit chemin sur la gauche. Congés : janv-fév. Double 85 € ; également une suite. CB acceptées.* Une vieille ferme dans les champs, sur le versant d'un mont boisé. Le bâtiment en U cache un patio intérieur sur lequel donnent les chambres. Elles ont toutes une décoration soignée et recherchée, mariant le bois et la pierre dans un style écolo branché. Piscine naturelle. Excellent accueil.

Chambres d'hôtes La Ronzière : *Collonges, 71250* ***Lournand.*** *☎ 03-85-59-14-80. • blanc.brigitte@hotmail.fr • laronziere.fr • ♿ Le village est à 5 km au nord de Cluny. Congés : fin nov-fin mars. Double 63 €.* Des chambres d'hôtes dans un grand corps de ferme remarquablement restauré, sur un flanc de colline dominant une belle vallée du Clunisois. Accueil aimable de Brigitte et Bernard, éleveurs de charolaises. Ils conseillent des circuits de rando dans la région. Un point de chute idéal le temps du festival de Lournand.

Où manger ?

LA SAÔNE-ET-LOIRE

De très bon marché à bon marché

Au Bon Point *(plan A1,* ***17****) : 1, pl. du Champ-de-Foire. ☎ 03-85-59-23-24. Fermé dim. Menu env 14 € ; carte env 20-25 €. Café offert sur présentation de ce guide.* À l'écart de l'agitation, un restaurant discret qui brille par le rapport qualité-prix de ses menus. Carte affichant une bonne cuisine locale qui change fréquemment. Salle ou jolie terrasse à l'arrière, près d'un parking.

Le Pain sur la Table *(hors plan par B2,* ***14****) : Le Pont-de-l'Étang. ☎ 03-85-59-24-50. • lepainsurlatable@orange.fr • ♿ À 2 pas de la voie verte. Ouv mar-sam 8h-19h, plus dim midi en été. Compter 15-25 €.* Un resto-boulangerie bio, qui sert des repas élaborés à partir de produits locaux, sains et naturels, variant selon les saisons. Idéal pour grignoter sain et léger, sur la jolie terrasse en surplomb de la rivière Grosne (un vrai plus aux beaux jours) ou en salle. Plats du jour en version « mini » pour les enfants.

Le Café du Centre *(plan A-B2,* ***13****) : 4, rue Municipale. ☎ 03-85-50-01-63. Ouv dès 7h. Fermé dim soir-lun. Repas env 20 €.* Un café patiné par les ans (jolie façade en bois à l'ancienne) et toujours bien vivant, de jour comme de nuit. Il s'enflamme les soirs de match, ronronne à l'heure de la sieste, s'anime pour l'apéro. De vrais personnages, en salle comme derrière le bar. Si vous cherchez à manger sain, bien, pas cher et folklo, n'hésitez pas. Charolais extra, escargots, œufs en meurette...

La Locanda *(plan A1,* ***11****) : 8, rue de la République. ☎ 03-45-47-85-86. • lalocandacluny@gmail.com • Fermé lun, plus dim et mar hors saison. Repas env 15-25 €.* Cette épicerie fine italienne propose aussi de bons petits plats de la Botte, préparés de manière presque informelle en arrière-boutique. L'endroit est tellement petit avec sa poignée de tables qu'il déborde dehors à même la route. Pâtes maison, risotto, tiramisu et apéros à l'italienne, sans oublier les petits déj bio le samedi matin... Une expérience aussi goûteuse que sympathique.

La Halte de l'Abbaye *(plan B1,* ***12****) : 3, rue de la Porte-des-Prés. ☎ 03-85-59-28-49. • halte.cluny@gmail.com • Tlj. Formules déj en sem 14,50-17,50 € ; menus 25,50-28,50 €.* À 200 m de l'abbaye, une table locale à l'écart de la grande rue animée. Salle toute simple et sans prétention, et quelques tables en terrasse en bord de rue.

Prix moyens

Ne pas oublier les très bonnes tables de l'***Hôtel de l'Abbaye*** *(plan B2,* ***6****)* et du ***Potin Gourmand*** *(plan A1,* ***8****)*. Se reporter à « Où dormir ? ».

Hostellerie d'Héloïse *(hors plan par B2,* ***16****)* **:** *7, route de Mâcon, Le Pont-de-l'Étang. ☎ 03-85-59-05-65. • contact@hostelleriedheloise.com • ♿ À 2 pas de la voie verte. Resto fermé dim soir, mer et jeu midi. Congés : fin juin-début juil et de mi-déc à mi-janv. Menus 21 € (déj en sem), puis env 29-53 €.* Une maison de 1800, sincère, accueillante, où l'on vient plus pour la cuisine du chef que pour les chambres, si on aime le calme. Un cadre rajeuni et une cuisine faite pour ceux qui aiment prendre leur temps. Pas une cuisine de notable, non, on n'est plus à l'époque où Mitterrand venait ici. Une cuisine juste, goûteuse, avec de beaux produits bien travaillés. Réservez pour dîner en terrasse, sur la Grosne.

Où acheter de bons produits ?

Pâtisserie-chocolaterie Germain *(plan A-B2,* ***20****)* **:** *25, rue Lamartine. ☎ 03-85-59-11-21. Tlj.* Pour les gourmand(e)s, l'adresse où faire le plein de douceurs, comme le rocher de Solutré, les perles bourguignonnes, les amandes caramélisées enrobées de chocolat, la truffe du moine, etc. Salon de thé et glacier tout à côté, en terrasse.

À voir. À faire

Pour une visite guidée de l'abbaye et de la ville, l'office de tourisme propose 3 options :

- ***Avec plan-guide cité-abbaye :*** *en plus du billet jumelé abbaye, musée et accès à la tour des Fromages, 3 circuits autoguidés dans la cité médiévale en suivant les clous (plan fourni). Compter 2h30. Tarif : 11,50 € ou 2 € pour le plan-guide seul.*
- ***Avec tablette numérique :*** *la même chose mais en plus détaillé, en utilisant une tablette numérique (+ 4 € de loc). Compter 2h30.*
- ***Avec un guide :*** *en juil-août à certaines heures, départ et résas à l'office de tourisme. Durée : 1h-2h30.*

L'abbaye de Cluny (plan B1-2)

Horaires et billets communs à l'abbatiale et au musée : juil-août, tlj 9h30-19h ; ferme à 18h avr-juin et sept, à 17h oct-mars. Fermé certains j. fériés. Entrée : 9,50 € ; réduc ; gratuit pour les Européens de moins de 26 ans. Sinon, billet couplé avec la chapelle des Moines de Berzé-la-Ville : env 11 €. Compter 2h30. • cluny.monuments-nationaux.fr •

Le musée d'Art et d'Archéologie : *☎ 03-85-59-12-79.* Riche collection de sculpture romane religieuse et civile, hébergée dans le palais Jean-de-Bourbon, fleuron du gothique. On peut y voir une restitution d'une partie du Grand Portail, témoin majeur de l'apogée de l'art roman en Occident, ainsi qu'un film (8 mn) reprenant les dernières découvertes. En préalable à la découverte de la cité et de l'abbaye, une grande maquette du bourg au XIIIe s permet de saisir l'importance de Cluny à son zénith. Une « maison romane » permet par ailleurs de découvrir les peintures des façades à cette époque. Hommage à Kenneth John Conant (1894-1984), un Américain qui a consacré 40 années de sa vie à la redécouverte de Cluny. La visite se termine par la bibliothèque ancienne, l'occasion d'admirer les derniers livres des moines clunisiens (imprimés du XVe au XVIIIe s). Également des expos temporaires.

1 Église abbatiale Saint-Pierre-et-Saint-Paul
2 Clocher des Bisans
3 Clocher du Chœur
4 Clocher des Lampes
5 Clocher de l'Eau bénite
6 Tour de l'Horloge
7 Narthex
8 Barabans
9 Anciennes prisons
10 Double porte et pavillon de Guise
11 Palais Jean-de-Bourbon
12 Palais Jacques-d'Amboise

La grande abbatiale restituée *(plan l'abbaye de Cluny)* **:** ☎ *03-85-59-15-93.*

– À l'intérieur du ***palais du pape Gélase,*** sur la grande place, un vaste espace d'accueil donne accès à la billetterie et à la boutique de l'abbaye.

– Dans la ***salle d'introduction*** à la visite, une grande frise chronologique illustrée permet de découvrir et de comprendre les moments clés de l'histoire de l'abbaye. Tout le long du parcours, des maquettes tactiles illustrent ces étapes. Un ***film en images de synthèse*** (16 mn), *Maior Ecclesia,* vous entraîne dans une visite virtuelle de la grande église en partie disparue avec ce qui ressemblait à une forêt de piliers dans la longue nef.

– Le ***passage Galilée,*** du XIIe s, reliait Cluny III à l'avant-nef de Cluny II et était utilisé pour les grandes processions des bénédictins.

– Longer le mur de l'église pour arriver dans le ***grand transept.*** Celui-ci étonne par l'ampleur de ses volumes et, surtout, par l'incroyable sentiment d'élévation qu'il procure. Et pourtant, des 74 m de transept, il ne reste plus, aujourd'hui, que 25 m ! Là il faut faire appel à son imagination. À l'époque de sa gloire, l'abbaye comptait une centaine de colonnes et piliers. ***Ce qui reste debout aujourd'hui ne représente que 8 % de la surface de l'immense église des origines,*** un ensemble entre construction et ascension, un pont entre le ciel et la terre, financé par de riches donateurs qui s'achetaient ainsi une place au paradis. L'ensemble était orienté vers l'est, là où chaque jour la lumière évince les ténèbres. Sous le clocher de l'Eau bénite, à la 2e travée, la coupole sur trompes et 4 arcs brisés s'élève à plus de 30 m. Songez par ailleurs que le sol était couvert d'un tapis de marbre.

– Continuer plus en avant, le long du collatéral rescapé jusqu'au ***petit transept*** sud. On y trouve la ***chapelle Bourbon*** de style gothique flamboyant qui en remplaça une autre au XVe s, à l'initiative de l'abbé Jean de Bourbon. Entrée par une porte à

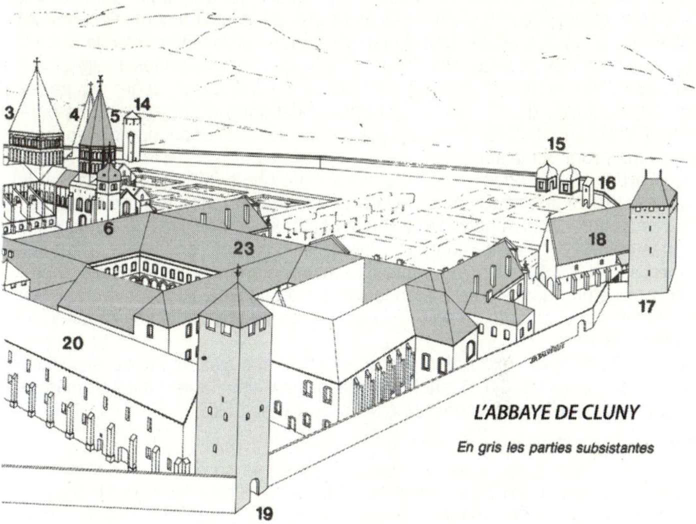

L'ABBAYE DE CLUNY

En gris les parties subsistantes

13 Tour Fabry
14 Tour Ronde
15 Porte des Jardins
16 Tour de Guet
17 Tour du Moulin
18 Farinier et cellier
19 Tour des Fromages (Ancienne Tour des Fèves)
20 Malgouverne
21 Écuries de Saint-Hugues
22 Façade du Pape Gélase
23 Bâtiments conventuels du XVIIIe s.

accolade. Superbe vantail en bois de l'époque, parvenu jusqu'à nous par miracle. À l'intérieur, série de prophètes, représentés en entier mais complètement recroquevillés sur eux-mêmes pour former une console. Au-dessus, il y avait les apôtres sous des dais finement ciselés. Fines clés de voûte. Il faut imaginer tout ce décor peint de vives couleurs et doré. Une curiosité : le petit oratoire qui, pour le confort de l'abbé, était chauffé. La petite baie lui permettait de suivre l'office sans décoller du feu !

– La grande ***galerie*** permet l'accès au ***grand cloître*** du XVIIIe s, de style assez sévère. Il fut construit après 1750 à la place du cloître roman. Dans la cour, grand cadran solaire. Dans la ***salle capitulaire*** des vestiges du chœur de Cluny II. La dalle carrée supportait un autel. Des banquettes étaient installées tout autour de la salle sur 2 niveaux d'assise.

– ***Les jardins et les bâtiments monastiques du XVIIIe s*** *(plan B1-2)* **:** certains sont occupés aujourd'hui par l'École nationale des arts et métiers. La longue façade de style classique et les ailes présentent de magnifiques ferronneries de style rocaille. Élégance des façades des ailes, avec leurs arcs concaves encadrant le fronton triangulaire. Tout au fond des jardins, la tour Ronde, du XIIIe s, témoin de l'ancienne enceinte du monastère.

– Depuis les jardins, observer le ***clocher de l'Eau bénite*** (celui de l'église abbatiale), un modèle d'équilibre et d'harmonie. De forme octogonale, sur

JOLI COUP DE PUB

En 985, les moines eurent l'idée de demander au pape des reliques des apôtres saint Pierre et saint Paul. Rien n'était plus sacré. Très vite, avec ces os à ronger, l'abbaye attira des milliers de pèlerins de toute l'Europe... et des donations colossales en découlèrent.

3 niveaux assurant chacun sa fonction dans cette remarquable architecture. Le 1er est aveugle, le 2e présente des arcatures, avec juste une baie ouverte au milieu. Le décor, particulièrement élaboré, assure la transition avec le dernier étage, qui est très ouvragé. Plus d'ouvertures, des fines colonnes à cannelures verticales, des arcatures de type lombard, tout concourt à alléger progressivement la masse du clocher, à lui donner beaucoup d'élégance, sans pour autant diminuer l'impression de puissance, de solidité. Beaucoup de clochers s'en inspireront par la suite.

– ***Le Farinier*** *(plan B2)* **:** l'un des plus beaux bâtiments à usage domestique de l'abbaye. Édifié au XIIIe s à côté de la ***tour du Moulin*** (une grosse tour carrée). Il fut raccourci de 20 m pour permettre la construction de l'aile sud du nouveau monastère. À l'origine, le Farinier se divisait en 3 parties : en bas, le cellier aux superbes voûtes d'ogives ; au-dessus, le magasin à farine ; et à l'étage, le grenier à blé. Cette dernière salle étonne par son immense volume et, surtout, par sa magnifique charpente de bois d'origine, en chêne et châtaignier, en forme de carène renversée.

Dans ce cadre idéal, exposition des chapiteaux retrouvés de l'abbatiale. Hommage aux travaux de K. J. Conant qui redécouvrit Cluny. Table d'autel en marbre, probablement celle qui fut consacrée par Urbain II en 1095.

La tour des Fromages *(plan A1-2)* **:** *rue Mercière. Compris dans le billet groupé à 11,50 € ou accès seul à 2,50 €.* Datée du XIe s, elle abrite l'office de tourisme (mêmes horaires). L'un des éléments de l'abbaye les plus anciens, dont le but était d'afficher le pouvoir de l'abbaye. Ne pas manquer d'y grimper pour la vue. Expo sur le travail colossal de réhabilitation mené par l'association des Amis de Cluny. Maquette du site. De là-haut on réalise que Cluny est aussi une ville verte (alors qu'au sol on est plutôt marqué par l'aspect minéral !). Amusez-vous à retracer mentalement les murailles de l'abbaye en suivant les toits des maisons qui y étaient adossées.

Dans le bourg monastique

La balade en ville, balisée de belles maisons romanes, possède beaucoup de charme. De nombreuses boutiques ont conservé leur vieille devanture en bois, et on tente ici de proscrire des autres les matériaux trop modernes. Proposition de ***3 circuits de visite*** du bourg monastique. Le dépliant est disponible à l'office de tourisme, à prix d'ami. Sinon, l'office de tourisme organise des ***visites guidées*** du bourg monastique en juillet-août. Enfin, tentez votre chance et inscrivez-vous à « ***Secrets de maison*** » *(mai-oct, GRATUIT)*, des visites de demeures privées proposées ponctuellement par leurs propriétaires passionnés.

Remontons la ***rue Lamartine,*** en direction de l'église Notre-Dame : au no 9, demeure du juge Mage, du XVIe s, qui appartint à un ancêtre de Lamartine. Puis ravissante maison romane au no 15, avec petites baies en plein cintre. À l'angle, un rajout XVIe s avec colombages à remplage de brique et fenêtre à meneaux. Au rez-de-chaussée, pittoresque boutique de dentellerie, où l'on trouve du linge de maison en point de Cluny.

LE TRAIN DU DESTIN

Principal de collège, militant de la SFIO, le père de Danielle Gouze (épouse de François Mitterrand) avait refusé de recenser les élèves juifs de son collège. Révoqué par Vichy, il vint à Cluny où il survécut grâce à des cours particuliers. Il hébergea des membres de la Résistance. Sa fille s'engagea à 17 ans en tant qu'agent de liaison et rencontra en 1944 François Morland, nom de code de François Mitterrand. Pour tromper la vigilance de la Gestapo dans un train, elle joue même les amoureuses et l'embrasse... Ils se marient bien vite, le 28 octobre 1944.

Rue de la Barre (place Notre-Dame), jolie maison des Dragons du XIIe s. Plus haut, la maison des Échevins au no 20. La ***rue Saint-Odile*** mène à la rustique porte de ville du même nom (XIIIe s).

L'église Notre-Dame *(plan A2) : pl. Notre-Dame.* Sa base date du XIIe s mais fut reconstruite plus tard en style gothique. Notez les jolies roses rayonnantes aux croisillons, les stalles et les boiseries du XVIIe s. 2 curiosités : le « Pidou Berlu » (ou veilleur éberlué), étonnante tête à 3 faces mais seulement 4 yeux située à droite au-dessus de l'autel, et le dernier étalon de la tuile mâconnaise (à droite dans la nef, près du confessionnal). Sinon, amusez-vous à retrouver les 52 visages cachés dans l'église ! Sur le parvis, une fontaine du XVIIIe s.

Plus haut, place de l'Abbaye, les ***écuries de Saint-Hugues*** *(plan A1).* Hostellerie des pèlerins à la fin du XIe s, elle a vu sa façade joliment rénovée. Au rez-de-chaussée, on logeait les chevaux. Au pignon sud, un beau lion sculpté, en hommage au roi de Castille, l'un des grands donateurs de Cluny.

Quelques pittoresques demeures encore : ***rue de la République,*** celle du puits des Pénitents (au no 25, tout en haut). Exquise façade percée d'une grande arche, l'ancienne échoppe. Au-dessus, série de petites baies romanes à colonnettes, dites claires-voies, aux décors ciselés. ***Rue d'Avril,*** 3 autres maisons étonnantes (dont l'hôtel de la Monnaie, suivre le fléchage « maisons romanes ») rappellent que cette ville recèle la plus importante concentration de maisons romanes et gothiques de France (et quasiment d'Europe, puisqu'elle vient en 2e position derrière Venise !).

Jolie balade vers le haut de la ville, en direction du cimetière. On y découvre, avec un vestige du rempart – la tour et la porte Saint-Mayeul –, un intéressant aspect du Cluny fortifié. En redescendant, on suit le tracé de l'ancien fossé, aujourd'hui boulevard circulaire planté de tilleuls, jusqu'à la promenade du Fouettin. Au passage, laissez-vous conter, à l'entrée de la ***rue du Merle,*** l'histoire de ce drôle d'oiseau devenu l'emblème du quartier. Une légende vieille de 600 ans qui rappelle le passage en ces lieux de Blanche de Castille, qui y gagna un joli page, répondant au nom de Dumerle !

Au sud de la ville s'élève l'***église Saint-Marcel*** *(plan B2)* dont on admire le délicieux clocher octogonal du XIIe s. Celui-ci hérita au XVIe s d'une fine flèche de brique qui épouse fort bien l'ensemble. Jolie vue depuis la route de la Digue (la D 980) qui suit la rivière Grosne.

L'hôtel-Dieu *(plan B2) : pl. de l'Hôpital. ☎ 03-85-59-59-59. Visite libre et gratuite de la chapelle et de la salle des malades tte l'année 9h-17h (en dehors des offices). Visites guidées de l'apothicairerie et de la salle des administrateurs, seulement sur rdv. Entrée : 3 € ; gratuit moins de 16 ans.* Construit par le cardinal de Bouillon, abbé de Cluny, en 1683. Visite doublement attachante de la chapelle (avec salles des malades autour), de la salle des administrateurs, de l'apothicairerie, de la salle Saint-Lazare. On découvre dans la chapelle des statues qui devaient orner le tombeau de F.-M. de La Tour d'Auvergne, frère de Turenne et, surtout, père du cardinal de Bouillon, abbé de Cluny de 1683 à 1715. Dans une châsse, des fragments de la crosse de saint Hugues. Surtout, on découvre, ébahi, le plafond peint en 2003 par Chaimowicz, qui s'est refusé à jouer la carte de l'art contemporain, préférant la légèreté d'une création un peu hors du temps.

Le haras national *(plan B1) : ☎ 03-85-22-09-73. 📱 06-22-94-52-69. • equivallee-haras-cluny.fr • Visites guidées avr-oct (horaires variables selon période) : env 7 € ; gratuit moins de 4 ans. Activités et animations à destination du jeune public, avec livret de visite.*
Au pied de l'abbaye, le haras national a été créé, en 1806, pour répondre aux besoins des armées de Napoléon. Les étalons sont logés principalement dans les écuries construites à l'emplacement de l'ancienne église abbatiale... et avec ses pierres ! De la cour d'honneur, on a la plus jolie vue du clocher de l'Eau bénite.

La visite permet de découvrir les écuries, les chevaux et les différentes races, la sellerie et la collection de véhicules hippomobiles. Aujourd'hui, le cheval devient non seulement un trait d'union entre un projet important de valorisation culturelle de l'abbaye, mais aussi un facteur du développement d'un pôle hippique sportif, Équivallée Cluny. Manifestations hippiques et présentations toute l'année.
– ***Les Mercredis au haras :*** *de mi-juil à fin août, mer à 14h. Entrée : env 10 € ; réduc.* Une initiative magnifique. Un grand moment d'émotion, avec la présentation en musique des étalons dans la cour d'honneur, la visite du haras animée de différents ateliers, et surtout, des numéros d'artistes équestres pleins de poésie, de tendresse. Exposition à thème dans la sellerie d'honneur.
– ***Spectacle équestre :*** *juil-août, mar et ven à 21h, sur résa. Entrée : 10-20 €.* La cour d'honneur du haras se transforme en scène de spectacle.

Fêtes et manifestations dans le Clunisois

Nombreuses manifestations en Clunisois, recensées sur • *cluny-tourisme.com* • Voici une sélection :
– ***Manifestations équestres :*** *tte l'année.* • *equivallee-haras-cluny.fr* • *hippodromes-centre-est.com* • Concours et courses hippiques.
– ***Pépète Lumière :*** *3 j. en continu en mai ou juin.* • *pepete-lumiere.com* • Créations alliant musique, poésie et land art.
– ***Bourgogne Tribal Show :*** *un w-e en mai-juin.* Expo d'arts premiers.
– ***Grand Bastringue :*** *2 j. en mai ou juin.* • *grandbastringue.com* • Festival de reggae à l'abbaye !
– ***Festival de musique contemporaine :*** *début juil.*
– ***Les Grandes Heures de Cluny :*** *2 sem fin juil-début août.* • *grandesheuresdecluny.com* • Festival de musique classique, devenu lui-même un classique, à l'abbaye et à Notre-Dame.
– ***Festival de Lournand :*** *fin juil, à **Lournand** et dans les communes avoisinantes.* • *festival-lournand.com* • Spectacles vivants à prix tout doux.
– ***Ciné-Pause :*** *fin juil-début août à **Donzy-le-National** et **La Vineuse.*** • *cinepause.org* • Festival de cinéma.
– ***Jazz Campus :*** *2de quinzaine d'août.* • *jazzcampus.fr* • Ateliers et concerts.
– ***Marché des potiers :*** *ts les 2 ans (années paires), en août.*
– ***Fête de la Pomme :*** *1 w-e en oct.* Expo de centaines de pommes, dégustation, vente, etc. Venez, on se fend la poire tout en s'instruisant et en découvrant de produits régionaux et artisanaux.

BLANOT (71250) 150 hab. *Carte Saône-et-Loire, C3*

À 11 km au nord-est de Cluny, frémissement de plaisir en arrivant à Blanot. Déjà, tout le coin est charmant et paisible tandis que le village semble faire la sieste. Par les rues pentues, on parvient à l'église et au prieuré. Quelques maisons à galerie, des fontaines et des lavoirs, et un ancien four à pain que l'on découvre en suivant les *murgers*, ces murs en pierres sèches typiques du coin. Quelques artisans d'art également, dont un talentueux potier, et le *Circuit de la chauve-souris* (infos au bourg, sur le parking).

Où dormir ? Où manger ?

Les Chambres de Blanot : *dans le bourg.* 06-11-01-74-94. • *chambresdeblanot.fr* • *Doubles env 60-95 € ; familiales.* Si comme nous vous êtes tombé amoureux de Blanot, rien de tel que d'y passer la nuit pour profiter de l'ambiance et de la nature alentour. 3 savoureuses chambres, « Réglisse », « Chocolat » et « Caramel », dotées de douches à l'italienne. Un rapport qualité-prix tip-top.

La Thébaïde : *D 146. ☎ 03-85-36-09-96. • auberge_de_blanot@orange.fr • ♿ Fermé mar en saison, plus lun hors saison. Fermé en hiver. Plats 11-18 €. Café offert sur présentation de ce guide.* Un sauvetage, celui de l'ancien resto du village, qui a retrouvé vie et couleurs grâce à Françoise et Florence. Carte courte, rassurante, mêlant saveurs d'ailleurs et produits d'ici.

Où dormir ? Où manger dans le coin ?

Camping des Grottes : *Rizerolles, 71260* ***Azé.*** *☎ 03-85-33-36-48. • camping-aze@outlook.fr • camping-des-grottes.com • ♿ Au sud-est de Blanot, sur le site des grottes d'Azé. D'avr à mi-oct. Tente en hte saison env 16 €. Locatif également. 77 empl.* Larges emplacements et ombrage bienvenu sous les bouleaux. Piscine chauffée.

Frédéric Carrion, cuisine-hôtel et spa : *pl. André-Lagrange, 71260* ***Viré.*** *☎ 03-85-33-10-72. • contact@hotel-restaurant-carrion.fr • hotel-restaurant-carrion.fr • ♿ À 5 km au nord de Clessé. Resto ouv le soir mer-dim et dim midi, plus mar en juil-août. Doubles 145-210 € ; promos sur Internet. Menus 67-99 €.* Un drôle de « cuisine-hôtel » créé par l'un des chefs les plus novateurs du pays, Frédéric Carrion. Au centre d'un village vigneron resté dans son jus, l'ancien relais de poste du XVIIe s est devenu un hôtel tendance avec des tables multicolores pour vous accueillir et des chambres totalement décalées. Mais l'essentiel reste cette cuisine « d'instant et d'instinct » qui donne du terroir une vision tonique et savoureuse. Le chef propose même des pique-niques gastronomiques dans les vignes de Viré-Clessé... à bicyclette !

La Virée Gourmande : *8, pl. André-Lagrange, 71260* ***Viré.*** *☎ 03-85-37-40-82. ♿ En plein centre. Fermé dim, plus le soir lun et mer. Congés : autour des fêtes de fin d'année. Formule déj en sem 16,50 € (avec vin et café) ; menus 27,50-42 €.* Intérieur moderne et lumineux dans une structure étonnante en bois, aux formes contemporaines. Propose des menus de saison, des plats créatifs et goûteux. Une belle affaire à midi. Terrasse donnant sur les vignes.

LA SAÔNE-ET-LOIRE

À voir

L'église : une de nos chouchoutes, comme on dit par ici ! Avec le prieuré et les demeures en pierres sèches tout autour, belle homogénéité architecturale. Édifiée au XIe s sur une ancienne nécropole mérovingienne. Clocher à arcatures aveugles qui semble disproportionné.

Le prieuré : face à l'église, il date du XIIe s, modifié au XVIe s. C'est un prieuré qui abrita la prévôté des moines de Cluny (autrement dit les gestionnaires laïques), aujourd'hui privé et rénové (ne se visite pas). Il arbore une élégante tourelle et un petit air fortifié qui lui sied bien. Pendant la guerre de Cent Ans, ça devait parfois servir. Porche voûté, invitant à l'évasion vers la campagne...

Les grottes de Blanot : *à 2 km au nord du village, au hameau de Fougnières. ☎ 03-85-50-03-59. • blanot-grottes@wanadoo.fr • blanot.fr • En été, tlj 12h-19h ; mai-juin et sept, certains j. et w-e. Visite guidée seulement : env 6 € ; réduc, y compris pour la grotte d'Azé tte proche. Compter 1h15. Authentiques sorties spéléo ven soir sur résa.* Un gouffre en fait avec de nombreuses salles étagées sur 80 m de profondeur, festival de concrétions, stalactites et autres mites. Visite en boucle de ce site jamais occupé par l'homme ni par les animaux, en empruntant 625 marches. Il fut découvert en 1739.

DANS LES ENVIRONS DE BLANOT

Les grottes d'Azé *(71260)* **:** *☎ 03-85-33-32-23. • grottes-aze71.fr • Au sud-est de Blanot, à 12 km à l'est de Cluny par la D 15. Pâques-Toussaint, visites guidées seulement, à heure fixe tlj, payant et résa obligatoire.* C'est la plus longue caverne de Bourgogne : parcours de 1 000 m aménagé sur 4 niveaux avec même une rivière souterraine. Outre la balade dans les concrétions les plus pittoresques, on observera des vestiges peu communs, comme des squelettes d'ours vieux de plusieurs centaines de milliers d'années, les restes d'un des 10 lions de caverne connus en France, etc. Musée archéologique regroupant plus de 2 000 pièces de la préhistoire au Moyen Âge.

Le circuit des églises romanes au sud et à l'est de Blanot : relisez le roman dans ce secteur riche en églises de campagne, pas toujours ouvertes, mais remarquables déjà de l'extérieur. Un circuit qui plonge également au cœur du vignoble. Au sud-est d'Azé, inhabituel et adorable clocher de ***Laizé*** *(71870),* particulièrement élégant avec son hourd (véritable « collier » défensif digne des châteaux forts !). Pas loin, à ***Clessé*** *(71260),* clocher octogonal à tuiles vernissées polychromes. À 7 km à l'est de Blanot, clocher barlong (court et rectangulaire) et pittoresque auvent à ***Bissy-la-Mâconnaise*** *(71260).*

Domaine Michel : *à Cray, 71260 Clessé. ☎ 03-85-36-94-27. Tlj sauf dim et j. fériés. Dégustation sur rdv.* 2 frères, Denis et Frank, véritablement amoureux de leur vigne, sont parmi les derniers à vendanger encore à la main. Ils vous feront découvrir ces vins fruités, gouleyants à souhait et d'un remarquable rapport qualité-prix. Accueil chaleureux.

De Blanot à Cormatin par le mont Saint-Romain : de Blanot, suivre la D 446 puis la D 187 vers Prayes. Route délicieuse jusqu'au col de la Croix. Puis on plonge dans la forêt domaniale, avant de tourner à droite pour le mont Saint-Romain (579 m), le plus haut « pic » du Nord-Mâconnais. Au sommet, table d'orientation et panorama total sur toute la région, y compris par très beau temps sur les Alpes, le Jura, le Morvan, les monts du Charolais..., ainsi que *l'Auberge du mont Saint-Romain,* pratique pour les VTTistes et marcheurs (casse-croûte à toute heure). Belles balades dans les sous-bois. Retrouvez la D 187 en direction de Cormatin. Très jolie route, par le col de Pistole et le hameau de Fragnes, qui court le long de la montagne.

Avant de parvenir à Cormatin, faites une halte au ***hameau de Lys*** *(**Chissey-lès-Macon,** 71460)* avec ses belles et solides demeures à galeries qui dissimulent une petite église émouvante de simplicité. On y trouve aussi plusieurs artisans d'art et un incongru musée de la Natation *(☎ 03-85-50-78-06)* !

Dernier arrêt à 1 km de Cormatin, au ***hameau de La Bergerie*** *(Chissey-lès-Mâcon, 71460)* pour jeter un œil à une non moins incongrue pyramide de Kheops en cours de construction (au 1/5 quand même), dans le jardin d'un passionné *(☎ 03-85-50-71-62)* !

LE CHÂTEAU DE CORMATIN

(71460) *Carte Saône-et-Loire, C3*

Pas moins de 60 000 visiteurs font chaque été le détour par Cormatin pour admirer le château de ce petit village à quelques kilomètres au nord de Cluny.

LA SAÔNE-ET-LOIRE

Les 3 amateurs passionnés qui, depuis 1980, se sont lancés dans sa restauration ne sont ni des nobles ni les héritiers du dernier châtelain. Anne-Marie Joly, Pierre Almendros et Marc Simonet-Lenglart sont sans fortune particulière mais pas sans relations ni antécédents : ils sont archiviste, historien et historien de l'art.

UN PEU D'HISTOIRE

Cette demeure, toujours ceinte de ses douves en eau, est un précieux témoignage de l'époque Louis XIII. Le château fut construit par ***Antoine Du Blé d'Huxelles,*** seigneur de Cormatin. Membre du parti catholique, en lutte contre Henri IV, il profita de la guerre pour piller sans vergogne le pays avant de virer de bord à la conversion du roi. En récompense, Henri IV le nomma gouverneur de la région. En 1605, grâce à sa fortune, il fit construire le château. Son fils Jacques lui succéda en 1611. Ce dernier se maria avec une riche héritière. Pendant que son époux guerroyait, celle-ci s'occupait de la décoration du château, en référence directe avec ce qui se faisait de mieux à Paris. Les travaux furent interrompus en 1629 par la mort de Jacques Du Blé.

Au moment de la Grande Peur de 1789, ***Sophie Verne,*** héritière des Du Blé (par la main gauche), sauva le château de l'incendie en ouvrant sa cave à vin aux émeutiers. En 1812, sa fille, ***Nina de Pierreclau,*** reçut souvent au château le jeune ***Alphonse de Lamartine.*** Après les promenades à cheval, ce n'étaient que parties de bateau sur la rivière, concerts en plein air, roucoulades sous les charmilles et jeux plus ou moins innocents dans le labyrinthe. De cette liaison naquit en 1813 le dernier descendant des Du Blé, qui régnaient depuis 6 siècles sur Cormatin...

UN LIVRE QUI FAIT TOUJOURS RECETTE(S)

C'est au château de Cormatin que fut rédigé, en 1651, le 1er livre de recettes moderne : Le Cuisinier François. *Son auteur, François Pierre de La Varenne, était officier de bouche du marquis. Son livre, qui eut de nombreuses éditions, marque le passage de la cuisine médiévale à la cuisine moderne. On y trouve entre autres les recettes du bœuf à la mode, des œufs à la neige et de la bisque.*

À la Belle Époque, ***Raoul Gunsbourg,*** directeur de l'opéra de Monte-Carlo, l'acheta et y reçut ***Cécile Sorel, Chaliapine, Saint-Saëns, Sarah Bernhardt, Caruso, Massenet...*** On invitait le public local à se mêler aux personnes de marque pour écouter, dans le parc, les plus grandes voix du siècle ! De cette époque était resté le manuscrit original des *Contes d'Hoffmann,* fameux opéra d'Offenbach, retrouvé en 1982 sous un tas de gravats.
La Grande Guerre mit fin à la fête. Il fallut attendre 6 décennies pour que les ronces soient arrachées et que la vie revienne.

Où dormir ? Où boire un verre dans les environs ?

Autant la restauration du château lui-même fut une réussite, autant celle destinée à combler les affamés de nourritures moins culturelles aura toujours posé un problème dans ce gros bourg qui concentre pourtant à lui seul une grande partie de la population touristique du département. Vous pouvez tenter votre chance sur une des terrasses, face à l'entrée du château, ou acheter de quoi pique-niquer dans le village. Bonnes adresses en revanche dans les environs immédiats, entre Cormatin et Tournus (voir chapitre suivant).

Chambres d'hôtes du monastère de Notre-Dame : *19 route de Notre-Dame, au bourg de* ***Savigny-sur-***

Grosne *(71460). 📱 06-21-33-27-58. • alfredelachapelle@orange.fr • À 5 km au nord de Cormatin, en allant vers Saint-Gengoux-le-National. Avr-oct. Double 78 €. Une bouteille de mâcon villages offerte sur présentation de ce guide.* Au sommet d'une colline, dominant un paysage paisible de prés et de vignes, c'est un vieux et grand monastère, réaménagé par des vignerons passionnés de vieilles pierres. Les sœurs bénédictines y priaient encore en 2005. Utiliser la petite cloche pour sonner avant d'entrer. Seulement 3 chambres, décorées et arrangées avec soin, jouissant d'une belle vue sur la vallée. Vente de vin sur place.

🍷 ***Café Le Papyllon :*** *2, route de Cluny, 71460* ***Ameugny-Cormatin.*** *☎ 03-85-59-64-55. Avt d'arriver au château de Cormatin, dans un tournant, à l'entrée du village. Fermé mer.* On s'arrête chez Wolfgang pour déguster une de ses fameuses bières. Allemand d'origine mais Français d'adoption, Wolfgang vous accueille, chope à la main, pour vous servir, dans un éclat de rire, au bar ou dans la cour. Également du thé bio pour les plus rangés ou ceux qui continuent sur la voie verte à proximité.

À voir

Rens : ☎ 03-85-50-16-55. • chateaudecormatin.com • ♿ Du 1er avr à mi-nov, tlj 10h-12h, 14h-17h30 (18h30 de mi-juin à mi-sept et en continu de mi-juil à mi-août). Entrée parc et salles 1900 : env 6 € ; visite guidée des appartements XVIIe s et des jardins : env 11 € ; réduc.

Côté château

La visite du château – ou plutôt « au château », tant les propriétaires ont à cœur de faire revivre le quotidien de l'époque – permet de remonter aisément le temps. Entrée par une belle porte où l'on note l'influence italienne, pour découvrir ***l'escalier monumental.*** À cage vide sur plan carré, de 21 m de haut, c'est le plus ancien et le plus vaste conservé en France.

Arrivée dans ***les salles dorées,*** dont il est impossible de décrire toutes les richesses. C'est un témoignage exceptionnel du style Louis XIII en matière de décoration. En voici les principaux points : l'antichambre de l'appartement de la marquise ; ici, on tient avant tout à affirmer sa fidélité au roi, d'où le portrait de Louis XIII au-dessus de la cheminée. Dans la chambre de la marquise, omniprésence du bleu lapis-lazuli, symbole de la fidélité féminine en amour (le mari était souvent à la guerre !). Au-dessus de la cheminée, Vénus et Vulcain, allégorie du feu de l'amour conjugal et maternel. Fleurs et fruits en abondance évoquent la fécondité. Superbe cabinet des Merveilles avec le portrait du marquis et collection de « curiosités » (coquillages, animaux empaillés, cristaux, etc.).

Vient ensuite la pièce la plus étonnante : le *cabinet de Sainte-Cécile* (1625). Décor extrêmement précieux pour ce lieu de méditation partagé par quelques rares intimes. L'or et le lapis-lazuli y dominent. L'antichambre du marquis fut transformée en cuisine à la Révolution. Restée en l'état, elle est très pittoresque. La visite guidée se termine dans la chambre du marquis, ornée de grandes tapisseries du XVIIe s d'après Le Brun.

QUI A VU GORBI ?

Le 31 mars 1993, 50 journalistes attendaient derrière la grille du château. Mitterrand avait invité Gorbatchev à Cormatin. Le président russe visita le château et se promena dans le labyrinthe du jardin. Perdu, il s'écria : « C'est terrible, je ne sais plus où j'en suis, j'ai l'impression d'être au milieu du Soviet suprême. »

Côté jardin

Le parc à lui seul vaut la balade. Tous les éléments composant un jardin du XVIIe s sont là : parterres fleuris à l'anglaise ou à la française, bosquets pour la lecture ou la conversation, allées pour les promenades, miroir d'eau pour la contemplation. Tout un itinéraire menant logiquement au labyrinthe de buis, étape initiatique inévitable. Le potager quant à lui abrite l'été un fort sympathique salon de thé tandis que les jardiniers « s'amusent » chaque année à croiser formes et couleurs, pour mieux surprendre les visiteurs. Prenez votre temps, c'est en fin de journée que les jardins sont les plus séduisants, et on y accède toujours après la fermeture du château.
Ne pas rater l'allée Lamartine avec ses tilleuls bicentenaires, et plus loin, de hauts cyprès chauves, repaires de hérons cendrés au bord d'un étang tranquille.

DANS LES ENVIRONS DE CORMATIN

Taizé *(71250)* **:** à 5 km au sud, tout petit village qui a gagné une notoriété mondiale quand s'y est implantée la communauté religieuse œcuménique créée par Roger Schutz. Ce dernier fut assassiné en 2005, en pleine cérémonie, par une hystérique. La ferveur n'a pas diminué, et les jeunes affluent à Taizé pour prier pour la paix dans le monde.

Le circuit des églises romanes, au nord de Cormatin : en remontant vers le nord, par la D 981, d'autres églises romanes vous attendent, à ***Malay*** (quel équilibre, quelle harmonie !), ***Ougy*** (église séduisante et lavoir pas mal non plus), ***Saint-Hippolyte...*** Cette dernière présente un insolite clocher fortifié coincé entre 2 tours.

Les Balades d'Estelle : • *lesbaladesdestelle.com* • *06-89-24-33-98.* Balades à trottinettes électriques tout terrain agrémentées d'expériences gourmandes auprès de producteurs locaux (vins, bières artisanales, escargots, chèvrerie, ferme d'ânesses...).

LES MONTS DU TOURNUGEOIS

Suite d'un des plus beaux parcours en Bourgogne du Sud parmi les monts du Tournugeois. Après Chapaize et Brancion, c'est toujours un grand moment d'émotion de pouvoir visiter la mère de toutes les églises romanes du pays : Saint-Philibert, à Tournus.

CHAPAIZE (71460) 160 hab. *Carte Saône-et-Loire, C3*

À 5 km de Cormatin sur la route de Tournus. On quitte peu à peu le Clunisois pour entrer dans le Tournugeois. Sur place, la splendide église, datant de l'an 1000 et ultime vestige d'un monastère, est typique du 1er art roman et donne une idée assez précise de ce que put être Cluny II.
On est d'abord frappé par la hauteur inhabituelle du clocher (35 m). 2 étages de fenêtres géminées et longues arcatures lombardes. Chevet aux lignes harmonieuses. À l'intérieur, nef centrale imposante, aux énormes

piliers ronds surmontés de chapiteaux dénués de décor, en forme de triangles renversés. La belle pierre blanche prodigue, malgré le peu d'ouvertures, une certaine luminosité. Derrière le chevet, l'ancien presbytère avec une tourelle. Du côté nord, la tour de guet est le seul vestige du mur d'enceinte érigé au XVIe s.
Le village présente une homogénéité architecturale assez réussie. Maisons anciennes fleuries, parfois à galeries appelées « meurots ».

Où dormir ? Où manger ?
Où boire un verre dans le coin ?

☗ ***Chambres d'hôtes La Ferme :*** *chez M. et Mme de La Bussière, 71460* ***Bissy-sous-Uxelles.*** *☎ 03-85-50-15-03. • dominique.de-la-bussiere@wanadoo.fr • bourgogne-chambres-hotes.fr • À 6 km au nord-est de Cormatin ; à l'entrée du village, à côté de l'église. Doubles env 70-80 €.* Ferme de caractère (vieille de 500 ans) dans laquelle les propriétaires proposent 6 chambres, dont 2 familiales, assez typiques de la région, avec de jolies couettes. Vue sur le jardin, les prairies et la campagne. Accueil familial et dynamique. Petit déjeuner avec fromages de la ferme, en saison.

☗ ***Chambres d'hôtes La Griolette :*** *chez Micheline et Jean Welter, 41, route Principale, 71460* ***Bresse-sur-Grosne.*** *📱 06-76-06-71-27. • la-griolette@club-internet.fr • la-griolette.wisite.com/la-griolette • À moins de 10 km au nord. Double env 75 €. Réduc de 10 % sur le prix de la chambre sept-juin sur présentation de ce guide.* Une vieille maison typique du pays, à 600 m de l'église. Des suites familiales et une grande chambre indépendante. La déco de cette bonbonnière, les petits bibelots, l'accueil chaleureux et attentionné, tout cela concourt à créer une atmosphère douillette. Beau jardin clos et piscine. Petit déj royal !

🍴 ***Le Saint-Martin :*** *au bourg de Chapaize. ☎ 03-85-50-13-08. ♿ Fermé lun-mar et mer midi. Résa conseillée. Repas env 25-30 €.* Face à l'église de l'an 1000, nouvelle vie pour ce sympathique resto-bistrot de village où l'on sert les clients toujours dans la bonne humeur et avec attention. Chaises et tables en teck en terrasse sur le parvis. Cuisine à prix sages dans un cadre bien agréable. Belle carte proposée par un jeune chef simple et sympa, amoureux lui aussi des beaux produits.

🍴 🍸 ***Crêperie La Coquele :*** *au bourg de Chapaize. ☎ 03-85-34-39-09. Tlj sauf jeu-ven (et mar-mer hors saison) 10h-18h. Compter 15-20 €. Café offert sur présentation de ce guide.* À 2 pas de l'église, ici les nourritures terrestres sont bio, faites maison et sans complication. Galettes bien sûr, mais aussi glaces, boissons, thés du monde entier. Une halte bienvenue aussi bien pour manger que pour un verre.

DANS LES ENVIRONS DE CHAPAIZE

L'archiprieuré des Dames de Lancharre : *sur la route de Tournus, peu après Chapaize.* Il fut fondé au XIe s par les seigneurs de Brancion pour les filles des familles nobles de la région. N'ayant pas fait vœu de pauvreté, celles-ci possédaient leur propre maison et le droit d'avoir une servante. Obligées de quitter les lieux lors de la Contre-Réforme, en 1626, les religieuses s'installèrent à Chalon-sur-Saône. Au XVIIe s, l'église perdit sa nef. Vestige de la porte de l'enclos monastique. Là aussi, belle vision sur le chevet et les belles toitures de lauzes. Intéressantes pierres tombales des XIIIe et XIVe s.

LA SAÔNE-ET-LOIRE

BRANCION (71700) 260 hab. *Carte Saône-et-Loire, C3*

À l'écart de la D 14, à mi-chemin (12 km) de Cormatin et Tournus, voici l'un des plus séduisants villages de Saône-et-Loire, perché depuis le Moyen Âge sur son promontoire rocheux au pied d'un imposant château dominant le vaste horizon du Tournugeois. Ce château avait une position hautement stratégique, contrôlant les mouvements et les flux entre la vallée de Saône et celle de la Grosne. Le minuscule village, labellisé Cité de caractère Bourgogne Franche-Comté, regroupe une vingtaine de maisons à peine, serrées au pied du château, et on y recense 2 habitants permanents ! Très fréquenté en haute saison, le site n'a cependant pas vendu son âme au diable du progrès. Au contraire, voici un village réservé aux piétons et certaines rues sont gazonnées.

UN PEU D'HISTOIRE

Le fondateur de Brancion fut probablement Warulfe de Brancion, né vers 875. Au XIe s, les seigneurs de Brancion étaient tellement puissants qu'on les surnommait les « Gros ». Rien d'affectueux là-dedans. En fait, ils passaient leur temps à piller les terres de l'abbaye de Cluny, à partir en croisade et à faire des cadeaux à l'abbé pour obtenir le pardon. Josserand de Brancion avait poussé le bouchon tellement loin que le pape Eugène II l'excommunia en 1147. Il fit alors amende honorable, offrit aux moines une forêt et... recommença. En 1180, le roi Philippe Auguste dut lui-même intervenir avec ses troupes pour faire cesser ses exactions. Le plus célèbre des Brancion fut Josserand IV qui partit en croisade avec Saint Louis et mourut à la bataille de Mansourah, en 1250. Son fils Henry rapporta son corps en France et offrit de nouvelles terres aux abbayes pour faire pardonner toutes les persécutions passées de la famille. Ruiné par les dons et les croisades, il fut contraint de vendre le château en 1259 au duc de Bourgogne, Hugues IV. À partir de là, la famille perdit toute puissance.

Où dormir dans les environs ?

Chambres d'hôtes et ferme-auberge de Malo : *Malo, 71240* ***Étrigny.*** *☎ 03-85-92-21-47 ou 28-50. • fam@aubergemalo.com • aubergemalo.com • À 8 km au nord par la D 159. Forfait tente et véhicule pour 2 env 12 € (mai-oct). Chambre env 65 €. Repas env 16-21 €.* Dans un petit hameau, une ferme-auberge rustique et nickel. Ici ça sent bon la campagne et les produits maison. Volailles, porcs et charcuteries à l'honneur. Une poignée de chambres d'hôtes, équipées avec réfrigérateur. Également un camping à la ferme au bord de la rivière dans un site semi-ombragé. Vélos à disposition et balade en calèche parfois.

Chambres d'hôtes chez Sylvie et Thierry Meunier : *le bourg, 71700* ***Royer.*** *☎ 03-85-51-03-42. • thierrymeunier3@orange.fr • dormiraroyer.com • À 3 km de Brancion et 7 km de Tournus. De mi-mars à mi-nov. Double 59 €. Réduc de 10 % à partir de 2 nuitées consécutives hors juil-août sur présentation de ce guide.* Dans un village à flanc de coteau, dominé par une forêt sur la crête des collines, une maison vigneronne parmi les prés, les jardins et les arbres. Ensemble de maisonnettes de charme, avec des chambres spacieuses et fraîches, à la décoration très soignée. Cuisine commune. Accueil jovial et attentionné.

À voir

Le château : *rens association La Mémoire médiévale, ☎ 03-85-32-19-70. • chateau-de-brancion.fr • D'avr à mi-nov, tlj 10h (10h30 oct-11 nov)-12h30, 13h-18h30 (17h oct-11 nov). Visite libre : 6 € (avec audioguide 8 €) ; réduc. Animation enfants (prêt de costumes, jeu d'enquête policière) et fête médiévale le 3e w-e de juil.* Toujours propriété du comte de Murard mais géré par une association de Saône-et-Loire, ce site est entretenu et animé par une poignée de bénévoles qui organisent les visites, gèrent la boutique, surveillent les travaux. L'impressionnante porte d'entrée date du XIIe s, mais les bâtiments suivants ont été érigés entre les XIe et XIVe s par le duc de Bourgogne. Laissé peu à peu à l'abandon après les guerres de Religion, le château fut vendu comme bien national à la Révolution, avant de redevenir propriété familiale. L'ensemble, noyé dans la verdure et le chant des oiseaux, revêt aujourd'hui beaucoup de charme.

Par ici la visite

La visite commence naturellement par la ***tour de Beaufort*** qui défendait la porte de ville : noter les archères qui permettaient de tirer dans 3 directions. Dans le ***logis de Beaufort,*** cheminée avec armes des ducs (Charles le Téméraire). ***Logis de Beaujeu*** avec grandes baies ogivales et escalier monumental. ***Tour du Préau,*** qui renfermait les archives. Vestiges de fenêtres polylobées et reste de cheminée monumentale. Petit poste de guet et latrines de l'époque. Dans le ***donjon,*** au-dessus de la cheminée, le récit de Joinville sur la mort de Josserand IV. De là-haut, au bout des 87 marches, l'un des points de vue les plus romantiques qui soient sur le village, dont on savoure l'urbanisme désordonné et les variétés de toits au milieu d'une belle végétation. En point de mire, l'adorable église peinte dans le ciel.

Délicieuse balade dans le village au long de vieilles et charmantes ***demeures*** du XIIIe au XVIe s, dont une ancienne hostellerie. Au milieu, spectaculaire ***halle*** du XVIe s, intacte. Charpente en châtaignier (antiaraignées) entièrement chevillée en bois. Noter les échancrures sur les piliers pour poser les étals et la dalle du peseur au sol.

L'église Saint-Pierre : *mêmes horaires que le château.* Un de nos coups de cœur ! Construite au XIIe s, elle présente une architecture sobre en petit appareillage de pierre et un toit en lauze. Émouvante de simplicité, elle est marquée par une petite influence cistercienne avec son chevet particulièrement bien proportionné et sa belle flèche de pierre à 4 pans. L'intérieur est sombre et mystérieux à souhait. Admirez la voûte en berceau brisé. Le plus intéressant, ici, ce sont les peintures murales de la fin du XIIIe s et le beau gisant en pierre de Josserand IV. Au-dessus, une peinture murale retrouvée sous son enduit de chaux et montrant la pesée des âmes (dans le châle). Inhabituelles pierres tombales ovales.

De l'esplanade, devant l'église, le paysage s'ouvre à l'infini sur la campagne. Tout en bas, la silhouette de l'église de *La Chapelle-sous-Brancion.* Ici pas de pieds de vigne, mais, au loin, les points blancs des vaches charolaises...

DANS LES ENVIRONS DE BRANCION

Le domaine viticole des Vignes du Maynes : *rue des Moines, Sagy-le-Haut, 71260* ***Cruzille.*** *☎ 03-85-33-20-15. • vignes-du-maynes.com • À 6 km env au sud (D 61). Sagy se trouve à 1 km au sud du bourg de Cruzille. Visite libre (sauf période de vendanges), sur résa seulement.* Ce domaine pratique une agriculture en biodynamie. La visite commence par la dégustation des vins aux caveaux, puis se poursuit par la découverte du domaine, avec la cave à alcools, la cave voûtée et la cuverie.

Ozenay *(71700) : à 6 km à l'ouest de Tournus, sur la D 14.* Dans l'un des 1ers contreforts des monts du Tournugeois, un petit village (220 habitants) de caractère, aux grosses maisons traditionnelles de vignerons. Imposant château des XIIIe et XVIIe s, église du XIIe s d'allure massive, avec un auvent du XVIIIe sur piles de pierre. Le tout est recouvert de pierre de lave (comme le château, d'ailleurs).

TOURNUS (71700) 5 940 hab. *Carte Saône-et-Loire, C3*

• Plan *p. 313*

Entre Dijon et Lyon, étape discrète dans ce long couloir fluvial et routier (la D 906 et l'A 6) qui conduit plus bas vers le Rhône, la ville de Tournus est un lieu de passage depuis plus de 2 000 ans. Hier comme aujourd'hui, elle est la halte bienvenue des pèlerins et des voyageurs en route vers le grand Sud. Tournus était déjà un castrum-étape pour les Romains au Ier s de notre ère. Cœur spirituel et historique de Tournus depuis l'an 1000, l'abbaye Saint-Philibert est le monument phare qui a fait la renommée de cette ville à taille humaine, étirée en longueur, le long de la Saône.
Plusieurs vénérables demeures anciennes, sur lesquelles un œil averti saura dénicher toutes sortes de détails architecturaux intéressants : portes murées, fenêtres dépourvues de leurs meneaux, ruelles et passages mystérieux, signes oubliés de la ville, témoignages du passé qui ne s'offrent vraiment qu'aux poètes et aux curieux... Les gourmets auront noté que Tournus compte 4 chefs étoilés.

UN PEU D'HISTOIRE

Le véritable décollage de la ville eut lieu en 875, avec l'arrivée des moines de Noirmoutier chassés par les incursions vikings. Ils se virent attribuer par le roi Charles le Chauve la colline de Saint-Valérien où les reliques de saint Philibert (fondateur de Jumièges, mort à Noirmoutier en 685) vinrent tenir compagnie à celles du saint local. Lieu de pèlerinage, bien sûr, qui devint rapidement très populaire. Cet engouement enrichit inévitablement la ville, et, à la fin du Xe s, démarra la construction d'une nouvelle abbaye.
Pillée par les protestants en 1562 (disparition de la prestigieuse bibliothèque), l'abbaye échappa cependant aux violentes destructions de la Révolution grâce à son affectation au culte constitutionnel.

Adresse et infos utiles

Office de tourisme *(plan A1)* **:** *2, pl. de l'Abbaye.* ☎ *03-85-27-00-20.* • *tournus-tourisme.com* • *Juil-août, tlj 9h30-13h, 14h-18h45 ; jusqu'à 18h Pâques, mai-juin et sept (Journées du patrimoine) ; le reste de l'année, fermé dim et horaires plus restreints.* Circuit piéton « Sur les pas de Gerlannus », croisières en bateau sur la Seille, location de vélos, circuits VTT, ULM... tous les moyens sont bons ici pour vous faire découvrir le pays. Vente de vins régionaux à prix producteurs.
- ***Marchés* :** *sam mat tte l'année.* Spécialités régionales. *Marché bio mer 16h-19h (18h nov-mars).*
- ***Garçon la note !* :** *en juil-août.* « Un soir, un bar, un concert ».

Où dormir ? Où manger ?

Camping de Tournus *(hors plan par A1,* ***6****)* **:** *14, rue de Canes.* ☎ *03-85-51-16-58.* • *camping-tournus@orange.fr* • *camping-tournus.*

com • ♿ À 900 m du centre-ville. Avr-fin oct. Forfait tente env 18-22 € pour 2. 96 empl. Bien situé, en bord de Saône. Beaucoup d'espace pour camper sous les arbres et équipements de bon confort. Loue également des cabanes.

Hôtel Aux Terrasses *(plan B3, **7**) : 18, av. du 23-Janvier. ☎ 03-85-51-01-74. • aux-terrasses.com • ♿ Resto fermé dim-lun. Doubles à partir de 100 €. Menus env 26 € (déj en sem), puis 43-98 €.* Une auberge en bord de route qui abrite l'une des meilleures tables de la ville. 2 grandes salles séparées par le salon. Accueil attentif et élégant. Jean-Michel Carrette est passé par les meilleures maisons de France, dont *Troigros* à Roanne. À la carte, un mélange original de cuisine traditionnelle bourguignonne très soignée et une cuisine plus personnelle. Service dans le jardin aux beaux jours.

Où dormir ? Où manger dans les environs ?

Voir aussi nos bonnes adresses dans les monts du Tournugeois et dans la Bresse voisine.

LA SAÔNE-ET-LOIRE

Camping

Camping Le National 6 : *à **Uchizy,** au port. ☎ 03-85-40-53-90. • camping.uchizylen6@wanadoo.fr • camping-lenational6.com • À 400 m de la D 906, à 2,5 km à l'est de la commune d'Uchizy et à 6 km au sud de Tournus. Avr-sept. Forfait tente env 23 € pour 2. Loc de bungalows et chalets 2-5 pers. 125 empl.* Tranquillou en bord de Saône et bien ombragé. Petite restauration sur place.

De prix moyens à chic

Auberge du Col des Chèvres : *Dulphey, 71240 **Mancey.** ☎ 03-85-51-06-38. • contact@auberge-coldeschevres.fr • À 6 km à l'ouest de Tournus, sur la route de Cormatin. Fermé mer soir, sam midi et dim soir, plus les soirs lun-mar hors saison. Formule déj en sem 14,50 € ; menus 22-36 €.* Coup de cœur pour cette auberge. Avec sa femme, en salle, et lui en cuisine, Laurent Para joue une carte locale en lui apportant sa touche de professionnalisme. Du goût, de l'idée, des couleurs, des petits prix, pas de chichis, tout ce qu'on aime. Terrines sympa, plats du jour aux allures quasi exotiques. Grande terrasse côté rue, et salle à l'ancienne pour les jours gris.

Chambres d'hôtes La Maison des Cœurs : *chez Monique Joly, 1239 chemin de Condemine, lieu-dit Olivier, 71700 **Boyer.** ☎ 03-85-51-78-14. • maisondescoeurs@orange.fr • À 2 km de Tournus, direction Mancey, franchir le pont au-dessus de l'autoroute ; au sommet de la côte, à l'intersection marquée par un gros pin, prendre la petite route en face sur env 1,5 km (fléchage). Double 85 €. Réduc de 10 % sur présentation de ce guide.* Dans le cadre d'une jolie propriété entourée d'un vaste jardin, 3 chambres aussi agréables que confortables et aménagées avec soin. Accueil chaleureux.

L'Auberge des Gourmets : *9, pl. de l'Église, 71700 **Le Villars.** ☎ 03-85-32-58-80. • laubergedesgourmets@orange.fr • ♿ À 3 km au sud de Tournus, route de Mâcon. Fermé mar-mer et dim soir. Congés : 3 sem en janv, 10 j. en juin et 10 j. en nov. Menus 22 € (déj en sem), puis 28-70 € ; carte env 45 €. Café offert sur présentation de ce guide.* Daniel Rogié tient avec savoir-faire cette maison de charme, à l'ombre de l'église romane, dans un joli village qui surplombe la Saône. Une plaque transparente sur le sol de la salle à manger permet d'apercevoir une partie de l'immense cave souterraine remplie de bonnes bouteilles. Résa obligatoire si vous voulez avoir une chance de goûter une cuisine de saison qui a su renouveler la tradition, le tout servi dans une ambiance très conviviale. Terrasse ombragée pour les beaux jours.

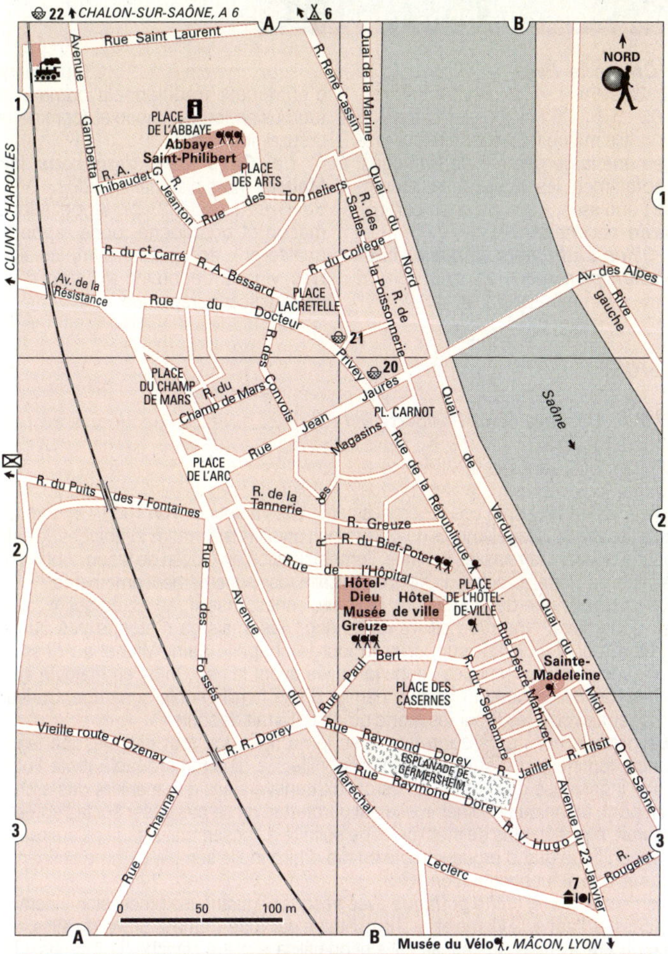

TOURNUS

Adresse utile

- Office de tourisme (A1)

Où dormir ? Où manger ?

6 Camping de Tournus (hors plan par A1)
7 Hôtel Aux Terrasses (B3)

Où acheter de bons produits ?

20 Crémerie Évelyne Giroud (B2)
21 Gilles Lathuilière pâtissier-chocolatier (A-B1)
22 La Cave des Vignerons de Mancey (hors plan par A1)

Où acheter de bons produits ?

Crémerie Évelyne Giroud *(plan B2,* ***20****)* ***:*** *63, rue du Docteur-Privey.* ☎ *03-85-51-70-66. Tlj sauf dim ap-m et lun.* Ce maître fromager affineur propose une large gamme de fromages, et notamment les musts de la Bourgogne : époisses, « ami du chambertin », chèvre mâconnais...

Gilles Lathuilière pâtissier-chocolatier *(plan A-B1,* ***21****)* ***:*** *55, rue du Docteur-Privey.* ☎ *03-85-51-06-61. Tlj sauf dim ap-m et lun.* Spécialité d'entremets traditionnels comme le tournusien, ou de chocolat (comme le greuze-émotion).

La Cave des Vignerons de Mancey *(hors plan par A1,* ***22****)* ***:*** *D 906.* ☎ *03-85-51-71-62. Tlj.* Appellations mâcon et bourgogne, bons rapports qualité-prix, accueil bien sympathique. Des vins à découvrir à l'aide d'un espace scénographique.

À voir

L'abbaye Saint-Philibert *(plan A1)* ***:*** *infos à l'office de tourisme, 2, pl. de l'Abbaye (☎ 03-85-27-00-20). (accès partiel). Ouv 8h30-19h (9h-18h oct-avr). GRATUIT. Loc d'audioguides à l'office de tourisme : env 5 €. Pour les enfants 6-13 ans, visite audioguidée avec prêt d'un baladeur MP3 et d'un parchemin (2,50 €).*
Saint-Philibert fait partie des 1res églises construites autour de l'an 1000. On retrouve sur ***la façade*** tous les éléments du style roman primitif : les bandes lombardes, le petit appareillage de pierre assez rustique, l'ornementation employée de façon subtile (ici, les frises de pierre). Clocher du XIIe s en calcaire rose superbement ornementé.

- ***Le narthex :*** une des parties les plus anciennes, massif, assez écrasant, avec peu de lumière. Noter les piliers ronds énormes, mais ça n'étonne pas quand on songe qu'il leur faut supporter la lourde chapelle Saint-Michel au-dessus. Quelques peintures murales : dans la travée avant la nef, Christ en majesté et, à sa gauche, crucifixion et blason à damier d'une famille noble donatrice. Curieux tombeaux circulaires (pour les morts qu'on enterrait debout).
- ***La grande nef :*** gros contraste avec le narthex. Ici, tout est presque léger, élancé, lumineux, de style toujours dépouillé. Le plus remarquable reste l'utilisation ingénieuse des voûtes en berceaux transversaux, à la manière des arches d'un pont, technique peu habituelle qui permettait de ne pas peser sur les côtés et assurait, bien sûr, plus de stabilité et de solidité à l'ensemble. Beaux piliers roses. Le magnifique grand orgue sculpté en nid d'hirondelle semble comme suspendu dans le vide. Il fut construit en 1629.
- Derrière la chaire, ***niche gothique*** avec fresques figurant une procession funéraire. Au-dessus, l'abbé, la Vierge et le Christ. Statue de Notre-Dame la Brune du XIIe s.
- ***Le chœur*** a été reconstruit au XIIe s et on utilisa la pierre blanche de Tournus, plus tendre, plus facile à sculpter. C'est le maître orfèvre Goudji qui a réalisé le mobilier liturgique contemporain du chœur, dont le reliquaire de saint Philibert. Dans ***le déambulatoire,*** les colonnes et les chapiteaux de la rotonde ont été refaits au XIXe s (sans grâce, ni légèreté !). Cependant, ceux du pourtour sont du XIe s et délicatement travaillés. On peut également admirer des mosaïques du XIIe s représentant des signes du zodiaque et des activités liées à la saison estivale (en tout bien tout honneur).
- ***La crypte :*** c'est une vraie petite église souterraine. Au centre, 3 nefs à fines colonnes (pour l'époque !) et chapiteaux à feuilles d'acanthe, entourées d'un déambulatoire et de chapelles rayonnantes. Noter la voûte brute de décoffrage, cendres et chaux, avec des bouts de bois (visiblement jamais achevée). Dans l'axe, tombeau de saint Valérien, martyr décapité par les Romains. En 979 eut lieu la translation de ses reliques (dispersées lors des guerres de Religion). Chapelle avec fresques du XIIe s (Christ pantocrator).
- ***La chapelle Saint-Michel :*** retour à l'entrée du narthex, pour emprunter l'escalier à vis menant à cette « église dans l'église ». Au contraire du narthex,

sombre et trapu, ici, l'architecture se révèle presque aérienne ! 3 nefs et voûte en berceau s'élevant à plus de 12 m, soutenue par 4 gros piliers ronds.

Les bâtiments conventuels
Continuer sur la droite, après la porte menant à la chapelle Saint-Michel.
- ***L'ancien parloir :*** il abrite un petit musée lapidaire avec les chapiteaux des galeries du cloître détruites et les 2 statues-colonnes qui trônaient sur le clocher : saint Philibert et sa crosse, et saint Valérien avec sa palme du martyre.
- ***Le cloître :*** il ne reste qu'une galerie accolée à l'église, mais le jardin est complet. Du cloître, très belle vue sur l'ensemble de l'église et le clocher de style clunisien surmontant la croisée de transept, avec son appareillage de pierre finement taillée.
- ***La salle capitulaire :*** chaque matin, les moines se réunissaient dans cette salle pour écouter un chapitre de l'Évangile. Reconstruite en gothique au XIIIe s, avec d'élégantes croisées d'ogives sur colonnes à chapiteaux.
- Sortie par la ***place des Arts,*** pour admirer le chevet à 5 chapelles. Appareillage assez archaïque, en épis ou arêtes de poisson. De l'autre côté de la place, le logis abbatial du XVe s. Porte en gothique flamboyant et fenêtres à meneaux et en accolade.

Autour de l'abbaye

Un circuit piéton a été mis en place, avec marquage au sol et plan. Pour les enfants de 6 à 13 ans, plan avec devinettes, un cadeau à la clé. Ces plans sont disponibles à l'office de tourisme.

LA SAÔNE-ET-LOIRE

Au XVIIe s, les moines firent bâtir autour de l'abbaye des maisons qui épousèrent la forme de l'enceinte monastique, dont il subsiste d'importants vestiges. Rendez-vous rue des Tonneliers pour la ***tour de Quincampoix*** (Xe-XVe s) englobée dans l'habitat, puis rue Jeanton pour la ***tour du Portier*** (Xe-XVIIe s) qui symbolisait l'entrée de ville. Revenant vers l'abbaye, on longe l'ancien réfectoire et le cellier. Devant la façade, les 2 tours de la ***porte des Champs*** (Xe-XIIe s). Aux nos 15-17, rue de Tronfois, ***maison du Roy Guillaume*** (XVIIe s).

L'***église Saint-Valérien*** du XIe s, aujourd'hui salle d'exposition, rue A.-Bessard. Place Lacretelle, la boulangerie présente de belles fenêtres à meneaux Renaissance. ***Rue du Docteur-Privey,*** jolies maisons aux nos 13, 38, 45, 60 et 62.

Rue de la République, aux nos 3 et 5, la maison Guérard (XVe-XVIe s). Admirer au no 2, ***place Carnot,*** le logis de la Tête Noire (XIVe-XVIe s) ; superbe façade à colombages. Au no 17, élégante façade Louis XV de l'hôtel Lacroix-Laval : arcades, frise sculptée, hautes fenêtres, mascarons, balcon en fer forgé. ***Rue Greuze,*** au no 5, maison Greuze (où vécut le peintre durant son enfance).

Continuer la rue Greuze jusqu'à un étroit passage médiéval (sur la gauche). Il débouche sur la ***rue du Bief-Potet*** *(plan B2),* l'une des ruelles les plus pittoresques de la ville. C'est là que vivaient les tanneurs au Moyen Âge. Les balcons et encorbellements mangent la moitié de la ruelle. À droite de la ruelle, un peu plus loin, original escalier à vis extérieur à colombages.

Retour ***rue de la République.*** Du no 41 au no 47, intéressants détails architecturaux à saisir. Au no 63, l'hôtel d'Aubonne

POURQUOI UN MAILLOT JAUNE ?

On doit la création du Tour de France au journal L'Auto, *l'ancêtre de* L'Équipe, *qui prit de court* Le Vélo, *son concurrent ! Joli coup de pub pour ce journal aux pages jaunes qui déclina cette couleur jusque dans le fameux maillot porté par le 1er du classement. Le journal continua à paraître en zone occupée pendant la Seconde Guerre mondiale et fut interdit de publication en 1945, accusé de collaboration. Fin de tour par la petite porte !*

(XVIIe-XVIIIe s) en pierre rose. En face, à l'angle de la place de l'Hôtel-de-Ville, ancien ***hôtel de l'Escargot*** de la famille de Tournus (1616), avec sa tourelle d'angle en encorbellement (évoquant un escargot...).

Charmante ***place de l'Hôtel-de-Ville*** *(plan B2),* du XVIIIe s. Statue de Greuze au milieu. Suivre la ***rue Désiré-Mathivet.*** Au no 2, hôtel Jean-Magnon avec de belles fenêtres à meneaux et accolade. Niche en gothique fleuri avec Vierge. Du no 44 au no 54 et aux nos 43-45 (entre les rues Jules-Ferry et E.-Jaillet), remarquable succession d'arcades commerciales médiévales. C'est le quartier de l'église Sainte-Madeleine, où vous découvrirez beaucoup de demeures anciennes.

L'église Sainte-Madeleine *(plan B2-3)* **:** *rue Désiré-Mathivet.* Du XIIe s, remaniée au XVe. Remarquable porche roman aux profondes voussures retombant sur des colonnettes délicatement ciselées. Grande richesse du décor, différent d'une colonne à l'autre. Élégante porte en bois de style Louis XV.

L'hôtel-Dieu et le musée Greuze *(plan B2)* **:** *21, rue de l'Hôpital. ☎ 03-85-51-23-50. Avr-oct, tlj sauf mar et 1er mai 10h-13h, 14h-18h. Entrée : env 5 € ; réduc.*
Beau portail de pierre rose avec grille en fer forgé. L'hôtel-Dieu se divise en 2 sections : la partie hospitalière, dont la visite est complétée par le jardin des « simples » (plantes médicinales), et le musée Greuze, consacré à ce peintre originaire de Tournus.
– ***Les salles des malades :*** remarquables ! La 1re fut ouverte en 1675 par le cardinal de Bouillon, abbé de Tournus, désireux que la ville se dotât enfin d'un hôpital convenable. Elle comprend une vingtaine de lits, et les soins sont assurés par les sœurs de Sainte-Marthe. Au XVIIIe s, création de la salle des hommes et de la chapelle, et, à la Révolution, de celle des soldats. Les 3 salles convergent vers l'autel de manière que tout le monde puisse bénéficier de l'office. Difficile d'imaginer que l'hôpital ne ferma qu'en 1982 ! Organisation hospitalière logique pour l'époque : grands volumes pour que l'air circule, lits en box, « couloirs de soins » pour préserver l'intimité des malades.
– ***L'apothicairerie :*** l'une des plus belles de Bourgogne. Dans une salle avec carrelage et plafond peint d'origine, meubles à rayonnages et colonnettes torses en noyer et chêne accueillent une belle collection de 300 pots en faïence de Nevers. Dans l'ancienne salle de chirurgie, exposition des étains. Voir aussi le sol et les boiseries de l'ancienne apothicairerie de la Maison de Charité de Tournus, déplacés là.
– ***Le musée Greuze :*** installé dans les anciennes chambres des sœurs (on peut même observer les salles des malades par une fenêtre). Évidemment, quelques œuvres de l'artiste né à Tournus (1725-1805), exposées par roulement au 1er étage ainsi qu'une section peinture (écoles flamande, française et italienne du XVe au XXe s). Pour la sculpture (salle consacrée à Désiré Mathivet, artiste local) et l'art contemporain, monter au 2e étage. Également, au rez-de-chaussée, une section archéologie, afin d'approcher l'histoire de Tournus et de son pays depuis le Paléolithique jusqu'à l'époque mérovingienne (outils, céramiques, plaques de ceinturon en fer damasquiné, etc.).

Le musée du Vélo Michel-Grézaud *(hors plan par B3)* **:** *Le Pas-Fleury, av. Maréchal-de-Lattre-de-Tassigny (D 906 Sud). ☎ 03-85-20-01-28. • enviesdevelo.com • Avr-sept, tlj sauf lun 14h-18h30 ; oct, w-e 14h-18h30. Entrée : 6 € ; réduc ; gratuit moins de 6 ans.* Un espace de 600 m² pour les passionnés de petite reine et ceux qui n'en connaissent pas forcément un rayon. Tous les modèles, de toutes les époques, de l'antique draisienne de 1818 au vélo en carbone soufflé de Chris Boardman (1992). On peut aussi essayer des vélos rigolos ! Un hommage sympathique à la passion du créateur du musée, ancien boucher-charcutier qui n'a pu voir son rêve se réaliser, mais qu'une équipe de bénévoles continue d'entretenir.

DANS LES ENVIRONS DE TOURNUS

Le circuit des églises romanes du Mâconnais-Tournugeois : si vous n'avez pas encore votre compte de belles églises romanes, vous pouvez revenir sur Ozenay et continuer vers Chardonnay (qui a donné son nom au célèbre cépage). On aperçoit la flèche du clocher d'***Uchizy,*** à 2 km : le dernier étage servait de tour de guet. Vous pouvez poursuivre votre circuit par celles de ***Farges-lès-Mâcon*** (10 km au sud de Tournus, sur la D 906) et du ***Villars*** (3 km au sud de Tournus, sur la D 906).

La réserve naturelle nationale de La Truchère-Ratenelle *(71290)* **:** *à 6 km au sud (suivre le fléchage).* Situé au confluent de la Seille et de la Saône, en limite du département de l'Ain, un milieu riche en plantes aquatiques protégées, oiseaux migrateurs, insectes rares et plantes carnivores qui les boulottent, sur fond de dunes de sable éolien vieux de 5 000 ans, venues se perdre au milieu des tourbières et des chênes. Sentier de découverte.

Le village de La Truchère *(71290)* **:** le village a plutôt des allures de petit port de pêche et de plaisance, le long de la rivière Seille, avec ses nombreux bateaux amarrés et ses quais de pierre construits par les prisonniers prussiens au temps des guerres napoléoniennes. Quelques restaurants sur place, face à cette rivière bien tranquille.

LA BRESSE BOURGUIGNONNE

Tournus est une des portes de la plaine de la Bresse, le pays le plus à l'est de la Bourgogne : une vaste campagne verdoyante et bocagère de 1 690 km², composée de 88 communes et peuplée de 70 000 habitants. Un pays délimité naturellement à l'ouest par la Saône et à l'est par les monts du Jura.
C'est en quelque sorte le plat pays de la Saône-et-Loire. Un immense lac il y a quelques millions d'années, qui a conservé en héritage un réseau dense de rivières, rus, ruisseaux et étangs découpant le bocage. Aujourd'hui, l'ancienne Bresse se partage entre 2 régions et 3 départements. La Révolution française s'y entendait pour dépecer les anciennes provinces. Quand on dit « plat », il faut d'ailleurs moduler, le paysage n'est nullement mièvre. Région principalement agricole, à l'habitat dispersé, proposant la plus séduisante architecture rurale qui soit.

UN VASTE ÉCOMUSÉE

La Bresse possède en outre des productions particulières comme son fameux poulet à pattes bleues et plumes blanches (aux normes d'élevage précises : c'est la seule volaille au monde à posséder une AOC), la pochouse, délicieuse matelote de poisson de rivière, quand elle est bien réalisée... Sans oublier, dans un autre genre d'idées, la belle armoire bressane, etc. Traditions culturelles et folklore très riches et vivaces, comme en témoignent les nombreuses antennes de l'écomusée. En Bresse, tous les chemins mènent en fait à l'***écomusée de la Bresse bourguignonne,*** dont le siège est à Pierre-de-Bresse, tout au nord. Il possède 13 antennes dans des sites différents répartis dans le territoire que vous allez traverser, en vagabondant selon votre humeur. Voici quelques-unes de ces annexes :
- à Saint-Martin-en-Bresse : la Maison de la forêt et du bois ;
- à Saint-André-en-Bresse : la ferme Plissonnier ;
- à Ménétreuil : le moulin de Montjay (Maison de l'eau et musée des Chaisiers et Pailleuses) ;
- à Romenay : la ferme du Champ bressan, le musée du Terroir ;
- à Verdun-sur-le-Doubs : le musée du Blé et du Pain ;
- à Ratte : le moulin de la Croix.

Les « Balades vertes » : sur l'ensemble du territoire, des randos de 2 à 30 km. Topoguide en vente dans les bureaux d'accueil de l'office de tourisme du Pays de la Bresse bourguignonne.

CUISERY

(71290) 1 660 hab. *Carte Saône-et-Loire, C-D3*

À 8 km à l'est de Tournus, au sud-ouest de la Bresse bourguignonne. Ce village sort de son anonymat grâce aux artistes et aux bouquinistes implantés sur cette terre qui ne manque pas d'atouts pour les retenir. En revanche, elle manque encore de touristes, car le flux passe plus à l'ouest...

Adresse et info utiles

Office de tourisme du Pays de la Bresse bourguignonne : *32, pl. d'Armes. ☎ 03-85-40-11-70. • cuisery.fr • bresse-bourguignonne.com • Juil-août, mar-sam 9h30-12h30, 14h30-18h ; hors saison, mar-sam sauf mer ; plus 1er dim du mois tte l'année. Expo toute l'année.*

– Concerts gratuits et expos en été, place Saint-Pierre.

Où dormir ? Où manger dans le coin ?

De prix moyens à chic

L'Hostellerie Bressane : *56, route de Tournus, à Cuisery. ☎ 03-85-32-30-66. • contact@hostelleriebressane.fr • hostelleriebressane.fr • Resto fermé dim soir (sauf l'été)-mar midi. Doubles 70-120 €. Formules env 19-25 € (déj en sem) ; menus 32-50 €.* La belle adresse de la région, avec des chambres au calme côté jardin, dont certaines disposent d'un bout de terrasse. Celles de l'annexe sont de plain-pied, avec terrasse et parking. Belle salle de resto pour gourmets prenant le temps de vivre. Service attentif et carte attrayante.

Chambres d'hôtes Élément Terre : *33, route du Château, 71370* ***Baudrières.*** *☎ 09-84-18-01-66. 07-82-78-80-92. • contact@elementterre71.com • elementterre71.com • À 15 km au nord de Cuisery par la D 933. Doubles 65-80 € ; familiales. Table d'hôtes (sur résa seulement) 28 €. Réduc de 10 % sur le prix de la chambre sur présentation de ce guide.* Une adresse verte et au vert. Il y a la grange, entièrement retapée selon des normes environnementales et qui abrite aujourd'hui 4 chambres avec cuisine à disposition. Il y a la production de légumes en permaculture. Mais aussi la tranquille rivière Ténarre pour pêcher, les repas bio et surtout l'accueil forcément nature d'une adorable famille. Un havre où l'on s'efforce de limiter son empreinte carbone !

Chambres d'hôtes de l'ancien Hôtel du Lion d'Or : *87, rue du 19-Mars-1962, 71290* ***Simandre.*** *☎ 03-85-37-77-67. 06-08-42-60-31. • chatard.veronique@gmail.com • À 9 km au nord de Cuisery par la D 933. Double 65 €.* C'est l'hôtel historique sur la place centrale de ce village bressan typique, avec une façade zébrée, des parquets qui craquent et une étonnante salle de bal début XXe s à l'arrière. Véronique et Denis lui ont redonné une âme avec beaucoup de sensibilité. Ils ont aussi aménagé de ravissantes chambres d'hôtes à l'ancienne sous les combles, où l'on se croirait en vacances chez tante Jeanne. On peut louer l'étage entier pour toute une famille. Tout un concept, un lieu formidable de vie et un coup de cœur.

Hôtel-restaurant de la Gare : *av. de la Gare, 71290* ***Simandre.***

☎ *03-85-40-21-12. Fermé mar soir, mer soir et dim soir. Formule déj en sem 13,50 € ; menus 19-34 €.* Une autre résurrection, menée par Béa et son mari, qui conseillent leurs vins les yeux fermés. Ils proposent une cuisine traditionnelle à base de produits frais qui mettent à l'honneur le poulet de Bresse bien sûr, mais aussi le filet de sandre au beurre blanc et les grenouilles persillées. Accueil extra.

À voir

Le Village du Livre : *• cuisery-villagedulivre.com • Passer à l'office de tourisme, 32, pl. d'Armes pour prendre une plaquette le présentant en détail.* La grande rue compte une dizaine de bouquinistes, dont certains ouverts à l'année. On y trouve aussi un relieur et une imprimerie à l'ancienne. En fait, le village revit surtout le 1er dimanche du mois *(8h-19h),* lors du ***marché du livre.*** D'autres manifestations sont proposées, comme le Salon de la bande dessinée et du polar, le Salon du disque et des CD, le Printemps des poètes, le concours de nouvelles, la ***Nuit du livre*** en juillet et août, etc.

Le Centre Éden : *rue de l'Église.* ☎ *03-85-27-08-00. • centre-eden.com • Vac scol de printemps-vac scol de la Toussaint : juil-août, tlj 10h-18h ; hors saison, tlj sauf lun et 1er mai 14h-18h. Entrée : 5 € ; réduc ; gratuit moins de 6 ans et pour ts le 1er dim du mois.* Un centre de découverte des richesses naturelles et des paysages de la Bourgogne selon 3 grands thèmes : forêts, bocages et milieu fluvial. Muséographie vraiment réussie et vivante avec une maquette 3D de la Bourgogne, un film de 15 mn, une fourmilière en activité, une « salle des indices » interactive, une ruche transparente, un jeu de senteurs, des aquariums au-dessus desquels on peut marcher... La mise en valeur scénographique du parc de l'ancien château complète la visite. Expositions temporaires et séances de Planétarium. Parfait pour les enfants (et les grands) !

DANS LES ENVIRONS DE CUISERY

La ferme du Champ bressan : *à* ***Romenay*** *(71470), à 10 km au sud de Cuisery.* ☎ *03-85-76-27-16. De mi-mai à fin oct, tlj sauf mar 10h-12h, 14h-18h. Entrée : 3,50 € ; réduc.* Jetez un coup d'œil à cette antenne de l'écomusée de la Bresse bourguignonne. Mobilier bressan, outils, objets domestiques et costumes régionaux. Prenez le temps ensuite de visiter ce village médiéval qui possède encore 2 portes fortifiées et de belles demeures à colombages.

Le moulin de Montjay, la Maison de l'eau : *à* ***Ménetreuil*** *(71470), à 10 km de Cuisery.* ☎ *03-85-76-27-16. De mi-mai à fin oct, tlj sauf mar 10h-12h, 14h-18h. Entrée : 3,50 € ; réduc.* Ce moulin est mentionné depuis le XVIIe s. Il expose l'activité de la meunerie à l'époque de sa modernisation dans les années 1950. Les 1er et 2e étages accueillent la Maison de l'eau avec une exposition sur le bassin de la Seille et sur le patrimoine culturel lié à l'eau.

– Le moulin devrait accueillir en 2020 le ***musée des Chaisiers et Pailleuses,*** présentant 2 siècles de cette petite industrie locale (jusqu'à 700 emplois en 1985, parmi lesquels 400 pailleuses !). Reconstitution d'un atelier et démonstration. Après cette intéressante visite, laiche, raponse, rangeoir, bourroir, tourniquet, etc. ne devraient plus avoir de secrets pour vous.

Les Prés humides de Ménetreuil *(71470) :* 2 boucles pour découvrir cet espace naturel riche en biodiversité. Panneaux (certains interactifs) le long des parcours.

LOUHANS (71500) 6 950 hab. *Carte Saône-et-Loire, D3*

Capitale de la Bresse bourguignonne, une petite ville discrète qui possède la plus longue rue à arcades de France. Ne ratez surtout pas le marché du lundi matin, un marché pas comme les autres. Peut-être à cause du cadre théâtral de ses arcades, plus sûrement grâce à son naturel étonnant où couleurs, visages, sourires et accents jaillissent avec force du fond du bocage. Beauté de la province qui résiste à grand renfort de sagesse et de bon sens. Vous aussi, faites preuve de raison en laissant votre voiture loin du centre, les embouteillages pouvant atteindre des sommets ! Attendez la fin du marché pour repartir.

Adresses et info utiles

Office de tourisme du Pays de la Bresse bourguignonne : *1, pl. Saint-Jean. ☎ 03-85-75-05-02. • bresse-bourguignonne.com • Tte l'année, lun-sam 9h30-12h (12h30 juin-sept), 14h-18h (18h30 juin-sept) ; sam ferme à 17h ou 18h selon saison. Ouv dim en juil-août 9h30-13h.*

Les Canalous : *☎ 03-85-53-76-74. • canalous-plaisance.fr • Loc au w-e ou à la sem.* Location de bateaux habitables de 2 à 12 personnes, que l'on peut piloter sans permis.

– La ***voie verte « La Bressane »*** relie Chalon-sur-Saône à Lons-le-Saunier sur un parcours de 65 km et passe par Louhans-Châteaurenaud.

Où manger ?

De bon marché à prix moyens

Ce ne sont pas les petits cafés sympa qui manquent, surtout le lundi évidemment, jour de fête nationale bressane, si vous avez déjà avalé votre tête de veau, le plat typique du pays, un peu plus tôt dans la matinée, comme tout un chacun par ici : le ***Saint-Jean,*** sur la place du même nom, en face de l'office de tourisme (petits plats sympa et assiette de pays) ; le ***Bar de l'Hôtel de Ville*** *(alias « Chez Dudule », 10, pl. du Général-de-Gaulle),* avec sa terrasse sous la pergola en fer forgé ; et le ***Saint-Martin*** *(74, Grande-Rue),* en plein milieu des arcades, avec une belle terrasse en avancée de rue.

Chez Alex : *19, rue Lucien-Guillemaut. ☎ 03-85-72-25-19. Lun-sam, le midi seulement. Congés autour des fêtes de fin d'année. Menus mar-ven env 14 €, lun et sam env 17 € puis le lun 23 €.* *The place* pour déjeuner le lundi, jour de marché, autour d'une tête de veau (si, si, essayez !). Aux beaux jours, toutes tables dehors (mais en bord de route) pour une cuisine de ménage présentée sans façon, dans une joyeuse et bruyante animation.

Où dormir dans les environs ?

Chambres d'hôtes La Ferme des Fourneaux : *chez Fabienne et Christian Thébert, 419, rue du Carruge, 71500* ***Saint-Usuge.*** *☎ 03-85-72-18-12. • fermedesfourneaux.com • À 6 km au nord, par la D 13, direction Saint-Germain-du-Bois. À partir de 80 € selon nombre d'occupants (2-5 pers).* Une jolie ferme bressane, en brique et colombages, rénovée avec beaucoup d'amour, et où l'accueil ne manque pas d'humour. Maraîchère, Fabienne sera peut-être sur les marchés quand vous arriverez, mais son mari, Christian, vous accueillera, au milieu des plaques et des cafetières émaillées, des vieilles machines à sous et des fourneaux. Quant aux chambres, elles sont toutes différentes, climatisées, joliment décorées et d'un confort incroyable. Le petit déj est un grand moment lui aussi, et on ne parle pas de l'heure sacro-sainte de l'apéro. Et puis il y a la terrasse, la piscine, cachée, superbe, le parc pour la détente...

Chambres d'hôtes La Ferme de Marie-Eugénie : *225, allée de Chardenoux, 71500* ***Bruailles.*** *☎ 03-85-74-81-84. 06-15-15-32-25. • info@lafermedemarieeugenie.fr • bnb.lafermedemarieeugenie.fr • À 8 km au sud de Louhans par la D 972 vers Cuiseaux. Congés : autour de Noël. Double 135 €. Repas 35 €.* C'est la plus belle maison d'hôtes de charme de la Bresse, les prix sont en conséquence mais justifiés. Voici, en pleine campagne, une grande ferme bressane du XVIIIe s, restaurée et aménagée avec un goût exquis par Marie-Eugénie, une femme accueillante et débordante d'imagination.

À voir

Le grand marché du lundi : *le mat (ainsi que l'ap-m des lun fériés pour le tt commerce), le long des arcades, pl. de l'Église et champ de foire.* C'est l'événement incontournable hebdomadaire. Promenade de la Charité, à 2 pas du centre, se déroule le marché à la volaille de Bresse, où les connaisseurs vérifient avec sérieux le bleu des pattes et l'immaculé des plumes. À l'entrée, la « Bressane », l'un des rares monuments aux morts consacrés à la guerre de 1870.

L'hôtel-Dieu : *rue du Capitaine-Vic. ☎ 03-85-75-54-32. Tlj sauf mar : avr-oct, visites guidées à 10h30, 14h30 et 16h ; mars et nov-déc, à 14h30 et 16h. Fermé janv-fév, 1er mai et 25 déc. Entrée : 5 € ; réduc.*
Fondé en 1682, ce bel hôpital en pierre rose de Préty fonctionna jusqu'en 1977. Pendant 3 siècles, les sœurs de l'ordre de Sainte-Marthe ont assuré l'accueil et les soins aux malades et aux indigents. Les salles aux immenses dimensions rappellent celles de Beaune, mais il y a ici, en plus, une espèce d'humanité poignante, une atmosphère authentique comme si le dernier malade était parti la veille. L'hôtel-Dieu possède ainsi toujours sa vieille patine, ses lits clos en bois et les anciens lits en fonte à ruelle. Sa chapelle, qui permettait à tous les malades de suivre messe et sermon, renferme un magnifique puits de lumière.
L'**apothicairerie** reste l'une des plus belles d'Europe, avec une collection exceptionnelle de faïences des XVe-XVIe s de style italo-hispano-mauresque. Vases contenant des médications ayant, sauf erreur, disparu des ordonnances depuis pas mal de temps : sang de bouc séché, yeux d'écrevisses pilés, poudre de mille fleurs, etc.

L'église Saint-Pierre : à l'origine gothique, elle se compose de 2 églises. La 2de fut construite au XVIIIe s, lorsque la population augmenta. Beau toit de tuiles polychromes vernissées. À l'intérieur, superbe vitrail moderne dans la fenêtre du fond et chaire en chêne ciselé du XVIIe s.

L'Atelier d'un journal : *29, rue des Dôdanes. ☎ 03-85-76-27-16. • ecomusee-bresse71.fr • Tlj sauf mar et dim 14h-18h. Fermé janv-fév, 1er mai et 25 déc. Entrée : 3,50 € ; réduc. Audioguide : 2 €.* L'ancienne imprimerie du journal *L'Indépendant* ferma en 1984, après un siècle d'existence. Les ateliers et machines furent conservés en l'état. Une occasion émouvante de découvrir les dessous d'un journal à toutes les étapes. Et toutes les archives sont consultables !

DU PLOMB DANS L'AILE

Le journal L'Indépendant, *contrairement à la majorité de ses concurrents, fonctionnait toujours au plomb au moment de sa fermeture, avec du matériel (au regard strict de la rentabilité) obsolète depuis longtemps ! Résultat : ce musée est un exemple unique en France d'imprimerie de presse, modèle années 1930, conservée intégralement dans ses locaux d'origine !*

LA SAÔNE-ET-LOIRE

Le musée municipal des Beaux-Arts : *même adresse, mêmes horaires que l'Atelier d'un journal. GRATUIT.* Il occupe les 1er et 2e étages et a le charme de ces petits musées de province capables de nous présenter des peintres locaux de talent comme Auguste de Loisy, Pierre Lenoir, Jules Guillemin. Même si parfois les cadres se révèlent plus beaux que les œuvres, elles ont toutes, au fond, un petit quelque chose à raconter. Au 1er, elles sont exposées dans un appartement témoin des années 1930 avec son mobilier d'origine. Au 2e, par une fenêtre, on aperçoit une très belle reconstitution d'un atelier de peintre.

La Grande-Rue et autour : avec ses 157 arcades du XIIIe au XVIe s, la Grande-Rue présente un ensemble exceptionnellement préservé. Arcades de toutes les formes, toutes les matières (calcaire, grès, bois, brique, etc.). Arrêtez-vous dans une des pâtisseries (elles ont presque toutes un salon de thé) pour goûter à la fameuse *corniotte,* pâte à choux sur fond de pâte brisée, grande spécialité louhannaise. Les corniottes étaient à l'origine préparées par les sœurs de l'hôtel-Dieu le jour de l'Ascension et vendues devant l'église. *Chez Cadot,* autre spécialité : les *gaudiches,* petits sablés à base de farine de gaude.

Le musée Histoire et Culture des sourds : *14, rue Edgard-Guigot. • clsfb.fr • Lun 10h-12h, 14h-17h ; mer 14h-16h30 ; jeu 9h30-11h30, 14h-16h ; ou sur rdv. Entrée : 3 € ; gratuit moins de 12 ans.* Musée consacré aux sourds, leur lutte contre l'isolement et la défense de leurs droits civiques. Louhans est la ville natale de Ferdinand Berthier, 1er sourd-muet à accéder au grade de professeur à l'Institution nationale des sourds-muets. Il fonda la société universelle des sourds-muets.

Le musée de l'Ours : *452 A, rue des Écoles. 06-19-03-13-97. • musee delours@orange.fr • Mer et sam-lun 14h-18h ; et sur rdv. Entrée : 2 € ; réduc.* Le musée privé d'une passionnée d'ours en peluche !

Bateau « Le Moussaillon » : *au départ de Louhans, de mi-avr à mi-oct. Durée : 1h45. Tarif : 12 € ; réduc.* Croisières sur la Seille.

LA SAÔNE-ET-LOIRE

DANS LES ENVIRONS DE LOUHANS

La Grange Rouge : *71500* ***La Chapelle-Naude.*** *À 5 km au sud-ouest par la D 12. ☎ 03-85-75-85-75. Mar-ven 9h-12h, 13h30-17h30.* Ne pas rater, au sud-ouest de Louhans, la Grange Rouge, superbe maison traditionnelle à colombages du XVIIe s, et son marché aux puces *(les 1ers w-e de juil, août et sept, et le dernier w-e de sept).* Ambiance garantie. Nombreuses activités à la Grange Rouge toute l'année : stages et ateliers de toutes sortes, concerts, rencontres, veillées, etc.

Sainte-Croix *(71470) : à 7,5 km au sud de Louhans, par la D 996.* Le château du village a appartenu à la famille de Mme d'Artagnan. Anne-Charlotte de Chanlecy, baronne de Sainte-Croix, fut la seule femme (légitime !) du célèbre mousquetaire gascon. Après leur séparation, elle revint sur ses terres où elle mourut en 1683. Une association de passionnés a créé l'***Espace d'Artagnan,*** à côté de l'église, pour rendre hommage à son épouse. Initiation à l'escrime pour les enfants et toutes sortes d'activités *(ouv sur rdv tte l'année ; 06-81-86-90-13 ; • association-dartagnan.fr • ; participation : 2 €).*

Varennes-Saint-Sauveur *(71480) :* au sud de Sainte-Croix et à 14 km à l'ouest de Cuiseaux, ne pas manquer de voir la tuilerie du XVIIe s, classée Monument historique, avec ses toits à larges pentes *(ouv sur résa, voir site de l'écomusée)* ainsi que l'ancien relais de diligences, belle demeure à pans de bois.

La maison de la Mémoire cuisellienne : *à* ***Cuiseaux.*** *Autre antenne de l'écomusée de la Bresse bourguignonne, à 23 km au sud-est de Louhans, dans l'enceinte de l'ancien château des princes d'Orange, au centre-ville. 15 mai-30 sept, tlj sauf lun-mar 14h-18h. Entrée : 3,50 € ; réduc.* De la vigne à l'usine, la vie quotidienne de générations de vignerons, présentée dans la cave et dans « la maison ». Les Cuiselliens paysans-vignerons deviennent paysans-ouvriers. Dès l'entrée, 18 films tournés en Bresse bourguignonne par l'écomusée et 3 œuvres de l'artiste plasticien Antoine de Bary. Espaces consacrés aux bouilleurs de cru cuiselliens, au « pressage et cuvage », une cave reconstituée et un atelier de tonnelier avec ses outillages. Voir aussi la pièce à vivre et le film Jules Morey et fils : heurts et malheurs d'une aventure humaine et industrielle.

Office de tourisme du Pays de la Bresse bourguignonne : *rue Édouard-Vuillard, 71480* ***Cuiseaux.*** *☎ 03-85-72-76-09. • bresse-bourguignonne.com • Fermé dim-lun.*

La base de loisirs de Louvarel : *à* **Champagnat** *(71480), à 6 km de Cuiseaux (D 11).* Plan d'eau de 20 ha. Baignade bordée d'une plage de sable fin (surveillée entre mi-juillet et mi-août), sentiers pédestres, parcours VTT et étang de pêche. Zone de pique-nique avec jeux.

PIERRE-DE-BRESSE

(71270) 2 040 hab. *Carte Saône-et-Loire, D2*

Grande plaine bressane que l'on traverse pour arriver à ce petit village hors du temps où tout converge vers le château (remarquable ensemble du XVIIe s) transformé en écomusée. En fait, c'est celui-ci qui sera votre seul but de visite par ici : il en vaut la peine...

Où manger dans le coin ?

|●| ***Ferme-auberge La Bonardière :*** *les Chênes, 71330* ***Bouhans.*** *☎ 03-85-72-00-08. À 4 km à l'est de Saint-Germain-du-Bois, à peu près à mi-chemin entre Pierre-de-Bresse et Louhans. D'avr à mi-nov, ven soir-dim soir seulement, sur résa. Compter env 15-30 €.* Une bonne table, authentique et copieuse, dans une ferme d'élevage (poulets, chapons, poulardes, dindes). Si vous n'avez pas encore goûté le poulet de Bresse à la crème, c'est le moment. De plus, vente directe de bons produits locaux à la ferme. Visite possible de l'exploitation.

À voir

L'écomusée de la Bresse bourguignonne : *☎ 03-85-76-27-16. • ecomusee-bresse71.fr • Tte l'année 10h-12h, 14h-18h, sauf sam et dim mat 1er oct-14 mai. Congés : Noël-Jour de l'an. Entrée : 8 € ; réduc. Visite guidée mar à 15h (10 €). Visite libre du parc.*

Il est rare en France de voir un écomusée installé dans un si élégant et majestueux château. Celui-ci a appartenu aux comtes de Thiard. Arrivée majestueuse par une large cour avec parterres, encadrée par les communs. Architecture en U avec 4 grosses tours surmontées d'un lanternon.

Vous découvrirez à l'intérieur une expo permanente expliquant de façon didactique et ludique à la fois l'histoire de la Bresse, son écosystème, ses métiers anciens et les multiples aspects de ses traditions.

- Au 1er étage : présentation de la Bresse (rivières, pêche, forêt, etc.). Histoire politique, charte de franchise de Cuiseaux, souvenirs de la Révolution française. Section ethnographique : beaux meubles paysans, objets domestiques, jouets anciens, bercelonnettes ou « bré » (berceau local), armoires de mariage, vielles

traditionnelles, atelier du sabotier, etc. Petites machines agricoles. Insolite vaisselier-horloge. Voir également la galerie « Une vie de château » présentant les portraits des anciens propriétaires et du mobilier.

– *Au 2e étage :* galerie « Habiter et bâtir en Bresse bourguignonne hier et aujourd'hui », avec de nombreux éléments d'architecture comme des portes, lucarnes, croix de cheminée... ainsi que des maquettes. Dans l'une des tours, la collection Noirot d'animaux naturalisés possède une borne multimédia qui permet d'écouter différents chants d'oiseaux.

Salon de thé en rotonde ravissant, avec parquet et moulures... et aussi de bonnes pâtisseries, glaces, etc. Animations-contes en mars et avril et piano-bar de juillet à septembre. Saison de concerts (musique de chambre) en octobre et novembre.

– ***Marché des potiers :*** *ts les 2 ans, années impaires, en août.*

DANS LES ENVIRONS DE PIERRE-DE-BRESSE

Le plan d'eau biologique de La Chapelle-Saint-Sauveur : *à env 6 km au sud de Pierre-de-Bresse par la D 13.* Il s'agit d'un étang biotope de 1 500 m², 2e réalisation de ce type en France. Fini le chlore, graviers et végétaux servent de nettoyants naturels à ce bassin de baignade parfaitement intégré à son environnement. Sur place, vestiaires, snack-bar et aire de pique-nique.

La Maison de l'agriculture et de l'alimentation : *maison Collinet (antenne de l'écomusée), 71330* ***Saint-Germain-du-Bois*** *(18 km au sud). ☎ 03-85-76-27-16. ♿ (partiel). 15 mai-30 sept, tlj sauf mar 14h-18h. Entrée : 3,50 € ; réduc.* Très intéressant. Vous saurez tout sur l'élevage des poulets de Bresse. Étonnant. On y apprend aussi que des petites manufactures bressanes construisirent des centaines de tracteurs de 1934 à 1964. Génie de l'invention également pour les charrues, adaptées aux demandes des agriculteurs. Âge d'or des batteuses de 1880 à 1955. Au rez-de-chaussée, la culture du maïs et du blé en Bresse, et un vrai poulailler. Au 1er étage, l'atelier du maréchal-ferrant et du bourrelier.

La foire de la Balme : *dernier w-e d'août, à* ***Bouhans*** *(71330), à quelques km au nord-est de Saint-Germain.* Ne pas rater cette foire qui est la plus importante de la région et qui existe depuis 1645 ! Fête foraine et jeux anciens en prime.

La Maison de la forêt et du bocage : *dans le hameau de Perrigny, 71620* ***Saint-Martin-en-Bresse.*** *☎ 03-85-76-27-16. À 25 km à l'ouest, direction Chalon-sur-Saône. Se renseigner auprès de l'écomusée de Pierre-de-Bresse pour les horaires d'ouverture. Entrée : 3,50 € ; réduc.* Dans une ancienne école, présentation des essences de bois rencontrés dans la Bresse. Reconstitution de l'atelier du menuisier et du charron. Sentier de découverte. Site d'interprétation de la place de Perrigny (lavoir, trieur à grains).

Le musée du Blé et du Pain : *2, rue de l'Égalité, 71350* ***Verdun-sur-le-Doubs.*** *☎ 03-85-76-27-16. Au confluent des 2 rivières, près du pont Saint-Jean à 23 km à l'ouest de Pierre-de-Bresse par la D 73. Tlj 14h-18h. Fermé 1er mai et 25 déc-31 janv. Entrée : 3,50 € ; réduc.* Dans une belle demeure du XVIIIe s, la dernière des antennes de l'écomusée de Bresse. Normal de trouver une telle maison au débouché des grandes plaines céréalières du val de Saône. C'est à Verdun que s'élevèrent les 1ers grands silos à blé dans les années 1930. Origines de la culture du blé dans le monde, histoire de la meunerie et des moulins, tous les métiers de la boulange, maquettes de moulins et de batteuses, collection de pains historiques. Le village vivant pour le blé et l'eau, pas étonnant donc que l'on y mitonne cette délicieuse matelote de poisson de rivière : la *pochouse.* Visitez en passant l'***église Saint-Jean*** et la ***chapelle des Treize,*** bâtie par 13 familles de la ville qui échappèrent à la Grande Peste de 1348.

CHALON-SUR-SAÔNE ET LA CÔTE CHALONNAISE

CHALON-SUR-SAÔNE

(71100) 47 000 hab. *Carte Saône-et-Loire, C2*

• Plan *p. 326-327*

La grande ville industrielle du département, la plus peuplée aussi, et qui, par l'une de ces bizarreries légendaires de la Révolution, ne fut pas désignée comme préfecture. Pourtant Chalon possède un vrai centre, avec une intéressante vieille ville autour, une île (Saint-Laurent) sur la Saône, une vraie, avec une rue principale où tous les restos sont au coude à coude pour retenir le passant.
La ville de l'image (Niépce, c'est ici !) cherche un peu la sienne, entre une côte vineuse qui porte son nom mais se porte très bien toute seule et toute cette eau (confluence de la Saône et du canal du Centre) qui coule à ses pieds. Nos lecteurs photographes iront, bien entendu, rendre visite au fascinant musée Nicéphore-Niépce. Les amateurs d'archéologie romaine, quant à eux, trouveront matière à s'émerveiller au musée Denon. Bref, une plaisante ville de culture, d'ailleurs labellisée Ville d'art et d'histoire qui affectionne aussi ses constructions nouvelles en bois.

UN PEU D'HISTOIRE

Idéalement située, la ville fut depuis son origine un grand centre et port commercial, choisie par l'importante tribu gauloise des Éduens, puis Jules César (elle s'appelle alors *Cabilonnum*). À la fin du Moyen Âge, les grandes foires de la ville étaient très réputées, en particulier celles aux sauvagines (bébêtes des bois comme les fouines, blaireaux et autres renards).
En 1793, l'ouverture du canal du Centre donne un coup de fouet considérable à l'économie locale. Plus tard, en 1839, les usines Schneider du Creusot y implanteront une unité spécialisée dans la fabrication de bateaux métalliques civils et très vite de navires de guerre. C'est ainsi que les Chalonnais « esbaudis » purent assister à des essais, dans la Saône, de sous-marins destinés à... la marine bolivienne !
Chalon est également le berceau natal de 2 personnages remarquables : Nicéphore Niépce et Dominique Vivant Denon. Différence entre ces 2 génies ? Niépce a su capter la lumière mais est resté dans l'ombre, Vivant Denon a sorti les chefs-d'œuvre (de l'art) de l'ombre pour les mettre à la lumière.
Aujourd'hui, c'est la 2e ville de Bourgogne par la population et l'une des plus dynamiques sur le plan économique.

Adresses et info utiles

Office de tourisme et des congrès du Grand Chalon *(plan B2-3) : 4, pl. du Port-Villiers. ☎ 03-85-48-37-97. • officedetourisme@achalon.com • achalon.com • Avr-oct, tlj 9h30-12h30, 14h-18h ; nov-mars, mar-sam, jusqu'à 17h30. Loc de vélos.*

■ ***Espace Patrimoine*** *(plan B2) : 24, quai des Messageries. ☎ 03-85-93-15-98. • animation.patrimoine@*

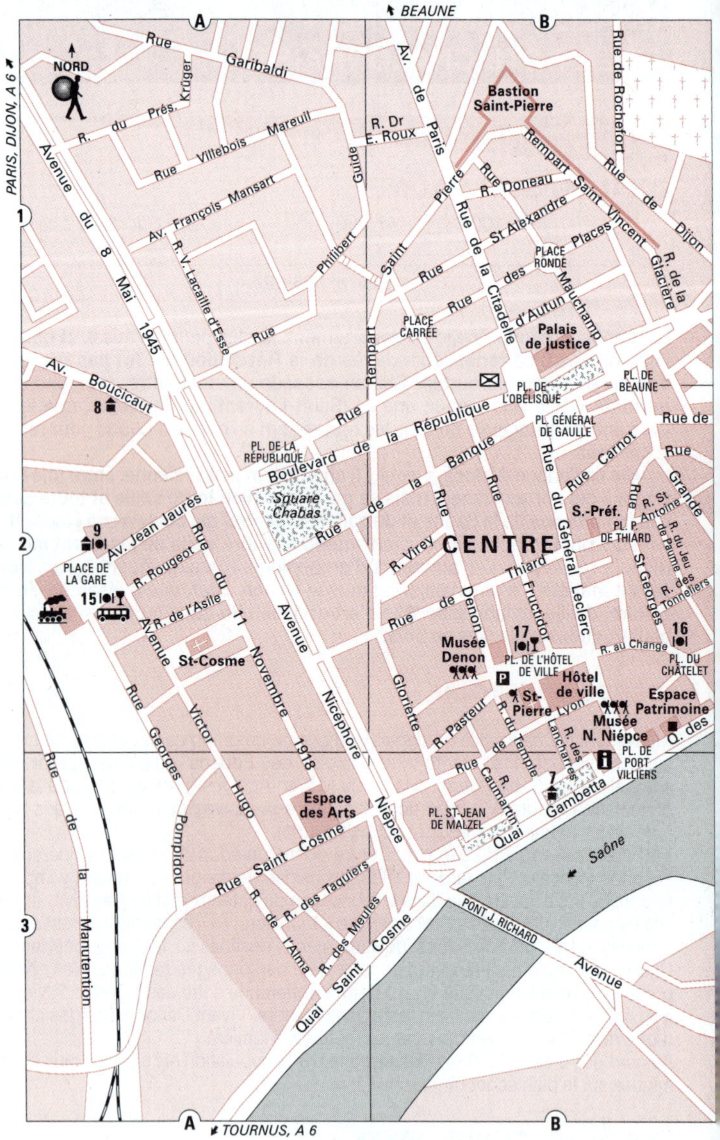
BEAUNE
TOURNUS, A 6
PARIS, DIJON, A 6
NORD
A
B
1
2
3
Rue Garibaldi
R. du Prés. Krüger
Rue Villebois Mareuil
R. Dr E. Roux
Av. de Paris
Bastion Saint-Pierre
Rue de Rochefort
Rempart Saint Vincent
Rue de Dijon
R. de la Glacière
Avenue du 8 Mai 1945
Av. François Mansart
R. V. Lacaille d'Esse
Rue Philibert Guide
Rue Saint Pierre
R. Doneau
Rue de la Citadelle
Rue St Alexandre
Rue des Places
PLACE RONDE
Rue d'Autun
Mauchamp
PLACE CARRÉE
Rempart
Palais de justice
Av. Boucicaut
8
PL. DE L'OBÉLISQUE
PL. DE BEAUNE
Rue de
PL. GÉNÉRAL DE GAULLE
Boulevard de la République
PL. DE LA RÉPUBLIQUE
Rue de la Banque
Rue Carnot
Rue Grande
Square Chabas
Rue du Général Leclerc
S.-Préf.
R. St Antoine
R. du Jeu de Paume
PL. P. DE THIARD
9
Av. Jean Jaurès
PLACE DE LA GARE
R. Rougeot
Rue du 11 Novembre 1918
R. Virey
Rue Virey
CENTRE
Rue Thiard
Fructidor
St Georges
R. des Tonneliers
15
R. de l'Asile
Avenue St-Cosme
Avenue Nicéphore Niépce
Rue de Denon
17
Musée Denon
PL. DE L'HÔTEL DE VILLE
Hôtel de ville
R. au Change
16
PL. DU CHÂTELET
St-Pierre
Rue Lyon
Espace Patrimoine
Musée N. Niépce
Q. des
Rue Georges Pompidou
Victor Hugo
Gloriette
R. Pasteur
R. du Temple
R. des Lanchares
PL. DE PORT VILLIERS
Rue de la Manutention
Espace des Arts
Rue Caumartin
7
Quai Gambetta
PL. ST-JEAN DE MALZEL
Saône
Rue Saint Cosme
R. de l'Alma
R. des Taquiers
R. des Meules
Quai Saint Cosme
PONT J. RICHARD
Avenue

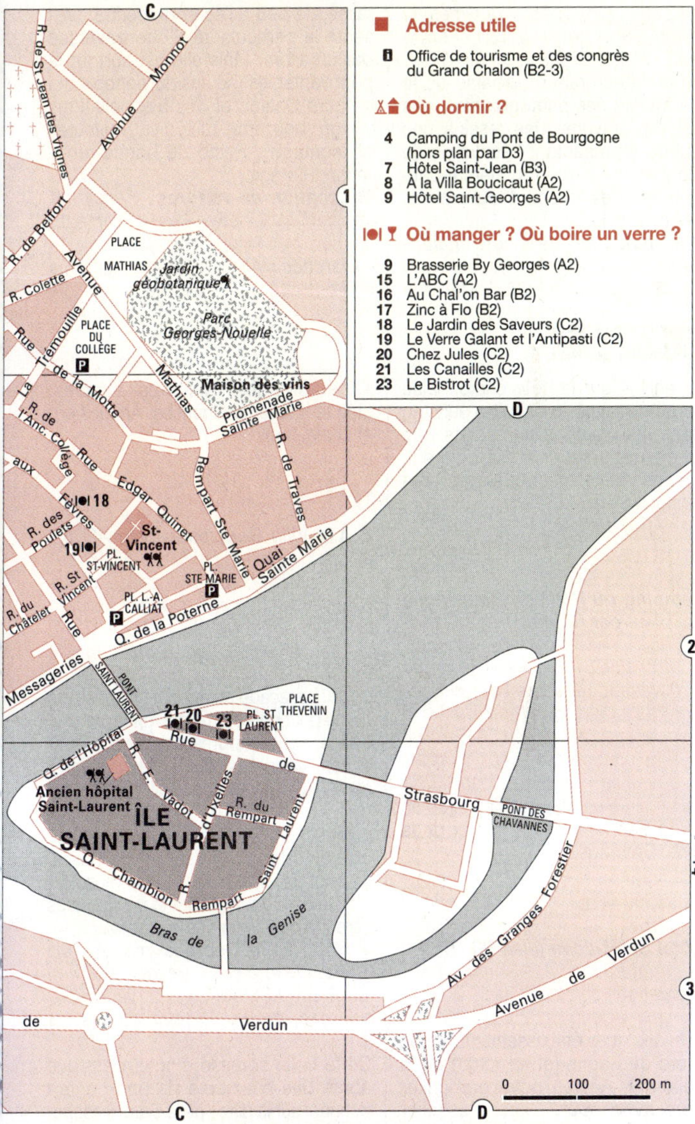

CHALON-SUR-SAÔNE

chalonsursaone.fr • ♿ *Juin-sept, tlj 10h-12h45, 13h30-18h ; oct-mai, tlj sauf lun 10h-13h, 14h-18h. Fermé 1er janv, 1er mai et 25 déc. GRATUIT.* Visite architecturale et urbaine de la ville à travers des photographies, des cartes, des gravures, des dessins, une maquette représentant l'évolution de Chalon et un parcours thématique. Également des expos temporaires. Visites de la ville.

■ ***Maison des vins de la côte chalonnaise*** *(plan C2)* **:** *2, promenade Sainte-Marie.* ☎ *03-85-41-64-00. Tlj sauf dim 9h-19h.* Cette jolie maison avec terrasse, un peu à l'écart du centre, présente la particularité d'être traversée par un arbre. Mais elle est surtout là pour vanter les mérites du vignoble qui entoure Chalon et des 5 appellations village : bouzeron, rully, givry, mercurey et montagny. Resto de bonne réputation à l'étage.

■ ***Location de voitures :*** **Hertz,** *rue Thénard.* ☎ *03-85-90-80-30. Lun-sam 8h-12h, 14h-18h (17h sam).*

– ***Marchés :*** *tlj sauf lun, dans différents endroits de la ville.*

Où dormir ?

C'est en fait sur la côte chalonnaise toute proche (voir le chapitre suivant) et dans les environs immédiats que vous devriez trouver votre bonheur, plus qu'en ville même, à quelques rares exceptions près.

Camping

⛺ ***Camping du Pont de Bourgogne*** *(hors plan par D3,* ***4****)* **:** *rue Julien-Leneveu, 71380* **Saint-Marcel.** ☎ *03-85-48-26-86.* • *campingchalon71@wanadoo.fr* • *camping-chalon.com* • ♿ *À l'est du centre-ville, à 600 m de la N 73. Sinon, A 6 sortie no 26 Chalon-Sud. Avr-sept. Forfaits tente pour 2 env 20-26 €. Locatifs 389-629 €/sem. 93 empl.* Fort bien situé en bord de Saône, près du golf et de la piscine. Ombragé.

Prix moyens

🏠 ***Hôtel Saint-Jean*** *(plan B3,* ***7****)* **:** *24, quai Gambetta.* ☎ *03-85-48-45-65.* • *reservation@hotelsaintjean.fr* • *hotelsaintjean.fr* • *Doubles 52-86 € ; familiales.* Un des rares établissements situés en bord de Saône (et en retrait de la circulation). Ancien hôtel particulier décoré avec goût. Cage d'escalier spectaculaire avec ses belles marches et son faux marbre patiné du début du XXe s. Grandes chambres, simples, bien tenues et lumineuses. Accueil pro et chaleureux.

De chic à plus chic

🏠 ***À la Villa Boucicaut*** *(plan A2,* ***8****)* **:** *33 bis, av. Boucicaut.* ☎ *03-85-90-80-45.* • *alavillaboucicaut@orange.fr* • *la-villa-boucicaut.fr* • ♿ *Congés aux vac de Noël. Doubles 89-109 €. Parking payant. Un petit déj/chambre double et par nuit offert sur présentation de ce guide.* La façade peinte avec fantaisie de ce joli petit hôtel, situé à 2 mn du centre, cache des chambres calmes et subtilement décorées, aux salles de bains agréables. Ce style particulier et personnalisé est l'œuvre de la charmante propriétaire, pleine d'idées. Il y a un feu de bois au salon pour les jours ordinaires, un bout de jardin pour les jours ensoleillés, un bain bouillonnant et un spa sous véranda pour la remise en forme...

🏠 ***Hôtel Saint-Georges*** *(plan A2,* ***9****)* **:** *32, av. Jean-Jaurès (pl. de la Gare).* ☎ *03-85-90-80-50.* • *reservation@le-saintgeorges.fr* • *le-saintgeorges.fr* • ♿ *Face à la gare. Doubles 124-144 €.* Cette belle adresse d'hôtel classique abrite des chambres de bon confort donnant sur la place de la Gare. Il est fréquenté aussi pour sa brasserie, située au rez-de-chaussée (voir « Où manger ? »).

Où dormir dans les environs proches ?

🏠 ***Chambres d'hôtes Les Barongères :*** *3, rue du Boubouhard, 71150* **Farges-lès-Chalon.** ☎ *03-85-41-90-47.* • *dion.barongeres@wanadoo.fr* •

LA SAÔNE-ET-LOIRE

lesbarongeres.com • ♿ *À quelques km au nord du centre-ville. Attention, si vous arrivez par l'A 6, prendre sortie Chalon-Nord, puis direction Chagny ; après le 4e rond-point, aller non pas vers Fragnes, mais vers Farges. Double 80 €.* Jolie maison accueillante, tenue par les mêmes propriétaires (belges) que le salon de thé *Le Jardin des Saveurs,* en ville. Chambres indépendantes, sur le côté de la maison. Terrasse ombragée par une belle glycine, jardin verdoyant avec piscine.

Où manger ? Où boire un verre ?

Que ce soit pour un repas ou pour un verre, la vie nocturne animée se trouve ***rue de Strasbourg,*** dans l'île Saint-Laurent. Calme plat alentour, sauf durant ***Chalon dans la rue*** et ***Garçon la note !,*** les manifestations de l'été.

Dans le centre ancien

Bon marché

|●| ***Le Jardin des Saveurs*** *(plan C2,* ***18****) : 16, rue aux Fèvres. ☎ 03-85-48-24-05. • lejardindessaveurs@yahoo.com • Mar-sam, le midi seulement. Formules 14,50-18,50 € ; sinon, repas env 20-25 €. Café offert en fin de repas sur présentation de ce guide.* Resto et salon de thé et où il fait bon grignoter le midi, autour d'un plat du jour sain et savoureux. Pâtes, risottos, salades...

|●| ***Le Verre Galant*** *(plan C2,* ***19****) : 8, pl. Saint-Vincent. ☎ 03-85-93-09-87. Fermé lun. Résa nécessaire, les places sont comptées ! Formule déj en sem env 15 € ; carte env 25 €.* Terrasse très appréciée sur la jolie place piétonne, au pied de la cathédrale. Style et décor bistrot à l'ancienne et bons petits plats de ménage style tête de veau ou marmite du pêcheur. Excellente sélection de vins.

|●| ***L'Antipasti*** *(plan C2,* ***19****) : 5, rue aux Fèvres. ☎ 03-85-49-29-92. Fermé dim-lun. Plats env 13-16 €.* La carte est italienne, le patron est italien, les produits sont italiens, l'ambiance est italienne... Le chef cuisine devant ses clients, les nappes à carreaux rouges et blancs égaient les tables jusque dans la rue et les prix sont tout doux. Chapeau bas ! Et ce n'est pas la boutique de droite – un chapelier comme on n'en fait plus – qui nous contredira.

|●| 🍷 ***Zinc à Flo*** *(plan B2,* ***17****) : 14, pl. de l'Hôtel-de-Ville. ☎ 03-85-93-41-44. • prostflorent@orange.fr • Fermé dim-lun, plus les soirs mar-mer. Repas env 20-25 €. Café offert à la fin du repas sur présentation de ce guide.* Le midi, 3 plats du marché au choix. L'après-midi, des pâtisseries maison et le soir c'est plutôt apéro avec un bar à vins bien fourni et des planches de charcut'. Un lieu à boire et à manger, chaleureux, branché et pratique.

Prix moyens

|●| ***Le Cha'lon Bar*** *(plan B2,* ***16****) : 12, pl. du Châtelet. ☎ 03-85-48-06-58. Fermé dim soir-lun. Formules déj en sem 16,50-19,50 € ; menus 26-30 €.* En plein cœur de la ville, un lieu de passage où il fait bon s'arrêter, en salle ou en terrasse sous les tilleuls. Cuisine de brasserie authentique, qui cherche à faire dans la qualité et dans la continuité, depuis 15 ans. Pratique, surtout le dimanche après-midi, quand tout est fermé...

|●| 🍷 ***L'ABC*** *(plan A2,* ***15****) : 5, rue Charles-Baudelaire. ☎ 03-85-49-23-02. Tlj. Menus 16-31 €.* C'est la « petite table » de l'étoilé Cédric Burtin, installé au *Moulin de Martorey,* au sud de Chalon. Mais il a vu les choses en grand : 140 couverts en terrasse ou en salle (les 2 sont spacieuses), et c'est souvent plein ! Le genre de brasserie nouvelle génération avec des éclairages aux LED, un cadre résolument moderne et des tablettes tactiles en guise de menu. Un sans-faute dans l'assiette et dans le service pour cette table branchée à tout point de vue et qui redonne ses lettres de noblesse au quartier de la gare.

|●| ***Brasserie By Georges*** *(plan A2,* ***9****) : 32, av. Jean-Jaurès. ☎ 03-85-90-80-50. Fermé sam midi et dim. Formule déj en sem ; repas env 50 €. Apéritif maison ou café offert sur présentation de ce guide.*

Au rez-de-chaussée de l'*Hôtel Saint-Georges*, dans une grande salle modernisée et colorée. Cuisine élaborée par un chef expérimenté qui s'inspire de la tradition bourguignonne, en y ajoutant sa touche personnelle : cuisses de grenouilles, volaille de Bresse. Très prisé des cadres du quartier.

Sur l'île Saint-Laurent

Sur l'île Saint-Laurent, la rue de Strasbourg *(plan C2-3)* est entièrement dédiée à la grande bouffe. En manque de perspectives un dimanche soir pluvieux, vous y trouverez toujours quelque chose, du trivial au sophistiqué.

Prix moyens

|●| **Chez Jules** (plan C2, **20**) **:** *9-11, rue de Strasbourg. ☎ 03-85-48-08-34. Fermé jeu et dim. Formule déj en sem 17 € ; menus 19,90-45 €. Café offert sur présentation de ce guide.* Petit resto devenu grand, où les locaux aiment toujours à se retrouver dans une petite salle coquettement décorée. Atmosphère chaleureuse et cuisine inventive, de produits régionaux.

|●| **Le Bistrot** (plan C2, **23**) **:** *31, rue de Strasbourg. ☎ 03-85-93-22-01. Fermé dim-lun. Menus 21 € (déj en sem), puis 30-44 €.* Le rouge est mis et les affiches anciennes revivent. Un lieu à découvrir, comme la cuisine, qui sort de l'ordinaire bistrotier avec des plats travaillés, aux télescopages de saveurs parfois originaux. Salle climatisée l'été.

|●| **Les Canailles** (plan C2, **21**) **:** *7, rue de Strasbourg. ☎ 03-85-93-39-01. • restaurantlescanailles@orange.fr • Fermé dim-lun. Formule déj 17,50 € ; menus 23-33 €. Digestif offert sur présentation de ce guide.* Une adresse qui a toujours garanti de jolies surprises, sous des noms et des chefs différents. Une table réservée aux plats et aux gens canailles, ou qui font semblant.

À voir. À faire

À noter, la gratuité des musées pour tous !

– Pour découvrir la ville de manière autonome, il existe 2 parcours « chemin de l'Orbandale » avec plaques en bronze au sol signalant les points d'intérêt historique : 45 mn-1h et 20-30 mn. Infos à l'office de tourisme.

★★ ***La cathédrale Saint-Vincent*** *(plan C2)* **:** édifiée du XIe au XVe s. La minceur des clochers s'explique par le fait qu'ils remplacèrent au XIXe s ceux qui avaient été démantelés lors de la Révolution. À l'intérieur, un triforium du XIVe s court tout du long, surmonté d'une balustrade tréflée. Grand orgue du XVIIIe s. Dans le chœur et le long de la nef, chapiteaux romans historiés, délicatement travaillés. Côté droit, proche de l'entrée du cloître, la chapelle Notre-Dame-de-Pitié, avec une magnifique tapisserie du Saint-Sacrement (1510). Remarquer, en haut à droite, la Cène avec Judas tournant le dos, bourse à la main (!). Au centre, le donateur, sa femme et ses 2 enfants. Bas-côté droit, chapelle fermée par une clôture de pierre avec belle peinture murale du XVe s *(Mort de la Vierge et Assomption)*. Côté gauche de la nef, grand triptyque de la Crucifixion. Noter les anges recueillant le sang et, à gauche, le donateur en surplis blanc. Cloître paisible aux arches trilobées, à nouveau accessible depuis 2019 après d'importantes découvertes archéologiques *(sur résa, ☎ 03-85-93-15-98).*

★★★ ***Le musée Nicéphore-Niépce*** *(plan B2)* **:** *28, quai des Messageries. ☎ 03-85-48-41-98. • museeniepce.com • Tlj sauf mar et j. fériés : juil-août 10h-13h, 14h-18h ; sinon, 9h30-11h45, 14h-17h45. GRATUIT. Expos temporaires et animations l'été.*

Dans la ville natale de Nicéphore Niépce, inventeur de la photographie, voici l'un des plus beaux musées de France dédiés à ce thème. 11 salles à découvrir sur plus de 1 500 m². Exceptionnelles collections de photographies et d'appareils photo de toutes époques, héliographies de Niépce, daguerréotypes, autochromes des frères Lumière, début de la photographie instantanée...

– On commence ***au rez-de-chaussée*** par ***les principes de la photo*** : la chambre obscure, l'optique, le support sensible, dont l'alliance engendre la photographie, la dimension socioéconomique ou esthétique de cet art... Parmi les pièces présentées, l'OP 3000, appareil géant inventé par Maurice Bonnet (1942), permettant la réalisation de photographies directement visibles en relief.
– ***Au 1er étage,*** la ***salle Niépce,*** avec rien de moins que le tout 1er appareil photo de l'histoire de l'humanité. On peut également admirer une reproduction virtuelle de la 1re photographie réagissant à la lumière réelle. Génie visionnaire et touche-à-tout (comme Léonard de Vinci ou Graham Bell, inventeur du téléphone), Nicéphore Niépce sera vite fasciné par la capture de la lumière, et cessera de se disperser. Dès 1816, il invente l'héliographie, la 1re sur une plaque d'étain recouverte de bitume de Judée.
– ***Sensible à la Lumière,*** film passionnant, retrace en 45 mn les débuts de la photographie et permet de mieux comprendre l'utilisation des appareils exposés.
– Dans la salle suivante, on apprend que ***Niépce*** et ***Daguerre*** avaient formé une association scientifique et commerciale pour développer la photographie sur plaques d'argent. Mais on oublie que l'Anglais ***William Fox Talbot*** développa à la même période la technique... sur papier. Autrement plus pratique ! On peut admirer de très beaux daguerréotypes (inventés par Daguerre en 1839), mais aussi un original du 1er livre de photos édité par Talbot : *The Pencil of Nature*. Les salles suivantes sont consacrées à ***l'évolution et à l'industrialisation des procédés photographiques*** et du matériel. Puis la salle photographie et édition, la photographie en relief, la question de la couleur, etc.

LE VISIONNAIRE ET L'ENTREPRENEUR

Niépce a été l'inventeur de la photo et Daguerre le divulgateur de l'invention. Niépce a découvert le 1er que l'on peut gérer les effets de la lumière sur des supports sensibles (héliographie), mais il n'a jamais réussi à commercialiser sa découverte. C'est Daguerre, vrai génie commercial, qui s'est servi des travaux de Niépce pour inventer le daguerréotype sur plaques. Il vendit (cher) son brevet à l'État français, mais son procédé tomba vite en désuétude.

– 2 salles dédiées aux ***expos temporaires*** autour des acquisitions du musée sur les photographes anciens ou actuels. La photo numérique n'existerait pas sans tout ce qui a précédé !
Une visite à compléter éventuellement par celle de la *Maison de l'invention de la photographie,* à Saint-Loup-de-Varennes (voir plus loin), où Nicéphore Niépce fit la 1re photographie au monde (nommée « héliographie »).

Le musée Denon *(plan B2)* **:** *pl. de l'Hôtel-de-Ville. ☎ 03-85-94-74-41. • museedenon.com • Tlj sauf mar et j. fériés 9h30-12h, 14h-17h30. GRATUIT.*
Installé dans un ancien bâtiment du couvent des Ursulines et l'école municipale de dessin remaniés en style néoclassique, un remarquable musée, créé en 1819, et dont le nom rend hommage à Dominique Vivant Denon (1747-1825), enfant « génial » de Chalon. Esprit des Lumières, amateur passionné d'art, dessinateur et graveur talentueux, grand voyageur en Orient et en Italie, il traversa tous les régimes (Louis XV, Louis XVI, la Révolution, la Terreur, l'Empire et la Restauration). Il a connu les rois et les reines, les grands de son temps, Frédéric de Prusse, Catherine de Russie, Napoléon, Goethe, Diderot, Voltaire et Stendhal. Il fut le tout 1er directeur (en 1802) de l'actuel musée du Louvre, père de tous les musées de France. Il finit sa vie à Paris, comme collectionneur réputé dans toute l'Europe. Si le personnage vous intrigue, sa vie est décrite par le brillant Philippe Sollers dans *Le Cavalier du Louvre* (Gallimard, coll. « Folio »).

– ***Au 1er étage :*** 160 bois gravés, le plus important ensemble connu en France, qui constituent une des étapes cruciales de la multiplication de l'image (collection de l'imprimeur chalonnais Julien Renaux). Quant au fonds Denon, il comprend plus de 600 dessins, estampes, tableaux ou imprimés. Galerie de peintures des XVIIe et XVIIIe s et expos thématiques.
– Le ***cabinet d'art graphique de Dominique Vivant Denon*** raconte et expose avec une grande clarté la vie et l'œuvre de cet homme remarquable. Dessins, gravures, souvenirs de ses voyages et séjours en Italie, Égypte, Russie. Il était aussi un auteur libertin *(Point de lendemain)* et aimait les dessins priapiques...
– ***Au rez-de-chaussée :*** carrefour culturel et commercial depuis des milliers d'années, la vallée de la Saône livre des ensembles archéologiques singuliers en raison de leur état de conservation exceptionnel. Parmi les collections, allant de la Préhistoire à l'époque gallo-romaine, repérer la douzaine de « feuilles de laurier » taillées dans du silex (35000-10000 av. J.-C.). D'autres belles pièces : vestiges de *Cabilonnum* (le nom de Chalon à l'époque romaine), mosaïque de Sennecey-le-Grand, statue de Mercure trouvée sous la cathédrale Saint-Vincent, stèles funéraires, dont celle d'un couple de vignerons de Rully, et sarcophage d'un marchand de parfums de Lyon (IIe s apr. J.-C.). Également un ensemble de silex inédits, les pointes de Volgu ; datant de 22000 à 18000 av. J.-C., leur finesse de taille révèle un savoir-faire technique, artistique, voire symbolique qui va à l'encontre des idées reçues sur l'homme « bestial et primitif ».

Autour de l'hôtel de ville et dans la vieille ville

L'église Saint-Pierre *(plan B2)* **:** réédifiée en 1698. Saint-Pierre était à l'origine l'église des moines bénédictins, dont le couvent était le bâtiment de l'actuel passage Milon qui mène depuis la place à la rue de Lyon. Le pape Pie VII donna sa bénédiction à la foule en 1805 depuis le parvis. À l'intérieur, style classique. Stalles sculptées du XVIIIe s et confessionnaux baroques.

Continuons et musardons... ***Rue au Change,*** au no 3, d'étranges lettres sur la façade « HINC INDE TUETUR » et un couple en médaillons. Au no 16, ***place du Châtelet,*** maison à double encorbellement et pans de bois. Au no 39, ***rue du Châtelet,*** bel édifice avec arcades, hautes fenêtres et oculus. Au no 37, maison des Quatre Saisons. Gargouilles en forme de lions, personnages en médaillon. Au no 9, ***rue des Cornillons,*** bel hôtel particulier avec mascarons. Au no 15, ***rue du Châtelet,*** maison avec masques et mascarons. Gargouilles en forme de bêtes et grande Vierge à l'Enfant. Entre les nos 9 et 13 rue des Tonneliers, l'ancien beffroi de l'hôtel de ville du XVe s, avec porte ogivale. Pittoresque carrefour des rues du Châtelet, Saint-Vincent et Grande-Rue, avec une superbe demeure à double encorbellement et pignon d'angle original en bois et pierre. Noter aussi la statue à l'angle de l'ex-rue du Commerce.

La ***rue Saint-Vincent*** aligne aussi de belles demeures médiévales. Au no 5, maison en pierre avec fenêtres à meneaux. Au no 7, fenêtres en accolade et à meneaux, porte ogivale et arche en anse de panier ; rare de voir autant de styles sur une même façade. Aux nos 2, 4 et 6, maisons à colombages.

Ravissante ***place Saint-Vincent,*** le cœur battant de la ville, débordant de terrasses aux 1ers beaux jours. Beaucoup de demeures à pans de bois. Au no 10, ***rue de l'Évêché,*** fenêtres à meneaux et en accolade. Au no 8, façade à double encorbellement. À l'angle de la place Saint-Vincent et de la rue aux Fèvres, console d'angle avec têtes sculptées. ***Rue aux Fèvres*** intéressante à arpenter. Au no 34, l'ancien théâtre du XVIIIe s.

À l'angle des ***rues du Cochon-de-Lait et Pierre-Chenu,*** massive tour des Lombards du XVe s ; siège des banquiers (méfiants, vu le peu d'ouvertures !) à l'architecture typiquement méditerranéenne, correspondant tout à fait à la culture des Lombards. ***Place Louis-Armand-Calliat,*** aux n°s 2, 4, 6 et 8, belle série de maisons à colombages.

Sur l'île Saint-Laurent

L'ancien hôpital Saint-Laurent *(plan C3)* **:** ***attention, pas d'accès en 2020*** *du fait de travaux adjacents (☎ 03-85-93-15-98).* Fondé en 1529 par les échevins de la ville. Le bâtiment du XVIe s abritait la communauté des sœurs de Sainte-Marthe. L'ancienne pharmacie du XVIIIe s possède une importante collection de pots en faïence. Parmi les autres curiosités de ce site remarquable, qu'on ne peut découvrir qu'au travers de visites guidées : une salle des étains, avec plus de 200 pièces de vaisselle en étain et des ustensiles en cuivre, le réfectoire des sœurs et ses boiseries de style rocaille, une chapelle du XIXe s ornée de vitraux du XVIe s.

Pour se mettre au vert

Chalon Balade sur Saône : *06-09-04-92-82. ; départs tlj à 11h, 14h, 16h et 18h (5 pers min). Tarif : 20 €/pers ; réduc.* Balade-circuit de 1h30 au fil de la Saône.

Le jardin géobotanique *(plan C1)* **:** *pl. Mathias. En été, ouv 8h-22h, en hiver 8h-17h.* Un jardin original qui présente les végétaux par milieu d'origine : marais bressan, côte chalonnaise, grande rocaille, Morvan... On passe d'un paysage digne des Hautes Côtes à un étang où les canards évoluent entre les roseaux et toutes sortes de plantes aquatiques typiques des Dombes. On se retrouve en pleine zone alpine, avec des asters formant, en été, des édredons de fleurs mauves, roses, sur les rochers. Le plus étonnant est la simulation du jardin méditerranéen.

La roseraie et le parc de loisirs Saint-Nicolas : *à l'est de la ville, sur une vaste zone alluviale, à l'intérieur d'une boucle de la Saône. Tte l'année.* Parcours écologique et sportif. Arboretum pour les spécialistes et roseraie fameuse pour tous : elle compte quelque 26 000 rosiers représentant près de 400 espèces. Un cheminement piéton sur 2 km retrace l'histoire de la rose depuis les grands classiques jusqu'aux hybrides modernes. À voir en juin ou au printemps de préférence.

LA SAÔNE-ET-LOIRE

Fêtes et manifestations

– ***Carnaval :*** *la fête commence le w-e avt Mardi gras. • carnavaldechalon.com •* 2e carnaval de France. L'occasion pour les « Gôniots » de se déchaîner dans les rues et d'acclamer le roi Cabache et son épouse Moutelle.
– ***Montgolfiades :*** *w-e de la Pentecôte. • montgolfiades71.com •* Grand festival de montgolfières, associant le monde de la vigne.
– ***Chalon dans la rue :*** *3e sem de juil. • chalondanslarue.com •* Festival national des artistes (plus de 1 000 !) de la rue. Des dizaines de spectacles gratuits.
– ***Garçon la note ! :*** *en juil-août. GRATUIT.* « Un soir, un bar, un concert ».
– ***Guinguettes en bord de Saône :*** *1re quinzaine de juil.* Concerts, restauration rapide, transats... dans des guinguettes éphémères.
– ***La Paulée de la côte chalonnaise :*** *oct.* Pour célébrer la fin des vendanges : défilé, dégustation, animations...

2 lieux cultes et culturels permanents

■ ***Espace des Arts :*** *5 bis, av. Nicéphore-Niépce. ☎ 03-85-42-52-12. • espace-des-arts.com •* Scène nationale qui propose, tout au long de l'année, théâtre, cirque, cinéma, concerts, etc.

■ ***Café-musique La Péniche :*** *52, quai Saint-Cosme. ☎ 03-85-94-05-78. • lapeniche.org •* Le lieu culturel alternatif de Chalon.

DANS LES ENVIRONS DE CHALON-SUR-SAÔNE

La Maison de l'invention de la photographie : *rue Nicéphore-Niépce, 71240* ***Saint-Loup-de-Varennes.*** *☎ 01-40-09-18-58. • photo-museum.org • À 7 km au sud (D 906). Juil-août seulement, tlj sauf mar 10h-18h. Fermé sept-juin. Visite guidée seulement (env 1h), ttes les heures. Pour les groupes, sur demande à l'office de tourisme de Chalon. Entrée : 6 € ; réduc.*
Découvrez-vous : la 1re photo au monde fut prise ici en 1827. C'est dans une pièce du 1er étage de cette maison que Nicéphore Niépce a réalisé ses 1res prises de vue, depuis la fenêtre, à côté de la cheminée. Les plaques originales (retrouvées dans les années 1950 en Angleterre) sont conservées aujourd'hui à l'université d'Austin (Texas). Niépce est né riche, il était autodidacte, il vécut de ses rentes, mais il est mort ruiné, laissant des dettes à ses héritiers, incapables d'exploiter les trouvailles de leur père, contrairement à son collaborateur Daguerre. Ses inventions lui ont coûté très cher mais ne lui ont rien rapporté ! Car il fit d'autres inventions, préalables à la photo, comme ce moteur à combustion interne pour les bateaux, les améliorations apportées à la draisienne ou la fibre textile pour remplacer le coton. Comme les propriétaires de la maison n'occupaient pas la partie où Niépce fit ses travaux, le photographe Pierre-Yves Mahé, un passionné, décida de la louer et de l'ouvrir au public. Il fallut reconstituer le site, aménager les greniers – superbes à eux seuls – qui accueillent le plus vieux labo de photo du monde, retrouvé en 2007 après 150 ans de confinement derrière une porte fermée. Il avait été créé par un ami de Niépce, Joseph Petiot-Groffier, ancien maire de Chalon-sur-Saône.
Certains vont se recueillir sur la tombe de l'inventeur de la photographie, dans le petit cimetière voisin. D'autres consultent sa correspondance (2 tomes !), accessible gratuitement sur Internet, où l'inventeur décrit le principe de la chambre obscure et celui de l'héliographie à base de bitume de Judée, à qui les photographes de tous les temps doivent tant.

LA CÔTE CHALONNAISE

La côte chalonnaise s'étend de Chagny jusqu'au nord de Saint-Gengoux-le-National, sur une trentaine de kilomètres dont la D 981 forme l'épine dorsale. Moins connue que les célèbres côte de Beaune et côte de Nuits, qui la prolongent au nord, elle regroupe 44 communes viticoles, dont 5 appellations classées : rully, mercurey, montagny, givry et bouzeron. Petite subtilité : le vignoble du Couchois et des Maranges, en Saône-et-Loire, est bien rattaché à la côte de Beaune du département voisin, leurs « climats » étant de ce fait inscrits au Patrimoine mondial de l'Unesco.
Mais revenons à la côte chalonnaise. Le vin n'ayant pas – comme en Côte-d'Or – réussi à grignoter toute surface arable, on prendra du plaisir à flâner entre ces microvallées qui forment la région. Les villages sont encore bien vivants, les églises romanes tiennent debout et de nombreux lavoirs se cachent un peu partout. À l'automne, à l'occasion de la *Paulée,* les vignerons fêtent la fin des vendanges. Aussi, n'hésitez pas à faire des haltes pour découvrir à pied ou à vélo, par une voie toujours verte, les pâturages et forêts de la côte chalonnaise.

LES VINS DE LA CÔTE CHALONNAISE

Bien qu'Henri IV lui-même ait, en son temps, apprécié (entre autres !) les vins de Givry, la production de la côte chalonnaise fut longtemps étouffée par le dynamisme commercial des vignobles du Sud et la naturelle suffisance des grands

crus du Nord. Pourtant, que ce soit géographiquement ou géologiquement, sur les cépages ou la vinification, ces vins se rapprochent des grands bourgognes. Et même s'ils sont plus légers, ils n'en sont pas moins complexes et demeurent surtout beaucoup moins chers.
Ici aussi, c'est le pinot noir qui donne les rouges (contrairement au Mâconnais et au Beaujolais où le gamay domine), et le chardonnay les blancs. N'oublions pas l'aligoté, un cépage qui donne le petit blanc « tout-venant » de Bourgogne (le seul avec lequel on fait le vrai blanc-cassis) et qui bénéficie en côte chalonnaise de sa seule appellation.
Outre le nom générique côte chalonnaise, en blanc et en rouge, dont les vins sont simples mais expressifs, il y a 5 appellations :
- ***Bouzeron :*** le seul aligoté classé de toute la Bourgogne. La particularité de ce blanc-là tient à ce que le raisin pousse sur des coteaux, alors qu'on lui laisse en général les terrains plus ingrats, réservant au chardonnay les terres les mieux exposées. L'aligoté de Bouzeron tire de son classement une légitime fierté, qui lui permet de se vendre 50 % plus cher qu'un aligoté ordinaire.
- ***Rully :*** on connaît surtout les blancs de Rully (cépage chardonnay), d'une belle couleur dorée et aux saveurs subtiles, mais Rully produit aussi des rouges, encore assez proches du côte-de-beaune, et dont les plus charnus viendraient du versant est.
- ***Mercurey :*** les plus célèbres vins de la Côte et les plus chers. Ce sont en tout cas les plus typés, robustes et tanniques, qui gagnent en vieillissant au moins 5 ans. Il existe également du blanc de Mercurey, excellent, mais plus marginal.
- ***Givry :*** les vins de Givry, surtout des rouges, possèdent du corps et de l'élégance.
- ***Montagny :*** tout au sud de la côte chalonnaise, sur 4 communes, on produit un merveilleux vin blanc. Sa personnalité vient en partie du terroir, un sous-sol kimméridgien (et après, il y a des mauvaises langues qui disent qu'on n'est pas un guide culturel), du calcaire composé de petites huîtres fossilisées. Doré, minéral et moelleux, le montagny était déjà apprécié par les moines de Cluny.

CHAGNY

(71150) 5 700 hab. *Carte Saône-et-Loire, C2*

Petite ville prospère entre Beaune et Chalon-sur-Saône, Chagny est la plus septentrionale des villes de la Saône-et-Loire. En semaine, un rapide tour de ville ravira le visiteur, qui pourra même y arriver par l'adorable halte nautique « des Grands Crus » (c'est son nom) sur le canal du Centre. À moins qu'il ne suive la piste cyclable goudronnée, utilisant l'ancien chemin de halage.
Enfin ! Nous voilà au cœur des côtes chalonnaises, que nous vous proposons de descendre du nord au sud. Ne bénéficiant pas de la prestigieuse AOC, Chagny aurait tendance à se faire oublier, n'explosant de vie et de joie que pour le marché du dimanche, qui draine les producteurs des alentours.

Adresse et infos utiles

ℹ ***Office de tourisme :*** *2, rue des Halles.* ☎ *03-85-87-25-95.* • *beaune-tourisme.fr* • *Près de l'église. En hte saison, tlj sauf dim ap-m 9h30-12h30, 14h-18h30 ; fermé également lun hors saison. Juin-sept, visites accompagnées de la ville, mar 15h-17h.* Vente de topo-guides, cartes de rando, produits régionaux. Location de vélos. Expos d'art.

- ***Marché :*** *dim, pl. de la mairie et autour.* Labellisé Saveur et Savoir-faire de Bourgogne.
- ***Les Moments musicaux de Chagny :*** *en août.* Concerts et rencontres artistiques avec des peintres, sculpteurs et viticulteurs autour du théâtre des Copiaus.

Où dormir dans le coin ?

Camping

Camping municipal Le Pâquier Fané : *20, rue du Pâquier-Fané, à Chagny. ☎ 03-85-87-21-42. • campingchagny@orange.fr • campingchagny.com • À 500 m du centre-ville. Avr-oct. Forfaits tente env 15-19 € pour 2. Mobile homes et chalets. 101 empl.* En bordure de la Dheune (on peut y pêcher) et non loin de la piscine municipale, un gentil camping 3 étoiles, très bien tenu. Resto le soir, jeux pour les enfants. Espaces relativement ombragés.

De bon marché à prix moyens

Hôtel de la Ferté : *11, bd de la Liberté, à Chagny. ☎ 03-85-87-07-47. • reservation@hotelferte.com • hotelferte.com • Doubles 45-82 €. Menu 25 €. Parking. Réduc de 10 % sur le prix de la chambre sur présentation de ce guide.* Une grosse maison bourgeoise transformée en hôtel. Une douzaine de chambres charmantes avec cheminée, tapisseries fleuries, meubles anciens, stuc, etc. Le petit déj se prend sur l'arrière, au jardin, où crissent les graviers. Bar à vins pour les débuts (ou les fins) de soirée avec repas bourguignon possible. Location de vélos électriques.

Hôtel de la Poste : *17, rue de la Poste, à Chagny. ☎ 03-85-87-64-40. • info@hoteldelaposte-chagny71.com • hoteldelaposte-chagny71.com • Doubles 52-76 € ; familiales. Parking gratuit.* Une dizaine de chambres classiques, pas très grandes mais confortables et fonctionnelles. Le tout à des tarifs mesurés, dans un bâtiment de plain-pied, lointain cousin bourguignon d'un motel avec ses 3 rangs de vignes devant les fenêtres. Accueil pro.

Chic

Auberge du Camp Romain : *14, rue des Basses-Roches, 71150* **Chassey-le-Camp.** *☎ 03-85-87-09-91. • contact@campromain.fr • auberge-du-camp-romain.com • À 7 km au sud-ouest (D 109). Doubles 92-115 €. Menus 32-48 €. Apéritif maison offert sur présentation de ce guide.* La jolie route étroite musarde entre bosquets et vignes. On se croirait presque en montagne. L'auberge domine une vallée verdoyante. Vaste établissement moderne, d'une quarantaine de chambres spacieuses et équipées. Piscines, sauna, jacuzzi, installations sportives, etc. Et rien ne vous empêche de faire honneur à la table régionale, si vous ne voulez plus quitter le nid.

Chambres d'hôtes La Vierge Romaine : *chez Corinne Le Vot-Grondahl, 6, impasse des Vergers, 71150* **Chassey-le-Camp.** *☎ 03-85-87-26-92. • bienvenue@laviergeromaine.com • laviergeromaine.com • À 6 km au sud-ouest (D 109). Chambres 100-140 €.* Des chambres de charme (demandez la « Beaune », spacieuse, avec terrasse privée), très confortables. Un site assez exceptionnel, à flanc de coteau où les vignes viennent vous lécher les pieds. Cuisine équipée à disposition dans un ancien pigeonnier.

Où manger dans le coin ?

De prix moyens à chic

Restaurant L'Escale : *2, route de Chassey-le-Camp, 71510* **Remigny.** *☎ 03-85-87-07-03. • lescaledubois@wanadoo.fr • Sur la route d'Aluze et de Chassey-le-Camp, à 2 km à l'ouest. Fermé dim soir, mar soir, mer. Congés : de mi-sept à début oct et quelques j. en fin d'année. Résa indispensable. Menus 15-19 € (déj en sem), puis 28-36 €.* Face au canal, dans un environnement tranquille, la petite terrasse est prise d'assaut aux beaux jours. Cuisine du marché fraîche et savoureuse. Accueil vraiment chaleureux. La poêlée de grenouilles tièdes désossées est une tuerie, comme le disait un voisin de table, à l'accent anglais pourtant prononcé. Le reste aussi, on vous rassure.

Restaurant Pierre & Jean *(La Cuisine d'en Face)* **:** *2, rue de la Poste, à Chagny. ☎ 03-85-87-08-67. • contact@pierrejean-restaurant.fr • Fermé lun-mar. Congés : de mi-déc à mi-janv. Formule déj en sem 19,50 € ; menu-carte 33-39 €. Café offert sur présentation de ce guide.* Un ancien chai du XVIIIe s ouvert sur un jardin et transformé en annexe bistrotière de « chez Lameloise », comme on dit toujours ici. On y rend hommage aux 3 générations de restaurateurs qui ont fait les grandes heures de la ville. Lieu ouvert pour une cuisine qui l'est tout autant, sur le monde comme sur les convives. Recettes d'hier et d'aujourd'hui, travaillées par une équipe jeune, au tour de main certain.

Cépages et Saveurs : *25, rue de la République, à Chagny. ☎ 03-85-46-29-67. Fermé lun et sam midi. Formule déj en sem 19 € ; menus 26-37 €. Café offert sur présentation de ce guide.* La salle moderne aux tons neutres ne dit rien de ce qui se passe en cuisine. Le chef s'affaire avec concentration et minutie pour que sonne la fête. Sa cuisine est légère, goûteuse, pleine de saveurs et de textures, mais aussi ludique avec ces fleurs à croquer. Et les assiettes explosent de couleurs. Clown sur scène, sérieux en coulisses. Du travail minutieux accompagné par des vins de la Côte à prix doux.

À voir

Possibilité de louer une tablette à l'office de tourisme pour une visite commentée de la ville, ses histoires et son patrimoine au fil d'une enquête en 12 étapes culturelles, ludiques et gourmandes.

En centre-ville, en flânant le long des rues de ce bourg commerçant, plusieurs *maisons anciennes* à découvrir, dont la doyenne serait la grosse bâtisse médiévale face à l'office de tourisme. Également 2 *tours* du XVIIe s, une belle *mairie* et un *théâtre* à l'italienne.

Ne pas manquer l'***église Saint-Martin,*** au monumental clocher roman. Belle série de chapiteaux gothiques et, dans le chœur, dalle funéraire de Pierre Jeannin, resté célèbre pour avoir refusé de massacrer les protestants lors de la Saint-Barthélemy.

Devant l'église, l'*Octagon for Saint-Éloi,* une ***sculpture*** moderne, un bloc de 57 t ! Autre œuvre contemporaine à la ***halte nautique des Grands Crus,*** halte agréable des croisiéristes du canal du Centre.

La splendide ***apothicairerie*** de l'hôpital, aménagée en 1715 et restée dans son jus, n'est accessible que lors des visites accompagnées, au départ de l'office de tourisme et sur rendez-vous.

À faire

La voie verte : 40 km de chemin de halage ont été goudronnés entre Chalon-sur-Saône et Saint-Léger-sur-Dheune, le long du canal du Centre, en passant par Chagny et Santenay. Super balade pour les piétons, rollers ou VTT. Guide disponible à l'office de tourisme.

RULLY (71150) 1 630 hab. *Carte Saône-et-Loire, C2*

À 4 km seulement de Chagny, par la D 981, ô surprise ! voici un beau château dominant fièrement son versant de vignes, celles qui donnent le prestigieux vin blanc. Rully : un cru fin et discret, à l'image de ce gros village dont la

richesse et la coquetterie de certaines maisons prouvent une certaine et réelle aisance. De l'autre côté de la même D 981, les amateurs de lavoirs ne manqueront pas l'hydraté village de Fontaines, le bien nommé.
*– **Point info :** Maison éclusière. ☎ 03-85-91-53-55. De juin à mi-sept.*

Où dormir ? Où manger ?

Le Vendangerot : *6, pl. Sainte-Marie. ☎ 03-85-87-20-09. • hotel-restaurant-levendangerot.fr • Tlj sauf mar-mer midi. Doubles à partir de 60 €. Menu du jour 17 € ; autres menus 30-50 €.* Sur une place à l'allure un brin méridionale, cette grande maison fleurie entourée de verdure continue de faire le plein dès les premiers beaux jours. Côté hôtellerie, un *Logis de France* agréable et très bien tenu, aux chambres pimpantes et spacieuses. Grande terrasse au restaurant.

À voir

Le château de Rully : *☎ 03-85-87-20-89. • chateauderully.fr • Visite commentée en juil-août, tlj sauf lun 10h30-13h, 13h45-18h (départ ttes les heures) : env 8 €. Compter env 1h.* Imposante demeure dotée d'un donjon, flottant au-dessus de son vignoble, image de la Bourgogne rêvée dont on ne se lasse jamais. Construit entre le XIIe et le XVe s, le château de Rully appartient à la même famille depuis 850 ans, soit depuis ses origines, ce qui est très rare de nos jours. Au rez-de-chaussée, on découvre un grand escalier du XVIIe s, la vaste cuisine médiévale, la salle à manger familiale avec sa table en acajou moucheté de Cuba (un bois qui n'existe plus !), la bibliothèque, le billard du XIXe s, etc. À l'étage, on accède au bureau, à la chapelle et à une chambre typique du XIXe s. Belle promenade dans un parc à l'anglaise restauré qui comprend même des pierres tombales. Quant aux communs du XIXe s, ils possèdent le plus grand ensemble de toits de pierre dite « de lave » en Bourgogne.

MERCUREY (71640) 1 500 hab. *Carte Saône-et-Loire, C2*

Un nom qui résonne délicieusement au fond des palais les plus délicats. Le plus célèbre des crus du Chalonnais a donné de l'aisance au village qui l'a vu naître, et de grosses maisons cossues bordent la route qui le traverse, au creux d'un vallon entouré de vignobles.

Où dormir ? Où manger dans le coin ?

Camping municipal de la Vallée de Vaux : *rue de la Piscine, 71640 **Saint-Jean-de-Vaux.** ☎ 03-85-45-11-98. • stjeandevaux.mairie@wanadoo.fr • saint-jean-de-vaux.fr • Au sud, sur la D 124. Mai-sept. Forfait tente pour 2 env 13 €. 42 empl.* Un terrain municipal propre et pas cher, correctement équipé. Tout à côté de la piscine municipale.

Le Val d'Or : *140, Grande-Rue, à Mercurey. ☎ 03-85-49-23-85. • contact@le-valdor.com • le-valdor.com • Resto fermé mar midi et mer, plus dim soir hors saison. Doubles 65-82 € ; familiales. Menus 17,90 € (déj lun-sam)-26 €. Un petit déj/chambre et par nuit ou un apéritif maison offert sur présentation de ce guide.* Du charme dans les lieux, dans l'assiette et dans l'accueil. Les 12 chambres sont agréables, et la cuisine de marché ou de terroir, menée avec délicatesse, est à déguster sous un cèdre en terrasse ou auprès de la cheminée. La clientèle étrangère ne s'y trompe pas avec cette belle affaire !

Le Petit Blanc : *Le Pont-Pilley, 71510* ***Charrecey.*** *☎ 03-85-45-15-43. • contact@lepetitblanc.fr • À 2 km de Mercurey, sur la route d'Autun (D 978), à droite, dans un virage. Fermé dim soir et lun, plus mer soir et dim midi hors saison. Congés : fin août-début sept. Menus 16 € (déj en sem)-35 €. Un digestif maison offert sur présentation de ce guide.* Une adresse maligne, clin d'œil à l'auberge de campagne type de l'après-guerre, avec nappes à carreaux, ardoises, plaques émaillées aux murs, et surtout une vraie « cuisine d'autrefois », comme le précise la carte. Salle animée, prolongée par une agréable terrasse. Service diligent et large choix de mercurey.

DANS LES ENVIRONS DE MERCUREY

En allant vers l'ouest de Mercurey, on passe par le village d'***Aluze,*** dont la situation sur un promontoire permit à certains d'imaginer qu'il s'agissait du site d'Alésia. Depuis Aluze, musardez entre vignes et bois jusqu'à ***Chamilly,*** village qui possède une attachante église au milieu d'un minuscule cimetière et un beau château privé.

Le hameau de ***Touches,*** à moins de 1 km au sud de Mercurey et légèrement en surplomb, possède l'une des plus touchantes églises du pays, bâtie au XIIIe s. Clocher aux grosses gargouilles et 4 pignons.

La vallée des Vaux : au sud de Mercurey, elle suit en fait le cours de l'Orbize, qui y prend sa source avant d'aller se jeter dans la Saône. Moins cossus que ceux de la côte chalonnaise proprement dite, les villages de la vallée de Vaux, éparpillés sur plusieurs collines, peuvent faire l'objet d'une belle promenade champêtre, quelque peu hors du temps. À ***Barizey,*** on verra une église du XVIIIe s, et de son chevet, un panorama sur la vallée. Non loin de la jolie place de ***Saint-Jean-de-Vaux,*** une autre église, romane cette fois, avec clocher central. Celle de ***Mellecey*** domine le bourg. Dommage que des plâtres masquent la charpente et les pierres de la voûte en cul-de-four. En passant à ***Saint-Martin-sous-Montaigu,*** essayez d'apercevoir, entre les arbres, les ruines de l'ancien donjon du château. On peut y monter à pied. De l'autre côté de la D 981, la vallée se poursuit par ***Dracy-le-Fort.*** Quelques belles demeures autour de sa place centrale.

Le château de Germolles : *100, pl. du 5-Septembre-1944, Germolles, 71640* ***Mellecey,*** *sur la D 981 en direction de Givry. ☎ 03-85-98-01-24. • chateaudegermolles.fr • De mai à mi-oct, mar-dim (plus lun en juil-août) 10h-12h30, 14h-19h ; de mi-mars à fin avr et de mi-oct à mi-nov, mar-dim 14h-18h ; et sur rdv tte l'année. Entrée : env 8 € (parc seul : 2,50 €) ; réduc. Visite guidée, sauf pour le parc.*
En 1380, Philippe le Hardi, duc de Bourgogne, achète cette maison forte aux sires de Germolles. Sa femme, Marguerite de Flandre, est une des héritières les plus riches de son temps. Elle convoque les plus grands artistes de l'école de Bourgogne (Claus Sluter, Jean de Beaumetz) pour la transformer en une luxueuse résidence. Malgré la Révolution et plusieurs incendies, Germolles a traversé les siècles jusqu'à aujourd'hui. Il a été retapé avec passion et soin par ses différents propriétaires, dont Matthieu Pinette, ancien conservateur en chef du Patrimoine et Christian Deguigny, professeur d'université. La demeure, qui appartient à la famille Pinette depuis un siècle et demi, est l'un des rares palais d'agrément de cette époque en France, ce qui en fait toute son originalité. Pour un édifice du XIVe s, on s'attendrait en effet plus à une architecture défensive. Autre particularité : les toits d'ardoises, le chic du chic à l'époque. On est bien loin des tuiles vernissées qui feront la réputation de la Bourgogne quelques siècles plus tard.
On visite d'abord la partie la plus ancienne (XIIIe s), le cellier et la chapelle, avant de faire un tour vers les ruines des 2 tours rondes. La chapelle privée de

la famille ducale a retrouvé ses toitures, alors qu'elles avaient disparu dans un incendie au XIXe s. Les 4 pièces du XIVe s accessibles, majestueusement remises en beauté, valent vraiment le coup d'œil. Les rares peintures murales et la merveilleuse collection de carreaux de pavage décorés du XIVe s sont l'une des surprises du lieu. Au 2e étage, immense voûte en « vaisseau renversé ». Au rez-de-chaussée, cheminée sculptée monumentale. Joli parc planté dans le goût romantique anglais du XIXe s.

GIVRY

(71640) 3 930 hab. *Carte Saône-et-Loire, C2*

Au cœur de la côte chalonnaise, à seulement 9 km à l'ouest de Chalon-sur-Saône, Givry est la commune architecturalement la plus riche de la région. Elle le doit à Émiland Gauthey, important bâtisseur néoclassique bourguignon (canal du Centre, mairie de Tournus...), qui réorganisa la ville vers la fin du XVIIIe s.
Le bourg possède plusieurs charmants hameaux au milieu des vignes. Il est aussi le point de départ historique de la fameuse voie verte empruntant l'ancienne voie de chemin de fer et devenue une référence nationale pour tous les amateurs de 2-roues, de rollers et de randonnées.

Adresse et info utiles

ℹ ***Antenne d'information touristique :*** *13, pl. de la Poste. ☎ 03-85-44-43-36. • achalon.com • Avr-sept, mer-dim 10h-13h, 15h-18h30 ; oct-déc, seulement ven-dim mat. Fermé janv-mars.*

– ***Marchés :*** *jeu mat, pl. d'Armes ; et* ***brocante*** *le 1er dim du mois au même endroit.*

Où dormir ? Où manger à Givry et dans les environs ?

Bon marché

🏠 🍴 ***Chambres d'hôtes La Gémuloise :*** *chez Vincent Limonet et Anne Roy, 26, rue de la Côte-Chalonnaise, 71640* ***Jambles.*** *☎ 03-85-44-34-27. 📱 06-21-31-29-24. • lagemuloise@orange.fr • lagemuloise.com • Double 55 €. Repas 20 € (sur résa seulement).* Adossée à un versant, tout comme le village, cette maison ancienne habitée par des artistes dans l'âme mérite une escale sur la route des Vins. Côté vignes, ou côté jardin, les chambres sont agréables, coquettes et bien arrangées. Accueil jovial. Prêt de vélos, infos sur les randonnées.

Prix moyens

🏠 ***Chambres d'hôtes Le Moulin Brûlé :*** *chez Françoise et Yves Paupe, 30, rue des Lavoirs, 71390* ***Moroges.*** *☎ 03-85-47-90-40. • moulin.brule@wanadoo.fr • moulinbrule.com • De petites routes mènent à ce village, plus directement accessible d'ailleurs, si vous venez de Chalon ou du Creusot, par la N 80. Le moulin est fléché ; passer la barrière et descendre par un chemin de terre, à travers le parc. Double autour de 90 €.* Au cœur d'un lieu adorable sorti d'un rêve de campagne profonde, voici 4 chambres à la déco très soignée. Accueil souriant.

🏠 ***Chambres d'hôtes du Moulin Madame :*** *rue du Moulin-Madame (sur la D 69), Givry. ☎ 03-85-44-38-50. • contact@moulinmadame.com • moulinmadame.com • ♿ Doubles 100-140 € ; familiales et gîte également.* Au cœur de la côte chalonnaise, de vastes et confortables chambres aménagées dans un ancien manoir datant du XVe s, entouré d'arbres et au bord d'une petite rivière. Petit déj servi dans la salle à manger près de la cheminée ou en terrasse. Voie verte à 2 km. Possibilité de randonnées équestres sur place.

À voir

L'église : elle est l'œuvre d'Émiland Gauthey, et on sent bien sous ses rondeurs qu'il fut l'élève de Soufflot (l'architecte du Panthéon à Paris). La nef circulaire et sa tribune sont surmontées d'une coupole centrale percée de 8 oculi et prolongées d'un chœur en ovale. De l'extérieur, le dôme compose un ensemble assez incongru avec le haut clocher de pierre.

Givry compte également un curieux ***hôtel de ville,*** construit à l'emplacement d'une ancienne porte médiévale et qui enjambe élégamment une rue. Un clocheton le domine. La ***fontaine des Dauphins,*** le plus célèbre des points d'eau givrotins, est également attribuée à Émiland Gauthey. Au centre du bourg médiéval, la ***halle Ronde,*** ancien grenier à grains, abrite l'office de tourisme.

Manifestation

- ***Les Musicaves :*** *1 sem fin juin-début juil.* • *lesmusicaves.fr* • Un festival de musique « AOC sans frontière ». Programmation éclectique donc... et vin de Givry.

BUXY

(71390) 2 170 hab. *Carte Saône-et-Loire, C2*

L'un des plus jolis villages de la côte chalonnaise, avec ses vieilles demeures lovées autour de l'église et son étonnante tour de l'horloge. La tour Rouge est la dernière debout des 6 qui formaient la défense de la ville. Ne vous fiez pas au calme apparent de ce gros bourg et de ses environs. C'est peut-être là qu'on trouve les adresses les plus insolites du pays, entre un salon de thé-brasserie ambiance Belle Époque plein de tendresse et les artisans d'art dans l'arrière-pays, sur la route des églises romanes.

Adresse utile

Bureau d'information touristique : *à l'entrée du village, sur la voie verte, dans l'ancienne gare.* ☎ *03-85-92-00-16.* • *tourisme-sud-cote-chalonnaise.com* • *Tte l'année.* Principalement axé sur la voie verte, au départ, mais ceux qui viennent pour « la voie rouge » devraient ici trouver des adresses de caveaux à visiter. Sinon, vous n'avez pas à chercher bien loin...

Où dormir ? Où manger dans le coin ?

Chambres d'hôtes et salon de thé-brocante La Graineteri e : *chez Christine Sarrazin, 75-77, Grande-Rue, à Buxy.* ☎ *03-85-46-50-04.* 📱 *06-89-07-53-97.* • *graineterie.sarrazin@gmail.com* • *lagraineterie.fr* • *Doubles 80-110 €. Réduc de 10 % sur le prix de la chambre sur présentation de ce guide.* Amateurs d'insolite, vous serez servis. Vue de l'extérieur, comme souvent par ici, la maison ne paie pas de mine. On entre par la porte de la brocante-salon de thé, on farfouille, jusqu'à ce que Christine apparaisse, tout sourire, et vous guide vers son coin salon, grand ouvert sur un jardin resté dans un état de semi-liberté. Au-dessus, 4 chambres, aménagées avec humour et beaucoup de goût. Un décor tout en douceur, chargé d'histoire. Également un gîte pour 6 personnes. Soirée dégustation avec un vigneron indépendant, sur résa.

Chambres d'hôtes chez Thierry et Christine Davanture : *5 A, route de Davenay, à Buxy. ☎ 03-85-92-01-29. • dav_christine@hotmail.com • davenay.free.fr • Doubles 67-72 € ; familiales également. Table d'hôtes 35 €, avec kir et bonne bouteille sur la table.* Une maison plantée sur un flanc de colline, au milieu des vignes. Les Davanture sont viticulteurs et aiment leur métier, ainsi que leur région. Chambres agréables et calmes, donnant sur le vignoble. Vue superbe aussi de la terrasse, où il fait bon prendre le petit déj.

Restaurant Les Vignes : *71460 **Germagny.** ☎ 03-85-49-23-23. À 10 km au sud-ouest de Buxy (D 983). Fermé mar soir, mer et dim soir. Menus 13,90 € tt compris (déj en sem, sauf j. fériés), puis env 27-50 €. Apéritif maison offert sur présentation de ce guide.* Au bout du village, une grande maison avec vue sur la Guye, rivière aussi paisible que le reste du bourg. Entre bocage et vignoble, une halte sympathique autour du menu du jour, en semaine, ou d'une carte alléchante, plus élaborée, que Katia se fait un devoir de détailler. Son mari, Franck, assure en cuisine, et la carte des vins devrait faire votre bonheur.

Où acheter du vin ?

Maison des Millebuis : *route de Chalon (à proximité du bureau d'information touristique). ☎ 03-85-92-04-30. • millebuis.fr •* Espace œnotouristique bien pratique pour goûter les vins de la région et acheter des bouteilles-cadeaux (magnum, etc.).

À voir. À faire

À Buxy, un petit tour derrière l'***église*** suffit pour avoir un aperçu de la ville. C'est minuscule et on se croirait au Moyen Âge. L'église se remarque de loin avec sa ***tour de l'horloge,*** ajout du XVIe s, reliée au clocher par une passerelle. Voir aussi la massive ***tour Rouge*** (XIIe s), reste des défenses de la ville, aménagée en caveau. À 2 pas, le petit ***musée du Vigneron,*** au sous-sol de la perception, ouvre ses portes sur demande auprès du bureau d'information touristique.

Le sentier du Montagny : *env 4,5 km.* Boucle en 8 étapes sur les hauteurs, dans les vignobles. Départ du village de Montagny-les-Buxy.

Géorama : parcours découverte géologique en 7 étapes sur un itinéraire de 3 à 6 km. Départ du village de Culles-les-Roches.

SAINT-GENGOUX-LE-NATIONAL

(71460) 1 070 hab. *Carte Saône-et-Loire, C3*

Labellisé Cité de caractère Bourgogne-Franche-Comté, ce village situé au sud de la côte chalonnaise, sur la D 98, présente de belles demeures médiévales. Délicieuse promenade ombragée de platanes et ruelles anciennes avec tourelles et échauguettes. De la terrasse de l'Arquebuse, admirez l'un des ensembles les plus harmonieux de toits de tuiles de Bourgogne que l'on connaisse.

Adresse et info utiles

Bureau d'information touristique : *4, av. de la Promenade. ☎ 09-77-35-14-40. • tourisme-sud-cote-chalonnaise.com • Tte l'année.*
– **Marché :** *1er et 3e mar mat du mois (ts les mar mat en été).*

Où acheter de bons produits ?

Artisan pâtissier-chocolatier-glacier L'Enchanteur : *rue du Commerce. ☎ 03-85-91-53-16. Face à l'échauguette de la maison des Concurés. Fermé dim ap-m et lun.* Également salon de thé.

À voir

Passez par le bureau d'information touristique pour prendre la petite brochure, très bien faite, vous présentant en quelques pages les trésors cachés de la ville. Vestiges du ***château,*** à l'entrée de la cité médiévale. L'***église*** possède toujours son clocher du XIIe s, mais coiffé d'une flèche dessinée par Viollet-le-Duc. La curieuse tour de l'horloge à lanterne a été édifiée dans la 2de partie du XVIe s pour permettre l'accès aux cloches et surveiller, bien sûr, les vallées aux alentours.

Un petit tour derrière l'église devrait vous plonger dans un autre temps. La ***maison*** dite ***des Concurés*** (XVIe s), de style Renaissance et flanquée d'une charmante échauguette, ouvre la rue des Marchands. De l'autre côté (rue du Commerce), créations de qualité à la galerie d'artisanat ***La Crémaillère.***

LE CHAROLAIS ET LE BRIONNAIS

De jolies petites routes de campagne, à l'ouest du Clunisois, vous amènent à la découverte d'une des plus belles régions du sud de la Bourgogne. Charolais et Brionnais possèdent beaucoup de caractéristiques géographiques communes. Ce sont des paysages mamelonnés, tout en douceur, modèles d'harmonie et d'équilibre, qui font le charme de cette région commençant au nord de Charolles (elle englobe notamment Paray-le-Monial, Digoin et Bourbon-Lancy) pour rejoindre l'extrême sud du département, à l'ouest du Mâconnais.

Paysages largement bocagers, patchwork de verts délimités par des haies touffues : on entre dans le Charolais sans s'en rendre compte, et on s'y sent bien. Peu de cultures, car tout le monde est ici au service du roi des bovins : le charolais à la succulente viande persillée... Cet aimable bestiau à la robe blanche a permis à cette région, pourtant enclavée, de mieux résister à l'exode rural. En janvier 2010, le fromage de chèvre du même nom a acquis ses lettres de noblesse en devenant la 46e AOC. Tout ça pour dire qu'on y mange fort bien !

DES EMBOUCHEURS BIEN INSPIRÉS

Parmi les vieilles familles d'emboucheurs (= éleveurs) du Brionnais, celle des Mathieu d'Oyé est devenue une référence. En 1747, Émiland Mathieu décida d'emmener ses bœufs au marché de Poissy : 400 km à pied en 13 jours. Sa réussite fit des émules et provoqua, au siècle suivant, une expansion en tache d'huile de la race charolaise, dans tout le centre de la France.

Situé à l'extrémité sud-ouest de la Bourgogne, le Brionnais est un petit « pays » peu connu, qui a beaucoup de choses à proposer, à commencer par son circuit des églises romanes. Le calcaire blond ou ocre a permis aux sculpteurs d'exprimer tout leur talent, d'enrichir la palette des décors des porches et des clochers, au point qu'on peut parler ici de style brionnais (notamment concernant les clochers). Ses traits principaux restent cependant ceux de l'architecture clunisienne.

UNE VACHE À L'UNESCO ?

Au cœur du Charolais-Brionnais, Pays d'art et d'histoire, s'est développée une race exceptionnelle et universelle : la charolaise.
80 % de la viande charolaise produite dans ce magnifique terroir béni des dieux partent à l'exportation, au même titre que les vins, les champagnes et les parfums ! La viande s'exporte bien, mais l'animal aussi : on trouve des charolaises partout dans le monde !
L'élevage et l'embouche (engraissement à l'herbe) des bovins charolais ont façonné le paysage de bocage, maillé de haies et ponctué d'arbres, participant ainsi à l'identité du territoire. Dans ce paysage verdoyant et ondulé se nichent des demeures cossues érigées aux XVIIIe et XIXe s, qui témoignent de la prospérité qu'a connue le pays grâce au commerce du bétail. C'est ce paysage, ce berceau de la race charolaise, que le territoire souhaite voir inscrit au Patrimoine mondial de l'Unesco.

CHAROLLES (71120) 3 140 hab. *Carte Saône-et-Loire, B3*

Bœufs charolais et moutons charollais (2 « l » pour le mouton !) ont fait la réputation de cette terre d'élevage par excellence. Mais Charolles, bâtie au confluent des rivières Arconce et Semence, se présente également comme une agréable ville-étape pour partir à la découverte des belles églises romanes du Brionnais tout proche. Les vieilles demeures se mirant au ras de l'eau lui donnent en outre un petit air de Venise sur bocage. En souvenir, vous pourrez acheter de la faïence de Charolles, au joli décor floral.

Adresse utile

i @ ***Office de tourisme :*** *rue Baudinot. ☎ 03-85-24-05-95. • ville-charolles.fr • Mai-sept, lun-sam 9h30-12h30, 14h-18h (17h30 mai-juin et sept) et dim 9h30-12h30 ; horaires plus restreints hors saison.* Profitez-en pour détailler le lieu : c'est l'ancien couvent des Clarisses, bel édifice des XVe-XVIe s.

Où dormir ? Où manger dans le coin ?

Très chic

🏠 🍽 ***Maison Doucet :*** *2, av. de la Libération. ☎ 03-85-24-11-32. • reservation@maison-doucet.com • maison-doucet.com • ♿ Très central, face à l'église. Resto fermé dim soir-mar midi, plus mar soir hors saison. Doubles 120-165 € ; également des supérieures. Menus 45 € (sauf ven soir et w-e), puis 95-115 €. Apéritif maison offert sur présentation de ce guide.* Frédéric Doucet a métamorphosé la vieille demeure familiale, l'ouvrant sur le design contemporain, et créant 2 annexes de charme, dans 2 villas avec piscine, où un superbe petit déjeuner est servi (mémorable même !). L'adresse est surtout réputée pour sa table. Le chef, fier de ses origines charolaises, met un point d'honneur à sublimer son terroir et à accompagner ses plats de vins judicieusement conseillés. Salle à manger cossue, un poil déjantée côté déco, service impeccable et particulièrement attentionné, sans être jamais guindé. Aux beaux jours, agréable jardin intérieur pour manger sous les érables et la vigne vierge. A ouvert également en face le restaurant *Bistrot du Quai* *(fermé dim midi ; menus 26-49 €)*, entre 2 rivières. Un lieu où l'on mange simple et bon.

Chambres d'hôtes Le Clos de l'Argolay : *chez Jean-Luc Pertile et Pascal Cottin, 21, quai de la Poterne. ☎ 03-85-24-10-23. • closdelargolay@orange.fr • closdelargolay.fr • À 2 pas de l'*Hôtel de la Poste*, derrière l'église. Congés : déc-janv. Double 125 €.* Belle maison du XVIIIe s, au bord d'un canal aux berges fleuries. Jean-Luc et Pascal ont su redonner son charme d'antan à leur demeure tout en continuant leur métier d'éleveurs fabricants de fromages de chèvre (visite possible de l'exploitation). 2 suites et un duplex de charme aux chaudes couleurs et aux boiseries patinées, mêlant meubles anciens et contemporains, ouvrent sur un jardin clos. Un îlot de calme et de paix. Beau petit déj servi à la salle à manger ou en terrasse.

Château de Vaulx : ***71800 Saint-Julien-de-Civry.*** *☎ 03-85-70-64-03. • marty@chateaudevaulx.com • chateaudevaulx.com • Fermé de courant janv à mars. Doubles 115-135 € ; familiales. Table d'hôtes 33 €, vin en sus.* Coup de cœur pour cet élégant château remontant au XVIe s et remanié au XIXe. Dans un environnement agreste et verdoyant, inchangé depuis de longs siècles, une adresse unique. Un laisser-aller sympathique, un charme certain, de l'espace, du confort, de l'humour. La boutique, tout comme la brocante aménagée dans la grange, fait des heureux auprès de la clientèle étrangère qui pense ici goûter à la Bourgogne la plus authentique. Les adorables proprios, de fait, sont hollandais, et leur Bourgogne est bien cosy. L'excellente table d'hôtes, le parc fleuri, le magnifique salon-bibliothèque sont autant d'invitations à prolonger ou renouveler le séjour.

LA SAÔNE-ET-LOIRE

Où acheter des produits locaux ?

Faïences de Charolles : ***Fayences du Pays,*** *15, pl. de l'Église. Fermé dim ap-m et lun.* Belles pièces. Ne manquez pas les soldes directement à la faïencerie, chemin d'Ouze, le 3e week-end de juillet. Et magasin d'usine, route de Lugny *(lun-ven 9h-12h, 14h-18h).*

Viande charolaise : ***boucherie-charcuterie Jardin,*** *10, rue du Général-Leclerc. Fermé dim ap-m et lun.* Belles pièces, là aussi. Une autre boucherie : ***Au Cœur du Charollais,*** *13, pl. de l'Église. Tlj sauf dim ap-m et lun.*

Chocolats Bernard Dufoux : *pôle d'activités du Charolais. Lun 14h-19h, mar-sam 9h-19h.* Meilleur chocolatier de France. Si la maison mère se trouve à La Clayette, on trouve ici le laboratoire et une boutique.

Boulangerie Alix : *pl. de l'Église. Fermé dim ap-m et lun.* Délicieuses brioches aux pralines et... aux grattons.

Marché hebdomadaire : *mer mat, pré Saint-Nicolas.* Coloré et bien achalandé, labellisé Marché saveurs et savoir-faire de Bourgogne. Pour entendre parler le patois, notamment.

Marché estival : *dim mat, fin juin-fin août, pl. du Téméraire.* L'alimentaire, l'artisanat, le terroir sont au rendez-vous.

À voir

L'ancien château : détruit au moment des guerres de Religion, il en reste une porte fortifiée et 2 tours du XVe s – la tour de Charles le Téméraire et celle de Diamant –, ainsi que la base de 3 autres sur le mur d'enceinte, aujourd'hui jardin public. Jolie perspective sur les toits de la ville. Les ducs de Bourgogne étaient comtes du Charolais. Les ruines ont été rachetées par la famille Bernigaud de Cerrecy qui a fait construire ici sa maison d'habitation. La Ville de Charolles y a installé la mairie en 1867.

La Maison du charolais : *RN 79. ☎ 03-85-88-04-00. Tlj 10h-18h. Fermé 1er nov et derniers j. de déc. Entrée : env 8 € avec audioguide et dégustation ; réduc.* Un complexe muséographique convivial sur 3 niveaux. Pour tout savoir sur une viande célébrissime qu'il vous faudra apprendre à décortiquer, de la tête à la queue, au travers d'un itinéraire intelligemment composé. Devenez tour à tour éleveur, boucher, agent d'abattoir et géologue (végétariens, s'abstenir !). Terminez votre visite par une dégustation de charolais sous diverses formes. Des animations enfants et adultes sont proposées toute l'année. Resto dans le même bâtiment.

– Circuit « ***Chemin du bocage et des fours à chaux*** » de 6 km, à partir du parking du site.

UN ARRIÈRE-TRAIN DE PREMIÈRE CLASSE !

Très tôt, les grands éleveurs de charolais ont développé l'art de la sélection des reproducteurs mâles et femelles. Chez les vaches, on a toujours favorisé le développement des muscles du dos et de l'arrière-train. L'animal qui hérite de cette hypertrophie, qui constitue même une anomalie morphologique, s'appelle un « culard ».

Le musée du Prieuré : *4, rue du Prieuré. ☎ 03-85-24-24-74. • ville-charolles.fr/musee-du-prieure • Juil-août, tlj sauf mar 10h-12h, 14h-18h ; mai-juin et sept, tlj sauf mar 14h-18h. Entrée : 4 € ; réduc ; gratuit moins de 18 ans. Ateliers pour les enfants en juil-août. Expos temporaires.* Prieuré clunisien fondé en 929, le site conserve des vestiges de l'église du XIIe s ainsi qu'un corps de bâtiment rénové aux XVe-XVIe s. La salle des chapiteaux, la zone archéologique et la salle d'apparat, classée Monument historique, témoignent de cette période prospère. Ne manquez pas la magnifique poutre sculptée d'animaux et personnages à bésicles. Le site abrite aujourd'hui un musée complet d'histoire de l'art local où la faïence de Charolles, cœur de la collection, vous est présentée depuis ses débuts en 1844 par Hippolyte Prost jusqu'aux créations contemporaines actuelles réalisées par la famille Terrier. L'art décoratif côtoie également les toiles de Jean Laronze et de Paul Louis Nigaud, peintres du XIXe s inspirés par les paysages charolais et avallonnais. La sculpture est mise à l'honneur dans l'espace René-Davoine, installé dans la chapelle du XIXe s, et valorisant le travail du sculpteur charolais.

Le magasin et la fabrique de chocolats Dufoux : *pôle d'activité du Charolais. ☎ 03-85-28-08-10. • chocolatsdufoux.com • ♿ En face de la Maison du charolais. Boutique ouv lun 14h-19h, mar-sam 9h-19h. Visite dégustation mar-mer et ven à 14h30 en juil-août. Participation : 6 €. Cours de chocolat le 1er mer de chaque mois.* Meilleur chocolatier de France et collectionneur de médailles, Bernard Dufoux, secondé par son fils Pierre-Yves, est l'un des bienfaiteurs de l'humanité chocolatière ! Ses magasins de La Clayette (site historique) ou de Charolles (où sont désormais installés les ateliers) présentent une variété inouïe de chocolats, tous réalisés à partir du meilleur cacao et avec le talent créatif des grands artistes. L'atelier-laboratoire se visite en été. Idéal pour comprendre la fabrication, suivre le travail du chocolatier et découvrir quelques-unes de ses remarquables spécialités, autour d'un café. « Nous sommes fous du chocolat Dufoux ! »

Fête et manifestation

– ***Le Tir à l'oiseau :*** *autour du 20 juil.* Une fête ancestrale. Il s'agit d'abattre un oiseau en bois plombé en haut d'un mât en forêt de Charolles. Le vainqueur est porté en triomphe dans les rues de la ville.

– ***Journées médiévales :*** *3e w-e d'août, parc de la mairie.*

DANS LES ENVIRONS DE CHAROLLES

Les fours à chaux : *71120* ***Vendenesse-lès-Charolles.*** *☎ 03-85-88-39-78 ou 24-21-40. • foursachaux.free.fr • À env 5 km de Charolles, par la D 25 ou la D 17 ; suivre le fléchage. Visite libre du site en extérieur ; visite guidée mai-oct sur résa.* Il s'agit des derniers fours à chaux de France à cheminée de briques et le site, parfaitement préservé, est vraiment impressionnant. Des panneaux sur place expliquent la vie quotidienne des ouvriers et racontent toute cette activité industrielle autrefois florissante.

La Corne d'Artus : *à* ***Beaubery*** *(71220). À 13,5 km à l'ouest de Charolles par la N 79.* Une curiosité locale... Des 2 « cornes d'Artus », il n'en subsiste qu'une. Il s'agit en réalité des vestiges d'un château fort, détruit au XVIe s. Les murs en moellons de granit, de forme étrange, voire surnaturelle, furent ainsi surnommés par les habitants des environs.

Les écuries du château de Chaumont : *71220* ***Saint-Bonnet-de-Joux.*** *À 14 km à l'est de Charolles par la D 17 et la D 983. ☎ 03-85-24-26-30. De mi-juil à mi-sept, tlj sauf lun à 11h, 12h, 14h, 15h, 16h et 17h et pdt les Journées du patrimoine. Ouv pour les groupes tte l'année sur rdv.* Ces somptueuses écuries figurent parmi les plus grandes écuries privées de France et sont un pur chef-d'œuvre de l'architecture équestre du XVIIe s. Dans le parc, accessible aux visiteurs, belle vue sur les monts du Charolais et les contreforts de l'Auvergne. Le château, reconstruit au XIXe s dans un style néogothique, ne se visite pas.

La butte de Suin : *à 17,5 km à l'ouest de Charolles (et 10 km de Beaubery) par la N 79 et la D 79.* À 607 m, Suin est l'un des points culminants des monts du Charolais, au niveau de la ligne de partage des eaux. Haute de 4 m et pesant près de 3 t, on ne saurait rater la kitschissime statue de la Vierge (réplique de celle de Fourvière à Lyon). Elle domine la butte depuis 1885. L'un des plus beaux panoramas de la Bourgogne du Sud.

LA CLAYETTE (71800) 1 700 hab. *Carte Saône-et-Loire, B4*

Le cœur battant du Charolais, dynamique petit centre-ville au cœur d'une région verte et vallonnée. C'est ici qu'est né Potain, le fondateur d'une des 1res fabriques de grues au monde. La Clayette est implantée en amphithéâtre, le long de son étang, avec, à l'extrémité, le château médiéval qui se mire dans les eaux de ses douves. Longue tradition d'élevage de chevaux de race, puisque le fameux cheval blanc sur lequel Henri IV gagna la bataille d'Ivry, en 1590, fut acheté ici. À propos, avant la Révolution, la ville s'appelait *La Claite* et, preuve de l'indéfectible attachement des Brionnais aux traditions, on continue à dire par ici « La Claite »...

Adresses utiles

Office de tourisme : *au pied du château. ☎ 03-85-28-16-35. • tourisme-sudbrionnais.fr • Juil-août, tlj sauf dim ap-m 9h30 (10h dim)-12h30, 14h-18h30 ; mai-juin et sept, tlj sauf dim et j. fériés 9h-12h, 14h-17h30 ; le reste de l'année, lun-sam 9h-12h, 14h-16h30.* Boutique.

Centre du Goût : *près de l'office de tourisme. Fin juin-fin sept seulement.* Expo et vente d'artisanat d'art.

Où camper ? Où manger ?

Camping Les Bruyères : *9, rue de Gibles. ☎ 03-85-28-09-15. • contact@campingbruyeres.com • campingbruyeres.com • Avr-nov. Compter env 16-21 € pour 2 en tente. Gîtes toilés, sans sanitaires, et chalets jusqu'à 6 pers. 90 empl.* En bord de lac. Bon confort et bien ombragé. Soirées animées en haute saison. Piscine.

Restaurant Lesclette : *rue Marano-Equo. ☎ 03-85-28-28-60. Fermé dim soir, lun, plus mar soir. Formules déj en sem 12,50-18 € ; menus 25-46 €.* À 700 m du centre, dominant le lac et le château, un resto comme un perchoir dans un champ en pente, avec terrasse où l'on se régale avec du très bon charolais. Une adresse où l'on risque rarement de se retrouver seul. Menu brionnais savoureux, et plats à choisir dans le menu découverte qui décident du prix final. Au fait, on ne va pas « chez Lesclette », c'est juste l'ancien nom de La Clayette !

Où dormir ? Où manger dans les environs ?

Quelques très belles adresses de chambres d'hôtes dans la région de La Clayette. Pour la même qualité, les prix des chambres sont presque 2 fois plus élevés dans la région du vignoble (Mâconnais, côte chalonnaise...). Le Charolais, c'est l'Eldorado en France !

De prix moyens à chic

Chambres d'hôtes Château de Grandvaux : *1, rue de la Tour, 71800* ***Varennes-sous-Dun.*** *☎ 03-85-28-17-95. • p.malherbe@wanadoo.fr • chateau-de-grandvaux.com • Double 68 €. Table d'hôtes sur résa 22 €.* Incroyable rapport qualité-prix pour ce petit château du XVe s restauré avec goût par Pascale et Olivier Malherbe. Grandes chambres de style et de caractère (avec tout le confort). Cuisine familiale mijotée avec les produits du jardin.

La Ferme des Bassets : *Les Bassets, 71800* ***Vareilles.*** *☎ 03-85-26-87-14. 06-79-34-76-07. • lafermedesbassets.fr • Cabane dans les arbres (2-3 pers) 95 €, 2 cabanes (4-5 pers) 140 €. Nuit en cabane de trappeur 70 €.* Cabanes dans les arbres, tipi et cabane de trappeur pour vous changer du quotidien. Dans la cabane des 2 frênes, dormez la tête dans les airs en passant une nuit dans les arbres ou venez faire des rêves éveillés dans le tipi et la cabane de trappeur. Autour, pour les enfants, il y a les animaux de la ferme, et l'accueil est tip-top.

Les Cachettes du Dahut : *à Foumoux, 71800* ***Vauban.*** *☎ 03-85-25-89-80. • lescachettesdudahut@gmail.com • lescachettesdudahut.fr • À env 8 km au sud-ouest de La Clayette. Tipis à partir de 62 € pour 2 ; cabanes à partir de 80 €. Table d'hôtes 22 €.* La chasse au dahu, un incontournable de tout séjour dans la campagne bourguignonne. Pour rester dans l'insolite, et entretenir le mystère pour petits et grands, *Les Cachettes du Dahut* vous proposent des nuitées insolites au cœur du bocage brionnais. Cabane de trappeur et 2 tipis. Pour amateurs de dépaysement, de calme et de séjour idyllique en accord avec la nature. Piscine, aire de jeux, sauna.

Chambres d'hôtes chez Alain et Michèle Desmurs : *La Saigne, 71800* ***Varennes-sous-Dun.*** *06-32-03-39-44. • michele-alain.desmurs@orange.fr • michele.desmurs.pagesperso-orange.fr • À env 4 km à l'est de La Clayette, par la D 987. Double 65 €.* Accueil jovial d'éleveurs de bœufs charolais dans leur belle ferme à flanc de coteau, en pleine campagne. Elle abrite des chambres en rez-de-chaussée ou à l'étage. Sanitaires privés et salle commune avec coin cuisine. Possibilité d'acheter sur place ou par correspondance de la viande charolaise « naturelle » produite dans leur exploitation.

Chambres d'hôtes et ferme-auberge des Collines : *71800* ***Amanzé.*** *☎ 03-85-70-66-34. • philippe.paperin@wanadoo.fr • fermeaubergedescollines.com • À env 8 km au nord-ouest de La Clayette par la D 985 ; au niveau de Saint-Germain-en-Brionnais, prendre* *la direction d'Amanzé. Résa obligatoire. Double env 72 €. Menus env 14-29 €.* En pleine campagne, dans les dépendances de l'ancien château, brûlé à la Révolution, une ferme-auberge aussi charmante que réputée, tenue par un couple sympathique d'éleveurs de charolaises. Un corps de ferme abrite 4 chambres claires, agréables et calmes, avec vue sur l'église du village, le jardin et les prairies. Viande charolaise AOC exquise, servie à la table d'hôte. Accueil extraordinaire.

Chambres d'hôtes La Ferme de Lavaux : *chez Paul et Paulette Gelin, 71800* ***Châtenay.*** *☎ 03-85-28-08-48. • ferme-auberge-lavaux@hotmail.fr • chambreshotes-fermedelavaux.com • À 8 km à l'est de La Clayette. Mai-Toussaint. Doubles 65-70 €.* Grande ferme de caractère, typiquement brionnaise, où ont été aménagées de belles chambres confortables donnant sur une galerie en bois (certaines familiales), et une autre dans le pigeonnier. 35 ans déjà de bons et loyaux services. Jeux pour les enfants, parc de biches, chevaux comtois... et un four à pain auprès duquel prendre l'apéro.

Achats

Le magasin de chocolats Bernard Dufoux : *32, rue Centrale. • chocolatsdufoux.com • Mar-sam 9h-19h, dim 9h-13h (en déc et pdt la sem de Pâques ouv le dim tte la journée).* Si l'atelier de Bernard Dufoux, sacré Meilleur chocolatier de France, a déménagé à Charolles, la boutique, elle, est toujours ouverte à La Clayette. Un repaire pour les gourmands.

LA SAÔNE-ET-LOIRE

À voir

Le château médiéval : *à voir de loin, sinon, visites guidées des extérieurs sur rdv au ☎ 03-85-28-16-35.* Admirer le site pittoresque et l'architecture séduisante. C'est surtout lui qui donne du caractère à la ville. Il a conservé de l'époque médiévale les grandes ailes des communs, protégées par des échauguettes, la porte fortifiée et une imposante tour circulaire. Quant au corps de logis édifié au XVIIIe s par l'aïeul des propriétaires actuels, il hérita au siècle suivant d'une façade néogothique, néo-Renaissance.

Fête et manifestations

- **Fête du Muguet :** *1er mai, dans le parc du château de La Clayette.*
- **Festival des mômes en Charolais-Brionnais :** *pdt l'été.* Animations et spectacles gratuits pour enfants sur plusieurs sites.
- **Rendez-vous hippiques :** *à l'hippodrome de Montgelly, fin juil et 15 août.*

DANS LES ENVIRONS DE LA CLAYETTE

Le village de Bois-Sainte-Marie *(71800) : à 7 km au nord-est de La Clayette.* La ville ouverte de la châtellenie royale du Bois-Sainte-Marie se pare d'un mur d'enceinte au XVe s, encore en partie visible. Son parcellaire médiéval et ses maisons du XVIe s en font un site remarquable, autour de son élégante église romane. À l'intérieur, belle luminosité, pourtant apportée par les seules petites ouvertures fortement abrasées. L'une des originalités, c'est le déambulatoire, unique en son genre en Brionnais et de remarquables chapiteaux sculptés d'une grande force expressive.

Le château de Drée : *71800* ***Curbigny.*** *☎ 03-85-26-84-80. • chateau-de-dree.com • À 2,5 km au nord de La Clayette par la D 193. Juin-août, tlj 10h-17h30 ; hors saison, tlj sauf mar 14h-17h ; parc ouv jusqu'à 18h (18h30 en été). Fermé nov-mars. Visite guidée (obligatoire) des intérieurs du château : 12,50 € ; réduc. Sinon, visite libre des jardins seuls : 6,50 € ; réduc ; gratuit moins de 7 ans.*

Superbe château de plan rectangulaire construit vers 1650 par François de Bonne de Créqui, gouverneur du Dauphiné. Le comte de Drée, devenu seigneur des lieux en 1748, complète et embellit le bâtiment. Le château fut la propriété des princes belges de Croÿ jusqu'en 1995, date à laquelle Ghislain Prouvost, descendant d'une grande famille du textile, la rachète. Le propriétaire actuel n'a pas ménagé sa fortune ni sa peine, parcourant les salles des ventes du monde entier et les antiquaires, il a déniché des ***pièces de mobilier du XVIII***^e^ ***s*** rares et sublimes, afin de redonner vie à cette demeure princière du siècle des Lumières.
On visite les salons et pièces d'apparat, rénovés avec goût et intelligence, témoignant à nouveau, et brillamment, de la vie des nobles du Brionnais d'autrefois. Cuisine d'antan en l'état, à ne pas manquer. Visite également d'un beau colombier, de la salle des bains, de la prison, de l'écurie et d'une glacière.
À l'extérieur, superbe jardin à la française dans un parc de 10 ha, avec des parterres de buis et de rosiers géométriques.

Le musée des Vieux Métiers : *71800* ***Châtenay.*** *☎ 03-85-28-10-81. À 7 km à l'ouest de La Clayette. Juil-août, dim et j. fériés 15h-18h, ou sur rdv. Entrée : env 3 €.* Venez revivre la vie d'autrefois dans ces campagnes qu'on aurait tort d'imaginer sans vie. 2 animations à ne pas manquer : la *fête des Confitures et Gaufres* le 15 août et la *fête de la Pomme* le 2e dimanche d'octobre.

Saint-Germain-en-Brionnais et son église : *à 9 km au nord de La Clayette par la D 985.* Le village est dénommé « Petite Irlande », un surnom qu'il doit aux vertes prairies délimitées en petites parcelles par des murets de pierres sèches. Une curiosité à ne pas manquer dans l'église romane : un débeurdinoire qui, selon la tradition locale, soulage toutes les formes de bêtises !

La montagne de Dun : culminant à 708 m d'altitude, elle offre un beau point de vue sur le cours de la Loire, les monts du Charolais, du Forez et du Morvan. Les monts du Charolais forment la ligne de partage des eaux ; ainsi, celles du pays clayettois se jettent dans la Loire puis dans l'océan, alors que celles de Matour se déversent dans la mer Méditerranée. Une fortification occupait le sommet du site au Xe s, dont seule l'église romane subsiste. Ce lieu, chargé d'histoire, est empreint de légendes mystérieuses.

LA SAÔNE-ET-LOIRE

CHAUFFAILLES (71170) 3 730 hab. *Carte Saône-et-Loire, B4*

À la frontière du Brionnais et du Beaujolais, à 13 km au sud de La Clayette sur la route de Lyon, ce fut longtemps la petite capitale régionale du tissage du chanvre, puis de la soie. Au début du XXe s, plusieurs milliers de soyeux travaillaient dans le coin à domicile. Aujourd'hui, Chauffailles est une bourgade commerçante active, avec quelques petites industries.

Adresse et info utiles

Office de tourisme : *1, rue Gambetta. ☎ 03-85-26-07-06. • tourisme-sudbrionnais.fr • Juil-août, mar-sam 9h30-12h30, 14h-18h ; le reste de l'année, mer-sam 9h-12h, 14h-16h30 ou 17h30.*
– ***Marché :*** *ven mat.*

Où camper ?

Camping municipal Les Feuilles : *18, rue du Châtillon. ☎ 03-85-26-48-12. • campinglesfeuilles@gmail.com • campinglesfeuilles.fr • À 500 m de la*

D 985. De mi-avr à sept. Forfaits tente 11-20 €. Bungalows et chalets à partir de 38 €/nuit. 70 empl. Réduc de 10 % sur présentation de ce guide. Cadre verdoyant. Rivière à 50 m, étang à 100 m. Piscine municipale gratuite à 100 m.

À voir

Le musée du Tissage : *46 bis, rue du 8-Mai-1945 (route de Mussy). ☎ 09-77-75-80-35. • museedetissage.fr.gd • Juil-août, tlj 14h30-18h ; avr-juin et sept, seulement mer et w-e 14h30-18h. Fermé oct-mars. Entrée : 4 € ; réduc.* Intéressante visite commentée et animée de l'industrie du chanvre et de la soie. Bien sûr, présentation de l'élevage du ver à soie jusqu'à sa mise en « flottes ». Exposition des vieilles machines à pédale pour le dévidage jusqu'aux machines modernes, démonstrations à l'aide d'antiques métiers à bras qui fonctionnent toujours.

DANS LES ENVIRONS DE CHAUFFAILLES

Le viaduc de Mussy-sous-Dun : *à 4,5 km au nord de Chauffailles par la D 316.* Absolument splendide ! On manque vite de superlatif quand on découvre, au hasard d'un virage, cet impressionnent viaduc ferroviaire, édifié en pierre entre mars 1892 et août 1895 (par l'entreprise Veysseyre Frères, sur les plans de Morris et Pouthier). Il mesure 561 m de long et 60 m de haut et se compose de 18 arches en plein cintre. Il est l'un des 21 ouvrages d'art (dont 10 viaducs) que comptait cette ligne de chemin de fer mise en service entre 1895 et 1900. Il relie la colline du Ragin (côté Chauffailles) au village de Mussy et enjambe cette vallée avec autant de grâce que d'élégance. La route permet surtout de passer dessus, dessous, dessus, dessous et de s'émerveiller à chaque nouveau point de vue.

SAINT-CHRISTOPHE-EN-BRIONNAIS

(71800) 520 hab. *Carte Saône-et-Loire, B4*

Situé sur la D 989, entre La Clayette et Semur. Le village abrite chaque mercredi l'un des plus importants marchés de bestiaux de France, le 1er, dit-on ici avec fierté, pour la qualité de viande de boucherie. On pense qu'un marché existait déjà au Xe s, mais on sait avec certitude que c'est en 1488, sous Charles VIII, que la toute 1re foire fut organisée. Quelques chiffres : on peut attacher jusqu'à 3 000 bêtes, 70 000 sont expédiées par an en France et dans les pays de l'Union européenne, 50 quais d'embarquement, etc.

Adresse utile

Antenne touristique : *77, grande allée de Tenay, en face du foirail. ☎ 03-85-25-98-05 ou 03-85-25-82-16 (mairie). • brionnais-tourisme.fr • Mar, mer et sam mat.* Le mercredi, visite guidée du marché aux bestiaux par des bénévoles passionnés et passionnants *(tte l'année, 8h30-16h, 2 €)* et possibilité de dégustation de viande charolaise dans un espace pédagogique animé par des professionnels *(avr-oct, 9h30-13h ; entrée : 2 €).*

Où manger ?

Le Mur d'Argent : *pl. Belle-Air-les-Foires. ☎ 03-85-25-81-31. Mer, assiette à 18,50 € et menu à 16,50 € ; les autres j., compter env 20-25 €.* Le mercredi c'est l'endroit du marché où tout le monde se retrouve autour d'une pièce de viande. Éleveurs, emboucheurs, maquignons, touristes, curieux, sont tous attablés dans un joyeux brouhaha. Si le buffet d'entrées et de desserts est assez ordinaire, la viande est excellente et généreusement servie. Le reste de la semaine, le resto est ouvert en décousu et franchement, le cœur n'y est plus.

À voir. À faire

Le marché aux bestiaux : *mer.* Marché au cadran pour le bétail d'élevage le mercredi toute la journée (début des transactions à 7h et 12h45), et marché traditionnel de gré à gré pour les animaux de boucherie à 12h et 12h30. Les marchés se terminent quand il n'y a plus de bêtes à vendre, ce qui est variable d'un mercredi à l'autre. Embarquement immédiat à bord de gros camions. 80 % de la viande produite en Charolais est ensuite exportée. Noter que les bêtes partent vivantes. Plongez-vous dans l'ambiance du marché en mangeant le « bouilli » (pot-au-feu), la tête de veau ou l'entrecôte, en compagnie des maquignons et des éleveurs. Atmosphère assez unique, que vous n'aurez guère l'occasion de retrouver ailleurs en France. Les autres jours, bien sûr, Saint-Christophe reprend aspect et rythme de village paisible.

Le musée-école : *à la sortie du village (direction Charolles). ☎ 03-85-25-90-29. • cep.charolais-brionnais.net • Lun-ven 8h30-18h, sam sur rdv. GRATUIT (sauf pour les groupes).* Si vous êtes nostalgique de la plume Sergent-Major et de l'odeur de l'encre violette du temps passé, ne manquez pas la visite de cette ancienne salle de classe (1896). Également une expo, « Les chemins du roman en Bourgogne du sud », pour découvrir les richesses de l'art roman dans la région.

Le château de Chaumont : *Chaumont, 71800* ***Oyé.*** *☎ 03-85-25-80-76. À env 5,5 km au nord par la D 20, fléché depuis le village. Ouv de mi-juil à fin août, tlj sauf mar 15h-19h. Et sinon, en juin pour les Rendez-vous aux jardins et en sept pour les Journées du patrimoine. Entrée : env 6 € ; réduc.* Superbe château du XVIIIe s, construit sur des bases du XVIe s et remanié jusqu'au XXe par les propriétaires successifs. La visite permet de se promener dans les beaux jardins à la française et le parc de 4 ha, créé au XVIIIe s, fermé par une charmille couverte, longue de 350 m. On accède également à la chapelle et à la grande salle, remarquable pour son étonnant décor peint sur la vie de Saint-Louis, exécuté par Léon Raffin en 1956-1957.

Fête et manifestations

- ***Fête du Pot-au-feu :*** *2e dim d'août.* Grosse et mémorable soirée pot-au-feu sur le champ de foire. Brocante, expo artistique, animation de rue, arrivée de la route du Bœuf...
- ***Concours de bovins de boucherie :*** *1er sam de sept.*
- ***Randonnée pédestre annuelle :*** *3e dim d'oct.*

IGUERANDE (71340) 1 030 hab. *Carte Saône-et-Loire, B4*

À la limite de la Saône-et-Loire et du département de la Loire (D 982, sur la route de Roanne), Iguerande se situe sur l'ancienne frontière entre les tribus gauloises des Éduens et des Arvernes. Ce gros village bénéficie d'une belle vue sur la vallée de la Loire. Aire de production (à Mailly) d'un petit vin de pays.

Où dormir ? Où manger ?

Prix moyens

Chambres d'hôtes Le Champ de l'Être : *chez Denise et Maurice Martin, Outre-Loire, Les Montées. ☎ 03-85-84-09-69. 06-32-08-64-53. • mart1dmonty@gmail.com • chambresdhotes-naturopathie.fr • Suivre le fléchage. Double 80 €. Table d'hôtes sur résa 12-33 €. Réduc de 10 % sur le prix de la chambre à partir de 3 nuits sur présentation de ce guide.* Ancienne ferme rénovée, avec des chambres impeccables donnant sur la campagne verte et vallonnée. Denise adore faire des confitures, du miel aussi... Gâteau différent chaque jour. Le soir, repas composé avec des produits fermiers, évidemment. Espace bien-être (spa, sauna) sur résa. Accueil chaleureux et familial, qui donne envie de revenir !

De chic à plus chic

La Colline du Colombier : *06-03-58-30-45. • la-colline-du-colombier@troisgros.com • troisgros.fr • À la sortie d'Iguerande, suivre les panneaux à partir du feu. Ouv début mars-fin nov. Gîtes 700 € pour 2 nuits (min), petit déj compris ; « cadoles » 600 € pour 2 nuits là aussi.* Ceux qui voudront prolonger l'expérience d'un repas à la ferme du Colombier (annexe champêtre de Troisgros ; voir ci-dessous) seront vraiment comblés. 3 cabanes en pierres sèches, construites sur pilotis, ont été conçues pour accueillir un couple, tel un nichoir permettant d'être en immersion et en osmose avec la nature. Confort ultime et design sublime ! Plus conventionnels, mais tout aussi magnifiques, 2 gîtes pour 4 à 6 personnes.

La Colline du Colombier : *Colombier. ☎ 03-85-84-07-24. • la-colline-du-colombier@troisgros.com • ♿ Fin mars-fin nov, tlj sauf mer (plus mar hors saison). Formule déj en sem 36 € ; menus env 50-80 € ; carte env 100 €.* Une étonnante maison d'architecte et de restaurateur tout à la fois, ouverte par Michel et Marie-Pierre Troisgros. Un menu simple et alléchant, comme ce délicieux rumsteck de race charolaise ou ces somptueuses cuisses de grenouilles, LA spécialité maison. Les recettes oscillent entre cuisine paysanne et cuisine bourgeoise. Ce qu'on paie, ici, ce sont les beaux produits, la qualité, le cadre... et un savoir-faire certain. Un lieu enchanteur, bercé par le chant des oiseaux et des grenouilles !

Où acheter de bons produits dans le coin ?

Huilerie artisanale Leblanc : *dans la Grande-Rue, à Iguerande. ☎ 03-85-84-07-83. • j.leblanc@huile-leblanc.com • Tlj sauf dim 9h-12h, 14h-19h.* Spécialités d'huiles de noisette, noix, pistache, amande, pépins de raisins, etc. Des produits de grande qualité dont la réputation dépasse de loin les frontières régionales. Vente au détail, assurée avec une incroyable gentillesse, dans une boutique restée hors du temps, hors des modes. C'est en 1878 que Jean-Marie Leblanc créa cette huilerie, qui continue de fonctionner comme autrefois !

Vins des Fossiles : *hameau Les Chavannes, 71340* ***Mailly.*** *☎ 03-85-84-01-23. De mi-juil à fin août, tlj 15h-20h ; sinon, sam 14h-19h et sur rdv.* Un viticulteur qui possède un enthousiasme réjouissant et qui produit un bon petit vin bio de pays : le vin des Fossiles.

À voir

L'église Saint-Marcel : du plus pur roman du XIe s et ayant échappé aux influences clunisiennes. Massive, voire pataude, avec un clocher court sur pattes. À l'étage, baies ornées de fines colonnettes. À l'intérieur, nef obscure. Intéressants chapiteaux, dont plusieurs représentations de têtes de veau (on se demande bien pourquoi). Noter celui qui, curieusement, a la tête à l'envers.

Le musée « Reflet... brionnais » : *pl. de l'Église. ☎ 03-85-84-15-69. Mai-fin oct, tlj sauf lun-mar 14h30-18h. Entrée : 4 € ; réduc.* Présentation des richesses et du patrimoine de la région sous toutes ses formes : la vigne, l'élevage, la pêche en Loire, les cultures, les traditions, etc., dans une visite commentée retraçant la vie quotidienne de 1860 à 1950.

SEMUR-EN-BRIONNAIS

(71110) 650 hab. *Carte Saône-et-Loire, B4*

Accrochée à son promontoire, Semur fut longtemps la capitale du Brionnais avant d'être classé l'un des Plus Beaux Villages de France, non sans raison ! La famille de Semur fut l'une des plus importantes de Bourgogne. Son représentant le plus illustre restant saint Hugues, abbé de Cluny. Le village, qui fut fortifié, offre son meilleur profil côté sud, depuis la D 8. Délice de s'y promener, dans l'après-midi déclinant, pour admirer l'église, le château et les nobles demeures qui l'environnent, lorsque le calcaire blond prend des tons dorés, voire d'incendie...

Adresse utile

Point information : *dans le château. ☎ 03-85-25-13-57. ● chateau-semur-en-brionnais.fr ● Mêmes horaires que le château.* Jeu de piste, jeux médiévaux... ainsi que des visites guidées du château ou de la vieille ville pour les groupes. Boutique.

Où manger ?

L'Entrecôte Brionnaise : *rue Bouthier-de-Rochefort (celle qui passe devant le château Saint-Hugues). ☎ 03-85-25-10-21. ● mlecomte52@orange.fr ● Tlj, sur résa le soir. Repas 15-30 €. Apéritif maison offert sur présentation de ce guide.* Belle façade ancienne patinée par le temps. On entre par le bar, et on passe à l'arrière, dans une salle claire et calme, avec une jolie vue sur le jardin. Escargots, grenouilles et entrecôtes du Charolais... Il y a du choix à la carte.

À voir

Le château Saint-Hugues : *de début mars à mi-nov, lun-sam 10h-12h, 14h-17h (voire 18h ou 19h selon saison) ; dim et j. fériés l'ap-m seulement. Entrée : 4 € ; gratuit moins de 10 ans.*

De la forteresse initiale subsistent le donjon et une partie de sa muraille et les 2 tours rondes de défense. C'est le plus ancien donjon roman de Bourgogne, datant du Xe s, de 22 m de haut. Imposante cheminée, située au 2e étage et qui chauffait toute la partie noble. C'est ici que naquit saint Hugues, grand abbé de Cluny, en 1024. Chose curieuse : 2 belles fenêtres à meneaux du XIVe s, comme suspendues en l'air et qui possèdent toujours leurs bancs en pierre. Les 2 tours rondes se visitent. Dans l'une, l'oubliette et une ancienne salle de défense, devenue cachot au XVIIIe s, conservent des dessins de prisonniers sur les murs. Dans l'autre, jeu gravé par les soldats de guet. Dans l'ancienne salle de garde, l'art militaire du XIe s est présenté par des maquettes en bois.

Au-devant des tours, bâtiment édifié au XVIIIe s pour abriter des prisons. Au 1er étage, dans la chapelle des prisonniers, quelques vestiges, poteries, etc. Intéressants documents, manuscrits, décrets sur la Révolution, ainsi que des affiches sur cette période. Le rez-de-chaussée de la maison du geôlier est consacré à saint Hugues, avec ses reliques conservées dans un coffret.

La collégiale romane Saint-Hilaire : ce fut l'une des dernières églises romanes de type clunisien (dit roman tardif). On la découvre (comme c'est souvent le cas en Bourgogne) par le chevet, modèle d'harmonie architecturale avec son abside flanquée de 2 absidioles, le pignon triangulaire au-dessus percé d'un oculus, les transepts, le clocher octogonal bien en proportion avec l'ensemble. Ce dernier présente un dernier étage très travaillé. Au grand portail de la façade ouest, voussures très ornementées. Tympan exceptionnel avec le Christ en majesté. À l'intérieur, on éprouve à nouveau ce sentiment d'élévation très clunisien. Gros piliers cruciformes avec colonnes et pilastres, 1er niveau de grandes arcades brisées. Au fond, superbe tribune en encorbellement, identique à celle de Cluny III.

Belles demeures tout autour. D'abord, la *maison Beurrier,* puis la *maison du Chapitre.* Dans la salle capitulaire, au 2e étage, décor XVIIe s avec solives et cheminée peintes. Audiovisuel, expo photo. Sur la place, *hôtel de ville* du XVIIIe s, ancien auditoire de justice. Au-dessus de la porte, fronton sculpté des insignes de la justice : l'épée et la balance (ancien bureau des huissiers). À côté, le *grenier à sel* du XVIIe s avec peintures allégoriques au plafond. Plus loin, la *maison des Clercs,* avec sa tour ronde.

MARCIGNY

(71110) 1 910 hab. *Carte Saône-et-Loire, A4*

À 26 km au sud de Digoin, sur la route de Roanne. Malgré la guerre de Cent Ans et les guerres de Religion, Marcigny a conservé quelques vieilles demeures et, surtout, la splendide tour du Moulin. Une impression curieuse fait que le voyageur voit la ville beaucoup plus grande qu'elle ne l'est en réalité. C'est le charme étrange de Marcigny, que le progrès n'a pas défiguré et qui a su rester à taille humaine avec ses maisons et ses commerces de détail.

Adresse et info utiles

Office de tourisme Marcigny-Semur : *pl. des Halles. ☎ 03-85-25-39-06. • brionnais-tourisme.fr • Tte l'année lun-sam 9h-12h, 14h-17h (18h30 juil-août) ; plus dim et j. fériés 10h30-12h30 juil-août.* Très bien aménagé, dans un ancien salon de coiffure des années 1900.

– **Marché :** *lun mat.* Existe depuis 1266. Petit marché fermier, et vrai beau marché dans tout le centre ancien.

Où dormir ? Où manger ?

Chambres d'hôtes La Musardière : *50, rue de la Tour. 06-08-26-92-14. • jean-pierre@lamusardiere.net • lamusardiere.net • Doubles 70-80 €. Réduc de 10 % sur présentation de ce guide.* Grande maison bourgeoise de 1870, entourée d'un beau jardin avec piscine. On dort dans des chambres de caractère, décorées avec beaucoup de goût et de personnalité. Il y a aussi un gîte, et une grande chambre dans un pavillon du jardin (« Ma Chaumière »). Le plus insolite, ce sont les 2 roulottes en bois, confortables et bien aménagées (douche, w-c, et même la clim !). Les enfants adorent.

Béatrice Héritier : *29, pl. du Cours. ☎ 03-85-25-23-65. • restaurantbeatriceheritier@gmail.com • Sur la pl. principale. Fermé mar soir, mer, et dim soir. Menus 16-39 € ; carte 35-50 €.* Très joli cadre contemporain mettant en valeur de beaux murs de pierre. Le contraste est doux, agréable... Un décor en harmonie avec cette cuisine de femme, bien campée dans la tradition, mais toute en légèreté, tout indiquée pour les végétariens. Une cuisine riche en légumes, donc, colorée, vitaminée, puisant volontiers ses inspirations aux Caraïbes et en Amérique du Sud. Le resto le plus sympa en ville ! Service discret, tout comme l'éclairage.

À voir

Le musée de la Tour du Moulin : *dans le centre. ☎ 03-85-25-37-05. • tour-du-moulin.fr • De mi-juin à mi-sept, tlj sauf mar 10h-12h, 14h-18h ; hors saison, tlj sauf mar 14h-18h. Fermé nov-mars. Entrée : 4,50 € ; réduc ; gratuit moins de 12 ans.* Construite à la fin du XVe s, la tour du Moulin présente les caractéristiques de l'art militaire français : bossages (plus de 200) et canonnières à double ébrasement. Ce vestige de l'enceinte fortifiée abrite un musée de France où sont exposées des œuvres de beaux-arts, d'arts décoratifs (exceptionnelle collection de faïences) et des vestiges du prieuré des Dames de Marcigny. Ne pas manquer, au dernier étage, la remarquable charpente de 14 m de haut, à 4 enrayures illuminées.

Quelques ***maisons*** intéressantes : place des Halles, belles demeures à colombages. Noter, au milieu de la place, l'insolite balcon Art nouveau. À 2 pas, rue du Général-Fressinet, maison de 1641, avec échauguette à encorbellement et fenêtre à meneaux. Peu avant la place, église romane au tympan usé par le temps. À 20 m, dans une impasse, 3 belles maisons à pans de bois et double encorbellement.

Le musée de la Voiture à cheval : *56, rue de Borchamp. ☎ 03-85-25-43-10. Ts les dim et j. fériés Pâques-Toussaint et tlj de mi-juin à mi-sept 14h-18h. Entrée : 4,50 € ; réduc.* De la calèche du dernier tsar à la berline de la comtesse de Ségur en passant par des attelages venus d'Amérique ou d'Angleterre. Présentation dans une atmosphère Belle Époque de 80 pièces de collection du XIXe s, toutes des voitures hippomobiles... Reconversion réussie d'un ancien grand magasin de la ville.

Manifestations

- ***Biennale d'art contemporain :*** *de mi-juil à mi-août, ts les 2 ans (années paires). Rens à l'office de tourisme. GRATUIT.* Art monumental, sculpture, peinture, photographie.
- ***Marcynéma :*** *dernière sem d'oct, pdt 5 j., 10h-23h. ☎ 03-85-25-39-06. • marcynema.org •* Rencontres cinématographiques au cinéma *Vox*.

DANS LES ENVIRONS DE MARCIGNY

L'église d'Anzy-le-Duc *(71110) : à 6 km au nord, sur la route de Charolles (la D 10).* Une église n'exprimant qu'harmonie et équilibre. Édifiée à la fin du XIe s. Son clocher octogonal et ajouré à l'italienne est considéré comme le plus beau de la région. Portail remarquable aussi. Au linteau, les apôtres, et au tympan, l'ascension du Christ (ou son retour à la fin des temps, allez savoir !). L'architecture intérieure aurait inspiré Vézelay. S'attarder sur les chapiteaux historiés et admirer les peintures du chœur restaurées. À côté de l'église, vestiges de l'ancien prieuré.

Le marais de Montceaux-l'Étoile *(71110) : à env 9 km de Marcigny par la D 982 ; suivre le fléchage. Animations et visites guidées (☎ 03-85-39-76-57). • dadte@cg71.fr • Formidable guide d'interprétation, à récupérer dans les offices de tourisme du secteur.* Le long de la voie verte, c'est une balade particulièrement agréable. L'aménagement, ultra-contemporain, ne dépare pas le site et permet de traverser les zones humides sans encombre (attention tout de même aux pontons qui glissent les jours de pluie !). Au fil du circuit ont été aménagés des postes d'observation ornithologique.

PARAY-LE-MONIAL

(71600) 9 160 hab. *Carte Saône-et-Loire, B3*

À l'ouest du département, entre Charolles et Digoin, cette petite ville, établie dans la plaine, au bord du canal du Centre, vit au rythme des pèlerins. En effet, sa basilique du Sacré-Cœur attire chaque année près de 400 000 visiteurs. Après Lourdes, c'est donc l'une des destinations religieuses les plus populaires. Sans compter les amateurs d'art roman, qui viendront pour l'une des plus jolies églises romanes de France. Autre particularité : Paray-le-Monial a le statut de Cité de la mosaïque, avec en point d'orgue l'expo internationale estivale d'œuvres contemporaines.

UN PEU D'HISTOIRE

Fondation d'un monastère au Xe s, au bord de la Bourbince, qui ne tarda pas à passer sous la coupe de Cluny. Après, c'est le cortège habituel des vicissitudes de l'Histoire : rapines du comte de Chalon au XIIe s, guerre de Cent Ans, guerres de Religion où les parpaillots, en 1562, pillent le monastère, etc. La révocation de l'édit de Nantes, en 1685, provoque l'exil de tous les manufacturiers du lin gagnés à la Réforme et la ruine de la ville. À la même époque, une jeune religieuse du nom de Marguerite-Marie Alacoque, grâce à de ***nombreuses apparitions*** du cœur du Christ entre 1673 et 1675, va trouver, sur le long terme, une alternative économique à la ville. En 1864, sœur Marguerite-Marie est béatifiée par Rome (canonisée en 1920), et en 1873 a lieu le 1er grand pèlerinage à Paray-le-Monial. S'appuyant sur cette réputation, de nombreuses communautés religieuses se sont installées dans les environs.

Adresse utile

ℹ @ ***Office de tourisme :*** *25, av. Jean-Paul-II. ☎ 03-85-81-10-92. • tourisme-paraylemonial.fr • Juil-août, lun-sam 9h-19h, dim 10h-19h. De Pâques à juin et de sept à mi-oct, lun-sam 9h-12h, 13h30-18h ; dim et j. fériés 10h-12h30, 14h30-17h30.* Visite guidée de la ville tous les jours en juillet-août, à 14h30. Sinon, audioguide (payant). Location de vélos (avec ou sans assistance électrique) pour parcourir l'ancien chemin de halage ou pour emprunter un des 14 circuits de cyclotourisme. Boutique.

Où dormir ? Où manger ?

Camping

⛺ ***Camping de Mambré :*** *route du Gué-Léger. ☎ 03-85-88-89-20. • camping.plm@gmail.com • campingdemambre.com • ♿ Par la N 79, sortie Paray Centre (axe Moulins/Mâcon) ; par la N 70 (axe Chalon-sur-Saône/Montceau-les-Mines). Début mai-fin sept. Forfaits tente 15-18 € pour 2. Mobile homes également (nuitée possible). 161 empl.* Cadre de verdure agréable, à proximité d'une voie verte cyclable (location de vélos). Piscine.

De prix moyens à chic

Hostellerie des Trois Pigeons : *2, rue Dargaud. ☎ 03-85-81-03-77. • hotel3pigeons@wanadoo.fr • h-3-p.com • ♿ En plein centre. De mi-mars à mi-nov. Doubles à partir de 64 € ; familiales. Garage payant. Menu déj en sem env 17 € côté brasserie ; sinon, menus env 28-42 €.* Qu'on se rassure, le nom *des Trois Pigeons* fait référence à un détail visible sur la façade de la maison Jayet, la belle maison Renaissance située à 2 pas. Car ici, ni pigeon ni canard boiteux ! Au contraire, le client est accueilli et soigné, dans la grande tradition de l'hôtellerie française. Il faut dire que ce vénérable relais de poste date de 3 siècles. Les 40 chambres ont fait peau neuve et sont parfaitement équipées. Elles ont heureusement gardé un petit charme intemporel tout à fait séduisant. Au resto, une cuisine de terroir célébrant la Bourgogne et le Charolais. À signaler, un phénoménal buffet de dessert !

Hôtel de la Basilique : *18, rue de la Visitation. ☎ 03-85-81-11-13. • resa@hotelbasilique.com • hotelbasilique.com • À 100 m de la basilique et en face de la chapelle de la Visitation. Avr-oct. Doubles 70-85 €. Formule déj 18 € ; menus 25-45 €. Apéritif maison offert sur présentation de ce guide.* Dans la même famille depuis plus de 100 ans ! L'hôtel offre un grand choix de chambres avec vue sur la ville. Au 3e étage, côté sud, admirez l'embrasement de la basilique. Un hôtel plein de charme, mais ne soyez pas trop excentrique, c'est l'un des rendez-vous préférés des pèlerins.

Hôtel-restaurant L'Apostrophe : *27, av. de la Gare. ☎ 03-85-25-45-07. • lapostrophe71@gmail.com • hotel-restaurant-lapostrophe.com • Resto fermé dim-lun. Congés : autour des fêtes de fin d'année et 2de quinzaine d'août. Doubles 95-110 €. Menus env 26 € (déj en sem), puis 39-75 €. Réduc de 10 % sur le prix de la chambre nov-mai (hors j. fériés) sur présentation de ce guide.* Derrière l'imposante façade, on découvre une quinzaine de chambres spacieuses et toutes identiques. Accueil chaleureux de surcroît. Le jeune chef, formé chez *Troisgros,* propose des plats qui ne cherchent pas à épater, mais qui, dans l'assiette, donnent des goûts simples et équilibrés. Son épouse a l'œil et le sourire pour les servir sans fausse note et sans attendre !

Où dormir dans les environs ?

Chambres d'hôtes Les Bruyères : *chez David et Marie-Paule Huyghe, 71600* ***Vitry-en-Charollais.*** *☎ 03-85-81-10-79. • fdb71600@gmail.com • ferme-des-bruyeres.fr • À la sortie de Paray, direction Moulins, tourner à gauche (D 479). Congés courant nov. Double env 53 €. Réduc de 10 % sur présentation de ce guide.* David et Marie-Paule sont des agriculteurs spécialisés dans la culture bio ; ils élèvent aussi bien des volailles que des vaches charolaises. Dans une partie de la ferme mitoyenne à leur maison, ils ont aménagé 5 chambres simples mais agréables, et proposent une table d'hôtes avec tous les produits de la ferme.

À voir. À faire

Au départ de l'office de tourisme, 3 ***circuits « Ville et Jardins »*** à la découverte du patrimoine culturel (rouge), naturel (vert, entre parcs, squares et jardins) et spirituel (bleu) de la ville. Plan disponible pour trouver son chemin.

La basilique du Sacré-Cœur : édifiée au XIIe s par Hugues de Semur, c'est le modèle le mieux conservé de l'architecture clunisienne en Bourgogne. Cette magnifique priorale intacte donne une image de la splendeur de l'abbaye de Cluny. Déjà, le même plan : 2 tours surmontant le porche, transept saillant, chœur avec déambulatoire et chapelles rayonnantes. L'analogie ne s'arrête pas là : on retrouve l'élévation tripartite de la nef, grandes arcades, triforium aveugle,

3 fenêtres hautes, la voûte en berceau brisé. Ce chiffre 3 (symbole de la Trinité), on le remarque partout ici : 3 nefs de 3 travées, 3 grandes arches bien sûr, surmontées de 3 fenêtres. À l'extérieur, en façade, 2 tours dépareillées, dont l'une, postérieure à l'autre, plus travaillée, servit de modèle à maintes églises du Brionnais. Chevet à étagement unique. L'amoncellement des structures et des volumes en fait un chef-d'œuvre d'équilibre et d'harmonie.
À l'intérieur, intelligence de la diffusion de la lumière par une disposition particulièrement élaborée des ouvertures. Elle se distille tout doucement au fil des heures, devenant de plus en plus rayonnante, tout en respectant les zones d'ombre indispensables au recueillement. Peu de sculptures, comme pour ne mettre en valeur que la pureté, la simplicité de l'architecture, l'harmonie des proportions et ne pas détourner l'émotion ! Du déambulatoire, dans la lumière irisée, fascinante vision de la nef, à travers colonnes et arcades. Dans l'abside en cul-de-four, fresque du Christ en majesté du XIVe s.
La basilique accueille de nombreux concerts toute l'année.

Le cloître : collé à la façade, il ne dépare pourtant pas trop l'ensemble. Architecture élégante du début du XVIIIe s, par la grâce du cardinal de Bouillon, abbé de Cluny, qui appréciait les belles choses et aimait venir à Paray se reposer de la gestion de son abbaye.

La maison Jayet : Paray possède encore quelques intéressants témoignages du passé, comme ce superbe édifice Renaissance (1525-1528), demeure d'un riche drapier (aujourd'hui la mairie). Construite en belle pierre blonde, avec fenêtres à meneaux et frises richement ornementées. Les médaillons représentent les propriétaires de la demeure et des hauts personnages de l'Antiquité au XVIe s, signes ostentatoires, à l'époque, de la réussite sociale. À côté, une belle demeure avec fenêtres romanes et porte à accolade.

En vis-à-vis, la ***tour Saint-Nicolas,*** vestige de l'ancienne église paroissiale du XVIe s, fermée en 1792 et qui perdit chœur et chapelles par la suite. Elle abrite aujourd'hui des expos temporaires.

Au détour des rues pavées, maisons à colombages et hôtels particuliers (XVIIe et XVIIIe s), ainsi que la ***chapelle de la Visitation,*** lieu de pèlerinage de la cité, et la chapelle la Colombière, classée Monuments historiques et label Patrimoine du XXe s, et décorée de mosaïques des ateliers Mauméjean, datant de 1929-1930, dans un style Art déco.

La Maison de la mosaïque contemporaine : *15 bis, quai de l'Industrie. ☎ 03-85-88-83-13. • maisondelamosaique.org • Tlj 14h-17h (15h-18h en juil-août). GRATUIT. Expos temporaires.* Centre d'art, d'exposition et de formation. Vidéo *La Mosaïque... quelle histoire !* : outils, matériaux, techniques et divers aspects de la mosaïque contemporaine. Création d'un jardin-mosaïque.

Le musée du Hiéron : *13, rue de la Paix. ☎ 03-85-81-24-65. 21 mars-1er dim de janv, tlj sauf lun-mar hors juil-août 10h30-12h30, 14h-18h. Entrée : 4 € ; réduc ; gratuit moins de 18 ans.* Sous une étonnante charpente métallique du XIXe s de style Eiffel, le musée présente peintures, sculptures et objets d'art du VIIe s à nos jours. Collection d'art sacré en lien avec l'histoire de la ville, peintures italiennes, objets d'art, art contemporain. À voir, l'œuvre précieuse et monumentale *Via Vitae* de l'orfèvre-joaillier parisien Joseph Chaumet.

Le musée d'Art et d'Industrie Paul-Charnoz : *32, av. de la Gare. ☎ 03-85-81-40-80. • musee-carrelage-charnoz.org • ♿ Juil-août, tlj 14h30-18h ; le reste de l'année, pour les groupes seulement. GRATUIT.* Dans une ancienne habitation ouvrière, exposition sur le patrimoine industriel du carrelage de céramique, production traditionnelle de Paray et de la région. Voir en particulier 2 œuvres de Paul Charnoz : la « fresque » de 40 m², composée de 700 carreaux et récompensée à l'Exposition universelle de 1889, et la « rosace » de 120 m², composée de 4 000 carreaux et réalisée, elle, pour l'Exposition universelle de 1900.

DANS LES ENVIRONS DE PARAY-LE-MONIAL

Le four à briques de Mazoncle : *Hautefond, 71600* ***Mazoncle.*** *À 5,5 km à l'est de Paray par la N 79 (fléché sur la droite).* Dans la 2de moitié du XIXe s, on produisait sur le site de Mazoncle des tuiles, des briques et des drains. Cette activité dura jusqu'à la fin de la Première Guerre mondiale. Restaurés en 1995, les bâtiments ont encore fière allure avec, au cœur du hameau et grands ouverts, un atelier de façonnage avec ses moules, ses presses, un immense séchoir à l'impressionnante charpente et un four à double foyer. Superbe et plutôt insolite.

Le moulin de Vaux : *71600* ***Nochize.*** *☎ 03-85-88-31-51. • lemoulindevaux.com • À 11 km au sud-est. Tte l'année, tlj.* Un centre de tourisme équestre agréé par la Fédération française d'équitation et gîte d'étape labellisé *Gîte de France,* sur les bords de l'Arconce, où vous trouverez un Café de pays pour un casse-croûte à la bonne franquette, des randonnées et des promenades à cheval parce que c'est la base de l'activité, mais aussi un gîte pour vivre au rythme des chevaux. Il y en a pour tous les prix, tous les goûts, il suffit de téléphoner.

ENTRE LOIRE ET CANAL DU CENTRE

DIGOIN (71160) 8 400 hab. *Carte Saône-et-Loire, A3*

Digoin, c'est une ville « d'eaux », au confluent des rivières Arroux, Bourbince, Vouzance et Arconce, sans compter le canal de Roanne à Digoin et le canal du Centre qui va nous servir de fil rouge (ou plutôt vert) tout au long de ce chapitre, le canal latéral à la Loire et... la Loire elle-même. Avec 100 km de berges, cette petite ville convient particulièrement aux flâneurs, pêcheurs et navigateurs fluviaux qui sont accueillis pour une escale au port de plaisance. On peut ainsi en repartir sur les petites routes avoisinantes, à bicyclette, le long du canal sur une voie verte aménagée, idéalement située sur le tracé du Tour de Bourgogne à vélo.

Adresse utile

Office de tourisme Le Grand Charolais Digoin : *7, rue Nationale. ☎ 03-85-53-00-81. • legrandcharolais.fr • Juil-août, tlj sauf dim ap-m 9h-12h30, 14h-19h ; sept-juin, lun-ven et sam mat 9h30-12h, 14h-17h (ap-m seulement et lun-ven nov-mars).*

Où dormir ? Où manger à Digoin et dans les environs ?

Camping

Camping La Chevrette : *41, rue de la Chevrette. ☎ 03-85-53-11-49. • info@lachevrette.com • lachevrette.com • ♿ Accès par la N 79, sorties nos 23 et 24. Avr-sept. Forfaits tente env 15-21 €. Chalets, tentes aménagées, mobile homes. 100 empl.* En bord de Loire, au calme. Snack-bar, location de VTT, de canoës-kayaks et piscine chauffée.

De bon marché à prix moyens

🏠 🍽 ***Le Relais du Canalou :*** *76, av. du Général-de-Gaulle. ☎ 03-85-53-25-28. • hotel@relaisducanalou.com • relaisducanalou.com • ♿ (resto seulement). En face de la gare de Digoin, derrière le port de plaisance. Double env 60 €. Menus env 14 € (déj en sem), puis 24-32 €.* L'hôtel propose des chambres climatisées et une déco sur le thème du bateau, le dada de la maison. Équipage sympathique et la cambuse est plus que recommandable. Cuisine fraîcheur servie côté brasserie ou côté terrasse ombragée qui donne sur la piscine. Spécialités régionales, dont une entrecôte de charolais à se damner.

🏠 🍽 ***Les Diligences :*** *14, rue Nationale. ☎ 03-85-53-06-31. • hotel-les-diligences@wanadoo.fr • les-diligences.com • Sur l'antique quai de Loire des mariniers, entre la pl. de la Grève et le pont-canal. Fermé lun-mar. Congés : de Noël à mi-janv et 1 sem en mars. Résa conseillée. Doubles 72-75 € ; duplex. Menus 22-32 € ; carte 40-50 €. Café offert sur présentation de ce guide.* Pierres apparentes, poutres, meubles cirés et cuivres font de cette halte « rustico-chic », dans un ancien relais du XVIIe s, une adresse que les visiteurs étrangers affectionnent. Côté hôtel, 6 chambres au calme près de l'eau, meublées et décorées avec goût. Certaines chambres bénéficient d'un grand balcon et d'une belle vue.

🏠 ***Village Toue Cabanée :*** *domaine des Demoiselles, 11, rue du Port, 03510* ***Chassenard.*** *☎ 03-85-53-76-60. • resa@slowmoov.fr • village-toue.fr • À 5 mn du centre de Digoin. D'avr à mi-nov. Toues cabanées 100-228 €/nuit (jusqu'à 5 pers) ; roulottes 74-137 €/nuit (jusqu'à 5 pers).* Un pied en Bourgogne, l'autre en Auvergne le domaine des Demoiselles est entièrement dédié à la vie sur l'eau et à la nature. Amarré sur un étang paisible (baignade possible), vous pourrez passer la nuit à bord d'une toue cabanée toute de bois vêtue (accès à pied ou en barque). Vue imprenable sur la nature grâce aux grandes baies vitrées. À moins d'opter pour une roulotte ou une cabane magique... Bref, un refuge idéal destiné aux avant-gardistes de l'écoconstruction et à tous ceux qui veulent se couper du monde pour mieux se retrouver, pour rêver.

À voir

👣👣 ***Le pont-canal :*** *pas très loin de l'office de tourisme, par les quais de Loire.* Construit de 1834 à 1838 et mesurant 243 m, il permet au canal du Centre de communiquer avec le canal latéral à la Loire, par un pont de 11 arches, à 12 m au-dessus de la Loire. Vision tout à fait insolite. Noter qu'il existe 2 autres ponts-canaux du XIXe s à découvrir dans un périmètre de 5 km à la ronde.

👣👣 ***L'ObservaLoire :*** *rue des Perruts. ☎ 03-85-53-75-71. À 2 pas du pont-canal. Juil-août, tlj 10h-18h ; hors saison, tlj sauf mar 14h-18h. Entrée : 5 € ; réduc.* L'ObservaLoire, en aplomb du pont-canal, propose une visite ludique et interactive pour mieux comprendre l'histoire et le fonctionnement de la Loire et des canaux. Aquariums, films, maquettes, jeux d'odeurs pour découvrir ce riche patrimoine fluvial. Site climatisé, car tant d'émotions donnent chaud (et vous apprécierez doublement, au cœur de l'été).

👣👣 ***Le musée de la Céramique :*** *8, rue Guilleminot. ☎ 03-85-53-88-03. • musee-ceramique-digoin.com • Lun-ven 9h-12h, 14h-18h ; sam 14h30-18h. Pour les groupes, tte l'année sur résa. Visite guidée sur rdv. Entrée : 6 € ; réduc. Boutique-usine jeu et ven 9h30-12h, 13h30-15h30.* Un musée attachant, d'un autre temps, installé dans un édifice du milieu du XVIIIe s. La visite guidée redonne vie à ces vitrines et à ces objets qui resteraient sinon les témoins muets d'une histoire qui dépasse de beaucoup le cadre régional. Beau voyage dans le temps, à la découverte des techniques de la céramique et de la faïence depuis la période gallo-romaine.

👣👣 ***La Manufacture de Digoin :*** *1, rue de la Verne. ☎ 03-85-25-51-51. • manufacturededigoin.com • Fermé en août. Visite guidée seulement.* La manufacture

– toujours en activité – est absolument superbe, restée dans son jus avec des machines datant pour certaines de la création en 1875. Ce n'est pas un musée, vous l'avez compris... et c'est un vrai bonheur d'observer les pièces se former avant de passer au séchage, à l'émaillage, à la cuisson... Pour sûr, vous ne regarderez plus les poteries du même œil chez *Habitat,* l'un des principaux clients avec *Maille !* Un coup de cœur !

Non loin, magasin d'usine des ***Faïenceries de Digoin*** *(26, rue de la Faïencerie ; ☎ 03-85-53-72-92. • sarregueminesvaisselle.com •),* fondées en 1876 et dépendant des faïenceries de Sarreguemines.

À faire

Bateau « Ville de Digoin » : *accueil à La Maison du Bateau (rue du Port-Campionnet, rive droite). ☎ 03-85-53-76-78. • croisiere-digoin.fr • Avr-oct. Départs réguliers en juil-août (2-3/j.).* Croisière-promenade de 1h ou 1h30 et différents repas-croisières (2-4h) pour découvrir le pont-canal, les écluses et le monde fluvial.

Les Canalous : *port de plaisance. ☎ 03-85-53-76-74. • lescanalous.com • Loc au w-e ou à la sem.* Location de bateaux habitables (dont des péniches !) de 2 à 12 personnes, que l'on peut piloter sans permis.

La voie verte : piste cyclable de 25 km, longeant la Loire et le canal du Centre. Elle relie Montceaux-l'Étoile à Iguerande, via Digoin et Paray-le-Monial. Revêtement adapté aux poussettes, vélos, rollers et fauteuils roulants ! Une balade familiale qui permet d'alterner sites naturels et découvertes patrimoniales. Variantes possibles en combinant différents circuits. *• tourisme-paraylemonial.fr/a-velo.html •*

BOURBON-LANCY (71140) 5 500 hab. *Carte Saône-et-Loire, A3*

Dernière grande ville dans le « Far Ouest » bourguignon et station thermale dont on connaissait les propriétés déjà sous les Gaulois. En tout cas, les Romains en profitèrent largement (nombreux vestiges de leur présence) pour soigner rhumatismes articulaires aigus, arthrose et autres problèmes cardio-vasculaires qui étaient visiblement légion chez eux. La ville est très étendue : sur la colline, la vieille ville ; à ses pieds, la ville thermale, le plan d'eau et les parcs.

Adresse utile

Office de tourisme : *pl. de la Mairie. ☎ 03-85-89-18-27. • tourisme.bourbon@gmail.com • tourisme-bourbonlancy.com • Avr-oct, lun-sam 9h30-12h30, 14h-18h (17h sam avr et oct), plus dim de mi-juin à mi-sept ; nov-mars, ouv lun-ven et sam mat.* Le « Passeport pour l'Envitalicité » fournit toutes les infos pratiques et touristiques.

Où dormir ? Où manger ?

Camping

Camping et village-chalets du Breuil : *rue des Eurimants. ☎ 03-85-89-20-98. • camping.bourbonlancy@aquadis-loisirs.com • aquadis-loisirs.com • Sur l'A 7, sortie Mâcon, puis N 79. Ouv début mars-début nov. Forfait tente en hte saison env 16 €. Mobile homes et chalets 176-599 €/*

sem. 118 empl. Un camping 3 étoiles avec de grands emplacements. Cadre paisible et verdoyant. Piscine. Accueil Vélo. Centre de remise en forme *CeltÔ* et cures thermales à 1,5 km.

De bon marché à prix moyens

Hôtel La Tourelle du Beffroi : *17, pl. de la Mairie. ☎ 03-85-89-39-20. • hotellatourelle@gmail.com • hotel latourelle.fr • À l'entrée du vieux bourg, à côté du beffroi. Doubles 70-86 € ; familiales. Café offert sur présentation de ce guide.* Un amour de petit hôtel dans la partie médiévale de la ville. Seulement 8 chambres, aux noms très lyriques, toutes différentes, toutes très jolies, et donnant côté jardin pour 3 d'entre elles. Certaines ont même une cheminée. 3 chambres mansardées climatisées. Celles du côté de la place sont animées dès l'aurore les jours de marché. Petit déj servi dans la véranda ou sur la terrasse, d'où vous jouirez de la vue sur le beffroi.

La Grignotte du Vieux Bourbon : *12, rue de l'Horloge. ☎ 03-85-89-06-53. Fermé dim soir-lun. Compter 20-35 €.* Au cœur de la vieille ville, un petit resto décoré comme une auberge villageoise, où l'on sert une cuisine locale bien mijotée ou un tournedos Grignotte devenu un incontournable de la carte. Une halte savoureuse autant pour l'assiette que pour l'atmosphère.

À voir. À faire

Le quartier médiéval : voir le *beffroi,* vestige de l'enceinte de la vieille ville (XIVe s). De l'autre côté de la tour, le « Beurdin » vous nargue toutes les heures. Sur la gauche, superbe demeure Renaissance à pans de bois sur piliers de pierre. Fenêtres en accolade et faïences de Nevers (médaillon de François Ier). Avec les maisons cossues autour, le vieux puits à margelle en schiste rouge et la fontaine fleurie, l'ensemble compose un ravissant tableau. On arrive à une nouvelle porte de la ville, dite « de l'éperon ». Belle vue sur la campagne. *Rue des Tours,* vestiges d'encorbellements et de tours, dont une tour de guet classée.

Le musée Saint-Nazaire : *☎ 03-85-89-18-27. Au nord de la ville (bien fléché). Se renseigner pour les horaires (visites guidées seulement).* Installé dans une église romane du XIe s désaffectée, le musée présente des vestiges archéologiques gallo-romains, poteries, sarcophages mérovingiens, porcelaines de Sèvres, sculptures diverses, pirogue médiévale, etc. Également des toiles de Puvis de Chavannes. Petit jeu sur les traces des pèlerins de Compostelle.

Le centre de bien-être CeltÔ : *12, av. de la Libération. ☎ 03-85-89-06-66. • celto.fr •* Un lieu pour se ressourcer. Une façon plus ludique de retrouver la forme, loin de l'atmosphère des cures traditionnelles. Piscine d'eau thermale avec jeux d'eau, soins hydrojet, hammam, jacuzzi, saunas, spa nature.

➢ Nombreux ***sentiers de randonnée*** au départ de Bourbon-Lancy. La voie verte traverse la ville, longe le plan d'eau, entre dans le parc Puzenat et pénètre à l'intérieur de la vieille ville. Possibilité de descente de la Loire en canoë.

DE BOURBON-LANCY À MONTCEAU-LES-MINES

Le mont Dardon : point culminant de la région, à 506 m. Très beau panorama. Idéal pour un pique-nique.

Diverti'Parc : *route de Gueugnon, 71320* ***Toulon-sur-Arroux.*** *☎ 03-85-79-59-08. • contact@divertiparc.com • divertiparc.com • (cheminement PMR). Ouv vac de Pâques-vac de la Toussaint : tlj juil-août et vac scol, sinon seulement* *les w-e. Entrée : env 15 € ; réduc.* Un parc de 12 ha qui porte bien son nom et cache bien ses jeux. Une dizaine de labyrinthes aux thèmes différents vous y attendent, dont un tout en bambou. Au centre se trouve une grande place avec une multitude de jeux géants en bois, pour la joie de tous, grands et petits : quilles, quarto, abalone, mikado, dominos, jeux d'adresse. Les jeux et les animations les plus classiques côtoient des jeux originaux : trampolines, parcours « Ouistitis » en forêt, tyrolienne, maxi-parcours « Araignée » dans des filets, *Explore Game* (jeu d'aventures)... Découverte aussi du jardin botanique et de ses 30 essences d'arbres, et des 25 races de vaches du monde entier qui paissent dans les pâturages. Par temps ensoleillé, prévoir chapeau et crème solaire, bien que le parcours en sous-bois permette de se rafraîchir un peu. Restauration légère sur place.

Passez une nuit dans une ***Vache écolodge*** *(♿ ; compter 95-189 € pour 2, petit déj compris, et 15 €/pers supplémentaire).* Pour dormir, il y avait déjà une roulotte en bois et d'autres logements écologiques. Mais ce qui fait fureur désormais, c'est une vache géante toute de bois abritant des chambres (9 couchages) pour les amoureux, les familles, les tribus. Pour continuer dans l'originalité, un Carré d'étoiles, un écopod, une amusante « Goutte d'Ô », un étonnant vaisseau spatial... Et toujours une décoration « vache », un confort optimal, et pour voisines, les vaches de la collection de Diverti'Parc.

Camping du lac des Arrouettes : *Les Arrouettes, 71320* ***Toulon-sur-Arroux.*** *☎ 03-85-79-50-30. ♿ Mai-sept. Forfait tente env 12 € pour 2. Mobile homes 4 pers 320-480 €/sem. CB refusées. 50 empl.* Dans le cadre ombragé d'une magnifique propriété de 40 ha, au bord de l'Arroux. Sur le pourtour du lac, ancienne gravière aux eaux claires, plage, emplacements pour la pêche, chemin de promenade. Pains et viennoiseries livrés tous les matins durant la saison.

Le temple bouddhique : *au château de Plaige, 71320* ***La Boulaye.*** *☎ 03-85-79-62-53. • paldenshangpa-la-boulaye.com • À 6 km au nord de Toulon-sur-Arroux. Visite libre (visite guidée possible en été).* C'est peut-être le plus grand temple bouddhique (de style tibétain) d'Europe. Fondé par des lamas tibétains, il a été construit et décoré dans le style des lamaseries du Tibet, avec ses stupas, ses pavillons peints abritant des moulins à prières, ses fanions, son toit à 3 étages symbolisant les 3 corps du Bouddha. Traditionnelles statues du Bouddha de 7 m de haut. Contrairement à ce que certains pensent, le temple n'abrite pas une secte mais une congrégation bouddhiste de moines et lamas. Il sert de centre de méditation et de retraite, d'accueil pour des stages, et de lieu pour des expos et des conférences.

Pour ceux qui ont faim de nourritures terrestres, *auberge* dans le bourg. *Gîte* également.

Le château de Digoine : *71430* ***Palinges.*** *☎ 03-85-70-20-27. • chateaudedigoine.fr • À 20-25 km au sud-ouest de Montceau, en marge de la N 70. De mi-juil à fin août, tlj 12h-19h. Visite (libre) du parc, des jardins et de la serre : 5 €. Visite guidée des intérieurs : 12 € (avec accès aux extérieurs) ; gratuit moins de 12 ans.* Belle balade le long du canal jusqu'au château de Digoine, du plus pur style XVIIIe s, surnommé « la perle du Charolais ». Il offre 2 belles façades en pierre de pays, œuvres de Verniquet. Parc de 35 ha où l'on peut admirer un étang, une grotte, une rivière, un jardin à la française classé « Jardin remarquable » avec une serre datant de 1830 et des orangers en caisse bicentenaires. Les dépendances du château abritent un petit théâtre à l'italienne de 1842. Offenbach y joua en 1851. Sarah Bernhardt y répéta une pièce en 1900. Les intérieurs du château (habité) ont été remeublés avec beaucoup de goût. Superbe bibliothèque du XIXe s.

La tranchée du canal : *71420* ***Génelard,*** *à 20 km au sud-ouest de Montceau, en marge de la N 70.* Une véritable œuvre d'art que constitue la cuvette de la tranchée construite au XVIIIe s, entièrement en pierre (jusqu'au fond) et remaniée à la fin du XIXe s lors du passage du canal au gabarit Freycinet. Tronçon fort agréable à découvrir : il domine l'eau d'une dizaine de mètres, et les arbres apportent fraîcheur et sérénité (sentier aménagé avec panneau sur l'histoire du canal et du village). À Génelard, également à voir, le *Centre d'interprétation de la ligne de démarcation* (☎ 03-85-79-23-12).

La briqueterie de Ciry-le-Noble (71420) : *route du Canal (D 974). ☎ 03-85-79-12-90 (ou, en saison, ☎ 03-85-77-16-86). • ecomusee-creusot-montceau.fr • Au nord de Génelard. Prendre la D 974 qui longe le canal du Centre, l'usine est à la sortie du bourg, direction Génelard. Visite libre ou commentée ; juil-août, tlj sauf lun 14h-18h ; ainsi que pour la Nuit des musées (fin mai) et les Journées du patrimoine. Tarif : 3 € ; gratuit moins de 12 ans.* Construite en 1863, cette usine était spécialisée dans la fabrication de briques de pavage et de produits destinés à l'industrie chimique.

MONTCEAU-LES-MINES

(71300) 19 500 hab. *Carte Saône-et-Loire, B2*

Le canal du Centre traverse de part en part cette ville fière de son passé unique qui porte son histoire dans son nom. Témoin de l'éclosion industrielle de la France, cette ancienne ville minière et ouvrière est née en 1856, à quelques kilomètres de sa grande sœur du Creusot, spécialisée dans la métallurgie. Le charbon, qui servait à chauffer les hauts-fourneaux pour fabriquer le fer et l'acier au Creusot, était à Montceau. La ville se développa dans la seconde moitié du XIXe s autour des mines de charbon de Blanzy et se peupla d'ouvriers et de mineurs charolais et morvandiaux.

UN PEU D'HISTOIRE

Montceau se trouve au bord d'une cuvette, sur la lisière nord-est du Massif central : ses dépôts houillers se sont formés dans une dépression qui le sépare du Morvan (anciens lacs devenus tourbières). En 1818, la mine est encore petite quand Jean-François Chagot l'acquiert. 4 puits, une centaine d'ouvriers et 10 chevaux.
Après la guerre de 1914-1918, grosse immigration polonaise et italienne. Pendant la Seconde Guerre mondiale, résistance très vive des mineurs. Le bassin minier se libère d'ailleurs lui-même, le 6 septembre 1944. En 1946, nationalisation de l'entreprise, qui comprend alors 13 000 personnes. Dans les années 1960 à 1980, réduction des effectifs, concentration sur quelques puits et création de nouvelles techniques d'extraction. En 1992, fermeture définitive du dernier puits de fond, après 240 ans d'exploitation souterraine, le dernier puits à ciel ouvert fermera en 2000.

L'ère du changement

Aujourd'hui, après la fermeture des mines, la ville s'est reconvertie dans les nouvelles industries : téléphonie, métallurgie fine, nombreux sous-traitants travaillant pour le nucléaire et l'aviation, pneumatiques, entreprises textiles... Reconversion réussie également en matière d'urbanisme : nombreux espaces verts, plans d'eau et parcs, habitat ouvrier rénové, commerces, vie culturelle et associative active en témoignent. Montceau se proclame volontiers « Cité de la nature et de l'industrie ». Enfin, les plaisanciers aiment y faire étape.
Car le développement touristique de la ville s'oriente aussi sur la valorisation du canal du Centre : Montceau est l'une des rares villes à avoir conservé 2 ponts levants (en plus d'une passerelle levante plus récente) qui permettent aux bateaux d'accéder au port fluvial (rénové en 2018) en plein centre-ville. Enfin, pour le bain de foule, rien ne vaut le marché du samedi matin.

Adresse et info utiles

Creusot Montceau Tourisme : *à la capitainerie, quai du Général-de-Gaulle. ☎ 03-85-69-00-00. • bienvenue@creusotmontceautourisme.fr • creusotmontceautourisme.fr • De mi-juin à mi-sept, tlj 9h30-12h30, 13h30-18h ; de mars à mi-juin et de mi-sept à fin oct, lun-ven plus sam ap-m 9h30-12h, 14h-18h ; janv-mars et nov-déc, mar-ven plus sam ap-m (hors déc-janv) 10h-12h, 14h-18h.* Propose un intéressant parcours dans la ville entre passé et présent avec plan à l'appui « Promenade au cœur de Montceau ». Sinon visites guidées l'été.

– **Marchés de producteurs :** sur toute la région, à dates fixes. Infos à l'office de tourisme.

Où dormir ? Où manger ?

Hôtel-restaurant Nota Bene : *70, quai Jules-Chagot. ☎ 03-85-69-10-15. • notabene.fr • ♿ Face à l'un des ponts levants, en plein centre. Resto fermé dim midi. Doubles 65-95 €. Plat du jour en sem env 12 € ; carte 15-25 €.* Moderne et cosy, cet hôtel se démarque par son originalité dans la déco. La cinquantaine de chambres sont toutes personnalisées, climatisées, spacieuses et bien pensées. La brasserie quant à elle connaît un véritable succès, avec sa salle vitrée donnant sur le canal du Centre quand il pleuviote (ça arrive !) ou en terrasse aux beaux jours (ça arrive aussi).

Le France : *7, pl. Beaubernard. ☎ 03-85-67-95-30. • jb@jeromebrochot.com • jeromebrochot.com • ♿ Près de la gare de Montceau et du canal du Centre. Parking face à l'hôtel. Fermé sam midi, dim soir et lun. Doubles 75-105 €. Formule déj en sem 25 € ; menus 48-80 €.* Au bord d'un grand parking pratique à défaut d'esthétique, une maison bien connue localement. Un restaurant et un hôtel qui marient le charme, la créativité et la tradition. 2 salles climatisées à l'ambiance chic et une petite cour intérieure. À la carte, cuisine découverte de saison, sérieuse et haut de gamme aux prix qui s'envolent vite.

Où dormir ? Où manger dans les environs ?

Chambres d'hôtes À la Javalière : *rue de la Chapelle, la Javalière, 71300* ***Mont-Saint-Vincent.*** *☎ 03-85-58-95-11. 📱 06-04-46-23-59. • info@alajavaliere.com • alajavaliere.com • Double 95 €.* Vous avez rêvé de passer la nuit au poste ? Ne cherchez plus ou plutôt si, repérez le bâtiment près de la place du château avec l'inscription « gendarmerie nationale ». Finies les cellules de dégrisement, cet édifice bourgeois du XVIIIe s abrite aujourd'hui 3 splendides chambres d'hôtes, aménagées et décorées avec un goût extrême. De beaux volumes et un cachet indéniable. Et, vu la gentillesse de vos hôtes, vous ne risquez pas de porter plainte pour l'accueil !

L'Auberge du Passe-Temps : *pl. du Marché, 71300* ***Mont-Saint-Vincent.*** *☎ 03-58-11-97-01. 📱 06-18-70-05-62. • jeanmichelraoul@yahoo.fr • Formules 13 € (déj en sem)-28 €. Apéritif maison ou café offert sur présentation de ce guide.* À Mont-Saint-Vincent, les pas des visiteurs les mènent immanquablement vers cet accueillant bistrot de bourg où règne une ambiance authentique, avec ses quelques tables dehors qui regardent passer le temps. À la carte, des choses simples, de bons produits régionaux, y compris le vin au verre. Le patron propose même une formule « quatre-heures », à déguster à toute heure avec jambon, omelette et fromage blanc. Soirées à thème régulièrement.

Chambres d'hôtes La Fontaine du Grand Fussy : *chez Dominique Brun, 71220* ***Le Rousset.*** *☎ 03-85-24-60-26. • lafontainedugrandfussydominiquebrun@orange.fr • fontaine-grand-fussy.wix.com/bourgognedusud • À 15 km au sud-est de Montceau, en direction de Cluny, par la D 980.*

LA SAÔNE-ET-LOIRE

Congés : en janv. À partir de 79 € pour 2. Table d'hôtes 21 €. Vieille gentilhommière du XVIIIe s restaurée avec charme et caractère, mêlant fresques murales, ferronneries et meubles de famille de tous styles. Chambres spacieuses avec vue sur le jardin et la campagne. Agréable terrasse avec tonnelle. Piscine.

À voir

La manufacture Perrin : *17, rue Claude-Forrest. ☎ 03-85-67-72-85. • manufacture-perrin.com • Lun-ven, l'ap-m. Fermé de mi-juil à mi-août (sur résa, possible auprès de l'office de tourisme). Entrée : 6 € (gratuit à partir de 60 € d'achat) ; réduc. Durée : 45 mn.* Le pied pour les adeptes de tourisme industriel que ce temple de la bonneterie française où l'on fabrique chaque année plus de 1,2 million de chaussettes et collants 100 % français (sur les 450 000 millions consommés dans le pays !). Visite passionnante, au cœur de l'entreprise, parmi les machines et des mosaïques de bobines de fil, où l'on partage au plus près le travail des 80 concepteurs : design, couture, formage, appairage, emballage, etc. Que ce soit les chaussettes de la marque *Perrin* garanties sans élastique, les amusantes *Berthe aux grands pieds,* les réversibles *Dagobert à l'envers* ou les nobles *Chaussette française* avec leur cocarde bleu-blanc-rouge (en vente à l'Assemblée nationale !), une fois la visite achevée, vous n'enfilerez plus vos chaussettes de la même manière ! Superbe boutique de produits made in France à la sortie.

BERTHE AU GRAND PIED

Beaucoup de mystères demeurent sur la vie de Bertrade de Laon, dite Berthe (720-783), mère de Charlemagne. Serait-elle une 2e noce du roi des Francs Pépin le Bref ? Et surtout, était-elle réellement atteinte d'une « asymétrie déambulatoire », comme le dit la légende ? Berthe au grand pied repose royalement à la basilique Saint-Denis, auprès de son mari. Allongée, ça marche mieux.

L'usine Aillot et la galerie du camion ancien : *27, rue des Prés. 📱 06-84-54-69-23. Mai-oct, ouv 1 dim/mois (visite libre ou guidée), plus les 2e et 3e ven (bar et visite nocturne). Entrée : 6,50 € ; réduc.* Stop, patrimoine, serrez le frein à main ! Les hangars de cette ancienne usine de rouleaux compresseurs, encore totalement dans leur jus, abritent une collection originale de... camions. L'occasion de revisiter l'histoire industrielle de ce lieu à travers des poids lourds d'un autre âge avec la route comme thème commun à tout ce petit monde. Le genre d'endroit où l'on peut lire sur les étiquettes : « Malgré sa taille, très doux à conduire, a une capacité d'arrachement impressionnante et une résistance à toute épreuve. » Pouët d'honneur pour ces 3 bahuts conduits par Blier, Ventura et Belmondo dans *100 000 dollars au soleil* et tous les autres qui ont arpenté les routes du monde, de la nationale 66 américaine au désert du Ténéré. Installez-vous au volant, ce n'est pas vraiment un musée, plutôt un lieu de mémoire, bien vivant où l'on se réunit aussi pour des concerts conviviaux autour du bar, dans cet improbable décor de Berliet, Unic, Saurer...

Le parc Maugrand : à l'endroit même où se trouvaient les anciens puits de mine, un grand parc urbain entièrement redessiné par un paysagiste. Le site présente un caractère tellement naturel, sur 150 ha, qu'on oublie qu'il nécessita l'apport de 220 000 m^3 de terre végétale et la plantation de plus de 100 000 arbres (chênes, bouleaux, acacias, hêtres...).

Le parc Saint-Louis : un parc architecturé doté d'un verger conservatoire, où la nature a repris ses droits, là aussi, avec de nombreuses plantations. La pyramide qui le surplombe rappelle les anciens chevalements et offre un beau point de vue.

Manifestations

– ***L'Embarcadère :*** *pl. des Droits-de-l'Homme. ☎ 03-85-67-78-10.* Des programmations diverses et intéressantes (classique ou concert rock), des expos et des salons tout au long de l'année.
– ***Festival Tango, Swing et Bretelles :*** *une sem début oct. Rens et résas à L'Embarcadère : ☎ 03-85-67-78-10.* Le « TSB » est un festival plein de dynamisme et de têtes d'affiche. Accordéon sous toutes ses formes, musiques actuelles et nouvelle scène française.

DANS LES ENVIRONS DE MONTCEAU-LES-MINES

Le musée de la Mine : *34, rue du Bois-Clair, 71450* ***Blanzy.*** *☎ 03-85-68-22-85. ♿ À 3 km au nord-est de Montceau. Juil-août, tlj sauf mar 14h-17h (départ de la dernière visite) ; avr-juin et sept-oct, w-e et j. fériés, aux mêmes horaires. Entrée : env 6 € ; réduc ; gratuit moins de 10 ans. Durée de l'immersion : 2h, film compris.* Dernier témoin de plus de 2 siècles d'exploitation souterraine du charbon, le musée de la Mine de Blanzy occupe le site du puits Saint-Claude. Après la visite de la lampisterie, du carreau avec son chevalement et de la salle des machines, voici 200 m d'aventure souterraine dans des galeries aménagées : on s'y croirait, la poussière et les cris des mineurs en moins. Les visites sont très vivantes, commentées quelquefois par d'anciens mineurs ravis de raconter des anecdotes qu'ils ont vécues et de partager une véritable passion.

Le mont Saint-Vincent : *à env 13 km au sud de Montceau-les-Mines, sur la D 980 vers Cluny.* Grosse colline coiffée d'un beau village médiéval culminant à 603 m. 4 vieilles provinces de la Bourgogne méridionale s'y rencontrent : le Chalonnais, le Mâconnais, le Charolais et l'Autunois. Vue superbe sur la campagne environnante, et même le mont Blanc... par temps clair. Le village conserve son cachet ancien et son caractère de discrétion, loin du tumulte du monde et hors du temps.

LE CREUSOT (71200) 23 000 hab. *Carte Saône-et-Loire, B2*

On s'attend à un paysage industriel et on découvre une ville verte, aérée, agréable, au patrimoine historique, humain et social d'une richesse inattendue ! Il y a 200 ans, tout a commencé au petit hameau du Crozot, qui donna naissance à l'une des histoires industrielles les plus fascinantes de notre pays... Ce fut l'un des grands berceaux de l'acier et de la métallurgie dans le monde, avec Pittsburgh aux États-Unis. Après une forte crise et un redémarrage rapide, Le Creusot retrouve aujourd'hui un moral d'acier !

LES SCHNEIDER, EMPEREURS DE L'ACIER !

Plusieurs facteurs sont déterminants dans la création et le développement du Creusot : l'ouverture du canal du Centre, la présence du charbon dans la région (il y en a tant à fleur de terre qu'on dit qu'on le « jardine ») et de gisements de minerai de fer, la machine à vapeur fournissant l'énergie nécessaire aux hauts-fourneaux. En 1781 est créée la Fonderie royale et, peu de temps après, la manufacture des cristaux de Sèvres est délocalisée au Creusot.
En 1832, la cristallerie est rachetée par Baccarat, et 4 ans plus tard, c'est le tour de la fonderie, par Joseph-Eugène Schneider et son frère. Début de

la grande saga d'une famille dont tout le monde a retenu au moins le nom. Pendant 124 ans, à travers 4 générations, la famille Schneider va régner sur Le Creusot, qui comptait à peine 2 700 habitants au début et jusqu'à 32 000 à la fin du XXe s !

Capitale de l'acier de France

Sur le plan technologique, pour lutter contre le capitalisme anglais particulièrement dynamique, les Schneider innovèrent dans de nombreux domaines : 1re locomotive à vapeur (1838), bateaux à vapeur (1839), construction du marteau-pilon de 100 t (1877, record du monde), production de matériels électriques et du fameux canon de 75, fabrication de la charpente du pont Alexandre-III à Paris, de celle de la gare d'Orsay, ainsi que celle de Santiago du Chili, 1re loco électrique (1900)...
En 1914, Schneider avait déjà produit 90 000 canons (dont la moitié à l'export). Puis construction du réacteur de la centrale nucléaire de Marcoule (1954), 1re cuve française pour réacteur nucléaire pour la centrale de Chooz... De 1838 à 1970, l'usine aura fabriqué 6 000 locomotives !

Le système Schneiderville

Pour fabriquer tout cela, il faut des ouvriers en bonne santé et (bien) éduqués. Les Schneider, dans la grande tradition paternaliste patronale, mettent en place un extraordinaire système social : on naît dans les maternités Schneider, on fréquente les écoles Schneider, on dort Schneider et on est enterré dans les cimetières du patron... Aux logements collectifs du début succèdent des cités ouvrières. Les élèves, avec « uniforme-képi » et ceinturon aux armes de l'usine, reçoivent des bons points avec l'effigie d'Eugène ou d'Henri. Il y a même une école d'ingénieurs, mais elle ne délivre pas de diplôme reconnu.
Le nombre de conscrits illettrés au Creusot est 4 fois moins élevé que dans les villes et campagnes alentour ! En 1878 (bien avant Jules Ferry, donc), avec 120 maîtres, les écoles Schneider scolarisent plus de 6 000 élèves (record absolu !). En 1905, le taux de mortalité infantile au Creusot est le plus bas de France. Le système Schneider, c'est le développement d'une mentalité d'assistés respectueux.

Fin d'un empire et renaissance

La contrepartie de tout cela, c'est évidemment la soumission et la paix sociale. Le Creusot connaît quand même quelques grands mouvements sociaux (en 1870, 1899, 1900). Mais en 1936, Le Creusot n'essuie pas un seul jour de grève, alors que le reste de la France est agité. En 1960, mort de « Monsieur Charles » et début de la fin de l'empire qui affronte plusieurs crises de la sidérurgie. L'empire dépose son bilan et est dépecé.
Mais la communauté de Montceau-Le Creusot reste le bassin d'activités le plus important entre Paris et Lyon. La reconversion industrielle de la ville a attiré de

SAINT SCHNEIDER, PRIEZ POUR NOUS

Un certain paternalisme entretenu par les Schneider provoqua une vraie dévotion. En 1856, 5 000 Creusotins pétitionnèrent pour que leur ville s'appelle Schneiderville ! Sans succès. Mais certaines cités ouvrières de la ville portent le nom des maîtres de forges (Saint-Eugène, Jean et Françoise Schneider). Idem avec les églises qui vénèrent Saint-Eugène (décidément !), Saint-Charles (ça change), Saint-Henri... Dans cette dernière, un vitrail représente Henri Schneider en saint Éloi, patron des forgerons.

grandes entreprises comme Alstom Transports, General Electric, Framatome (ex-Areva), Snecma (disques de turbines pour moteurs d'avion), Industeel (ArcelorMittal, spécialiste des tôles épaisses)... L'économie est stimulée grâce à la modernisation du site, mais, curieusement, les sociétés trouvent plus facilement des ingénieurs que des ouvriers qualifiés. Demande d'emploi accrue, mais pénurie de main-d'œuvre au Creusot !

Adresses et infos utiles

Creusot Montceau Tourisme : *château de la Verrerie. ☎ 03-85-55-02-46. • bienvenue@creusotmontceautourisme.fr • creusotmontceautourisme.fr • De mi-juin à mi-sept, tlj 9h30-12h30, 13h30-18h ; de mars à mi-juin et de mi-sept à fin oct, lun-ven plus sam ap-m 9h30-12h, 14h-18h ; janv-mars et nov-déc, mar-ven plus sam ap-m (hors déc-janv) 10h-12h, 14h-18h.* Visites thématiques « Côté cour côté jardin » *(mar sauf l'été, sur résa, payant).* Rigolote « Chasse aux caches » pour les familles.

Gare TGV Le Creusot-Montchanin : *à 15 mn de voiture du centre-ville, sur la commune de Montchanin. Infos : ☎ 36-35 (0,34 € TTC/mn).* Le Creusot se trouve sur la ligne Paris-Lyon-Marseille. Paris (gare de Lyon) est à 1h20 (7 trains/j.), Lyon à seulement 40 mn et Marseille à 2h30. Des navettes régulières d'autocars assurent la liaison entre la gare TGV et Le Creusot-ville *(penser à réserver : boutique monRezo, lun-ven, ☎ 03-85-69-01-10).*

Où manger ?

Au Cochon Ventru : *2, rue du Maréchal-Foch. ☎ 03-85-78-17-66. • aucochonventru@orange.fr • Ouv le midi lun-sam, plus le soir mer-sam. Fermé aux fêtes de fin d'année. Formule déj en sem 21 € ; menus 28-37 €.* « Une cuisine de cuisiniers » comme le revendique volontiers la maison. On ne sait pas si c'est du lard ou du cochon, mais la cuisine en question se révèle altruiste et n'exclut pas bœuf, agneau et même poisson. C'est frais, généreux, joliment présenté. *Au Cochon,* de l'entrée au dessert, tout est bon ! Quant à l'ambiance bistrot industriel, elle colle parfaitement à la ville. Venir tôt, au risque de devoir faire la queue.

Le Bistrot de la Grimpette : *16, rue de la Chaise. ☎ 03-85-80-42-00. Fermé lun soir et sam-dim. Compter 25-35 €.* Ici, c'est la rue qui grimpe, pas les prix. Profitez-en en savourant une cuisine traditionnelle et inventive à la fois, au rez-de-chaussée ou en mezzanine.

À voir. À faire

Le château de la Verrerie : *☎ 03-85-73-92-00 (écomusée) ou 03-85-55-02-46 (bureau d'infos touristiques). • ecomusee-creusot-monceau.fr • De mi-juin à mi-sept, tlj 10h-12h30, 13h30-18h30 ; hors saison, tlj sauf mar 14h-18h, plus 10h-12h aux vac de printemps et d'automne. Fermé déc-janv, 1er mai, 1er et 11 nov. Entrée : env 10 € ; réduc ; gratuit moins de 10 ans ; billet famille ; gratuit pour ts le 1er dim du mois (sauf été). Prévoir min 2h pour la visite complète du site. Programme d'animations.*
C'est là, sur une colline, que fut choisi le site de la future cristallerie de la reine. Construite en 1787, malgré un bon démarrage, la verrerie périclita et machines et procédés furent vendus à Baccarat en 1832.
Eugène Schneider racheta ces bâtiments en « U » dotés de 2 surprenants fours de fusion à l'entrée et effectua des transformations. Eugène Ier et Henri y établirent leur résidence, mais, plus tard, Eugène II décida d'en faire avant tout la vitrine de la réussite de la firme. Il entreprit alors de grands travaux d'embellissement pour transformer le

site en un vrai petit Versailles. Le grand parc fut redessiné, l'un des fours se métamorphosa en ravissant théâtre à la Trianon. Visites de prestige et grandes fêtes de famille s'y déroulèrent de 1905 à 1960. Le château fut racheté par la municipalité en 1969.

Le musée de l'homme et de l'industrie (env 45 mn-1h)
Dans la partie principale du château, il présente ce que fut la grande histoire du Creusot et se divise en 2 parties chronologiques. Tout d'abord l'histoire de la cristallerie (1787-1832) avec l'expo « Une usine, une ville ». Puis la partie les « Maîtres des forges », autrement dit sur la dynastie et l'ère Schneider (1836-1960). Voir la maquette animée avec ouvriers, engrenages et bruitages réalistes. À l'étage, des pièces de vie de la famille Schneider avec notamment un somptueux décor de papier peint panoramique représentant le Brésil en 1829 et l'Amérique du Nord en 1834. Mobilier de style Empire et Restauration, fauteuils couverts de tapisseries racontant les *Fables* de La Fontaine, d'après des dessins de Buffon.

Le Pavillon de l'Industrie (env 45 mn)
Ce centre d'interprétation est installé dans l'ancienne salle du Jeu de paume, à gauche de la cour. Il propose de découvrir les grandes industries des constructions mécaniques et de l'acier, qui sont les spécialités du Creusot depuis la fin du XVIIIe s. Pas de cartels, mais une maquette géante de l'usine du Creusot en 1900 et un parcours de visite interactif avec film et tablettes tactiles.

Le petit théâtre (visite seulement guidée, env 30 mn)
Notre coup de cœur, à ne pas manquer ! Construit au début du XXe s dans l'un des fours de fusion par Eugène II, pour le divertissement de ses plus illustres invités. Inspiré du petit théâtre de la reine Marie-Antoinette au Trianon de Versailles. Admirez le trompe-l'œil de la coupole et des fresques, donnant l'illusion de la profondeur. Excellente acoustique. Comme la famille Schneider se plaçait au fond, avec ses invités, les banquettes étaient installées en épi par correction envers la famille et ses hôtes, pour ne pas leur tourner le dos ! Jeter un coup d'œil à la fosse d'orchestre et au réseau de 800 m de galeries. Le sous-sol du château fut aménagé pour les déplacements discrets des domestiques.

LA SAÔNE-ET-LOIRE

Le parc de la Verrerie : *tte l'année.* Un jardin public à l'anglaise de 28 ha en pleine ville ! Aménagé par Eugène Ier en parc paysager, comme c'était la mode sous Napoléon III (à Paris, Montsouris, les Buttes-Chaumont...). Remanié sous Eugène II en 1905 par de célèbres paysagistes. Jardins à la française près du château et immense terrasse panoramique pour admirer la pelouse centrale qui coule vers 2 plans d'eau.

Le marteau-pilon : *carrefour du 8-Mai-1945 ; à l'entrée de la ville, en direction de Chalon.* L'inventeur du marteau-pilon à vapeur fut l'ingénieur François Bourdon (1797-1865), en 1840. Il fut aussi le père de celui dont le vagissement se fit entendre, le 23 septembre 1877, à 10 km à la ronde, et qui poussa son dernier cri d'agonie en 1928. En son temps, il fut le plus gros et le plus puissant du monde : 1 300 t ; 21 m de haut ; poids de la masse active... 100 t ! D'une telle précision qu'il pouvait casser une noix sans toucher au fruit ou boucher totalement une bouteille de vin sans la casser. Après 50 ans de bons et loyaux services, le marteau-pilon fut remplacé par des presses hydrauliques plus puissantes et moins bruyantes. Pour honorer une telle carrière, on ne pouvait faire moins que de le démonter et de le mettre bien en valeur à une entrée de la ville, témoin et symbole pour toujours de sa vocation industrielle.

Le belvédère des Crêtes : *accès par la route de Saint-Sernin-du-Bois (D 138) ; prendre la direction du parc des Combes.* Du point de vue de la rue des Pyrénées, on comprend de suite la philosophie de la ville : la place centrale du château et les usines qui s'ordonnaient autour.

Le parc des Combes : *accès par la promenade des Crêtes ; bien signalé. ☎ 03-85-55-26-23. • parcdescombes.com • Juil-août, tlj 11h-19h ; fin*

mars-début juil et sept-début nov, w-e et j. fériés, vac scol ainsi que mer en mai-juin 14h-19h. Fermé nov-mars. Passe-partout : env 19 € ; réduc.
Sur la « montagne » surplombant la ville, plusieurs attractions qui raviront les enfants de 7 à 77 ans.
– ***Le train touristique :*** *se renseigner sur les horaires (locomotives à vapeur ou diesel).* C'est l'ancien tortillard, surnommé le « tacot des Crouillottes », qui, à partir du début du XXe s, transporta péniblement les scories des hauts-fourneaux vers le plateau de la Combe. Pendant 1h, il flâne dans un minipaysage de montagne, avec petit viaduc d'une portée de 20 m, tunnel à la belle forme ogivale et maints points de vue pittoresques.
– Nombre de ***balades*** et d'***activités*** à faire en famille, accès aux aires de jeux et pique-nique de la combe Denis ou de celle des Quatre-Pierrettes, bateaux Mississippi pour les plus jeunes...
– ***Luge d'été :*** une piste de 435 m de long et une vitesse pouvant atteindre... 40 km/h. Frissons et rires garantis aussi sur l'*Alpine Coaster.* Également piste *Karting Évasion.*
– Parmi les autres grandes attractions à effet garanti : le ***Déval'train,*** grand-huit de 207 m pour frémir en famille, le ***Nautic Jet,*** une course folle en bateau qui vous promet de belles éclaboussures à l'arrivée, le ***Junior Boomerang*** ou le ***Galop des Combes,*** la conquête du Far West à califourchon sur des chevaux de bois, l'***Escadrille,*** le ***Woodside 66,*** les ***Montgolfières,*** le ***Canad'R,*** une grande roue et une rivière canadienne...

Le sentier de découverte « La lande de la Chaume au Creusot » : *☎ 03-80-79-25-99.* Sentier aménagé par le Conservatoire d'espaces naturels de Bourgogne pour découvrir un milieu rare, la lande acide.

Culture et festival

– ***Les Beaux Bagages :*** *juil-août.* Festival tout public et gratuit : musique, théâtre de rue, cinéma en plein air...
– ***L'Arc scène nationale :*** *esplanade François-Mitterrand. ☎ 03-85-55-37-28.* Belle programmation à des prix fort démocratiques.

DANS LES ENVIRONS DU CREUSOT

La villa Perrusson : *71210 **Écuisses.** ☎ 03-85-68-21-14. • villaperrusson.fr • À 14 km au sud-est (D 680 puis D 974). De mi-mai à mi-oct, tlj 14h-18h. Entrée : 4 €. Visite guidée des extérieurs seulement (ttes les heures, compter 45 mn). Réouverture des intérieurs fin 2020, après travaux de restauration. Programme de concerts et animations.* Cette demeure patronale est un témoignage intéressant de l'histoire industrielle locale. Elle fut construite entre 1869 et 1895 pour les Perrusson-Desfontaines, entrepreneurs de tuiles, carreaux et céramiques architecturales. Leur demeure, située stratégiquement entre le canal du Centre et la voie ferrée servait de show-room pour présenter les productions maison, les façades en étant couvertes. Un brin chargé et hétéroclite mais absolument unique. Et encore, on ne vous dit pas à l'intérieur ! L'usine (1869-1969) se trouvait à côté, le tout constituant un mini-empire à la Schneider, les tuiles vernissées et toitures polychromes s'observant sur nombre d'édifices du village. La villa comprend 2 ailes non communicantes, d'où son aspect asymétrique. Le parc paysager compte quelques essences rares (mais pas d'arbres côté voie ferrée bien sûr pour mieux voir depuis le train !) et laisse découvrir une orangerie et un bassin. L'été, expos sur la céramique en plein air.

Saint-Sernin-du-Bois : *au nord, par la D 138.* Joli site avec lac artificiel et retenue (qui servaient à alimenter les forges), un village au bord de l'eau, un donjon et des départs de sentiers.

DU CREUSOT À AUTUN PAR LA ROUTE DES CHÂTEAUX

Couches, Sully, ces noms de châteaux et de villages, éparpillés sur la carte routière à l'est du Creusot, sont autant d'étapes de styles différents sur la route d'Autun vers le Morvan. À Couches, ne pas manquer de s'intéresser aux vins des *coteaux du Couchois.*

Le château de Couches : *71490* ***Couches.*** *☎ 03-85-45-57-99. • chateaudecouches.com • À env 12 km au nord-est du Creusot. Juin-sept, tlj 10h-18h ; le reste de l'année, 14h-18h (se renseigner sur les périodes d'ouverture). Visite guidée seulement (intérieur et extérieur) : 8 € ; extérieur seul en autonomie 6 €. Activités et animations tte l'année. Sur place, chambres d'hôtes et restaurant* Le Blason de Vair.

Un château sur son éperon rocheux surplombant une vallée verte et boisée, à proximité d'un village de caractère : voilà encore une image idyllique de cette Bourgogne éternelle qui ne change pas malgré les à-coups de l'Histoire. Fier château à l'imposant donjon du XIIe s encore bordé de remparts et de tours du XIVe s, ainsi que d'un jardin topiaire (repérez les animaux !) et de rosiers.

Visite de la salle d'armes, de la galerie souterraine, de la belle chapelle du XVe s, une des rares à posséder 2 cheminées en Bourgogne et érigée au XVe s par le chambellan du duc de Bourgogne, Claude de Montagu (chevalier de la Toison d'or).

– À environ 3 km de la sortie de Couches, en direction d'Autun (par la D 978), vous ne manquerez pas ces 7 beaux ***menhirs*** oubliés un jour par Obélix, dont un, couché à terre...

Le château de Sully *(71360) :* *☎ 03-85-82-09-86. • chateaudesully.com • À 30 km au nord-ouest de Couches et 18 km au nord-est d'Autun. Pâques-Toussaint, tlj 10h-17h. Visites guidées du château (commentaire plein d'humour), mais visite libre du parc. Entrée (château, parc, jardin) : env 9 € ; parc et jardin : env 4,50 € ; visite-spectacle sur résa (vac scol et certaines dates en juil-août) : env 9 € ; réduc. Animations enfants en été sur résa (en ligne). Pique-nique possible. Boutique.*

Construit par la famille de Saulx au XVIe s, racheté par les Morey en 1714. C'est ici qu'arriva d'Irlande un jeune médecin, Jean-Baptiste de Mac-Mahon, fuyant les persécutions anglaises. Il épousa la jeune veuve Morey. Ainsi ce vieux château passa-t-il aux mains d'une noble famille irlandaise. Patrice de Mac-Mahon (1808-1893) y naquit. Après la victoire de Magenta lors de la campagne d'Italie (1859), Napoléon III le nommera sur-le-champ maréchal de France et duc de Magenta. Cette bataille particulièrement sanglante donnera son nom au rouge magenta...

Grièvement blessé à Sedan en combattant les Prussiens, le revoilà à la tête de l'armée versaillaise en 1871 : il réprima dans le sang la Commune de Paris, tuant 30 000 personnes et envoyant 7 000 prisonniers au bagne. Il fut quand même élu président de la République en 1873. Une première : il décida de vivre au palais de l'Élysée.

Le château est toujours habité par les descendants de Mac-Mahon, Amélie de Mac-Mahon (d'origine écossaise), duchesse de Magenta, veuve du 4e duc, et ses enfants Pélagie et Maurice. Active et dynamique, très impliquée dans la vie du château, elle dirige aussi le vignoble du Domaine des Ducs de Magenta à Chassagne-Montrachet.

LA PHRASE QUI TUE

De Patrice de Mac-Mahon, on connaît une phrase, restée célèbre, lors d'une vie parsemée de faits d'armes sanglants. Nommé général à 41 ans, il aurait prononcé en 1855 ces mots à Malakoff (Crimée) : « J'y suis, j'y reste. » Résultat : une boucherie générale et la mort de tous les amiraux russes !

LA SAÔNE-ET-LOIRE

Par ici la visite

Vue somptueuse sur ce château à la fois démesuré et discret qui ne se découvre qu'à la dernière minute, après avoir traversé le petit village bien conservé.

– On passe d'abord par les ***dépendances*** et les ***anciennes écuries*** qui accueillaient jusqu'à 80 chevaux avant d'admirer le pont qui franchit les douves.

– Magnifique ***cour intérieure,*** la plus grande pièce du château !

– La visite guidée permet d'accéder au ***logis d'habitation*** : pièces de réception et chapelle au rez-de-chaussée et, à certaines dates seulement, au 1er étage (appartements, salle d'armes).

– Faire le tour du château par le ***beau parc*** pour admirer les ***4 séduisantes façades*** se mirant dans les douves : 2 du XIXe s (terrasse et perron), une du XVIIIe s (avec l'escalier), une du XVIe s (visible de la route). Vos pas vous mèneront à la ***chapelle*** des XIIe et XIIIe s, à la ***glacière,*** au curieux ***lavoir*** du XIXe s couvert de marqueterie rustique, au ***jardin potager*** (cultivé en permaculture), au ***verger*** avec son pigeonnier, à l'***orangerie...***

Où dormir entre Autun et Chalon ?

Chambres d'hôtes La Lison : *chez Jean-Pierre Bertrand, Lusigny, 71490* ***Tintry.*** *☎ 03-85-82-98-98. • lalison2@wanadoo.fr • À 11 km au nord-ouest de Couches et 11 km au sud du château de Sully. Doubles env 58-63 €. Repas env 23 €, vin compris.* Des chambres spacieuses et coquettes dans une maison tranquille, avec salle de gym pour l'effort et jardin pour la détente. On vous prêtera un vélo pour les balades, de quoi vous mettre en appétit pour la table d'hôtes, très régionale, accompagnée de vins de pays du Couchois. Bien sympathique tout ça...

LA NIÈVRE

• Carte *p. 378-379*

ABC de la Nièvre

- ***Superficie :*** 6 800 km^2.
- ***Préfecture :*** Nevers.
- ***Sous-préfectures :*** Cosne-Cours-sur-Loire, Clamecy, Château-Chinon.
- ***Population :*** 201 500 hab.
- ***Densité :*** 30 hab./km^2 (moyenne française : 115).
- ***Signes particuliers :*** 5 lacs, département bordé par plus de 170 km du fleuve Loire, 2 canaux (le canal latéral à la Loire et le canal du Nivernais).

Bordée à l'ouest par le Val de Loire et son paysage de long et large fleuve tranquille, la Nièvre est une autre Bourgogne, une « campagne à vivre » qui étend ses lignes douces, ses bois et ses bocages où naissent cent rivières et où pointe toujours un clocher. À l'est, les vieux monts du Morvan se dressent, pays rude et secret, riche en lacs et forêts, au centre de la Bourgogne.
De fait, cette Nièvre à peine bourguignonne se révèle assez inattendue. Par sa physionomie d'abord, qui n'est pas sans rappeler le Berry ou le Bourbonnais voisin ; par son climat, plus humide et plus doux qu'en Côte-d'Or ou Saône-et-Loire ; par son histoire et son économie aussi, bien particulières.
L'amateur de vieilles pierres y trouvera son compte : Nevers, La Charité-sur-Loire ou Clamecy, villes d'histoire, ont conservé de remarquables ensembles architecturaux. La campagne n'est pas en reste : églises romanes, châteaux forts ou de plaisance abondent.
Mais la carte maîtresse du département reste sa nature, éminemment champêtre tout au long du canal du Nivernais, ou plus abrupte et sauvage dans le parc naturel régional du Morvan, domaine privilégié de la randonnée, qui fait l'objet d'un chapitre à part.

UN PEU D'HISTOIRE

Les Éduens : nos ancêtres les Gaulois

On trouve dans la Nièvre de nombreuses traces d'une occupation préhistorique : silex taillés, outils néolithiques, céramiques et tumulus du 1er âge du fer. Puis on suppose que les Éduens, peuple celte, se fixèrent dans la région autour de l'an 1000 av. J.-C. ; on connaît les noms de quelques-unes de leurs cités, décrites par les chroniqueurs romains, et si l'on a parfois des doutes (Nevers fut-elle *Noviodunum ?*), on sait en revanche avec certitude que Bibracte, oppidum situé sur le mont Beuvray, dans le Morvan, fut leur capitale.

Le Nivernais, zone charnière

C'est avec Nevers, cité épiscopale, et le long de la Loire que le Nivernais s'est d'abord formé, aux alentours du VIe s. En 989, Henri Ier, duc de Bourgogne, donne

ce fief à Landri, 1er comte de Nevers. Le vicomte de Clamecy est déjà son vassal, et au XIIe s, le Donziais est annexé : les limites du Nivernais ne changeront pas beaucoup ensuite. Notez qu'elles ne comprennent pas l'importante seigneurie de Château-Chinon.
L'originalité de ce comté est de n'avoir jamais été formellement rattaché à la couronne de France. Souveraineté bien artificielle en réalité, qui s'accompagnait d'une soumission de fait à de puissants voisins, la Bourgogne surtout, et de ravages, notamment pendant la guerre de Cent Ans ; les belligérants trouvant dans le Nivernais un terrain idéal pour en découdre. Idéal et, surtout, obligé par sa position de zone tampon, pays à la croisée de la Bourgogne, du Berry et du Bourbonnais.

De la prospérité à la reconversion

La Renaissance, puis l'époque classique sont, en comparaison, bien tranquilles, même si les guerres de Religion ébranlent à nouveau La Charité-sur-Loire et Clamecy, fiefs protestants. Et les grandes dynasties nivernaises, Clèves et Gonzague, laissent de cette période un souvenir de prospérité.
Les éléments fondateurs de l'économie nivernaise se développent : batellerie sur la Loire, faïence, exploitation d'un sol riche en minerais, fer et charbon, qui donnera une industrie minière et métallurgique de premier plan ; filière bois, avec les massifs du plateau nivernais et du Morvan, élevage enfin, de charolais surtout, qui s'est généralisé assez tard dans le département, au XIXe s. Mais au début du XXe s, le transport fluvial vers Paris, supplanté par la route et le train, a quasiment disparu. Puis les forges et la mine s'éteignent progressivement.
Aujourd'hui la Nièvre vit davantage du secteur tertiaire que de l'agriculture ou de l'industrie (sidérurgie, accessoires auto, caoutchouc...), mais n'en vit pas très bien, voyant sa population vieillir et diminuer d'environ 1 000 habitants par an.
Une crise que même François Mitterrand, maire de Château-Chinon de 1959 à 1981 puis président, n'a pas su enrayer. La faute à son éloignement du grand axe ferroviaire et routier Paris-Lyon qui passe plus à l'est, au-delà du Morvan. Malgré tout la Nièvre n'a pas dit son dernier mot : à titre d'exemple, le circuit Nevers Magny-Cours et son Pôle Performance attenant, l'espace Inkub à Nevers, dédié aux start-up et au coworking, la création du « canal numérique » (points wifi, bornes numériques) autour du canal du Nivernais sont autant de témoignages d'une reconversion en marche.

UN ART DE VIVRE

Heureusement, ses faiblesses font aussi la force touristique de la Nièvre, ce vaste espace préservé à 2h de route de Paris – depuis l'aménagement de l'autoroute A 77 – et à 1h50 par le train *Téoz*. Les adeptes de sérénité et de *slow travel* sont ici chez eux, à pied dans le Morvan – le poumon vert de la Bourgogne –, à vélo le long de la Loire, ou pourquoi pas en bateau habitable sur le canal du Nivernais. Car cela ne vous échappera pas : l'eau est ici omniprésente entre lacs, canaux, fleuve et rivières.
Et quand le bleu quitte votre horizon, c'est pour laisser la place au vert. Ajoutez à cela une pratique culturelle très riche où l'art contemporain est aujourd'hui chez lui, des festivals conviviaux et décalés, des traditions très fortes dans le Morvan (1er producteur français de sapins de Noël !)... Même si la route est longue, parfois, pour rejoindre Dijon, elle est si généreuse que vous n'êtes pas pressé d'arriver !

Adresses et infos utiles

i *Agence de développement touristique de la Nièvre :* *3, rue du Sort, CS 60010, 58058* ***Nevers*** *Cedex. ☎ 03-86-36-39-80. ● nievre-tourisme.*

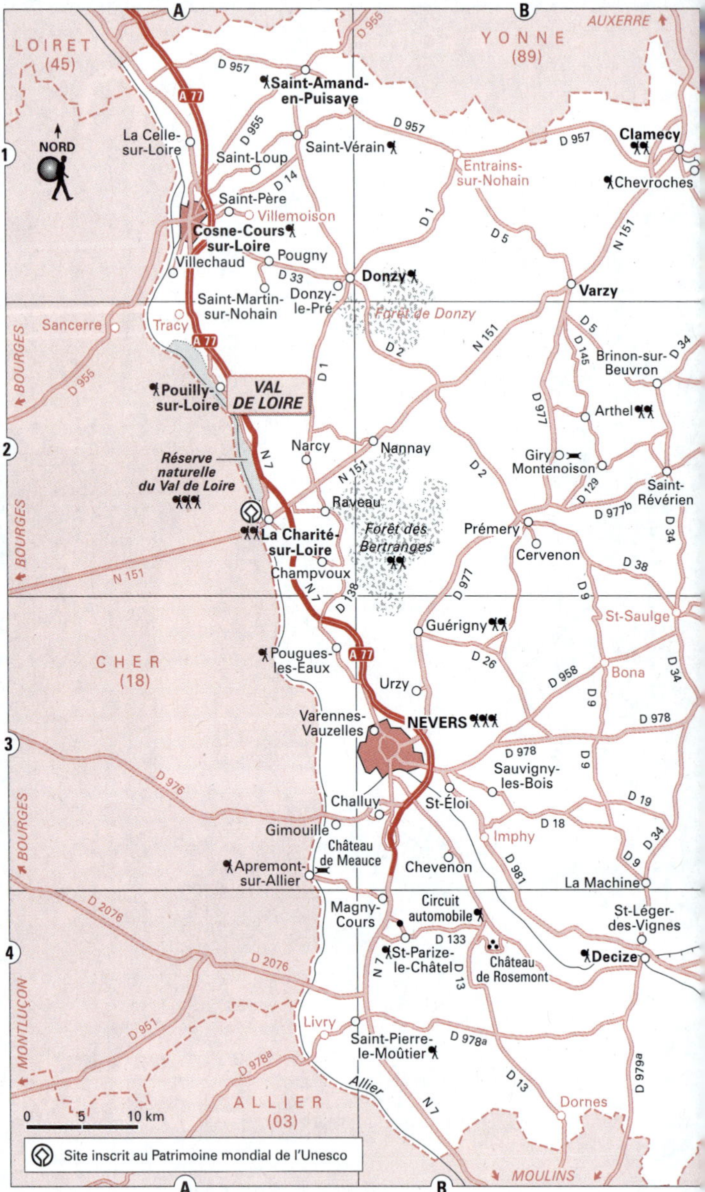
A
B
AUXERRE
LOIRET
(45)
YONNE
(89)
NORD
D 957
D 955
Saint-Amand-
en-Puisaye
A 77
La Celle-
sur-Loire
Saint-Loup
Saint-Vérain
D 957
Clamecy
Chevroches
Entrains-
sur-Nohain
D 14
Saint-Père
Villemoison
Cosne-Cours-
sur-Loire
D 1
D 5
N 151
Villechaud
Pougny
D 33
Donzy
Varzy
Saint-Martin-
sur-Nohain
Donzy-
le-Pré
Forêt de Donzy
Sancerre
Tracy
A 77
BOURGES
D 955
D 2
N 151
D 5
D 145
Brinon-sur-
Beuvron
D 34
D 1
Pouilly-
sur-Loire
VAL
DE LOIRE
D 977
Arthel
Narcy
Nannay
Giry
Montenoison
Réserve
naturelle
du Val de Loire
N 7
N 151
D 2
D 129
Saint-
Révérien
Raveau
D 977b
La Charité-
sur-Loire
Forêt des
Bertranges
Prémery
D 34
Cervenon
BOURGES
N 151
Champvoux
D 38
N 7
D 138
D 977
D 9
St-Saulge
Guérigny
CHER
(18)
Pougues-
les-Eaux
A 77
D 26
D 34
Bona
D 958
Urzy
D 9
Varennes-
Vauzelles
NEVERS
D 978
D 978
D 9
D 976
Sauvigny-
les-Bois
BOURGES
Challuy
St-Éloi
D 19
Gimouille
D 18
Imphy
D 34
Château
de Meauce
D 981
D 9
Apremont-
sur-Allier
Chevenon
La Machine
D 2076
Magny-
Cours
Circuit
automobile
St-Léger-
des-Vignes
D 133
St-Parize-
le-Châtel
N 7
D 13
Château
de Rosemont
Decize
D 2076
MONTLUÇON
D 951
Livry
Saint-Pierre-
le-Moûtier
D 978a
D 979a
D 978a
Allier
D 13
N 7
Dornes
ALLIER
(03)
0
5
10 km
MOULINS
Site inscrit au Patrimoine mondial de l'Unesco

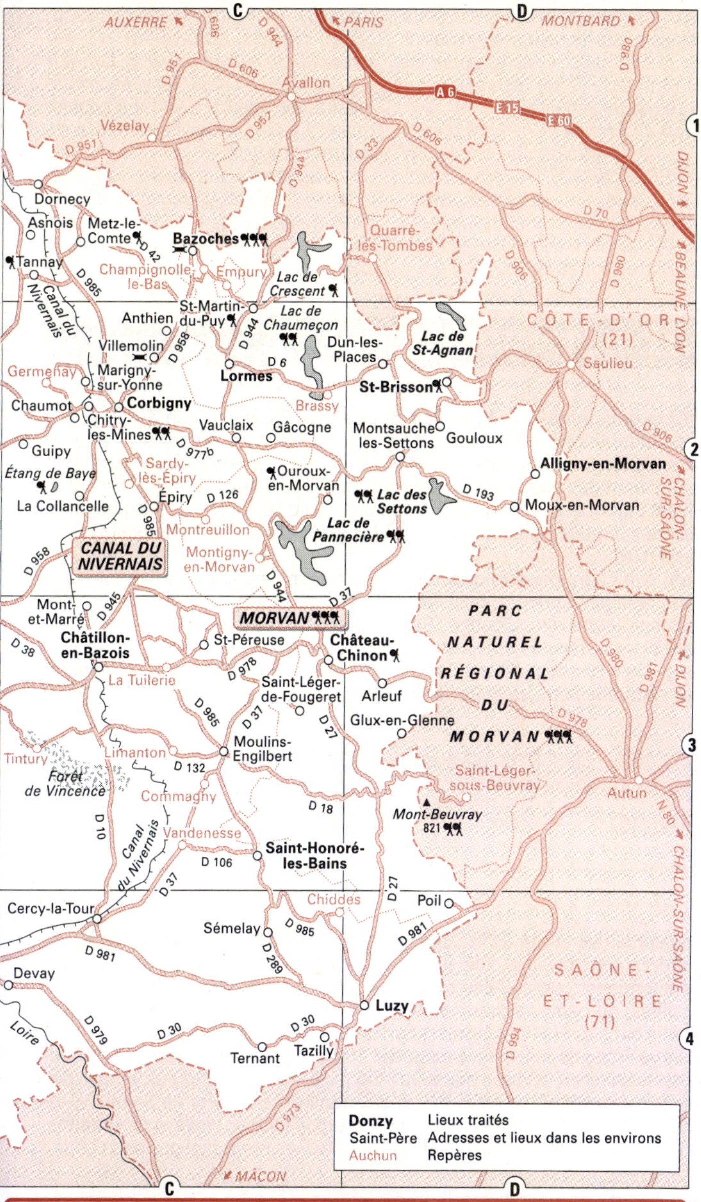
C
D
AUXERRE
PARIS
MONTBARD
A 6
E 15
E 60
Avallon
Vézelay
D 951
D 606
D 957
D 944
D 33
D 980
1
DIJON
D 70
Dornecy
Asnois
Metz-le-Comte
Bazoches
Tannay
Champignolle-le-Bas
Empury
Lac de Crescent
Quarré-les-Tombes
D 42
D 985
Canal du Nivernais
BEAUNE, LYON
D 906
Anthien
St-Martin-du-Puy
Lac de Chaumeçon
Lac de St-Agnan
CÔTE-D'OR (21)
Villemolin
D 958
Dun-les-Places
Saulieu
D 6
Germenay
Marigny-sur-Yonne
Lormes
St-Brisson
Chaumot
Corbigny
Brassy
Chitry-les-Mines
Vauclaix
Gâcogne
Montsauche-les-Settons
Gouloux
2
Guipy
D 977b
Sardy-lès-Épiry
Ouroux-en-Morvan
Alligny-en-Morvan
Étang de Baye
La Collancelle
Épiry
D 126
Lac des Settons
D 193
Moux-en-Morvan
CHALON-SUR-SAÔNE
Montreuillon
Lac de Pannecière
CANAL DU NIVERNAIS
D 958
Montigny-en-Morvan
Mont-et-Marré
D 945
MORVAN
D 37
PARC NATUREL RÉGIONAL DU MORVAN
D 38
Châtillon-en-Bazois
St-Péreuse
Château-Chinon
D 978
La Tuilerie
Saint-Léger-de-Fougeret
Arleuf
D 981
D 985
Glux-en-Glenne
D 27
Tintury
Limanton
Moulins-Engilbert
3
D 132
Forêt de Vincence
Saint-Léger-sous-Beuvray
Autun
Commagny
D 18
Mont-Beuvray
821
N 80
D 10
Vandenesse
Saint-Honoré-les-Bains
D 106
Chiddes
Poil
Cercy-la-Tour
Sémelay
D 289
D 981
SAÔNE-ET-LOIRE (71)
D 979
Devay
Loire
Luzy
D 30
Ternant
Tazilly
4
D 994
D 973
MÂCON
Donzy
Lieux traités
Saint-Père
Adresses et lieux dans les environs
Auchun
Repères

LA NIÈVRE

com ● *canal-du-nivernais.com* ● *Lun-ven 9h-12h, 14h-18h (17h30 ven).* Tous renseignements touristiques (guides et cartes à télécharger et commander en ligne) et possibilité de réservation en ligne des hébergements.

■ ***Gîtes de France :*** *Chambre d'agriculture de la Nièvre, 25, bd Léon-Blum, BP 80, 58028* ***Nevers*** *Cedex.* ☎ *03-86-36-42-39. Résa :* ☎ *03-80-45-97-15.* ● *gites-de-france-nievre@wanadoo.fr* ● *gites-de-france-bourgogne.com/nievre.html* ●

■ ***Fédération départementale de la pêche :*** *174, fg du Grand-Mouësse, 58000* ***Nevers.*** ☎ *03-86-61-18-98.* ● *federationdepeche58.fr* ● *Lun-jeu 8h-12h, 13h30-17h30.* Amis pêcheurs, c'est à vous que le bon Dieu pensait quand il a créé cette Nièvre truffée de rivières et de lacs.

Tansports par bus : ● *viamobigo.fr* ● *À Nevers,* ***gare routière*** *(plan Nevers A2), rue de Charleville, à côté de la gare SNCF.* Bus pour tout le département.

LA LOIRE EN BOURGOGNE

Frontière occidentale de la région Bourgogne-Franche-Comté, la Loire a beaucoup influencé le Nivernais, dont elle fut, jusqu'au XIXe s, la 1re voie de communication, de commerce et d'échange. Un axe autour duquel se sont naturellement développées les villes les plus importantes du département et où vivent aujourd'hui 60 % de ses habitants. Avec toujours cette atmosphère douce, ces fameux « ciels de Loire » et les grèves blondes du fleuve royal en ligne de mire.

Suivant son cours paisible depuis Nevers, on rencontre La Charité-sur-Loire et son prestigieux prieuré, puis les vignobles de Pouilly-sur-Loire et du Sancerrois sur l'autre rive. Viennent Cosne-Cours-sur-Loire, la 2e ville du département et les fameuses poteries de Saint-Amand-en-Puisaye, aux confins de l'Yonne. Un crochet par Donzy et Varzy à l'intérieur des terres nous mènera, le plus naturellement, au canal de la Nièvre.

NEVERS (58000) 36 500 hab. *Carte Nièvre, B3*

● Plan *p. 382-383*

Posée sur la rive droite de la Loire, au confluent de la Nièvre (souterraine de son entrée dans la vieille ville jusqu'au fleuve royal) et à 10 km à l'est d'une autre confluence, avec l'Allier cette fois, Nevers est de ces villes de province tranquilles, au beau patrimoine architectural, agréables à vivre et à visiter. Mais elle est aussi la 3e agglomération de Bourgogne.

Flâner rue François-Mitterrand, longue et étroite voie piétonne flanquée de boutiques, s'asseoir en terrasse place Guy-Coquille, coller son nez aux vitrines des faïenciers, s'arrêter face au palais ducal, admirer la cathédrale Saint-Cyr-et-Sainte-Julitte ou l'église Saint-Étienne, romane à souhait, voilà le programme. Puis sucer un Négus (en tout bien tout honneur !) en regardant passer la Loire.

UN PEU D'HISTOIRE

Fait notable, le comté de Nevers (duché à partir de 1538) ne sera jamais rattaché à la couronne de France. Autre particularité, la plupart des seigneurs furent étrangers, non nivernais en tout cas : maisons de Flandre de 1271 à 1369, de Bourgogne jusqu'en 1491, rhénans ensuite avec les Clèves jusqu'en 1565, puis italiens avec les Gonzague jusqu'en 1659, qui introduisirent la faïence. Enfin, Mazarin acheta le duché, qui resta aux Mancini-Mazarini jusqu'à la Révolution.

Forte de sa faïence (qui occupait plus de 1 000 ouvriers au XVIIIe s), de la navigation sur la Loire et des forges voisines, Nevers a prospéré jusqu'au Second Empire. Puis le chemin de fer en fit un carrefour ferroviaire important, ce qui lui valut, en 1944, un copieux bombardement allié.

Après la guerre, le déclin des activités traditionnelles, entamé au début du XXe s, se poursuit. D'autres apparaissent (caoutchouc Kléber, accessoires auto Valeo), et les cheminots restent nombreux avec les ateliers de Vauzelles. À Magny-Cours, autour du circuit automobile, une technopole a fleuri. Par ailleurs, la faïence renaît un peu, réveillée par le tourisme. Mais cela ne doit pas faire illusion : la ville souffre, avec le département, de la perte des industries lourdes et de la dépopulation rurale.

LA BOTTE DE NEVERS

Quel rapport entre la capitale nivernaise et Jean Marais ? La « botte de Nevers » : un geste d'escrime inventé au XIXe s par Paul Féval dans son roman Le Bossu, *qui fut ensuite porté à l'écran. En enchaînant cette complexe combinaison de passes, le chevalier Lagardère tue à coup sûr son adversaire en plantant son fleuret entre les 2 yeux ! Pas de panique, cette combinaison est en réalité presque irréalisable.*

Adresses et infos utiles

Office de tourisme *(plan B2)* **:** *palais ducal, BP 818, 58008 Nevers Cedex.* ☎ *03-86-68-46-00. • nevers-tourisme.com • Fermé dim-lun oct-mars.* En été, visites guidées, randonnées pédestres et toutes sortes de sorties originales. Résa hôtelière de dernière minute. Consigne.

Transports

Gare routière *(plan A2)* **:** *rue de Charleville.* ☎ *03-86-57-16-39. • nievre.fr • À côté de la gare SNCF.* Bus pour Cosne, Clamecy, Decize, Corbigny, Château-Chinon...

Espace Tanéo Bus *(plan B2)* **:** *31, av. Pierre-Bérégovoy.* ☎ *03-86-71-94-20. • taneo-bus.fr •* Réseau de bus sur l'agglomération.

■ **Location de voitures :** **Avis,** *à la gare ;* ☎ *03-86-57-51-03.* **Europcar,** *84 bis, rue du 13e-de-Ligne ;* ☎ *03-86-59-02-32.*

■ **Taxis :** *à la gare.* ☎ *03-86-59-58-00.*

■ **Location de vélos :** *avec* **Vélo Taxi Bike,** *à la gare.* 📱 *06-08-61-00-85.*

■ **Location de canoës :** *avec* **Canoë Raid Aventure,** *quai des Eduens.* 📱 *07-71-06-90-34. • canoeraidaventure@gmail.com •*

Où dormir ?

Camping

Camping de Nevers *(plan B3,* **10***)* **:** *rue de la Jonction.* ☎ *03-86-36-40-75. • camping.nevers@aquadis-loisirs.com • aquadis-loisirs.com • Début mars-début nov. Pour 2, forfait tente 16,50 € ; également forfait rando/cyclo. Mobile homes 169-534 €/sem. 73 empl.* Les pêcheurs et autres rêveurs ne peuvent espérer meilleur spot pour un camping, presque les pieds dans la Loire, juste en face du centre ancien, il n'y a que le pont à traverser. Près de la circulation, du coup, mais la structure n'est pas très grande et se révèle conviviale. Coin épicerie, snack (de mai à septembre) et jeux pour les enfants.

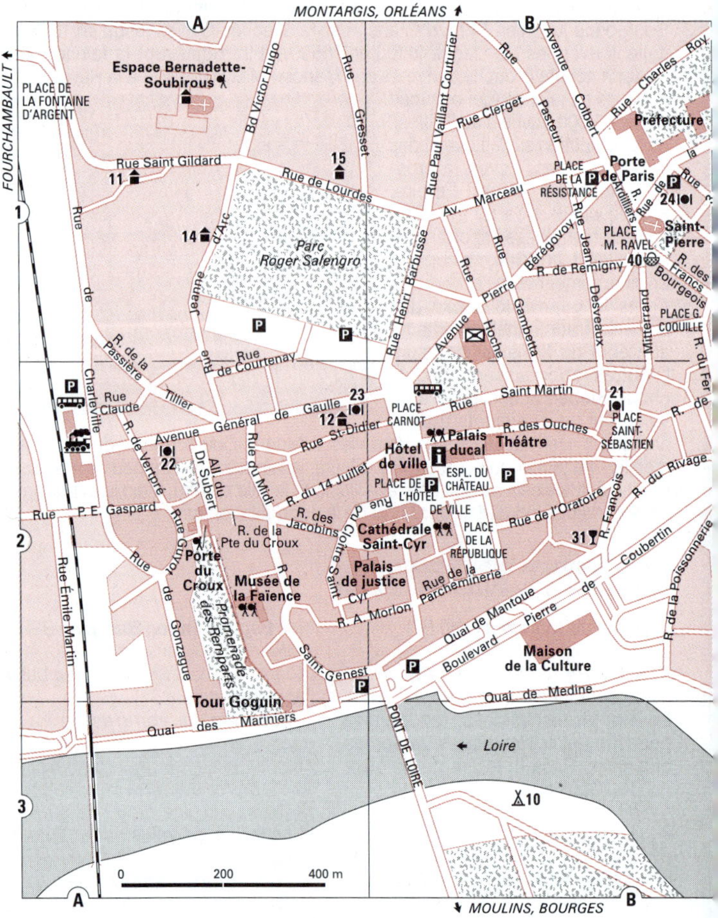

De bon marché à prix moyens

Hôtel Beauséjour *(plan A1, **11**) : 5 bis, rue Saint-Gildard. ☎ 03-86-61-20-84. • hotel-beausejour-nevers.com • Doubles 45 € (avec lavabo seulement)-57 €. Garage payant.* Il n'a que 1 étoile, ce petit hôtel, mais c'est la bonne ! Différentes gammes de chambres, toutes d'une irréprochable propreté, mignonnes pour certaines : avec lavabo seulement, douche seulement, douche et w-c (mais cloisons symboliques, mieux vaut le savoir), côté rue ou côté jardin (les plus chères, nos préférées). Petit déj sous la véranda dans un jardinet fleuri. Accueil disponible et souriant.

Hôtel Villa du Parc *(plan A1, **15**) : 16 ter-18, rue de Lourdes. ☎ 03-86-61-09-48. • hotel.villaduparc@wanadoo.fr • hotelvilladuparc.com • Doubles env 60-80 €. Parking gratuit dans la rue.* Modeste 2-étoiles face au parc Salengro. Autant dire que la nuit, c'est

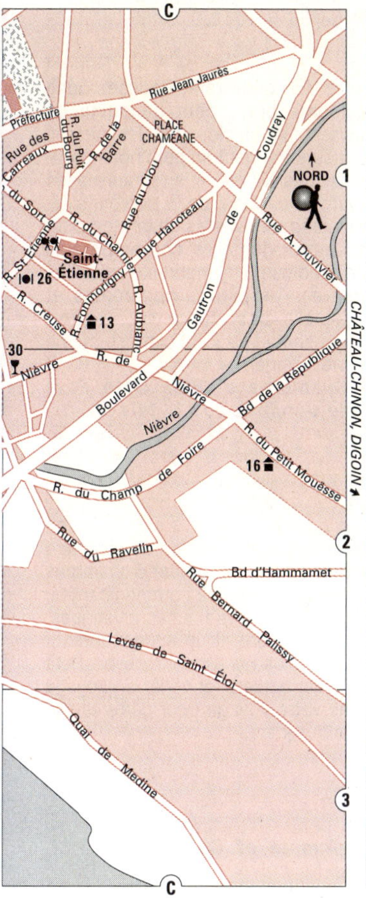

Adresse utile

- Office de tourisme (B2)

Où dormir ?

10 Camping de Nevers (B3)
11 Hôtel Beauséjour (A1)
12 Hôtel de Clèves (A2)
13 Chambres d'hôtes La Chasseigne (C1)
14 Chambres d'hôtes Côté Parc Côté Jardin (A1)
15 Hôtel Villa du Parc (A1)
16 Hôtel Clos Sainte-Marie (C2)

Où manger ?

21 Le Comptoir Saint-Sébastien (B2)
22 Le Gambrinus (A2)
23 Tomate et Chocolat (A2)
24 Ô Puits (B1)
26 Jean-Michel Couron (C1)

Où boire un verre ?

30 Une Note de Vin (C2)
31 Le Donald's Pub (B2)

Achats

40 Au Négus (B1)

NEVERS

calme ! Chambres plaisantes sans extra, salles d'eau parfois de guingois pour les plus petites, mais le tout est correctement entretenu et les lieux accueillants. Une adresse agréable pour une halte d'une nuit.

Hôtel de Clèves *(plan A2,* ***12****) : 8, rue Saint-Didier. ☎ 03-86-61-15-87. • hoteldecleves.fr • Doubles 70-75 €.* Stratégiquement situé, non loin de la gare et dans une rue calme du centre-ville, un petit établissement fort bien tenu par un couple sympathique et motivé. Chambres classiques et de bon confort, plus spacieuses dans l'annexe, toutes disposées autour d'une courette agréable avec terrasse pour le petit déj. Local fermé pour les vélos.

Espace Bernadette-Soubirous *(plan A1) : 34, rue Saint-Gildard. ☎ 03-86-71-99-50. • contact@espace-bernadette.com • sainte-bernadette-soubirous-nevers.com • Fermé aux fêtes de fin d'année. Doubles env 60-74 € sans ou avec sanitaires privés, petit déj compris.*

Nuitée possible pour les pèlerins de Compostelle. Parking voiture. Réduc de 10 % sur présentation de ce guide. Ce bel et vaste ensemble bâti dans les années 1850 bénéficie d'une capacité d'accueil considérable. L'hébergement est certes modeste (aménagements fonctionnels et confort basique, seules quelques chambres bénéficient de douche et de w-c privés), mais, en plus des tarifs attractifs, on profite des agréables jardins, du calme de la structure et des repas.

Hôtel Clos Sainte-Marie (plan C2, **16**) : *25, rue du Petit-Mouësse. ☎ 03-86-71-94-50. • contact@clos-sainte-marie.com • clos-sainte-marie.fr • Direction Mâcon-Dijon à partir du centre-ville. Doubles env 65-80 €. Parking payant.* Un clos qui mérite bien son nom : oubliez le quartier et la rue et découvrez, côté jardin, ce petit hôtel insolite et raffiné dont les chambres sont alignées le long de petites terrasses et de bassins. Évitez juste celles donnant sur la rue. Excellent accueil.

Chic

Chambres d'hôtes La Chasseigne (plan C1, **13**) : *chez Joëlle et Dominique Fally, 5, rue Fonmorigny. ☎ 03-86-36-61-69. • joellefally@yahoo.fr • lachasseigne.canalblog.com • Fermé vac de Noël. Double 90 €.* Une perle rare. Poussez donc la lourde porte pour découvrir un ravissant jardin clos, dont les massifs de fleurs frangent un petit hôtel particulier des XVIe-XVIIe s restauré avec goût. Du charme, de la personnalité, à l'image des vastes chambres dont les aménagements contemporains s'harmonisent à merveille avec les poutres, les pierres apparentes et la tourelle à escalier à vis... Confort irréprochable (la suite dispose même d'une cuisine).

Chambres d'hôtes Côté Parc Côté Jardin (plan A1, **14**) : *24, rue Jeanne-d'Arc. ☎ 09-83-44-94-15. • val.reservation@yahoo.fr • chambresdhotes-nevers.com • Face au kiosque à musique. Doubles 85-110 €. Parking gratuit dans la rue.* Direction l'Asie dans cette maison de caractère datant de 1936 et offrant 5 chambres spacieuses, dont 2 communicantes, décorées sur des thèmes asiatiques. Du raffinement et un accueil attentif des proprios qui aiment recevoir. Petit déjeuner copieux et varié. Un voyage dans votre voyage pour cette escale hors du temps.

Où manger ?

De bon marché à prix moyens

Le Comptoir Saint-Sébastien (plan B2, **21**) : *9, pl. Saint-Sébastien. ☎ 03-86-36-26-44. Fermé dim soir-lun. Formules 12,90 € (déj en sem) et 15-23 € (déj en sem et soir mar-jeu) ; menus 24-31 €.* Un établissement où le Tout-Nevers défile aussi bien pour son cadre de brasserie parisienne que pour sa cuisine fraîche et de saison, dans une ambiance chic et moderne de bon aloi. Rien de tel que des lustres élégants, un escalier d'époque et des miroirs pour mieux apprécier des plats traditionnels revisités. Vins pas toujours donnés, mais on a affaire à des connaisseurs.

Tomate et Chocolat (plan A2, **23**) : *1 bis, av. du Général-de-Gaulle. ☎ 03-86-69-05-63. • tomateetchocolat@orange.fr • ♿ Fermé dim-lun et mer soir. Congés : 2 sem en fév-mars et 3 sem en juil-août. Formules 18-23 € (sauf sam soir) ; menus 28-34 €.* Avec sa cuisine ouverte et sa déco tendance très pimpante, une petite adresse accueillante que les habitués fréquentent à toute heure ! Effectivement, si le midi ce sont plutôt les formules « Tomate » qui l'emportent (plats du jour simples, frais, bons, et bien présentés), tandis que le soir, les menus « Chocolat » et les spécialités de plancha sont privilégiés, il s'avère que, la maison faisant salon de thé, on profite aussi de la terrasse en cours de balade. Très pratique.

Le Gambrinus *(plan A2, **22**) : 37, av. du Général-de-Gaulle. ☎ 03-86-57-19-48. Près de la gare. Fermé sam midi, dim, lun midi et j. fériés. Formule déj ; sinon, carte env 30-40 €. Apéritif maison offert sur présentation de ce guide.* Un petit restaurant à l'ancienne mode, connu notamment pour son sympathique patron qui s'assied à votre table pour prendre commande. Dans les assiettes, des andouillettes 5A ou de beaux poissons nobles. Service gentil tout plein.

Ô Puits *(plan B1, **24**) : 21, rue Mirangron. ☎ 03-86-59-28-88. Fermé lun. Formules déj en sem env 13-17 € ; menus env 25-40 €.* On ne peut pas le manquer cet étonnant puits de 13 m de profondeur, qui porterait chance aux demoiselles en quête d'amour... Mais en réalité tout se passe à l'étage, dans une petite salle coquette et intimiste dont les fenêtres ouvrent sur Saint-Pierre. Séduisant, comme la cuisine classique et traditionnelle du chef, qui privilégie les produits locaux et les préparations maison comme le filet de bœuf charolais. Accueil jeune et sympathique.

Chic

Jean-Michel Couron *(plan C1, **26**) : 21, rue Saint-Étienne. ☎ 03-86-61-19-28. • info@jm-couron.com • Fermé dim soir-mar. Résa conseillée. Menus env 24 € (déj lun-ven), puis 37-59 €.* Depuis le temps qu'on dit Couron quand on parle cuisine à Nevers, on aurait du mal à imaginer cet étoilé autrement que statufié ! Et pourtant, c'est toujours LA belle adresse pour se faire plaisir, à tout âge, à tous prix. Produits du terroir et saveurs d'ailleurs, l'alliance est connue, mais ici le résultat est toujours étonnant de justesse, de précision. Jean-Michel Couron propose, dans les 3 petites salles élégantes et chaleureuses de cette ancienne chapelle, une cuisine harmonieuse et fine.

LA NIÈVRE

Où dormir ? Où manger dans les environs ?

Prix moyens

Chambres d'hôtes Domaine de Trangy : *8, route de Trangy, 58000* ***Saint-Éloi.*** *☎ 03-86-37-11-27. 06-63-70-17-60. • reservation@chambrestrangy.com • chambrestrangy.com • Depuis Nevers, prendre direction de Chalon/Mâcon par la D 978 ; avt Forges, C 1 vers Aubeterre jusqu'à Trangy ; la maison est au bout du hameau. Double 65 €. Gîte 12 pers. Table d'hôtes sur résa 30 € tt compris.* Cette magnifique propriété de la fin du XVIIIe s, entièrement restaurée, compte 3 corps de bâtiments en U, environnés par un vaste parc où il est bon flâner entre l'étang et la roseraie. Ajoutez encore quelques dépendances (avec gîte de style année 1800), un pigeonnier, une piscine isolée du bruit, un poney-club juste en face et 4 chambres pleines de charme, vous obtenez un point de chute idéal. Cuisine à cheval entre 2 terroirs – Nièvre et Normandie – à savourer l'été côté jardin, ou dans la belle salle à manger commune.

Chambres d'hôtes Le Mont Givre : *34 bis, rue Jean-Pidoux, 58320* ***Pougues-les-Eaux.*** *07-87-32-97-92. • lemontgivre.fr • Sur la D 907, à mi-chemin entre Nevers et La Charité. Doubles à partir de 60 € ; suite familiale également.* Accueil en famille dans une imposante demeure de bourg. Sylvie, Frédéric et leurs enfants mettent à disposition une chambre de 2 et surtout une immense pour 6, sous les combles, évidemment géniale pour les familles. Ne boudez pas le vaste parc à l'arrière, joliment aménagé et boisé. Petit déj dans la même veine que l'ambiance générale, extra ! Judicieux conseils sur la région de surcroît.

La Fontaine Cavalier : *domaine Jeunot, 58130* ***Urzy.*** *☎ 03-86-57-41-71. À env 6 km au nord de Nevers ; de l'A 77, sortie n° 33 en venant du sud, puis 2 fois à droite et suivre les panneaux. Fermé lun soir, mar soir et mer. Menus 15-19 € (déj en sem) puis*

29-39 € ; carte env 40 €. Une adresse qui mérite le détour à plus d'un titre. Le cadre, d'abord : une ancienne ferme restaurée avec soin, dont la belle salle mêle harmonieusement l'ancien et le moderne, tandis que la vaste terrasse en surplomb du parc fait dans le bucolique. La cuisine, ensuite : fraîche et actuelle, elle suit les saisons en proposant des spécialités traditionnelles joliment revisitées. Quant aux plus pressés, ils se régalent de grandes assiettes. Très agréable, comme l'accueil.

Auberge du Moulin de l'Étang : *64, route de l'Étang, 58160* ***Sauvigny-les-Bois.*** *☎ 03-86-37-10-17. • restaurant@moulindeletang.fr • À 10 km à l'est de Nevers ; auberge à la sortie du village vers La Machine. Fermé dim soir-lun et mer soir. Congés : vac scol de fév (zone A) et 3 premières sem d'août. Formule déj en sem 23 € ; menus à partir de 33 €. Café offert sur présentation de ce guide.* Une des meilleures tables du Nivernais, où les amateurs de poisson sont aux anges. Service souriant et diligent, grande salle à manger à l'atmosphère douce et sympathique, à moins d'opter pour la belle terrasse en surplomb de l'étang.

La Gabare : *171, route de Lyon, 58000* ***Challuy.*** *☎ 03-86-37-54-23. • lagabare@gmail.com • ♿ À 3 km au sud par la D 907. Fermé dim, mer et le soir des j. fériés. Menus env 22 € (déj en sem)-28 € ; carte 30-60 €.* Une maison au toit moussu au bord de la route de Lyon, avec d'agréables salles rustiques, ou, à l'arrière, un petit coin jardin et une belle terrasse qui réussissent à donner à l'ensemble un petit côté campagne. Cuisine classique et gastronomique comme il se doit avec les poissons en spécialités.

Restaurant Le Bengy : *25, route de Paris, 58640* ***Varennes-Vauzelles.*** *☎ 03-86-38-02-84. • lebengyrestaurant@wanadoo.fr • ♿ À la sortie nord de l'agglomération nivernaise. Tlj sauf dim-lun et certains j. fériés. Menus 16,50 € (déj seulement), 19,50 € (sem sauf ven soir et sam soir), puis 24-34 €.* Cette belle maison avec 2 jolies salles contemporaines et un jardin abrite l'une des meilleures tables du secteur. Cuisine de saison dans l'air du temps, pour amateurs de poisson, de belles viandes, de bons produits traités joliment. Ça ne triche pas.

Chic

Chambres d'hôtes Le Château du Marais : *chez Bernadette et Thierry Graillot, 58470* ***Gimouille.*** *☎ 03-86-21-04-10. • le.marais@online.fr • chateau-du-marais.com • À 8 km au sud de Nevers (D 976), à la sortie de Pont-Carreau, direction Bourges. Avr-oct. Double autour de 100 €.* Une demeure féodale de carte postale, avec son pont dormant, son donjon et sa chapelle donnant sur une adorable cour. Les chambres spacieuses et décorées à l'ancienne garantissent un séjour douillet. Vue rassurante sur les bois, les douves, la campagne. Il y a aussi le parc et le petit déj servi dans l'ancienne cuisine, dans la grande tradition.

Domaine du Grand Bois : *route de Fertôt, 58470* ***Gimouille.*** *☎ 03-86-21-09-21. • grand-bois.com • ♿ À 10 km au sud-ouest de Nevers, direction Bourges/La Guerche ; prendre à gauche avt Gimouille, direction Saincaize (indiqué). Chalets 2-3 pers à partir de 105 €/nuit ; également pour 4-6 et 6-8 pers ; forfaits à la sem.* Un lieu parfait pour passer des vacances en famille. Au total, plus de 15 ha pour se mettre au vert, dans l'une des 60 maisons en bois bien conçues et confortables, qui donnent une allure champêtre quelque peu nordique à ce coin de campagne organisé autour d'un étang. Sur place, difficile de s'ennuyer : barques, embarcations à pédales, vélos, piscine (couverte et en extérieur), sauna, tennis, ping-pong, billard, et même un parcours accrobranche.

Hôtel Absolue Renaissance : *2, rue de Paris, 58470* ***Magny-Cours.*** *☎ 03-86-58-10-40. • reception@absolue-renaissance.com • absolue-renaissance.fr • À 12 km au sud de Nevers par l'A 77. Dans le bourg. Doubles env 71-100 €.* L'une des adresses chics des environs de Nevers, prisée par ceux qui fréquentent le circuit automobile posé à une poignée de kilomètres. Chambres classiques tout confort, sobrement contemporaines pour certaines. Restaurant de cuisine traditionnelle.

Où boire un verre ?

En journée, place Guy-Coquille, 2 ou 3 terrasses agréables. La place Carnot, carrefour important, possède aussi quelques cafés qui réunissent du monde.

🍷 ***Une Note de Vin*** *(plan C2,* ***30****) : 60, rue de Nièvre. ☎ 03-86-37-79-90. Mar-sam, à partir de 18h. Vins au verre, planches, tartines et plat du jour.* Le jeune caviste connaît bigrement bien son affaire et ne propose que du bio dans son bar à vins. C'est le rendez-vous pas seulement bobo de ceux qui savent profiter de la vie après le boulot et partager de délicieux fromages frais et charcuteries, jusqu'au sucré : riz au lait incontournable !

🍷 ***Le Donald's Pub*** *(plan B2,* ***31****) : 3, rue François-Mitterrand. ☎ 03-86-61-20-36. Tlj sauf dim 17h-2h.* Déco chaleureuse typique du genre pour cette véritable institution, très appréciée des étudiants. Bon esprit, bonnes bières et une certaine authenticité.

Achats

Faïence : plusieurs faïenciers tiennent encore atelier et boutique à Nevers (liste à l'office de tourisme). La faïence de Nevers, bleu et jaune sur fond blanc (mais pas uniquement), est belle sans doute mais pas donnée. On peut par exemple s'arrêter dans la ***galerie de Clair Bernard,*** maître faïencier, située juste à côté de l'office de tourisme *(plan B2).*

Confiserie : dans un registre plus comestible, nos nougatines de Nevers préférées (au chocolat) se trouvent ***Au Négus*** *(96, rue François-Mitterrand ; plan B1,* ***40****).* La boutique propose aussi, en exclusivité, ses délicieux Négus (justement) : un caramel mou dans un caramel dur.

LA NIÈVRE

À voir. À faire

Repérez les 2 itinéraires piétons matérialisés par une ligne bleue sur les trottoirs, permettant de visiter les principaux monuments et hôtels particuliers du quartier Saint-Étienne (1er itinéraire) ou de la Butte (2d itinéraire, passant par les faïenciers).

Le palais ducal *(plan B2) : rue Sabatier (entrée par l'office de tourisme). ♿ Juil-sept, lun-sam 9h-18h30 ; dim et j. fériés 10h-13h, 15h-18h. Avr-juin, lun-sam 9h-12h30, 14h-18h (fermé dim). Oct-avr, lun-sam 9h-12h30, 14h-18h (fermé dim). GRATUIT.* Élégante construction réalisée de 1464 à 1565, dans la belle pierre ocre clair du pays, et qu'on doit essentiellement aux Clèves puis aux Gonzague, ducs de Nevers. Sur un mur, une plaque rappelle que 2 princesses nivernaises, Louise-Marie de Gonzague et sa suivante, Marie de Lagrange-d'Arquian, devinrent reines de Pologne au XVIIe s en épousant des Polonais bien nés : le vieux roi Ladislas IV et Jean Sobieski. C'est tout à fait un « château de la Loire », de style Renaissance, à la façade sud d'une grande harmonie : tourelles polygonales, hautes fenêtres stylées et toiture de rêve. À l'intérieur, totalement remanié, le rez-de-chaussée accueille un petit espace muséographique. Aux étages que l'on gravit par un élégant escalier contemporain, des expos temporaires. Jeter un œil à la salle de réception et à celle du conseil municipal où officia Pierre Bérégovoy en tant que maire, de 1983 à 1993.

Accolé au palais, voir le mignon ***théâtre*** construit au début du XIXe s, avec décor à l'italienne. En face, charmante ***place de la République,*** du XVIIe s, tout en longueur et donnant sur la Loire.

La cathédrale Saint-Cyr-et-Sainte-Julitte *(plan A-B2)* **:** *au sommet de la Butte. Tte l'année, tlj 9h-19h. De mi-juin à mi-sept, visite guidée gratuite proposée par des bénévoles, en principe tlj 14h30-18h.*
La cathédrale de Nevers présente une grande diversité de styles. Initialement bâtie au milieu du XIe s, les derniers travaux (chapelles, tour) ne furent achevés qu'en 1528, soit 5 siècles d'architecture. Particularité assez exceptionnelle, les 2 absides opposées : l'une romane à l'ouest, l'autre gothique à l'est.
Après avoir fait le tour extérieur de cet impressionnant vaisseau de 101 m de long, extrêmement décoré dans ses parties gothiques (portail sud et haute tour rénovée récemment, de style flamboyant, un vrai délire d'ornementation), on entre pour découvrir l'abside et le transept romans. Belle voûte en cul-de-four abritant une grande fresque du XIIe s. Dans la crypte, remarquable *Mise au tombeau* d'inspiration flamande, du XVe s. La nef, du XIIIe s, s'élève gracieusement, et on peut observer de pittoresques personnages sculptés à la base des colonnettes du triforium (galerie courant à mi-hauteur). Le chœur, du XIVe s, complète élégamment l'ensemble.

La lumière in vitro
Les vitraux ayant été détruits par un bombardement en juillet 1944, un programme de restauration ambitieux a été entrepris à la fin des années 1970. Avec 1 052 m² de verrière, c'est l'un des plus importants chantiers européens qui s'est achevé avec le nouveau siècle. Raoul Ubac a signé les vitraux du chœur roman occidenté – c'est-à-dire tourné vers l'ouest – à l'opposé du chœur gothique orienté, dont les verrières ont été réalisées par Claude Viallat. Les vitraux des chapelles du déambulatoire, aux couleurs très vives – le damassé rouge du vêtement de saint Matthieu est étonnant –, ont été réalisés par Jean-Michel Alberola. Les chapelles latérales sont l'œuvre de François Rouan, les fenêtres hautes, une ponctuation divine dans un ciel quadrillé, de Gottfried Honegger.

La porte du Croux *(plan A2)* **:** au cœur de l'ancien quartier des faïenciers, au caractère médiéval assez marqué. Imposante porte de la fin du XIVe s, bel exemple de ce que pouvaient faire les militaires quand ils se piquaient d'architecture. Mâchicoulis, échauguettes, pont-levis, rien ne manquait. Elle abrite le ***musée archéologique du Nivernais*** *(ouv de mi-juin à sept, tlj 14h-18h ; entrée 2 €)*. Dans le jardin des Remparts voisin, quelques vestiges des anciennes fortifications (XIIe-XIIIe s).

Le musée de la Faïence et des Beaux-Arts *(plan A2)* **:** *16, rue Saint-Genest ; accessible également par les jardins du musée et la promenade des Remparts. ☎ 03-86-68-44-60. • musee-faience.nevers.fr • Mer-dim 12h-18h ; nocturne jusqu'à 21h30 1er mer du mois. Fermé lun-mar, en janv, 1er mai et 25 déc. Entrée : 6 € ; réduc.* Remarquez tout d'abord l'ingénieuse architecture de pierre et de bois, alliant l'ancien de l'abbaye et le contemporain de la rénovation récente. Ce musée atypique regroupe une collection de faïences et de verres émaillés (rare !) dits verres filés, des arts qui ont fait la réputation de Nevers surtout du XVIe au XIXe s. Nombreux objets de faïence d'inspiration italienne destinés à la noblesse puis peu à peu plus usuels, religieux, etc. Notez le fameux « bleu de Nevers », tirant sur le bleu très foncé. Quant aux personnages, boîtes et saynètes en verre émaillé, le tout peut paraître aussi inattendu que surchargé, voire kitsch, il faut bien le dire ! Également des tableaux et dessins des XVIe-XXe s, dont une petite section sur les « artistes en Nivernais », enfants du pays ou peintres inspirés par les bords de Loire. Parmi eux, d'intéressantes œuvres d'Hector Hanoteau.

Le quartier Saint-Martin et le quartier Saint-Étienne *(plan B1-2)* **:** de la place Carnot part la rue Saint-Martin, bordée de quelques hôtels particuliers (hôtels de Saulieu-Saincaize ou hôtel Flamen-d'Assigny, du XVIIIe s) et de l'étonnante *chapelle Sainte-Marie,* de style baroque (unique en son genre dans la

Nièvre), bâtie vers 1640. Cette rue Saint-Martin mène à la *rue François-Mitterrand,* ex-rue du Commerce (toujours appelée ainsi par une majorité de Nivernais), où se trouve le beffroi : Nevers est l'une des rares villes du Centre à en posséder un du XVe s.
De là, par la rue de Nièvre, on accède au *quartier Saint-Étienne (plan C1),* avec sa belle église romane (voir plus bas) et, là encore, d'intéressantes demeures historiques dans la petite *rue Creuse.* Au no 12, imposant hôtel de Maumigny flanqué d'une tour XVe s. Au no 7 vécut, en 1923-1924, Simenon, alors secrétaire du marquis de Tracy. Rebelote dans la *rue Saint-Étienne* (hôtel Tiersonnier, du XVIIIe s, et belle maison à pignons du XVIe s). La *porte de Paris,* modeste arc de triomphe élevé en 1746, et l'*église Saint-Pierre* du XVIIe s, à la façade classique (voûtes décorées de fresques de Sabadini et Gherardini, un peu fatiguées), ferment ce vieux quartier au nord.

FAUT-IL VRAIMENT ÊTRE CLOCHE !

Dans la rue Saint-Martin, presque au niveau de la place Carnot (plan B2), vous pourrez admirer la maison Fouché, l'homme par qui Nevers perdit son aspect de « ville pointue » : on lui doit en effet la décision « révolutionnaire » (en 1793) de raser une grande partie des clochers dont la ville était hérissée.

L'église Saint-Étienne *(plan C1) : rue Saint-Étienne.* Enclavée sur une charmante placette, la discrète église Saint-Étienne se révèle une petite merveille d'art roman bourguignon (mâtiné d'auvergnat, disent les spécialistes). Elle n'a guère subi d'altération majeure depuis le XIe s. Haute et sobre façade, en faire le tour extérieur pour admirer le chevet. À l'intérieur, pas de fioritures mais des lignes pures, des proportions et une lumière parfaites. Chœur avec déambulatoire et vitraux anciens.

L'Espace Bernadette-Soubirous *(plan A1) : 34, rue Saint-Gildard. ☎ 03-86-71-99-50. • contact@espace-bernadette.com • espace-bernadette.com • ♿ Mai-oct, tlj 8h-12h30, 13h30-19h ; nov-avr, 8h-12h, 14h-18h. GRATUIT (musée, chapelle, grotte). Visite avec livret « La marche sur les pas de Bernadette » donnant accès aux jardins : 3 €. Vidéo 25 mn : 2 €.* Chaque année, des dizaines de milliers de visiteurs se rendent à la maison mère des sœurs de Charité de Nevers pour se recueillir sur la châsse de sainte Bernadette. Eh oui, c'est bien la Bernadette Soubirous de Lourdes ! Elle a passé les 13 dernières années de sa vie dans ce lieu, au sein de cette congrégation qu'elle avait connue à l'hospice de Lourdes, où elle a appris à lire et à écrire. Au musée, une petite scénographie moderne et intelligemment conçue retrace les principales étapes de sa vie, et présente quelques objets ayant appartenu à la sainte, dont le fauteuil où elle rendit son dernier souffle. Passer ensuite devant la reconstitution de la grotte de Lourdes avant de rejoindre la chapelle (XIXe s) où est présenté, dans une châsse, le corps de la sainte, menu mais étonnamment conservé. Dans les beaux jardins en terrasses (accès payant), un petit itinéraire permet de découvrir la chapelle Saint-Joseph où Bernadette fut enterrée de 1879 à 1925, puis, tout au fond du jardin, une émouvante statue de Notre-Dame-des-Eaux.

UNE SAINTE DEVENUE MARTYRE

Tout le monde voulait toucher Bernadette Soubirous, lui réclamer une bénédiction. Constamment, elle devait raconter ses apparitions. On la prenait en photo (certains feront fortune), on lui baisait les mains... On la demanda même en mariage ! Pour sa survie, elle quitta Lourdes pour se réfugier à Nevers et n'en repartit jamais.

Randonnées et vélo

Le sentier du Ver-Vert (hors plan par A3) : *départ du sq. Henri-Virlogeux, route des Saulaies (D 504), à 20 mn à pied du centre-ville.* Sentier thématique (7 km aller-retour) à la découverte de la faune et de la flore des bords de Loire. Accessible aux VTT. Descriptif disponible à l'office de tourisme.

La Véloroute, voie verte Nevers-Le Guétin (hors plan par B3) : *départ du port de la Jonction.* Un ancien chemin de halage, le long du canal latéral à la Loire, qui rejoint aussi Decize.

Fêtes et manifestations

– ***Les Zaccros d'ma rue*** : *pdt 1 sem, début juil.* • *zaccros.org* • Des dizaines de spectacles de rue.
– ***Nevers Plage*** : *ts les étés.* Activités sur la plage, en contrebas du pont de Loire.
– ***Marchés de l'été*** : *mer ts les 15 j. en juil-août et 1er w-e de sept, au parc Roger-Salengro.*
– ***Garçon la note !*** : *juil-août.* Tout au long de l'été, concerts gratuits à la terrasse de bars et restos.
– ***Nevers à Vif*** : *dernier w-e d'oct ou 1er w-e de nov.* • *nevers-a-vif.org* • Festival rock.
– ***D'Jazz Nevers Festival*** : *1 sem début nov.* • *neversdjazz.com* • Jazzmen du monde entier pour de swingants concerts.

LA NIÈVRE

DANS LES ENVIRONS DE NEVERS

Le bec d'Allier : *à 10 km au sud-ouest de Nevers, direction Bourges.* Tout simplement le confluent de la Loire et de l'Allier, 2 des dernières rivières sauvages d'Europe. Le classement du bec d'Allier en site Panda permet l'accueil de tous les publics en harmonie avec la protection de la nature. Sentier de découverte dit du Passeur (4 km) au départ du village de Gimouille. Également des chambres d'hôtes idéalement situées, proposées par l'association ***Instant Nature*** *(☎ 03-86-57-98-76 ; • instant-nature.org •).* Au programme, des sorties avec une guide-conférencière et un guide naturaliste. À proximité, sur la route d'Apremont, ne pas manquer le curieux et imposant ***pont-canal du Guétin,*** permettant au canal latéral à la Loire d'enjamber l'Allier.

Apremont-sur-Allier *(18150)* : on quitte la Bourgogne et la Nièvre pour une incursion dans le Cher, sur la rive gauche de l'Allier, à 8 km au sud du bec d'Allier, où le village médiéval d'Apremont s'enorgueillit à juste titre de compter parmi les plus beaux, les plus fleuris et les plus pittoresques de France. Un petit coin de paradis où l'on ne voit pas le temps passer : parc floral, château et resto.

Entre Loire et Allier, dans cette Sologne bourbonnaise, comme on appelle ici ce petit pays au sud de Nevers, 2 ***châteaux*** médiévaux (qui ne se visitent pas, mais dont on peut voir la façade ou l'enceinte) : celui de ***Chevenon,*** à 11 km au sud-est de Nevers par la D 13, une haute construction médiévale (fin XIVe s) flanquée de tours défensives ; et le château de ***Meauce,*** en face d'Apremont-sur-Allier, côté rive droite, avec une insolite enceinte circulaire et une tour hexagonale massive. Visites guidées du chantier du château.

Le circuit de Nevers Magny-Cours : *58470* ***Magny-Cours.*** *• circuitmagnycours.com • À env 15 km au sud de Nevers par l'A 77.* Un monde fou pour l'un des plus gros rassemblements d'Europe d'amateurs de belles carrosseries en juillet et pour le Superbike moto en septembre. Attention, difficile – sinon en réservant très longtemps à l'avance – de trouver un hébergement pour chacun de ces événements.

Non loin de Magny-Cours (3 km au sud du circuit), le village de ***Saint-Parize-le-Châtel*** possède une église étonnante par sa crypte romane (accès par la gauche de l'autel), dont les courtes colonnes donnent l'occasion rare de voir les chapiteaux de près, puisqu'ils se trouvent à hauteur d'homme : sirène bifide, antipodiste tordu, bestiaire bizarre. Superbes et très bien conservés. Poussez jusqu'à ***Mars-sur-Allier*** pour découvrir une église romane atypique avec un très beau tympan.

Zebulle Parc : *allée des Loisirs, 58160* ***Chevenon.*** *☎ 03-86-37-21-25.* *• nievre-tourisme.com/se_depenser/ • À env 13 km au sud de Nevers par la D 13.* Tout un complexe ludique et gratuit sur le thème des insectes, autour des étangs de Chevenon : baignade surveillée l'été, randos à pied et à vélo, terrains de sports collectifs, jeux d'eau, espaces pour pique-niquer, parcours pour grimper... Restaurant et snack. Rien ne manque !

À 23 km au sud de Nevers se trouve le gros bourg agricole de ***Saint-Pierre-le-Moûtier,*** où Jeanne d'Arc fit des siennes en arrachant miraculeusement (à cent contre une, au moins !) la place aux Anglais, en 1429. À voir, les vestiges médiévaux (tours rondes, fossés) et quelques maisons Renaissance, mais surtout l'***église Saint-Pierre*** (XIIe s) avec le remarquable tympan de son portail nord, figurant le Christ et les évangélistes (XIIIe s). Voir également le moulin à vent « les Éventées ».

Enfin, les ***ruines du château de Rosemont,*** à côté de Luthenay-Uxeloup (22 km au sud-est de Nevers par la D 13), dont l'enceinte et les tours sont parmi les plus belles du département.

Pougues-les-Eaux *(58320) : située entre Nevers et La Charité-sur-Loire.* Pougues fut jusqu'en 1969 une ville thermale dont les eaux étaient très appréciées de certains rois de France. Aujourd'hui abandonné par les curistes, son pourtant superbe parc thermal n'est plus que nostalgie. Le salut viendra-t-il du *casino,* posé fièrement à l'entrée de la commune ? Ou bien du dynamique Centre d'art contemporain du département, logé dans un bâtiment destiné autrefois à l'embouteillage des eaux de la station *(☎ 03-86-90-96-60 ; • parcsaintleger.fr •).* Il accueille 4 ou 5 expos par an et est également un lieu de résidence d'artistes.

LA CHARITÉ-SUR-LOIRE

(58400) 5 050 hab. *Carte Nièvre, A2*

C'est pour l'église prieurale Notre-Dame, chef-d'œuvre d'art roman clunisien classé au Patrimoine mondial de l'Unesco, que l'on vient à La Charité-sur-Loire. La ville, qui a également obtenu le label Ville d'art et d'histoire, bénéficie en outre d'un site de toute beauté. Jolis points de vue sur la cité historique et ses clochers depuis l'île du Faubourg ou depuis les remparts. La Loire est ici plus sauvage que jamais (et classée réserve naturelle sur 20 km entre Pouilly et La Charité). La Charité c'est aussi le rendez-vous incontournable des bibliophiles éclairés.

CHARITÉ BIEN ORDONNÉE

Prieur à La Charité n'avait rien d'un austère apostolat. Ainsi le cardinal de Bernis, dernier à avoir occupé cette fonction, était surtout connu à Versailles pour son habileté à rédiger de galants poèmes pour ces dames.

UN PEU D'HISTOIRE

« La Charité des bons pères », ainsi baptisée parce qu'on y bénéficiait de la charité, se développa vite. Le prieuré prospéra tant et si bien qu'il finit par compter plus de 400 dépendances en France et en Europe.
Ville-étape sur la route de Compostelle, La Charité profitait aussi de son port de commerce et d'un pont sur la Loire, le seul alors entre Nevers et Gien. Mais, revers de fortune, la cité fut le théâtre de nombreux épisodes guerriers : 4 fois prise et reprise durant la guerre de Cent Ans (jusqu'à l'échec devant ses murs, en 1429, de Jeanne d'Arc qui dut lever le siège, 1re défaite de la Pucelle), La Charité fut pillée pendant les guerres de Religion (massacre des huguenots par le duc de Nevers en 1572). Toutefois, son prieuré conserva sa puissance territoriale jusqu'à la Révolution, même si le nombre de moines diminua régulièrement (12 en 1789). En 1793, le prieuré fut vendu comme bien national.

Adresses et info utiles

Office de tourisme : *5, pl. Sainte-Croix. ☎ 03-86-70-15-06. • lacharitesurloire-tourisme.com • Avr-sept, tlj ; oct-nov et fév-mars, mar-sam. Congés : janv-fév.* Rallye pour découvrir la ville, liste des (petits) domaines viticoles, géocaching dans le centre-ville et sur la N 7... Efficace et chaleureux.

Location de canoës-kayaks : *auprès de l'**USC Canoë-Kayak,** quai d'Aval, en saison. 06-01-76-17-37.*

– **Marché :** *sam mat.*

Où dormir ? Où manger ?

Camping

Camping de la Saulaie : *quai de la Saulaie. ☎ 03-86-70-00-83. • campinglasaulaie@outlook.fr • campinglacharitesurloire.fr • Sur l'île de Loire ; direction Bourges, à droite avt le 2e pont. De mi-avr à sept. Forfait tente pour 2 env 15 €. Hébergements locatifs également. 82 empl.* Sur une île, entre 2 bras de la Loire, de jolis points de vue depuis ce camping municipal à 2 pas du centre. Pratique ! Plein de petites attentions comme les petits déj en été, une salle de repli en cas de pluie, un réfrigérateur. Emplacements bien plats et bien verts, sanitaires modernes. En location, des roulottes, des bungalows toilés et des tentes équipées pour 2 ou 5 personnes. Idéal pour les adeptes de La Loire à vélo.

Très bon marché

Le Bouchon de Loire : *15, rue du Pont. ☎ 03-58-07-61-80. 06-26-25-37-55. • lebouchondeloire@laposte.net • Entre la Loire et la prieurale. Fermé dim-mar. Congés : en août. Menus à partir de 16,50 €. CB refusées. Un verre de vin régional offert sur présentation de ce guide.* Ça bouchonne à l'heure du repas, mais en repassant plus tard on trouve toujours à caser tout le monde. C'est que la salle et la terrasse, conviviales à souhait, ne sont pas bien grandes. Le patron-cuistot propose un menu unique, selon l'inspiration du jour, mais peut s'en échapper pour satisfaire tous les appétits. C'est simple, efficace et sans tralala. Tout pour nous plaire !

Les Mets et les Mots : *16, rue du Pont. 06-21-72-48-21. Entre La Charité et la Loire. Fermé mar-mer, plus lun hors saison. Compter 20 € le repas. Apéritif maison ou café offert sur présentation de ce guide.* Ce bar à tapas version gauloise constitue l'endroit idéal pour une pause revigorante, derrière sa façade rouge. La carte est courte et claire, de bonnes petites choses bien saines et faites maison, aux saveurs méridionales. On conseille l'assortiment, à picorer à plusieurs. Accueil serviable et service en continu.

Prix moyens

🏠 ***Hôtel Le Bon Laboureur :*** *quai Romain-Mollot. ☎ 03-86-70-22-85. • lebonlaboureur@wanadoo.fr • lebon laboureur.com • Dans l'île de Loire. Doubles 60-70 €. Réduc de 10 % sur le prix de la chambre sur présentation de ce guide.* Grande bâtisse ancienne où les chambres, réparties dans différentes ailes accessibles depuis la cour intérieure, se révèlent simples, propres et d'un confort tout à fait suffisant. Les plus agréables donnent sur la Loire. Accueil souriant.

Où dormir ? Où manger dans les environs ?

Prix moyens

🏠 ***Chambres d'hôtes La Cuvellerie :*** *rue de l'Enfer, 58400* ***Narcy.*** *☎ 03-86-69-16-34. 📱 06-22-30-63-45. • francoise.perdrizet@free.fr • lacuvellerie.fr • À 8 km au nord-est. Doubles 65-72 € ; familiales.* En lisière du village, surplombant la campagne où gargouille un ruisseau, cette grande demeure de campagne du XVIIe s ne manque pas de caractère avec ses volets bleus et ses dépendances ceinturant un jardin clos. L'intérieur est tout aussi charmant : petite bibliothèque, terrasse et 2 vastes suites parentales. Quant aux amoureux, ils choisiront sans hésiter celle qui occupe un pavillon indépendant, séduisante et intimiste.

Plus chic

🏠 ***Chambres d'hôtes Aux Antipodes :*** *2, rue de la Mairie, le Grand Soury, 58400* ***Champvoux.*** *📱 06-89-27-39-06. • nathalie.gouliart@free.fr • auxan tipodes.fr • À 6 km au sud-est par la D 245. Fermé 20 déc-janv. Doubles 120-130 €.* Rien ne laisse présager un tel luxe derrière les murs de cet anodin bourg de campagne. Et pourtant s'y cachent, dans une maison de caractère en pierre de Bourgogne, 3 magnifiques chambres qui sont autant d'invitations au voyage. Piscine chauffée intérieure et massages au programme, à moins de s'offrir un cocktail maison. N'oubliez pas de sortir quand même et de découvrir les environs en rando. Pour ceux qui peuvent se l'offrir, une adresse loin de tout, dans tous les sens du terme.

🏠 🍴 ***Les Forges de la Vache :*** *chemin de la Fontaine, 58400* ***Raveau.*** *☎ 03-86-70-22-96. • contact@for gesdelavache.com • forgesdelavache.com • ♿ À 5 km à l'est, direction Clamecy-Auxerre ; sortie n° 29 sur l'A 77 ; au village, suivre le panneau « Forges de la Vache ». Double env 120 €, petit déj compris. Gîte d'étape 34 €/nuitée, petit déj compris ; ½ pens possible.* Au pied de la forêt des Bertranges, un lieu atypique à la fois patrimonial et industriel, au cœur d'un séduisant parc (expos d'art contemporain en été). Dans l'élégant manoir, une bibliothèque et 6 vastes chambres classiques, tout confort et ultra-calmes. En surplomb du site, 4 amusantes cabanes perchées utilisées en gîtes d'étape pour 4 ou 5 personnes, mais aussi 3 restaurants et un bistrot. Les marteaux des anciennes forges se sont tus depuis longtemps, remplacés par d'harmonieuses mélopées lors des réguliers *Impromptus* (concerts de musique de chambre).

LA NIÈVRE

Où acheter de bons produits dans le coin ?

🧺 ***Le Vin :*** *7, pl. des Pêcheurs.* Jean-Paul Quenault, ancien restaurateur et œnologue confirmé, vous reçoit dans sa boutique autour d'une dégustation véritablement amicale. C'est l'ambassadeur passionné de ce cru du terroir qui embaume le palais : les côtes-de-la-charité (60 % de blanc). À servir à 12 °C, avec du poisson de préférence.

La Confiserie du Prieuré : *11, pl. des Pêcheurs. Fermé lun.* Maison tenue par Jean-Claude Charpentier, un maître chocolatier étonnant. Ici, la spécialité, c'est le *charitois,* un caramel tendre au beurre de Charente, aromatisé au café et au chocolat. Goûtez aussi le *pavé du Prieuré,* un mariage praliné-nougatine. Sinon, terrasse intérieure pour siroter un chocolat façon grand-maman ou un thé. Bon, les glaces maison, en été, ce n'est pas mal non plus...

Les Halles de Loire : *quai Foch.* Au cœur des anciens abattoirs municipaux datant de 1836. Fruits et légumes, laitages et articles d'épicerie issus des producteurs locaux.

Huilerie Brossard : *ferme de Montifault, route de Mouchy, 58400* ***Raveau.*** *06-61-21-69-80. ☎ 09-61-28-35-73. • contact@huilerie-brossard.fr • huilerie-brossard.fr • À 5 km à l'est, direction Clamecy-Auxerre ; sortie n° 29 sur l'A 77 ; au village, suivre « Montifault ». Ven 14h-19h, ou sur rdv. Fermé juil et déc pour la récolte.* Une gamme d'huiles artisanales à découvrir sur l'exploitation même. Parmi les spécialités produites en agriculture raisonnée, l'huile de moutarde. Attention, elle déménage !

À voir. À faire

L'église prieurale Notre-Dame, le cloître et les bâtiments conventuels : *tlj. GRATUIT. Visites guidées en juil-août ; infos à l'office de tourisme.*
On accède par un porche à la petite place Sainte-Croix où se dresse la tour du même nom, de plan carré, bel et imposant ouvrage d'art roman bourguignon ; au bas, superbe portail roman. Cette tour est séparée du reste de la nef depuis l'incendie de 1559 qui a détruit la moitié de cette dernière. Depuis longtemps, les habitants de La Charité se sont installés à l'intérieur des arcades restantes. Site majeur, l'église prieurale a été édifiée, tout comme l'église annexe Saint-Laurent, dans la 2de moitié du XIe s. Au début du XIIe s, le chœur fut prolongé et un déambulatoire créé. L'église fut ensuite restaurée du XIVe au XVIIe s. La nef, ample et élancée, ne manque pas d'allure. Les chapiteaux ouvragés, les sculptures témoignent d'un éventail complet de l'art roman, véritable catalogue. Par ailleurs, 68 vitraux remarquables ont été refaits par Max Ingrand de 1954 à 1957.
Dans le transept sud, on admire le tympan du portail, déposé ici en 1835. De là, une galerie permet de rejoindre le beau jardin des Bénédictins et s'arrêter devant les vestiges archéologiques (couverts) de l'église Saint-Laurent. Puis on rejoint les bâtiments conventuels. Dans la salle capitulaire (XIIIe-XIVe s) sont organisés concerts et spectacles en saison. Le bâtiment nord du cloître abrite des salles du XVIIIe s : réfectoire, cuisine, salle de compagnie agrémentées de remarquables décorations. Le cloître (XVIIe-XVIIIe s), soigneusement restauré, sert d'écrin à des projections ou des expositions d'œuvres contemporaines. Sortie dans la cour du prieuré dans laquelle se trouvent le logis du prieur et le cellier.

La maison de la Fraternité compagnonnique des Anciens Devoirs : *rue du Champ-Baratté. ☎ 03-86-70-01-13 ou 03-86-69-61-59. Ouv le 4e sam du mois 15h-18h, ou sur résa, selon dispo des bénévoles. GRATUIT.* Perchée en surplomb du jardin des Bénédictins, la chapelle du Bon-Secours abrite désormais le siège de cette Fraternité qui se caractérise par les nombreux corps de métier qui la composent. Des savoir-faire qui sont illustrés par différentes pièces de réception (les fameux chefs-d'œuvre).

Les remparts et les vieilles rues : dominant la vieille ville et le prieuré, les remparts (principalement le rempart nord) permettent d'embrasser un superbe panorama sur la Loire et la ville. Parcourir le noyau urbain médiéval, en partie reconstruit après l'incendie de 1559, les rues basses de Loire, place des Pêcheurs, rue des Chapelains, rue des Hôtelleries (maisons du XVIe au XVIIIe s). Remonter la Grande-Rue jusqu'à l'église Saint-Pierre (XVe et XVIIe s). Les quartiers vignerons qui bordent les remparts au sud/sud-est sont intéressants : maisons minuscules sur caves. Levez le nez, prenez le temps de découvrir les noms (la rue *du Grenier-à-Sel,* le *passage du Guichet,* la *maison du Nain*) qui font travailler l'imagination, jusqu'au chemin des 84 marches, passage des pèlerins de Saint-Jacques depuis le XIIe s...

Le pont de pierre : long de 200 m, construit en 1520. Côté amont, une pyramide servait aux mariniers à repérer l'arche marinière (sur les 10 au total), la seule qui permettait le passage des bateaux. Côté aval, une passerelle métallique a été accolée en 2017. Le pont permet d'accéder à ***l'île du faubourg,*** quartier construit entre 2 bras de la Loire. Vue privilégiée sur le prieuré et la ville et passages étroits entre les maisons. Aller jusqu'à *La Goguette de l'Île* (● lagoguettedelile.com ●), un lieu convivial de restauration, mais aussi de spectacles, et proposant même un marché de producteurs *(mar en saison).*

Noter la présence en ville ***d'artistes et d'artisans d'art*** dans différents domaines : poterie, sculpture, céramiste, peinture, calligraphie, créatrice de mode, tourneuse sur bois, feutrière... On vous laisse pousser les portes.

La Cité du Mot : *☎ 03-86-70-15-06 (office de tourisme). ● citedumot.fr ● Oct-mars, marché aux livres ts les 3e dim du mois. 3e dim d'avr, marché aux livres anciens. 3es dim de juil et d'août, foires aux livres anciens dans les rues. 1er sam d'août, Nuit du livre.* Une poignée de librairies à thème, un atelier de calligraphie... jalonnent la ville. Programmation toute l'année, coordonnée par le Centre culturel de rencontre-Prieuré de La Charité : expos, concerts, projections, festivals, débats et programmes de formation côtoient les visites guidées du site, les marchés aux livres anciens et des métiers d'art et autres événements qui rythment la vie de La Charité-sur-Loire.

Festivals

- ***Aux Quatre Coins du Mot :*** *fin mai. ● citedumot.fr ●* Fête originale autour du mot et de la parole. Spectacles, performances, ateliers, expositions.
- ***Festival Format Raisins :*** *2 sem début juil. ● format-raisins.fr ●* Musique et danse dans plus de 15 villes et villages, autour de la Loire et des vignobles.
- ***Blues en Loire :*** *1 sem en août. ● lechatmusiques.com ●* Un festival de blues avec des pointures américaines et leurs émules européennes.

DANS LES ENVIRONS DE LA CHARITÉ-SUR-LOIRE

Les forges de Guérigny *(58130)* **:** *av. Arnault-de-Lange. ☎ 03-86-37-01-08. ● museeforgesetmarines.fr ● À env 10 km à l'est de Pougues par la D 8. Musée ouv de juil à mi-sept, tlj sauf mar 15h-19h. Entrée payante.* Fermées définitivement en 1971, les forges de Guérigny, qui existaient déjà au XVIe s, employèrent jusqu'à 600 ouvriers, et s'étaient spécialisées dans l'ancre de marine. Elles fournissaient les ancres de la « Royale » sur ordre de Colbert. Le site de ces ateliers du XVIIIe s est ouvert en permanence. L'un des bâtiments abrite un musée avec expo de maquettes, mais aussi de pièces et machines-outils parfois impressionnantes. Une visite qui vaut autant pour le site exceptionnel

MONSIEUR MUSCLE...

Dans les anciens ateliers des forges de Guérigny où ils sont exposés, observez ces maillons de chaîne d'ancre que le forgeron devait assembler : un travail d'Hercule dont on peut mesurer la difficulté en soulevant un seul de ces maillons d'environ 20 kg. Quelle charge quand on sait qu'il fallait en manier plusieurs à la fois, à longueur de journée, les chauffer et les fondre, les tordre et les souder !

(bief et roue à aubes) que pour la présence et les commentaires des Amis du Vieux Guérigny, anciens de la forge pour certains, à qui l'on doit ce musée. Sans compter le *Théâtre des Forges royales,* installé au cœur du site. Moderne avec une programmation riche, pour tous les goûts *(● theatredesforgesroyales.com ●).*

La forêt des Bertranges : à l'est de La Charité-sur-Loire, elle s'étend sur 10 000 ha. Très ancien domaine boisé de hêtres et surtout de chênes (2e chênaie française après Tronçais), dont la futaie pluriséculaire (de 185 à 255 ans) se prête admirablement aux longues promenades... Du XIVe au XIXe s, ce massif forestier était entouré de forges, comme celles de Guérigny, que le sol riche en minerai de fer, le charbon de bois et l'énergie hydraulique des nombreux cours d'eau alimentaient. Quelques-unes, désaffectées, subsistent, le plus souvent intégrées à des exploitations agricoles ou à des bâtiments privés. Celle de la Vache a été réhabilitée et ses différents bâtiments accueillent aujourd'hui un lieu d'hébergement touristique et culturel *(● forgesdelavache.com ●).* Cueillette de champignons, soirée « brame du cerf » et observations animalières organisées en automne *(Instant Nature, ☎ 03-86-57-98-76 ; ● instant-nature.org ●).*

Festival

– **Les Conviviales :** *2de quinzaine d'août, à* ***Nannay,*** *à env 20 km au nord-est par la N 151. ● nannay.com ●* Un festival de cinéma en rapport avec le monde rural dans un bourg de la Nièvre, il fallait le faire ; bravo aux bénévoles !

LA NIÈVRE

POUILLY-SUR-LOIRE

(58150) 1 700 hab. *Carte Nièvre, A2*

Un bourg bien tranquille dont La Tour du Pouilly-Fumé, en plein centre, constitue le cœur névralgique. C'est la vitrine des vins qui font la réputation de Pouilly depuis l'époque médiévale – pouilly-sur-loire (cépage chasselas) et pouilly-fumé (cépage sauvignon blanc). Autre singularité : la ville se trouve à équidistance de la source et de l'embouchure de la Loire : 496 km, d'où la présence opportune du Pavillon du Milieu de Loire. Promenade sympa le long du fleuve (protégé par une réserve naturelle) sur le chemin de halage ou sur les sentiers de découverte. Vos pas ou vos roues vous mèneront sûrement à Sancerre, sur l'autre rive de la Loire et vous feront changer de région !

À CHACUN SON POUILLY

Ici on produit le pouilly-fumé, un blanc classé parmi les vins de Loire (mais on est bien en Bourgogne !). À ne surtout pas confondre avec un autre blanc, le pouilly-fuissé, un autre vin de Bourgogne produit en Saône-et-Loire, à 200 km de là. Les cépages ne sont pas les mêmes : sauvignon pour le ligérien, chardonnay pour le bourguignon. Quant à Pouilly-en-Auxois, en Côte-d'Or, pas de vignoble là-bas, on fait plutôt dans l'eau avec le canal !

Adresse et info utiles

Office de tourisme : *La Tour du Pouilly-Fumé, 30, rue Waldeck-Rousseau. ☎ 03-86-24-04-70. ● pouillysurloire.fr ● Juil-août, tlj 10h-19h ;*

avr-juin et sept-oct, tlj sauf lun 10h-13h, 14h30-18h30 ; fév-mar et nov-déc, tlj sauf lun 14h-18h. Conseils sur les dégustations et les visites de caves. Boutique.

– ***Marché :*** *ven mat.*

Où dormir ? Où manger ?

Camping

⛺ ***Camping Le Malaga :*** *route des Loges. ☎ 03-86-39-12-55 (mairie). 📱 07-86-21-85-98 • mairiepouillysurloire@wanadoo.fr • campingpouillysurloire.fr • Ouv de mai à mi-sept. Forfait pour 2 env 12 € en hte saison.* Petit camping municipal, joliment situé juste en bord de Loire, dans un paysage très nature. Quelques grands arbres mais peu d'ombre au final, des équipements très basiques mais le coin est vraiment agréable. Bar et petit déj. Belle aire de jeux pour les enfants juste à côté.

De bon marché à prix moyens

🍴 ***Chez Mémère :*** *72, rue Waldeck-Rousseau. ☎ 03-86-39-02-43. • noel.neis@bbox.fr • Pas loin de l'église. Fermé lun. Formules et menus 16-26 € ; carte 25-30 €. Digestif maison offert sur présentation de ce guide.* Un bistrot à l'ancienne qui joue sur le rustique à fond, et ça marche, depuis plusieurs décennies. Ambiance familiale et cuisine sans prétention, simple et traditionnelle. Si vous n'aimez pas l'andouillette ni les escargots, rassurez-vous, les desserts maison sont délicieux !

🏠 🍴 ***Chambres d'hôtes La Pouillyzotte :*** *rue de Charenton. ☎ 09-80-79-60-79. • lapouillyzotte@gmail.com • pouillyzotte.com • À 2 km au sud-est, direction Charenton. Congés : 20 déc-20 janv. Doubles 68-75 € ; familiale. Roulotte : 99-119 €. Dîner : 25 €.* On oublie vite l'autoroute proche dans cette demeure du XVIIIe s. Elle est dotée de 4 chambres coquettes dont 2 familiales, dans la tour de la maison et un bâtiment attenant. Roulotte (bien pour une famille également !) au fond du grand jardin. Environnement serein, piscine, jeux pour enfants... Petit déj amélioré. Une accueillante adresse, labellisée Accueil Vélo, riche en infos sur la région.

De prix moyens à chic

🏠 🍴 ***Le Relais de Pouilly :*** *quai de Loire. ☎ 03-86-39-03-00. • info@relaisdepouilly.com • relaisdepouilly.com • ♿ (au resto). Depuis l'A 77, sortie nos 26 ou 27, puis direction Mesves. Doubles climatisées 77-87 € (gratuit moins de 10 ans). Formule 16,20 € (sauf dim midi et j. fériés) ; menus 24,90-32 €.* Ne pas s'inquiéter de l'autoroute qui frôle cet hôtel moderne. Les chambres, impeccables, spacieuses et tout confort sont pour la plupart tranquillement posées face à une vaste pelouse à 2 pas de la Loire. Au resto, la table est très simple et classique (buffet d'entrées, grillades, spécialités de terroir). Terrasse aux beaux jours. L'adresse pratique avec des enfants : tout ce qu'il faut pour les bébés et une belle aire de jeux. Prêt de vélos.

🏠 🍴 ***Le Coq Hardi :*** *42, av. de la Tuilerie. ☎ 03-86-39-12-99. • lecoqhardi@orange.fr • lecoqhardi.fr • ♿ Au sud-est, à 1 km du centre-ville, direction La Charité/Mesves. Fermé lun-mar. Résa conseillée. Doubles 89-109 €. Formule déj en sem 19,50 € ; menus 27 € (sauf sam soir, dim et j. fériés), puis 40-64 €. Café offert sur présentation de ce guide.* Établissement très classique, doté de chambres agréables, surtout celles avec terrasse donnant sur la Loire et le grand jardin. Fait aussi resto, et quel resto ! Le chef n'aime travailler que les beaux produits, à commencer par les poissons de la pêche locale. Éviter de venir là en short, ce n'est pas du tout le genre de la maison. Tenue plus décontractée en revanche pour partir, depuis le jardin, faire une balade sur le chemin de halage longeant la Loire.

Où acheter de bons produits dans le coin ?

Les Craquants du Val de Loire : *64, rue Waldeck-Rousseau. ☎ 03-86-39-09-67. En centre-ville. Lun-sam 8h-19h. Une dégustation offerte sur présentation de ce guide.* Des biscuits à base d'amandes et de noisettes qui font craquer. Salon de thé et restauration rapide.

À voir. À faire

La Tour du Pouilly-Fumé : *30, rue Waldeck-Rousseau. ☎ 03-86-24-04-70. • tourdupouillyfume.fr • ♿ Mêmes horaires que l'office de tourisme. Entrée : 7 € ; réduc. Compter 30 mn-1h. Boutique. Animations en été.*

Ni musée du Vin ni espace spécialisé destiné à satisfaire les œnotouristes chevronnés, cette ancienne tour de guet abrite avant tout un centre d'interprétation réjouissant, dont la scénographie ludique a le mérite de mettre l'univers mystérieux de ce blanc pas comme les autres à la portée de tous. On s'attable pour écouter les commentaires sur l'histoire du vignoble, on visionne un film esthétique sur le travail de la vigne en fonction des saisons (avec quelques petits effets !), puis on s'intéresse à quelques aspects techniques avant de rejoindre l'ingénieuse et quasi unique Cave aux Arômes© des pouilly-fumé. Les poétiques étapes du débuttage, de l'ébourgeonnage ou encore de la véraison ne devraient plus avoir de secrets pour vous. La séance de dégustation achève le tour dans cette vitrine bigrement bien conçue de l'appellation, regroupant une soixantaine de producteurs de l'appellation (30 ha pour le pouilly-sur-loire contre 1 300 ha pour le pouilly-fumé). En saison, La Tour du Pouilly-Fumé propose balades dans les vignes, ateliers dégustation, expositions...

– ***It's Wine Time :*** *1 soir/sem juil-sept, au crépuscule.* La Tour du Pouilly-Fumé propose des balades-dégustations, sur une plage de Loire, dans un lieu chargé d'histoire, dans les vignes...

PAS DE FUMÉ SANS FEU !

Pourquoi le pouilly est dit « fumé » ? En raison des arômes caractéristiques de son cépage, le sauvignon blanc fumé ? Certainement, mais aussi parce qu'à la vendange on observe une fine pellicule qui recouvre les raisins, ressemblant à s'y méprendre à de la cendre fine !

Le Pavillon du Milieu de Loire : *17, quai Jules-Pabiot. ☎ 03-86-39-54-54.* Cette structure d'animation nature en bords de Loire propose de nombreuses activités pour les familles et les enfants (demander le programme), notamment :

– ***canoë rabaska :*** *plusieurs dates en juil-août.* Balade au fil de la Loire en grands canoës canadiens pouvant embarquer jusqu'à 12 personnes. Parcours commenté avec arrêt-dégustation sur une île.

– ***Ateliers « Les aventuriers du milieu de Loire » :*** pour les enfants *(certains mer en juil-août).* Activités de plein air, construction de cabanes, bricolage nature...

Les sentiers du Milieu de Loire : 3 sentiers de découverte balisés (de 3,5 à 9 km) au départ du Pavillon. Une plongée dans la réserve naturelle du Val de Loire et les vignes. Promenades avec des points de vue sympa sur le Sancerrois ou la butte de Saint-Andelain. Document d'accompagnement disponible au Pavillon et à l'office de tourisme.

Fêtes et manifestations dans le coin

– ***FIAAC (Foire internationale d'art actuel dans les chais) :*** *pont du 1er mai, à Pouilly.* Expo de peintres dans des chais.

– ***Fête de la Grenouille :*** *3e dim de mai, à* ***Mesves.***
– ***Fête de Saint-Clair :*** *1er dim d'août, à* ***Saint-Andelain.*** Autour des produits du terroir : on peut même y gagner son poids en pouilly !
– ***Foire aux vins :*** *15 août, à Pouilly.*

DANS LES ENVIRONS DE POUILLY-SUR-LOIRE

★★ ***Le belvédère de Saint-Andelain :*** *à 3 km au nord-est. Accès par portillon automatisé, paiement par CB. Possibilité de billet jumelé avec La Tour du Pouilly-Fumé. Tlj 9h-20h (18h nov-avr). Entrée : 2 € ; réduc.* Cet ancien château d'eau transformé offre l'une des plus belles vues sur le Val de Loire et sur le vignoble de pouilly.

★★ ***Les musées de la Louise :*** *à* ***Vielmanay.*** *Visite sur résa au ☎ 03-86-69-16-31. • memoiredantan.fr •* À l'est de Pouilly, l'association Mémoire d'antan propose une balade à la campagne, au cœur du village de Vielmanay. Musée du Lavoir, musée de l'École, cuisine de l'institutrice et son potager, musée des Outils d'autrefois, *escape game*...

★★★ ***La réserve naturelle du Val de Loire :*** *entre La Charité et Tracy-sur-Loire (en direction de Cosne).* Ces 19 km classés abritent plus de 180 espèces d'oiseaux, une trentaine d'espèces de poissons comme le saumon, l'anguille ou l'alose, des castors, sans compter les centaines d'espèces de plantes... Et surtout le lit de la Loire se distingue ici par ses nombreux bras secondaires et ses grèves mobiles d'une année sur l'autre. Un écosystème unique à découvrir à l'occasion de sorties. Dépliant dans les offices de tourisme.

COSNE-COURS-SUR-LOIRE

(58200) 10 500 hab. *Carte Nièvre, A1*

Au confluent du Nohain et de la Loire, Cosne (du gaulois *condate,* « confluent ») fut occupée dès le Néolithique. Le commerce fluvial et sa position sur la route du Bourbonnais (axe Paris-Lyon) ont longtemps fait sa fortune, mais aussi son malheur, car, ville relativement importante et située à la frontière du Berry et du Bourbonnais, elle fut souvent assiégée durant le haut Moyen Âge puis pendant la guerre de Cent Ans. Il ne reste rien de ce passé tumultueux, les remparts ayant été rasés au XVIIIe s.
Le chemin de fer, puis la construction mécanique jusque dans les années 1970 ont ensuite fait de Cosne-Cours-sur-Loire un centre industriel assez dynamique, 2e ville du département. Mais nombre d'usines ont fermé depuis. Une activité viticole importante – appellation coteaux-du-giennois – a rendu vie à la ville.
Cosne reste une étape plutôt agréable, surtout en son centre, avec notamment les marchés du mercredi et du dimanche, ce dernier attirant nombre d'acheteurs et de flâneurs aux beaux jours. Sans oublier le petit (mais costaud) musée de Loire.

Adresse utile

ℹ ***Office de tourisme :*** *en centre-ville, au palais de Loire. ☎ 03-86-28-11-85. • ot-cosnesurloire.com • En saison, tlj sauf dim ap-m ; en basse saison, mar-sam seulement.* Billetterie pour le château de Guédelon et les spectacles. Location de vélos à assistance électrique.

Où dormir ? Où manger ?

Camping

⛺ ***Camping de l'Île :*** *île de Cosne, 18300* ***Bannay,*** *juste de l'autre côté du pont. ☎ 03-86-24-48-43. • camping.cosne@aquadis-loisirs.com • aquadis-loisirs.com/camping-de-l-ile • De mi-mars à fin oct. Forfait pour 2 env 15 €.* On a franchi la Loire et mis un pied dans le Cher. Joliment situé, juste en retrait de la berge, avec des emplacements bien espacés et arborés. Juste à côté, restaurant (le midi seulement), miniparc d'attraction et base de canoë.

Bon marché

🏠 |●| ***Hôtel-restaurant Le Saint-Christophe :*** *pl. de la Gare. 📱 06-51-39-94-33. • le.saint.christophe@outlook.fr • Doubles 53-66 €. Menus 15-23 €.* Dans une bâtisse de style, face à la gare et au calme. Chambres simples et fonctionnelles, bien tenues. Accueil souriant et petit resto traditionnel de qualité. Bien pour une étape d'une nuit.

🏠 ***Chambres d'hôtes la Joséphine :*** *83, bis rue Jean-Jaurès. 📱 07-69-65-12-60 ou 06-95-17-45-58. • contact@lajosephine.fr • lajosephine.fr • Doubles 71-96 €. Gîte « le Cabanon » pour 2 pers : w-e 180 €, sem 290-380 €.* Une petite maison bourgeoise d'autrefois comme il y en a quelques-unes dans ce quartier tranquille à 5 mn de la gare et du centre-ville. 3 chambres (dont 1 suite familiale) avec entrée indépendante, simplement charmantes, un solide petit déjeuner, un grand jardin et l'accueil hors pair d'un couple de jeunes retraités belgo-français. Prêt de vélos.

|●| ***Le Square :*** *1, sq. Gambon. ☎ 03-86-28-17-75. • lesquare@free.fr • Entre l'office de tourisme et la gare. Tlj sauf mer-jeu (ce sont les rares ouv le lun !). Congés : fin fév, mi-août et mi-nov. Menu déj 14 € (sauf dim) ; repas env 20-25 €. Kir offert sur présentation de ce guide.* Belle situation pour cette brasserie chaleureuse dans sa déco et conviviale, dont la terrasse s'épanouit à l'ombre des arbres d'une placette tranquille. Menu du jour simple et bon, à moins de préférer une salade ou un burger (à la mode US).

|●| ***Au Bistrot d'Anatole :*** *6, rue Anatole-France. ☎ 03-86-27-12-95. • info@chez-anatole.com • Tlj sauf soir lun-mer et dim. Formules et menus 17,50-26,50 € (déj sauf dim), 25-30 € (soir et w-e). Menu-carte 25-36 €.* Un néo-bistrot avec 2 salles à la déco dans le goût d'aujourd'hui, animées et chaleureuses, et une terrasse, tranquille dans cette petite rue piétonne. Excellente cuisine, au gré du marché, dans la tradition mais avec un ton des plus moderne. Service discret mais efficace.

Très chic

🏠 ***Le Prieuré Saint-Agnan :*** *pl. Saint-Agnan. 📱 06-19-91-96 82. • leprieuresaintagnan@gmail.com • prieuresaintagnan.com • Au centre-ville, près de l'Éden Cinéma. Double 130 €.* Une des plus belles demeures de la ville. On est tombés amoureux de la vaste terrasse de cette maison de maître, qui profite d'une superbe vue dégagée sur la Loire en contrebas. Les chambres, élégantes et confortables, se répartissent entre l'étage (avec ou sans vue) et le rez-de-jardin (accès direct). Une adresse soignée. Piscine chauffée et prêt de vélos.

Où dormir ? Où manger dans les environs ?

🏠 |●| ***Chambres d'hôtes Chez Elvire :*** *11, chemin de la Genetière, Chauffour, 58200* ***Saint-Loup.*** *☎ 03-86-26-20-22. À 12 km au nord-est de Cosne, à 3 km de Saint-Loup. Avr-sept. Double 75 €. Table d'hôtes env 27 €.* Séduisante maison qu'Elvire et René Duchet ont restaurée à l'ancienne. Tomettes, poutres et 3 chambres spacieuses (dont une familiale avec mezzanine), personnalisées avec goût et dotées de salles d'eau quasi

LA NIÈVRE

luxueuses. Ambiance un rien bohème et intello (vous êtes chez un ancien journaliste, peintre à ses heures perdues), accueil très agréable et authentique. À table, tout le monde partage tarte aux poireaux, poulet à la broche, tartes aux fruits maison... Sympa comme tout.

Le Chat : *pl. du Chat, 58200 **Villechaud** (à 5 km de Cosne). ☎ 03-86-28-49-03. Fermé dim soir-mar. Menus env 16-28 € (déj en sem), puis env 23,50-47 €.* Ancien chef d'adresses parisiennes, Laurent Chareau a repris un café de campagne-épicerie pour en faire un lieu à son image, gentiment décalé et accueillant, où l'on peut venir boire un verre de blanc le matin, au bar, pendant qu'il prépare les plats du jour, inspirés par le marché. Du vivant, de l'instantané, du parfumé, du rebelle parfois. Carte des vins à l'image de la maison : précise et de bon goût.

Où déguster et acheter de bons produits ?

Chez Nathalie : *23, rue du Commerce.* Chocolatier-confiseur où vous pourrez déguster les merlettes de Cosne et la tarte cosnoise.

Ferme du Port-Aubry : *☎ 03-86-26-63-61. • ferme-portaubry.fr • À 3 km au sud, direction Villechaud, puis suivre les panneaux (situé de l'autre côté de la voie ferrée). Tlj sauf 1er janv et 25 déc 9h-12h, 15h-19h (16h-18h dim et j. fériés) ; traite en milieu d'ap-m.* Une ferme traditionnelle qui ouvre ses enclos aux familles : basse-cour, vaches, cochons, traite des chèvres l'après-midi... Également une aire de jeux pour les enfants, des karts à pédales, un espace pique-nique (glaces et boissons en vente) et une boutique (la ferme produit le crottin de Chavignol en AOC). Chaleureux accueil.

LA NIÈVRE

À voir. À faire

Le musée de la Loire : *pl. de la Résistance. ☎ 03-86-26-71-02. • musee@mairie-cosnesurloire.fr • museedelaloire.fr • ♿ Mars-oct, tlj sauf mar, sam mat et dim mat 10h-12h, 14h-18h ; jusqu'à 17h30 le reste de l'année et fermé dim. Fermé janv-fév. Entrée : 3,50 € ; réduc ; gratuit moins de 18 ans. Livret-jeu pour les enfants.* Dans l'ancien couvent des Augustins joliment réhabilité (superbe cheminée Renaissance). Sur 2 niveaux, on navigue entre la Loire et les beaux-arts. Au rez-de-chaussée, le fleuve sauvage tout d'abord, ses paysages et ses activités, par le biais de faïences de Nevers ainsi que de maquettes et d'objets divers présentant les vieux métiers de la Loire, ou encore la batellerie et la vie des mariniers, protégés par saint Nicolas. À l'étage, des toiles de Messemin (1880-1944) ou de Claude Rameau (grands ciels doux), toujours sur le thème de la Loire. Mais ne manquez surtout pas la collection de peintures qui fut léguée par Émile Loiseau, un amateur d'art de l'entre-deux-guerres : des œuvres peu connues mais ô combien plaisantes, signées par les plus grands artistes ! Une vingtaine de pièces, dont, par exemple, un de Vlaminck (superbe paysage incliné), une gouache sur papier d'Utrillo, le *Moulin de la Galette,* une *Vue d'une fenêtre*

UN LANGAGE PLUTÔT VERT !

Suite à une histoire écrite par un jésuite, son héros, le perroquet Ver-Vert est devenu la mascotte de Nevers. Élevé par les sœurs visitandines de Nevers, le volatile ne parlait que le meilleur des latins... jusqu'à ce qu'il parte chez les religieuses de Nantes. Arrivé à destination, il avait troqué son dévot langage pour celui, nettement plus cru, des bateliers à qui il avait été confié. Renvoyé à Nevers, Ver-Vert fut puni, mais les sœurs le nourrirent en cachette, tant et si bien qu'il en mourut d'indigestion !

ouverte de Dufy, ou encore *Le Café* de Chagall et *Le Village* de Derain. Sinon, des expos temporaires. Une visite qu'on ne peut que recommander.

Promenade dans le vieux Cosne : rive gauche du Nohain, remarquable façade Art déco de l'*Éden Cinéma,* toujours en activité. Quelques pas plus loin, l'église *Saint-Agnan,* largement reconstruite au XVIIIe s, a conservé un beau portail roman orné de figures symboliques, auquel fait face un portail flamboyant décoré d'anges et de griffons, et d'une abbesse recevant sa crosse des mains de Jeanne de France. De l'église, par la rue des Forges, on arrive *place des Marronniers* : agréable promenade ombragée le long de la Loire, sur la route touristique qui mène à la *Ferme du Port-Aubry* et à la gare de départ du cyclorail (voir ci-après). Vue sur les collines de Sancerre. En tournant à droite, pont suspendu et quai du Maréchal-Joffre avec des marques de crues spectaculaires.
Sur l'autre rive du Nohain, on trouve d'intéressantes architectures, notamment place Pasteur, avec le très bel *ancien palais épiscopal* (ancien palais des évêques d'Auxerre), du XIIIe s.

Cyclorail : *gare de départ au lieu-dit de Port-Aubry, à 3 km du centre-ville. 06-85-22-80-72. • cyclorail.com • Tlj sur résa. Balades 2h max.* Pour se muscler les mollets au long d'une ancienne voie ferrée (13 km aller-retour). Balade avec vue sur les vignes, sur la Loire du haut d'un pont. Chaque cyclorail peut accueillir jusqu'à 4 personnes.

Location de canoës : *sur l'île de Cosne.* ***Canoé Évasion,*** *06-84-69-06-70.* ***Club Marcel Renaud,*** *06-44-23-05-02.*

Manifestations

- **Salon du livre :** *fin mai.*
- **Garçon la note ! :** *tt l'été.* Concerts gratuits aux terrasses de cafés et restaurants.
- **Festiv'été :** *tt l'été.* Guinguette sur les bords de Loire, concerts, feux d'artifice...

DANS LES ENVIRONS DE COSNE-COURS-SUR-LOIRE

La ferme de Cadoux : *58440* ***La Celle-sur-Loire.*** *☎ 03-86-39-22-84. Au nord de Cosne, sur la D 907 (8 km). Juil-août, tlj 14h-19h ; hors saison, sur rdv. Entrée : env 6 € ; réduc.* Un lieu surprenant en raison de sa taille insoupçonnée et de l'énergie de sa propriétaire, qui a métamorphosé une vieille ferme en un véritable musée paysan de la Bourgogne nivernaise. Dans la grange du XVe s, de nombreux mannequins en situation font revivre des métiers disparus comme la lingère, la nourrice, le bourrelier, le charron, le tonnelier, etc. Curiosités : d'étonnantes ruches et un extracteur de miel. Le dernier bâtiment de ferme, qui fait également office d'accueil et de boutique, abrite à l'étage une immense et captivante exposition intitulée « Du blé au pain ».

LES COTEAUX DU GIENNOIS

Le vignoble s'étend entre Gien et la région de Cosne-Cours-sur-Loire et comprend une quinzaine de communes agréées, toutes étagées sur les coteaux de la Loire, à cheval sur le Loiret et la Nièvre. 150 ha d'une production de coteaux-du-giennois aux arômes de cerise, mûre et myrtille pour les rouges, et au bouquet aux notes fraîches, typique du cépage sauvignon, pour les blancs. Des vins d'appellation de qualité, à l'excellent rapport qualité-prix.

Où acheter du vin ?

Pour savoir où déguster les vins du Giennois (mais aussi de Sancerre et de Pouilly), un bon plan : s'adresser aux viticulteurs labellisés « Vignobles et Découvertes ».

Domaine Langlois : *58200* ***Pougny.*** *☎ 03-86-28-06-52. De Cosne, direction Donzy (D 33). Au centre du village. Lun-sam 9h-12h30, 14h30-18h (19h sam, plus dim juil-août). Dégustation sur le point de vente.* Des coteaux-du-giennois, du pouilly-fumé, et une production de crèmes de fruits rouges entièrement naturelles. À déguster seules ou accompagnées de vin blanc (ou rouge) de la région.

Cave Nerot : *9, rue de Mocques-Ménetéreau, 58200* ***Saint-Père.*** *☎ 03-86-28-07-42. • cave-nerot.fr • Mar-sam 8h-12h, 14h-19h.* Un domaine cultivé par une jeune vigneronne dans une démarche œnotouristique. Bel espace de dégustation.

Domaine de l'Épineau : *7, allée des Sources, Paillot, 58150* ***Saint-Martin-sur-Nohain.*** *☎ 03-86-22-57-15. • domaine-epineau.com • Lun-sam 8h30-12h, 13h30-18h30.* Espace de dégustation-vente de côteaux du Giennois, de pouilly-fumé et d'un pétillant « méthode traditionnelle ». Propose régulièrement des animations comme les « vendanges touristiques ».

SAINT-AMAND-EN-PUISAYE

(58310) 1 400 hab. *Carte Nièvre, A1*

Oublié le Val de Loire, en l'espace de quelques kilomètres, vous voilà arrivé au sud d'une attachante microrégion, appelée « la Puisaye », vaste plateau boisé et creusé de vallées bocagères (voir le chapitre consacré au département de l'Yonne). Depuis toujours, Saint-Amand fait figure de capitale de la poterie, une tradition qui remonte au XIVe s. Au siècle suivant, la tradition du grès prenait à son tour naissance. Cette coquette petite ville compte actuellement une vingtaine d'artisans (liste à l'office de tourisme) et est dominée par un imposant château Renaissance tout de briques. Une halte apaisante.

Adresse utile

Office de tourisme : *6, Grande-Rue. ☎ 03-86-39-63-15. • puisaye-tourisme.fr • En face du château. Pâques-sept, tlj ; sinon, fermé lun et jeu.* Mérite à lui seul le détour car il est situé dans un ancien lavoir savamment réhabilité, et accueille des expositions tournantes des artistes du canton. Liste des artisans. Excellent accueil, efficace et souriant.

Où dormir chic dans les environs ?

Les Galants : *58310* ***Saint-Vérain.*** *☎ 09-50-85-69-35. • contact@lesgalants.fr • lesgalants.fr • À 1 km du village de Saint-Vérain. Chambres 120-150 € pour 2. Table d'hôtes sur résa 17 €.* Bienvenue dans un monde insolite de ravissantes cabanes perchées, au propre comme au figuré, jusqu'à 6 personnes, réparties dans un bois. Confort optimal, elles sont toutes avec salle d'eau privative dans une dépendance. On gîte au « Nid penché » (vous avez bien lu), à moins de rouler pour une nuit *space* dans le « Nid sphère ». Le « Nid sur l'eau » convient parfaitement aux familles de Crusoé, à moins d'opter pour « Nid sous les étoiles », vitré en grande partie, toit y compris !

À voir. À faire

Le musée du Grès : *dans la tour nord de l'imposant château Renaissance, au centre du bourg. ☎ 03-86-39-74-97. Juin-sept, tlj sauf mar 10h-13h, 15h-18h30 ; mai, w-e et j. fériés aux mêmes horaires. Entrée : 4 € ; réduc ; billet jumelé avec la Maison de la mémoire potière.* Quelques poteries utilitaires anciennes (bonbonnes, saloirs, du XVIe s au XXe s) et, plus récentes (années 1950-1960), des poteries d'art. Également une salle consacrée à Jean Carriès et son école (fin XIXe s) : très beaux vases, ainsi qu'une étonnante série de « bébés » (des visages de poupons).

La Maison de la mémoire potière : *fg des Poteries. ☎ 03-86-39-63-72 (mairie). Mêmes horaires et billet que le musée du Grès.* Association fondée en 1998 pour sauver l'une des dernières poteries traditionnelles de la région. Nous sommes chez les Cadet-Gaubier, qui exercèrent leur métier jusqu'en 1966 grâce à l'un des 4 derniers fours couchés du faubourg, avec sa voûte caractéristique émaillée au fil des cuissons. La visite, conduite par un potier passionné, passe en revue toutes les étapes de la fabrication du petit pot de Puisaye, en évoquant le type de terre employé, le modelage, l'ansage (seule fonction accessible aux femmes jusqu'aux années 1960), l'émaillage, puis la cuisson dans le fameux four. Pour terminer, une petite démonstration permet d'apprécier l'habileté du potier et d'apprendre quelques secrets du métier. Un excellent complément à la visite du musée ! Expo-ventes en été.
– Une école perpétue cette tradition *(possibilité de stages : rens au EMA-CNIFOP, ● cnifop.com ●),* ainsi qu'une importante production artisanale et industrielle.

DANS LES ENVIRONS DE SAINT-AMAND-EN-PUISAYE

Saint-Vérain *(58310) : à 7 km au sud par la D 2.* Ce village fut au Moyen Âge une importante cité, ceinte d'un triple rempart. Il possède encore quelques restes de cette grandeur passée : portes fortifiées, donjon ruiné et belle église Saint-Blaise, du XIIe s, en cours de restauration, mais où l'on peut encore admirer l'un des rares vitraux du XIIe représentant la Vierge.

DONZY (58220) 1 660 hab. *Carte Nièvre, A-B1*

On s'éloigne du Val de Loire pour s'enfoncer dans la forêt de Donzy et gagner peu à peu, vers l'est, les paysages apaisés et ondoyants du canal de Nièvre. Donzy dont, en 1402, Jean sans Peur, duc de Bourgogne, ne laissa que ruines fumantes, est aujourd'hui un paisible village que traverse le Nohain. Quelques demeures médiévales ajoutent à son charme rural (autour de l'église notamment ou place Gambetta) ainsi que 2 spécialités locales : les croquets (petits gâteaux secs dont la recette remonte à 1872), mais aussi... les parapluies !

Où dormir ?

Le Grand Monarque : *10, rue de l'Étape. ☎ 03-86-39-35-44. ● legrandmonarque-donzy.fr ● ♿ (au resto). Au pied de l'église. Congés :*

2 sem en janv et nov. Doubles env 65-85 €. Un petit déj/chambre et par nuit offert si dîner (menu 25 € min) sur présentation de ce guide. C'est l'établissement de référence du secteur. Une adresse de tradition aux chambres rénovées de façon coquette, colorée et confortable, dans une respectable bâtisse du vieux bourg, pas peu fière de son escalier en colimaçon du XVIe s. Restaurant. Terrasse ombragée l'été (mais la salle ne manque pas de charme avec son antique cuisinière !).

Chambres d'hôtes Les Jardins de Belle Rive : *lieu-dit Bagnaux. ☎ 03-86-39-42-18. • jardinsdebellerive@free.fr • jardinsdebellerive.free.fr • De la pl. Gambetta, passer le pont au-dessus de la Talvane et 1re à droite ; parcourir 1 km. Doubles 67-77 €.* Un peu à l'écart du bourg, un bel ensemble de bâtiments nichés dans un écrin de verdure. L'une des maisons, charmante, est réservée aux hôtes. Intérieur cosy et raffiné, qu'il s'agisse du vaste salon commun ou des 4 chambres romantiques, dotées de luxueux sanitaires. Jolie déco, fleurie et colorée (Josette est artiste peintre). Un bon plan, vraiment, avec piscine, plan d'eau et barque.

Où acheter de bons produits dans le coin ?

Les Oies du Pré : *La Bretonnière. ☎ 03-86-39-47-65. À l'est de Donzy par la D 33 (6 km). Tlj lun-ven.* Une exploitation agricole tenue par des passionnés qui produisent un foie gras haut de gamme ainsi que rillettes et terrines. Point de vente sur place. Marché à la ferme haut en couleur mi-août sur plusieurs jours.

Chèvrerie de la Fillouse : *58150 **Suilly-la-Tour.** ☎ 03-86-26-31-46. À 7,5 km au sud-ouest par la D 1. Boutique, lun-sam 9h-12h, 17h-19h, plus dim mat. Dégustation du crottin de Chavignol offert sur présentation de ce guide.* Chèvrerie toute de bois vêtue. On goûte et on achète à coup sûr.

À voir. À faire

L'écomusée de la Meunerie : *moulin de Maupertuis, rue André-Audinet. ☎ 03-86-39-39-46. • moulinmaupertuis.org • Au centre du village (panneaux). Vac de Pâques, juil-sept et Toussaint, tlj sauf mer 14h-18h ; mai-juin et oct, w-e et j. fériés 14h-18h. 3 visites guidées (env 45 mn) dans l'ap-m. Entrée : env 5 € (libre ou guidée) ; réduc ; gratuit moins de 6 ans. Compter 45 mn-1h.* En service jusqu'en 1961, ce beau moulin à farine classé Monument historique a préservé l'intégralité de son matériel d'origine, en parfait état de marche. C'est d'ailleurs ce qui rend la visite guidée captivante. Entre autres activités, on peut s'essayer à moudre un peu de grain ! Boutique de produits régionaux.

L'huilerie du Moulin de l'Île : *14, rue de l'Éminence. ☎ 03-86-39-31-48. • huileriedumoulin.fr • Au centre de Donzy. Lun-ven 8h-12h, 13h-17h ; sam 10h-12h. GRATUIT.* Dans l'une des plus belles maisons de la Nièvre, entourée d'eau, on produit, à l'aide d'un moulin de plus de 150 ans (3 générations !), de l'huile de noix et de noisette de grande qualité, que l'on retrouve sur les meilleures tables du pays. En vente sur place, dans la boutique attenante aux meules qui tournent à plein régime. Accueil adorable de toute l'équipe.

Les ruines du prieuré clunisien de Notre-Dame-du-Pré : *à **Donzy-le-Pré.** À 1 km au sud-ouest du bourg, sur la gauche de la route de Suilly-la-Tour.* Tympan et chapiteaux sculptés, chefs-d'œuvre de l'art roman bourguignon. Sinon, de la nef ne reste que les 2 premières travées et la tour nord. Attention, risque de chute de pierres.

VARZY

(58210) 1 360 hab. *Carte Nièvre, B1*

À 16 km au sud-ouest de Clamecy, cette petite bourgade reste tournée vers l'Yonne et l'Auxerrois. Avec ses maisons serrées, sa pierre grise mais aussi un environnement de collines boisées et de gais cours d'eau, Varzy fut, durant le Moyen Âge, la propriété des évêques d'Auxerre. Son église, son lavoir-abreuvoir (l'un des plus remarquables du département) et son étonnant musée en font une halte plaisante.

Où dormir dans les environs ?

Chambres d'hôtes La Bêlerie : *Courcelles, 58420* ***Brinon-sur-Beuvron.*** *☎ 03-86-29-64-73. • brigitte.blondeau2@wanadoo.fr • aubergelabelerie.fr • ♿ À 8 km à l'est, à mi-chemin entre Varzy et Corbigny, au croisement des D 23 et D 34. Doubles 65-70 €.* Joli hameau du Haut-Nivernais en moellons du pays, posé dans une plaine vallonnée et agricole avec le clocher du village en ligne de mire. Cette ferme traditionnelle restaurée abrite 5 chambres, dont une avec kitchenette, une autre avec mezzanine... de quoi satisfaire toutes les configurations familiales. Du charme et de l'authentique parmi les dindons qui glougloutent.

LA NIÈVRE

À voir

Le musée Auguste-Grasset : *pl. de la Mairie. ☎ 03-86-29-72-03. • varzy.fr • ♿ Mai-sept, tlj sauf mar 13h30-18h30 ; avr et oct, w-e seulement 13h30-18h30. Fermé nov-mars. Entrée payante ; réduc ; gratuit ts les sam. Possibilité de visites guidées sur rdv.*

Auguste Grasset (1799-1879), collectionneur comme on pouvait l'être alors, c'est-à-dire universaliste, s'intéressant à toutes les sciences et tous les arts, activa tout un réseau de correspondants dans le monde entier pour amasser quantité d'objets : pièces d'archéologie, tableaux, sculptures et curiosités de toutes sortes. Ces 3 500 objets sont aujourd'hui réunis dans ce cabinet de curiosités modernisé à la richesse tout à fait inattendue, et qu'il serait vraiment dommage de bouder.

Ses collections, exposées sur 3 niveaux, se distinguent par une section d'égyptologie de toute beauté (impressionnants sarcophages), d'archéologie variée (silex biface ou rare fragment de texte cunéiforme assyrien) et par quelques pièces majeures (le cavalier en faïence de Nevers notamment, de 1734). Les murs sont émaillés de tableaux d'un peintre local, Rex-Barrat (1914-1974). La pièce maîtresse reste le salon de musique mettant en scène de manière sonore une vingtaine d'instruments anciens (XVIIe-XIXe s) aussi rares qu'étonnants : la serinette (ancêtre de l'orgue de barbarie), l'ophicléide, le tympanon, etc. Un coup de cœur !

L'église Saint-Pierre : édifiée au XIIIe s, c'est un bel exemple de gothique flamboyant avec ses hauts clochers jumeaux. Dans le chœur (n'oubliez pas d'activer l'éclairage), derrière une grille, on aperçoit au-dessus de l'autel, un triptyque flamand de 1535. Également une émouvante statue de sainte Eugénie lisant (XVe s) et de précieux reliquaires du XIIe s : les restes de sainte Eugénie (bras-reliquaire avec main bénissante) et de saint Regnobert (grande châsse et autres reliquaires).

AU SUD DE VARZY, SUR LA ROUTE DE NEVERS

Arthel (58700) **:** *à 18 km par la D 977, puis la D 140.* Superbe endroit classé Site remarquable. Blotti au pied d'un étang, ce minuscule village compte 2 *châteaux.* Celui qui domine, l'ancien château fort du XVIe s, appartient à la famille de Bernadette Chirac, qui y passa plusieurs étés *(les jardins et le château se visitent en été, sur résa au ☎ 03-86-60-14-31).* Celui de *la Motte,* édifié au XIIe s sur l'emplacement d'une maison forte, était la propriété des comtes de Nevers et surplombait l'ancienne voie romaine de Montenoison.

La butte de Montenoison : *fléché à Arthel, puis parcourir 4 km en passant par Noison.* Cette butte de tout temps stratégique abrita une motte il y a 1 000 ans puis un château fort (quelques ruines). Une église, un petit cimetière et surtout une vue superbe depuis le calvaire : à 417 m d'altitude, on admire un paysage grandiose allant du Bazois au Morvan.

L'église prieurale de Saint-Révérien (58420) **:** *à 9 km à l'est de la butte de Montenoison.* Superbe église romane, petite sœur de Cluny. Si ses origines remontent au XIIe s, elle a été reconstruite après un incendie au XVIIIe s. Dans l'église, une émouvante statue représente saint Révérien, tenant sa tête coupée à la main. Admirez surtout les chapiteaux du chœur (seul rescapé du XIIe s), finement ciselés de personnages et d'animaux fantastiques. Derrière l'autel, 3 chapelles rayonnantes sont couvertes de fresques murales ; celle du centre, dédiée à la Vierge, date du XVe s. Enfin, à la hauteur de la 3e travée, étonnante dalle funéraire d'Hugues de Lespinasse.

Le château de Giry (58700) **:** *sur la D 977, à 17 km de Varzy.* Imposant château, dont la construction s'est étalée du XIVe au XVIIe s et qui a conservé son enceinte fortifiée.

Le musée du Grès ancien : *3, Grande-Rue, 58700* ***Prémery.*** *☎ 03-86-68-10-32. À 7 km plus au sud de Giry. Juil-août, w-e seulement 14h30-18h30 ; sur rdv le reste de l'année. Entrée payante.* Au centre de cet ancien fief des évêques de Nevers, qui y ont laissé la collégiale gothique Saint-Marcel et le château, une collection privée, riche de plus d'un millier de pièces venues entre autres des 2 « patries » du grès, la Puisaye et le Berry. Jolie muséographie, d'une vraie sobriété, qui laisse tout simplement s'exprimer les objets. On est souvent plus près de l'art que de l'artisanat.

Chambres d'hôtes La Chatelière : *Cervenon, 58700* ***Prémery.*** *☎ 03-86-38-96-74. • lachateliere@orange.fr • lachateliere.com • ♿ À 3 km au sud-est de Prémery. Double 70 €. Réduc de 10 % sur présentation de ce guide.* Évelyne ne fait pas les choses à moitié : elle a soigneusement aménagé sa belle maison nivernaise et reçoit avec gentillesse et sincérité. Les 3 chambres, dont une suite familiale, occupent la partie ancienne ou l'aile moderne qui s'intègre parfaitement au bâti. L'une d'entre elles est située en rez-de-jardin, une autre dispose d'un balcon, mais toutes profitent d'un très bon confort et sont décorées avec goût. Une excellente adresse.

LE CANAL DU NIVERNAIS

Bâti de 1784 à 1843, le canal du Nivernais court sur 174 km d'Auxerre à Decize. De nombreux ouvrages d'art ont marqué sa construction : 110 écluses (dont l'échelle de 16 écluses de la vallée de Sardy) et 3 tunnels successifs poétiquement baptisés les voûtes de La Collancelle. Ponts-canaux, aqueducs et ponts fixes ou mobiles (ces derniers, à bascule, réclament parfois

de bons bras pour être actionnés) jalonnent le parcours, où la « lenteur de navigation » culmine à 7 km/h. C'est l'un des plus intéressants de France, 2e en terme de fréquentation, juste après l'indétrônable canal du Midi. Un paysage toujours verdoyant, ondulant et tranquille à découvrir également à pied ou à vélo.

– Pour plus d'informations, consulter le *Routard Canal du Nivernais* (paru en 2019) et le site très bien fait ● *canal-du-nivernais.com* ●

CLAMECY (58500) 4 200 hab. *Carte Nièvre, B1*

Ville-étape de toujours entre l'Auxerrois et le Nivernais, son centre historique, bâti sur un éperon rocheux au confluent de l'Yonne et du Beuvron, est l'un des mieux conservés et des plus pittoresques du département. Par ailleurs, son histoire si singulière des flotteurs de bois et ses natifs illustres (Romain Rolland, prix Nobel de littérature, et Alain Colas, le navigateur solitaire) contribuent à rendre la ville attachante.

Au XIIe s, lorsque la Terre sainte tomba entre les mains des musulmans, Guillaume IV de Nevers offrit à l'évêque de Bethléem un bâtiment à Clamecy. L'évêché y resta actif jusqu'à la Révolution française.

PEN PERDU

Rompant avec la tradition des monocoques, Pen Duick IV *reste l'invention phare d'Éric Tabarly. Ce trimaran battit le record mondial de vitesse avant d'être vendu à un autre fou des océans : Alain Colas, un enfant de Clamecy. Celui-ci le rebaptisa* Manureva, *mais, lors de la 1re Route du Rhum en 1978, Alain Colas et son bateau disparurent sans laisser de trace, au large des Açores.*

LES FLOTTEURS DE BOIS

Un train d'avance

En 1547, le ***1er train de bois*** parti de Clamecy arrivait à Paris. Une aubaine : pendant plus de 3 siècles, Clamecy allait vivre de la coupe et de la vente du « ***bois de chauffe et de four*** », et de son transport par flottage jusqu'à la capitale. Presque un monopole ! L'impact économique et social de cette industrie fut considérable pour la ville et le Morvan en général. De là sont venus les grands aménagements hydrauliques (lacs artificiels et percement du canal du Nivernais) ; de là aussi la rentabilité de la forêt morvandelle et le reboisement du massif.

Le dernier train de bois a quitté Clamecy en 1876, face à la concurrence déjà amorcée depuis longtemps des péniches et d'énergies nouvelles, charbon et gaz.

Flottage, mode d'emploi

Mais rappelons peut-être ce qu'était le flottage. Du Morvan, le bois coupé en bûches était d'abord descendu à l'automne par les petits cours d'eau jusqu'à l'Yonne en amont de Clamecy ; des étangs, des barrages et des lâchers d'eau facilitaient le transit. Puis, au printemps, c'était le « grand flot » : une vraie mer de bûches arrivait à Clamecy ; là, on préparait les « trains », des radeaux de 75 m de long ! Arrivait l'été : le 14 juillet, les joutes nautiques – dont la tradition est heureusement restée – fêtaient le départ pour Paris ; et le Roi Sec, vainqueur des joutes, représentait la corporation pour l'année à venir. Enfin, les trains descendaient jusqu'à Paris, terminus quai de Bercy. Un voyage de 10 à 15 jours : du rafting avant l'heure !

Adresse utile

Office de tourisme : *9, rue du Grand-Marché. ☎ 03-86-27-02-51. • clamecynivernais-tourisme.fr • Mai-sept, tlj sauf dim ap-m 10h-12h30, 14h30-18h ; hors saison, fermé dim-lun.* Guide multimédia et topoguide (payant). Propose aussi 2 plans-guides du centre historique et des abords du canal. En été, plusieurs visites guidées de la ville.

Où dormir ? Où manger ?

Camping

Camping municipal du Pont Picot : *rue de Chevroches. ☎ 03-86-27-05-97. 07-86-86-14-31. • clamecycamping@orange.fr • À 3 km par la route (direction Tannay), ou 1 km à pied. Avr-sept. Forfaits tente env 14-18 €. Pods et mobile homes également. 66 empl.* Un camping tout en longueur sur son île, entre l'Yonne et le canal de la Nièvre. Un environnement bucolique donc et un accès sympa au centre-ville par le chemin de halage. Pelouse bien verte et bien plate sans délimitations. Kayaks à proximité, dépôt de pain, tables et chaises à disposition des campeurs... on est bien accueilli !

De prix moyens à chic

L'Angélus : *11, pl. Saint-Jean. ☎ 03-86-27-33-98. Sur le côté de la collégiale. Fermé dim soir-lun et mer soir. Menus 24,50 € (en sem), puis 32-38 €.* Dans une bien vieille maison à pans de bois, stratégiquement située. On profite pleinement des gargouilles de la collégiale, en terrasse, l'été, à moins de préférer se réfugier dans la salle colorée et chaleureuse. Jolie cuisine genre terroir revisité. Présentation raffinée, plats finement accompagnés, service efficace.

Hostellerie de la Poste : *9, pl. Émile-Zola. ☎ 03-86-27-01-55. • hotelposteclamecy@wanadoo.fr • hostelleriedelaposte.fr • ♿ Fermé dim soir hors saison. Doubles 78-88 €. Formule déj (lun-sam) 23 € avec café et verre de vin ; menus à partir de 32 €. Café offert sur présentation de ce guide.* C'est la belle adresse de la ville, dans une séduisante bâtisse de caractère donnant sur une placette tranquille, au pied de la vieille cité. Terrasse agréable, salon cosy et salle à manger élégante, idéale pour savourer la cuisine au goût d'aujourd'hui, du terroir revisité bien maîtrisé. Côté chambres, c'est plus simple et plus classique mais de bon confort. Accueil pro.

Où prendre un thé et déguster des gourmandises ?

Pâtisserie Emmanuel Portal : *22, rue de la Monnaie. ☎ 03-86-27-04-19. Tlj sauf dim ap-m et lun 8h30-12h30, 14h30-19h.* Posé sur une table à même la rue ou dans une petite salle à la mode salon de thé, on se laisse volontiers prendre au « Baratin » d'Emmanuel Portal. Baratin, c'est le nom d'une de ses spécialités gourmandes (il en a d'autres !).

À voir. À faire

Le musée d'Art et d'Histoire Romain-Rolland : *av. de la République. ☎ 03-86-27-17-99. ♿ Tlj sauf mar et dim mat (fermé dim-mar oct-mai) 10h-12h,*

LA NIÈVRE

14h-18h. Fermé de mi-nov à mi-mars. Entrée : 4 € ; réduc ; gratuit moins de 16 ans. Visite possible avec MP3.
Ce beau et vaste musée occupe l'ancien hôtel du duc de Bellegarde, la maison natale de Romain Rolland (1866-1944), celle du grand-père de l'écrivain et un grand hall d'expo temporaire masqué par un mur d'eau.

À LA BAILLE !

Les joutes ont débuté à Clamecy vers 1848 : 2 bateaux à fond plat s'affrontent, propulsés par des rameurs. Les jouteurs sont juchés sur une mini-plateforme, armés d'une longue lance « emboulée » de cuir à l'extrémité pour faire tomber l'adversaire sans trop le sonner. Il y a les bleus, dont le bateau est baptisé « Tu iras », et les rouges qui arborent un vengeur « Toi aussi ». 3 à 5 passes accouchent d'un Roi Sec (le fier vainqueur) et d'un Roi Mou, qui goûte aux eaux du canal. Et on finit à la buvette pour se rincer la gorge !

Rez-de-chaussée (collections d'archéologie)
Produit des fouilles des sites de Compierre, Entrains et Brèves, elles comportent notamment de jolies statuettes de divinités gallo-romaines et un dieu solaire à tête radiée, mais encore des armes, bijoux et sarcophages mérovingiens. Une autre salle abrite des vestiges de l'agglomération gallo-romaine de Chevroches, dont le clou est la ***calotte zodiacale,*** objet unique à ce jour dans le monde romain, qui servait à un devin pour prédire l'avenir de ses clients.

1er étage (Beaux-Arts)
Œuvres du XVIIe au XXe s. Voir notamment la *Nature morte* à la carpe de Sébastien Stoskopff (1597-1657), le *Portrait de M. de Chénerilles* en médaillon par un enfant du pays, Roger de Piles (1635-1709), ou encore ce superbe portrait d'une *Mauresque d'Alger* de Louis Matout (1811-1888). Une autre salle est consacrée à des artistes contemporains. Et un espace à une superbe collection d'affiches et d'objets publicitaires conçus par ***Charles Loupot,*** un affichiste qui a vécu en villégiature à Chevroches. Parmi ses affiches les plus remarquables, la célèbre *Saint-Raphaël* ne laisse pas indifférent. Un café des années 1950 est évoqué, entièrement équipé de produits dérivés Saint-Raphaël, de la carafe à la pendule...

2e étage
Magnifique salle consacrée aux ***faïences de Clamecy et de Nevers,*** avec des pièces datant de la Révolution. La salle ***Romain-Rolland*** retrace la vie et l'œuvre du prix Nobel de littérature. Le point d'orgue est atteint avec la ***salle du flottage,*** située sous la superbe charpente de l'hôtel. Magnifiquement aménagé (le parquet est disposé comme un train de bois), cet espace ethnographique met en scène, avec une importante collection de documents et d'objets caractéristiques, l'extraordinaire épopée des flotteurs de bois.

La collégiale Saint-Martin et le centre ancien : la façade principale, du XVIe s, présente un porche orné des scènes de la vie de son saint Patron et une rose centrale munie de vitraux. Le style résolument gothique du reste de l'édifice (XIIIe s) se retrouve à l'intérieur, dans les baies en lancettes, les voûtes d'ogives, les têtes grimaçantes planquées dans les recoins. À voir aussi, les vitraux du XVIe s de la chapelle située sous le clocher, et l'orgue Cavaillé-Coll (1864). Flanquée d'une impressionnante tour de 55 m (XVIe s), hérissée de gargouilles, la collégiale, en plus de son élégance intrinsèque, jouit d'un cadre pittoresque. En effet, le quartier domine fièrement l'Yonne et le Beuvron, et a conservé son plan médiéval, sa *place Saint-Jean,* la halle aux marchés, ses rues pentues et tortueuses, ses escaliers et ruelles pavées, ses maisons à pans de bois teintées d'ocre, qui forment un important quartier menant aux rives du canal du Nivernais.

L'écomusée du Flottage : *rue Porte-d'Auxerre. ☎ 03-86-27-11-68 ou 03-86-27-08-76. Visite guidée gratuite sur résa.* C'est ici que perdure l'âme du flottage, au siège d'une association dynamique qui s'efforce de perpétuer la tradition en organisant des démonstrations (comme à la fête du flottage en juillet) et en faisant visiter sa collection. Plus que les beaux objets exposés, c'est l'échange avec ces passionnés qui vaut surtout le coup. Ils vous régalent d'anecdotes savoureuses, vous montrent comment on assemblait les trains à l'aide de nœuds en bois de charme (les rouettes)... Une belle rencontre.

Promenade autour du port de plaisance : sur 4 km, ***sentier d'interprétation*** jalonné de bornes ludiques et pédagogiques. Sur le pont traversant l'Yonne, la ***statue d'un flotteur*** rend hommage à ceux qui ont fait Clamecy. Juste avant le pont, abritant toujours la faïencerie familiale (spécialisée en fève de porcelaine), ***maison du navigateur Alain Colas.*** De l'autre côté du pont se dresse la surprenante ***église Notre-Dame-de-Bethléem,*** érigée en 1926-1927, en ciment armé mais dans un style inspiré du byzantin, là où les 50 évêques de Bethléem résidèrent jusqu'à la Révolution, après la disparition du royaume latin de Jérusalem, en 1225. En contrebas du pont, suivre le canal vers la maison éclusière pour découvrir ces ***pertuis*** qui servaient à canaliser le bois et à provoquer les *éclusées,* ces lâchers d'eau destinés à augmenter le courant pour emporter le bois. C'est ici qu'ont lieu chaque année les joutes nautiques, le 14 juillet. Enfin, prenez le temps d'une promenade dans les 7 ha du ***parc Vauvert,*** dans le quartier du Beuvron, aux parterres fleuris qui forment un écrin au ***château du XVIIe s.***

Fêtes et manifestations

- ***Fédémuse, festival musical en Vaux d'Yonne :*** *tte l'année.* • *annee-musicale-en-vaux-d-yonne.fr* • Concerts de musique classique à Clamecy et dans les environs.
- ***Joutes nautiques :*** *14 juil.*
- ***La Descente bidon :*** *2e dim d'août.* Pastiche de course à bord d'embarcations improbables, bricolées avec tout et n'importe quoi. Dégustation de cuisses de grenouilles à l'arrivée.
- ***Fête de l'Andouillette :*** *1er w-e de juil, pdt 3 j.* On fête cette invention du début du XIXe s par la Mère Chapuis, concours de dégustation à l'appui.

LE LONG DU CANAL, DE CLAMECY À CORBIGNY

À 3 km de Clamecy, charmant village de ***Chevroches*** *(58500),* situé à flanc de colline, dominant l'Yonne et le canal. Harmonieux ensemble bâti de pierres de taille et de moellons. Une curiosité : l'***ancien méandre de l'Yonne,*** qui forme une boucle de terre cultivée derrière le village, d'où ont été exhumés les intéressants vestiges archéologiques d'une ***villa gallo-romaine.*** Rive nord, un peu en retrait du canal, mignon village de ***Dornecy*** *(58530)* avec son clocher bourguignon du XIIIe s et ses 2 lavoirs.

Metz-le-Comte *(58190) : à 6 km au nord-est de Tannay, par la D 165.* Grimper sur la colline dominant la région pour le beau panorama et l'étonnante église rustique du XIIe ou du XIIIe s, *Notre-Dame-de-l'Assomption,* à demi enterrée.

Tannay *(58190) :* à mi-chemin entre Clamecy et Corbigny. Agréable bourgade, Tannay prospéra grâce au commerce du cuir (son nom vient de tan, l'écorce du chêne servant au tannage des peaux) et surtout grâce à son vignoble, cultivé dès le XIIIe s par les moines de la collégiale. Un vin blanc légèrement fruité et souple, très en vogue à Paris au XVIIIe s grâce au flottage.

Plusieurs ***producteurs de vin de Tannay*** dans le coin : à Tannay même, ***Gérald Demuth*** *(6, rue de Bèze ; ☎ 03-86-29-38-51)* et ***Jean-Marie***

Perdikouris *(route d'Amazy ; ☎ 03-86-29-37-73)* ; le **Domaine Rousset** à **Metz-le-Comte** *(15, route de Tannay ; ☎ 03-86-29-84-16)* ou encore **Jacky Gobillot** à **Asnois** *(5, rue du Château ; ☎ 03-86-24-22-87).*

CORBIGNY (58800) 1 600 hab. *Carte Nièvre, C2*

Bourgade rurale de caractère, à l'image de son église Saint-Seine du XVIe s, Corbigny se révèle assez agréable aux beaux jours et reste une importante ville du Nivernais central, grâce notamment à ses abattoirs. Marché aux bestiaux typique le lundi après-midi et foire très courue le 2e mardi de chaque mois. Avant de repartir, montez voir l'émouvant monument de L'Émeraude qui commémore un singulier crash aérien en 1934 (beau panorama).

Adresse utile

Office de tourisme Tannay-Brinon-Corbigny : *8, pl. de l'Hôtel-de-Ville. ☎ 09-82-56-94-98. • corbignytourisme.com • Juin-sept, lun-sam 9h-12h30, 14h-18h30, plus certains dim mat l'été ; oct-mai, lun-ven 9h30-12h30, 14h-17h30.* Topoguides des balades du coin. Également des randonnées sur tablette numérique sur le thème de Jules Renard, sur résa.

Où dormir ? Où manger dans le coin ?

Camping

Camping de l'Ardan : *D 977 bis, 58800* ***Chaumot.*** *☎ 03-86-20-07-70. • campingdelardan@orange.fr • camping-bourgogne.com • Avr-sept. Resto tlj sauf mar. Forfait tente 13,50 €. Hébergements locatifs 300-400 €/sem. 50 empl.* Sur la rive d'un petit bras mort perpendiculaire au canal, une vaste prairie bordée d'arbres et parsemée de bancs et tables en bois. Emplacements non délimités. Le soir, le resto propose une cuisine simple, servie dans une salle chaleureuse ou en terrasse. Musique live le jeudi soir en haute saison.

De bon marché à prix moyens

Hôtel de l'Europe – Restaurant Le Cépage : *7, Grande-Rue. ☎ 03-86-20-09-87. • hoteleuropelecepage@orange.fr • bourgogne-hotel-restaurant-morvan.com • Doubles 74-90 €. Menus env 13 € (déj en sem), puis 25-36 €.* En plein centre, un hôtel correct pour une étape. Chambres simples et pas immenses, mais fonctionnelles. Resto privilégiant le terroir, entre spécialités traditionnelles et petits plats pour les repas légers.

Chambres d'hôtes du Domaine d'Ainay : *chez Angela Leyenhorst, 58420* ***Guipy.*** *☎ 03-86-29-07-11. • contact@domaine-ainay.com • domaine-ainay.com • À 7 km de Corbigny par la D 977 bis, direction Prémery ; sur le côté droit de la départementale juste avt d'entrer à Guipy. Ouv d'avr à mi-nov. Double 67 €.* Sur cette impressionnante propriété, un manoir peu à peu sauvé de l'abandon par Angela. Les chambres fraîchement retapées sont agréables : déco sobre, salles de bains nickel. Un beau tableau complété d'une agréable piscine (en juillet-août seulement). Également un gîte et quelques emplacements pour camper.

Le Barolino : *7, av. Jules-Renard. ☎ 03-86-20-24-48. Près du passage à niveau. Fermé lun, plus le soir mer et dim hors saison. Résa conseillée sam soir. Formule déj 12 € ; menus à partir de 16 €. Café offert* *sur présentation de ce guide.* Une grande maison avec une vaste terrasse ouverte dès les 1ers rayons du soleil. Cuisine traditionnelle, pour qui ne voudrait pas succomber au charme de la bonne pizza maison. Accueil sympa.

L'Écluse de la Môme : *écluse n° 31, 58800* ***Marigny-sur-Yonne.*** *☎ 03-86-20-12-56. À 3,5 km au nord-ouest de Corbigny par les D 945 et D 216. Mars-oct. Fermé lun. Menu déj en sem 15 € ; repas 15-20 €. Café offert sur présentation de ce guide.* La maison éclusière et sa terrasse invitent à l'observation du trafic sur le canal, un verre à la main ou devant une assiette de cuisine maison bien troussée. Quant à « la Môme », les anciens proprios étaient parents de Jacques Bourgeat, grand confident de notre Édith nationale.

À voir

L'abbaye de Corbigny : *infos pour les expos et horaires au ☎ 03-86-20-22-78. Accès gratuit mar-ven (14h-18h en été), payant si expos. Visite guidée payante sur résa à l'office de tourisme.* Cette abbaye, dont les origines remontent au VIIIe s, a abrité les reliques de saint Léonard, ce qui la plaçait d'office sur le chemin des pèlerins entre Vézelay et Compostelle. Les vastes bâtiments actuels ont été reconstruits entre 1754 et 1783 et conservent quelques beaux restes : cour d'honneur, escalier monumental... à découvrir surtout lors d'expos. Demander à voir dans les caves *La Multiplication des contraintes* de Vincent Mauger, une étonnante sphère entièrement constituée de palettes de bois.

La tuilerie de la Chapelle : *route de Clamecy, puis à droite (env 1 km). ☎ 03-86-20-10-53. 06-24-82-18-31. Lun-ven 9h-12h, 14h-17h ; sam, sur résa. Téléphoner avt de préférence. Libre contribution.* Une tuilerie artisanale tenue par Jeremy Pajot, installée dans plusieurs bâtiments caractéristiques. Elle n'a jamais cessé de fonctionner depuis le XVIIIe s. C'est la cuisson au feu de bois qui donne aux tuiles et aux carrelages les couleurs et les nuances d'autrefois. Produits haut de gamme utilisés pour la restauration des bâtisses nivernaises.

Manifestations

- **Fêtes musicales de Corbigny :** *pdt la 1re quinzaine d'août.* Festival de musique classique.
- Programmation culturelle de ***La Transverse*** sur • *metalovoice.com* •

DANS LES ENVIRONS DE CORBIGNY

Chitry-les-Mines *(58800)* **:** *à 3,5 km au nord-ouest de Corbigny par la D 977 bis. Tablette numérique disponible à l'office de tourisme de Corbigny pour la visite.* Hameau mimi comme tout dont ***Jules Renard*** (1864-1910) fut le maire, et que domine un ***château*** flanqué de tours rondes *(visite sur résa de mi-juin à mi-sept ; ☎ 03-86-20-11-48 ou 07-86-83-66-24).* Chitry et plus généralement la région de Corbigny ont inspiré l'écrivain, dans *Poil de Carotte* bien sûr, mais aussi pour *Nos frères farouches,* qui décrit si bien le monde paysan. « Je suis le plus grand des petits écrivains », disait-il de lui-même. La maison de ses parents est située dans le haut du village (mais ne se visite pas). Sur la place de l'Église, un buste de l'écrivain, flanqué d'un Poil de Carotte dubitatif. Au cimetière, tombe originale de toute la famille Renard.

Le château de Villemolin : *58800* ***Anthien.*** *06-73-19-78-22. À 6 km au nord-ouest de Corbigny par la D 958. Visites guidées juil-août, tlj sauf sam*

14h-18h, plus (sur résa seulement) 10h-12h. Édifié au XVe s, ce château toujours habité possède de très beaux intérieurs. C'est au château de Villemolin qu'a été tourné *Le Mystère de la chambre jaune* des frères Podalydès, tiré du roman du célèbre Gaston Leroux. La visite permet de découvrir quelques secrets du tournage : décors, costumes et accessoires.

LE LONG DU CANAL, DE CORBIGNY À DECIZE

La tour d'Épiry (58800) : *au hameau d'Épiry, sur la D 985, à 10 km au sud de Corbigny, 3 km après l'embranchement pour l'échelle et le village de Sardy.* Au milieu d'une exploitation agricole se dresse cette incongrue *tour* du XVe s, où séjournait fréquemment Vauban, le bâtisseur que l'on sait.

Annexe de l'office de tourisme Tannay-Brinon-Corbigny : *écluse nº 16 (la 1re à partir de Sardy). De mi-mai à mi-sept, tlj 10h30-17h30.*

Les voûtes de La Collancelle et l'échelle de Sardy : *à env 10 km au sud de Corbigny, entre Sardy-lès-Épiry (D 985) et l'étang de Baye (D 958).* À mi-parcours du canal, l'**échelle de Sardy** est une suite de 16 écluses sur 4 km, qui forme un véritable escalier d'eau. Site charmant, fleuri et tranquille. Le chemin de halage, à parcourir à pied ou à vélo uniquement, se prend à partir de Sardy (salon de thé « décoiffant » à l'écluse nº 6, un potier à la nº 10 et un sculpteur à la nº 14). Sur les 4 km suivants, succession de 3 tunnels longs de 758 m (La Collancelle), 268 m (Mouas) et 212 m (Breuil). Il aura fallu 57 ans, de 1784 à 1841, pour percer ces **voûtes de La Collancelle** ! À pied ou à vélo, on ne passe pas sous les voûtes, mais en surface, dans les bois. Situé entre les souterrains et les écluses, le site de **Port-Brûlé** délimite les bassins versants de la Seine et de la Loire : jetez une brindille à gauche, elle ira dans l'Atlantique, à droite elle finira dans la Manche.

Les étangs de Baye et de Vaux : *à 12 km au sud de Corbigny (D 958). Base de Baye : ☎ 03-86-38-97-39.* 3 sentiers pédagogiques (côté étang de Vaux) et quantité d'activités nautiques pour « se mettre à la Baye » de mars à octobre *(base nautique Activital ; ☎ 03-86-38-97-39 ; • activital.net •)* : voile, canoë-kayak, planche à voile, et même du *stand-up paddle.* Propose aussi des sorties sur l'eau pour les personnes handicapées. Au port de plaisance **Aqua Fluvial** *(☎ 03-86-38-90-70 ; • aquafluvial.fr •),* location de bateaux électriques ou excursions pour visiter les voûtes de La Collancelle. Bar-restaurant à succès sur place, **La Marine** *(☎ 03-86-23-15-35 ; tlj sauf lun 10h30-20h30, ferme à 17h dim).*

CHÂTILLON-EN-BAZOIS

(58110) 940 hab. *Carte Nièvre, C3*

Gros bourg agricole, qui ne manque pas d'agrément, avec son beau château assis sur un méandre de l'Aron. Le Bazois, dont Châtillon est le chef-lieu, est un pays d'élevage et d'agriculture assez vert et prospère. Jusqu'au début du XXe s, il a fourni, avec le Morvan, du bois de chauffage aux Parisiens.

Adresses utiles

Office de tourisme : *27, rue du Docteur-Dubois. ☎ 03-86-84-10-18. • tourismebazoisloiremorvan.fr • De début avr à mi-sept, lun-ven*

9h-12h, 14h-17h30 (18h et ouv sam ap-m en juil-août). Topoguides gratuits (16 circuits cyclistes et pédestres autour de Châtillon). Visites thématiques.

■ ***Les Canalous :*** *☎ 03-85-53-76-74. • canalous-plaisance.fr • Loc au w-e ou à la sem.* Location de bateaux habitables de 2 à 12 personnes, que l'on peut piloter sans permis.

Où dormir ?

Où manger à Châtillon et dans les environs ?

Auberge de l'Hôtel de France : *28, rue du Docteur-Duret. ☎ 03-86-84-13-10. • auberge-hotel-de-france@wanadoo.fr • aubergehoteldefrance.fr • Resto fermé dim soir-lun. Congés : de mi-déc à mi-fév. Doubles 67-87 €. Formule déj (mar-sam) 18 € ; menus 29-43 €.* Un ancien relais de poste du XVIIe s tout en longueur, au toit en ardoises, où les chambres, rénovées dans un style classique, sont bien insonorisées à défaut d'être très spacieuses. Au resto, produits du terroir et recettes de grand-mère servis dans un beau cadre rustique.

Chambres d'hôtes au château de Mont : *hameau de Mont, 58110* ***Mont-et-Marré.*** *☎ 03-86-58-56-67. 📱 06-81-34-47-46. • michel.beyris@orange.fr • À 13 km au nord de Châtillon-en-Bazois par les D 945, D 259 et D 25. Double 80 €.* Ce château des XVIIIe-XIXe s, rénové par Nicole et Michel, est fièrement campé sur la crête qui domine la plaine et le canal. 2 belles chambres vastes et pleines de classe avec leurs tableaux et tapisseries aux murs, leur mobilier d'antiquaire et des salles de bains bien dans l'esprit chic des lieux. Superbe salle à manger lambrissée du sol au plafond, pourvue d'une cheminée monumentale. La vraie vie de château.

La Maison de Fleury : *écluse de Fleury, 58110* ***Biches.*** *☎ 03-86-78-75-15. À 10 km au sud de Châtillon-en-Bazois par les D 978 et D 10. Ouv mai-sept : tlj juil-août ; sauf lun-mar midi mai-juin et sept. Repas env 10-15 €.* La halte idéale pour écluser un gorgeon ou déguster une cuisine maison simple, aimablement servie. On s'installe soit sur la terrasse qui regarde l'écluse, soit dans la maison éclusière joliment reconvertie. Cerise sur le gâteau, les beaux jours voient des musiciens agrémenter certaines soirées.

LA NIÈVRE

À voir. À faire

Le château et ses jardins : *☎ 03-86-84-12-15. 📱 06-09-91-00-59. De mi-juil à fin août, visite tlj sauf lun à 14h30, 16h et 17h30. Jardins sur rdv 10h-12h. Entrée : 9 € ; gratuit moins de 10 ans.* Bâtisse partiellement du XIIIe s (tour circulaire), mais largement remaniée pour le reste (XVIe-XIXe s). Joli parc à l'anglaise conçu au début du XIXe s. En contrebas de la route, le long du canal, on découvre également des ***jardins contemporains*** (labellisés Jardins remarquables) : un jeu de carrés et de triangles d'eau sur fond de pelouses vertes. Un lieu magique que la lumière seule suffit à faire vibrer.

DECIZE

(58300) 5 550 hab. *Carte Nièvre, B4*

Ce port profite d'une situation unique : bâtie sur un piton rocheux au milieu de la Loire, la ville se trouve au carrefour hydrographique du grand fleuve, de son confluent l'Aron, du canal du Nivernais et du canal latéral à la Loire.

Encore faut-il y ajouter la Vieille Loire, large bras mort bordant la vieille ville. Si Charolles n'avait pas déjà le titre, on nous aurait bien sorti du chapeau le surnom de « Venise bourguignonne » !

Adresses et info utiles

Office de tourisme : *pl. du Champ-de-Foire.* ☎ *03-86-25-27-23.* • *sud-nivernais.fr* • *Juil-août, lun-dim mat ; sept-juin, lun-sam mat.* Visites guidées thématiques en été (payantes), en nocturne ou en journée, avec accès aux ruines du château, souterrains, astronomie, etc.

■ **Location de vélos :** ***Frédéric Blanchet,*** *1, av. du Gué-du-Loup.* ☎ *03-86-25-54-30.* *06-73-98-47-81.* • *locationvelosdecize.fr* • Possibilité de navette de retour le long du canal du Nivernais.

– **Marchés :** *ven mat en centre-ville ; produits locaux au village portuaire ven soir, avr-sept. Foire le 3e mar mat du mois tte l'année.*

Où dormir ? Où manger ?

Camping

Les Halles : *allée Marcel-Merle.* ☎ *03-86-25-14-05.* • *camping-decize@aquadis-loisirs.com* • *aquadis-loisirs.com* • *Au bout de la promenade des halles. Avr-oct. Forfaits tente env 14-16 €. Mobile homes et chalets 176-549 €/sem. 91 empl.* Ambiance sympa dans ce camping joliment situé sur la berge de la rivière, très familial et suffisamment équipé. Hébergements confortables et possibilité de pêche depuis les emplacements. Piscine municipale et location de canoës à proximité.

Prix moyens

Gîtes et chambres du Gué du Loup : *1, av. du Gué-du-Loup.* *06-73-98-47-81.* • *blanchetf@live.fr* • *gites-du-gue-du-loup.fr* • *Compter 290-490 €/sem pour 2 selon saison ; nuitée possible hors juil-août.* Tout proche du pont de pierre central, un bâtiment retapé avec tact. Tout en respectant le charme des vieux murs, le lieu offre un confort très au goût du jour. Couleurs chatoyantes, cuisines et salles de bain tip-top... Chaque logement peut accueillir 2 adultes, plus 2 personnes en appoint. Dans le jardin fleuri, terrasse et barbecue communs. Location de vélos à tarif préférentiel. Un coup de cœur.

Hôtel-restaurant du Port : *port de Decize.* ☎ *03-73-15-00-00.* • *port-decize@ccsn.fr* • *port-decize.fr* • *Doubles 59-64 €. Gîtes également (2 nuits min). Gîte d'étape 25 €/pers. Menus 13 € (déj en sem), puis 16-27 €.* Cuisine du jour qui plaît bien aux habitués du midi, derrière ses larges baies vitrées ouvertes sur les bateaux. Un enthousiasmant rapport qualité-prix-tranquillité. Au-dessus, une poignée de chambres contemporaines pimpantes et nickel, agréables pour celles donnant sur le port. Sans compter les 10 gîtes en bois (pour 2 adultes et 3 enfants maximum) alignés sur le ponton, confortables et élégants dans leur camaïeu de bleu-vert, ainsi que le gîte d'étape ouvert aux individuels (mais parfois privatisé par des groupes).

Hôtel de l'Agriculture : *20, route de Moulins.* ☎ *03-86-25-05-38.* • *hoteldelagriculture@orange.fr* • *hoteldelagriculture.fr* • *Doubles 65-70 €.* L'honnête hôtel de province qui évolue doucement avec les années. Un certain charme désuet, même si les chambres ont été rénovées dans un agréable style moderne et classique. Resto sur place.

Le Petit Agité : *33 bis, route de Moulins.* ☎ *03-86-25-22-27.* • *contact@lepetitagite.fr* • *Fermé mer soir, plus le soir lun-mar hors saison. Formule déj 18 € ; carte 20-35 €. Café offert sur présentation de ce guide.* À mi-chemin entre bar à vins et bar à manger, ce petit agité est une belle valeur. Entre potes, sur une longue tablée ou en couple, calé dans un fauteuil vintage, on se laisse guider par le service gentil comme tout. Le porte-monnaie ne râle pas trop si on se limite au côté *pub-food* de la carte (*fish & chips,* burgers, planches de charcuterie ou de fromage), sans s'essayer aux pièces de bœuf.

Où dormir dans les environs ?

Chambres d'hôtes La Chaume en Loire : *16, rue de la Chaume, 58300* **Devay.** *☎ 03-86-50-32-36. 06-26-33-82-04. • lachaume58@orange.fr • lachaume-enloire.com • (hébergement seulement). À 7 km à l'est par la D 979 (fléché à droite de la route). Double 67 €. Table d'hôtes sur résa 27 €.* Le point fort, ici, c'est l'accueil de Serge, toujours souriant et décontracté. On se sent vite à l'aise, d'autant que la grande maison entièrement réservée aux hôtes est impeccable (les propriétaires habitent en face) : la vaste salle à manger rustique favorise les rencontres, tandis que les chambres, grandes, confortables et décorées de quelques touches champêtres garantissent des nuits réparatrices. Un bon rapport qualité-prix.

Chambres d'hôtes Le Domaine de la Motte : *au domaine de la Motte. ☎ 03-86-25-26-13. • domaine-delamotte@orange.fr • À env 10 km au sud-est ; du centre, direction Moulins, puis à gauche après le canal, la D 116 jusqu'au domaine (indiqué sur la gauche peu après Les Feuillats). Double 80 €. Table d'hôtes 27 €.* Isolée au milieu de prairies où se baladent les chevaux des propriétaires, cette grande maison cossue est idéale pour se ressourcer : l'accueil est charmant et disponible, les chambres tout confort, mansardées pour 2 d'entre elles, très coquettes avec leurs touches orientales, et la terrasse donnant sur la piscine irrésistible à la belle saison.

LA NIÈVRE

À voir. À faire

Agréable ***balade dans les rues de la vieille ville,*** qui n'a rien perdu de sa singularité : circuit historique avec fléchage au sol (dépliant à l'office de tourisme ou sur le site internet). Outre les derniers vestiges de l'enceinte bâtie vers 1194 par Pierre de Courtenay, comte de Nevers, ne pas manquer la promenade des Halles, longue de 985 m et plantée de platanes et de tilleuls.

Balades découvertes « Escale Loire » et « Escale nature », avec panorama sur la confluence des cours d'eau, l'île de Caqueret, le port de Decize.

Sentier d'interprétation de la Vieille Loire, axé sur l'écosystème ligérien, ou encore, sur l'autre rive de la Loire, intéressant ***sentier sensoriel de l'île de Caqueret***.

Le village portuaire : *bassin de la Jonction. • port-decize.fr •* Port de plaisance à 2 pas du centre-ville, avec restaurant, gîtes, hôtel, etc. Balades en bateau avec :

■ ***Le Boat :*** *☎ 03-86-25-46-64. • leboat.com •* Location de bateaux habitables et sans permis à la semaine ou pour un week-end. Pour qui serait tombé amoureux du canal de la Nièvre, 120 km jusqu'au nord du département, avant de poursuivre vers Auxerre. Sinon, empruntez le canal latéral à la Loire à la découverte du Val de Loire.

■ ***Le Belisama :*** *☎ 03-73-15-00-00. • sud-nivernais.fr • Loc à la journée (2-12 pers) 210 €.* Pas de pilote, c'est vous le capitaine !

■ ***Bateaux électriques :*** *au stade nautique. ☎ 03-86-25-00-99 (en saison). Mai-sept.*

■ Également des promenades à bord de ***gabarres*** *(☎ 03-86-25-27-23),* ces bateaux traditionnels de Loire.

Fête et manifestations

- **Fête foraine :** *w-e de la Pentecôte.* Mine de rien, la 2e fête foraine de France !
- **Scénes d'été :** *ven soir, en juil-août.* Concerts gratuits aux terrasses des bars.
- **Festiv'Halles :** *1er w-e d'août.* Concerts gratuits de musique trad'.
- **Festi'rue :** *1er w-e début sept.* • *festirue.com* • Festival populaire avec animations pour les enfants et les adultes, concerts et expos en tout genre.
- **Sinuo :** *1er w-e d'oct, ts les 2 ans, années paires.* • *sinuodotfr.wordpress.com* • Salon national de l'itinérance douce (vélo-rando-bateau).

DANS LES ENVIRONS DE DECIZE

Depuis le canal du Nivernais, possibilité de rejoindre la commune de La Machine par une ***véloroute*** de 8 km.

Le musée de la Mine et le puits des Glénons : *1, av. de la République, 58260* ***La Machine.*** *☎ 03-86-50-91-08.* • *musee.lamachine@ccsn.fr* • *À 5 km au nord de Decize par la D 34. 15 juin-15 sept, tlj 14h-18h ; 1er mars-14 juin (sauf 1er mai) et 16 sept-31 oct, dim et j. fériés 14h-18h. Visite guidée du* ***puits des Glénons*** *et de sa galerie de mine à 14h30, 16h, 17h30 (plus 15h30 et 16h30 juil-août). Fermé nov-fév. Entrée : 6 € ; réduc. Compter 2h30 de visite. Livret du petit mineur disponible pour les gamins.*
Une visite captivante au cœur de l'univers de la mine. Organisée en 2 temps, sur 2 sites distincts, elle commence par les bâtiments administratifs et d'ingénierie de la compagnie, où se trouvent un « meuble à plans » ou encore l'austère ***bureau directorial des Schneider*** père et fils. Maquettes, photos et documents écrits introduisent dans un monde où, dès le XIVe s, on glanait du « charbon de terre » et où le dernier puits a fermé en 1974.
Puis direction le ***puits des Glénons*** (situé à 15 mn à pied ; sinon, parking sur place), impossible à manquer avec son impressionnant ***chevalet*** qui domine les bâtiments et les vieux wagonnets figés sur d'antiques rails. Le temps de coiffer le casque de mineur et le voyage commence : par une succession de ***galeries,*** le visiteur découvre les techniques de percement et d'extraction, leur évolution, et tout un monde de labeur, de drames (coups de grisou, de poussier, de charge, l'enfer !), mais aussi de noblesse et de solidarité.
- En été, visite guidée de la ville de La Machine sur inscriptions *(☎ 03-86-50-91-08).*

LA NIÈVRE

HOMMES, CULTURE, ENVIRONNEMENT

ARCHITECTURE ET HABITAT

De l'art roman au gothique bourguignon

L'art roman s'est particulièrement développé aux XIe et XIIe s en Bourgogne du Sud, où les églises romanes, d'une grande richesse architecturale et sculpturale, sont pour la plupart bien conservées. C'est surtout dans le ***Brionnais*** et le ***Mâconnais*** que le visiteur sera frappé par le nombre et la beauté des églises. De la cathédrale d'Autun à l'humble chapelle Saint-Martin-de-Laives, en passant par les églises de Berzé-la-Ville ou de Chapaize, vous attend tout un monde de foi chrétienne, d'histoire de l'art et d'harmonie bâtie autour du nombre d'or.
Le passage à l'***architecture gothique*** se fait à partir de la 2de moitié du XIIe s. L'intégration de verrières, la suppression des chapiteaux et l'allègement des voûtes sont de mise. Les croisées d'ogives font le bonheur des ***cisterciens*** qui intègrent à leurs constructions le système des arcs diagonaux brisés (à Pontigny par exemple).
C'est à Sens que fut construite la 1re grande cathédrale gothique (achevée en 1176). Au XIIIe s, Notre-Dame de Dijon précise le style typiquement bourguignon : chœur profond à 2 absidioles, 2e galerie de circulation, transept accentué. Autre spécificité régionale : la présence d'une corniche à l'extérieur de l'édifice, observable sur la cathédrale d'Auxerre ou l'église Notre-Dame de Semur-en-Auxois. À la fin du siècle, les monuments semblent poussés par un élan vertical, à l'instar de l'étonnante église Saint-Thibault-en-Auxois dont la clé de voûte culmine à 27 m !

De la Renaissance au contemporain

Dès le XVIe s, un changement s'opère progressivement dans le paysage bourguignon sous l'influence de l'Italie. On revient aux formes antiques et aux canons classiques d'architecture gréco-romaine. Les lignes horizontales et les arcs en plein cintre sont à l'honneur. L'église Saint-Michel de Dijon présente ainsi une nef gothique mais une façade Renaissance.
Aux XVIe et XVIIe s, le patrimoine bourguignon s'enrichit de magnifiques châteaux Renaissance dotés d'une cour centrale (Sully, Tanlay, Ancy-le-Franc, Maulnes).
Sous Louis XIII, les châteaux se composent de 3 corps de bâtiments (comme à Cormatin en Saône-et-Loire) et les églises jouent avec l'ombre et la lumière. On cherche à impressionner par l'équilibre et la symétrie.
Les XIXe et XXe s laissent la place à des architectes aussi ambitieux que talentueux tels que le Dijonnais Gustave Eiffel (1832-1923) qui impose ses structures métalliques.

Les grandes abbayes

C'est en Bourgogne que naquirent 2 des grandes abbayes qui vont rayonner sur la chrétienté. Celle de ***Cluny,*** fondée en 910, va connaître une influence sans précédent, concrétisant par un ensemble architectural jamais égalé une étonnante puissance spirituelle et temporelle. Mais en 1098, une poignée de moines quittent

l'abbaye de ***Molesmes,*** à la limite de l'Yonne et de la Côte-d'Or, pour construire plus au sud, dans la clairière de ***Cîteaux,*** une abbaye en bois où ils pourront vivre selon la règle de saint Benoît, dans un esprit de pauvreté et de prière aux antipodes du faste de Cluny. L'ordre cistercien est né.
L'austérité des cisterciens se traduit aussi dans l'architecture. Pas de sculptures ni de fioritures, le dépouillement doit conduire à la prière. Cette nudité des bâtiments n'est pas vraiment totale, la règle d'austérité est parfois légèrement trahie : ainsi, le cloître de l'abbaye de ***Fontenay*** n'est pas tout à fait symétrique, aucune colonne n'étant identique à une autre. Peu connue, l'abbaye de ***Pontigny,*** quant à elle, mérite aussi qu'on s'y arrête.

La pierre de Comblanchien

Dijon est une ville au cœur de pierre, les carrières sont proches de son agglomération. La pierre dominante est le calcaire de Comblanchien, d'une couleur chaude, rosée ou jaunâtre, parsemée de points de rouille typiques. C'est la même pierre qu'on retrouve à l'Opéra de Paris ou au Carrousel de la pyramide du Louvre. Actuellement, seules les carrières situées au sud de Nuits-Saint-Georges demeurent en activité dans ce bassin de Comblanchien, dont le calcaire s'est formé il y a quelque 165 millions d'années. Des carrières qui ont bien failli coûter cher puisque l'Unesco s'est fait tirer l'oreille pour avoir classé cette partie de la côte, en 2016.

Les toits bourguignons

Les toits en ***tuiles vernissées*** aux motifs géométriques – lignes brisées, chevrons, losanges, entrelacs – font partie intégrante du paysage bourguignon. Ces tuiles coiffent aussi bien des édifices religieux, comme la cathédrale Saint-Bénigne de Dijon, que des bâtiments civils de la grande époque des ducs de Bourgogne. Les plus célèbres d'entre eux sont sans conteste l'***hôtel-Dieu de Beaune,*** l'***hôtel de Vogüé à Dijon*** et **le château de La Rochepot.** Ce type de décoration permettait d'indiquer par le biais de messages symboliques, politiques ou religieux, le statut social, voire la réputation, d'un homme ou d'une communauté.
Les ***tuiles plates*** dites « de Bourgogne » sont quant à elles fabriquées dans l'Auxerrois. Longues, étroites et d'un brun foncé, elles étaient utilisées par les moines cisterciens. Aujourd'hui, la tuile traditionnelle a été remplacée par la tuile mécanique d'emboîtement.

L'habitat traditionnel

L'habitat traditionnel a été conditionné par les matériaux locaux, le transport de matières premières restant difficile jusqu'au milieu du XIXe s. En Bourgogne du Nord et de l'Ouest, c'est ***la pierre*** qui domine, alors que dans le sud-est de la région, on utilise plus facilement ***la terre*** et ***le bois.*** La pierre provient du calcaire jurassique, de la craie blanche du Sénonais ou des blocs de granit du Morvan, assemblés par toutes sortes de mortiers, la plupart du temps de la chaux. Les murs en terre sont soit en *pisé* (dans la vallée de la Saône), soit à base de *torchis* (argile et paille) avec une structure en bois pour assurer la résistance. À l'origine, c'est ainsi que sont construites les fermes bressanes, ces belles maisons à colombages. La brique ne se généralise qu'à la fin du XVIIIe s dans le bassin de la Saône et dans le Nord-Est. Elle se substitue peu à peu aux sols battus, au torchis et aux colombages.

LE CHEMIN DE L'ADULTÈRE

Dans certaines régions bourguignonnes, le 1er mai, on signalait les adultères à la vindicte populaire en fleurissant la route qui reliait la maison de l'amant à celle de sa bien-aimée. Une coutume heureusement oubliée depuis longtemps !

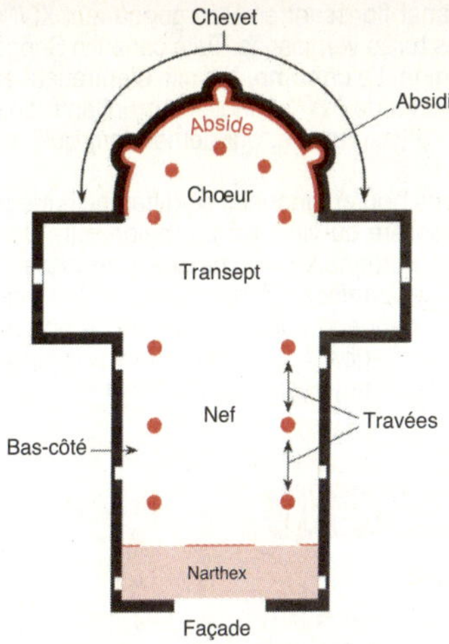

PLAN D'UNE ÉGLISE ROMANE

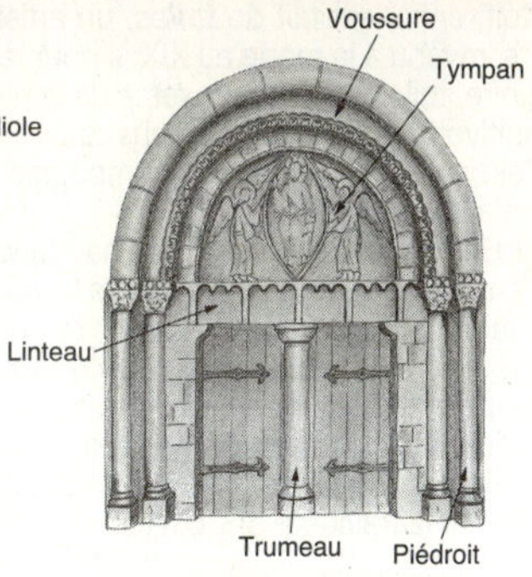

PORTAIL D'ÉGLISE ROMANE

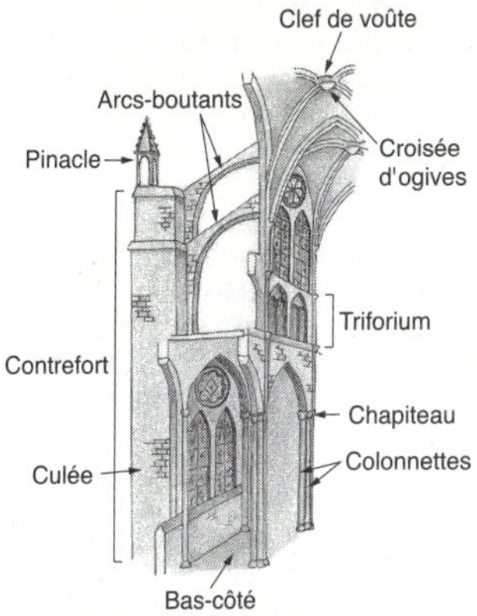

COUPE TRANSVERSALE D'UNE ÉGLISE GOTHIQUE

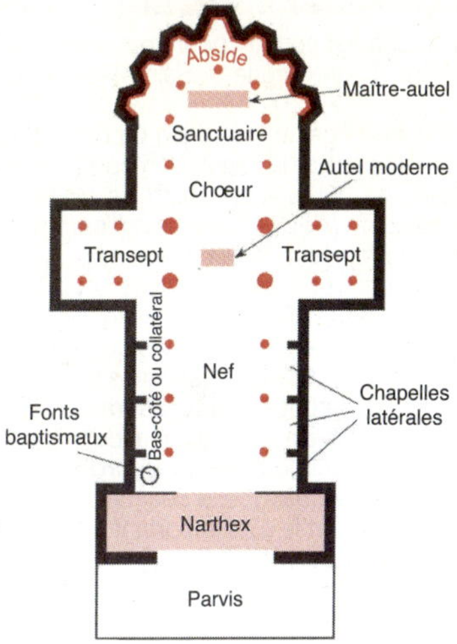

PLAN D'UNE ÉGLISE GOTHIQUE

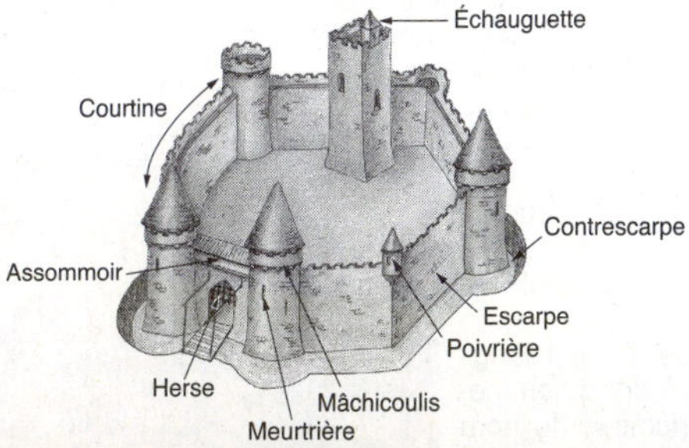

CHÂTEAU FORT

Le toit, enfin, est fait de ***tuiles,*** un artisanat florissant en Bourgogne aux XIVe et XVe s, revenu à la mode au XIXe s pour les tuiles vernissées. Tuile canal en Saône-et-Loire, tuile plate dans le reste de la région. Le ***chaume,*** difficile d'entretien, est définitivement abandonné dans la 2de moitié du XIXe s : facilement inflammable, il n'est plus couvert par les compagnies d'assurances, qui demandent qu'il soit remplacé par la tuile.
Outre les matériaux utilisés, les habitations bourguignonnes se différencient également par leur vocation, pastorale, céréalière ou vinicole. La région offre donc un habitat diversifié, qui régale l'œil du promeneur : les ***maisons de craie*** du Sénonais, les ***chaumières du Morvan,*** les ***maisons à galerie*** du Mâconnais, principalement vinicoles, ou les ***courts,*** reconnaissables à leurs grands porches extérieurs, les ***fermes bressanes à colombages,*** ou encore la ***maison vigneronne,*** très répandue en Côte-d'Or, en calcaire jurassique, matériau idéal pour préserver la fraîcheur des caves.

LES CANAUX DE BOURGOGNE ET DU NIVERNAIS

La Saône est connue pour son activité fluviale dès le IVe s av. J.-C., et les ports de Chalon-sur-Saône et Saint-Jean-de-Losne datent respectivement des IIIe et Ier s av. J.-C.
Au Moyen Âge, la technique du ***flottage*** était largement utilisée et permettait le ravitaillement de la capitale en bois (le 1er flottage de bois, entre Clamecy et Paris, eut lieu en 1547). Aussi, au XVIIe s, Colbert demande-t-il à Paul Riquet, l'architecte du canal du Midi, d'étudier le ***ralliement de la Seine à la Saône.*** Riquet répondra que ce projet est irréaliste. 20 ans plus tard, Vauban reprend les études de tracé, puis le dossier est rouvert sous Louis XV. Les travaux commencent un an après sa mort, en 1775. Louis XVI élargit le débat en lançant l'étude et la construction (1784) du ***canal du Nivernais*** qui reliera le bassin de la Loire à celui de la Seine (via l'Yonne). Mais les chantiers sont arrêtés pour cause de Révolution. Napoléon reprend le flambeau, mais les travaux s'effectuent en pointillé au gré des changements de régime de ce début de XIXe s. Des travaux gigantesques sont entrepris afin de franchir le ***seuil de Bourgogne*** pour le canal de Bourgogne et la ***montagne de La Collancelle*** pour celui du Nivernais.
L'ouvrage d'art le plus important du canal de Bourgogne est certainement le passage en ***souterrain à Pouilly-en-Auxois.*** Il fallut creuser sur une distance de 3,2 km. On employa des prisonniers de droit commun, dans d'épouvantables conditions de travail, sur un chantier qui dura 6 ans, de 1826 à 1832. Côté canal du Nivernais, les ***voûtes de La Collancelle*** déroulent 3 tunnels et des tranchées, creusés dans un granit dur comme du béton ! Suit l'incroyable ***échelle de Sardy*** qui enchaîne pas moins de 16 écluses sur 3,5 km.
Les souterrains ne comportent pas de chemin de halage. Les mariniers faisaient avancer leur embarcation au moyen de perches, rendant épuisante une traversée qui prenait de 8 à 10h. Ce n'est qu'en 1867 que fut mis en service un toueur à vapeur, c'est-à-dire un bateau se tirant lui-même grâce à un tambour d'enroulement d'une chaîne immergée au fond du canal et capable de pousser d'autres bateaux.
Quant au halage, il s'est longtemps effectué à col d'homme, on dit « à la bricole », du nom du harnais que l'homme portait.

VASES COMMUNICANTS

À l'époque des mariniers, on prenait le temps de vivre. Avec les éclusiers, ils échangeaient les nouvelles durant les manœuvres. On ouvrait les vannes, mais aussi les bouteilles, et tandis que les bassins se remplissaient, les verres se vidaient : on les éclusait. D'où l'expression... « écluser un gorgeon » !

Travaux harassants. Le cheval venant ensuite remplacer l'homme, apparaissent des relais de charretiers jalonnant le canal. L'arrivée de la vapeur, en 1873, se heurte à l'hostilité générale, car la corporation du halage veut survivre. ***Le halage humain est toutefois interdit en 1918.*** Le tracteur à moteur arrive en 1923.

LES CHEMINS DE SAINT-JACQUES-DE-COMPOSTELLE

Les différents chemins de Compostelle convergent vers la côte galicienne espagnole et la cathédrale Saint-Jacques où sont conservées les reliques d'un des plus importants apôtres de Jésus, Jacques, mort en martyr vers l'an 35.
C'est en 800 qu'un ermite, guidé en songe par une étoile, retrouve le tombeau du saint. Le nom de Compostelle proviendrait d'ailleurs de *campus stellae* : champ d'étoiles... Dès le Xe s, des pèlerins en provenance de toute l'Europe viennent se recueillir sur ses reliques. Aujourd'hui encore, on assiste parfois à une certaine affluence sur les chemins en période de pèlerinages et pendant les vacances...
Au fil des ans, aux pèlerins se joignent amateurs d'art roman et férus de randonnées.
Il faut dire que les chemins de Compostelle, cadre de ressourcement spirituel extraordinaire, sont aussi d'une beauté et d'un intérêt historique qui valent le détour : les échanges culturels et religieux et la nécessité d'héberger un grand nombre de pèlerins ont favorisé dès le Moyen Âge le développement des villes et des monuments-étapes sur le chemin.
Balisés en 1970 par la Fédération française de la randonnée pédestre, les 4 sentiers français commencent respectivement à Vézelay (Yonne), au Puy-en-Velay (Haute-Loire), à Arles (Bouches-du-Rhône) et à Tours (aujourd'hui à Paris). Depuis 1998, le parcours est classé au Patrimoine mondial de l'humanité. Que vous partiez à pied, à cheval ou à VTT, que vous marchiez tout le long de la route ou sur les derniers kilomètres uniquement, ouvrez grands les yeux pour ne pas rater les beautés croisées sur le chemin : une auberge super accueillante, une église romane perdue dans la campagne, les champs à perte de vue, et souvent de bien belles rencontres... Pour plus de renseignements : • *chemins-compostelle.com* •
En Bourgogne, les chemins de Compostelle démarrent à ***Vézelay*** (89), passent par ***Nevers*** et ***La Charité-sur-Loire*** (58). Noter qu'un chemin non historique passe par ***Cluny*** (71). Un chemin balisé permet de relier la gare TGV de *Mâcon-Loché* à *Cenves* (13 km à l'ouest), avant de se raccorder au chemin classique *Cluny-Le Puy.*

CUISINE

De multiples ouvrages évoquent les atouts culinaires de la Bourgogne, et toutes les épiceries du pays mettent en vitrine moutarde, cassis et pain d'épice. Sans oublier les fromages, les escargots, etc.

La crème de cassis

Le cassis est bien une particularité bourguignonne. Sa véritable culture a commencé en 1841, lorsqu'un fabricant de liqueurs de Dijon, un nommé Lagoutte (ça ne s'invente pas, d'autant plus qu'il s'associa à un certain Lejay !), produisit pour la 1re fois une liqueur digne de ce nom selon une recette nouvelle (une macération de grains de cassis dans l'alcool avec adjonction de sucre).

La moutarde

Même si les grains de sénevé *(Brassica nigra)* sont venus de Chine via les Romains, la moutarde reste la véritable gloire de la capitale ducale. La moutarde de Dijon a changé de goût avec le temps, de la même façon qu'elle a changé le goût (initialement, on l'utilisait pour masquer celui de certains plats ou aliments, justement). Désormais, ce condiment est produit de façon industrielle et le moût d'antan (mélange de jus de raisin et de verjus) est souvent remplacé par du vinaigre. Quant aux graines de moutarde, elles sont souvent récoltées au Canada. Certains rares artisans, comme le Beaunois Fallot qui s'est implanté à Dijon en 2014, utilisent encore le procédé ancien avec broyage à la meule en silex.

LA TOURNÉE DES GRANDS DUCS

C'est au chanoine Félix Kir, maire de Dijon entre 1945 et 1968, que l'on doit le nom de ce fameux élixir, composé de 1/3 de crème de cassis et de 2/3 de bourgogne aligoté. Le chanoine l'offrait volontiers à ses hôtes lors de réceptions officielles. Dans le kir royal, l'aligoté est remplacé par le crémant de Bourgogne (et surtout pas par un « vulgaire » champagne...).

Le pain d'épice

Farine de blé, un miel fort en goût comme celui du Morvan et quelques épices aux parfums nostalgiques (girofle, cannelle, muscade, anis...) sont à la base de ce produit fin et artisanal, importé des Flandres par les ducs de Bourgogne. Pour en savoir plus, visiter par exemple l'usine de la célèbre *Fabrique de pain d'épices Mulot et Petitjean* à Dijon.

Le plateau de fromages

Avec une trentaine de variétés recensées, la Bourgogne peut présenter un plateau de fromages plus qu'honorable, dont certains, comme l'époisses, au goût très relevé.

- ***Époisses*** a donné son label à un fromage au lait entier de vache, à pâte molle et onctueuse, lavé au marc de Bourgogne et affiné sur paille de seigle pendant 1 mois minimum.
- Le ***soumaintrain*** et le ***saint-florentin*** sont produits dans l'Yonne, à base de lait cru de vache. Ces fromages de caractère sont à consommer bien affinés « à point ».
- Le ***chaource,*** fromage à pâte blanche, légèrement salé, est à consommer frais.
- Les ***cîteaux*** et ***pierre-qui-vire*** naissent sous les voûtes des abbayes. Si le *cistercien* est cousin du reblochon, le *morvandiau bénédictin* s'apparente plutôt au chaource.
- Les ***fromages de chèvre*** sont produits un peu partout dans la région. Parmi les plus connus : les *crottins de Chavignol* (Sancerrois), *de Chaource* et *de Langres* ou les *Charolais* (nouvellement labellisé AOC), qui comptent parmi les plus gros fromages de chèvre.

Les autres spécialités

- ***Le bœuf bourguignon :*** autant de recettes que de familles pour ce grand classique de la gastronomie française. Mais toutes ont une chose en commun : pour la marinade, il faut utiliser du bon vin, et généreusement...
- ***Le coq au vin :*** voir le bœuf bourguignon plus haut, mais changer de bestiau. Les puristes

LES ESCARGOTS EN BAVENT

Véritables symboles de la gastronomie bourguignonne, les escargots ne sont pas à la fête. Déboisage et sulfatage ont pratiquement rendu la vie impossible aux déjà rares gastéropodes sauvages. À part ceux qui proviennent de quelques obstinés bons producteurs du cru, la plupart sont importés des pays de l'Est.

utilisent du chambertin pour la marinade. Notre conseil : buvez le chambertin et utilisez un autre rouge pour la cuisson !
- ***Les œufs en meurette :*** l'expression « en meurette » signifie que les œufs sont pochés directement dans une goûteuse sauce au vin... de Bourgogne ! La qualité du vin est déterminante pour la pleine réussite de ce plat.
- ***Le jambon persillé :*** c'est une préparation composée de jambon d'épaule dessalé et cuit pendant plusieurs heures dans un court-bouillon corsé. Il est coupé en dés, richement persillé et moulé en gelée dans une terrine ronde. Il était confectionné traditionnellement au moment des fêtes de Pâques un peu partout en Bourgogne ; aujourd'hui, on le trouve au quotidien dans de nombreuses charcuteries. Chaque année, la confrérie de Saint-Antoine organise un concours et prime d'une médaille la meilleure maison : guettez l'étiquette du « meilleur persillé » de l'année !
- ***Les gougères :*** ces petits choux au fromage sont servis au moment de l'apéritif.
- ***Le jambon cru du Morvan :*** cette dénomination indique un excellent jambon, séché naturellement et lentement en altitude.
- ***Le jambon à la chablisienne et l'andouillette de Chablis :*** on allait oublier ces 2 spécialités qui font toujours les grandes heures de Chablis, la bourgade vigneronne la plus célèbre au nord de la Bourgogne.
- ***La rosette du Morvan et le judru de Nolay :*** ces saucissons paysans diffèrent plus par la taille que par le goût ; 50 cm pour la rosette et seulement de 10 à 20 cm pour le joufflu judru, mais le poids demeure le même, aux alentours de 3 livres !
- ***La pochouse :*** sorte de délicieuse matelote de poissons de rivière (tanches, anguilles, perches, carpes et brochets) au vin blanc. C'est une spécialité des bords de Saône et du Doubs, cuisinée essentiellement entre Verdun-sur-le-Doubs et Chalon-sur-Saône.
- ***Les écrevisses :*** à la nage, cuites dans un fumet de poisson au vin blanc. Aujourd'hui, les écrevisses qu'on trouve sur les marchés sont essentiellement issues de l'élevage, et les sauvages appartiennent au passé. Cependant, cette recette reste un grand classique de la cuisine bourguignonne.
- ***Les corniottes :*** typiques de Saône-et-Loire, autrefois traditionnellement préparées pendant les fêtes de l'Ascension. On garnit de fromage une pâte brisée, on la referme en forme de bourse et on la colle en tricorne à sa partie supérieure.
- ***L'anis de Flavigny :*** petites dragées délicieuses de sucre blanc de la grosseur d'un petit pois et renfermant, en guise de surprise, un grain d'anis parfumé, le tout conditionné dans des boîtes très romantiques.
- ***Le miel du Morvan :*** tout le parfum des fleurs de montagne.

ÉCONOMIE

La Bourgogne n'est pas uniquement constituée d'une rangée de vignes (200 millions de bouteilles vendues par an, tout de même, soit 1,5 million d'hectolitres), d'une douzaine d'escargots et d'un clocher roman ! ***La région est peu urbanisée*** (à peine plus de la moitié des habitants vivent en ville) ***et sa croissance démographique la plus faible de France.*** Pour plus de la moitié, les Bourguignons travaillent dans les transports, le commerce et les services. Sans parler du ***patrimoine culturel, architectural ou culinaire*** de la région, qui en fait ***une région touristique majeure*** (60 % de clientèle étrangère, à commencer par les Néerlandais). D'autant que par sa position géographique, la Bourgogne est un ***carrefour routier, ferroviaire et fluvial*** incontournable pour qui veut aller de la Méditerranée vers la mer du Nord, de la Suisse ou de l'Italie vers l'Île-de-France ou l'Atlantique.
C'est en tout cas une des régions de France qui se placent ***en tête des exportations s'agissant de biens sidérurgiques ou agroalimentaires, et de vins bien sûr.*** Elle a pour clients principaux les pays de l'Union européenne alors qu'elle bénéficie d'une position stratégique entre les 2 premières régions économiques françaises, l'Île-de-France et Auvergne-Rhône-Alpes.

Agriculture

La surface occupée par l'activité agricole couvre ***60 % du territoire.*** La ***zone de polyculture-élevage*** s'étend sur pratiquement la moitié de la région (presque entièrement l'Yonne, une grande partie de la Côte-d'Or et le nord de la Nièvre). Ces vastes surfaces produisent de préférence des céréales et du colza ; l'élevage est essentiellement bovin. La ***zone charolaise et morvandelle*** occupe pratiquement l'autre moitié. C'est un pays de bocage et d'habitat dispersé, le domaine de l'élevage, pour la viande, du bœuf charolais et de quelques porcs de qualité. La ***zone agricole de la vallée de la Saône*** est beaucoup plus restreinte, c'est une région de production diversifiée : élevage laitier, élevage de volailles, polyculture avec maïs, betterave à sucre et céréales. La ***zone viticole*** est la moins étendue, mais la plus réputée, et elle représente ***30 % de la production agricole de la région*** (50 % en Côte-d'Or).
La forêt couvre environ un tiers du territoire. Elle produit du chêne de grande qualité et des sapins de Noël du côté du Morvan.

Une région plus secondaire que tertiaire

Comparativement au reste du pays, la Bourgogne est ***une région plus industrielle que tertiaire,*** ce qui la rend plus vulnérable aux épisodes de crise. Malgré une désindustrialisation accrue depuis le début des années 2000, ***les secteurs phares*** restent ***la métallurgie, la pharmacie*** (à Dijon et Chalon essentiellement), ***l'électronique, l'automobile*** (pièces détachées), ***la plasturgie, l'emballage, le textile, l'agroalimentaire*** et, bien sûr, ***l'industrie du vin.*** La Bourgogne affiche par ailleurs 2 pôles de compétitivité : la Nuclear Valley et Vitagora « Goût-Nutrition-Santé » dans l'agroalimentaire.

POUR L'AMOUR DU COÛT

Rappelez-vous le slogan d'un Amora, déjà industriel mais défendant l'« amour du goût ». En fait, la moutarde de Dijon n'est plus dijonnaise depuis longtemps. Faute d'avoir créé une indication géographique protégée (IGP), qui préserve à la fois la recette et le lieu de fabrication, on produit désormais de la moutarde de Dijon dans le Kentucky !

ENVIRONNEMENT

La Bourgogne est un territoire essentiellement rural (forêts, prairies, vignes). Pourtant, la répartition de la population entre villes et campagnes indique que 50 % des Bourguignons vivent sur 5 % du territoire, où ils occupent 70 % des emplois. Les villes bourguignonnes restent, en général, des cités à dimension humaine, qui échappent aux pressions et aux désagréments des grandes agglomérations.
– La Bourgogne abrite plusieurs ***réserves naturelles*** (Val Suzon, Mardelles de Prémery, tourbières du Morvan, combe Lavaux-Jean Roland, Val de Loire, La Truchère-Ratenelle, Bois du Parc, etc.), des espaces naturels à fort enjeu de conservation pour la biodiversité. Quant au ***parc naturel régional (PNR) du Morvan,*** il occupe la partie centrale de la Bourgogne, un milieu rural habité à forte valeur patrimoniale, culturelle et paysagère. Enfin, un ***parc national des forêts de Champagne et Bourgogne,*** à cheval sur la Côte-d'Or et la Haute-Marne, devrait voir le jour.
– ***La faune et la flore :*** une quarantaine d'espèces végétales et une centaine d'espèces animales observées en Bourgogne sont considérées comme menacées au niveau national. Parmi celles-ci : certaines chauves-souris, les loutres, le râle des genêts, le grand-duc d'Europe, les cigognes, les libellules, le maillotin de Bourgogne (un escargot de 2 mm, endémique de l'Yonne), les brochets, les tritons,

le lézard vivipare, les écrevisses... Une des raisons de la richesse de ce patrimoine naturel bourguignon est l'importance de la couverture forestière (1/3 environ de la superficie de la région). À noter d'ailleurs, le retour du loup dans l'Yonne, signalé en 2018.

– ***Les sangliers :*** en Bourgogne, les forêts et les champs agricoles sont tellement imbriqués les uns dans les autres que les cultures (essentiellement les champs de maïs) sont régulièrement ravagées par les sangliers. Des plans de chasse sont mis en place, en plus des indemnités en compensation.

GÉOGRAPHIE

Si la Bourgogne et la Franche-Comté ne forment plus qu'une seule région depuis 2015, la plus grande partie de la région Bourgogne seule oscille entre 150 et 600 m au-dessus du niveau de la mer, culminant à 900 m grâce à quelques sommets du Morvan, géographiquement attachés au Massif central depuis 2005. Les plaines alluviales de l'Yonne, de l'Armançon et de la Saône, elles, sont en dessous de 150 m.

Au nord-ouest de la Bourgogne, la partie inférieure du ***Bassin parisien ;*** tout au sud, les douces ***collines du Mâconnais et du Charolais*** ; du nord-est à l'ouest se succèdent les sévères ***plateaux du Châtillonnais, de Langres et du Nivernais,*** qui sont souvent incisés par des failles où coulent les méandres des rivières à truites. Parallèlement à la Saône, du nord au sud, une longue faille bordée de talus où poussent les vignes aux crus prestigieux. À l'est et au sud-est, l'ensemble des plaines que l'on désigne sous le nom de ***Fossé bressan.*** Enfin, au centre de la région, le ***massif granitique du Morvan.***

La Bourgogne, lieu de passage, est également un ***carrefour climatique.*** Si le climat continental domine, les spécialistes distinguent 9 sous-climats, nourris d'influences océaniques et méridionales. Enfin, on retient ***l'une des amplitudes thermiques les plus élevées de France*** avec surtout des étés chauds et secs ; le reste de l'année, que d'eau, que d'eau ! Ce qui donne du bon vin, certes, mais aussi des paysages magnifiques, comme celui du parc naturel régional du Morvan, constitué de vastes plans d'eau et de 45 % des forêts.

> **UN PLAN SECRET**
>
> *Hitler avait le projet de créer un grand État de Bourgogne qui aurait réuni aussi Franche-Comté, Champagne, Picardie, Wallonie et Suisse romande. En souvenir des luttes entre les ducs de Bourgogne et les rois de France. Le but du découpage était de démanteler donc d'affaiblir la France, la Belgique et même la Suisse, qui était restée neutre.*

HISTOIRE

Alésia

Petit récapitulatif historique à l'attention de ceux et celles qui auraient trop abusé des lectures d'Astérix. Les Romains occupent le sud de la Gaule depuis un demi-siècle et marchent vers le Nord indépendant en 58 av. J.-C. En ***52 av. J.-C.,*** toutes les forces gauloises s'allient à ***Vercingétorix,*** qui devient leur chef suprême et mène une guerre sans merci contre Jules César. Mais, retranché sur l'oppidum d'***Alésia*** (aujourd'hui officiellement en Côte-d'Or, visite conseillée du MuséoParc sur le sujet), Vercingétorix doit se rendre et son armée de 80 000 hommes capitule après 2 mois de siège devant les 100 000 soldats de César. Cet événement marque un tournant décisif : la Gaule épuisée est réduite en provinces par César.

Le temps des Burgondes

Dès la fin du IIIe s, les invasions barbares mettent à mal l'autorité de Rome. C'est à partir de 480 que se fixe sur le territoire de l'actuelle Suisse romande un peuple venu de l'Est, les Burgondes, dont le ***roi Gondebaud*** mène une politique d'expansion vers l'ouest et tient la dragée haute à ses voisins, parmi lesquels le terrible Clovis. ***Annexé par Charlemagne en 771,*** le royaume burgonde retrouve sa souveraineté en 888. Puis, un certain ***Richard le Justicier*** profite en ***918*** des désordres liés aux invasions des Vikings pour se faire nommer duc. Ce ***duché,*** qui préfigure par son étendue la Bourgogne moderne, passe au début du XIe s à une branche des Capétiens, s'affranchissant pratiquement de la tutelle du roi de France.

Les Grands Ducs d'Occident

En 1352, les Valois font main basse sur ce duché qui attire les convoitises de par ses villes prospères aux monuments grandioses pour l'époque, ses foires regorgeant de produits du cru et son rayonnement religieux sans précédent dans l'histoire. Sous l'influence d'une étonnante dynastie ducale, la Bourgogne va se tailler une place dans la cour des grands.

– ***Philippe le Hardi*** *(1342-1404),* fils cadet du roi Jean le Bon, reçoit en apanage le duché de Bourgogne en souvenir de son courage à la journée de Poitiers où, presque enfant, il combattit aux côtés de son père. Son habileté politique lui permet de conforter ses positions vis-à-vis du royaume de France ; c'est ainsi qu'il ***épouse Marguerite de Flandre,*** qui lui apporte la Flandre et un ensemble de comtés qu'il accroît par divers achats et héritages. Allié de la Bavière par le mariage de ses enfants, Philippe le Hardi établit une paix durable, notamment avec l'Angleterre. Ce ***penchant européen*** sera une constante de la politique de tous les ducs de Bourgogne. Philippe le Hardi meurt à 62 ans, ayant fait de la Bourgogne un ***duché*** aussi ***riche et puissant,*** sinon plus, que le royaume de France.

– ***Jean sans Peur*** *(1371-1419),* fils de Philippe le Hardi, est en compétition pour le trône de France avec son cousin le duc d'Orléans. Ses idées libérales, voire démagogiques, attisent les rivalités. Suite à la folie du roi Charles VI, la régence est confiée au duc d'Orléans. Rien ne pouvait plus irriter Jean sans Peur, qui fait assassiner son rival en 1407. La voie semble libre pour ***conquérir le trône de France,*** mais il trouve une forte opposition en la personne de Bertrand d'Armagnac, beau-frère du duc d'Orléans, et de ses partisans, les Armagnacs. La guerre civile est inévitable. C'est le moment que choisit la perfide Albion pour débarquer en Normandie. Jean sans Peur refuse assistance aux Armagnacs, qui se font battre à plate couture à Azincourt, et passe une alliance secrète avec les Anglais contre le royaume de France. En 1418, les Bourguignons sont maîtres de Paris. Le dauphin, futur Charles VII, se réfugie à Bourges et conclut un accord avec Jean sans Peur. C'est en allant signer cet accord que le duc de Bourgogne est assassiné d'un coup de hache en septembre 1419 par un proche du futur roi, sur le pont de Montereau.

– ***Philippe le Bon*** *(1396-1467)* commence son règne en jetant son duché dans les bras des Anglais, en pleine ***guerre de Cent Ans.*** La lutte est confuse entre Bourguignons, Anglais et Français. Elle cessera grâce à ***Jeanne d'Arc,*** que les Bourguignons remercieront en la livrant aux Anglais. Le bon Philippe réussira un coup de maître en négociant la paix avec Charles VII : la Bourgogne devient un duché indépendant, et il peut se

L'ORDRE DE LA TOISON D'OR

Créé en 1430 par Philippe le Bon, duc de Bourgogne, cet ordre catholique soudait certains chevaliers auprès de leur prince à qui ils juraient fidélité. Louis XV portait l'insigne. Cette confrérie existe toujours sous l'égide des couronnes d'Espagne et d'Autriche.

DUCS DE BOURGOGNE

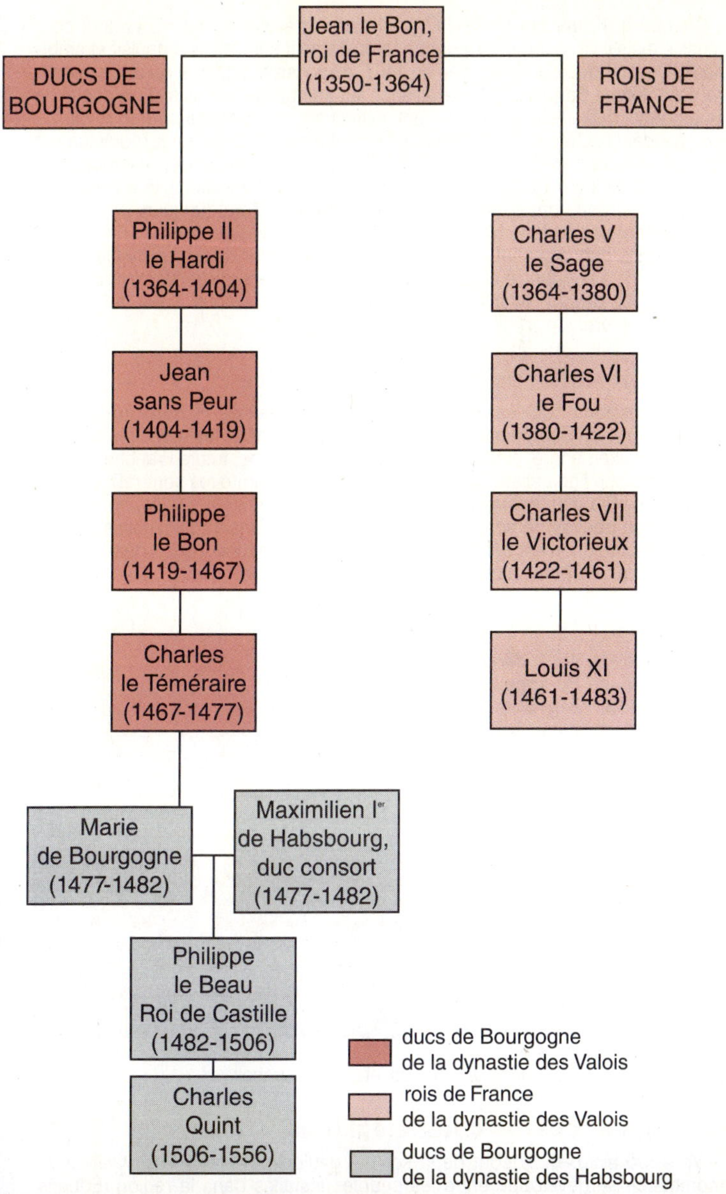

proclamer « Grand duc d'Occident ». Sobre ! Créateur de l'***ordre de la Toison d'or,*** mécène amoureux de la peinture flamande, Philippe le Bon fut également grand amateur de livres, à tel point que la bibliothèque ducale devint l'une des plus riches du monde occidental.

– ***Charles le Téméraire*** *(1433-1477)* **:** éloquent, travailleur, brillant, il a tout pour réussir, mais il va tout gâcher par son tempérament suspicieux, impulsif et ambitieux. Devenu duc de Bourgogne en 1467, il épouse Marguerite d'York, sœur du roi d'Angleterre Édouard IV. Cette alliance fait trembler le roi Louis XI : le duché de Bourgogne, déjà très puissant, devient maintenant une ***menace pour le royaume de France.*** D'autres puissances commencent à concevoir quelque inquiétude et se coalisent contre la Bourgogne. En 1476 à Grandson (en Suisse), les troupes de Charles sont exterminées et il doit abandonner son artillerie, son trésor de guerre, et même le sceau ducal en or. Nouveau désastre à Morat (toujours en Suisse), avec de terribles pertes : 14 000 morts, dont 5 000 noyés dans le lac ! En décembre, Charles part derechef attaquer la Lorraine et tenter de reprendre Nancy. Le siège tourne à la débâcle et, le 5 janvier 1477, le Téméraire est découvert dévoré par les loups devant Nancy, au milieu de ses soldats vaincus. C'est la fin d'une grande aventure.

L'incorporation au royaume de France

Les possessions ducales sont dépecées. Maximilien de Habsbourg, via son épouse Marie de Bourgogne, fille du Téméraire, reçoit tous les territoires de Flandre et de Luxembourg, ainsi que le comté de Bourgogne, future Franche-Comté. À l'ouest d'une ligne allant de Langres à Mâcon, les territoires sont rattachés au royaume de France, dessinant l'actuel tracé de la région.

Le nouveau pouvoir ne porte pas atteinte aux institutions traditionnelles : le parlement bourguignon est définitivement transféré de Beaune à Dijon dès 1480. Il y restera jusqu'à la Révolution, avec un rôle judiciaire et politique.

Petit zapping historique

Plutôt que de vous conter ici l'histoire d'une Bourgogne rentrée dans le rang après son annexion au royaume de France, on vous invite à un zapping politique, au fil des chapitres consacrés à chaque département. Ce sont 4 départements aux fortes personnalités qui composent toujours cette région de passage, avec au milieu un Morvan un peu à l'étroit et décidé à s'affirmer. 5 destinées historiques qui cohabitent et s'entrecroisent à travers les siècles, aux portes de cette Comté pas toujours franche avec qui les rapports seront toujours tendus. Voilà juste quelques repères pour vous situer dans le temps, et dans l'espace :

UN HÉROS BOURGUIGNON

Pendant la guerre franco-allemande de 1870, Gambetta appela à l'aide Garibaldi, le héros de l'indépendance italienne. À la tête d'un bataillon de 10 000 tirailleurs français, Garibaldi se battit comme un diable en Bourgogne et remporta une belle victoire à Dijon. La guerre finie, il devint député français de la Côte-d'Or sans avoir été candidat ! Mais lorsqu'en 1871 les insurgés de la Commune de Paris lui demandèrent de prendre la tête de leur mouvement, le héros, trop fatigué, déclina leur offre.

Quelques repères chronologiques

– ***Vers 530 av. J.-C. :*** début de la société gauloise (du latin *Galli,* Celtes). Le commerce se développe entre les peuples installés dans la région (Éduens, Séquanes et Lingrons) et le sud de l'Italie.

- ***52 av. J.-C. :*** au cours des conquêtes menées par César, la Gaule est réduite en province après la défaite de Vercingétorix à ***Alésia.***
- ***442 :*** installation des Burgondes (venus de la région balte) dans le bassin de la Saône et du Rhône. Fondation du ***royaume Burgundia, future Bourgogne.***
- ***843 :*** le traité de Verdun divise l'empire d'Occident (brisant l'unité du royaume burgonde) entre les petits-fils de Charlemagne.
- ***910 :*** fondation de ***Cluny*** par Guillaume d'Aquitaine.
- ***898-911 :*** la naissance du ***duché de Bourgogne*** suscite les convoitises.
- ***1032 :*** la Bourgogne devient le bastion de la chrétienté, rayonnement de Cluny, Cîteaux et Clairvaux.
- ***XIVe-XVe s :*** grâce au règne des Valois, la Bourgogne atteint son apogée territorial et artistique.
- ***1480 :*** Louis XI annexe la Bourgogne ducale au domaine royal et établit le ***parlement bourguignon*** à Dijon.
- ***1631-1789 :*** dès Louis XIII et jusqu'à la Révolution, les princes de Condé gouvernent la province.
- ***XVIIIe s :*** création du réseau routier et développement des canaux.
- ***1791 :*** division de la province en 4 départements.
- ***1939-1945 :*** l'Yonne et Châtillon-sur-Seine sont les plus touchées par les destructions de la Seconde Guerre mondiale.
- ***1970 :*** création du parc naturel régional du Morvan.
- ***1982 :*** création de la région Bourgogne.
- ***2016 :*** le PACS avec la région Franche-Comté est officialisé le 1er janvier 2016 suite aux élections régionales de 2015. La nouvelle ***région Bourgogne-Franche-Comté*** occupe la 6e place (sur 13) des régions de France en superficie. Elle est dirigée par Marie-Guite Dufay (PS).
- ***2019 :*** le musée rénové des Beaux-Arts de Dijon rouvre ses portes, redonnant vie à tout le quartier ancien.

PERSONNAGES

- ***Buffon*** *(1707-1788)* **:** grand naturaliste né à Montbard, il écrit une *Histoire naturelle,* œuvre monumentale en 40 volumes qui ouvre la voie à plusieurs branches des sciences naturelles modernes (géologie, paléontologie...). Son œuvre littéraire lui vaudra également d'être reçu à l'Académie française en 1753. Il sera aussi un industriel génial, et la visite des forges de Buffon, près de Montbard, vous fera découvrir l'ancêtre des hauts-fourneaux.
- ***Roger de Bussy-Rabutin*** *(1618-1693)* **:** général des armées de Louis XIV, célèbre pour ses faits d'armes, mais surtout pour ses libertinages et écrits. Son *Histoire amoureuse des Gaules,* médisances sur les frasques de Louis XIV, le mène tout droit à la Bastille, puis à l'exil à vie en Bourgogne. Il y rédige une importante correspondance destinée à Mme de Sévigné, sa cousine.
- ***Sidonie Gabrielle Colette*** *(1873-1954)* **:** native de Saint-Sauveur-en-Puisaye. L'écrivain puise son inspiration dans son enfance passée dans la nature bourguignonne, pour être publiée dans un premier temps... sous le pseudonyme de son écrivaillon de mari. Colette va rapidement se dégager de cette tutelle machiste et devenir une femme étonnamment libre pour l'époque et jouir d'une large reconnaissance, comme en témoignent la présidence de l'académie Goncourt et les funérailles nationales auxquelles elle est la 1re femme à avoir droit.
- ***Gustave Eiffel*** *(1832-1923)* **:** né à Dijon, l'ingénieur et entrepreneur bourguignon participe à la création de la statue de la Liberté à New York. Sa carrière atteint son apogée avec la construction en 26 mois d'une certaine tour métallique à l'occasion de l'Exposition universelle qui a lieu à Paris en 1889.

- ***Antoine Griezmann*** *(Mâcon, 1991)* **:** « Grizou » est un footballeur international évoluant en Espagne. En 2016, il est sacré meilleur joueur de l'Euro 2016, au sein de l'équipe de France. En 2018, inutile de rappeler ses faits d'armes avec la même équipe nationale. Il a marqué 4 buts durant la Coupe du monde en Russie.

ET EIFFEL S'INCLINA

Au faîte de sa gloire, Gustave Eiffel s'impliqua dans le canal de Panama. Faillite puis énorme scandale qui l'envoya 8 jours en prison avant d'être blanchi. Son entreprise fut même débaptisée. Cassé, il abandonna ses activités industrielles pour ne se consacrer qu'à l'avenir de la tour Eiffel qui faillit elle-même être détruite.

- ***Le chanoine Kir*** *(1876-1968)* **:** né à Alise-Sainte-Reine, ordonné prêtre en 1901, son engagement dans la Résistance pendant la Seconde Guerre mondiale le propulse député et maire de Dijon en 1945, jusqu'à son décès. Sa notoriété a dépassé les limites de la petite cité, grâce à l'apéritif qui porte son nom.
- ***Alphonse de Lamartine*** *(1790 à Mâcon-1869)* **:** le décès de Julie, son amour fou, lui inspire *Les Méditations poétiques.* Il deviendra l'un des plus grands poètes français de l'époque romantique, et resteront gravés dans nos mémoires des vers aussi célèbres que « Ô temps, suspends ton vol, et vous heures propices, suspendez votre cours ». La route Lamartine, au départ de Mâcon, permet de s'imprégner de l'ambiance des sites qui inspirèrent le poète.
- ***Pierre Larousse*** *(1817-1875)* **:** originaire de Toucy (Yonne), il est connu avant tout pour la parution en 1856 du *Nouveau Dictionnaire de la langue française* (ancêtre du *Petit Larousse*) qui lui vaudra d'être condamné par l'Église. Son œuvre la plus importante est le *Grand Dictionnaire universel du XIXe siècle* (22 700 pages), regroupé en 17 volumes écrits en 11 ans. En 2011, vous aurez pu découvrir dans le *Petit Larousse* que le *Routard* est une marque déposée...
- ***Marguerite Monnot*** *(1903-1961)* **:** née à Decize, cette pianiste hors pair a écrit parmi les plus belles pages musicales de la 1re moitié du XXe s. *La Vie en rose*, *L'Hymne à l'amour*, *Les Amants d'un jour, Mon légionnaire*, *Milord* ou *Non, je ne regrette rien* sont de sa composition. « La Guite », comme on la surnommait, décédera (« par distraction » dira Moustaki avec poésie) d'une crise d'appendicite mal soignée.
- ***Nicéphore Niépce*** *(1765-1833)* **:** en 1827, Niépce prend un cliché du paysage depuis la fenêtre de sa maison près de Chalon-sur-Saône. Le temps de pose est de plusieurs jours, mais la photographie est née ! Daguerre, finaud, tire la couverture à lui, et le procédé devient connu sous le nom de daguerréotype.
- ***François Pompon*** *(1855-1933)* **:** originaire de Saulieu, le sculpteur est surtout connu pour ses œuvres animalières à la surface polie et aux formes simplifiées. Il débute sous la direction d'Auguste Rodin ou Camille Claudel, et se distingue ensuite par sa vision moderne de l'esthétique. L'une de ses œuvres majeures, *L'Ours blanc,* est exposée au musée d'Orsay.
- ***Jean-Paul Rappeneau*** *(né en 1932 à Auxerre)* **:** réalisateur d'à peine une dizaine de longs-métrages, mais tous des chefs-d'œuvre. On retient en Bourgogne la dernière scène, magistrale, de son *Cyrano,* tournée dans les jardins de l'abbaye de Fontenay, en Côte-d'Or.
- ***Robin Renucci*** *(né en 1956)* **:** l'acteur séducteur corse par sa mère est en réalité un enfant du Creusot. Il a passé son enfance à Auxerre. César du meilleur acteur pour *Escalier C* et Molière du comédien pour *François Truffaut, Correspondance,* il est également passé derrière la caméra.
- ***Guy Roux*** *(né en 1938)* **:** s'il est né en Alsace, il devint le plus emblématique des entraîneurs français avec l'AJ Auxerre, de 1961 à 2005, permettant au club de gravir tous les échelons ou presque.

– ***François Rude*** *(1784-1855)* **:** à Dijon, une place et un musée portent le nom de ce sculpteur peu connu des Dijonnais eux-mêmes. Il est pourtant l'auteur du *Départ des volontaires de 1792* sur l'Arc de Triomphe à Paris, autrement appelée *La Marseillaise.* Une sculpture chère aux Français, puisqu'elle sera la seule protégée des bombardements allemands durant la Seconde Guerre mondiale.

– ***Adolphe*** *(1802-1845)* ***et Eugène Schneider*** *(1805-1875)* **:** la région du Creusot exploite le minerai de fer depuis le XVIIe s lorsque, en 1836, les frères Schneider rachètent le site industriel. En quelques décennies, Eugène bâtit un empire industriel. Adolphe devient maire du Creusot en 1841 et député en 1842. À sa mort, Eugène devient à son tour député, puis ministre de l'Agriculture et du Commerce en 1851 et maire du Creusot en 1866. On doit aux Schneider l'invention du marteau-pilon, outil permettant de forger de très grosses pièces d'acier.

– ***Bernard Thévenet*** *(né en 1948)* **:** le coureur cycliste, double vainqueur du Tour de France est originaire de Saint-Julien-de-Civry (en Saône-et-Loire) où il passa son enfance dans le hameau appelé... Le Guidon !

– ***Sébastien Le Prestre, seigneur de Vauban*** *(1633-1707)* **:** né à Saint-Léger-Vauban, dans l'Yonne. « Ville assiégée par Vauban, ville prise ; ville défendue par Vauban, ville imprenable. » Célèbre citation illustrant bien le génie militaire de l'architecte bourguignon Vauban.

– ***Henri Vincenot*** *(1912-1985)* **:** fils de cheminot, Vincenot devient journaliste à *La Vie du rail* et rédige des ouvrages historiques comme *La Vie quotidienne des paysans bourguignons au temps de Lamartine.* Il acquiert sa réputation grâce à ses romans, tels *Le Pape des escargots* ou *La Billebaude,* profondément enracinés dans sa terre natale. Dans chacun, Vincenot célèbre sa Bourgogne et une vie rustique définitivement disparue, où l'homme fait corps avec la nature.

L'ULTIME AUDACE DE VAUBAN

Parmi les nombreux écrits d'avant-garde que l'on doit à Vauban, celui sur la dîme royale déplut fortement à ses détracteurs. Le maréchal proposait de remplacer tous les impôts existants par une seule taxe générale, basée sur les revenus : plus on est riche, plus on paie d'impôts. Trop audacieuse en ce début de XVIIIe s, l'idée ne fut pas suivie par le roi Louis XIV et le nom du maréchal fut même retiré de l'ouvrage. Vauban mourut peu après.

SITES INSCRITS AU PATRIMOINE MONDIAL DE L'UNESCO

En coopération avec le
Organisation des Nations Unies pour l'éducation, la science et la culture
Centre du patrimoine mondial

Pour figurer sur la liste du Patrimoine mondial, les sites doivent avoir une valeur universelle exceptionnelle et satisfaire à au moins un des 10 critères de sélection. La protection, la gestion, l'authenticité et l'intégrité des biens sont également des considérations importantes.

Le patrimoine est l'héritage du passé dont nous profitons aujourd'hui et que nous transmettons aux générations à venir. Nos patrimoines culturel et naturel sont 2 sources irremplaçables de vie et d'inspiration. Ces sites appartiennent à tous les peuples du monde, sans tenir compte du territoire sur lequel ils sont situés. Pour plus d'informations : • *whc.unesco.org* •

– En Bourgogne, sont concernés par ce classement : ***l'abbaye de Fontenay*** (1981), ***la basilique et la colline de Vézelay*** (1979), ***l'église Saint-Jacques d'Asquins*** (1998), ***l'église prieurale Notre-Dame de La Charité-sur-Loire*** (1998), ***le tracé de la charpente du musée du Compagnonnage de Romanèche-Thorins*** (2009) et ***les climats du vignoble de Bourgogne*** (2015).

TRADITIONS VITICOLES

« **Les verres de vin, c'est comme les seins. Un, c'est pas assez, trois, c'est trop.** »

Dicton de bistrot

Les Trois Glorieuses

Le 3e week-end de novembre fait la part belle aux traditions viticoles.

Samedi : chapitre de la confrérie des chevaliers du Tastevin

Dans les années 1930, la mévente des vins ruinait toute la région, d'où cette idée géniale de quelques vignerons : puisque le bourgogne se vendait mal dans le monde, c'est le monde entier qui fut invité à venir le déguster et à faire du château du clos de Vougeot la plus belle table d'hôtes de la planète, autour de la confrérie des chevaliers du Tastevin, fondée en 1934 sur le modèle des confréries vineuses d'autrefois. La devise de cette nouvelle confrérie, « Jamais en vain, toujours en vin », ne laisse pas place à l'équivoque !
Elle se réunit au clos de Vougeot lors de banquets nommés « chapitres », au cours desquels l'on chante, l'on boit et l'on exécute l'inévitable ban bourguignon. Pour l'occasion, la confrérie est habillée de pourpre et d'or à la mode rabelaisienne, et reçoit diverses personnalités d'honneur des mondes politique, littéraire, artistique et scientifique. Celles-ci sont intronisées après une cérémonie rituelle et burlesque au cours de laquelle elles prennent connaissance de leurs devoirs en tant que futurs chevaliers. Elles doivent aussi jurer fidélité au vin de France, et plus particulièrement au vin de Bourgogne !

Dimanche : vente des Hospices de Beaune

Mondialement connus, les Hospices de Beaune représentent, avec 58 ha de vignes de premier ordre, l'une des principales fortunes hospitalières de France. Ces vignes résultent de généreuses donations, dont certaines remontent au XVe s. La vente des vins provenant de ce domaine d'exception permit durant des siècles de soigner gratuitement les malades et d'accueillir les personnes âgées. Aujourd'hui, les fonds recueillis servent à l'entretien et la modernisation des installations hospitalières. C'est pourquoi on peut encore parler de « vente de charité ».
La dégustation, qui a lieu le samedi, est ouverte au public. Issues de la récolte de l'année, les cuvées mises en vente le lendemain portent le nom des généreux donateurs.

AFFAIRE CESSANTE

La vente aux Hospices de Beaune a lieu par pièces ou ensembles de pièces (tonneaux de 228 l de vin). Elle se déroule sous les halles de Beaune, en face de l'hôtel-Dieu, selon la tradition de la vente à la bougie. Aujourd'hui encore, à la 1re offre, on allume la 1re bougie. Lorsque les offres cessent, on allume la 2de bougie. L'adjudication est prononcée lors de son extinction.

Lundi : Paulée de Meursault

L'origine du mot « paulée » provient vraisemblablement du patois *paule,* qui signifie « pelle ». Il s'agirait de la dernière pelle de raisins versée dans le pressoir, symbolisant la fin des vendanges. À midi se déroule le banquet où chacun apporte à déguster ses meilleures bouteilles. Au cours du repas, on décerne un prix littéraire à un écrivain connu. L'heureux veinard repart avec 100 bouteilles de meursault.

La Saint-Vincent tournante

Autrefois, dans chaque village existait une confrérie des vignerons, compagnie d'entraide de la corporation. Chaque confrérie fêtait dignement le saint patron des vignerons, saint Vincent. En 1938, les chevaliers du Tastevin donnent un nouveau souffle à ces fêtes en réunissant l'ensemble des confréries des côtes de Nuits et de Beaune. La Saint-Vincent tourne chaque année, le dernier week-end de janvier, de village en village (elle a eu lieu à Gevrey-Chambertin en 2020, et se tiendra à Puligny-Montrachet et Corpeau en 2021). Tout commence le samedi au lever du jour. Les délégations de tous les terroirs se retrouvent pour participer à la procession, qui se déroule au milieu des vignes. En tête, la statue de saint Vincent, portée tour à tour par les vignerons, suivie des chevaliers du Tastevin en costume d'apparat, de centaines de vignerons et de la foule des badauds. On célèbre ensuite la grand-messe traditionnelle. Le fameux banquet des vignerons accueille plus de 1 000 convives...

VIGNOBLE BOURGUIGNON

Si l'ancien duché de Bourgogne n'est pas la plus grande région viticole du monde ni la plus riche, elle est ***parmi les plus renommées et peut-être la plus surprenante.*** Nulle part ailleurs le vin ne fait autant partie intégrante de la vie des hommes, et nulle part ailleurs les hommes ne peuvent en parler avec autant d'éloquence. Le Bourguignon aime sincèrement le vin, et le vigneron connaît parfaitement sa terre : le sol, la pente, l'exposition, l'ensoleillement, l'altitude, le régime des vents. En définitive, le vignoble bourguignon apparaît comme un puzzle magique, un dédale de terrains, un labyrinthe d'appellations qui font penser plutôt à une mosaïque byzantine. Dans une maison de vignerons, la cave est souvent la pièce principale !

VITICULTEUR OU VIGNERON ?

Le viticulteur cultive sa vigne et envoie sa récolte à une coopérative qui assure la vinification puis la commercialisation, sous le nom de ladite coopérative. Le vigneron, quant à lui, cultive également la vigne, mais commercialise lui-même son vin.

Quelques chiffres pour donner une idée de sa complexité : pas moins de ***115 appellations*** dans un terroir qui n'est pas plus grand que la moitié de la ville de New York. La Romanée-Conti, fleuron des vins rouges de la côte de Nuits, est produite sur un terroir de 18 050 m² (beaucoup moins que la place de la Concorde...). Pour la plupart, les appellations comptent jusqu'à 50 « climats » différents qui sont parcellés entre plusieurs propriétaires. Ces fameux climats qui font aujourd'hui partie des sites inscrits au Patrimoine mondial de l'Unesco.

Les bons moines

Au Moyen Âge, les moines sont intéressés par la vigne à plus d'un titre. Outre le fait que le vin soit nécessaire à la messe, ils doivent hospitalité aux voyageurs et offrent ce qu'ils ont de meilleur aux hôtes de marque. Cet usage d'offrir les meilleurs crus à ses hôtes s'est perpétué jusqu'à nos jours avec les « vins d'honneur ». N'oublions pas non plus qu'autrefois beaucoup d'eaux n'étaient pas potables.
Le vignoble est un instrument politique en même temps qu'une source de revenus commerciaux. Quel meilleur ambassadeur que le vin ? Au cours des siècles, les moines sélectionnent les cépages et perfectionnent les techniques viticoles.
En Bourgogne, ***4 abbayes ont marqué le vignoble*** : Cluny, qui a développé la viticulture (peut-être pour ses besoins importants ?) ; Cîteaux avec le célèbre clos-de-vougeot ; Bèze et son grand cru chambertin-clos-de-bèze ; enfin, l'abbaye de Saint-Vivant avec la romanée-saint-vivant.

Le choix du Hardi

Grand amateur de bonne chère, Philippe le Hardi fut le 1er ambassadeur des vins de la région, mettant à profit ses possessions en Flandre. Dans toutes les négociations, dans tous ses déplacements, Philippe le Hardi est accompagné de convois de vins, offerts lors des banquets. Grand propriétaire, il se préoccupe ardemment de la qualité. En 1395, il interdit les cépages de gamay et les fait arracher au profit du célèbre pinot noir. Depuis cette date, les crus de bourgogne rouge ne sont élaborés qu'à partir de ce seul cépage. Encore une fois, Philippe le Hardi s'avère profondément novateur : c'est la 1re fois en France qu'on oblige à produire le vin d'un terroir avec un cépage bien déterminé. L'ancêtre de l'appellation d'origine contrôlée est né.

Les différents cépages

– Le ***pinot noir*** produit les grands vins rouges de la Côte. C'est le cépage idéal pour les terres calcaires de coteaux sous un climat tempéré comme celui de la Bourgogne où il donne ses meilleurs vins, savoureux et pleins de finesse. Son rendement est faible (50 hl/ha) et il produit surtout des vins de garde, qui doivent vieillir de 10 à 20 ans, selon le sol et le millésime, avant d'atteindre leur plénitude.
– Le ***chardonnay*** est par excellence le cépage des grands vins blancs de Bourgogne. Il privilégie les sols calcaires et marneux. Les vins issus du chardonnay brillent par leur finesse, leur équilibre et leur étonnante richesse aromatique. Dégustez donc un meursault à l'arôme incomparable de beurre frais... Ou un chablis, bien sûr, dont l'étonnant arôme silex fait craquer nombre de visiteurs anglo-saxons, à toute heure du jour et de la nuit, ou presque.
– Le ***gamay*** est le cépage des vins rouges typiques des terroirs granitiques du Beaujolais, mais il est aussi présent dans les vignobles des terres argilo-calcaires du Mâconnais, du Chalonnais, et même de la Côte et des Hautes Côtes, où il produit des vins de consommation quotidienne comme le « grand ordinaire » ou, lorsqu'il est associé au pinot noir, le « passetoutgrain ». On le dit originaire de la Côte-d'Or ; il aurait pris le nom d'un village autour duquel n'est cultivé aujourd'hui que du pinot !
– L'***aligoté*** est le cépage blanc autochtone qui est utilisé pour la production du « bourgogne aligoté ». Il donne un vin blanc très frais, fruité, qui se boit normalement jeune, mais certains aligotés hors classe peuvent très bien vieillir en donnant des vins très fins.
– D'autres cépages moins représentés font malgré tout de jolis vins en Bourgogne comme le ***sauvignon*** pour l'appellation Saint-Bris (150 ha), le ***melon*** à Tannay, le ***césar*** sur les coteaux d'Auxerre***...***

VIRÉE DANS LE VIGNOBLE POUR FINIR EN BEAUTÉ

Rejouer *La Grande Vadrouille,* plus d'un demi-siècle après la sortie d'un film qui aura marqué les esprits, rien de tel pour remonter le moral avant de repartir sur Paris ou vers le Sud.

Le Chablisien et l'Auxerrois

Le vignoble de Chablis, situé sur les marges septentrionales de la Bourgogne et labellisé Vignobles et Découvertes, produit des vins connus et reconnus dans le monde entier. Suivant les sites et les expositions, les terrains offrent une gamme de vins blancs de qualité : le « petit chablis », produit sur le plateau ; le « chablis », vin de coteaux bien ensoleillés ; le « chablis premier cru » et le « chablis grand cru » dans les meilleurs terroirs.
Le vignoble de l'Auxerrois, également labellisé Vignobles et Découvertes, fournissait surtout la capitale grâce aux facilités de transports fluviaux sur l'Yonne et

la Seine. Les plus connus proviennent d'Irancy, Coulanges-la-Vineuse, Chitry et Saint-Bris, qui produisent d'excellents vins blancs.
Toujours dans l'Yonne, noter également la production viticole de Joigny, Tonnerre, Épineuil et Vézelay qui proposent des crus en appellation régionale.

La côte de Nuits

Les fabuleux vignobles de la côte de Nuits surgissent déjà depuis Chenôve, en quittant au sud la ville de Dijon, et s'étendent sur une vingtaine de kilomètres jusqu'au village de Nuits-Saint-Georges. C'est dans ce lambeau exigu, large de 400 à 1 800 m et parallèle à la D 974, que se trouvent les appellations aux noms mythiques des villages de Fixin, Gevrey-Chambertin, Morey-Saint-Denis, Chambolle-Musigny, Vougeot, Vosne-Romanée et Nuits-Saint-Georges.

La Romanée-Conti

Ce vignoble appartenait jadis à Mme de Pompadour et aux princes de Conti (l'un d'eux ajouta son nom à celui du vignoble). La vigne chère à Louis XIV est exploitée actuellement par le domaine de la Romanée-Conti, propriétaire entre autres du grand cru de La Tâche et de quelques parcelles dans le Richebourg, la Romanée-Saint-Vivant et quelques autres grands crus.
Qu'est-ce qui confère à ce vin son incomparable perfection ? À part le terroir exceptionnel, sûrement le grand âge des vignes (40 ans en moyenne), leur taille stricte, une sélection rigoureuse non seulement des plants, des sarments, des grappes et même des grumes, mais aussi des hommes qui y travaillent, une culture biologique (le cheval a même été réintroduit dans certaines parcelles), une macération prolongée, l'utilisation exclusive de tonneaux en chêne neuf soigneusement sélectionnés et séchés durant 3 ans, des techniques de vieillissement traditionnelles... et le savoir-faire des maîtres de chais !

EN HAUT DE LA LISTE

Le domaine de la Romanée-Conti (1,8 ha) détient en monopole l'appellation romanée-conti et n'en produit que 4 000 à 7 000 bouteilles par an, chacune commercialisée dans une caisse contenant également 11 bouteilles d'autres très grands crus du domaine. Le vignoble est pourtant le plus renommé au monde, et son vin est entré dans la légende. Ainsi, dans le film La Liste de Schindler, *lors d'un repas offert aux officiers nazis, Schindler commande un romanée-conti 1937 !*

Le clos de Vougeot

Le clos le plus fameux de la côte de Nuits possédait déjà son actuelle superficie (50 ha) au XIIIe s. Fondé par les moines de l'abbaye de Cîteaux, il appartient aujourd'hui à près de 70 propriétaires. Il produit un vin sombre, puissant et étoffé, que diversifie à l'extrême la patte des vinificateurs.

La côte de Beaune

Elle s'étend entre Ladoix-Serrigny (au sud de Nuits-Saint-Georges) et des Maranges, la dernière venue des appellations « villages ». Ici, on retrouve, à part les grands vins rouges d'Aloxe-Corton et de Pommard, les meilleurs vins blancs du monde : les corton-charlemagne, meursault, chassagne-montrachet et puligny-montrachet.

Les hautes côtes de Nuits et de Beaune

À l'ouest de la Côte, les collines des Hautes Côtes constituent un paysage fractionné. Le vignoble en altitude et les températures moins élevées rendent ces vins plus légers et, sauf quelques exceptions, ils sont à consommer plus rapidement. Cependant, les chardonnays et les bourgognes aligotés y sont particulièrement élégants.

La côte chalonnaise

Les vins de la côte chalonnaise, moins connus, sont pourtant excellents, et leur prix est abordable. Les appellations bouzeron, rully, mercurey et givry donnent des vins rouges qui réjouiront plus d'un routard.

Le Mâconnais

La région du Mâconnais commence à Tournus et se termine à Mâcon. C'est le pays de l'élevage, de la vigne, de Cluny et de la roche de Solutré. Ici, le cépage roi est le chardonnay, qui aime les terrains calcaires et argilo-calcaires de ces collines douces et verdoyantes. Les grands vins pouilly-fuissé, pouilly-vinzelles, pouilly-loché et saint-véran ont une belle robe jaune d'or ; ils sont floraux, fruités et méritent une longue garde.

BOURGOGNE OU BORDEAUX ?

Le vin, c'est avant tout une histoire d'amour. Alors on se contentera d'indiquer quelques pistes pour mieux les différencier.
Il y a d'abord le terroir, qui sublime les cépages : pinot noir en Bourgogne, principalement cabernet-sauvignon, cabernet franc et merlot dans le Bordelais. Puis il y a les hommes, qui ont façonné les vins à leur goût. Si l'histoire du vin remonte à l'Antiquité dans les 2 régions, ce sont sans doute les moines de Cluny et de Cîteaux qui ont donné naissance aux grands crus à partir du Xe s, tandis que les vins de Bordeaux connaissaient un essor considérable au XIIe s sous l'impulsion du négoce avec les Anglais.
Aujourd'hui, les types d'exploitations sont bien distincts : une mosaïque de domaines minuscules en Bourgogne, dont le nom est viscéralement lié à celui du village ; en revanche, d'immenses domaines d'un seul tenant à Bordeaux, qui portent le nom du château. C'est pourquoi on a le plus souvent l'image d'un monde paysan en Bourgogne, aristocratique dans le Bordelais. 2 mondes qui ont transposé leurs différences dans le style. En Bourgogne, le monocépage donne des vins portés sur le fruit, agréables à boire dès les 1res années, alors que les bordeaux, issus d'un assemblage complexe, doivent vieillir pour atteindre leur maturité. Vin de dégustation apprécié pour sa robe et sa richesse, le bordeaux se distingue des bourgognes par l'austérité du cabernet-sauvignon, là où le pinot noir conquiert le monde par sa sensualité. Mais tout est histoire de sensibilité et de goût...

PETITS TRUCS ET ASTUCES POUR ÉVITER LES ABUS ET MAUVAISES SURPRISES

Un routard informé en vaut 2 ! Pour éviter les désagréments en tous genres, il est bon de les connaître. Voici un petit vade-mecum destiné à parer aux coûts et aux coups de bambous.

Bien sûr, nos enquêteurs veillent au grain, et les établissements qui ne répondent plus à nos critères ou abusent sont vite supprimés de nos guides. La réciproque est aussi valable. N'oublions pas que les hôteliers et restaurateurs font un métier difficile. S'ils se doivent de toujours garder le sourire, nous nous devons de les respecter en n'arrivant pas chez eux en terrain conquis.

À L'HÔTEL

1 – Arrhes ou acompte ? : au moment de réserver votre chambre par téléphone – par précaution, toujours confirmer par écrit (ou mail) – il n'est pas rare que l'hôtelier vous demande de verser à l'avance une certaine somme, celle-ci faisant office de garantie. Il est d'usage de parler d'arrhes (et non d'acompte). Légalement, aucune règle n'en précise le montant. Toutefois, ne versez que des arrhes raisonnables : 25 à 30 % du prix total, sachant qu'***il s'agit d'un engagement définitif sur la réservation*** de la chambre. Cette somme ne pourra donc pas être remboursée en cas d'annulation de la réservation, sauf cas de force majeure qu'il vous faudra justifier (maladie ou accident) ou en accord avec l'hôtelier si l'annulation est faite dans des délais jugés raisonnables. Si, au contraire, l'annulation est le fait de l'hôtelier, il doit vous rembourser le double des arrhes versées. Si vous avez réservé une chambre (sans avoir rien versé) et que vous avez un empêchement, ***passez un coup de téléphone pour annuler,*** c'est la moindre des politesses.

2 – Subordination de vente : les hôteliers ont interdiction de pratiquer la subordination de vente. C'est-à-dire qu'***ils ne peuvent pas vous obliger à réserver plusieurs nuits d'hôtel si vous n'en souhaitez qu'une.*** Dans le même ordre d'idées, on ne peut vous obliger à prendre votre petit déjeuner ou vos repas dans l'hôtel ; ce principe, illégal, est cependant toléré en pratique, surtout en haute saison, dans les zones touristiques, où la demande est bien plus importante que l'offre !

3 – Les réservations en ligne : elles se sont généralisées. Mais voilà, si les centrales de réservation en ligne sont devenues incontournables, elles ne garantissent pas systématiquement de meilleurs prix qu'en direct. En outre, les promesses ne sont pas toujours tenues et l'on constate parfois des dérives, telles que promos bidons, descriptifs exagérés, avis d'internautes truqués... Les hôteliers s'estiment souvent étranglés par les commissions abusives prélevées au passage. ***N'hésitez pas à réserver directement auprès de l'hôtel.*** Aujourd'hui, la plupart alignent leurs prix sur ceux des sites commerciaux. Autre avantage, vous pouvez préciser le type de chambre souhaité (sur rue, sur jardin) et obtenir des renseignements fiables sur l'établissement.

4 – Responsabilité en cas de vol : un hôtelier ne peut en aucun cas dégager sa responsabilité pour des objets volés dans la chambre d'un de ses clients, même si ces objets n'ont pas été mis au coffre. En d'autres termes, les éventuels panonceaux dégageant la responsabilité de l'hôtelier n'ont aucun fondement juridique.

AU RESTO

1 – Les prix : ils sont libres, mais ***l'affichage est obligatoire*** à l'extérieur de l'établissement, de manière visible. Tous les menus doivent être affichés, même le moins cher. Ils doivent être identiques à ceux que l'on vous présente à l'intérieur.

2 – Formule ou menu ? Généralement, la formule est une proposition écourtée comprenant entrée + plat ou plat + dessert. Avec parfois un verre de vin et/ou le café. De fait, elle est moins chère que le menu, en principe complet (entrée + plat + dessert). Très souvent, les formules et les 1ers menus (les moins chers) ne sont ***servis qu'en semaine et/ou seulement au déjeuner,*** et plus rarement avant certaines heures (12h30 et 20h environ). C'est parfaitement légal, à condition toujours que ce soit clairement indiqué sur le panneau extérieur et sur le menu que l'on vous présente une fois installé. Il arrive qu'il disparaisse comme par enchantement (humm, mauvais signe…). Demandez-les, ça ne mange pas de pain.

3 – Attention aux suppléments. Certains menus imposent 3 suppléments pour 5 plats proposés. Cherchez l'erreur !

4 – Le « fait maison » : depuis que la législation existe, pour parer au sous-vide et tout congelé, et parallèlement valoriser le travail de restaurateurs scrupuleux, le « fait maison » (logo d'une casserole surmontée d'un toit de maison avec cheminée) apparaît comme un faire-valoir évident et rassurant. Même s'il ne garantit pas le 100 % maison (la loi est un peu tordue, et il n'y a pas de contrôle), ni la qualité du chef ! Cela dit, ***c'est un bon début.***

5 – La carte en dit long ! Voici, foi d'enquêteur, quelques trucs très simples pour analyser un menu : tout d'abord la ***brièveté de la carte*** est un bon gage de fraîcheur ; quand les produits sont locaux et de saison, c'est encore mieux ! On peut aussi questionner le serveur. Sa franchise (ou son embarras) vous en dira long. Autre indice : si la carte n'est composée que de plats passe-partout dont certains peuvent nécessiter des cuissons très longues (parmentier de canard, suprêmes de volaille en sauce, souris d'agneau, bourguignon...), ce n'est pas forcément bon signe, surtout s'ils sont servis trop rapidement. Même topo avec les desserts bistrotiers type tarte Tatin, mi-cuit ou mousse au chocolat, crème brûlée, panna cotta, tiramisù qui sortent soit du congélateur, soit d'une brique ! Tout comme les mignardises qui accompagnent le café gourmand souvent surfacturé, insipide… et certainement pas « maison ». Un bon chef n'est pas forcément un bon pâtissier. Et il a rarement le temps de préparer 36 desserts ! Enfin, en dehors des zones côtières, on évite les poissons et fruits de mer le lundi… les livraisons ayant rarement lieu le week-end !

6 – Commande jugée insuffisante : sachez qu'il est illégal de pousser le client à la consommation.

7 – Doggy Bag : la lutte anti-gaspi a du bon ! Si la pratique du « Doggy Bag » est déjà bien répandue dans certains pays, en France on a longtemps traîné la patte. À partir de juillet 2021, les restaurateurs seront dans l'obligation de proposer à leurs clients ce qu'ils auront laissé dans leur assiette. Dans les faits, certains le pratiquent déjà. Alors, n'hésitez pas à le demander, même si cela n'est pas (encore) dans nos habitudes culturelles.

8 – Eau : une carafe d'***eau du robinet*** est ***gratuite*** à condition qu'elle accompagne un repas. On ne peut pas vous la refuser, sauf si elle est jugée impropre à la consommation par décret. Dans certains restos, on vous l'apporte d'office en guise de bienvenue. Un vrai bon point ! La bouteille d'***eau minérale*** doit, quant à elle, comme le vin, être ouverte devant vous. L'arnaque consiste parfois à proposer d'emblée une eau minérale, facturée au prix fort. À la question du serveur : « … et pour l'eau, plate ou gazeuse ? », vous pouvez répondre : « une carafe, s'il vous plaît ».

9 – Vins (et autres alcools) : la marge la plus importante des restaurateurs ! Et certains en abusent… Au-delà de 2 verres (gare aux prix exorbitants), il peut être plus intéressant de commander une bouteille, quitte à l'emporter en fin de repas, si elle n'est pas terminée. Sinon, ne pas hésiter à demander un ***petit vin de pays en pichet,*** l'occasion de découvrir ainsi des petites cuvées locales et bon marché.

les ROUTARDS sur la FRANCE 2020-2021

(dates de parution sur • **routard.com** •)

Découpage de la FRANCE par le ROUTARD

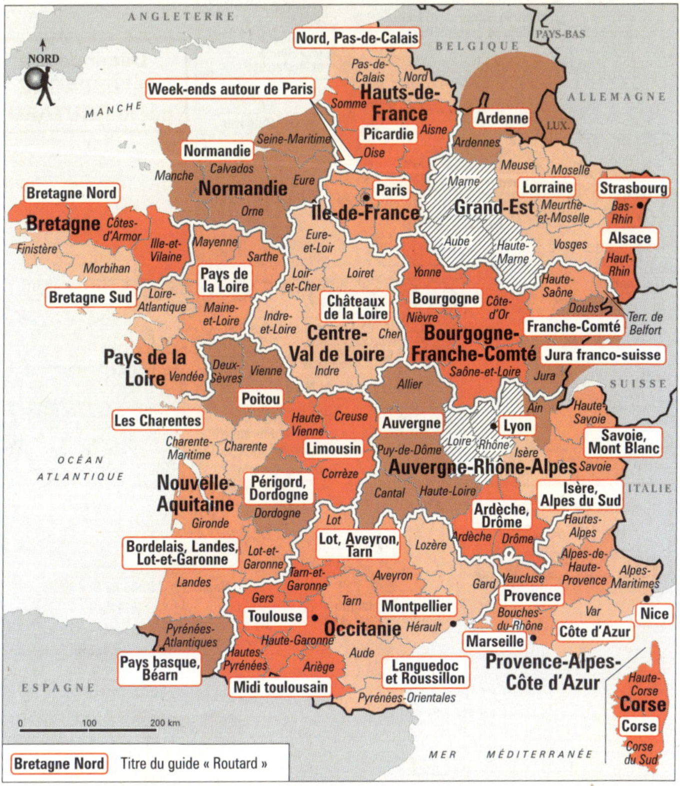

Autres guides sur la France

- Hébergements insolites en France
- Nos meilleurs campings en France
- Nos meilleures chambres d'hôtes en France

Autres guides sur Paris

- Paris
- Paris balades
- Paris exotique
- Restos et bistrots de Paris
- Le Routard des amoureux à Paris
- Week-ends autour de Paris

Le Routard à vélo

- EuroVelo6
- La Bourgogne du Sud à vélo
- La Loire à Vélo
- La Vélodyssée (Roscoff-Hendaye)
- Le Canal des 2 mers à vélo
- Paris Île-de-France à vélo
- ViaRhôna

les ROUTARDS sur l'ÉTRANGER 2020-2021

(dates de parution sur • **routard.com** •)

Découpage de l'ESPAGNE par le ROUTARD

Découpage de l'ITALIE par le ROUTARD

Autres pays européens

- Allemagne
- Angleterre, Pays de Galles
- Autriche
- Belgique
- Bulgarie
- Crète
- Croatie
- Danemark, Suède
- Écosse
- Finlande
- Grèce continentale
- Hongrie
- Îles grecques et Athènes
- Irlande
- Islande
- Madère
- Malte
- Norvège
- Pays baltes : Tallinn, Riga, Vilnius
- Pologne
- Portugal
- République tchèque, Slovaquie
- Roumanie
- Suisse

Villes européennes

- Amsterdam
- Berlin
- Bruxelles
- Budapest
- Copenhague
- Dublin
- Lisbonne
- Londres
- Moscou
- Naples
- Porto
- Prague
- Saint-Pétersbourg
- Stockholm
- Vienne

les ROUTARDS sur l'ÉTRANGER 2020-2021

(dates de parution sur • *routard.com* •)

Découpage des ÉTATS-UNIS par le ROUTARD

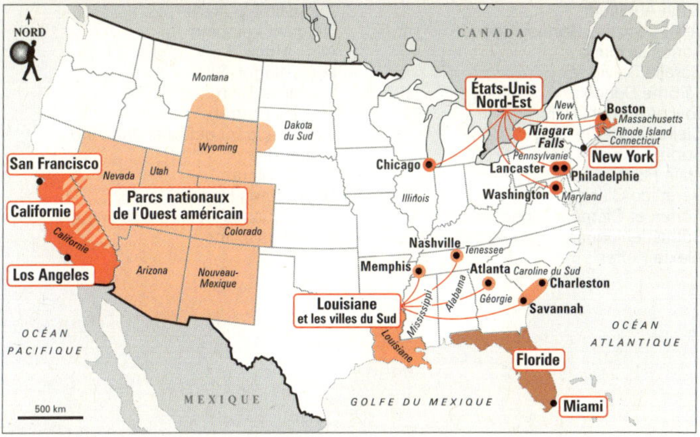

Autres pays d'Amérique

- Argentine
- Brésil
- Canada Ouest
- Chili et île de Pâques
- Colombie
- Costa Rica
- Équateur et les îles Galápagos
- Guatemala, Belize
- Mexique
- Montréal
- Pérou, Bolivie
- Québec et Ontario

Asie et Océanie

- Australie côte est + Red Centre
- Bali, Lombok
- Bangkok
- Birmanie (Myanmar)
- Cambodge, Laos
- Chine
- Hong Kong, Macao, Canton
- Inde du Nord
- Inde du Sud
- Israël et Palestine
- Istanbul
- Jordanie
- Malaisie, Singapour
- Népal
- Shanghai
- Sri Lanka (Ceylan)
- Thaïlande
- Tokyo, Kyoto et environs
- Turquie
- Vietnam

Afrique

- Afrique du Sud
- Égypte
- Kenya, Tanzanie et Zanzibar
- Maroc
- Marrakech
- Sénégal
- Tunisie

Îles Caraïbes et océan Indien

- Cuba
- Guadeloupe, Saint-Martin, Saint-Barth
- Île Maurice, Rodrigues
- Madagascar
- Martinique
- République dominicaine (Saint-Domingue)
- Réunion

Guides de conversation

- Allemand
- Anglais
- Arabe du Maghreb
- Arabe du Proche-Orient
- Chinois
- Croate
- Espagnol
- Grec
- Italien
- Japonais
- Portugais
- Russe
- G'palémo (conversation par l'image)

Livres-photos/Livres-cadeaux

- Voyages
- Voyages : États-Unis (nouveauté)
- Voyages : France (nouveauté)
- Voyages : Italie
- Road Trips (40 itinéraires sur les plus belles routes du monde)
- Nos 120 coins secrets en Europe
- Les 50 voyages à faire dans sa vie
- 1 200 coups de cœur dans le monde
- 1 200 coups de cœur en France
- Nos 52 week-ends dans les plus belles villes d'Europe
- Nos 52 week-ends coups de cœur en France
- Cahier de vacances du Routard

Nous tenons à remercier tout particulièrement Loup-Maëlle Besançon, Thierry Bessou, Gérard Bouchu, François Chauvin, Grégory Dalex, Fabrice Doumergue, Cédric Fischer, Carole Fouque, Nicolas George, Michelle Georget, David Giason, Claude Hervé-Bazin, Emmanuel Juste, Dimitri Lefèvre, Fabrice de Lestang, Romain Meynier, Éric Milet, Pierre Mitrano, Jean-Sébastien Petitdemange, Thomas Rivallain et Jean Tiffon pour leur collaboration régulière.

Brice Andlauer
Jean-Jacques Bordier-Chêne
Agnès Debiage
Coralie Delvigne
Jérôme Denoix
Tovi et Ahmet Diler
Clélie Dudon
Sophie Duval
Alain Fisch
Bérénice Glanger
Adrien et Clément Gloaguen
Sébastien Jauffret
Alexia Kaffès
Augustin Langlade
Jacques Lemoine
Aline Morand
Louis Nagot
Caroline Ollion
Martine Partrat
Odile Paugam et Didier Jehanno
Céline Ruaux
Prakit Saiporn
Nejma Tahri Hassani
Alice Tonasso
Caroline Vallano

Direction : Nathalie Bloch-Pujo
Direction éditoriale : Élise Ernest
Édition : Matthieu Devaux, Olga Krokhina, Gia-Quy Tran, Julie Dupré, Emmanuelle Michon, Pauline Janssens, Amélie Ramond, Margaux Lefebvre, Aurore Grandière, Astrid Richard, Lisa Pujol, Camille Lenglet et Anne Le Marois
Ont également collaboré : Catherine Hidé, Moca Popovska, et Jeanne Labourel
Cartographie : Frédéric Clémençon et Aurélie Huot
Contrôle de gestion : Jérôme Boulingre et Yannis Villeneuve
Secrétariat : Catherine Maîtrepierre
Fabrication : Nathalie Lautout et Audrey Detournay
Relations presse : COM'PROD, Fred Papet. ☎ 01-70-69-04-69.
• *info@comprod.fr* •, Martine Levens (Belgique) et Maureen Browne (Suisse)
Illustration : Anne-Sophie de Précourt
Direction marketing : Stéphanie Parisot, Élodie Darty et Charlotte Brou
Couverture : le-bureau-des-affaires-graphiques.com
Silhouette du Routard : Clément Gloaguen (d'après Solé)
Maquette intérieure : le-bureau-des-affaires-graphiques.com, Thibault Reumaux et npeg.fr
Direction partenariats : Jérôme Denoix
Contact Partenariats et régie publicitaire : Florence Brunel-Jars
• *fbrunel@hachette-livre.fr* •

INDEX GÉNÉRAL

ABC de l'Yonne 43
ABC de la Bourgogne................ 38
ABC de la Côte-d'Or 159
ABC de la Nièvre 375
ABC de la Saône-et-Loire 267
AIGNAY-LE-DUC 256
AISY-SOUS-THIL..................... 234
ALÉSIA
(ALISE-SAINTE-REINE) 241
ALLIER (bec d')........................ 390
ALLIGNY-EN-MORVAN 132
ALOXE-CORTON..................... 198
ALUZE 339
AMANZÉ.................................. 348
AMEUGNY-CORMATIN 306
ANCY-LE-FRANC 97
ANNAY-SUR-SEREIN 100
ANOST 157
ANTHIEN
(château de Villemolin) 413
ANZY-LE-DUC (église d') 356
APREMONT-SUR-ALLIER 390
ARCENANT 198
Architecture et habitat 419
ARC-SUR-TILLE...................... 174
ARCY-SUR-CURE 104
ARGENTENAY (forêt
des Géants Verts)................... 97
ARLEUF.................................. 140
ARNAY-LE-DUC 227
ARNAY-SOUS-VITTEAUX........ 235
ARRIÈRE-CÔTE (l').................. 223
ARTHEL.................................. 407
ASNOIS 412
ASQUINS................................ 125
AUTUN 144
AUXERRE 73
AUXERROIS
(villages vignerons de l') 82
AUXEY-DURESSES 214
AUXOIS (nord de l') 236
AUXOIS ET MORVAN (entre)... 224
AUXONNE 263
AVALLON................................ 117
AVALLONNAIS (l')................... 121
Avant le départ 38
AZÉ................................ 303, 304

BAIGNEUX-LES-JUIFS 257
BANNAY 400
BARBIREY-SUR-OUCHE 223
BARIZEY................................. 339
BAS-REBOURSEAUX
(réserve ornithologique).......... 93
BASSIN PARISIEN
(aux portes du) 47
BAUBIGNY 219
BAUDRIÈRES 318
BAYE ET DE VAUX (étangs de) ... 414
BAZOCHES 128
BEAUBERY............................. 347
BEAUMONT-SUR-
VINGEANNE (château
de Beaumont –
Maison des champs) 261
BEAUNE 201
BEAUNOTTE 257
BEINES (musée Alain-
Geoffroy de la Vigne
et du Tire-bouchon)................ 90
BELLENOT-SOUS-POUILLY ... 229
BERGERIE (LA ; hameau de)... 304
Bertranges (forêt des)............. 396
BÉRU (château de) 90
BERZÉ-LA-VILLE..................... 287
BERZÉ-LE-CHÂTEL
(château de).......................... 288
BEUVRAY (mont) 153, 156
BÉVY 198
BÈZE 262
BIBRACTE 153
BICHES 415
BISSY-LA-MÂCONNAISE........ 304
BISSY-SOUS-UXELLES 308
BLANOT 302
BLANZY (musée de la Mine) ... 368
BLÉNEAU (jardins d'eau
« Pierre Doudeau ») 65
BLIGNY-LES-BEAUNE 207
BLIGNY-SUR-OUCHE.... 220, 221, 222
BŒURS-EN-OTHE
(cidre fermier
de Philippe Charlois) 52
Bois de la Folie (parcours
aventure du ; Treigny) 69

Bois du Parc
(réserve naturelle du) 108
BOIS-SAINTE-MARIE
(village de) 349
BORDES (LES) 54
BOUHANS 323, 324
BOUILLAND 197, 198
BOULAYE (LA ; temple
bouddhique) 364
BOURBON-LANCY 362
BOURDON (lac du) 67
BOURGOGNE (canal de) 91
BOUTISSAINT (parc animalier
de ; Treigny) 69
BOUZE-LÈS-BEAUNE 207
BOYER 312
BRANCION 309
BRASSY 114
BRAZEY-EN-MORVAN 232
BRESSE BOURGUIGNONNE
(la) 317
BRESSE-SUR-GROSNE 308
BRIENON-SUR-ARMANÇON 93
BRINON-SUR-BEUVRON 406
BRIONNAIS (le) 343
BROCHON 189
BRUAILLES 321
Budget 39
BUFFON (forges de) 250
BURE-LES-TEMPLIERS 255
BUSSIÈRE-SUR-OUCHE (LA) ... 222
BUSSY-LE-GRAND 247
BUSSY-RABUTIN (château
et jardins de) 247
BUXY 341

CANAL DE BOURGOGNE (le) ... 91
CANAL DU CENTRE (entre
Loire et) 360
CANAL DU NIVERNAIS (le) 407
Canaux de Bourgogne
et du Nivernais (les) 422
CELLE-SAINT-CYR (LA) 57
CELLE-SUR-LOIRE
(LA ; ferme de Cadoux) 402
CENTRE (entre Loire
et canal du) 360
CERISIERS 52
CHABLIS 86
CHABLISIEN
(villages vignerons du) 82
CHAGNY 335
CHALAUX 115
CHALLUY 386
CHALON-SUR-SAÔNE 325
CHALONNAISE (côte) 334
CHAMBOLLE-MUSIGNY 191
Chamboux (lac de) 233
CHAMILLY 339
CHAMOUX (Cardo Land) 128
CHAMPAGNAT (base
de loisirs de Louvarel) 323
CHAMPAGNY
(école-musée de) 258
CHAMPVOUX 393
CHAPAIZE 307
CHAPELLE-NAUDE
(LA ; Grange Rouge) 322
CHAPELLE-SAINT-SAUVEUR
(LA ; plan d'eau biologique
de) 324
CHAPELLE-SOUS-UCHON
(LA) 143
Chappe (tour de télégraphe) ... 102
CHARITÉ-SUR-LOIRE (LA) 391
CHARNAY-LÈS-MÂCON ... 270, 272,
275, 282
CHARNY-ORÉE-DE-PUISAYE 59
CHAROLAIS (le) 343
CHAROLLES 344
CHARRECEY 339
CHASSAGNE-MONTRACHET .. 216
CHASSELAS 282
CHASSENARD 361
CHASSEY-LE-CAMP 336
CHASTELLUX-SUR-CURE
(château de) 121
CHÂTEAU-CHINON 138
CHÂTEAUNEUF 224
CHÂTEAUX (route des) 373
CHÂTEL-CENSOIR 108
CHÂTEL-GÉRARD
(prieuré de Vausse) 102
CHÂTENAY 349, 350
CHÂTILLON (forêt de) 255
CHÂTILLON-EN-BAZOIS 414
CHÂTILLON-SUR-SEINE 252
CHÂTILLONNAIS (le) 252
CHAUFFAILLES 350
CHAUMARD 135, 136
CHAUMEÇON (lac de) 137
CHAUMONT-LE-BOIS 254
CHAUMOT 412
CHEMILLY-SUR-YONNE 79
Chemins de Saint-Jacques-
de-Compostelle (les) 423
CHENÔVE 187
CHEUGE (pont-levis de) 263

CHEVANNES (Côte-d'Or) 198
CHEVANNES (Yonne) 78
CHEVENON (château et Zebulle Parc) 390, 391
CHEVROCHES 411
CHISSEY-LÈS-MÂCON 304
CHITRY-LE-FORT 86
CHITRY-LES-MINES 413
CIRY-LE-NOBLE (briqueterie de) 365
CÎTEAUX (abbaye de) 196
CLAMECY 408
CLAYETTE (LA) 347
CLESSÉ 304
CLUNISOIS (le) 288
CLUNY 290
Cluny (abbaye de) 297
COL DES ENCEINTS (le) 286
COLLAN 87
Collancelle (voûtes de la) 414
COLLONGES-LÈS-BÉVY 198
COMMARIN (château de) 226
CONCŒUR 198
CORANCY 139
CORBIGNY 412
CORMATIN (château de) 304
COSNE-COURS-SUR-LOIRE 399
CÔTE (la ; de Beaune à Santenay) 200
CÔTE (la ; de Dijon à Beaune) 187
CÔTE CHALONNAISE (la) 334
CÔTE-D'OR (la) 159
COTEAUX DIJONNAIS (les) 187
COUCHES (château de) 373
COUCHOIS (coteaux du) 373
COULANGES-LA-VINEUSE 82
Coups de cœur (nos) 14
COURBAN 253
COURGENAY 53
COURGENAY (abbaye de Vauluisant) 54
COURGIS 86
COUSIN (vallée du) 121
COUTARNOUX (grotte de Champ-Retard) 102
CRAVANT 106
CRÊCHES-SUR-SAÔNE 275
Crémant (route du) 254
CRESCENT (lac de) 137
CREUSOT (LE) 368
Crisenon (ferme aquacole de ; Prégilbert) 107
CRUZILLE (domaine viticole des Vignes du Maynes et musée de l'Outillage de l'artisanat rural) 310
CRUZY-LE-CHÂTEL 97
CUISEAUX (maison de la Mémoire cuisellienne) 322
CUISERY 318
Cuisine 423
CURBIGNY (château de Drée) 349
CURE (vallée de la) 104
CURTIL-VERGY 196

Dardon (mont) 363
DAVAYÉ 284
DECIZE 415
DEVAY 417
DICY (la Fabuloserie) 60
DIGES 63
DIGOIN 360
DIJON 160
DOMAINE DES GRANDS LACS (le) 129
DOMANGE (chapelle de) 288
DOMPIERRE-LES-ORMES 289, 290
DONZY 404
DONZY-LE-NATIONAL 302
DONZY-LE-PRÉ 405
DORNECY 411
DRACY-LE-FORT 339
DRAGNY 218
DRUYES-LES-BELLES-FONTAINES 72
Ducs (palais des ; DIJON) 177
DUESME 257
Dun (montagne de) 350
DUN-LES-PLACES 114, 131, 132

ÉCHEVRONNE 198
Économie 425
ÉCUISSES (villa Perrusson) 372
ENCEINTS (col des) 286
Environnement 426
ÉPINEUIL 95
ÉPIRY (tour d') 414
ÉPOISSES 240
ESCOLIVES-SAINTE-CAMILLE 84
ESSAROIS 255, 256
ÉTALANTE 257
ÉTANG-SUR-ARROUX 143
États (palais des ; DIJON) 177
ÉTRIGNY 309
ÉVELLE 219

FARGES-LÈS-CHALON........328
FARGES-LÈS-MÂCON (église de)........317
FERTÉ-LOUPIÈRE (LA ; Danse macabre de l'église Saint-Germain et jardins d'Octave et du Prieuré)........61
FIXIN........188
FLAGEY-ÉCHÉZEAUX........192
FLAVIGNY-SUR-OZERAIN........245
FLEUREY-SUR-OUCHE........221
FONTAINE-FRANÇAISE........260
Fontaines Salées (Les ; centre d'accueil et de découvertes)...128
FONTANGY........234
FONTENAY (abbaye de)........251
FONTENOY........71
FUISSÉ........282

Galvachers (circuit des)........158
Gaulois (sentier des)........93
GÉNELARD (tranchée du canal)........364
Géographie........427
GERMAGNY........342
GERMOLLES (château de)........339
GEVREY-CHAMBERTIN........189
GIENNOIS (coteaux du)........402
GIMOUILLE........386
GIRY (château de)........407
GISSEY-SUR-OUCHE........220
GIVRY........340
GLUX-EN-GLENNE........154, 155
GOULOTTE (LA)........127
GOULOUX........131, 132
Gouloux (saut du)........132
GRANCEY-LE-CHÂTEAU-NEUVELLE........259
GRANDS CRUS (route des)........186
Grosbois (contre-réservoir de)........230
GROSBOIS-EN-MONTAGNE..230
GUÉDELON........67
Guédelon (chantier du château fort de ; Treigny)........68
GUÉRIGNY (forges de)........395
Guétin (pont-canal du)........390
GUIPY........412
GY-L'ÉVÊQUE........83

HAUT-MÂCONNAIS (le)........288
HAUTES CÔTES À LA VALLÉE DE L'OUCHE (des)...217
Histoire........427
Hôtel-Dieu (BEAUNE)........209
HURIGNY........275

IGÉ........288
IGORNAY........149
IGUERANDE........352
Interview #experienceroutard........33
IRANCY........85
IS-SUR-TILLE........259
ISLE-SUR-SEREIN (L')........103
Itinéraires conseillés........28
IVRY-EN-MONTAGNE (château de Corabœuf)........219

JAMBLES........340
JOIGNY........56
JOUX-LA-VILLE........105

L'ISLE-SUR-SEREIN........103
LA BERGERIE (hameau de)........304
LA BOULAYE (temple bouddhique)........364
LA BUSSIÈRE-SUR-OUCHE...222
LA CELLE-SAINT-CYR........57
LA CELLE-SUR-LOIRE (ferme de Cadoux)........402
LA CHAPELLE-NAUDE (la Grange Rouge)........322
LA CHAPELLE-SAINT-SAUVEUR (plan d'eau biologique de)........324
LA CHAPELLE-SOUS-UCHON........143
LA CHARITÉ-SUR-LOIRE........391
LA CLAYETTE........347
LA FERTÉ-LOUPIÈRE........61
LA GOULOTTE........127
LA MACHINE (musée de la Mine et puits des Glénons)...418
LA PETITE-VERRIÈRE........157
LA ROCHEPOT........219
LA TRUCHÈRE........317
La Truchère-Ratenelle (réserve naturelle nationale de)........317
LAB 71........290
LADUZ (musée des Arts populaires)........61
LAIZÉ........304
LAIZY........148
LAMARCHE-SUR-SAÔNE........264
LAMARTINIEN (val)........285
Lancharre (archiprieuré des Dames de)........308

LANTILLY (le potager du château de) 239
LAROCHE-SAINT-CYDROINE..... 59
Lavaux (combe) 191
Lavières (petit train des) 260
LE CREUSOT 368
LE ROUSSET 366
LE VILLARS 312, 317
LECHÂTELET 265
LES BORDES 54
LES SETTONS 114
LEUGLAY 255, 256
LEUGNY (Jardin de La Borde) 63
LEVERNOIS 206, 207
LEYNES 281
LICHÈRES-SUR-YONNE (château Faulin – musée de l'Innovation technique médiévale) 109
LIGNY-LE-CHÂTEL 88
Livres de route 41
LOCHÉ 281
LOIRE (réserve naturelle du Val de) 399
LOIRE EN BOURGOGNE (la)... 380
LOIRE ET CANAL DU CENTRE (entre) 360
LORMES 115, 136
LOUHANS 320
LOURNAND 296
LUCY-SUR-YONNE 109
LUSIGNY-SUR-OUCHE... 221, 222
LUZY 142
LYS (hameau de) 304

MACHINE (LA ; musée de la Mine et puits des Glénons) 418
MÂCON 271
MÂCONNAIS (HAUT-) 288
MÂCONNAIS (sud et monts du) 279
Magnin (musée ; DIJON) 184
MAGNY-COURS 386, 390
MAGNY-LÈS-VILLERS 199
MAILLY 353
MAILLY-LA-VILLE 108
MAILLY-LE-BAS 108
MAILLY-LE-CHÂTEAU 107
MÂLAIN (château et fouilles gallo-romaines de) 223
MALAY (église de) 307
MANCEY 312
MARCENAY 252
Marcenay (lac de) 254
MARCIGNY 355
MAREY-LÈS-FUSSEY 198
MARIGNY-SUR-YONNE 413
MARMAGNE (abbaye de Fontenay) 251
MARS-SUR-ALLIER 391
MARSANNAY-LA-CÔTE 188
MASSANGIS (P'tit Train de l'Yonne) 102
MASSINGY 254
MATOUR 289
MAULNES (château de) 97
MAZONCLE (four à briques de) 360
MEAUCE (château de) 390
MÉLISEY 95
MELLECEY 339
MÉNETREUIL (moulin de Montjay) 319
MÉNETREUX-LE-PITOIS (centre d'exposition La Porcherie) 244
MERCUREY 338
Mère-Boitier (signal de la) 286
MESSIGNY-ET-VANTOUX 174
MESVES 399
METZ-LE-COMTE 411
MEURSAULT 214
MÉZILLES 66
MIGÉ 83
MIGENNES 59
MILLY-LAMARTINE 286, 287
MIREBEAU-SUR-BÈZE 262
MOLESME (abbaye de) 254
MONCEAU (château de) 288
MONT-ET-MARRÉ 415
MONT-SAINT-JEAN 230
MONT-SAINT-VINCENT 366
MONTAGNY-LÈS-BEAUNE 211
MONTBARD 247
MONCEAU (château de) 288
MONTCEAU-ÉCHARNANT 221
MONTCEAU-LES-MINES 365
Montceaux-l'Étoile (marais de) .. 356
MONTCULOT (château de) 223
MONTENOISON (butte de) 407
MONTHELIE 213
MONTIGNY-MORNAY 260, 261
MONTIGNY-SUR-AUBE (château de) 254
MONTMELARD 289
MONTRÉAL 103

MONTSAUCHE-LES-SETTONS 133, 134, 135
MOREY-SAINT-DENIS 191
MOROGES 340
MORVAN (le) 110
MORVAN DES SITES ET VALLÉES (le) 115
MORVAN DES SOMMETS (le) ... 137
MOULINS-ENGILBERT (Maison de l'élevage et du charolais) 140
MOUTIERS-EN-PUISAYE 72
MOUTIERS-SAINT-JEAN (apothicairerie de l'hôpital Saint-Sauveur et jardins Cœurderoy) 241
MOUX-EN-MORVAN 134
Musée du Septennat (CHÂTEAU-CHINON) 140
Musée Magnin (DIJON) 184
Musée Rolin (AUTUN) 150
MUSSY-SOUS-DUN (viaduc de) 351

NAN-SOUS-THIL 234
NANNAY 396
NARCY 393
NEVERS 380
NEVERS MAGNY-COURS (circuit de) 390
NIÈVRE (la) 375
NITRY 100
NIVERNAIS (canal du) 106, 407
NIVERNAIS (canal du ; de Clamecy à Corbigny) 411
NIVERNAIS (canal du ; de Corbigny à Decize) 414
NOCHIZE (moulin de Vaux) 360
NOLAY 217
NOTRE-DAME-DE-L'AILLANT .. 158
NOYERS-SUR-SEREIN 99
NUITS-SAINT-GEORGES 194

ORCHES 219
ORRET 257
OTHE (pays d') 52
OUCHE (vallée de l') 220
OUGY (église d') 307
OUROUX-EN-MORVAN 136
OYÉ (château de Chaumont) ... 352
OZENAY 310

PACY-SUR-ARMANÇON 98
PAGNY-LE-CHÂTEAU 266
Palais des Ducs (DIJON) 177
Palais des États (DIJON) 177
PALINGES (château de Digoine) 364
PANNECIÈRE (lac de) 135
PARAY-LE-MONIAL 357
PARLY (Centre d'art graphique de la Métairie Bruyère) 64
PERNAND-VERGELESSES 199
PERREUX (château de Montigny) 61
Personnages 431
Personnes handicapées 42
PETITE-VERRIÈRE (LA) 157
Pézanin (arboretum domanial de) 290
PIERRE-DE-BRESSE 323
PIERRE-PERTHUIS 124, 128
PIERRECLOS 286
PIFFONDS 56
PLANCHEZ 134
POIL 142
POMMARD 212
Pont (lac de) 239
PONT-D'OUCHE 221
PONT-DE-PANY 220
PONT-ET-MASSÈNE 239
PONT-ROYAL 235
PONTAILLER-SUR-SAÔNE 263
PONTAUBERT 119
PONTIGNY (abbaye de) 90
Port-Brûlé 414
POUGNY 403
POUGUES-LES-EAUX 385, 391
POUILLY-EN-AUXOIS 228
POUILLY-SUR-LOIRE 396
POURRAIN 62
PRÉCY-SOUS-THIL 234
PRÉGILBERT (Écluse des Dames – Parcabout) 107
PRÉHY 86, 89
PRÉMERY 407
PRUZILLY-EN-BEAUJOLAIS ... 281
PUISAYE (la) 59
PULIGNY-MONTRACHET 215
Pyramide du Loup (la) 63

QUARRÉ-LES-TOMBES 115
QUINCY (abbaye Notre-Dame de) 97

RATILLY (château de ; Treigny) .. 69
RAVEAU 393, 394

INDEX GÉNÉRAL

RECEY-SUR-OURCE 256
Reigny (abbaye de).................. 106
REMIGNY 336
REULLE-VERGY............. 196, 197
RIEL-LES-EAUX 253
ROCHEFORT-SUR-
BREVON....................... 255, 256
ROCHEPOT (LA)..................... 219
ROGNY-LES-SEPT-ÉCLUSES.... 64
Rolin (musée ; AUTUN)........... 150
ROMANÈCHE-THORINS...275, 279
ROMENAY (ferme du Champ
bressan)................................ 319
ROSEMONT (ruines
du château de) 391
ROUSSET (LE)........................ 366
ROUVRAY............................... 232
ROYER 309
RULLY.................................... 337

SAINT-AGNAN (lac de) 130
SAINT-AMAND-EN-PUISAYE.. 403
SAINT-AMOUR-BELLEVUE..... 281
SAINT-ANDELAIN.................... 399
SAINT-BONNET-DE-JOUX 347
SAINT-BRIS-LE-VINEUX 85
SAINT-BRISSON...... 113, 114, 130
SAINT-CHRISTOPHE-
EN-BRIONNAIS.................... 351
SAINT-ÉLOI 385
SAINT-FARGEAU....................... 65
SAINT-FLORENTIN.................... 91
SAINT-GENGOUX-
LE-NATIONAL....................... 342
SAINT-GERMAIN-
DES-CHAMPS...................... 121
SAINT-GERMAIN-DU-BOIS
(Maison de l'agriculture
et de l'alimentation).............. 324
SAINT-GERMAIN-
EN-BRIONNAIS.................... 350
SAINT-HIPPOLYTE
(église de).............................. 307
SAINT-HONORÉ-LES-BAINS ... 140
SAINT-JEAN-DE-BŒUF
(belvédère de)....................... 223
SAINT-JEAN-DE-LOSNE 264
SAINT-JEAN-DE-VAUX.... 338, 339
SAINT-JULIEN-DE-CIVRY 345
SAINT-JULIEN-DU-SAULT 55
SAINT-LÉGER-
DE-FOUGERET 139
SAINT-LÉGER-
SOUS-BEUVRAY.......... 154, 155
SAINT-LÉGER-VAUBAN
(musée Vauban).................... 117
SAINT-LOUP........................... 400
SAINT-LOUP-DE-VARENNES ... 334
SAINT-MARCEL...................... 328
SAINT-MARTIN-DE-LA-MER... 232
SAINT-MARTIN-DU-PUY........ 114,
115, 137
SAINT-MARTIN-DU-TERTRE..... 51
SAINT-MARTIN-EN-BRESSE
(Maison de la forêt
et du bocage) 324
SAINT-MARTIN-
SOUS-MONTAIGU 339
SAINT-MARTIN-
SUR-NOHAIN....................... 403
SAINT-MAURICE-
SUR-VINGEANNE 261
SAINT-MORÉ.......................... 105
Saint-Moré (site archéo-
logique Le Camp de Cora) ... 105
SAINT-PARIZE-LE-CHÂTEL..... 391
SAINT-PÈRE (Morvan) 114, 124,
125, 127, 128
SAINT-PÈRE (Nièvre)............. 403
SAINT-PÉREUSE 139
Saint-Philibert (abbaye ;
TOURNUS) 182
SAINT-PIERRE-LE-MOÛTIER.. 391
SAINT-PIERRE-LE-VIEUX........ 289
SAINT-POINT.......................... 286
SAINT-PRIX 155
SAINT-RÉVÉRIEN
(église prieurale de) 407
SAINT-ROMAIN 220
Saint-Romain (mont) 304
SAINT-SAUVEUR-
EN-PUISAYE 69
SAINT-SEINE-L'ABBAYE......... 258
SAINT-SEINE-
SUR-VINGEANNE 261
SAINT-SERNIN-DU-BOIS........ 372
Saint-Thibault (église de)......... 230
SAINT-USUGE........................ 320
SAINT-VÉRAIN................ 403, 404
SAINT-VÉRAND (Saône-
et-Loire) 281
SAINT-VICTOR-SUR-OUCHE... 220
Saint-Vincent (mont)................ 368
SAINTE-CROIX....................... 322
SAINTE-MAGNANCE 119
SAINTE-SABINE..................... 225
SAINTS-EN-PUISAYE (moulin
de Vanneau)............................ 71

SALIGNY ... 48
SALIVES ... 259
SALMAISE ... 258
SANCÉ ... 275
SANTENAY ... 216
SAÔNE (de la Seine à la) ... 258
SAÔNE (val de) ... 262
SAÔNE-ET-LOIRE (la) ... 267
Sardy (échelle de) ... 414
SAULIEU ... 231
Saussois (rochers du) ... 108
SAUVIGNY-LE-BOIS (musées du château de Montjalin) ... 121
SAUVIGNY-LES-BOIS ... 386
SAVIGNY-LÈS-BEAUNE ... 199
SAVIGNY-SUR-GROSNE ... 305
SEIGNELAY ... 93
SEINE (sources de la) ... 258
SELONGEY (magasin d'usine de SEB) ... 260
SÉMELAY ... 141
SEMUR-EN-AUXOIS ... 236
SEMUR-EN-BRIONNAIS ... 354
SENS ... 47
Septennat (musée du ; CHÂTEAU-CHINON) ... 140
SEREIN (vallée du) ... 99
SETTONS (lac des) ... 133
SETTONS (LES) ... 114
SEURRE ... 265
SIMANDRE ... 318
Sites inscrits au Patrimoine mondial de l'Unesco ... 433
Solutré (roche de) ... 285
SOLUTRÉ POUILLY VERGISSON ... 283
SOMMANT ... 149
SOUMAINTRAIN ... 92
SOURCES DE LA SEINE (les) .. 258
SUD ET MONTS DU MÂCONNAIS ... 279
SUILLY-LA-TOUR ... 405
SUIN (butte de) ... 347
SULLY (château de) ... 373

TAINGY (carrière souterraine d'Aubigny) ... 73
TAIZÉ ... 307
TALMAY ... 262
TANLAY (château de) ... 96
TANNAY ... 411
TANNERRE-EN-PUISAYE (Le Ferrier de la Garenne) ... 65
TAZILLY ... 113, 142
TERNANT (retables de l'église de) ... 143
THIL (butte de) ... 234
THOREY-SOUS-CHARNY ... 230
THOREY-SUR-OUCHE ... 222
TILLE ET VINGEANNE (entre) ... 259
TINTRY ... 374
TONNERRE ... 93
TOUCHES (hameau de) ... 339
TOUCY ... 61
TOULON-SUR-ARROUX (Diverti'Parc) ... 363
TOURNUGEOIS (circuit des églises romanes du Mâconnais-) ... 317
TOURNUGEOIS (monts du) ... 307
TOURNUS ... 311
TOUTRY ... 240
Traditions viticoles ... 434
TREIGNY ... 68, 69
TRUCHÈRE (LA) ... 317
Truchère-Ratenelle (La ; réserve naturelle nationale de) ... 317

UCHIZY ... 312, 317
UCHON ... 143
URZY ... 385

VAL DE LOIRE (réserve naturelle du) ... 399
Val des Choues (abbaye du) ... 256
VAL LAMARTINIEN (le) ... 285
VAL-SAINTE-MARIE-LE-HAUT (commune libre) ... 105
VALLÉE DE L'OUCHE (la) ... 220
VALLÉE DE L'YONNE (la) ... 106
VALLÉE DE LA CURE (la) ... 104
VALLÉE DES VAUX (la) ... 339
VALLÉE DU COUSIN (la) ... 121
VALLÉE DU SEREIN (la) ... 99
VANDENESSE-EN-AUXOIS ... 224, 225
VAREILLES (Saône-et-Loire) ... 348
VAREILLES (Yonne) ... 53
VARENNES-SAINT-SAUVEUR ... 322
VARENNES-SOUS-DUN ... 348
VARENNES-VAUZELLES ... 386
VARZY ... 406
VASSY-LÈS-AVALLON ... 119
VAUBAN ... 348
VAUDEURS (musée de la Pomme et du Cidre du pays d'Othe) ... 52

VAUGUILLAIN (château de)....... 56
Vauluisant (abbaye de) 54
VAUX (vallée des) 339
VELARS-SUR-OUCHE
(Notre-Dame d'Étang) 223
VENAREY-LES-LAUMES ...242, 243
VENDENESSE-
LÈS-CHAROLLES 347
VENOUSE (grange
de Beauvais)........................... 91
VENOY 78
VERDUN-SUR-LE-DOUBS...... 324
VERGISSON 284, 285
VERMENTON 106
VÉZELAY 121
VIC-DE-CHASSENAY
(château de Bourbilly)........... 239
VIELMANAY (musées de la
Louise)................................. 399
VIEUX-CHÂTEAU..................... 240
VIGNOBLE (chemins du ;
d'Auxerre à Chablis)............... 73
Vignoble bourguignon 435
VILLAGES VIGNERONS
AUX PORTES DE DIJON 187
VILLAGES VIGNERONS
DE L'AUXERROIS
ET DU CHABLISIEN (les)........ 82
VILLARS (LE) 312, 317
VILLARS-FONTAINE
(La Karrière) 196
VILLECHAUD.......................... 401
VILLENEUVE-
L'ARCHEVÊQUE...................... 52
VILLENEUVE-SUR-YONNE....... 54
VILLIERS-NONAINS 116
VILLIERS-SAINT-BENOÎT 64
VILLIERS-SUR-THOLON
(musée du Moule
à chocolat)............................. 61
VINCELLES 84
VINCELOTTES........................... 84
VINEUSE (LA) 302
VINZELLES 281
VIRÉ 303
VITRY-EN-CHAROLLAIS 358
VITTEAUX 235
Vix (site de) 254
VOLNAY 213
VOSNE-ROMANÉE 193
VOUGEOT 192
VOUTENAY-SUR-CURE 104

YONNE (l')............................... 43
YONNE (nord de l') 47
YONNE (P'tit Train de l') 102
YONNE (vallée de l') 106

LISTE DES CARTES ET PLANS

• Autun 147
• Auxerre 76-77
• Beaune 202-203
• Bourgogne (la) 10-11
• Chalon-sur-Saône 326-327
• Cluny 293
• Cluny (l'abbaye de)....... 298-299
• Côte-d'Or (la)................ 162-163
• Coups de cœur (nos)............. 14
• Dijon 166-167
• Distances par la route............. 2
• Itinéraires conseillés ...28, 30-31
• Mâcon 273
• Morvan (le parc naturel
régional du).......................... 111
• Nevers 382-383
• Nièvre (la)...................... 378-379
• Saône-et-Loire (la)........ 268-269
• Sens 49
• Tournus 313
• Vézelay 123
• Yonne (l') 44-45

Remarque importante aux hôteliers et restaurateurs

Les enquêteurs du *Routard* travaillent dans le plus strict anonymat. Aucune réduction, aucun avantage quelconque, aucune rétribution n'est jamais demandé en contrepartie. Face aux aigrefins, la loi autorise les hôteliers et restaurateurs à porter plainte.

Avis aux lecteurs

Le Routard, ce n'est pas comme le bon vin, il vieillit mal. On ne veut pas pousser à la consommation, mais évitez de partir avec une édition ancienne. Les modifications sont souvent importantes.
Les réductions accordées à nos lecteurs ne sont jamais demandées par nos rédacteurs afin de préserver leur indépendance. Les hôteliers et restaurateurs sont sollicités par une société de mailing, totalement indépendante de la rédaction, qui reste donc libre de ses choix. De même pour les autocollants et plaques émaillées.

Avec routard.com, choisissez, organisez, réservez et partagez vos voyages !

✓ Rejoignez la plus grande communauté francophone de voyageurs : **plusieurs millions d'internautes.**

✓ Échangez avec les routarnautes : forums, photos, avis d'hôtels.

✓ Retrouvez aussi toutes les informations actualisées pour choisir et préparer vos voyages : plus de 300 guides destinations, une centaine de dossiers pratiques et un magazine en ligne pour découvrir tous les secrets de votre destination.

✓ Enfin, comparez les offres pour organiser et réserver votre voyage au meilleur prix.

Les **Routards** *parlent aux* **Routards**

Faites-nous part de vos expériences, de vos découvertes, de vos tuyaux et de vos coups de cœur. Aidez-nous à remettre l'ouvrage à jour. Indiquez-nous les renseignements périmés. Faites profiter les autres de vos adresses nouvelles, combines géniales... On adresse un exemplaire gratuit de la prochaine édition à ceux qui nous envoient les meilleurs courriers, pour la qualité et la pertinence des informations.
Quelques conseils cependant :
– Envoyez-nous votre courrier le plus tôt possible afin que l'on puisse insérer vos tuyaux sur la prochaine édition.
– N'oubliez pas de préciser l'ouvrage que vous désirez recevoir, ainsi que votre adresse postale.
– Vérifiez que vos remarques concernent l'édition en cours et notez les pages du guide concernées par vos observations.
– Quand vous indiquez des hôtels ou des restaurants, pensez à signaler leur adresse précise et, pour les grandes villes, les moyens de transport pour y aller. Si vous le pouvez, joignez la carte de visite de l'hôtel ou du resto décrit.
En tout état de cause, merci pour vos nombreux mails.

122, rue du Moulin-des-Prés, 75013 Paris

● *guide@routard.com* ● *routard.com* ●

Routard Assurance *2020*

Enrichie au fil des années par les retours des lecteurs, *Routard Assurance* est devenue une assurance voyage référence des globes-trotters. Tout est inclus : frais médicaux, assistance rapatriement, bagages, responsabilité civile... Avant votre départ, appelez *AVI* pour un conseil personnalisé. Besoin d'un médecin, d'un avis médical, d'une prise en charge dans un hôpital ? Téléchargez l'appli mobile *AVI international* pour garder le contact avec *AVI Assistance* et disposez de l'un des meilleurs réseaux médicaux à travers le monde. *AVI Assistance* est disponible 24h/24 pour une réponse en temps réel. De simples frais de santé en voyage ? Envoyez les factures à votre retour, *AVI* vous rembourse sous une semaine. *40, rue Washington, 75008 Paris.* ☎ *01-44-63-51-00.* ● *avi-international.com* ● Ⓜ *George-V.*

Édité par Hachette Livre (58, rue Jean-Bleuzen, CS 70007, 92178 Vanves Cedex, France)
Photocomposé par Jouve (rue de Monbary, 45140 Ormes, France)
Imprimé par Jouve 2 (Quai n° 2, 733, rue Saint-Léonard, BP 3, 53101 Mayenne Cedex, France)
Achevé d'imprimer le 6 janvier 2020
Collection n° 15 - Édition n° 01
54/8132/7
I.S.B.N. 978-2-01-706860-0
Dépôt légal : janvier 2020

PAPIER À BASE DE FIBRES CERTIFIÉES